国家社科基金
GUOJIA SHEKE JIJIN HOUQI ZIZHU XIANGMU
后期资助项目

回嵌乡土

——现代化进程中的中国乡村建设

Being Embedded in Village Society:

Rural Reconstruction Movement in China's Path of Modernization

潘家恩　著

中国人民大学出版社
·北京·

国家社科基金后期资助项目
出版说明

后期资助项目是国家社科基金设立的一类重要项目，旨在鼓励广大社科研究者潜心治学，支持基础研究多出优秀成果。它是经过严格评审，从接近完成的科研成果中遴选立项的。为扩大后期资助项目的影响，更好地推动学术发展，促进成果转化，全国哲学社会科学工作办公室按照“统一设计、统一标识、统一版式、形成系列”的总体要求，组织出版国家社科基金后期资助项目成果。

全国哲学社会科学工作办公室

希望并非井然有序。希望是有棱有角，无规则可循，希望要每个人放弃一切冠冕堂皇的说辞、一切先入为主的模式，别以为前途一帆风顺。希望不是终点，而是不断前进的过程。

法兰西斯·拉佩　安娜·拉佩，2002，《一座小行星的新饮食方式》①

大地从未沉默不语
只是没有听到她的声音
千百年来你的呼唤
在我心间从未改变

孙恒，2004，《生命之歌》②

---

① 法兰西斯·拉佩，安娜·拉佩. 一座小行星的新饮食方式. 陈正芬，译. 台北：大块文化，2002：18.

② 北京打工青年艺术团. 天下打工是一家. 京文唱片，2004.

推荐语

记得我在 2004 年对听讲的包括潘家恩在内的支教支农的大学生提出了“沉潜十年”的嘱咐，即“沉潜到民间、底层，沉潜到生活的深处、生命的深处、历史的深处”；现在，16 年过去，潘家恩这一代终于以自觉的研究，对 20 世纪中国经验做出了自己的总结，发出了独立的声音！

钱理群（北京大学中文系资深教授）

作为大众广泛参与的当代乡村建设事业，已经是一代人用热血书写的历史。作者当年是高校大学生支农社团负责人，恰逢其时地参与了这完整的二十年，从大学时期的支农骨干到今天的高校教师，其自身经历就是波折起伏的乡建缩影。于是，此书中记述的既是波澜壮阔的百年乡建，更有他亲身经历的酸甜苦辣。

温铁军（中国人民大学可持续发展高等研究院执行院长）

“回嵌乡土”是一段我参与且目击的历史，是新乡建一代人的青春热度，也是他（她）们实践与思想的印痕。在知与行之间、在前行与归来之间、在故乡与世界之间，他（她）们践行，他（她）们追寻、他（她）们摸索，他（她）们劳作。这里的文字，只是片刻间沉淀的片段，血犹热。

戴锦华（北京大学电影与文化研究中心主任）

知行关系是中国思想的重要问题。在 20 世纪的历史实践中，对这一问题的持续探究产生了一个意义深远的命题：从实践中来，到实践中去。家恩的著作正是沿着这一传统而展开的探索。

汪晖（清华大学人文与社会科学高等研究所所长）

自下而上的历史如何书写？中国历史有没有内在机理？理论与实践存

在什么关系？作者从特定角度向我们提供了新的思考：让乡建从“有实无名”走向名副其实，这是中国近代以来最朴素的一段历史，却承载了中国原理的鲜活生命。

孙歌（中国社会科学院文学研究所研究员）

《回嵌乡土》是一部用非凡的脚力、眼力、脑力和笔力写成的新时代中国人文社会科学的里程碑式创新力作。作者立足乡土，面向全球，既充满理想与激情，又富有理性与反思，其对中国百年乡建的脉络化与参与式行动研究在历史逻辑、理论逻辑和实践逻辑相统一层面达到了令人惊叹的高度。

赵月枝（加拿大皇家学会院士、缙云县河阳乡村研究院执行院长）

乡村建设需要顶天立地。家恩的写作足以证明：百年乡建，绵延不绝，其情怀令人感佩。如何更加深刻地切入我们的时代，是百年乡建一直面临的挑战。乡建需要理论，需要与中华民族伟大复兴的目标更加紧密地结合起来。

贺雪峰（武汉大学社会学院院长）

这是一部历史之书，也是一部思想理论之书，更是一部实践之书。认真读它，将为我们开启过去不足但又极其重要的历史经验视野、思想理论视野和实践行动视野，并有力地推动我们重新思考“我是谁？我从哪里来？要到哪里去?”以及“中国是什么？它从哪里来？应该往哪里去?”

贺照田（中国社会科学院文学研究所研究员）

序一

直面更为丰富和复杂的中国问题与中国经验

钱理群[①]

好长一段时间，我都沉浸在潘家恩这本《回嵌乡土》里：它唤起了我的许多回忆，并引发了更多的思考。

潘家恩在书中说，中国第三波乡村建设起于2001年，其中一个重要方面就是“学生下乡，支教支农”[②]。他自己作为中国农业大学的学生，也就是在这时参与下乡运动的。

他还特别提到时在《中国改革》杂志社工作的刘老石从2001年开始发起“大学生支农调研活动”和“大学生新乡村建设运动”。2002年，他还在北京师范大学举办了“寒假大学生支农调研培训班”。我也就是在2002年11月的最后一天，参加北京师范大学学生组织的“农民之子”协会的活动，第一次接触到大学生支农下乡运动。我在当天的日记里这样写道：“坐在北师大那间小屋里，倾听青年学生谈他们来到农民工及其子弟中的感受。他们说得那样的投入，目光炯炯，激动地挥动双手……仿佛又回到当年贵州安顺的那间小屋，炉火映照下，年轻的‘我们’也是那样满脸通红……”[③] 我立即意识到，这“表明新一代的理想主义者正在中国的校园里悄悄出现。他们目光向下，关心社会底层，力图与中国这片土地上的人民保持血肉联系；他们中有的人本身就来自社会底层，更是不忘养育自己的父老乡亲，产生为他们谋利益的自觉意识。这无论如何都是一种意义重大的觉悟”，并当即下决心要参与支农支教和乡村建设运动，和青年

---

① 著名学者，北京大学中文系资深教授。

② 我手头上的潘家恩的著作是打印稿，并非正式出版物，因此，以下引用潘家恩书里的材料与论述，都不再采取直接引述，也不注明出处，请作者和读者原谅。

③ 那是在“文革”后期，我们贵州安顺的年轻朋友组织了一个“民间思想村落”，讨论“中国和世界向何处去”，以及我们这一代应该承担的历史使命。

学生一起把思想与行动的注意力转向中国农村。①

我如此当机立断，自有原因。就在 2002 年 6 月，我在北京大学中文系上了“最后一课”，这也就意味着我从此可以摆脱体制的限制与束缚，做我真正想做的事，开辟一个新天地，同时为中国的思想、学术、教育开拓一个新方向。于是，就在 2002 年 11 月我写了一篇题为《科学总结 20 世纪中国经验》的文章，语重心长地说了这样一番话：

> 20 世纪的世界，经历了空前的历史大动荡、大变革。三大历史事件——两次世界大战及战后的朝鲜战争、越南战争、阿拉伯世界与以色列的冲突，世界殖民帝国的瓦解、民族独立国家（所谓“第三世界”）的兴起，国际共产主义运动的兴起、发展、危机与变革，都极大地震动与改变了世界。而中国，在这三大事件中，都处于历史的漩涡中心地带（第一次世界大战与阿以冲突除外），整个国家、民族、人民（包括知识分子），为此付出了极其惨重的代价，做出了巨大的牺牲，忍受着难以想象的痛苦，并且在这一过程中，获得了独特的“中国经验”。但这样的中国经验与教训的总结，却始终是少有人进入的领域。在我看来，这是中国思想学术界的最大失职。这是一项必须偿还的历史欠账。这就是我们必须面对的遗忘。它意味着历史的教训没有被吸取，导致历史错误的观念与体制没有得到认真反省，历史的悲剧就完全有在人们无法预料的时刻，以人们同样无法预料的形式重演的可能；而真正有价值的中国经验，也会在这样的集体遗忘中被忽略，从而导致思想与精神传统的硬性切断，人们不能在前人的思考已达到的高度上继续推进，而必须一次又一次地从头开始。这应该是中国现当代思想始终在一个低水平上不断重复的重要原因。这背后隐藏着的民族文化、民族精神以至整个民族发展的危机，是每一个有良知的知识分子不能不感到忧虑的。②

坦白地说，直到今天重读这些文字，我的心都还在隐隐作痛。18 年来，我始终念念不忘自主选择的这一学术研究方向；2015 年，我在接受采访时提出，“我最高的理想是创造出对中国的历史和现实有解释力和批

---

① 钱理群. 面对 21 世纪：焦虑、困惑与挣扎——答《文艺争鸣》记者问//追寻生存之根——我的退思录. 桂林：广西师范大学出版社，2005：20.

② 钱理群. 科学总结 20 世纪中国经验//追寻生存之根——我的退思录. 桂林：广西师范大学出版社，2005：21，23.

判力的理论”，“在更开阔的视域里，做更深入、更根本的，超越性、批判性的思考，进行学术与理论体系的创造，为社会提供新的价值理想、批判资源。在我看来，这才是知识分子的本分、本职，虽不能至，但要心向往之”①。这更是我永远的内疚、悔恨与痛苦，因为我恐怕走到人生的尽头，最终也无法完成这一过于重大的历史使命，而且我始终是孤独的：学术界从无一人做出回应，今天恐怕连我当年的呼吁也已经被遗忘了。

还是回到 2002 年的历史现场。我当时就清醒地意识到，这样的时代使命，需要几代人持续努力；我还是把希望寄托在年轻一代的身上。因此，在 2003 年 10 月南下讲学，我在为复旦大学一个学生社团题词时，就郑重其事地写下了这样一句话：“关注中国问题，总结中国经验，创造中国理论”——它概括了我对年轻一代最主要的终身期待。②

此外，我当时就意识到“一个最简单、最基本的，却是极容易被人们所忽略的事实：生活在中国这片土地上的绝大多数人是农民”，这也是一切参与 20 世纪中国历史变革的任何组织、任何个人都必须面对的事实。我们要总结 20 世纪的中国经验，也必须从关注这一个世纪中国农民的命运开始。这就是我“当机立断”非要参与刚刚开始的新乡村建设的原因。我在 2004 年 11 月给青年志愿者所做的题为《我们需要农村，农村需要我们——中国知识分子“到农村去”运动的历史回顾与现实思考》的演讲中，一开头就提出“值得深思的两个‘为什么’”：为什么“整整一个世纪，中国知识分子、中国青年可以说是‘前仆后继’地奔赴农村，走向民间”？为什么每次下乡都是“雨过地皮湿”，“中国农村的政治、经济、文化的全面落后与贫困状况有没有发生根本的改变”？③ 我也正是期待 21 世纪的青年志愿者从这里入手，去总结 20 世纪的中国经验和教训。据说该演讲在第一代支教支农的大学生中产生了相当的影响；我记得潘家恩请我去晏阳初乡村建设学院演讲，讲的就是这个题目，我也是因此与潘家恩相遇相识的。

然而，我受年龄和身体状况的限制，无法到农村一线去，只能在“后

① 钱理群．我心向往之的是创造对当代中国有解释力和批判力的理论——钱理群访谈录//一路走来——钱理群自述．郑州：河南文艺出版社，2016．

② 钱理群．后记//追寻生存之根——我的退思录．桂林：广西师范大学出版社，2005：325．

③ 钱理群．我们需要农村，农村需要我们——中国知识分子“到农村去”运动的历史回顾与现实思考//二十六篇——和青年朋友谈心．上海：东方出版中心，2016：19．

方”给志愿者讲讲课，充当吹鼓手，而不能成为真正的实践者。这就成了一个终生遗憾。当然，我也受到自身知识结构的限制，不可能直接从事乡村建设历史的研究和总结，而把主要注意力集中在我更得心应手的当代政治思想史、民间思想史和知识分子精神史的研究上，这当然也是 20 世纪中国经验总结的一部分，但又受到理论准备、修养不足、缺乏理论创造力的限制，始终拿不出让自己满意也交代得过去的研究成果。我最终对自己彻底失望。同时，在我的周围也很少能看到我所期待的有“关注中国问题，总结中国经验，创造中国理论”自觉的中青年人，这让我十分失望，开始怀疑自己这些期待本身就有问题。

正是在这样的时代、思想、心理背景下，我读到了潘家恩的这本《回嵌乡土》。我也不敢对这本书做出过高的评价，但他在学术上的高度自觉却足以让我感到震撼。当我在书中读到我引作文章题目的全书指导思想——“直面更为丰富且复杂的中国问题和中国经验”，以及他所提出的“对 20 世纪中国历史的重新理解和对当下社会实践的批判性介入”的研究目标时，我对自己说，这才是我所期待的近 20 年的回应和知音！真的“后继有人”了！记得我在 2004 年对听讲的包括潘家恩在内的支教支农的大学生提出了“沉潜十年”的嘱咐，即“沉潜到民间、底层，沉潜到生活的深处、生命的深处、历史的深处”①；现在，16 年过去了，潘家恩这一代终于以自觉的研究，对 20 世纪中国经验做出了自己的总结，发出了独立的声音！

他的这一研究的具体成就、意义和价值，温铁军先生有精当的评价和阐述，我不再重复。我想要讨论的是，由他的研究的自觉追求所形成的五大特色引发的我关于“如何科学总结 20 世纪中国经验”的思考。

其一，是实践者与研究者的统一、实践与研究的交织。

这是潘家恩的自觉追求：“以‘实践者—研究者’的视觉进入乡村建设历史与现实。”就是这简单的一句话，让我眼睛一亮：它一下子就打破了历史形成和至今还使得我们的学院研究与社会实践相互隔绝的格局，而试图实现“学院派”与“实践派”的互动，将二者优势集于一身。这正是今天我们需要的新的研究格局与知识生产方式。我终于明白了自己的追求难以实现的原因所在：我的研究完全陷入单纯的历史脉络的梳理，缺乏实

① 钱理群. 我们需要农村，农村需要我们——中国知识分子“到农村去”运动的历史回顾与现实思考//二十六篇——和青年朋友谈心. 上海：东方出版中心，2016：210.

践的介入；而要真正总结20世纪中国经验，就必须将历史脉络与当下实践有机连接。

应该说，这样的选择与追求击中了当下中国经验研究的要害：要么局限于对所谓普泛理论的简单移植与抽象同步；要么局限于微观实践，就事论事，见树不见林，忽视内在动力、张力与宏观脉络，缺乏整体性思考。其实，当年我在提出“总结20世纪中国经验”，参与乡建运动时，还同时提出“想大问题，做小事情”的命题，就是想避免或陷于空想或陷于琐碎两个极端。我注意到，潘家恩在书里也提到了“想大问题，做小事情”，并且指出前述两个极端都会“导致虚无”。这正是所谓的乡建实践者的“悲情”造成的危机：或陷于空想，沉醉于自恋自怜；或陷于看透一切的幻象。这都会导致陷入对既有秩序、权力的屈从。在潘家恩看来，理论视野（“想大问题”）与具体实践（“做小事情”）的结合，也是当下乡建运动进行队伍建设的迫切任务。

我特别感兴趣的是这样的“历史在场者”的研究，以及所形成的新的研究风格和境界。这就是潘家恩所说的，“抛弃不偏不倚的超然态度”，强调“个人经验、切身经历、真情实感的介入”，同时又正视自身主体的局限性。于是也就有了这样的自我定位：“不是客观的、权威的、中立的观察者，而是一个处于一定历史时期及一定地区、富有人性的、对人类生活进行观察的人。”这些都深得我心，和我一直自觉追求的“主体介入式”的研究显然存在内在的相通与契合。这样，“实践者—研究者”的统一，以及大胆加入实践者参与乡建的生命史、个人经验与情感在场者的研究，就构成了潘家恩研究的两个最鲜明的特色。

其二，由此也就决定了潘家恩研究的双重目标，就是我在前文引述的“对20世纪中国历史的重新理解”与“对当下社会实践的批评性介入”。

这也同样有着丰富的历史与现实内涵。大概也有两个方面：

从历史研究的角度看，它强调要“从中国现实中提取问题”，这就是潘家恩选择“回嵌乡土”作为自己重新理解20世纪中国历史，研究总结经验与实践的切入点的原因所在。他完全自觉地意识到，“乡村是中国的根，是理解过去中国并思考未来中国无法绕开的底色与载体”，乡村就是中国最大的现实问题，他要“在‘回嵌乡土’中寻找并创造更多的可能性”。

从实践的角度看，潘家恩“以理论的方式对现实议题进行介入”，就决定了他的选择具有更大的批判性。这就是他所强调的，要“挑战主流认识框架，为现实实践的推进提供源源不断的动力”，要“在近代中国和城乡中国间寻找更多的批判资源与抵抗性力量”。

这些也都引起了我的强烈共鸣，和我主张的“总结 20 世纪中国经验，创造具有解释力与批判力的理论”的追求也是不谋而合的。

其三，突破既定模式，摆脱权力控制。

我注意到，潘家恩在本书一开头就引述汤普森的话：“在一般的分析中，我们的考虑多从统治者的角度，这里需要把各种平民从后世的不屑一顾中解救出来。”在后文的分析里，他也提及这句话。这都表明，潘家恩对“统治者的角度”的主流研究的警惕、对胜利者历史观的拒绝，他要把传统历史叙述里“不屑一顾”的平民解救出来，也把自己解救出来。

这正是我们今天所面临的问题：“知识生产与社会权力、利益体制的相互纠缠”，以及“谋求巩固学科的专业地位”的种种限制和控制——专业化背后也有一个学术权力的问题。我们需要的是“不一样的知识生产”、摆脱权力控制的知识生产，摆脱利益化的学科框架。这也正是潘家恩所自觉的。

在潘家恩看来，当下对 20 世纪中国历史的叙述与研究，存在着三大问题。其中之一便是“多在革命或现代化话语框架内展开论述”。在主流的既定研究模式下，20 世纪的中国历史就是一部“革命史”或“现代化史”，而所谓的“现代化”，就是城市中心主义的“都市化、工业化、非农化的现代化”。因此，在主流叙事与意识形态里，“相对于农业，工业与国防优先；相对于乡村，城市优先；相对于农民，国家优先；相对于文化，经济优先；相对于生态，人类优先”。这样，同样贯穿于 20 世纪中国历史、产生实际影响的“从底层民众和‘三生’（生计、生活、生态）出发的乡村建设实践”，就被完全排斥于 20 世纪中国历史的叙述与研究之外，这样的“20 世纪中国经验”的总结也就必然是片面的、畸形的。而在这样的“统治者角度”的主流研究的背后，又存在着两个问题：一是“成王败寇”的胜利者史观；二是“浪漫化、道德化的研究视角”和“理想化的实践标准”。

潘家恩所要做的，就是挑战这样的受权力控制的既定 20 世纪中国历史研究模式，“以民众、民间的建设视角重新理解现代中国”。于是，就有了对 20 世纪中国历史的新发现、新总结、新概括，即所谓“三个‘百年’”：“百年激进”、“百年乡村破坏”与“百年乡村建设”。在主流叙述里，前者被视为“正向运动”，后者自然就是“反向运动”。潘家恩的研究正是要把研究的重心由“以激进乌托邦为特点”的“正向运动”转向“以自我保护和乡土重建为双重定位的百年乡村建设”的“反向运动”。本书即体现了这样的研究重心，也是对20世纪中国经验总结重心转移的一项研究成果，记录了一部潘家恩自称的“在革命史与现代化史夹缝中的乡村民间、民众建设史”。这样，他也就为20世纪中国历史的研究与20世纪中国经验的总结，开辟了一条新路，至少是提供了一种新的可能性。

其四，打破“二元对立”的思维、研究模式。

其实，我当年在提出“总结20世纪中国经验”时，就已经注意到这个问题，指出：“中国的一些学者至今还没有摆脱‘非此即彼，不是全盘肯定，就是全盘否定’的二元对立的模式，而这样的思维方式在处理如此复杂的20世纪中国经验时，就几乎是无能为力的。”我也因此希望年轻一代注意学习鲁迅的思维方式：“他从不对某一单一的命题做孤立的考察，而总是关注与提出与之相对的反题，也即在正、反题的对立中进行辩证的思考”，“但他又从不把正、反题的对立绝对化，对任何一方做绝对的肯定或绝对的否定。他总是在肯定的同时提出质疑，又在质疑的同时做出肯定”，“这种双重肯定与双重否定的立场、态度，使他的价值判断带有很大的相对性。但他又从不追求折中的‘合题’。他并不回避自己在选择上的矛盾和困惑。他在肯定与质疑中往返、反复。正是这一点深刻地反映了他已经把正、反题的外在矛盾内化为他自己精神上的矛盾和痛苦”①。

现在我十分高兴地发现，这样的“在肯定与质疑中往返”的非简单化，也非立场在先、意识形态化的思维和研究方式，在潘家恩的研究中已经得到不同程度的体现，也许他未必完全自觉，他大概也不熟知鲁迅式的思维与研究模式。但他对突破二元对立模式则是完全自觉的，这是因为当他选择从只承认“正向运动”的主流模式，转向对“反向运动”的关注与强调时，就很容易陷入将“正向运动”与“反向运动”绝对对立的陷阱。难能可贵的是，潘家恩对此一直保持一种清醒。他一方面并不回避占主流地位的“正向运动”与“反向运动”的矛盾和冲突——如很长时间里，乡村建设都等同于改良，被视为革命的对立物；但另一方面，他也不断提醒自己，绝不可忽视“乡村建设与中国革命的缠绕关系与内在张力”——如“新中国成立后，乡建运动既走上破坏性乌托邦的正向运动发展的歧路，

① 钱理群. 科学总结20世纪中国经验//追寻生存之根——我的退思录. 桂林：广西师范大学出版社，2005：22，26.

同时又有部分在国家主持下的延续，如教育、医疗下乡”。他还专门讨论了“乡村建设与乡村革命的关系”，充分注意实际运动中的“多样性，差异性，复杂性”，避免“精心挑选单一面向”。潘家恩还不断警示自己，“不应该浪漫化地看待反向运动，其间也充满内在矛盾，既可能产生积极效果，也可能产生不期然的消极效果”，更不可能“一劳永逸”。他还不断自省：会不会因为“内在的平民立场”，而自觉、不自觉地“将乡村、农民式生活方式本质化与审美化”，实际上“陷入主流逻辑”而“自恋自怜”？他因此选择了“双向拒绝”：“对主流进行质疑和挑战；又反思一般意义上的反主流”，从而“拒绝二元对立的分析框架与道德意义上的简单化价值判断”。他说自己需要“左右开弓”。

或许更为重要的是要坚持质疑精神：不仅仅是“对真理唯一性与客观性的质疑”，更是一种自我质疑，“拒绝把自身构建成一种完成并唯一的理论主张”。这也是我对潘家恩的这本书最为满意之处：他做到了这些年我一直在倡导的“理直气不壮”。

其五，全球化的视野，“全球”与“在地”的双重自觉。

我在2004年做关于知识分子“到农村去”运动的报告时，就注意到了新时代的乡建运动的“全球化的背景”：它不仅是“世界范围的理想主义者的运动”，而且是“发展中国家的国际运动”。我还专门谈到了晏阳初在20世纪50年代把定县实验推向全世界的努力，特意提到乡建先驱者期待后来者要有“国家和世界的眼光”①。这一次，我在潘家恩的书里，看到了他对晏阳初倡导的“发展中国家乡村建设运动”的论述，自然很感兴趣。我注意到了他所提出的“追求‘全球’与‘在地’的双重自觉”的命题。潘家恩强调，21世纪的世界乡村建设运动和研究应该“超越欧洲中心论”，反对“资本主义全球扩张的霸权格局”的背景，关注者及参与者不仅有“尝试摆脱殖民主义多重压迫与话语束缚的第三世界民众”，还有“西方发达国家内部对不可持续发展模式提出质疑和挑战的实践者”，实际上是在“资本主义全球扩张背景下，在限制中寻找并创造新的可能性的努力”，由此“构成了乡村建设的世界性光谱与全球性视野”。在潘家恩看来，我们今天进行的中国乡建历史与实践的研究，总结20世纪中国经验，也都应该纳入这样的“世界性光谱与全球性视野”。

---

① 钱理群. 我们需要农村，农村需要我们——中国知识分子“到农村去”运动的历史回顾与现实思考//二十六篇——和青年朋友谈心. 上海：东方出版中心，2016：195，203，214.

正是在潘家恩的启示下，我想到了2020年全球新冠肺炎疫情危机带来的世界格局的大变化，以及所提出的新问题、新使命。在我看来，这一次真的是“全世界都病了”，所有的文明形态的内在矛盾、问题都得到了充分的暴露。这就为对所有国家、民族历史与现实的反省反思，提供了一个难得的机遇，从而提出了“对人类文明的各种形态进行全面检讨”的新的历史使命——这种“检讨”当然不是全盘肯定或否定，是既要充分肯定各种文明形态的历史合理性，也要彻底揭示其已经暴露的内在矛盾与危机。而危机也是机遇：正因为现存的所有理论都已经无法解释我们所面对的全球性的巨大冲击和变动，当下所发生的一切也就对理论和实践创新提出了新的要求，并提供了新的可能性。把我们这里讨论的“直面更为丰富且复杂的中国问题与中国经验”问题置于这样的全球性新危机、新机遇的大背景及大视野下，我有一种豁然开朗的感觉：不仅对中国问题的正视，对中国经验的总结更加迫切，显示了前所未有的全球性的意义，而且也展现了一个“从世界看中国”的更为广阔的天地。

在我看来，一切都还只是开始。潘家恩说，他的研究，以及这本书的写作，“只是漫长征程的一个起点”，“这个意犹未尽的总结，不是句号，而只是冒号”，“希望借此抛砖引玉，能与更多的研究者和实践者在未来共同努力”。这绝不是谦辞，而是对更重大、更长远的历史使命更为自觉的承担。作为年长者，我对此感到欣慰。我对中青年几代人的期待，或许是最后的期待，也还是2003年即17年前所提出的那个历史命题——“关注中国问题，总结中国经验，创造中国理论”。

2020年9月读书稿
写于2020年10月18日至21日

序二

“另一个世界就在这里”

温铁军①

一

让时间机器穿越到十一年前（2009 年）的初夏，香港中文大学雅礼宾馆。

我利用在香港中文大学开会的机会，把当时在香港上学的潘家恩（本书作者）还有袁月兴、薛翠、杜洁四个年轻人②找来我入住的地方，进行了乡建历史研究的讨论，那时对他们寄予的希望是：作为当代乡建人，我们要在大量的实践中“出真知”，必须注重提高思想自觉性。当代乡建人应该为续写百年乡建史做好准备，以乡建人的视角与关切写出一部既有温度又有深度的“百年乡建史”。期待乡建一线实践者能在埋头苦干的同时仰望星空，在迈步向前的同时不断回望来路。

---

① 现任（按聘任时间排序）中国人民大学乡村建设中心主任、西南大学中国乡村建设学院执行院长、福建农林大学新农村发展研究院执行院长、北京大学习近平新时代中国特色社会主义思想研究院乡村振兴中心主任、屏南乡村振兴研究院院长等。

② 袁月兴（女，又名袁小仙）从香港大学社会学系硕士毕业后到内地参与乡村建设，2003 年起任我们在河北省定州市翟城村创办的“晏阳初乡村建设学院”的院长助理，后来跟我（本文笔者，下同）读博，现在香港的一家慈善基金会工作。薛翠（女）是香港岭南大学文化研究系的博士，后来跟我做博士后研究，现任西南大学中国乡村建设学院副教授。潘家恩（男）当时刚从香港岭南大学文化研究系博士毕业，现任重庆大学人文社会科学高等研究院副教授。杜洁（女）当时是香港理工大学应用社会学系的在读博士生，2012 年还未完成学业即服从乡建事业的需要，被我安排到西南大学中国乡村建设学院任办公室主任，直到目前学院各项工作相对稳定了，才又到中国农业大学人文与发展学院在职读博。

再回到八年前（2012 年）的深秋，重庆北碚的西南大学紫藤苑。

这时，我以“中国人民大学支援西部高校建设”的名义签署了人才引进的文件，配合西南大学恢复“中国乡村建设学院”，并受聘为首任“执行院长”。此时，曾经于 2009 年在香港受命的潘家恩、薛翠和杜洁等年轻人，义无反顾地加入创院初期的奋斗之中。我们提出的科研思想是“厚基础，广国际”，但拓展国际交流的难度之大超乎想象。于是，能干下去的只是“厚基础”——利用得天独厚的条件，即被西南大学收录校史的乡建前辈的业绩和遗迹，特别是起于北碚的卢作孚配合外来的晏阳初和梁漱溟等人，在“抗战大后方”继续乡建试验区以及开展乡村建设人才培养的客观经验——加强我们团队关于乡建历史的研究。①

无论是十一年还是八年，在时间老人那里都不过是弹指一挥间。

我们在 2009 年讨论的加强乡建思想自觉性的提法一直被大家坚持着，业已成为当代乡村建设历经跌宕而仍然负重前行的内在凝聚力。八年前在西南大学重建的“中国乡村建设学院”也已开展了多个地方的制度和组织建设试验。这个看似不大的团队联系着国内外乡村建设资源，承担了意义重大的项目。② 尤其是此书作者潘家恩，以“乡建学术化、学术乡建化”为目标，坚持不懈地努力开拓，终于有了摆在大家面前的这本沉甸甸的大书！

诚然，重庆团队的成果很多，这本书只是其中的一个阶段性成果。

21 世纪的中国乡村建设发起者们是一批亲身经历了 20 世纪后半叶激进现代化大潮引发之复杂变化的研究者。从下定决心重启 21 世纪乡村建设的那一刻开始，我们就认识到：要做的不仅仅是“乡村建设”（rural

---

① 中国乡村建设的前辈晏阳初先生 1940 年在重庆北碚歇马场创立了私立乡村建设学院。同时，乡村建设思想家梁漱溟先生在北碚创立“勉仁书院”。这两个乡村建设教育单位在解放后都被移交给西南大学，成为校史的一部分。此外，被后人称为“北碚之父”的卢作孚先生则创立了“中国西部科学院”和“兼善中学”等科研和教育机构。他们力所能及地为延续乡村建设事业培养了大批人才。抗日战争结束之后，晏阳初先生获得美国援华法案资金和物资，在以璧山县（今璧山区）为中心的重庆周边乡村创设“华西试验区”，留下几万页档案资料。就在我们团队重建“中国乡村建设学院”的这一时期，这批档案资料陆续整理出版，成为我们“厚基础”建院思想得以践行的第一个历史性机遇。

② 曾经在菲律宾国际乡村改造学院工作多年、归国后担任多个国际组织负责人的张兰英老师曾经被聘任为西南大学中国乡村建设学院执行副院长；从意大利留学归国的钟芳博士和在香港获得文化研究博士学位的薛翠，也都在国际交流项目上做过很多努力；但除了发表十多篇英文文章外，我们试图开展的发展中国家交流和比较研究，却实在难以突破高校对创新的各种束缚，从而因循拘泥，使这个创新力很强的海归团队在拓展国际合作方面面临较大困难……

construction)，更应是以包容性可持续为目标、内在具有文化批判性的“乡村复兴”(rural regeneration)。

近二十年来，愈益广泛开展的当代乡建正在形成国际、国内影响力。但考究其内在本质，还是植根于“中华民族伟大复兴”。这既勉励我们继承前代乡建先贤张謇的“村落主义”和卢作孚的“兼善”思想，以及海归学者晏阳初的“启迪民智、开发民力”的行动纲领，也深刻体现梁漱溟所揭示的“乡村建设，实非建设乡村，而意在整个中国社会之建设”的目标。

实际上，中国特色的百年乡村建设，本来就是中华五千年文明在外部势力“冲击—反应”过程中所形成的复杂经验的有机组成部分；因其“动心忍性”“克己复礼为仁”，才有所谓“求仁则人悦，思诚则神钦”，使参与者有着远比一般社会机构更深刻的思想定力，从而能够更为理性地开展区别于处于长期对立状态的激进主流，并体现在“双向运动”中的建构性民间实践，这是一种接续历史的自觉努力与行动中的自觉反思。

唯其如此，就更要接受前辈在下乡支农工作中早已领略到的本该作为主体的“农民运动农民不动”，而无论内外主流们秉持何种西方新锐思想，只要进入乡土社会，哪怕再呕心沥血，其高大上的努力也如“铁钩帮豆腐”……虽然从那时起，以济世救民为己任的前辈就已经在接受大量教训之后，告诫大家务必既要放下“西洋眼镜”“都市眼镜”，还得符号化地“头戴破草帽、怀揣旱烟袋”，但因遭遇外力破坏而十倍不止地“自毁”着的二元结构社会之多重张力，远非一般学者背诵的“中学为体”或趸来的“西学”(已经从借用演化成新的神学)所能应对得了。这也正是有些后发国家往往越是加快现代化越是滑向败亡之宿命的原因所在。

实际上，21世纪的乡村建设甫一起步，就因明确提出提升思想自觉性的要求而在实践出真知的方向上一直不懈努力，并对已经发生的经验过程做客观分析。与一般主流做的经验总结相比，我们尤其不愿掩盖自身的教训而被人讴歌为新时期的“好人好事”……诚然，我们一直希望整个乡村建设团队愿意理解“让乡建成为自觉者的历史”的愿望。

或可说，我们的研究所遵循的方法，是要“把构建理论逻辑的起点建于客观经验的起点之上”。据此，我们把甲午战争中国战败之后的张謇以“村落主义”为理念并回南通创办在地化的“大生”企业，作为中国百年乡建的起点。如果说中国乡村建设起步于19—20世纪之交洋务运动所代表的官方工业化的失败及民族工商业的兴起，那么，新时期的乡村建设则起步于新的世纪之交，此时中国面临百年追求工业化的一系列困局——到1994年甲午“国耻”百年之际，我们遭遇CPI高达24.1%的通货膨胀打击并演化为数十万家国企倒闭、数千万城市工人下岗，加之数亿农民负担过重的危困乱象；接着是1997年东南亚金融风暴导致1998年中国遭遇第一次“生产过剩”大危机；再接着是1999年中国驻南联盟大使馆被炸……

这些宏观背景既是中华民族伟大复兴要应对的挑战，也是乡村建设在国家确立生态文明新战略时代得以重启之原因。由此可知，我们的研究试图把21世纪再次兴起的当代乡村建设，纳入整个百年社会变迁与知识分子自觉改良既碰撞又结合的历史脉络之中，形成一部不同于两派激进对抗的、民众多元化参与的社会经济渐进演化史。

纵观百年历史，中国人有过三波乡村建设的实践过程。作为一场本源于青萍之末凡二十载乃得各派知识分子积极参与的社会运动，作为回应跨世纪“三农”这一重大本土化现实问题的社会实践，虽然进入今日公众视野的乡村建设宏大叙事屈指可数，但据当年南京国民政府实业部调查，20世纪20年代末30年代初全国从事乡村建设工作的团体和机构有600多个，先后设立的各种试验区有1 000多处，呈现出“群体性”和“多样化”特点。

据此可知，近代史上与民国“黄金十年”经济高速增长同步的乡村建设在全国的扩展，并非孤立的个别现象，也不是偶然发生的，而是由时代的需要与环境的刺激及文化的变动所引起，被民族自觉及文化自觉的心理所推迫而出，其充分内在于乡土中国现代化转型的历史进程之中。

须知，标准化、规范化是工业社会的要求，千差万别才是民众参与的乡土中国复兴运动之常态。从整体上看，乡村建设的形式和内容十分多样，但基本内涵却是“回嵌”乡土，因自知处于非主流，常更自觉地体现有别于主流发展的国情意识、乡土自觉与文化自信。因此，当代进行乡建研究的人不应将都市导向思路在乡村中简单翻版，而需尊重乡土社会的内在机理与特点，重新面对并进一步理解乡土社会对文明传承的基础作用，充分恢复乡土社会的能动机制，尽可能减少各种激进发展对乡土社会的成本转嫁。自然，其所面对的挑战就不仅来自乡村本身，所动员或依托的力量也不仅只是农民，而是需要包括市民、知识分子等在内社会各界的广泛参与和深度融合。

我们研究百年乡建历史，其实主要是为了与现实问题结合。

因为清末民初的主流社会皆以“救国于崩溃”为己任，遂有“实业救国”“教育救国”“科技救国”……相对于主流的“救国”大任，乡建前辈常以“救民于水火”为己任。从乡村建设延续至今百余年的经验看，是为了使大多数承担巨大制度成本的那部分弱势群体能够得到可持续生存的条件，要让更多的青年学生、社会团体、知识分子等多种社会群体结构化地整合在一起，形成防范危机恶性爆发的“三共”（共生、共享、共治）条件，提高“三自”（自主、自助、自强）能力。这是因为，只有自觉减少内外危机代价对“三农”的“成本转嫁”，才可以使人类社会与资源环境可持续共存，才能维持子孙后代长期发展的条件。

有鉴于此，今天我们需要“跳出乡建看乡建”，以整体性视野重思内在于百年中国现代化进程之乡村建设，并用另外一种历史书写方式重新书写民间那些有活生生的人、活生生的故事的历史，让大家来讨论人们自觉回归自然、回归社会的方式及其在生态文明建设理念下的延续，至少是使被忽略的那些没有进入正史的社会改良活动能够呈现出来，同时希望能在中国话语体系的真正构建中做出贡献。

二

从2001年重启乡村建设算起已经延续了20年，我们发扬“启迪民智，开发民力”的前辈精神，在21世纪海内外资本纵情饕餮、大快朵颐中勉力传承的“大乡建”，作为大众广泛参与的当代乡村建设事业，已经成为一代人用热血书写的历史。本书作者当年是高校大学生支农社团负责人，恰逢其时地参与了这完整的20年，从大学时期的支农骨干到今天的高校教师，其自身经历就是波折起伏的乡建缩影。于是，此书中记述的不仅仅有波澜壮阔的百年乡建，更有他亲身经历的酸甜苦辣。

作为且行且思的“十年磨一剑”，该书努力突破传统叙述框架，基于百年乡村建设史料和事实，采用跨学科的方法与视角，尝试跳出已有的乡村建设认识框架与单一学科的研究方法，以“百年激进、百年乡村破坏、百年乡村建设”为框架进行宏观历史梳理与微观经验反思，重新梳理了乡村建设的逻辑起点与百年脉络，并精心选配珍贵图片近百幅，视野广阔、角度独特、涉及脉络复杂，且自觉拒绝静态、简单和意识形态化的分析路径与当事人书写中常见的“自我辩护”陷阱，有意识地挑战常见的“好人好事式”事实罗列与成果展示，在经验与时代、自我和他者的密切结合与互动中，促进了理论与实践的对话，打开了主流视野所遮蔽的多元角度与丰富空间。

作者在书中指出：一方面，受外部冲击和直接侵略导致的资源外流与巨大压力，并由耻辱和焦虑所引发的包括“自强、自毁、自救”等在内的复杂实践，使得乡村建设内在于因中西碰撞而剧烈变动之近现代历史进程之中；另一方面，乡村建设同时内在于中国自身的历史脉络及由文明类型、乡土特点、资源限制等构成的国情现实之中，其既是近代的专有名词，又超越近代而内在于中国更长时段的历史传统之中，有着更为广泛的资源构成与影响因素。

作为以农业为主要文明类型及以农民为主要人口构成的国家，中国近现代历史进程的剧烈转型既产生了不同形式的“百年乡村破坏”（梁漱溟语），也孕育了以“自我保护”与“乡土重建”为双重定位的“百年乡村建设”，其不仅由农村“被落后”的现实促成，而且也是知识界对农村重要性自觉体认的产物。因此，乡村建设不限于技术层面上的单一回应，也不只为个案实践与微观做法，它直接关联着中国近现代的转型与剧变，其推动者是包括知识分子、农民、学生、市民等在内的多元主体，内容、形式也常因阶段和目标的不同而充满差异。由此，作者进一步认为，乡村建设作为“去乡土化”普遍趋势下的“再乡土化”探索，或作为波兰尼意义上与“脱嵌”相对应的“回嵌”实践，虽然在内容、形式和效果上充满差异，却有以下基本内涵：与乡土紧密结合并充分互动，促进各种发展要素向“三农”回流，努力改变乡土长期被当作“问题”和“对象”的状况，对乡村遭受破坏和不可持续困境进行积极应对与创新探索。

值得特别注意的是：本书作者对此前很多被意识形态化的定论所“遮蔽”的经验过程，提出了帮助读者提高“祛蔽”能力的分析。这是因为，本书作者努力以“实践—研究者”为独特视角，利用长期参与当代乡村建设一线实践的经历，以整体性视野打破历史与当代实践在时空与叙述上的割裂，将 20 世纪不同阶段的乡村建设实践及现代化、全球化等宏观背景融合起来，系统展现不同历史时期各种形式乡村建设的整体面貌，对其背景脉络、经验机制、困难张力等进行分析讨论。同时，作者创新性地提出“‘有实无名’的乡村建设”和“没有‘乡建派’的乡村建设”这两类常被遮蔽的实践，呈现乡村建设和乡村革命、国家建设的缠绕与张力，从社会、经济、政治、文化、生态维度讨论乡村建设的深层内涵及其与一般技术层面上的“建设乡村”之区别所在，进而指出乡村建设的实质是与现代中国革命史、现代化史平行共存，在乡土自觉和社会参与中不断形成的民众民间建设史。

此外，在写作方法上，本书作者尝试融合人文与社科两种风格，通过“题词、小引、专栏、注释”等多元化形式，结合其在长期实践中所积累的鲜活案例与有生命力的感知体悟，让隐藏在字里行间和文本背后的“作者”出场，把书写者的事实在场、动态存在与话语权力还原为乡村建设独特脉络的组成部分，进一步打破“书写者—对象”“实践者—研究者”的割裂，自觉区别于“对象化/客体化”的常见书写，既有利于“去意识形态”地呈现百年乡村建设的复杂过程，对人文社科更好地介入现实也有着独特的意义与价值。

三

乡村振兴在2017年中共十九大上被提为新的国家战略。2018年中央一号文件提出要“讲好乡村振兴中国故事，为世界贡献中国智慧和中国方案”，2019年中央一号文件则强调“巩固发展农业农村好形势，发挥‘三农’压舱石作用，为有效应对各种风险挑战赢得主动，为确保经济持续健康发展和社会大局稳定、如期实现第一个百年奋斗目标奠定基础”。回溯历史，广泛存在于20世纪中国的百年乡村建设实践立足国情与乡土脉络，无数先贤前赴后继，通过回归乡土脉络、整合各种建设性力量并融合中西优秀文明，在乡村基层进行了多种形式的组织创新与制度创新，为21世纪启动乡村振兴国家战略积累了厚重的历史经验，是新时代中国特色社会主义乡村振兴的历史先声。

但凡受过现代教育的中国人，在其关于近代史的记忆中更多留存的是被写入教科书的激进发展主义主流历史。其实，和大多数中国人真实的生活过程相关因而需要后人了解的，是没有被写入主流历史教科书中的、普通人参与的、渐进改良的社会生活及其文化变迁。后世子孙还是应该知道自己身处其中的大众历史与主流的相对性：无论外部环境、条件如何变化并造成内部激进对抗，无论上层建筑发生什么巨大变化，无论如何对国家实行管理，人们多样化的社会生活及其多元文化表达始终在不断调整中延续着。对于这种普通人在社会生活和文化传承方面的自主调整、自我改善及自觉叙事，我们将之称为渐进改良，百年乡村建设正是这样一个大众广泛参与、和中国最大多数人口息息相关、充满多样化的实践。

也可以说，以发展中国家为主的“世界社会论坛”（World Social Forum）提出的口号是“另一个世界是可能的”（another world is possible）；而在中国，我们不习惯提口号，而是用乡建人的负重前行在大地上写下“另一个世界就在这里”（another world is here）。

诚然，今人需要理解百年来成千上万的普通人怎样努力在这样一个巨大的、复杂的背景变化之下倾尽全力稳定乡土社会。如果没有乡土社会的相对稳定，无论是民国时期还是当代，中国追求现代化的经济建设和政治建设，都是不可能持续的。作为乡建人的自我书写，正如本书后记所说，不希望是“辩护”，也不希望只是“同情之理解”，而是希望能达成某种“共情之理解”及宏观微观结合后的“脉络化”处理，愿此举能成为一种启发与邀请，引发出更多“顶天立地”的实践与书写。

庚子年中秋

写于北京顺义分享收获农场

目　录

导论　为何说与怎样讲

在一般的分析中，我们的考虑多从统治者的角度，这里需要把各种平民从后世的不屑一顾中解救出来。（因为）是他们生活在那社会剧烈动荡的时代，而不是我们。

E. P. 汤普森，1963，《英国工人阶级的形成》①

要从容含蓄，不要性急。性急是一般人最容易犯的毛病。当你对他讲这样不好，他就以为你主张那样。你说民主制度不好，他就想到你是相信独裁；你批评资本主义，他就想到你是共产党。

梁漱溟，1940，《研究问题所需的态度》②

小引：皮鞋与布鞋

如随后每章前面的小引一样，这里也是从自己或同伴们参与乡建的经历与思考说起，这个故事或许可以叫作“皮鞋与布鞋”。

2003 年，我们去晏阳初乡村建设学院③所在的翟城村开始工作和生活。受晏阳初名言“欲化农民，需先农民化”（1932c：221）的感召，我们虽然无法摘下眼镜，但却可以通过穿着尽可能减少与农民的差别来拉近

① E. P. 汤普森. 英国工人阶级的形成. 钱乘旦，等，译. 南京：译林出版社，2001：11-13.

② 梁漱溟. 朝话//梁漱溟全集（第二卷）. 2 版. 济南：山东人民出版社，2005：62.

③ 晏阳初乡村建设学院于 2003 年 7 月 19 日由中国人民大学乡村建设中心［前身为中国经济体制改革杂志社《中国改革》（农村版）编辑部］、中国社会服务及发展研究中心（香港）、国际行动援助中国办公室、翟城村村民委员会、晏阳初农村教育发展中心、中国村社促进会现代化建设专业委员会在河北省定州市翟城村联合发起成立，属于社会力量办学的公益事业机构，遵循非营利原则，实行“劳动者免费就学”，秉承晏阳初、梁漱溟、陶行知等前辈的平民教育理想与乡村建设精神，通过研究实践国内外及历史上各种乡村建设思想，培养乡村建设综合人才，推广乡村建设和农村综合发展实践经验。学院于 2007 年 5 月因不可抗力中止在翟城村的办学，转移至北京等地继续开展乡村建设。

和他们的距离。为了实现这一目的，我们天天穿着从村里买来的布鞋。在一次外出给农民组织培训时，带着自己的“农民化”原则与对农民的想象，笔者专门穿着在村里买的土布鞋。然而到了培训现场，学员们倒不出所料都是普通农民，但往脚下一看，全都是清一色的皮鞋——笔者又一次没有“农民化”……

由此看来，现实丰富于想象，经验高于理论，无论是农民化、乡村建设实践，还是“另类”书写，皆不可能“一劳永逸”，都将是一个漫长而又曲折的征程！

暂不管是否因为要出门才换上最好的服装，还是当地农民已经不习惯穿布鞋或农民的生活水平确实提高了，单就如此错位本身就形象地反映出我们对农民的想象——我们怎么看他们，同时怎么看和他们互动中的自己？我们是否对农民的定型化想象有所自觉，又是什么力量在左右并拉扯着这些想象？毫无疑问，现今与晏阳初等先贤的时代相比已经有了很大的变化，同时农民群体的差异性明显增大——我们的学员中既有第一次离开县城的“传统”农民，也有在十多年前（约 2005 年）即可用自带无线网卡在校园内自由上网的“现代”农民，这些都是当代乡村建设所必须面对的实际问题。当面临着急剧变化和全面开放的社会时，我们是否可能因思维惯性而陷于定型化偏见之中？如何真正理解时代变迁中的“三农”问题？

如果说“变化”的农民和“不变”的我们碰撞后产生了某种不自觉的定型化想象，那么类似的定见与偏见其实具有较强广泛性。同样是在这所办在村庄里的乡建学院，我们频繁接待着南来北往的媒体朋友和参访者，不断面对着类似问题：你们为什么这样做？你们为什么能“活”？你们凭什么“活”下去？你们还能“活”多久？你们能改变中国的大环境吗？……

面对如此掷地有声与众声喧哗的问题，我们有话，却常失语。当面对艰辛的实践与在夹缝中求生存的无奈时，我们常说“活着，就是胜利”，可是何谓“活着”？我们所努力争取的“活法”应该包含什么样的意涵？“胜利”又是什么？许多简单却根本的问题需要我们面对。

乡村建设作为广泛存在于百年现代史并扎根乡土的社会实践及由此构成的理论命题，更好的解读应该是将其尽可能地脉络化与实践化——它不应是犬儒般“不过如此/又能怎样”的漠然与取消问题，而是深入实践与理论内部的反观；不是满足于简单的论证考据，而是充分自觉与逻辑分析下的“借题发挥”；不是“自以为是”的结论先行，而是耐心谦虚般的处处留心；不是轻佻帮闲的“成败论英雄”，而是严肃认真的反问——“谁的成败？何为成/败？”……

当然，要达到此目标绝非易事，首先需要把实践背后的可能“光环”按下，变充满敬畏的“仰视”为真正的“平视”，回到问题及实践的源起，进而理解前文故事所引出的“说的难度”和“讲的限度”。

一、问题的提出

1. 研究缘起

自2000年起，一个偶然的机会让笔者走进了乡村建设并持续至今。还记得那是一个深夜，笔者因为学生社团的工作而不得不到半夜才蹑手蹑脚地回到宿舍，为了不影响室友们休息，在微弱的手电光下打开友人自费印刷的《告语人民》①。正是那本书震动了当时的笔者——既因那段一直存在却被我们有意无意遮蔽的历史，也为先贤们在实践中所展现出的有力担当与创造精神。特别是晏阳初对教育平民化的坚持，其所主张的“向平民学习”又非“原罪式”的自我贬低与一厢情愿，而是建立在自我反思与行其所知的基础上，重新调整包括“乡与城”“知识分子与农民”“理论与实践”等在内的各种关系，进一步发现其中的困境及创新空间，并终其一生保持着贴地步行的热情、行动力与平和心态。

晏阳初曾说“人的热情是可以感召的”，那一晚的阅读恰如其分地感召了笔者，将年轻学生自以为在开创历史的小小“自负”续入那场虽然充满差异却充分体现着知识分子自觉的社会实践中。它让夹杂着盲目自信与彷徨矛盾的笔者，不再患得患失，不再迷信于想象中完满的社会变革，而是从反思和行动中发现并积聚那些零散微弱却不可轻视的建设力量。

当然，“一本书改变人生”只可能是传说。瞬间的感动和激动很容易被严峻的现实与身边的目光所教育，可那些启示却像一颗种子，还是慢慢

① 该书为诺贝尔文学奖获得者赛珍珠对晏阳初访谈后，于1945年以英文出版的访谈录，后以《告语人民》为名翻译为中文并作为附录收录于《晏阳初全集》。2003年，该书与晏阳初各时期的代表性作品一起由广西师范大学出版社正式出版，书名即为《告语人民》（宋恩荣编）。

晏阳初骑驴下乡（20 世纪 30 年代）

地改变了笔者。由此便有了笔者这些年来分别在支农社团、河北翟城、北京郊区、重庆北碚等地所参与的乡村建设实践。实践中许多的故事与案例、经验与反思、兴奋与纠结将在随后各章中陆续讨论。此处先交代一下为何会有这项研究，为何笔者要主动书写这段似乎因包含叙述者在内而不够“客观中立”的经历。

晏阳初乡村建设学院大门

2007 年 5 月，我们离开工作并生活了三年零十个月的河北定州翟城村和晏阳初乡村建设学院。笔者在乡建学院中负责的是培训组织，虽然随后做过一些努力，却还是发现短期内无法直接继续原有培训。同时，这么多年来，笔者对原来工作中逐步显现的语言贫乏、创新不足与各种思想困境有所警觉，于是就提前开始了一直藏在心中的计划——回到“象牙塔”，以开启“乡建学术化”与“学术乡建化”的新尝试。同时希望通过经验总结与理论反思，推动具体工作之中的乡建一线实践者——就是笔者那些正在田埂中行走的同人，在“低头拉车”的同时，也能经常性地“抬头看路”——当然也包括先行者和同行者的足迹。

于是，笔者来到了香港岭南大学文化研究系。不会粤语、跨学科和“当逃兵”的不安，让笔者在煎熬中度过了很长一段时间，但也坚定了笔者的决心：如何珍惜这样难得的时间与空间，一方面梳理来自实践的鲜活经验，另一方面通过回溯历史与宏观微观相结合的方法，为一线同人及正在进行的乡村建设实践提供一些新的视野。

实际上，无论是历史还是当代的乡村建设实践，从来都深处以都市化、工业化、非农化为导向的现代化洪流之中。其所做出的相关探索、引发的反应及所存在的内在张力，有助于我们反思有着数千年农业文明传统的乡土中国在现代化转型过程中的复杂状况。

带着这样的目标，笔者以“实践者—研究者”的视角重新走进自认为熟悉的乡村建设历史与现实。作为一场知识分子参与并直接回应“三农”这一重大现实问题的社会实践，虽然进入今日公众视野的民国乡村建设屈指可数，但据南京国民政府实业部的调查，20 世纪 20 年代末 30 年代初全国从事乡村建设工作的团体和机构有 600 多个，先后设立的各种实（试）验区有 1 000 多处[①]（郑大华，2000：456）。面对当时中国的整体性危机，这些参与者既包括传统儒家士绅，也包括西方教育影响下的现代知识分子，他们开创历史般地集体离开书斋、大学讲坛和舒适的大都市，自发形成一场影响广泛的乡村建设运动。

数十年后，当中国因“崛起”而重新成为世界焦点时，21 世纪的当代乡村建设却再次浮现，在“解构现代化”的反思中以实践来探寻“我们

① 根据时人陈序经的说法：“全国关于乡村建设团体有一千零五个。这个数目乃是实业部调查所得的，也许尚有好多团体，不计在内”（1946：53）；而据齐植璐此前十年的说法：“无疑地，中国的乡村建设运动，已形成了现阶段一切社会运动之主潮；在全国有六百多个团体从事乡建工作，有一千多个地方创办乡建机关，有数万知识分子直接间接地加入乡建阵线，风声所被，有如天马行空，水银泻地，澎湃震吼，无远弗届，可以说是已走到登峰造极的黄金时代了”（1936：7）。若具体以中华平民教育促进会为例，1926 年到定县的工作人员是 66 人，1928 年是 82 人，1929 年是 204 人，1932 年是 224 人，1935 年达到 500 人；而山东乡村建设研究院仅自己研究部和训练部培养的学生，留在实验区工作的就有近千人之多（郑大华，2000：538-539）。

到底要什么”①，同时继续延续着历史上的相关议题与工作内容，并增加了生态可持续的内容与视角。面对如此一段“活着”的历史，当下的我们该从什么样的角度来理解百年来乡村建设的思想与实践？

回到现实中，在当前国内特殊的社会背景下，我们很容易将实践派和学院派天然地对立起来，后者缺乏与前者的应有互动，前者则缺乏理论层面的分析总结与讨论反思，都似一个个匆忙赶路的行者，偶有抬头，也只是进行圈内有限的寒暄，看路看天近乎成为奢侈。

而现有关于乡村建设的常见叙述，则让作为实践者的笔者有某种削足适履之感，既因看似流畅的叙述并不能有力地呈现实践者复杂而又充满张力的状态，又因“后见之明”的事后总结常缺乏与当下实践的有效贯通，这影响着我们对这一有着内在连续性和关联性的社会实践进行整体性把握。

实际上，虽然不同时期的乡村建设存在着不同的内外环境与目标任务，但正在进行中的当代乡村建设却给了我们一个叩访历史的接口，距离与互动让我们有条件推动进一步的思考，但也需要新的视野与知识生产方式。

也可以说，正因作为实践者的不甘心和作为研究者的不满足，我希望能重新进入乡村建设现场，同时追溯其百年历程，进而尝试理解：中国作为有着悠久农耕文明基础并以农民人口为绝大多数的国家，其剧烈的现代化转型过程中乡土社会有着何种反应？作为重要反应的一个大类，乡村建设又是如何在实践与理论层面充满张力地展开着？

总之，本书以“叙述乡建”之上的“理解乡建”为目标，希望将乡村建设、现代化进程及中国经验结合起来，并通过“跳出乡建看乡建”②。因此，本书所涉及的跨度和范围相对较广，书中较多使用注释可以理解为

---

① 参见温铁军同年的两本书：《解构现代化——温铁军演讲录》（广东人民出版社，2004b）和《我们到底要什么》（华夏出版社，2004c）。其中，温铁军通过以中国国情与“三农”问题为事实基础，反思现代化论述的普适性。

② 类似自觉一直存在于梁漱溟的认识中。1930 年，其在为山东乡村建设研究院所拟定的设立旨趣与办法概要中即指出（1930：224）：“想要农业发达，不是农业片面的事；在其社会的方方面面（政治经济教育）都有密切关系，而实为整个乡村的事。如此方方面面都顾到的促兴农业，换句话说，那便是‘乡村建设’了。”再如，梁先生 1940 年在《答乡村建设批判》明确指出（1940a：594）：“我们的工作纵然在教育，其意义却非止于一种什么教育运动；我们的工作纵然在经济，其意义却非止于一种什么经济运动；我们纵然埋首乡村，却非不问政治；我们纵然身在内地，而眼光正无妨在国际问题民族解放。”

对各种相关背景与复杂脉络的必要交代或说明。

2. 先行研究

作为一场由知识分子发起并直接回应“三农”这一重大现实问题的社会实践，无论是历史的还是当代的乡村建设运动，都一直受到学界与公共媒体的普遍关注。回顾已有相关研究，主要集中在以下方面：

(1) 历史乡村建设研究

比较常见的是通过乡建代表人物的经历、言行与思想来呈现不同的乡建实践（朱汉国，1996；马勇，1999；吴相湘，2001；梁培恕，2001；清秋子，2010；等等）；与此相对，也有学者结合乡建各派展开整体性研究，并在此基础上进行类型分析与定位评价，同时对这场影响深远的历史实践进行理论阐释（鲁振祥，1987；郑大华，2000；虞和平，2006；徐秀丽，2006；孙诗锦，2012）；还有学者以新史料开拓出较少引人关注的其他乡建人物研究（刘重来，2007；马俊亚，2013），或进行乡村建设的区域性研究（李在全，2003；游海华，2004；朱考金，2009；毕晓莹，2012；魏本权、柳敏，2013）。

在专题研究上，近年来也产生较多成果并日益呈现出多学科参与的特点：例如，有人类学学者从“他者化”和“病人化”的角度对历史乡建的思想与实践进行了新的批评（赵旭东，2008）；有学者尝试将历史乡村建设放置在中国近代历史与思想传统中加以理解，特别是勾连晚明以来的儒学下沉趋势与地方化趋势以重新定位近代乡建实践的历史位置（宣朝庆，2010；沟口雄三，2011）；也有文学研究者从现实出发进行了历史追溯和当代讨论（梁鸿，2011）；还有研究将乡村建设作为“另类”实践放置于第三世界和抵抗全球化的视野之中（刘健芝，2008）。

进入 21 世纪以来，随着当代乡村建设运动的再次兴起，有关研究也一直在推陈出新，从一般对平民教育和社会经济建设的介绍，逐渐深入到地方割据条件下的乡村治理与乡土文化复兴（张艺英、温铁军，2018；张艺英、李军，2018；李军，2018；高明，2018）、乡村建设实践中的早期社会企业与社会企业家（金一虹，2018；杜洁，2018）、乡村建设实践中的政治哲学思想（吴飞，2005、2009a；王悦之，2014）、乡村建设与国家政治建设的复杂关系（吕新雨，2013a）、乡村建设与乡村革命的内在张力（仝志辉，2018；潘家恩，2018）、乡村建设与 20 世纪中国的现代性张力等（王先明，2018）。

特别值得注意的是：在现有叙述中，历史乡村建设常被不同程度地确定为相对于革命的“改良主义”实践（薛伟强，2006；郭丽、徐娜，2013）。之所以如此，是因为在晚清和民国时期，在中国历史表达上存在着彼此对立的“现代化”和“革命”两种叙事，虽然两者在对西方影响、历史动力及其中精英和人民群众作用发挥上存在较大分歧，但两者也共享着诸如“现代性给人类带来好处”、“中国成为一个工业化社会是必要的”和“过渡到现代是一个全国性现象”等基本假设（李怀印，2013：16、50）。徐秀丽（2015）将之归纳为“革命”与“现代化”两大范式，认为不仅应在反思的基础上看到两者事实上的并存与互济，同时也应看到中国近代史存在从更多侧面进行解读的必要和可能。实际上也已有相关的尝试，例如，有研究尝试从“另类现代性”的角度对梁漱溟的乡建思想展开分析，进而对将乡村建设内置其中的“走向—拒绝”现代化框架进行挑战（李善峰，2003：374）。关于乡村建设实践是否为“另类”现代化，显然是个庞大的议题，笔者之所以不简单认同，是因为各乡村建设实践者对现代化的理解本来就存在一定的差异，除常被人提及的晏阳初与梁漱溟之间，卢作孚也有其对现代化的独特理解①。意味深长的是，如此差异下为何他们又都能“殊途同归”地提出并实践着乡村建设，这正是拙作的出发点与基本问题之一。

（2）当代乡村建设研究

一方面，有学者于21世纪前后对政府推动新农村建设的必要性与外部宏观环境展开分析并提出政策建议（林毅夫，1999；杜鹰，2000；秦富，2005）；有学者就21世纪以来乡村建设的目标重点、战略定位与道路选择展开研究（贺雪峰，2006；孔祥智，2006；温铁军，2010）；也有学者结合案例对民间社会组织和农民自发的当代乡村建设进行研究（周立，2005；仝志辉，2008；杨雅如，2010）；与此同时，当代乡村建设发起人则在实践中结合所从事的具体实践进行总结反思（刘相波，2005、2010；何慧丽，2007；石嫣，2010）。

另一方面，延续历史乡建实践者总结反思与自我书写的传统（卢作孚，1935；梁漱溟，1936；晏阳初，1937），当代乡建实践者也保持着对

① 卢作孚在《四川嘉陵江三峡的乡村运动》一文中豪迈宣称，他搞乡村建设的目的是“要赶快将这一个国家现代化起来”“要赶快将这一个乡村现代化起来”。而卢作孚认为“中国的弱点只在没有走入现代，没有完成现代的物质建设，没有完成现代的社会组织，没有运用现代的科学方法去完成物质建设和社会组织”（转引自刘重来，2007：前言2）。

所参与实践进行“白描式”记录的习惯（邱建生，2005；黄志友，2008；白亚丽，2011），然而对乡建内部张力、意义及复杂脉络缺乏进一步的发掘，未能与学界构成有效对话。

作为当代乡村建设运动的主要发起人与研究者，温铁军的观点对当代实践有着较大的影响。无论是“三农”问题的提出①，还是其对“百年工业化”“百年激进”“八次危机”的分析，他始终强调多维度的立体分析框架与整体性视野，并不断提醒我们需要回到具体的历史脉络与国情限制下，同时坚持以“三农”为基本的立场与出发点。这也是本书研究得以推进的基础。

（3）相关比较研究

随着历史和当代乡村建设在严峻现实下的日益显现，也出现了各种类型和角度的比较研究。有研究从历史、现实结合的角度比较民国乡村建设与当代农村社区重建（温铁军等，2003）；有历史学者从乡村建设思想史的角度探讨当下“三农问题”的历史特质（王先明，2012）；对于已经展开的当代具体实践，有历史乡建研究者将其作为当代回响以纳入各自研究成果中（晏鸿国，2005；刘重来，2007）。王景新等（2013）则以新的分析单位为框架重新讨论乡村建设，将乡建实践追溯到中国传统社会并拓展为包含着“中共早期、民国、新中国”在内的连贯性思考与实践；王先明团队近年来也一直致力于将“百年乡村建设”作为研究分析的新单位，并做出了富有启示性的开拓。笔者比较认同这种贯通历史与当代的整体性视野，但也认为从一般性中寻找共性的做法，比较容易将“乡村建设”直接等同于乡村问题的“认识史/革命史/建设史”，而对其复杂脉络、内涵与差异张力认识不足，这也是本书希望努力的方向。

在乡村建设已有的横向比较研究中，多以“西化派/本土派”“科学派/传统派”进行类型区分（郑大华，2000）。不同时期对乡村建设的评价则有着不同的倾向，刘重来（2007：63－64）根据时间顺序将之归纳为民国期间、新中国成立后到“文革”结束前后、改革开放之后这三个

① 温铁军于20世纪90年代中期率先提出“三农”问题，以突破学术界或政策界只谈“农业问题”的局限。回到历史，早在1930年，著名社会学家和乡村建设先驱杨开道即主张在“社会”视角下将“农业、农村和农民”联成一个整体，充分顾及“个个人人、方方面面，使农村社会生活化，农村生活社会化”，而在更早的1928年，过探先就指出“农业、农民、农村之问题有相互连带之关系，不可执其一端”（杨瑞，2018：262、583），杨开道在《我为什么参加农村工作》一文中指出“中国农民问题不单是农民问题而是农村问题，不单是个人问题而是社会问题”（1935：11）。

阶段，刘重来及其引用的研究者对第二个阶段评价的“不客观”有较多共识①。在这个纵向框架下，虽然各研究者的评价高低与侧重点有所不同，但众人较少质疑这种依时间顺序所做出阶段化分类本身的问题。在笔者看来，这种顺时序描述法虽尝试让论述还原于历史脉络中，但仍然容易陷于简单与静态，并缺乏对政治和意识形态干扰外更复杂因素的关注。

特别是，各种强调联系和寻找共性的做法虽然努力呈现乡村建设运动的“全貌/特征”，但却容易将复杂多样的乡村建设实践简化聚焦于晏阳初和梁漱溟等核心领导人，并认为是他们个人的文化思想与教育背景起主导作用（郑大华，2000：472）。类似做法容易把实践内部的复杂张力及更大的时代脉络简单化，并因“个人/派别”的差异消解彼此间更深层次的有机联系与内在呼应，从而不利于对乡村建设意义与启示的深入挖掘。如果回到具体脉络中，彼此呼应的乡建实践经常不是一般叙述所归纳的清晰发展与连贯过程，而是充满着挫折与张力。

笔者认为，经过数代学者的艰辛努力，乡村建设研究已经取得丰硕的成果（除上面所做非常粗略的简述外，随后各章及相关注释中还将涉及具体研究成果）。但也存在一定的推进空间：例如，现有乡村建设研究在整体上比较缺乏跨学科与城乡融合视野②，在研究过程中缺乏脉络梳理与实证分析的结合，在研究取向上反思性不足，较大程度受限于“成王败寇”的胜利者史观，多在革命或现代化话语框架内部展开叙述，并常以浪漫化的道德主义为视角和理想化后的实践/论述为对象，进而对实践本身的复杂性及其在不同层面的社会关系讨论不足，不自觉中简化了乡建实践者的主张及其面对的问题，因此阻碍了对乡村建设实践的进一步理解。笔者希望能做出一些努力，却因能力限制，虽然在后文各章有所尝试，但常感力不从心、词不达意，恳请读者原谅。

---

① 刘重来（2007：63-64）转引鲁振祥1987年的研究，认为该时期对民国乡村建设完全否定，将乡村建设批判得一无是处，把“乡建派归入地主买办阶级营垒，认为梁漱溟在山东搞乡村建设，是配合国民党反动派对革命根据地的军事进攻，是挽救地主阶级垂死的命运；晏阳初是买办学者，打着平民教育的幌子惑世欺民，定县实验对农民有百害而无一利。总之，是一棍子打死”。此外，薛伟强也在《晏阳初研究八十年》中认为：新中国成立之初，晏阳初受到严厉的政治批判，被称为“美帝国主义的走狗”，其理论被认为“是一种为虎作伥的法西斯教育理论”。

② 特别是跨学科视野下对乡村建设进行带有反思的整体性研究，其整体性既包括横向间不同乡建实践的联系与互动，也包括纵向上不同年代和表现形式实践的内在呼应。

3. 三种倾向

以上关于乡建先行研究的概括非常简略和片面，既是本书的开展基础和对话对象，也带出了笔者的问题意识与努力方向。具体说来，笔者认为已有乡建研究不同程度地存在着以下三种倾向。需要说明的是，如此归纳过于简单和不严谨，且不同倾向间存在着诸多交叉，把它们“简单化”与“标签化”不是笔者的目的。其既是论述和对话的需要，也包含着某种意义上的自我提醒。

（1）“效果论”

有研究对当代乡村建设相关研究进行归纳后认为，各种研究大致可分为三类：1）“大肯定，小否定”；2）“大否定，小肯定”；3）“成败不定”（何建华、于建嵘，2005）。虽然已有研究者或实践者从不同角度对“效果论”提出质疑①，但类似评价角度还是有较强代表性，某种意义上可视为“效果论”评价坐标下“公说公有理、婆说婆有理”或“各打五十大板”的逻辑演绎，不利于进一步讨论及其复杂性的具体分析。

笔者认为存在两种类型的“效果论”。第一种比较常见，即以“成败”论英雄——当我们关心一种理论或实践时，多不自觉地以“结果”为评价的导向，其容易简化实践本身的复杂脉络，同时也容易放过诸如何为“成败”，其由谁界定、是在什么样的脉络与条件下成立等问题；第二种“效果论”比较间接，虽不直接以结果逆推成败，却多将“主观—客观”和“目的—效果”二分，肯定动机的同时否定其方式与内容，在“主观/目的”的指认中强调并突显“客观/效果”。

类似分析主要基于主流框架，常以既定标准为坐标，过多强调结果而忽略过程中的复杂性及包括条件环境在内的动态变化，较少看到建设性努力的负重潜行及本身的多元形态，不利于对各种宏观背景及实践张力进行深入分析，内在地体现着某种“成王败寇”的精英史观。

实际上，各种形式的“效果论”一方面经常产生标签化与简单化的效果（正由于对其复杂性及内在张力的遮蔽，让乡村建设成为“保守”或“不彻底”的代名词，不符合客观现实）；另一方面常将乡村建设限制在“现代化”和“革命史”这两种论述框架之中，或将乡建与革命割裂并对

---

① 如温铁军等认为历史上的乡村建设“我们不能说它失败了，因为它的条件变化了”（2003：36）。

立起来，或将其理解为“走向-拒绝”现代化的二选一，而忽略其在现实展开中的复杂形态与多样化呈现。

（2）“好人好事”

该倾向在乡村建设研究中较为常见，存在于不同观点和立场的评价之中，无论对其实践的主张和成效评价如何，道德层面的判断都常成为分析前提与重心所在。实际上，所述“好人好事”无论是在历史上还是在当代都事实存在，同时由于乡村建设实践在总体上处于边缘位置，在主流论述包围下进行某种“存在式证明”有其必要性，也有助于公众对乡建（人物/事迹）进行应有的认识。

然而，这种叙述倾向将具体的人和事孤立并抽离于所处的历史脉络，既容易落入一些不必要的“陷阱”①，同时也容易让乡建受限于主流坐标中关于“好”的认知与想象，弱化其内在的丰富性与批判力。在这种倾向的影响下，不那么“好”或典型的人和事，以及其中的差异性和复杂张力等都不利于进入，且其以个体或个案为分析单位，也不利于呈现其群体性、多样性及产生这些人和事的社会基础。

也可以说，如果不能结合其所内在的中国现代化进程，并认识到乡村建设实践与实践者本身的复杂性与内在张力，表面上针锋相对的“好人好事”其实是另一种“效果论”，而“效果论”也离不开“好人好事”的基本范式。以“个人/个案”为单位的道德化处理让乡村建设丰富实践中的“（好）人”和“（好）事”抽离于原有脉络，这既不利于对其内在复杂性进行必要的把握，同时还可能再次巩固我们对“好”标准的刻板认识，不利于乡建理论和实践所努力打开的新批判空间的开拓。

（3）“就事论事”

梁培恕（2001：183）认为，一些批判者和传记作者没有足够深入地认识他父亲（梁漱溟），原因是没把“特”字即“个性”讲出来。笔者认为，要想更好地呈现乡村建设，还需要避免常见的“就事论事”倾向；应尽可能地回到实践者所处的具体脉络，联系更为复杂的时代背景，在矛盾张力及多重面向中立体理解他们的动力、主张与困扰。

作为梁漱溟研究的经典著作，艾恺②的《最后的儒家》做出了有益的

---

① 比如，针对“好人好事”的晏阳初论述，就有网友发表《一张真实的照片造就了一个弥天大谎》，见 http://blog.sina.com.cn/s/blog_8e4fcc8c0100z2o2.html，以质疑其是否够伟大。

② 也有译作艾凯的，全书统一称艾恺。

探索。在该书中，作者通过思考梁漱溟理论实践本身的复杂性及其与同时代其他思想主张间的内在联系，进而讨论其与“中国现代化两难”的呼应关系。虽然作者也谈到梁漱溟的家庭与性格，但却有意识地拒绝常见的个人化与一般性归纳。正是通过这种“脉络化”处理及对“就事论事”的不满足，艾恺首先指出：梁漱溟和中国及世界各地那些排外的保守主义者不同。“实事求是”是他用得最多的格言。梁漱溟为乡村及文化的复兴所做的最根本的辩护既不是民族统一和团结，也不是浪漫主义，而是“客观事实”，并且最重要的是对经济上的客观事实的考虑（1996：202）。之所以不是一般意义上的“浪漫主义”，是因为“当时有人主张将中国建成一种道家式的农业乌托邦，以求避免西方工业化带来的罪恶。但梁漱溟则怀疑在现代世界中建立一个农业国的可实践性”（1996：142）①。

此外，艾恺也不满足于对“乡村建设”的传统边界与定型化认识，而指出“梁漱溟并没有像人们希望的那样在中国共产党的努力和乡村建设之间划出革命或改良的界限②。他认为乡村建设‘毕竟是一种革命；将旧秩序——君主专制政治，个人本位的经济，根本改造成一全新秩序——民主政治，社会本位的经济，不说他是革命是什么？’”（1996：224）。在他的理解中，“正是中国共产党人实现了梁漱溟的最终目标……毛泽东复兴的风格和手段与梁漱溟的幻想有着某些相似性：强调乡村小工业和地方的自力更生”（1996：279）。该分析在他20世纪80年代见到晚年梁漱溟后得到某种验证。艾恺认为“梁漱溟本人也强烈感受到他的乡村建设的计划和目标实际上是由中国共产党实施了”（1996：351）。

可以说，艾恺的研究与努力让我们看到梁漱溟理论实践中的内在张力——在政治上的模棱两可：它既不是革命的也不是保守的，也的确不是自由主义的……他幻想着一种民族化运动以反对国家化，却同时认为政府天生就是乡村建设的妨碍（1996：280）。除此之外，“虽然乡村建设的目的是建设一个避免都市政治经济控制的社会，但梁漱溟仍然要到都市的银行去寻求资本”（1996：284）。笔者认为，类似矛盾的存在恰好折射出乡村建设实践所需处理及面对问题本身的复杂性。

---

① 除此之外，艾恺（1996：203）还认为其还取决于梁漱溟推动乡建的独特目标：“梁漱溟对自然丝毫没有那种近乎泛神论的敬意，也没有作为西方平均地权论特征的那种审美的田园之乐。……他认为乡村建设的目标是要实现都市和乡村的相互转化，而不是远古时代那种道家式的乌托邦。”

② 艾恺（1996：233）认为：“梁漱溟的这条路与共产同其方向，所差的只是分寸不同。”

此处以《最后的儒家》为例，希望借此反思现有研究中的“就事论事”倾向——常“见树不见林”地局限于微观实践或个别行动者内部，而对实践所处的宏观脉络及本身的动力、张力，以及不同实践之间的内外联系缺乏整体性考虑。

需要说明的是：虽然笔者指出以上三种倾向并希望能有所自觉和避免，以上三种倾向却仍不同程度地存在于本书之中。笔者希望在未来的进一步研究中，能与更多研究者一起努力，把乡村建设的复杂性与整体性更好地呈现出来。

二、思想资源

世界体系理论创立者沃勒斯坦①曾组织一批跨学科的科学家，以多语言出版了《开放社会科学：重建社会科学报告书》一书，因为他们意识到“现今的学术知识生产已深深地和各种社会权力、利益体制相互交缠……偏狭的学科分类，一方面框限着知识朝专业化和日益互相分割的方向发展，另一方面也可能促使接受这些学科训练的人，日益以学科内部的严格训练为借口，树立不必要的界限，以谋求巩固学科的专业地位”，然而“历史、政治、经济、社会学等的重新融合和文化研究的发展，挑战着规律科学和描述特性的学问之间的分野，人与自然之间的本体论区分也被动摇”，进而他们号召建立一种更开放和更扎实可靠的知识，同时“直接面对并解决这些彼此分离的领域的存在问题，或更准确地说，必须充分把这个问题重新开放出来”（沃勒斯坦等，1997：82；1999：2-4）。

如何创造开放的社会科学，如何在乡建研究中克服上述三种常见倾向，进行不一样的知识生产？这既需要不一样的问题意识与方法论，也需要新的思想资源与理论视野。在进行多年的乡村建设一线实践后，我重新回到校园，希望能借此进一步思考自己的困惑与问题。然而，这个过程并不顺利，作为“拐杖”和“眼镜”的理论资源及由此形成的新视野有助于我们提出新的问题，却也可能产生削足适履式的新遮蔽；学术训练让我们学习严谨地思考和精确地表达，但刻板的学科化写作却常常隐盖作者的创造力，使其不自觉中排斥了包括情感在内的重要脉络……正是带着这些担

① 也有译为华勒斯坦的，全书统一称沃勒斯坦。

心与忧虑，我开始了文化研究（cultural studies）的学习之旅。

1. 文化研究的脉络自觉与实践传统

被誉为“文化研究之父”的斯图尔特·霍尔（Stuart Hall）认为：文化研究从来就不只是一件事情，而应该是“一种能把理论和实践联合起来的实践”和“一种依据形势不断调整并结合形势的行动”。因此，当面对文化研究在全球理论旅行中普遍存在其称之为“学科化、职业化、口技化”等的现状时，他强调文化研究应是“一种福柯意义上的话语型构”和“一套充满争论的在地化知识”，其并没有“单纯的源头”（2015a：223、231）。因此，他对当前文化研究在方法和展开方式上的过度同质化表示不满，认为“这种铺天盖地的文本化，会以某种方式把权力和政治构造成仅仅与语言和文本性本身相关的事情”，并由此发出文化研究应该“在地化和介入性”的吁求（2015b）。而在十年前的一次访谈中，当被问及对中国文化研究的发展建议时，霍尔“不假思索地说：你们要研究自己的问题，从中国现实中提取问题”（金惠敏，2006）。

作为霍尔的学生和美国重要的文化研究学者，劳伦斯·格罗斯伯格（Lawrence Grossberg）① 对文化研究“是什么”和“不是什么”有着相呼应的认识。在他看来，“文化研究拒绝把自身建构为可以自由穿行于历史和政治语境的一种完成并唯一的理论主张，其更应解读为在变化着的历史工程与思想资源中不断重建自身的努力”（2000：67－68）。因此，其“不是一门学科，它几乎可以在任何一个学科找到归宿并使用任何学科的研究对象”，更要研究的应该是“复杂性”及其反复强调的“脉络/语境”（context，两词同义），特别是“关键时刻的不同语境”（格罗斯伯格、刘康，2007；格罗斯伯格、史岩林、张东芹，2011；史岩林、张东芹，2011），特别是“地方语境与更大矢量（也许是全球）之间复杂而不断变化的关系”（格罗斯伯格，2000）。

在新近出版的《文化研究的未来》中，格罗斯伯格进一步批评一些“打着文化研究幌子”的肤浅研究。在他看来，文化研究不应简单等同于那些传统的文化批评或文化分析实践，它并不是关于文化的研究，而是剖析人们的日常生活如何被经济、社会、文化和政治权力的轨迹宰制；它不只是试图寻找权力的组织，也在追寻幸存、抗争、坚持和变革的可能性

① 香港有时翻译为高士柏。为前后文统一，全书都取内地通用译法。

(2017：2、7)。正因如此，他建议应该超越文化研究的"欧洲中心论"，"不应盲目学习西方文化研究，而应汲取经验并且书写这些知性、理论性、实证和脉络化实证，把它们融入周遭，并创造出一套亚洲自己的文化研究，即从自己的脉络说话，也向自己的脉络说话"(格罗斯伯格、冯应谦、陈韬文，2010)。

从这两位代表性文化研究学者的表述中可以看到其对当前文化研究日益因"普泛化"和"简单化"而丧失活力之现状的批判。同时可以看到，其通过对脉络（语境）和复杂性的强调，阐述回归文化研究的实践传统与在地自觉。

时至今日，文化研究对"学科"的挑战几乎成为一种共识性特质，然其过多停留于标签层面而缺乏实质推进。如果以脉络化的方式做具体分析，将发现：在已经利益化的学科框架内部逆向实践"反学科/跨学科"，且不说举步维艰，所产生的解放性力量也常十分有限。实际上，正如格罗斯伯格所提醒的：学科交叉只是文化研究的手段之一，其最终目标是要对当代社会做出更深刻和更全面的理解，从而积极地改变社会（格罗斯伯格、刘康，2007)。笔者认为，我们应该将方法或技术层面上的"跨学科"前推一步，超越学科框架本身，更好地把握文化研究的独特内涵，尝试以脉络自觉和整体视野反思当前中国文化研究的现状和不足。

首先，在地性与"中土特质"不足。对文化研究的脉络自觉也常意味着对"本土"与"在地"的重视。通过对内在多样性和差异性的发掘，有别于对普泛理论的简单移植与抽象同步。但也不应对西方学术话语进行简单排斥与自我隔离，而需要充分意识到当下中国作为全球化的重要组成部分。因此，互动的"全球"和"在地"应成为需要同时自觉的双重脉络。

具体到对中国文化研究在地性的关注，已有不少讨论（陈光兴等，2007；王晓明等，2011)。笔者认为，中国文化研究在地性的不足①，不仅缺乏直接针对本土议题的原创性研究，同时也因其无法有效勾连起在地文化中独特的批判资源，无法通过紧贴本土脉络以突破文化研究在其他脉络中所形成的分析框架，进而建立起充分的文化自觉与主体性。如何加强在地性？除所处理议题需要更贴近国人的日常生活和现实经验外，还应努

① 例如，有研究认为，当前中国文化研究存在明显的"内外倒挂"(本土成果少、外来成果多)，同时在发展上严重失衡甚至畸形——研究者大多集中在北京、上海，研究对象过于集中在都市生活的相关面向，尚不可见"中国文化研究"，可见的只是"北京文化研究"或"上海文化研究"(徐德林，2014：7-8)。

力向下与向内看，回到自己的脉络，既要思考“我们往哪里去”，同时还要反思“我们是谁”和“我们来自哪里”；并将独特的国情现实与文明传统、充满张力的革命与社会主义实践、与革命缠绕在一起的各种建设性实践等都作为本土资源而纳入视野。

然而，在全球化和支配性文化强势主导的当下，依托被主流意识形态过滤和处理过的既定文本去思考“本土”之有效性颇为可疑。正因如此，才需要到更为广阔的社会历史和被掩埋的边缘实践中去发掘新的资源。

其次，政治经济学视野和历史纵深消失。作家韩少功对中国文化研究有句切中要害的批评：“缺少政治经济学的临门一脚”（戴锦华，2015：37），该问题在后冷战时代尤其突出。虽然文化研究看似锋芒不减，但其越来越难以有效把握当前世界的复杂状况，特别是金融帝国主义所造成的深刻影响，其对现实社会的批判效果与能动作用也日益减弱。对此，已有学者进行过不同角度的反思（赵斌，2001；孙晓忠，2008；刘小新，2011）。笔者认为：一方面，文化研究绝非只是对文化与符号展开的研究，也不是面面俱到的拾遗补阙，其开启的应是一种整体性的分析视野，而政治经济学作为其中的重要面向，既有利于对复杂历史与社会现实展开更有深度的讨论，也有助于挑战主流认识框架下彼此割裂且封闭的定型化论述；另一方面，文化研究兴起的背景之一，即主流的政治经济学和教条化的马克思主义分析难以应对二战以后的全球现实。可以说，简单回到或加入原来那样的“政治经济学”视野，仍然无助于文化研究自身困境的真正解决。因此，需要在新的社会经济条件下，进一步想象和推动某种新的政治经济学视野。

进一步回到文化研究源起处，雷蒙德·威廉斯[①]于1954年率先提出“情感结构”，其不仅具有重要的理论意义，还有丰富的方法论启示。在《漫长的革命》中，雷蒙德·威廉斯认为：情感结构之“结构”所暗示的，一方面是“稳固而明确”，但另一方面却在我们的活动中“最细微也最难触摸到的部分发挥作用”，它既是一个时代的文化，也是一般组织中所有因素所带来的特殊的、活的结果。其非常广泛而又深入地存在着，因为沟通和传播靠的就是它（2013b：57）。也可以说，情感结构是描述某一特定时代人们对现实生活的普遍感受，其中饱含着人们共享的价值观和社会心理（赵国新，2002）。到了《马克思主义与文学》，雷蒙德·威廉斯进一步

① 也有译作雷蒙·威廉斯的，书中统一称雷蒙德·威廉斯。

指出：情感结构可以被理解为溶解流动中的社会经验，它常处在过程当中并具有“新兴性、联结性和主导性”等特征。他还特别提醒我们：这些经验虽然常被当作私人性的、个人特癖的甚至是孤立的经验，但实际上并非如此，其充满社会性（2008：141－143）。因此，情感结构分析既包括对特定时代的普遍情感进行挖掘呈现与动态把握，也有助于揭示相关文化因素的物质力量及社会基础，呈现更为整体的视野。

如果对当前中国文化研究以整体视野和脉络自觉展开进一步分析，与政治经济学视野同时消失的还包括“历史纵深感”（戴锦华，2012：180）。虽然当代题材是文化研究的主要关注点，但“历史化”[①] 和“语境化”却是文化研究的主要特征（刘康，2008），早期文化研究更与历史有着非常紧密的关系（倪伟，2019：9），也可以说，历史的呈现问题才是文化研究一贯的工作方法（雷启立，2007）。然而若认真分析当下中国文化研究的已有成果，会发现存在着“去历史化、去语境化乃至去政治化的知识化”等问题（郭春林，2019：475）。

最后，缺乏实践介入与城乡视野。二战后诞生的文化研究一直有关注并介入实践的传统，数位文化研究开创者都与广义社会运动联系紧密。其中，理查德·霍加特、雷蒙德·威廉斯和 E. P. 汤普森都有长期担任英国工人教育与成人教育讲师的经历，威廉斯的参与是因为“这种社会及文化形式使他们（成教学员）得以看到把自身历史中的纷乱之物重新结合起来的可能性”，也即重新历史化和脉络化，进而对自己所处的状况进行理解。汤普森的动力则基于他“对探求大众经验的热情”。他们都在成人教育教学实践中开创了跨学科研究，也可以说“英国成人教育是文化研究的助产婆”（徐德林，2014：75、78）。除此之外，霍加特还积极参与各种社会政策制定并担任联合国教科文组织总干事助理，威廉斯 20 世纪 70 年代后期成为社会主义环境资源协会的发起人，汤普森自 20 世纪 50 年代开始就一边教书、一边参与左翼运动，晚年则是欧洲反核和平运动的主要领导者。还有研究指出：文化研究是由一批不适应英国传统大学体制的知识分子创建的……作为局外人并游走于知识和权力的边缘，仍然是文化研究对自身特点的至关重要的设想，其一直努力将文化问题与权力以及“社会可能性”的分析等问题联系起来（张亮，2010：211）。

---

① 此处的“历史化”主要体现在研究取向和视野上，强调当下实践与历史脉络的有机联结，而非取材上的厚古薄今。

因此，他们所开创的学科传统自然就包括了对实践的独特理解及以理论介入实践的特别路径，其之所以强调实践介入，是因为它“不仅企图扣紧社会现实的脉动，更希望能介入社会的脉动”（陈光兴，1999：18）。并且这种直接介入实践还有助于发现并创造出真正的新文化，既包括“批判性分析”，也包括“促进性介入”（王晓明，2000、2012）。然而，这种实践不只是技术层面上的“实务”，更是一种有效连接行动与思想的媒介，其实践性建基于对历史脉络的充分自觉，通过重新界定概念和增设参数等方法，挑战主流认识框架及其所产生的各种限定，为现实实践的推进提供源源不断的动力。

相对而言，当前中国文化研究“缺乏对具体、广泛社会实践的关注，缺乏将理论、经验方式与现实场域结合起来的技术性处理的意识和能力”（黄卓越，2014：83），不少研究停留在“不痛不痒的批判”和“玩弄理论的智力游戏”（倪伟，2019：6）。若回到文化研究的源头，理查德·霍加特、雷蒙德·威廉斯、E.P.汤普森等奠基人纷纷聚焦英国工人可谓体现其对本土议题的充分自觉，而“农民”对中国的重要性无疑与“工人”对英国的重要性相当。相对于中国如此庞大、复杂而严峻的“三农”问题与国情现实，当前中国文化研究主要以城市为对象和场域，对“三农”的相关研究也多局限于对与农民相关文学作品的文本研究，较少有更广视角或系统化的研究。这种匮乏不仅仅反映了题材和关注度上的失衡，更可理解为现有研究的“城乡视野”不足。因此，我们并非呼吁更多对“农民形象”或“乡土处境”的关注，事实上，该层面的研究已有不少，但其仍多为“对象化”“问题化”“刻板化”下的产物。相对而言，我们更需要脉络化于复杂的历史现实，既受全球资本主义进程深刻影响又不乏反抗，丰富立体的中国“三农”（农民、农村、农业）。基于此，我们不仅需要将文化研究的视域扩展至“三农”及延伸议题（比如农民工、留守状况、乡村建设……），而且需要进一步形成文化研究的城乡视野，并以此展开对20世纪中国历史的重新理解和对当下社会实践的批判性介入。

虽然乡村建设在文化研究正式提出之前即已发生，但其在内涵上却与文化研究有着很多相通的地方，学术化与国际化程度相对较高的后者可为前者的认识推进提供更广阔的视野与思想资源。而作为贯穿近代中国并持续至今且成规模的社会实践，乡村建设则可为文化研究的本土化提供充满实感和张力的各种现实案例，并有助于我们思考近代中国的复杂性与丰富性。

正如前文指出的，文化研究强调复杂性，并常通过对遮蔽面向的发掘而推进思考。乡村建设作为一种从底层民众和“三生”（生计、生活、生态）出发的建设性实践，内在包含着对精英视角与强者逻辑的拒绝。其在相对不利的外部环境与优先机制①压力下，强调文化的深远意义并以之为自觉；在以“人”为器的乱世之中将“人”的发展作为目标本身；在普遍性中思考特殊性……对于文化研究来说，该系列思考与实践充满着许多富有启示的维度，比如乡村的位置、建设的意义、国情的自觉、生态的限制等。也可以说，除鲁迅这位“文化研究所认可的重要本土资源”（陈光兴等，2007）外，如果我们保持足够的脉络自觉，丰富的中国近代史理应能够产生更多对文化研究有启示的思想者或实践者。比如乡村建设代表人物之一梁漱溟，其对中国文化的独特思考与充分自觉，并在其身体力行的实践中推陈出新，无疑可为中国本土文化研究提供生动鲜活的思想资源。除这些思想家外，笔者更希望指出：许多乡村建设普通实践者的行动与思考、情感与变化、经验与张力也可以成为文化研究的新素材。由此我们将发现：近代中国不仅存在着“文化自觉”的传统和脉络，同样有着不逊色于西方世界的“有机知识分子”群体——成千上万的“乡建实践者”集体告别书斋、大学讲坛和舒适的大都市，长期扎根乡土，并在此过程中进行着批判性的思考与“接地气”的知识生产。

如果说文化研究关于实践与介入的传统②鼓励笔者把一线实践中的观察与思考“说出来”，那么文化研究的奠基人之一 E. P. 汤普森的著作则在微观分析与材料处理上启发着笔者“怎样讲”。作为毕生尝试打通理论与实践、学院与社会运动的历史学家，其不仅是文化研究学科范式与思想资源的开创者之一，更是国际知名的社会活动家。在其影响深远的《英国工人阶级的形成》一书中，汤普森自觉区别于主流论述中“不把工人阶级看作在变化的社会经济关系中有利益有觉悟的主体，而是看作一种被决定的惰性实体或整形医生的手术台上可以被随意塑造的病人，即‘一个东西’”。他拒绝传统马克思主义和文化精英主义的理解角度——认为文化不是人的实践活动，而是实践活动的结果，即以“实践过程中所创造的物

---

① 比如：相对于农业，工业和国防优先；相对于乡村，城市优先；相对于农民，国家优先；相对于文化，经济优先；相对于生态，人类优先……

② 如陈光兴（2009：110）所指：“文化研究的基本精神正在于介入社会的论辩，而非倒退到象牙塔中。”戴锦华（2012b：168）也指出：“文化研究出生伊始，便携带太多、过于沉重的现实‘夹杂物’，而且始终是自觉地对直接、具体的现实情境的正面回应与介入尝试。”

质财富和精神财富”来理解（张亮，2008：99）。为了避免“见物不见人”的常见陷阱或只将工人看成数据意义上的劳动力，发掘真正属于“平民”的日常生活与文化，汤普森十分努力地收集了包括“辩词/审判书/信件/民谣”等主流论述以外的“边角料”，拼图般地将我们的视线拉回到“小人物们”的日常世界，在平视中触碰他们的悲欢与苦恼、事迹与追求。但其不同于大众传媒语境下的“琐屑化”处理，因其笔下的“小叙述”并未抽空割裂于“大历史”。

透过汤普森著作的字里行间，一方面，我们能感受到其内在的平民立场与对精英文化的反思，“从某种意义上来说（约克郡或兰开夏郡织工）社区真是‘落后的’——他们以同样的执着墨守着当地的方言和习俗，没有一点医学知识，而且迷信。但是，我们越仔细观察他们的生活方式，就越会显示出关于经济进步和落后的简单理论站不住脚……每个织布地区都有自己的织工诗人、生物学家、数学家、音乐家、地理学家和植物学家”（2001：331）；但另一方面，汤普森也及时提醒随时到来的“浪漫化”，比如他也指出“许多当时的著作家都在叹息英国旧习俗的消失。但是，仅仅从田园诗般的角度来看待这一变化却是可笑的。这些习俗并不都是无害或富有奇趣的”（2001：480）。他还在另一部著作中提醒道：“不要去为这种前圈地时期的习惯意识而感伤，它自己是狭隘、残忍和迷信的带菌者”（2002：170）。也即，“污名化”与“浪漫化”是我们需要同时警惕并避免的陷阱，我们需要进一步进入历史，看到包括政治经济文化在内的不同层面的复杂因素及内在张力。

针对有人攻击其著作过于强调经验研究而显得无理论，汤普森虽未正面回答，但实际上已让答案内在于其所开创的分析方法中，即如他妻子所指“他宁可让理论从历史和文学著作本身中脱颖而出”（汤普森，2002，代序：2-4）。张亮也认为“他更加重视对具体问题的解决……始终拒绝脱离具体的历史语境对自己的历史唯物主义理解系统进行体系化的阐发，而是始终任其自在地存在于自己具体的历史叙事之中”（2008：36）。笔者认为，这种“脉络化”的论述方式及其对理论的理解与坚持正是汤普森的“实践”所在，其对意识形态化的环境及简单化的认知构成了挑战，并以理论的方式对现实议题进行介入，从而为现实实践的推进提供了可贵的思想资源。

总之，本书希望回到文化研究的脉络自觉与实践传统，借助其思想资源与整体性视野来推进随后各章的分析；与此同时，面对当前中国文化研究对本土议题与思想资源关注不足、整体性视野和历史感缺失等现实困境。除继续那些因全球化与大众文化的兴起而普泛化的符号分析与意识形态批判外，中国文化研究如何回到自身独特的历史与社会脉络，通过打开边界和纳入更多本土议题，在近代中国与城乡中国间寻找更多可能的批判资源与抵抗性力量，直面更为丰富且复杂的中国问题与中国经验。也可以说，文化研究的实践性还需要基于本土和在地，此本土非文化全球化脉络下的缩微与同步，而是强调对多样性、差异性和内在性的发掘与强调，以此更好地贴近其真正脉络。

2. 波兰尼与双向运动视野

正如上文所述，文化研究绝非只是对文化展开的研究，也不是一种拾遗补阙或单方面的突显聚焦，其所开启的是一种新的想象方法和整体性视野。所以，除上述文化研究的思想资源外，本书还希望借鉴卡尔·波兰尼的双向运动视野。

作为20世纪公认的最彻底、最有辨识力的经济史学家，出身犹太家庭的卡尔·波兰尼（1886—1964）亲身经历了时代的大转型——两次世界大战、法西斯主义的兴起、大萧条、世界市场的崩盘以及通向新的世界大战的军备大赛。在研究者看来，这些不是一连串毫不相关的事件，而是“社会统一”分裂这一根本问题的极端反映，它植根于“市场社会”的兴起，这也是波兰尼毕生思考的核心所在（加雷斯·戴尔，2016：19）。

特别值得一提的是，作为超越特定领域的思想家，戴尔在《卡尔·波兰尼传》中指出，波兰尼和几位文化研究奠基人一样，都有在英国工人教育协会（Workers' Educational Association，WEA）任教的经历，当时他的学生包括实验室技术员、文员、记者和托儿所保育员在内的各种白领工人，这段独特的教学经历让他深信成人教育可以成为政治和社会变革的工具，而WEA也成为他理想中的机构（2017：178-179）。实际上，《大转型：我们时代的政治与经济起源》的框架正是其在英期间给肯特郡和萨塞克斯省城公共图书馆上夜校课程时形成的（波兰尼，2017：意大利文版序）。更值得注意的是，正如戴尔所指，他不仅一直密切关注英国新左派从20世纪50年代中期的诞生到60年代早期的衰退，还与另外一名WEA讲师汤普森在精神上有着内在连接与呼应。两位思想家同为社会主义人类学家，他们在自己有关工业革命的历史作品中，都强调了工业革命的毁灭性后果，同时都轻视马克思主义经济学的空洞，并对战后资本主义进行了道德批判（2017：316－317）。也可以说，波兰尼的关怀及思考与英国文化研究有着深刻的内在关联。

在影响深远的《大转型：我们时代的政治与经济起源》中，波兰尼创造性地提出了“双向运动”（double movement）。通过对百年历史的宏观分析，他认为：以激进与乌托邦为特点但表现各异的“正向运动”狂飙突进，但其相应的“社会自我保护运动/反向运动”也同样广泛地存在着①。它可能包括“人的反抗——劳工运动；自然的反抗——农业人口的土地保护运动和现代的‘绿色运动’；金钱的‘反抗’——商业的周期波动与中央银行制度的建立”（许宝强，2001：69）。

波兰尼曾在书中以19世纪的欧洲为例对近代以来剧烈社会变迁中的乡村状况展开分析，认为正是保护主义的“反向运动”实际上“成功地使欧洲乡村稳定下来，也成功地削弱了那个时代的灾祸朝城市蔓延”（2007：158）。笔者认为，充满洞见的“双向运动”不应局限于原著中的分析，其所形成的特别视野也有助于我们对中国当前的“三农”问题及百年乡村建设实践展开分析。例如，笔者认为近代中国同样存在以“百年激进”为特点的“正向运动”并对“三农”领域产生深远的影响，而对于以原住居民性质的农业人口占大多数并以农业文明为主要载体的乡土中国来说，这种“去脉络”的“正向运动”既产生了“三农”危机这样的后果与极端表现，也催生出以“自我保护”和“乡土重建”为双重定位的百年乡村建设，本书的第一、第二章将结合案例进行详细讨论。

在波兰尼（2007：121－132）的理论中，就像被拉开的橡皮筋存在着巨大的张力，“反向运动”广泛而全面地发生在无数毫无联系的问题上，在直接受影响的利益之间也找不出任何明显联系，因为其对应的是“根本性社会利益”，其绝大部分都具有务实性和实用主义特征，行动所针对事项的多样性更炫目。同时，波兰尼提醒我们：讨论“反向运动”不仅要从经济和利益的角度出发，还应包括自由和尊严等角度，因为我们不应“将所描述的保护运动归因于阶级利益，而应归因于被市场所威胁的社会实质”（2007：138）；由于“依仗直接受到市场有害行动影响的群体的各种各样的支持；它运用保护性立法、限制性的社团和其他干涉手段作为自己

① 若做进一步延伸，以研究梁漱溟而为世人所知的艾恺，在其另一本直接用中文写成的《世界范围内的反现代化思潮》的结尾指出“现代化及与其同时存在的反现代化批判，将以这个二重性的模式永远地持续到将来”（1991：216）。可见，对乡村建设内在的“现代化”进程来说，其实同样也存在着某种意义上的“反向运动”。

的运作手段”（2007：114）；“挑战是针对社会整体的，应战才是来自团体、部门和阶级的”（2007：130）。然而，我们不应“浪漫化”地看待这种“反向运动”，也不可顾名思义地将“自我保护”理解为完全积极意义上的“还原论”——就像橡皮筋崩断，其同样可能产生更大的破坏或危险的政治经济停滞（布洛克，2007：16、19）。也可以说，纯粹意义上的“反向运动”常无清晰的类型与固定表现形式，也没有终极目标与计划，同时可被不同力量所影响，既可能产生积极效果，也可能产生不期然的消极后果。

根据波兰尼的分析，一方面，“正向运动”之所以常显强大，是因为其背后是“日益演化为一种信仰、无限的行动主义、世俗宗教、社会计划、社会组织原则的经济自由主义信条”（2007：116－127）；但另一方面，“正向运动”也实际面临着有力的挑战——不是“反向运动”本身将取得胜利，而是“正向运动”建基其上的乌托邦假设本身的虚拟性。所以，我们需要拒绝二元对立的分析框架与道德意义上的简单化价值判断。

正如有研究指出，波兰尼给当下的我们所留下的启示不是源自其个别的论点，而是更多地源自其普遍性的人类关怀，以及有助于“理解整个时代的历史特征和发展轨迹”的整体主义方法论及广泛的比较研究（戴尔，2016：308）。通过本书开展的研究，笔者认为需要对“双向运动”与“双向运动视野”进行区分。因为对当代社会来说，波兰尼意义上的“双向运动”常常同时存在，但我们的社会实际却经常只有“单向运动”这一不完整的视野，它既可能由“正向运动”所主导，也可能在特定脉络下较多体现“反向运动”的影响，两者都非波兰尼理论所应有的完整视野。

本书希望借助“双向运动视野”，提出更有价值的问题并打开原本被遮蔽的面向，同时尽量避免实体性地以乡村建设为例去套所谓“双向运动”。因为笔者隐约感觉到，当我们直接以“双向运动”为框架进行一般意义的现实指认时，既可能掉入“盲目乐观”① 的陷阱之中，还可能失去对其视野意义上的探求。

① 参见迈克尔·布洛维（Michael Burawoy）在《从波兰尼到盲目乐观：全球劳工研究中的虚假乐观主义》（《开放时代》，2011年第10期）中的批评。笔者认同在实践和现实层面对“盲目乐观”和“虚假乐观主义”进行批评有其必要性，实际上这也体现在随后的分析中。但笔者认为这些问题不是波兰尼理论本身所必然引起的，而是我们仅从实体意义上去理解和判断“双向运动”所致，“双向运动”不仅仅是抽象意义上的力量描述与趋势判断，更是一种动态和整体性的视野。从视野上说，所谓“盲目乐观”和“虚假乐观主义”，恰是某种受“反向运动”力量主导之“单向运动”视野的静态推演。

三、特点方法

正如导论开头发生在笔者身上的“皮鞋与布鞋”所示，现实丰富于想象、经验常常大于理论。无论是乡村建设的实践反思，还是文化研究的在地化探索，皆不可能“一劳永逸”，其必将是一个漫长且复杂的过程。为了让上述问题意识及整体性视野在具体论述中得以体现，同时尽量避免那三种常见倾向，笔者希望在材料使用、分析方式及具体写作中有所创新，所努力形成的特点如下：

1. 经验的“在场”

作为文化研究的奠基作之一，理查德·霍加特 1952 年在其成名作《识字的用途》序言中自陈该书“在很大程度上建立在个人经验的基础上，并未标榜会具有社会学调查的那种经过科学检验的特性”（2018：1）。而对于文化研究的另一奠基人雷蒙德·威廉斯来说，经验则是他文化理论的核心范畴之一（罗钢、刘象愚，2000：8）。在《乡村与城市》中，雷蒙德·威廉斯就十分直接地呈现着自己身为“乡二代”的切身经历与真情实感。这其实可以理解为文化研究的情感与经验面向，它“摈弃了过去那种不偏不倚超然的研究态度，不但不掩饰自己作为一个社会主体的局限性，相反将自己的个人经验变成文化研究所依赖的宝贵材料”（罗钢、孟登迎，2002）。实际上，也只有这样，才能使文化研究所提倡的“脉络化”和“复杂化”真正展开，并内在激发出研究者进一步的实践动力。

也可以说，情感的在场和对经验的正视，恰是文化研究的一个重要传统与独到之处。在《文化研究：民族志方法与生活文化》一书中，安·格雷指出：经验是个人直接参与或观察某一事件的再现与表现，也是关于人们生活在这些环境下是什么样子，以及人们在其中所产生的个人感觉与情感。同时，经验还是处理“统合”要素之显明形式的基础，其中各种元素以某种方式被结合在一起，它避免了一种决定性和机械性的模式（2009：42-45）。

不仅文化研究在此方面体现着“开放性”，即使以强调严谨和史料著称的历史学者，也可能将情感经验视为研究创新的内在动力，而不只是“客观、中立”的干扰因素。比如，黄宗智在回顾自己五十年的学术生涯时，惊讶地发现："感情，作为自己学术研究的问题意识的来源和动力，其实比理性的认识起到更根本的作用"（2015），而与这种"感情"有机连接的正是"经验"（2016）。

回到本书所讨论的乡村建设实践，经历、经验和感受本身就作为乡村建设实践的重要组成部分，它们和历史文本及具体案例一样，同样可以成为我们理解乡村建设丰富性的有效媒介。具体说来，存在着两个层面的经验需要处理：宏观上看，乡村建设在百年历史进程中的事实存在与隐现交错本来就是"中国经验"的一种，有助于理解现代中国的曲折形成与复杂意涵；微观上看，其包括"实践者—研究者"在具体实践中的经验与认知，不仅涉及个人和感性层面，同时联系着普遍的情感结构与客观现实。这两个层面相互联系且不可分割，后者的单薄既是前者无法进入主流视野的症候，也进一步强化了主流逻辑对前者的遮蔽效果。

而"在场"则是多重的，不仅包括"实践者—研究者"作为当事人的经历在场，同时强调其情感、立场与生命历程的在场，以及各种现实限定、坐标框架、历史传统与主流逻辑的在场①。可以说，经验的"在场"就是文化研究的脉络自觉，其区别于一般的对象化处理或对实践"居高临下式"的简单吸纳，而是在这个过程中形成自觉意识，进而打破对实践的隔膜，与历史化处理形成相互补充。

为努力达成以上目标，摆脱对"文本研究"的过度依赖，笔者在随后各章的相关书写中，尝试带入更多不被主流论述所重视的"在场"经验，努力让隐藏在字里行间和文本背后的实践者及时"现身"，以此强调人的能动性和文本内外之连带感，发掘"溢出"文本的复杂面向，推动更有实感的反思。它们既可能是故事与经历，也可能是由之引发的困惑与反思，以及包括不甘、无奈、兴奋、苦恼、尴尬、纠结等在内的复杂情感。如此处理，希望对常见"对象化"书写进行反思，把书写者的事实在场、情感影响与话语权力作为脉络之一，将"经验"历史化和脉络化，在经验与时代、自我和他者的密切结合与互动中，促进理论与实践的对话。与此同时，希望这些"拖泥带水"的"次文本"（题词、小引、专栏、注释）能

---

① 除笔者所熟悉的当代经验外，历史乡建实践者也有及时总结经验并加以反思的自觉。比如徐宝谦1936年编辑出版的《农村工作经验谈》（青年协会书局），收集了包括自己及黄炎培、章元善、瞿菊农等十二位乡村建设一线工作者的经验与反思，十分具体且真切。

补充并构成乡村建设的完整脉络，拓展出理解实践的多元化途径。

特别值得注意的是：无论是历史还是当代乡村建设，都十分强调理论与实践的互动及包括试验、研究和人才培养在内的“三位一体”工作方式。这与近代中国“试验主义”思潮的传入①有一定关系。所谓“试验性”，既包括通过局部实践总结好的经验，也包括在“试错”中总结教训以规避更大的问题和风险，并在此正反过程中推进对问题的认识。例如，晏阳初就认为应该把“试验—研究—训练”结合起来，这也体现在他所主持的“定县试验”中：以各种层次的平民教育为训练乡建者及推进试验的手段；以试验区为“选择、确定和验证”训练内容的“中试车间”；而对于乡村建设实践中的研究，他希望“不是为研究而研究，乃是为事而研究。最后一点又可分作三点说：一是为问题而研究，二是为实施而研究，三是为训练而研究”（1934：305），也即不只出于研究者个人或团体的需要，也应考虑被研究者的需要。正是这些带有“反思性”与“试验性”的实践，为笔者让经验“在场”的尝试提供了充足的素材与底气。

汤普森在《英国工人阶级的形成》中不满地指出：“只有成功者才被记住了！走不通的路，迷失的事业，还有那些失败了的人则统统都被忘记……需要把各种平民从后世的不屑一顾中解救出来！”（2001：5、11-13）这既基于他对“多从统治者角度”之主流研究的批判，也是其独特视野的体现。笔者认为：这种“解救”既非简单的“道德姿态”，也不是对“多数”的迷信，而是对平民文化的重新思考，以及对以“成王败寇”为导向之“胜利者历史观”的拒绝与警惕。

正如导论开篇所说明的，各种经验及由此产生的体认与反思、困惑与张力构成了本书的缘起问题与推进动力，而这些经验则直接来自笔者直接参与的当代乡村建设实践。当然，如此研究不同于一般的“对象化”书写，笔者首先要面对如此研究是否“客观中立”的质疑。正如刘云杉所指：常见的“对象化”处理所凭借的方法是19世纪物理学的研究方式，

① 该思潮为当时来华访问的杜威（John Dewey，1859—1952）所主张，他认为观念必须在实验中锻炼，只有经过实验证明，在实践上能解决实际问题的观念，才是有价值的观念。若从方法论上进一步延伸，也即其强调在试验和实践中认识事物，发现规律并总结经验。这对当时乡村建设实践的推进有着重要影响。为了便于经验总结与推广，乡村建设将实践与研究、人才培养相结合，同时还因地制宜地根据不同条件进行差别化试验。作为例证，有研究认为卢作孚在北碚的乡村建设实践是其“将中国历史文化中注重‘践行’的传统与二十世纪初传入中国的杜威试验主义相结合的产物。（而）试验主义方法使其致力于中国社会改造的方法论基础”（张守广，2014：代序，6-7）。

用机械论与决定论，来寻找孤立的对象之间直线性的因果关系。而实际上我们的研究需要面对的不是自然事实，而是社会事实，是一个有事件，有参与者，有行动者，有各种观念博弈、利益角逐的场域（2006：7－9）。而对于人类学来说，自 1986 年《写文化——民族志的诗学与政治学》问世以来，民族志的主体—客体单向关系的科学定位受到强烈的质疑，反思的、多声的、多地点的、主体—客体多向关系的民族志具有了实验的正当性（詹姆斯·克利福德、乔治·E. 马库斯，2006：代译序，14）。历史学家彼得·伯克进一步认为：被书写的对象，无论是现存者还是已故者，都不应仅仅被当作原料来对待，而应被当作对话者（2010：191）。对类似问题的反思，下文的"'另类'书写"一节中将做专门的讨论。此处仅以访谈为例，讨论建立于实证主义基础之上的常见方法所可能存在的问题。

笔者认为，不管技巧如何高超、话题如何开放、气氛如何轻松，访谈行为大多不同程度上带着访谈者所主导的言说脉络——虽然多以"他们自己说的"为名，受访者也被鼓励最大限度地"还原"当时的脉络，但因时空上的错位，实际上已经不可能真正回到言说者的脉络之中。此外，笔者也不想因为拿起笔记本和录音笔，而让"研究者—被研究者"权力关系进一步定型、实践与研究再度分割、观察与倾听成为获取更多信息的某种技巧、客观与中立被绝对化为某种不言自明的"价值"与"包装"。

不过，多依赖访谈这样的方法，还为避免一种"你不都说了吗"式的简单化。相比之下，笔者更愿意在热火朝天或筋疲力尽的劳动中、在面红耳赤的讨论会上、在集体生活的点点滴滴中感知多样化的信息，若能将这些语言和片段与产生它们的具体环境更好地结合，或许可以更好地理解那些让大家兴奋、迷惘、无奈、不甘的社会基础与复杂成因，虽然它们可能远不如事后回忆条理清晰。

即便如此，"子非鱼，安知鱼之乐"。无论与那些案例所涉及的实践者在现实中是如何熟识与相知，毕竟我不是他/她，不可能真正"代言"。为了带出更为鲜活饱满的"经验"与"情感"，笔者进行了一个大胆的试验——在各章前面的小引中放置自己参与乡建过程中的生命故事与困惑反思，这些文字是笔者在一线实践之余所写的即时随笔，既希望引出正文讨论并与之构成一定的对话，同时也想以"第一人称"的角度再次提醒读者，所读文字背后之"主观"和"立场"的事实存在。

2. 跳出乡建看乡建

法国年鉴学派主张扩大史学研究范围，一方面提倡研究“全面的（或整体的）历史”，包括人类活动的全部现象，特别是经济、社会、心理现象；另一方面主张综合分析，运用历史比较法，向史料提出问题，把个别事物放到特定的社会环境里加以考察、理解，找出各种社会历史现象之间的相互关系（费尔南·布罗代尔，2002：代序 3）。如上文所述，本书尝试通过经验和情感的“在场”扩大对乡村建设的理解范围。与此同时，也希望将其“相对化”后放置到更为宏观的脉络和环境之中，在整体性视野下进行理解。

乡村建设作为自觉于乡土社会、草根民众和国情制约的“另类”实践，其对现实社会的理解与想象、其与主流思潮的各种互动及内在的张力困境①，本身构成了有着悠久农业文明的传统农业大国在现代化转型过程中之复杂状况的症候。正如梁漱溟一直强调“乡村建设，实非建设乡村”（1937a：161－162），乡村建设不仅是一项尝试保障农民生计和改善城乡关系的社会实践，同时也是一项尝试发展新视野的论述实践。但正如前文所述，常见的乡村建设论述容易“就事论事”，过多从技术层面上进行分析，缺乏微观宏观相结合的整体性视野与脉络化分析，并且，对实践本身的复杂性及其与内外环境的互动性感知不足，很容易简化乡村建设实践者的主张与思考。

在笔者二十年的乡建实践中，有一组问题一直萦绕于心：为何乡村建设会成为不同背景、学科、立场的知识分子差异纷呈②却不约而同的行动？面对诸多困难，为何乡村建设能够负重潜行且生生不息？虽然常竭尽全力，为何在现实层面上乡建实践者所追求的目标与实际效果却往往存在较大偏差？为了回答这些问题，笔者尝试“跳出乡建看乡建”，在整体性视野下让

---

① 有研究指出：乡建运动是针对中国环境的需要产生的，因而它是民族性的；乡建运动又是国家主义话语参与下的结晶，因而它是政治性的。乡建运动力求解决的是平民生活问题，因而它是社会性的（杨念群，2006：47）。现实中，乡村建设常充满复杂性和内在张力，笔者将在随后各章中以不同角度进行讨论。

② 时任中华平民教育促进会平民文学部主任和《民间》主编的孙伏园在《全国各地的实验运动》一文中指出：“第一是运动的领袖，在学识上和经验上，不一定都相同，因而对社会各有不同的看法；第二是运动的地域，在经济上、教育上和风俗习惯上，不一定都相同，对不同的问题自然产生不同的做法；第三是运动所需的条件，例如人才的制限，经费的制限，都有大小的不同，也自然产生不同的结果”（1934：2）。

微观案例与宏观脉络相结合，并发掘实践本身的复杂性。具体做法如下：

首先，重新思考“何谓乡村建设”，将历史与当代乡建贯通，以现代化进程中的乡村建设为整体研究对象，思考其脉络、目标、内涵、特点、张力等方面。其整体性既体现在将乡建不同实践间的异同、联系与内在张力拉通，也希望更多带入被乡村革命、国家建设、现代化所覆盖叠加的现实经验，同时还争取浮现相应的延伸命题，比如常被主流论述遮蔽的“再乡土化”知识分子群体和知识传统。

其次，以“百年乡村建设”为新的分析框架，有别于常见的微观聚焦或一般的比较分析，希望融合历史与当代不同时空背景下的乡村建设实践，在尊重差异与复杂性的同时突显不同实践间的内在关联与彼此呼应，因为隐而不断、老树新芽本是中国乡村建设的重要特点。这种处理既强化历史实践的当代意义，也提示我们乡村建设并不抽象存在于历史人物与故纸堆中，同样内在于当下中国与普通人的日常生活里。

最后，对乡村建设的开展脉络进行梳理讨论。通过回到一线实践者的经历、思考与实践，并配合时人的观察与评论，对乡村建设的源起与动力进行脉络化分析，进而指出乡村建设并非孤立的个别现象，而是充分内在于近代中国的历史进程之中，有着多重的源起与动力。正因如此，一方面，其在现实中差异纷呈、形式多样，充满着复杂性与可能性；另一方面，其同时携带着张力，多以“夹缝生存”为常态，并在与主流的各种互动中见招拆招①地曲折展开。

总之，笔者认为乡村建设不应只是微观上的实践或个案，而只有将其充分脉络化，将其置身于中国现代化进程及全球资本主义扩张的时代背景之下②，并以包括经济、社会、文化、生态等在内的整体性视野为依托，才能更好地理解其独特意涵。同时，通过对其间蕴含张力的自觉，也可看到各种力量在实践中的冲突、融合与转化，并以差异性思考独特性，重新

---

① 比如：当代乡村建设实践直接联系着20世纪90年代中期以来的“三农”问题，当各界开始将其视作社会热点而广泛讨论时，我们开始“下乡”并推进乡建试验；当新农村建设成为国家政策时，我们开始“进城”以推动生态农业和城乡互动；当“生态农业”与“城乡融合”成为新的话语时，我们又开始发起“爱故乡”，以期广泛动员文化界、建筑界等专业人士跨界参与、协力联手，从“乡愁”到“乡建”，促进更多建设性力量的真正回流，以区别于并挑战一般的“资本下乡”。

② 世界体系创立者沃勒斯坦认为应该将资本主义历史化，同时要以长时段和更广阔的视野来给资本主义算“总账”。比如，医学的进展使一些人的生命“延长”了，但生物基因的突然交换使一些生命“永不出现”，况且每日都有大量物种消失以及气候变化所产生的不确定性加剧（1999：75）。

发现底层民众及乡土社会在面对包括乡村破坏在内的各种外部限制时的复杂应对①。也可以说，乡村建设应该是理论，因为它要对抗其他论述；但同时它又必须是实践，因为它要创造一种新的现实。

3. “另类”书写

为了更好地扣联实践与理论并带出进一步的反思，行动研究（action research）等“质的研究”方法②近年来在国内也得到较多应用。该方法基于对传统实证主义方法论的反思③，强调行动者视角并对传统社会科学中的行动与研究的关系进行了新的理解与实践。

关于该方法的思想基础，美国哈佛大学教授唐纳德·A. 舍恩曾在《反映的实践者：专业工作者如何在行动中思考》中做过翔实的讨论，进而指出“实践者和研究者的角色之间并没有不可逾越的界限，研究与实践的生涯是可以交织的”（2018：255）。然而，正如当代社区发展与农村扶贫实践者在《行动研究经典读书札记》中所指出的，“理论与实践之间的撕裂不是几个主流专家学者跳下云端即可解决的，横亘在理论和实践面前的是坚硬如铁幕般的专业分工与知识等级”（杨静、吉家钦、夏林清，2015：119），笔者对此深以为然并希望在本书中进行尝试。

赖秀芬、郭淑珍（1996：239－240、248）综合各相关研究者成果，指出行动研究一般具有以下四个特征：（1）研究者与参与者的合作；（2）实际问题的解决办法；（3）改变实际状况；（4）发展理论。作为一个循环过程，行动研究的特殊作用是“共同参与、产生改变、缩短理论与实务间的差距”“打破研究者与被研究者权力的不同”。其最重要的意义是改善知识建构过程中研究发现与实务脱节之弊病。

潘淑满（2003：217）在归纳多名研究者的观点后认为，行动研究是一种自下而上的研究方式，强调“从实践工作者的需求与立场出发，对实

---

① 不仅是愤怒与悲情，还包括坚韧与智慧；不仅是揭竿而起的直接反抗，还包括建设性的改良实践。

② 如陈向明所指：“质的研究”方法内含着对“真理”唯一性与客观性的质疑。一方面，该方法认为研究和实践不可能分离，它们在心理、社会和经济各个层面都存在密切的联系；另一方面，该方法强调研究过程中研究者的自我反省，自己不被认为是一个客观的、权威的、中立的观察者，而是一个处于一定历史时期及一定地区、富有人性、对人类生活进行观察的人（2000：23、31、148、461）。

③ 20世纪90年代，一批世界顶级的科学家与社会学者指出：不存在什么“中立的”学者，对社会现实进行照相式的再现是不可能的。一切数据都是从现实中挑选出来的，其要以某一时代的世界观为基础，要受到特定群体所持立场的过滤（沃勒斯坦等，1997：98）。

践工作者所处的工作情境与内涵进行反省与批判，并结合研究的过程与步骤，找出解决实际问题的方案或行动策略”。另一些研究者则认为行动研究最重要的价值在于“研究者就是实践工作者，研究动机是出于自己在实践工作过程中所遭遇到的问题与困难。作为协作者和组织者的‘我们’在和行动研究对象‘他们’的互动过程中，两者绝非孤立与单向，而是互相影响和启发”。

夏晓鹃（2002：39）结合其在台湾美浓的田野实践认为“研究即实践”[①]，并提出一种不同于一般行动研究的“实践式研究”（praxis-oriented research）。她认为“行动研究的‘行动’并不必然涉及个人及社会改造，行动研究原本强调‘社会改变’与‘民主参与’，后来竟被工业管理研究者挪用为‘有效’进行管理的工具。并且由于‘行动’概念容易因强调‘参与’而模糊了社会变革的面向”，故改采“实践”一词，以强调研究和从根本上改造社会的辩证关系。她还进一步指出：“实践取向研究中的研究者与研究对象之间的关系并非‘资料收集者’与‘资料被收集者’。对研究者而言，研究即是时时自我反思的历程。在这一基础上，实践式研究者批判主流社会价值将各种现状‘自然化’而漠视政治经济结构挤压，或以‘个人化’为个人是否足够努力的结构”（2002：219）。笔者认为，无论“行动研究”还是“实践式研究”，其重要意义都是挑战实证主义影响下传统社会科学研究方法的“定型化”与“对象化”。而“行动”和“实践”若不能动态地“脉络化”并实现与宏观分析的有机结合，实际上都可能出现上述批评中的相关问题。

历史学家杜赞奇曾指出，“新问题开创了新的追问角度，并延扩和转变了历史的轮廓。在早先的理论框架中处在研究边缘的材料拥有新的意义，并推动我们寻找新的回应材料”（2003a：15）。如前文所述，本书从源自实践一线的问题意识出发，希望能够跳出常见的二元对立和对象化书写，尝试让历史与当代贯通、宏观与微观融合，除整体性视野下的脉络梳理与案例讨论外，还通过纳入当事人的在场经验和包括困惑、不甘、无奈、兴奋、苦恼等在内的复杂情感，在经验与时代、自我与对象的密切结

① 许多学者都有相近的认识与分析，如夏林清转引 Lather 对研究方法的讨论，并认为“实践是指理论与实做之间，来回修正两者的辩证张力。也可以说，一位研究者的研究行动就是他的实践，因为在他的研究行动中可以看到他对特定现象的了解分析（理论）与探究（研究策略的实施）”（1996：100）。

合中，挑战“简单化”的刻板论述①与实证盲点，促进理论与实践的有效对话，进而打开被主流视野遮蔽的复杂面向与多元空间。

在写作方法上，尽量让原来隐藏在字里行间和文本背后的作者及时“现身”，而不是在后记里才出现。因为作者的事实在场、动态存在与话语权力本来就作为本书的脉络之一，同时也希望以此挑战“作者—对象”“实践者—研究者”的人为割裂②与常见的精英论述③。为此，每章前面都插入一个让作者及实践中的人“出场”的小引，希望这些不长的故事（反思）既能引起读者的兴趣并对作者的思考痕迹做出必要交代，从而缩小学术写作的距离感，更希望这些“拖泥带水”的“次文本”还能成为进入该章主题的向导。之所以这么做，也是受到文化研究先行者的启发。在《识字的用途》中，理查德·霍加特就开创性地在文中使用两种写作风格，“乍一看，这两种类型可能看起来就像是不相配的伙伴”，但在霍加特看来，这两种方法却是相互启发的（2018：2）。

为呈现实践本身的生命力与丰富性，历史实践尽量引用先行者们在不同情境下的原始文献，并以实践者的独特视角进行跨时空的感知；当代实践除公开资料外，还部分使用了来自一线实践者可公开的工作总结、课程材料、会议记录、讨论邮件、媒体报道等④，同时也在全书各处使用了较多注释。正是这些带有“泥土气息”的边角材料与旁枝错节，成就了我们触碰乡建复杂性的多元空间。

自然，采取上述方法并努力“还原”实践特有的张力，无疑大大增加

---

① 台湾工运的重要组织者吴永毅在其自传《左工二流志》中也提到该书写作动力之一是发现已有关于自己所亲历的“工运”不免有隔靴搔痒、事后诸葛的感觉（2014：9），笔者对此深有共鸣。

② 相关反思与创新努力存在于兼为实践者的台湾学者夏晓鹃的著作中，她认为（2002：19）：“传统经验主义假设认知者和被认知的对象存在于无关联的两个世界里，研究者的经验可以完全超然于研究本身。社会学的养成训练，使我们内化了男性的思考逻辑，不敢面对自己的经验，而将研究对象视为与自身生命无关的物体。”故其在自己的研究中进行了书写上的创新，即在每章的始页，放上研究过程中自己与研究对象间类同的生命经验与反省体认，以尽力不客观化（因而特权化）自己的立场（2002：24）。

③ 正如乡村建设实践者和研究者刘健芝、许兆麟以印度“庶民学派”为例指出，“不是为了补充主流精英叙述的不足，更不是要取代精英叙述，而是跟踪精英叙述施行删改、压抑、排挤的痕迹，从中动摇其封闭的二分法确立的价值观以及由此产生的表意和叙述的封闭”（2005：15）。

④ 一些可能引发当事人不同意见的内部材料发表前已征得本人同意，并确保不会对其造成不利影响，否则匿名处理。其他部分之所以努力保持实名，是因为书写者认为需要尊重历史与实践者的付出，让实践者在场并可见，恰也是强调脉络化的本书所希望的。

本书的难度，既因涉及人文与社科两种语言风格的融合，还由于文本间的跳跃所带来的内在张力皆非笔者有限学识和能力之所逮，幸好只是漫长征程的一个起点，希望以此抛砖引玉，能与更多研究者与实践者在未来共同努力。

第一章　三个“百年”：中国乡村建设的脉络与展开

有力学家算力量，算纺棉花和打铁锤，以为打铁锤的力量，绝没有纺棉花大。纺棉花每秒钟用一斤力量，十点钟就是三万六千斤，并且可以长久继续不断地纺；打铁锤打一百斤就费力，就须休息了；但表面看来，却以打铁锤为有力，以纺棉花为文弱……

卢作孚，1938，《这才是伟大的力量》①

就像一只猎狗，你只看到它在林子里疯跑，其实它是在追一只兔子。你只看到了狗，没看到它的猎物，所以你不理解它的行为。人们也不知道我们在追求什么。他们以为我们都疯了。他们没看到我们的猎物……

罗逸，2011，《小毛驴市民农园 CSA 简报》②

小引：农民的“需求”

在我的乡建笔记中，有过这样的记录：在晏阳初乡村建设学院一次农民培训的热身讨论中，学员们分小组讨论自己心中的理想新农村。有些人梦想自己的家乡盖起了很多工厂，烟囱都在冒烟；有些人梦想自己家里也有了小汽车；还有人甚至梦想最好村里能有个直升机场……就像被给予一次畅想机会的小学生一样，梦想本身所带出的学员们心里的一个个美好愿望，本无可厚非。然而当我们问起：那些可能是什么厂？为什么它们要从大城市搬到你们村？小汽车比起目前用的农用车好在哪里？飞机场除了停飞机，平常用来干什么？……大家开始支支吾吾，似乎这些理想到头来还

---

① 卢作孚．卢作孚文集（增订本）．北京：北京大学出版社，2012：370.

② 罗逸为小毛驴市民农园 2011 年实习生，后转为农场工作人员。该段话来自 2011 年第 12 期《小毛驴市民农园 CSA 简报》的《卷首语：守住美好》，第 1 页。

真的只是梦想而已!

而这些梦想，或者是对美好生活的种种想象，又是如何走出来的?据十多年前的统计，美国孩子每人每年要收看近四万条电视广告，平均每天一百一十条（熊培云，2008)。虽然我们的农民学员接收广告的渠道相对有限，但不分城乡、地区、民族的广告还是深深影响着他们，不管黑夜白天或是春夏秋冬，只要分享着一台电视机或一部智能手机，就已经意味着与全球时尚同步。虽然，购买力相对较低的他们可能没有如愿而成为直接消费者，但广告的目的已经达到。大家不都已经摩拳擦掌地在憧憬成为广告中的消费者——用着最新的电器、化妆品、汽车……

虽然，简单而又正确的说法——“从农民需求入手”常常成为农村发展工作者的“法宝”，但在全球化、地球村和消费主义不分城乡，大小通吃的大背景下，我们又如何面对那些正被不断建构和翻新的需求?什么是真实的需要，农民自己真的有把握吗?我们是否正天真浪漫地掉入“只要村民需要，我们就需要设法满足!”的新陷阱?

一周左右的集中培训只是一年时间中的很小部分。更多时候，我们的学员将面临与培训理念完全相异但却实际得多的选择，优雅而舒心的电视广告比起艰难的合作组织显然更具吸引力。

而就我们自己这些“80后”来说，今天回过头还发现：虽然从小生活在南方小镇，但真正认真思考“三农”问题却是在到了城市之后；虽然至今仍然不掩饰自己对现代都市生活方式的疏离，但真正打开我们事业起点的却是在城市。与其说那里拥有更为方便的交际空间与资讯，不如说，正是如此鲜明的对比与差距才让自己心中“平等、公义、劳动光荣”等抽象观念在现实刺激下显现出来。从这个意义上说，乡村建设始终是一项“回首”和“反观”的实践。也正因如此，乡村建设从来就不是建设乡村，自然不应拘泥于参与对象与发生场域上的假设或规定。

透过乡村建设，我们或许可以更清楚地看到裹挟于百年激进思潮与实践中的“三农”。表面热闹且众声喧哗，实际却是无言和失语。即使我们很多人来自农村，从小生活在农村，那又怎样?可能从小就开始以远离村庄和土地为最高奋斗目标；可能我们的老师能够教会我们说流利的英语，但却不再讲我们更熟悉的方言；可能那些城乡“一样化”的教学读物能够让城市阳光照进我们“匮乏”的生活，但却不能解释为何身边90%的同伴只能是永远的“陪读”——为何从童年时代就满怀期待种下的“城市梦”，收获的却是富士康流水线上的“N连跳”与电视屏幕上矿难厂灾中的冰冷数字……

我们可能更加努力，但那是为了对农村生活的逃避与对生我们、养我们的村庄的逃离；我们可能也有梦想，但那梦想却常常建立在只能是梦想的现实基础上；我们来自乡村，可却不属于乡村，甚至不再有“少年闰土”般的无邪与快乐；我们的生活经验背靠乡村，但我们的想象图景和思维立场却已与城市无异。

虽然我们反思并尝试努力地告别着激进，但实际上我们却都不同程度地内在于激进，既包括漫长激进历史进程所携带的价值与观念，也包括其所形成的广泛影响。

一、他毁＋自毁：乡建视野下的百年激进

面对外界的批评与不理解，梁漱溟指出他之所以选择乡村建设，是因为他认为中国真正的危机在于“自毁”和“他毁”这两种力量的叠加与互动，“自救适成为自乱。在这自乱当中，外力更易施其技而加强其破坏。（而这）厌弃与反抗，是中国社会崩溃的真因”（1937a：197－201）。具体到影响及效果上，他甚至认为“外力之破坏乡村尚属有限，我们感受外面刺激而起反应，自动破坏乡村，殆十倍之不止”（1937a：151、152）。对此多重力量的交互作用，黄宗智也有着相似的认识（2000：21）。

笔者认为：梁漱溟所谈到的“自毁”和“他毁”，一定程度上联系着乡村建设视野下的“激进”反思。在这种视野下，中国近代历史脉络中的“百年激进”既非一般的“冲击—反应”，也非个别人物或派别的思想主张，而是因西方挑战和影响而引发社会内外各种力量的连锁反应，以及共同产生的时代氛围与社会势能。“激进”对中国历史的影响深刻且全面，但其对不同的社会群体和产业的影响并不完全一样。为更好地切入讨论，此处先对近年来学界关于“激进”的讨论进行简单回顾。

1. “激进”讨论简要回顾

自 20 世纪 90 年代以来，中国思想史界试图对 80 年代的一些命题进行反思和重新把握，在“激进/保守”的二分框架下呈现近现代思想的复杂脉络正是其中影响较大并引起广泛讨论的一种思路（杨念群，2001：68）。

在余英时 1994 年的分析中，激进不是指具体的思想或特定的学派，而是指一种态度或倾向，并在这个层面上将保守理解成激进的对立项。通过对近代中国不同阶段的历史分析，他认为“中国近代一部思想史就是一个激进化的过程”（2006：422）。对于这种激进化进程的影响，萧功秦认为其“走向与这一民族以往的经济、社会、政治与思想文化传统做根本的决裂……不可避免地具有与现实国情、政情脱节的倾向”（1999：序言，2-3、314）。林毓生则以“中式乌托邦主义”来指认这种“五四”全盘化反传统主义所造成的“意识形态真空”状态，它的突出特点是“强悍（自行其是）、千禧年式、道德优越感而政治性又极强的乌托邦主义”，同时带有封闭性和排斥性，许多中国知识分子对其可能产生的破坏性几乎没有警觉，反而认为这种“中式乌托邦”是一个最能系统地、全盘地解决中国所面临的各种问题的运动（2006：467－469）。笔者认同这种对“破坏性”的自觉，但认为它不是中国“五四”以来反传统知识分子的独特印记，其排斥性与破坏效果同样存在于延续至今的西方现代化进程及当代新自由主义意识形态之中。

面对各种保守与激进的“拉锯战”（萧功秦，1999：序言 4）或以之为二元对立框架的讨论，姜义华和陈炎认为（2000：36）：激进主义的确需要反思和批判，但不能站在“保守主义”的立场对它进行反思和批判，应主张跳出“激进”与“保守”二元对立的立场，才可能避免简单化处理所可能带来的新遮蔽。类似反思在不同论述中也有所推进，许纪霖就认为“在政治层面上，中国的保守主义更具有激进主义的诸般特征”（2000：41）。杨念群则指出：在这场争论中强调激进主义占主导地位和强调保守主义占主导地位的学者共享同样的前提——“都是对使用现代化标准衡量近代思想的无条件认同”。但实际上，“近代以来特别是 20 世纪以后，任何保守主义式的复兴言论都已不是一种孤立状态的传统复兴运动，而是现代化叙事积极干预下的一种阐说。这实际上配合了激进主义的言说方式”（2001：71-72）。之所以如此，除中国思想史界长期受制于西方现代化的话语支配外，长期忽视民间与底层社会的思想资源也是一个重要原因（2001：72-74）。

并且这种“激进化”进程本身就存在着内部张力，而非连续单线的过程。有学者就认为从二三十年代起，那些要求西化的知识分子在思想激进的过程中实际遇上了难以逾越的四重屏障，“首先是虔诚仿效西方与发现西学‘破产’的困惑；其次是全盘实现西化与西学多元取向的困惑；再次是理智接受西方与情感面向本土的困惑；最后是拯救民族危机与文化出现‘真空’的困惑”（许纪霖，2000：39）。笔者认为，这些屏障同样有助于理解本章所述三个“百年”之同时存在与互动张力。

基于以上非常粗浅的回顾，笔者认为现有“激进”论述主要从文化和政治两个角度展开，较少涉及经济、生态等领域；过多强调各种层面的“激进”对于近代中国百年历史的特殊性，相对忽视“激进”在全球资本主义和殖民主义历史进程中对第三世界、弱势群体和生态环境深刻影响的普遍性①；主要基于知识领袖和政治人物等上层精英的言论和主张，较少从普通民众及具体社会状况（特别是乡村、农业、底层）出发进行讨论，且对各种“激进”间的内在联系和复杂张力缺乏处理。

2. 双重破坏中的“去脉络”进程

回到前文梁漱溟所指出的“他毁”和“自毁”，“自毁”是由“他毁”所引发的矛盾积累到一定程度后的内在体现，同时其还与“他毁”结合且相互引发，进一步催生出更为激进的社会土壤，叠加构成更为深刻的危机与双重破坏。

比起“他毁”，“自毁”更具广泛性、长期性和隐蔽性。如果说前者的影响主要集中在沿江沿海和商品化程度较高的地区，后者则深入内地与广大乡村；如果说前者因为战争、侵略、屈辱和不义而面对着各种形式的抵制与警醒，后者则因各种“自强”论述所内含的道德制高点而难以自觉；如果说前者是被动的“遭遇”，后者可以说是某种主动的“配合”。这么说，重点不在于权衡两害之轻重，而在于希望指出其中的双重性与复杂性。

无论是“自毁”还是“他毁”，“毁”了什么？其不仅仅包括物质层面上的破坏与信心层面上的丧失，更包括由此所开启的“去脉络化”进程及其所产生的深远影响。所改变和偏离的脉络，不仅涉及国情状况与资源条

① 实际上，“激进”所强调之“整体性”同样体现于资本主义的各种运作中。正如 J. K. 吉布森-格雷汉姆（2002：318、321）所指：之所以我们显得渺小，那是因为我们的生活笼罩在某个庞然大物即资本主义之下。作者同时指出，资本主义的力量不仅通过政治、经济方面得以显示，还通过其充满“统一性”“单一性”“整体性”的话语，使其构成资本主义这个“不能改革的改革对象”。在这个逻辑下，各种局部的、片面的改革就终归是脆弱无力的，它们都将被资本主义以另一种规模或者另一种程度的努力所抵消。

件制约下的社会形态和文明基础，也包括国人安身立命的生活方式与价值认同。笔者将在下节以乡村为例从不同角度进行讨论，下面先从纵向角度简单勾勒其在中国近现代历史中的体现与影响。

19 世纪中叶以来，随着中西碰撞所产生的各种冲击和影响，中国社会经济基础开始发生明显的变化。如果说鸦片战争之后的“自强运动”体现了被压迫民族的自尊与憧憬，同时也作为封建统治者及上层精英们的“自救”，那么其对农业国家的工业化体系建立则有着奠基性意义。然而，随着甲午以来“（中）体（西）用说”① 及其指导下洋务实践的破产，工具层面之“西化”的有效性受到根本质疑，由此产生了更为全方位和整体性的“西化/现代化”。这些变革虽然表现各异，但却大多存在着“都市本位、工业优先、成本代价向乡土转嫁”的共同特点。“后自强时代”更深刻和广泛的实践对乡土社会与底层民众来说，却可能产生“乡土社会整体性衰败”这一不期然的效果。

作为“自毁”加速突显的关键时期，甲午之变对中国近代社会的深远影响已得到学界的广泛讨论。章开沅认识其是“民族新觉醒的真正发端……它对中国社会的震撼程度远远超过两次鸦片战争和中法战争”（山东省历史学会，1986：3）。张灏认为“一八九五年以后空前的内忧外患造成传统政治与社会秩序瓦解”（2002：294）。王尔敏则认为其产生的醒觉是“近代重要思想认识转变之显著的关键”（2003：442）。特别是甲午海战的失败，让相对温和的改良主张让位于激进的治理变革和社会革命（徐中约，2008）。然而 1894 年只是连续历史进程中的一个节点。自鸦片战争以来，历经太平天国、甲午海战、戊戌变法、庚子事变等系列挫败，时人面对所谓“三千年未有之大变局”而奋起求变，从洋务运动以来的“器物说”到后来的“制度说”，清末官方用了近半个世纪以不同形式学习并引进现成的“西方”，这样的“拿来主义”甚至延续到今天这一经过革命涅槃后的“制度决定论”，它逐步规定了我们与西方互动的基本方式，也因民族自尊与自救而产生了启蒙这一试图在文化层面上有所作为的时代主题，以至于“经济、社会、政治、文化诸层面在内的全方位转型及古老历史在新世纪骤然断裂”（许纪霖、陈达凯，1995：2-3），由此激发起国人对数千年农业文明形态与乡土社会（也包括相应的心理意识和生活

---

① 罗志田认为，这实际上是沿着“西学为用”的方向走上了“中学不能为体”的不归路（2014：1）。

方式）的拒绝与批判，进而引发20世纪上半叶“以农立国—以工立国”论战，外加各种现代思潮的影响，以致除经济基础的激进化在广大农村地区产生革命土壤外，对乡土社会的价值取向与评价标准也逐步开始激进化。

从“三农”和宏观视角看，这种对现代化的激进追求并未随新中国的成立而终止，冷战格局和对工业化的迫切需求继续为不同形式之激进化提供着强劲动力，并确保了政治正确。20世纪50—70年代，通过土地革命以“农村包围城市”进而获取全国政权的中国共产党，虽然主观上清醒地认识到中国的独特国情与小农村社经济这一基本现实，但迫于外部国际形势与客观环境变化①，为配合当时从另外一个层次来说更加重要的脉络（相比“小仁政”的“大仁政”）——依靠苏联在朝鲜战争这一特殊条件下所可能提供的工业化援助，在转瞬即逝的历史机遇中为工业化与现代国防争取至关重要的物质基础，进一步获得真正意义上的生存保障与民族独立——而对广大农村的经济基础与治理结构采取影响至今的“激进化”改造②。对于这段特殊历史，笔者认为不应认同割裂对立的主流叙述和今人视角的简单评判，而需放回当年复杂的国际国内脉络中进行理解。且不说全球范围内任何政府在工业化过程中都普遍激进，对于一个有着百年屈辱历史的国家，面对必须以工业化为生存保障和基本条件的全球“丛林法则”，形成以国家资本为主的工业化自有其合理性与必要性③。但同时仍需清醒意识到该时期对“三农”所进行的巨额提取及其为国家“工业化”与各种危机化解做出的重大贡献（温铁军等，2013），而任何激进的制度演进也都将产生比较严重的制度成本。

① 比如，朝鲜战争对新中国成立后的农业政策产生了重要影响（温铁军，2009）。

② 乡土社会复杂多样且具有较强的包容性并具备化解外部“激进”实践的能力。而对于在长期革命实践中不断与外来教条式马克思主义进行斗争，最终通过“农村包围城市”而取得政权的中国共产党来说，其成功的独特性之一就是能够紧扣乡土脉络，当然彼时的中国共产党内部也有分歧。回到复杂的历史进程中，执政党既从国家脉络和工业化角度采取“去（乡土）脉络”，与此同时又在实践中大规模推行“没有乡建派的乡村建设”，进而构成复杂且充满张力的现实状态，笔者将在后面各章展开讨论。

③ 笔者认为：对于以“民族—国家”为单元且奉行“赢家通吃”的20世纪全球舞台来说，工业化对于被侵略国家的民族利益及国防安全来说无疑是必要和必需的。事实上，在百年中国的工业化过程中，无论是农民、干部还是知识分子，都对这种意义上的全民“奉献/牺牲”以实际行动予以了支持，并成功构筑了当下中国完整的工业化体系。然而问题在于：由此所导致的路径依赖及派生出了由强势部门或局部利益以“国家/整体”为名义的进一步剥夺、转嫁与合理化。

随着改革开放的政策调整，虽然政治意义上的“去激进”思潮与实践似乎对“三农”松绑，但经济上的“激进”改革却让“三农”在“市场化、全球化、非农化”的时代强音中承受着隐蔽却更具规模的成本与代价，并最终以20世纪末的“三农”问题为表现而集中爆发。

回顾百年历史进程，不应仅从中国内部或主观层面进行思考，还需充分联系特殊时空条件下的外部宏观环境——在这个艾瑞克·霍布斯鲍姆（Eric Hobsbawm）所谓的“极端的年代”里，资本主义的成本和代价向发展中国家转嫁成为基本事实，随着1929—1933年西方大萧条与民国白银危机而加剧放大，两场世界大战所掀开的“热战—冷战—后冷战”格局为深度卷入其中的每个“竞争单元”提供着激进化的不竭动力。身处西方中心主义话语体系和“激进”结构之中的中国，其“独特性”不再明显与有效，这既是毛泽东和梁漱溟1938年在延安窑洞里关于中国“特殊性”和“普遍性”争论的背景①，也是本章讨论“百年乡村建设”的动力和张力所在。

3. 重思“激进”

通过以上讨论，笔者认为：需要把“激进”放回百年历史进程并从政治、文化、经济、生态等维度进行整体性检视。如果具体到以“三农”为视角，“激进”不仅涉及“暴风骤雨式”的政治变革及新自由主义主张下的剧烈改革实践，它也包括因忽视各种现实条件与弱势群体利益而强势推

---

① 这场争论发生在1938年，梁漱溟从文化学者和哲学家的角度坚持“特殊论”及“没有（一般意义的）阶级”，更多是指中国社会传统形态或应然状态，而非现实层面和当前短时段的实然描述。而对“阶级性”的拒绝或某种警惕则涉及其所看到的此前各种激进化思路及对乡土造成的适得其反的后果。该段争论发生于全面抗战且艰难绝伦的1938年，相对来说，我们更应从一个政治家的角度来理解毛泽东所坚持的“普遍性”，这种主张既有利于在现实层面上完成底层和乡村的全面动员以夺取战争胜利，而这种“共产主义或马克思主义的普遍性”还有利于挑战国内舆论和理论界中的“资本主义或资产阶级的普遍性”。相关分析可参考吕新雨的《国家政权与乡村建设——关于中国特殊性和普遍性的历史辩证》（《人民论坛·学术前沿》，2013年第2期）。实际上，“普遍”与“特殊”复杂且辩证的关系一直就存在于20世纪中国现代化进程之中，例如，贺桂梅给温铁军团队《八次危机：中国的真实经验（1949—2009）》的书评即名为《中国经验：普遍的与特殊的》（《读书》，2015年第8期）。笔者认为其中的“普遍性”还可以理解为全球范围内普遍存在的“发展陷阱”与“发展幻象”，而“特殊性”即改变这些发展中国家所面临的深层困境，从这个意义上说，中国在不依靠对外殖民这一“普遍规律”的情况下成功完成工业化自然体现着“特殊性”，其中的“秘密”可参阅《八次危机：中国的真实经验（1949—2009）》和《去依附：中国化解第一次经济危机的真实经验（1949—1952）》，同时还可以从乡土中国具有“去依附”的独特条件及本书研究所不断强调的20世纪的中国一直存在着不可忽略的广义乡村建设实践（含“‘有实无名’的乡村建设”及“没有‘乡建派’的乡村建设”）的角度进行理解。

进的全面都市化、不顾乡土社会特点而简单照搬的高成本现代治理、为“三农”危机的转嫁而合理化的发展主义意识形态，甚至也包括虽然以农村发展为目标但却受该意识形态影响而深陷其中的某些 NGO 实践。

产生这种整体性激进的原因不仅仅包括百年屈辱与民族情感所引发的集体焦虑，也不只是外来激进思潮的某种中国版实践，同时包括资本主义工业化坐标参照下因经济基础差距而对上层建筑“倒逼”，进而产生的“去脉络”（脱离适当的时间、空间与社会关系）效果。具体说来，乡建视野下的“激进”主要指不顾资源禀赋、社会条件、文明形态和生态制约等国情特点，强势且大规模推动以“工业化、都市化、非农化”为特征的社会变革，其既产生了包括“三农”问题在内的整体性危机，同时导致了多元可能性和丰富性受到遮蔽与消解。

然而，这种“激进”也不可能是线性单向和一帆风顺的，其在不同层面上一直充满张力，各种被“遮蔽”的面向也常在新的条件下得以再现①。这让“百年激进”与“百年乡村破坏”既互为因果，又充满曲折与悖论，共同构成了中国百年乡村建设展开的基本脉络。

二、百年乡村破坏：激进化的后果与动力

“百年激进”及所产生的实践行动对中国产生了整体性的深刻影响。“百年乡村破坏”作为其在“三农”层面上的后果表现，同时也构成了进一步“激进”的条件与动力。该说法可追溯自梁漱溟 70 多年前那个振聋发聩的总结，“一部中国近百年史，从头到尾就是一部乡村破坏史”（1937a：481）。作为进一步的辨别和说明，他解释道，“任何社会里面，乡村都是居于不利的地位。说作乡村破坏史，必须在这一段历史里面，乡村破坏成了一种趋势，并且乡村成了绝对牺牲品”（1937a：152-154）。

笔者借助这个归纳，泛指近代中国乡村的某种整体性趋势与状态，希望突出其中的历史性和整体性。同样作为整体视野下的把握与批判性归纳，“三农”问题可以理解为“百年乡村破坏”的当代表达，该论述提出

① 比如农业的多功能性与社会性，虽然在工业化和产业化的强势影响下一度被“遮蔽”，但随着食品危机和城市困境的加剧及生态限制之存在而“再现”并拥有广泛的社会基础，笔者将在下一章结合案例进行讨论。

于20世纪90年代中期[①]，至今已为学界及政策部门所共知，其强调不只存在着经济维度的农业问题，而应从社会、政治、文化、生态等立体维度看到“农民、农村、农业”的整体存在。它不只与“农”有关，而联系着宏观问题和外部制度环境，与乡村整体性破坏和社会结构显著变化联系在一起，一般会随工业化和城市化的加速而愈演愈烈（温铁军，2009：6、51）。

若以中国为例，近代以来农村的衰退几乎与以工业化为特征的现代化进程同步。在不能进行外部殖民的情况下，面对从农业社会进入工业社会这一难以逾越的壁垒，从农业提取剩余的“内向型原始积累”是发展中国家的“无奈之举”和“真实经验”。在此格局下，越是在资源短缺条件下快速形成工业化，由弱势群体和“三农”所承担的“代价”[②] 就越大——那绝非一次性的“创业成本”，而是需要持续不断且叠加递增的加倍“偿还”，进而引发更为深刻的整体性危机。也可以说，所谓的“三农”问题，作为“百年激进”历史进程的内在产物与逻辑必然，与其说是“农”自身存在问题，不如说是“百年激进”的推进将其变成“问题”。

为了更为全面地认识“百年乡村破坏”的表现、成因与影响，下文分别从经济、政治、文化三个方面入手，指出其与“百年激进”相互引发：“激进”导致“乡村破坏”，而“乡村破坏”的残酷事实又产生进一步“激进化”的社会基础。

1. “三要素”的多形式外流

如前文已简要提及，现有关于激进的讨论多聚焦于“政治激进主义”和“文化激进主义”。但笔者认为对于“三农”来说，应特别关注“经济激进主义”。因为在经济领域中，“三农”困境并非限于地租剥夺与外敌侵

---

① 温铁军认为：“三农问题”本是20世纪90世纪中国加快融入全球化，造成宏观制度环境恶化，导致乡土社会衰败趋势之下抛出的一个标签。它标志着官方主办的“农村改革试验区”总结中形成的主要思想成果：对外来的资本主义现代化派生的全球化强加于中国乡土社会，造成邯郸学步与普世主义相结合的主流政策思想的批判。由此既对附庸于全球资本化的政策主流回归本土产生影响（确实部分地起到政策调整作用，如中央政府以“三农”问题取代单纯的农业问题、增加农村基础建设投资和重新构建社会保障体系），同时也获得21世纪以来第三波乡村建设重新启动的机会与空间。

② 此处对代价和成本的强调，不同于一般从既得利益出发的现实辩护。它更多地针对当前主流经济学“多谈收益少谈成本”与“遮蔽代价”这一现实。此外，其也不应在一般框架下被处理为发展中国家追求“工业化”的好坏对错，否则将是另一种简单化，需将其放回具体历史脉络之中。

略，其影响也不是一般的农民破产或农业凋敝，百年来不同形态的力量以各种名目从“三农”提取资源，外加工商资本和现代金融对小农与乡土社会进行着不同程度的剥夺，整体导致“三要素”（土地、资金、劳动力）的多形式外流与随之造成的各种依赖（许纪霖、陈达凯，1995：178－182；温铁军，2009）。

回到民国时期历史脉络，随着中国加入世界市场，传统自给自足的小农经济面对商品化和市场化的巨大压力，导致一般农民对货币形成依赖，同时伴随着高利贷的兴起与鸦片种植[①]的普遍化（陈翰笙，1941：197－202），小农经济和农民还受到市场和权力的双重支配及盗匪横行、战乱频发等外部环境的影响。由此导致：一方面，适应于工业化和都市化需要的农业商品化程度大幅提高，农村经济货币化加深，小农户生产和生活收支的现金比重增加，生产结构出现大范围的“被动”调整，许多经济作物开始出现，种植结构日趋专业化与区域化，对于分散的小农来说则是大幅提高了各种风险，同时加剧了分化（黄宗智，2000：141）；另一方面，由于改变了以往的租地模式，租赁农场、富农经济成为普遍现象，地主经济发生朝工商业方向的实质性转变[②]，外加金融化对小农与底层社会进行新的剥夺（黄宗智，2000；温铁军，2009）。由此导致：农业剩余及稀缺“三要素”通过多种形式不断流向城市和工业，农村的劳动力则随着农户破产而不断逃离农村[③]，农村经济因此凋敝；与此同时，高利贷金融资本以及产业资本则全面进入乡村社会[④]。它们打垮了小农，更导致盗匪横行，传统乡村治理方式所维持的乡村稳态结构随之彻底破坏。需要说明的是，1920—1937 年也是近代 110 年灾害史的第二个高潮，频繁出现的大大小

---

① 关于鸦片对中国经济、政治、社会等方面的深层影响，可参阅：卜正民，若林正. 鸦片政权：中国、英国和日本（1839－1952）. 合肥：黄山书社，2009；仲伟民. 茶叶与鸦片：十九世纪经济全球化中的中国. 北京：三联书店，2010；连东. 鸦片经济——以中国、东南亚和印度为视域（1602—1917）. 北京：社会科学文献出版社，2013。

② 地主迅速从“在乡地主”变成“在外地主”，他们更重视在外的工商业收益，农村收租则由以前的“秋后租”和“分成租”变为“春前租”和“定额租”。对于那些租地耕种的农户，以前可以用收获的农作物或以佣工形式支付的地租，现在必须以货币形式完成交纳。

③ 该问题的相关研究可参见：王文昌. 20 世纪 30 年代前期农民离村问题. 历史研究，1993（2）；池子华. 中国近代流民（修订版）. 北京：社会科学文献出版社，2007。时人观察可参考：吴至信. 中国农民离村问题. 东方杂志，1937。

④ 参见：许涤新，吴承明. 中国资本主义发展史（第三卷）：新民主主义革命时期的中国资本主义. 北京：人民出版社，2003：16；城山智子. 大萧条时期的中国：市场、国家与世界经济. 孟凡礼，尚国敏，译. 南京：江苏人民出版社，2010：104。

小各种灾难和国内外的社会经济因素一起将全国绝大部分乡村的社会财富荡涤一尽，大大推进了中国农村的贫困化进程（夏明方，2000：46、193）。

而对于自近代以来已逐步卷入世界经济体系的中国，这种“三要素”外流还直接受到国际环境变化的影响。正当中国工业化与城市化同步加速，出现了西方1929—1933年的经济大危机，“尤其是西方资本主义各国以邻为壑的危机转嫁，对中国经济是一次极其沉重的打击：全国出口衰减，物价惨跌，市场萧条，工业萎缩，农产滞销，农业亏损，农村金融枯竭，农民加速贫困破产”（刘克祥、吴太昌，2010：25），这些都严重阻遏了民国年间的“黄金十年”。当美国出于自保考虑而提高黄金、白银等贵金属价格时，中国作为刚刚兴起工业化的“银本位”国家立即出现白银大量外流，迫使政府于1935年放弃白银币制改行“法币制”。城市在积聚资本促进市场经济的同时也集中了外部性风险，这个本应由城市承担的危机又进一步向农村转嫁，加剧了土地兼并、小农破产与社会动荡。

类似“三要素”的单向外流也是当代“三农”问题产生的背景与原因。除了一般的资源外流外，各种留守问题的突显及“空心化”现象也表明了当前乡村劳动力外流的广泛与严重后果。乡村金融“存易贷难”的结构困境则反映了一般的现代金融难以真正服务于乡土社会。土地虽然无法“流动”，但当前迅猛的城市化浪潮下各种“就地转换”已经产生了较为严重的“非农化”影响。然而，这种“外流”虽然为主导性趋势，却并非绝对①，也不是单一的线性因果关系，其同样催生出多样化的改良实践，也即下文将讨论的广义乡村建设。事实上，呈现着“外流”与“回流”混合发生与紧密互动的复杂局面。

2. 稳态乡村秩序的改变

“百年乡村破坏”作为中国乡村的整体性困境，不仅仅源自和表现于经济层面，其深远影响同时还体现在社会与政治方面。

梁漱溟很早就认识到“秩序”问题是“百年乡村破坏”的重要方面。

---

① 有研究借助波兰尼“双向运动”视野，以具有流动型兼业传统的福建莆田沿海村庄为例，指出其依托乡土社会网络，以“同乡同业”形式，兴起遍及全国的金银首饰加工业，并形成该行业各生产要素的在地集结，体现了“城市中心—乡村边缘”格局的翻转、乡村“空心化”的反向运动以及经济与社会互嵌的“社会经济”特征（吴重庆，2014）。笔者认为，这个案例呈现乡土社会现代化进程的复杂性和双向运动独特的视野意义。

如果说这种整体性“失序”在上层政治中表现为军阀混战和吏制恶化，那么就乡土社会来说，则体现为乡村社会结构的整体性变化：盗匪横行与乡土社会普遍“劣绅化”①，传统乡土社会治理中相对低成本秩序的解体及乡土保护性力量的式微与失效，与此同时，包括“法治/警治”等现代治理方式又因高成本②而难以真正“下乡”或者在推行过程中因水土不服而发生变异。

在杜赞奇（2003b）的研究中，国家权力向乡村的延伸导致地方财政陷入恶性循环，似乎只是在养活不断膨胀的庞大官僚和国家经纪集团，进而导致“劣绅驱逐良绅”。黄宗智（2000：256）则指出：20世纪村庄共同体结合力因小农半无产化而瓦解，且随着外来压力的增加，导致原有政治结构的崩溃以及权力的真空，因此造成恶霸、暴徒得以乘机崛起的局面。张鸣（2001：3-5）认为其还导致“原有的民间社会空间受到全力挤压和侵蚀，农村原有的互助、宗教、公益、自卫以及娱乐的功能大幅萎缩”。

也即，无论是为了提取更多包括人力和军费在内的各种资源，还是为了国家政权建设所需完成对基层的进一步控制，此前长期维持乡村基层稳定且相对低成本的治理秩序发生着根本变化，从某种意义上说，经济危机以社会危机来表现。这也正是近代以来乡村建设兴起的背景和原因之一。

需要说明的是：新中国成立后的前三十年，熟悉乡土脉络及其内在机理的中国共产党虽然一方面实行不得不通过“内向型”原始积累以完成工业化③，进而派生出自上而下高度（过度）组织农民、动员乡村和提取农业的做法，但另一方面也充分尊重基层与群众的创造，促进包括教育、医

① 杜赞奇（2003b：114-115）结合“满铁”资料指出：到了20世纪二三十年代，由于国家和军阀对乡村的勒索加剧，那种保护人类型的村庄领袖纷纷“引退”，村政权落入另一类型的人物之手。村公职不再是炫耀领导才华和赢得公众尊敬的角色而为人追求，相反，村公职被视为同衙役胥吏、包税人、营利性经纪一样，充任公职是为了追求实利，甚至不惜牺牲村庄利益。对其成因也有不同角度的分析，比如罗志田（2014：108）认为：科举制废除的一个重要社会后果是乡村中士与绅的疏离，“乡绅”的来源逐渐改变，不再主要由读书人组成，特别是下层乡绅中读书人的比例明显下降，乡绅与读书的疏离可能意味着道义约束日减，其行为也可能会出现相应的转变，容易出现所谓“土豪劣绅”。

② 黄宗智（2000：284-285）结合“满铁”资料指出：“地方政权机器的扩张，加重了县政府的开销，从而提高了它们对村庄在赋税方面的要求。而税额的提高，又意味着扩大税收机器的必要……河北的顺义县政府，就是一个很好的例子。到了1931年，县政府几乎用一半的经费来维持警察和保卫团。”

③ 有研究指出：这个过程“获得巨大的农村生产剩余，并将其集中用于国家的工业化进程，完成了自19世纪后期以来许许多多国家建设者没有做到的事情。这一努力的结果就是国家主导的、压缩化了的原始资本积累”（孔诰烽，2016：41）。

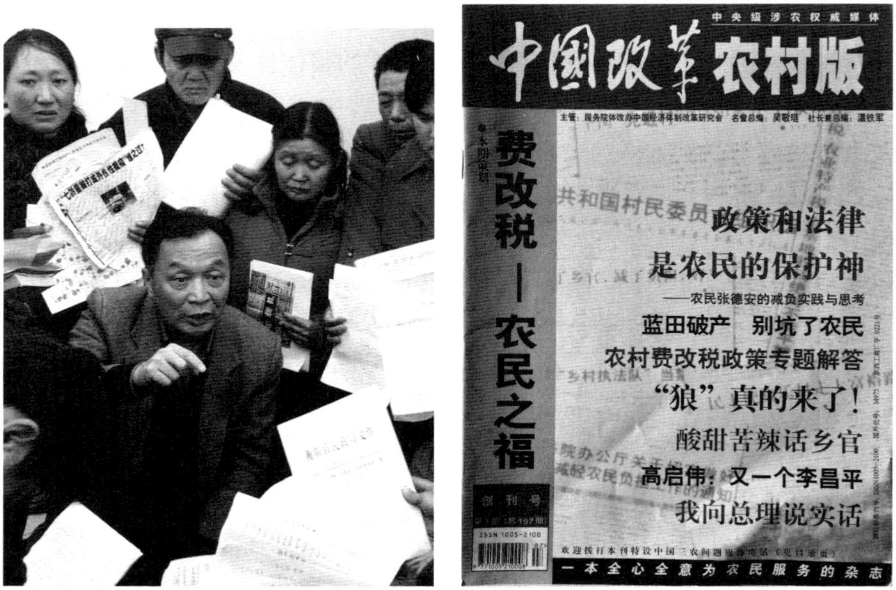

21世纪初干群关系紧张，农村中的对抗性矛盾十分突出。左图为《中国改革》总编辑温铁军在杂志社接待上访农民；右图为《中国改革》(农村版)创刊号(2002年)，该杂志成为当代乡村建设的发轫平台

疗等资源从另外途径向乡村的“回流”，多形式推进着“没有乡建派的乡村建设”。其中很多实践因密切联系群众并与乡土脉络互动充分，而具有低成本、创新性与“去激进化”的特点。相比之下，改革开放虽然让农民个体致富，但乡村却因不断地“去组织化”而降低对城市与外部资本剥夺的抵抗能力。特别是20世纪90年代以来外部宏观环境和城乡关系的进一步变化，让这种“掐草尖”式的剥夺进一步加剧且合理化，留给乡村的是数亿“原子化”了的留守群体(儿童、老人和妇女)，以及越来越难以组织与凝聚起来的“名义”社区。

3. “乡/土”作为问题与对象

随着“百年激进”对乡村所造成的巨大经济影响与社会重构，城乡二元对立成为影响深远的普遍格局，也有学者将之称为“城乡背离化”(王先明，2013a)，“乡/土”的功能和内涵同时发生着深刻的变化。一方面，乡村与农业所应有的“多功能性”① 日益受到遮蔽，乡村也从一个包括社

① “农业多功能性”近年来受到广泛讨论并成为农业创新的重要认识基础，下一章将结合案例对其展开讨论。笔者认为，除农业外，乡村也具有“多功能性”，当代乡村建设在城乡互动和爱故乡等领域的实践创新就是例证。

会、政治、经济、文化、生态等的多元空间被窄化为各种资源的提取单位与危机载体。另一方面，面对剧烈的外部压力与生存刺激，在“百年激进”所内在的西方中心主义与现代化意识形态的主导下，“乡/土”常在工业化坐标与竞争逻辑中“败”下阵来，在逆推中自认“落后”，在追赶中日益“问题化”。在现代性所带来的“都市眼光”的巡视下，一直以来作为正面象征的乡村在20世纪转趋负面，本不是“问题”的乡村在现代成为“问题”（梁心，2012：12-13）。有研究还进一步指出，这种“仇农”“仇土”情结可追溯自洋务运动所开启的以“军谋国计”为中心的近代中国工业化进程。以反工业化形式出现的义和团运动失败后，中国的农民、农村和农业更是被当时所谓的社会精英视为中华民族愚昧、落后甚或耻辱的原因和标志（夏明方，2012：202）。也可以说，当“百年激进”进程以都市为主导并确定了特定的“意义系统”后，以农业文明（包括生产方式、生活方式和思维方式①等）为基础的传统文化和价值，因难以分享主流坐标下的“意义”而日益空洞化，乡村则作为“非现代”和“反现代”的象征而处于相对边缘的位置②。

这种“问题化”后的“乡/土”，既在文化上进一步强化了城乡不平等与割裂对立，同时还循环生产出一整套让农民无法自信、让农业失去尊严、让农村难以安身立命并获得意义、以都市和资本为中心的主流现代文化。这些不仅成为外部主体对乡村简单而又刻板的定型化想象，而且作为“社会共识”而内化为农民或乡村工作者的自我认知与困惑源泉。

如果说，“问题化”让“乡/土”进一步成为问题，那么“对象化”则让这种“问题”进一步定型且难以真正面对。成为“问题”和“对象”之后的“乡/土”虽因突显了“乡土”困境而引发更多的关注与行动，但也强化了“主客”对立的人为二分，使得知识分子或具有“话语权”的人（无论是否来自乡间或从事着乡村相关工作③）不自觉地疏离“乡/土”脉

① 如罗志田所指：西方输入的使命感加剧了中国士人因多层次心态紧张而产生的激进情绪。相比之下，中国传统观念是趋向渐进的，主张温故知新，推崇十年寒窗、水滴石穿的渐进功夫（2014：32）。

② 意味深长的是：恰是这种“想象中的‘他者’，正好维持着人们对现代城市各种缺陷的容忍。城市和乡村在现实中的对立与在文化中的补充，正是资本主义生产方式主导下的现代化的必然后果”（吴志峰，2008：454）。

③ 即便政治立场和对乡土的认识不同，包括乡建实践者和中国共产党在内都可能存在不同程度的“问题乡村”倾向。前者如晏阳初思想中潜在的“启蒙”意识（赵旭东，2008；梁心，2012），后者如中国共产党在农民动员和乡村改造中的阶级论述。但当这些认识又都充满复杂性，需要结合脉络进行具体分析。

络，在“文明—愚昧”、“进步—落后”、“主动—被动”、“救—被救”和“上—下”等隐蔽偏见中迷失。“对象化”所带来的“他者化”虽然让“问题”和“问题之人”似乎清晰可见，却也将问题本质化，降低了透过历史脉络和时代张力以自我反省并付诸实践的可能，参与构成了进一步“激进化”的土壤与动力。实际上，其作为“百年乡村破坏”之常被忽略与遮蔽的重要面向，恰是其对经济和政治层面的有效配合，让激进改造具有难以质疑的合理性，并让权衡之下的可能“成本/代价”获得某种接受。

三、作为回应与探索的百年乡村建设

如前所述，“百年激进”成为特定时代的主导性趋势并从不同层面上引发了“百年乡村破坏”这一历史性进程。然而，当这种“输入型”激进和社会理想在现实层面落地为一种大规模的社会实践后，则充满裂隙并引发不同的反应。特别是对于中国的“三农”来说，其绝不只是“问题化”与“都市眼光”之后的诸多“问题”，其本身也正是宝贵的力量源泉（如晏阳初从在法华工身上发现“脑矿”进而终其一生地推动平民教育与乡村建设实践）与中国的有形之“根”（如梁漱溟深思熟虑且深入一线实践后的归纳与坚持），它们构成了中华文明形态和独特国情的厚重基础，并成为“百年乡村建设”的土壤与动力。

1. “三农”辩证法

在资本主义及各种“激进”论述中，“三农”问题的安置与处理存在着较大的内在张力。马克思认为小农是“旧社会的堡垒”（2004a：578），是“日趋没落的”（2004b：47），小农落后、保守、迷信，“愚蠢地固守这个旧制度”，“就像一袋马铃薯是由袋中的一个个马铃薯汇集而成”（2009：566-567）。恩格斯也认为“我们的小农，正如任何过了时的生产方式残余一样，在不可挽回地走向灭亡”（1972：299）。历史学家莫里斯·迈斯纳进一步归纳道：“对于马克思来说，现实史的舞台是城市，而城市的主要角色是城市的两大阶级（资产阶级和无产阶级）。在现代史这一概念中，农村和它的居民充其量只扮演一个微不足道的角色，而且可能还是反面角色”（2005：27）。同时，他还引述列宁的观点：“城市比乡村占优势（无论在经济、政治、精神以及其他一切方面）是有了商品生产和资本主义的一切国家的共同的必然的现象，只有感伤的浪漫主义者才会为这种现象悲痛”（2005：39）。除此之外，许多其他论述也常将“农民”排斥于历史动力之外①，常见的处理是为其派定某种特定的边缘化位置，通过“落后/牺牲品”（迈斯纳，2005：27）这样的模糊指称与“他者”身份，以对真正的问题实现某种转移与置换②。

可是，农业毕竟作为人类最基本和最重要的生存条件，之所以在原有资本主义与工业文明框架下能够不断地“自圆其说”，那是因为：一方面通过外部殖民与不合理的世界经济体系转移生产压力、成本及过剩人口——“以空间换取时间”；另一方面寄希望于化学农业、石油农业与生物农业所带来的新增长——“以时间换取空间”。然而，如此“外部化”与“透支未来”的做法势必引起承担代价群体或自觉秉持草根生态立场知识分子的不满与抵抗。特别是对于当前这个“有限地球”作为基本共识的时代③，包括“能源/环境/生态/金融/人类安全”等各种危机正日益构成人们的日常经验。

正是这种“三农”辩证法孕育了广义的乡村建设思考和实践，其具体源起可能不同：既可能是梁漱溟在《乡村建设理论》中所归纳的四个层面中的一个或多个（“乡村自救”、“乡村破坏而激起救济乡村”、“中国社会积极建设之要求”以及“面对千年社会组织已崩但新者未立时，重建社会构造”），也可能对应其思想深处对“人性自觉”的坚信，还可能如当代乡村建设新归纳的“遮蔽”之“再现”④。

“百年乡村建设”作为对“百年激进”和“百年乡村破坏”的回应与

① 即使在毕生献身乡村的晏阳初那里，也充满不无贬义的“愚、穷、弱、私”式归纳（随着实践的深入及来自乡土的改造，该看法得到一定调整。详见第三章中的案例讨论）。更重要的是，由于长期的文化影响，类似的刻板化定见已逐步内化为被叙述者的某种自我认同。

② 实际情况要更为复杂，可参考：张晓山．马克思 恩格斯 列宁 斯大林论农业、农村、农民．北京：中国社会科学出版社，2013。

③ 详见：田松．有限地球时代的怀疑论．北京：科学出版社，2007。该书提出地球有限是这个时代最大的特征。所谓“有限”，不仅指存在的能源和其他资源，也包括地球的垃圾容纳能力。

④ 如当代乡建中的社会生态农业之兴起，除一般条件外，还可以理解为农业本身所具有的“多功能性”长期受到城市化与“非农化”的遮蔽，但随着生态危机和城市病等各种新因素的出现，曾经的“自圆其说”捉襟见肘，进而导致“多功能性”的再现与丰富实践空间的重新打开，详见第二章的分析。

“另类”探索，以乡土、国情、生态为视角和立场，尝试改出“激进”思路对乡土社会的脉络偏移，并减少其负面影响。然而，这种回应不同于简单的“冲击—回应”[①]，因为“他毁”和“自毁”常彼此引发，“百年激进”与“百年乡村破坏”更是互为因果，乡村建设既包括对冲击的回应，也包括对“其他回应”的回应以及对二元框架外新可能空间的探寻。与此同时，整体性的“百年激进”与“百年乡村破坏”则在现实中参与构成了乡村建设的脉络背景与影响因素。

也可以说：现实层面的“百年乡村破坏”与“百年乡村建设”其实一直辩证性地动态存在着，前述之“三要素外流”“乡村秩序改变”“乡土作为问题与对象”虽为大势所趋，但也并非绝对性效果或单一化过程。“激进化”在推进的同时也召唤出“社会自我保护”与形式多样的“乡土重建”，这些力量作为一种现实回应与历史存在，构成并孕育了更为广泛多样的乡村建设实践。

因此，三个“百年”非简单的因果反应[②]。一方面，建设性实践和自觉反思的存在影响并制约了乡村破坏的程度与深度。另一方面，正因为有着包括乡村建设在内的各种多元化力量的质疑和挑战，百年来的“激进化”进程才曲折、反复且充满裂隙与开放可能，共同构成了乡土中国现代化转型的复杂状况。

2. 乡村的多元化反应

正如上文所述，如果运用脉络化的整体视野与去意识形态化的分析，中国乡村建设的兴起与展开不是简单的微观个案或个体行为，其直接联系着中国近现代的剧烈转型，也可以理解为乡村在此进程中的多元化反应。

乡村建设的推动者可能包括知识分子、农民、学生、市民等在内的多重主体，内容也常因各阶段不同的问题与现实需求而充满差异，方式和载体更是灵活多样。但回到三个“百年”的背景脉络中，却有着共同的内涵，如若相对于前述“百年乡村破坏”中的三个层次，则主要体现为：在

---

① 美国历史学家柯文已经在《在中国发现历史——中国中心观在美国的兴起》一书（中华书局，2002）中对这一分析模式和思维方式进行反思和批判。

② 比如，不是一定要到20世纪二三十年代乡村全面破坏后，集体亮相的乡建才是乡建，事实上也有先知先觉者和引领潮流者，如张謇在甲午后就已经开始了建设性实践并持续数十年，虽然其未在名义上使用“乡村建设”一词。

经济上促进“三要素”的回流；在社会上回嵌“乡/土”脉络、重建有利于乡土可持续发展的包容性秩序；在文化观念上打破意识形态化的刻板认识与二元对立、在新的坐标下重新发现“乡/土”价值，以此开启进一步的实践空间与多元可能。

中华平民教育促进会同人及家属在定县合影
（前排右九为晏阳初）

如前所述，乡村建设作为一种保护性的多元化反应，其在一线行动中经常表现出分散与多样，相对于强调“根本性”和“总体性”的变革来说，乡村建设常被研究者和观察者归结为“改良”，且乡村建设实践者也愿意以此表达自己的主张、思考与立场，并希望以这种“去激进化”的态度区别于主流态度。然而，这种立足底层与乡土社会，强调民众参与和建设性实践的“乡建式改良”却与近现代历史进程中各种自上而下的政治改良或保守思潮存在着较大不同：看似零散、温和的乡村建设在微观实践中同样有着视角独特的宏观视野①与一针见血的现实批判（如对现代教育、精英倾向、发展模式等），并通过乡土性来进一步明确中国性。其强调建设，但不排斥其他有利于乡土社会与建立低成本良性秩序的各类努力。对于不利于“三农”的各种消极力量，则努力进行最大可能的转化，虽然这个过程中充满策略性妥协与“失败”。同时，这种“改良”也不等同于“改良主义”，其随着外部环境与历史脉络的变

① 比如，梁漱溟有着包括本书各处引述观点在内的系统性宏观分析，其给《乡村建设理论》取“中国民族之前途”如此“大”的副标题。晏阳初虽然做的事情常显微观，但也强调乡村建设不是“头痛医头，脚痛医脚”，并总结出包括“不是零零碎碎，而是整个体系”“不是救济，而是发扬”等在内的《乡村建设十大信条》。虽可能因角度不同，其宏观性未必得到认可，但笔者希望大家不要简单化地仅从技术层面对乡村建设进行理解。

化而变化，所坚持的包容性除体现着实践者在“激进化”过程中的“不忍之心”①，还隐含着中国传统文化与多元包容的思维，更基于近代以来充分的现实教训——各种激进对抗和二元对立的最终收益往往被精英利益集团所获取，后果及代价则多由乡土社会与弱势群体（还包括当代日益突显的生态环境）承担。

进一步看，兼顾“自我保护”与“另类实践”功能的乡村建设既不同于主流框架与激进逻辑下的逃避或回归，也区别于一般的消极“防卫”，而内含着积极建设、开拓创新及对各种主流的质疑批判。当然，“另类”与“主流”不是二元思维下的简单对立与割裂，本身都不可能是铁板一块，彼此有着千丝万缕的联系与互动。

需要指出的是，近代中国的“激进”虽已百年，但相对于中华数千年的历史来说只是短暂瞬间。已有研究指出，乡村建设内在于中国更悠久的历史脉络之中②，无论是先秦思想的渊源追溯（王景新等，2011），或是北宋张载关于恢复井田制度、重建宗族组织、倡立乡约的思想基础及其门生吕大钧所创立的对梁漱溟乡建思想产生直接启发、以“德业相劝、过失相规、礼俗相交、患难相恤”为核心的吕氏乡约（曹锦清，2006），还是明朝泰州学派精神世界的连接呼应（宣朝庆，2010），都是乡村建设的历史源流。之所以本书希望以“百年”为时段，并将清末设定为乡村建设的实质性起点，重点在于强调近代以来“百年激进”“百年乡村破坏”“百年乡村建设”这三个历史进程的内在联系与逻辑相关。同时也只有突破对乡村建设以“十年”为单位（“民国十年”加“当代二十年”）的常见设定，才能由此打开一个新的反思空间。也可以说，乡村建设既是近代以来有着特定内涵的专有名词，又是超越近代而内在于中国长时段③历史脉络之

① 作为一名地道的“城里人”，为什么要从事乡村建设？温铁军与实践者内部交流时曾说道：从我个人来说，只是一种不忍。做人，做知识分子，难免妇人之仁，如果知识分子没有妇人之仁，如果身在主流不能反思，那就会是一种男性主义或者说是一种趋向极端的主流思想。

② 此点在部分乡建实践者处已有自觉。比如，1904年就于河北定县翟城实践“村治”的米迪刚1931年在《乡村建设》创刊号发表《三十年来之村治经验谈》，一开始就指出：“村治这个名词，一般人都以为是新的，是三十年来才有的名词；其实不然，它不是近年来某学者的创造，实是中国数千年以来的老东西，与中国的历史同其寿命。”

③ “长时段”为法国年鉴学派历史学家所常用，但其代表人物布罗代尔认为：把棘手、复杂的长时段纳入史学研究不是件好玩的事。这既不是简单地扩大研究和兴趣的范围，也不是仅仅对史学研究有利的一种选择。接受长时段意味着改变作风、立场和思想方法，用新的观点去认识社会（1997：182）。笔者在本书中深感其中的难度与张力。

中、有着更为广泛资源构成的乡村民众民间建设史。

3. 百年来的三波乡村建设

笔者认为，中国近现代历史进程中的乡村建设并非始于常见论述中以晏阳初、梁漱溟、陶行知、卢作孚等“乡建派”① 为代表，兴起于20世纪二三十年代的乡村改造实践，而是发轫于更早的清末民初。正如上文所述，甲午之后整体性的“百年激进”与“百年乡村破坏”引发并联系着的一场以底层和乡土社会为主要空间的建设性实践，所涉及的主体、方式、内容十分多样，既有外来知识分子以“救济乡村”为出发点的“异地实践”，也有由乡土社会自发、本地良绅主导兼顾以“乡村自救”与“社会建设”为目的之“在地行动”，还包括1949年至今更为复杂的实践形态。从整体上说，其包括前后呼应的三波乡村建设。

中国国家博物馆“复兴之路”专题展将乡村建设作为“其他救国主张及实践”，其中包括晏阳初、梁漱溟、卢作孚、陶行知、黄炎培等人所领导的乡村建设实践

---

① 曹天忠在《乡村建设派分概念形成史考溯》(2006) 中对所谓“乡村建设派”的形成与不同分类方式做过梳理，认为“其概念的得名非自号而是源于他称”。笔者希望进一步指出：同一乡建派别内部也存在着不同的声音，即使同一人的思想和主张也随着外部环境及实践推进阶段的不同而改变。各乡建团体骨干间存在着一定的流动和交叉，所以实际上不好做出“××派”这样的清晰区分与定位。

第一波乡村建设以"官民（间）合作"为特点，其起于清末内忧外患及甲午惨败对传统士绅的深刻刺激①，无论是返乡状元张謇在江苏南通所推行的"村落主义"，还是传统乡绅米氏父子在河北定县翟城所进行的"模范村"实践（黄问岐，1935；王维显，1937；李德芳，2001；虞和平，2006），都是具有自觉性的"自下而上"式社会改良；兴于20世纪20年代外部混乱的军阀割据环境难以改观的局面之下，弱势中央默认地方势力，邀请社会力量化解乡治缺失②；衰于国民政府力推的保甲制度导致乡土社会结构发生根本改变，以及乡建派于1937年日本全面侵华后，迁往重庆参与北碚试验，兴办乡建教育与华西试验区；被替代于1949年新中国成立后的国家全面建设。

作为乡村建设的萌芽与先声，清末民初实业家张謇在家乡南通所进行的卓有成效的全方位建设，已有学者将其总结为"有实无名"③ 的乡村建设。这一由"状元改行"所推动的地方性建设既有着甲午战败的刺激背景，同时和"翟城村治"一样皆属清末新政释放实践空间后的历史产物。其"工农并进""父教育、母实业"等建设思路及所取得的成效，可以为此后"以农立国—以工立国""保守—激进"等讨论提供一个不一样的例证。之所以将百年乡建的历史起点前置为"甲午之变"，除上文讨论到这一历史事件对中国的重要影响及其直接催生了张謇"有实无名"的乡建实践外，该时期对中国现代化进程也有着特殊且复杂的意义，据吉尔伯特·罗兹曼主编的《中国的现代化》描述，"1895—1911年这段时期，通常被

---

① 关于甲午海战的影响上文已有简述，其对近代乡建有着特别的影响：一方面，让"自毁+他毁"进程加速，同时也催生出各种形式的变革思潮与建设实践；另一方面，相比于日本全面侵华让中国普通民众感觉到民族危机，甲午惨败则让先知先觉的中国知识分子提前感受到了民族危机，其中包括不少重要的乡村建设实践者，比如后文会讨论到的"甲午状元"张謇和孙中山的秘书黄展云（岳父为甲午海战殉国者刘步蟾）。张伯苓在重庆北碚的一次演讲中也提到自己原来在北洋水师做事，因愤甲午之战而退，终生从事教育（张伯苓，1935）。

② 乡村建设集中发生于20世纪20年代末30年代初，其与民国大局甫定、各地名义上归于大一统有关。面对清末民初的四分五裂，通过军阀之间的多次局部战争重新形成了大一统国家之后，亟须建立国家稳定的局面，否则不可能追求现代化。但在现代化的推进过程中，又因为工业化、城市化必须从乡土社会提取剩余，导致乡土社会的"三要素"净流出。经济基础不断衰败和国民政府在乡村建立政权、稳定社会的政治要求之间，发生了几乎是对立性的矛盾。这给当时立意爱国并希望坐言起行的知识分子释放了难得的实践空间。

③ 其不仅与20世纪二三十年代乡建实践在内容上多有交叉，以及通过当地城乡建设给平民带来"三要素"回流的效果，在创建"中国近代第一城"——南通时所坚持的"实业的社会性"、创建早期中国本土化的"社会企业"（与卢作孚在北碚的理想和实践有异曲同工之妙）及由此产生的低成本县级治理等也都是乡村建设的核心与关键。

认为是现代化冲动出现新势头的时期。要求重大政策性变革的民众呼声响彻云霄，改良蜕除了王朝纪元的许多基本特征，革命摧毁了帝国秩序的断壁残垣”(2005：7)。

此外，1904年也是中国近代乡村建设实践的重要年份，该年河北定县翟城村乡绅米春明被聘为定县劝学所学董，开始以翟城村为示范，实施一系列改造地方的举措，积极开展以兴办新式教育、制定村规民约、成立自治组织和发展经济为代表的乡村自治①。1914年，时任定县知事的孙发绪观察到翟城村学务发达、风俗良善，于是提出效仿日本，创办中国的自治模范村，其提议得到刚从日本留学归国的米春明之子米迪刚的高度赞同，后者联合其他乡绅着手办理。经过多年的探索与建设，定县据翟城村经验制定全县村治大纲，并广为推行，而时任县长的孙发绪因村治有功，擢升为山西省长并在山西推动乡村自治（王景新、鲁可荣、刘重来，2013：270-275)。这段暂未引起充分研究的本地乡绅之“翟城试验”②，直接引发了后来受到海内外广泛关注、由晏阳初及中华平民教育促进会等外来知识分子推进之“定县试验”。

到了20世纪二三十年代，除乡土社会稳态基础进一步被破坏外，还伴随着“五四”之后“多元救国论”的兴起与落地。一战爆发导致出现了西化思潮反思的现实基础，“到民间去”“实验主义”等则纷纷成为时代趋势与社会氛围。

在此脉络背景下，一批名家使乡村建设进入公众视野。其中既包括常被作为乡村建设代表人物而提及的平民教育家晏阳初先生、生活教育创立和践行者陶行知先生③以及同时从理论和实践两个层面对西方现代性进行反思与“另类”探寻的“最后儒家”梁漱溟先生，也包括近年来日益受到重视的更多乡村建设实践者，比如：通过地方割据条件下的“和平红利”完成建设，同时创造出中国第一批现代意义的社会企业的嘉陵江三峡乡村建设开拓者卢作孚先生；在战乱频仍、土匪乱世与地方

① 笔者认为，当时脉络下的“自治”某种程度上有着一定的“脱钩/去依附”内涵。

② 关于“翟城试验”的内容可参考《翟城村》(米迪刚、尹仲材，中华报社，1925）和李景汉编写的《定县社会概括调查》(中华平民教育促进会，1933)，后书第三章专设“翟城模范村”一节，对其试验经过、试验内容、相关事件及产生影响等都有详细描述。由此也可见“翟城试验”与“定县试验”的承接关系。

③ 原来较少有乡建研究涉及陶行知，若按照本书对乡村建设的界定和理解，其当然应该被纳入，第三章将进行讨论。实际上，近年来已有专著《晓庄师范与民国乡村建设》(王文岭，河海大学出版社，2017）等陆续面世。

割据环境下推行农民组织化的早期乡村建设践行者、河南村治学院与宛西自治开创者彭禹廷先生；于1925年就提出“大职业教育主义”，主张与一切教育界、职业界联络，由此进一步面向社会并推进农村改进的中国近代职业教育开创者黄炎培先生；1920年毁家兴学，1928年任江苏省立教育学院院长的民众教育家高践四先生；辛亥革命的先驱、曾任孙中山大元帅府秘书，旨在分期实现“三民主义”，进行革除差役整顿警政、设立民团肃清土劣、清理丁粮改革赋税、破除迷信倡导文明等系列建设实践的福建营前模范村（1928—1933）创办人黄展云先生。毛泽东等中国共产党领导人在1927年6月所起草的《全国农协对于农运之新规划》第四节中还专门提出“开始乡村建设事业”（中央档案馆，1983：173）。

卢作孚撰于1929年的《乡村建设》（图为单行本第3版），全书共8章，对乡村建设的意义、乡村地位的重要性、乡村的教育建设、乡村的经济建设、乡村的交通建设、乡村的治安建设、乡村的卫生建设以及乡村的自治建设八个方面进行了阐述，为迄今为止发现的对乡村建设进行系统阐述的最早文献

此外，傅作义将军于1934年创设绥远省乡村建设委员会并在全省范围内进行乡村建设①。教育家雷沛鸿②、黄质夫③、王拱璧④、周方分别在广西、贵州、河南、湖南等地开展平民教育与乡村建设实践；除农学、教育学和社会学知识分子外，诸如作家孙伏园、戏剧家熊佛西、医学家陈志潜、美学家张竞生等专业人士及来自乡村底层的民间思想家王凤仪（1864—1937）等人都以不同形式参与广义的乡村建设。实际呈现着“群体性”与“多样化”的特点，笔者将在第四章详细讨论。虽然他们在出发点、学科、经历、政治立场上存在着或多或少的差异，但他们都以“救民”为目标而扎根大地，尽管负重潜行却润物无声且生生不息。

而当进入20世纪30年代后，因为西方世界经济危机对中国的转嫁和日本发动侵华战争，导致快速工业化、城市化的外部环境发生着剧烈变化，而内部环境则随着白银危机的爆发和保甲制的强制推行导致乡村社会中劣绅当道、兵匪横行，农民负担进一步加重，维持乡村良性治理的社会结构与文化基础同时受到摧毁性破坏。此时的乡村，剩下更多的只是“干柴烈火”，社会改良空间进一步萎缩。

然而，广义的乡村建设却从未停止或消失，只是在不同阶段以不同形式曲折展开。此时的乡村建设，在目标、内容、方式和重点上发生着一定变化。一方面，面对救亡压力，多数乡建实践从“救民”向“救国”转型，并以宣传动员、政治调停、人才培养等方式直接或间接参与抗战救国。另一方面，抗战大后方的乡村建设者和平民教育学家，开始探索“国

---

① 详见《绥远省政府乡村建设委员会会刊》，1936年，出版机构及作者不详。该刊共155页，对实践源起、内容有详细说明并附有珍贵图片。概况介绍可参考：刘春子．20世纪30年代的绥远乡村建设委员会探讨．内蒙古社会科学，2015（3）。

② 雷沛鸿（1888—1967），广西南宁人。1911年参加广州黄花岗起义。创办广西普及国民基础教育研究院和西江学院，任教于江苏省立教育学院（民国乡建代表性团体之一）并担任广西大学校长和广西教育科学研究所所长。主张教育改造与社会改造相结合，创建国民教育体系以促进社会改革与民族振兴。相关思想与实践详见：曹天忠．教育与社会改造——雷沛鸿与近代广西教育及社会（修订本）．天津：天津古籍出版社，2004。

③ 黄质夫（1896—1963），江苏仪征人。1924年国立东南大学农科毕业后投身于乡村师范教育事业。创办主持江苏界首、南京栖霞、浙江湘湖和国立贵州师范学校，前后长达20余年。实践陶行知的生活教育理论，提出“乡村学校化，学校乡村化”的主张，建立了独特的乡村师范教育体系、系统的教育方略和富于实践意义的教学模式。相关思想与实践详见：肖云慧．黄质夫乡村教育思想研究．贵阳：贵州民族出版社，2003。

④ 王拱璧（1886—1976），河南西华县人。同盟会早期会员，留学日本早稻田大学，为中华留日学生总会的学生领袖，1920年返乡创建青年公学，实行“农教合一”，探索新村建设和普及农村教育的途径与方法，为河南乡村教育实践奠基人。参与乡建的源起及内容在下一章有简略介绍。

统区”的减租减息和合作社建设①，中国共产党则在延安和各解放区更为成功地开展包括合作社、经济建设、农业改良、民众文艺、乡村调解等内容的乡村建设（孙晓忠、高明，2012）。在回归乡土脉络的过程中，乡村革命与乡村建设实际上相互融合与彼此影响。

紧接着的第二波乡村建设由全面执政后的中国共产党推动，在官方资本主导的大规模工业化条件下由“官方主导”，也可以理解为“没有‘乡建派’的乡村建设”实践。相对于民国时期第一波乡村建设来说，1949年的土地革命对底层社会全面动员，并以此为基础对乡村社会进行全面整体的组织化改造②。这虽然让“乡建派”知识分子们的乡村建设行为萎缩和终止，却由于新国家社会广泛参与基础的形成，而使得乡村建设的理念和工作在国家建设背景下，以新的形式被高效、全面替代与覆盖。比如：全民扫盲、技术推广、水利建设、互助合作和各种实践创新（如：赤脚医生③、乡村民兵、社队企业等），以及对农民主体地位、妇女解放、尊严劳动等的强调。

到了集体化阶段，由于随之伴生的国家力量全面进入“三农”以将获取的剩余投入工业化和城市化建设，乡村工作再度因城市工业化的优先需求而与乡建初衷背离。即便如此，乡村建设也无声地存在于因千差万别而难以充分集权的广大乡土社会，草根民众为稳定乡村、维护传统仍然做出了艰辛努力。

进入80年代，由于产业资本扩张与全球化进程加快，仅靠推行“大包干”并不能根本解决“三农”发展与基层治理问题。而包产到户恢复了传统小农经济之后，则面临着分散的农民再组织化、再制度化等问题。于是在追求工业化和现代化的过程中有了1987—1997年间由政府部门自上而下推动的“全国农村改革试验区”（农业部农村改革试验区办公室，1997），从内容上看，其与50年代以土地入股的初级社和60年代恢复小队

---

① 详见2012年11月由重庆市璧山区档案馆意外发现的近400卷晏阳初及中华平民教育促进会所领导的乡村建设华西实验区（1946—1950）档案，其中包括乡建知识分子所领导的“国统区”土地改革与减租减息实践，具有重要的研究价值。该批档案影印版可参见《民国乡村建设：晏阳初华西实验区档案选编》（西南师范大学出版社）。

② 虽然当时中国已进入新阶段的现代化建设之中，但上层建筑与经济基础之间的对立性矛盾仍然存在。面对高度分散的小农也仍有交易费用问题，因此推动国家主导下的乡土社会的组织建设与制度建设则显得十分必要。

③ 有研究认为：中华平民教育促进会于20世纪30年代在河北定县“设计了最早的‘赤脚医生’制度”（徐秀丽，2006：74）。

核算的“三自一包”等两次“体制内改良”几乎雷同；从过程上看，知识分子下乡与地方政府结合的方式，及其在广大农村开展的制度建设与组织建设也一脉相承。最后衰于90年代以来的宏观环境变化及东亚金融危机。这场政府主导、自上而下的乡村建设实践上承改革开放初期农民自发大包干、社区化乡镇企业等创造，下启21世纪民间发起并持续至今的当代乡村建设。虽然推动主体和方式存在差异，但都强调对试验所产生的经验教训的充分尊重，并尝试通过认识与实践的对话，让这种结合了广大农民、基层干部和专家多方力量的组织创新与制度创新能对宏观政策产生积极影响。

第三波乡村建设于2001年起持续至今①，以“官民互动”为特点，其起于三大资本全面过剩和“三农”问题进入中央决策，兴于新农村建设，转型于城市化加快与全球金融危机代价转移对乡土社会造成的大规模破坏。

经过“激进”改革的90年代，此时中国由于彻底纳入全球化，各种利益集团进一步结合，将纳入全球化所形成的巨大成本向乡土社会转嫁。第一波乡村建设源起时的“乡村自救”“救济乡村”“社会建设”等多层面因素与条件在此时期重新具备，集中式的乡村建设因此再次“显化”。第三波乡村建设由民间力量率先引领，成千上万的农民、进城务工人员、学生、知识分子、市民等社会各界人士加入其中，以“人民生计为本、互助合作为纲、多元文化为根”为基本原则；以城乡一体为新的分析单位与建设对象；以组织创新与制度创新为基本方针；以城乡互助与包容为生态文明背景下的基本方向；以“学生下乡 教育支农”、“农民合作 改善治理”、“社会农业 城乡融合”、“工友互助 尊严劳动”及“大众参与 文化复兴”等五大工作为基本形式；以促使长期外流的“三要素”及其他有利于可持续发展的各种资源回流中国乡土，促使资源环境可持续条件下的民生安全为最终目标。

这波乡村建设在“自下而上”的推进方式与民间立场上与第一波有较大的相似性，但却面对着更大的挑战与张力。一方面，面对着全球化大潮

① 2012年12月2日温铁军在西南大学的主题演讲《中国百年乡村建设——在乡土实践中渐进地认识客观世界》中指出：如果说50年代政府主导的制度试验（合作化、集体化、公社化）是通过促使小农经济的高度组织化来承载城市资本与风险高度集中的危机，由此消纳国家工业化的制度成本，那么，工业化完成之后政府推进大包干的“去组织化”再度恢复了分散的小农经济，则是这种制度不断承载危机，致使成本过高，政府不得不退出“三农”的客观结果。这就有了民间乡村建设再起于21世纪的历史机遇。

的深刻影响和高速城市化的巨大“拉力”，中国社会结构发生了巨大变化，伴随政府下乡与“精英俘获”而愈益突出的内卷化机制作用，乡土的社会资源和经济剩余越来越少。在此情况下，农民自主的组织创新与制度建设更加困难。另一方面，当代乡村建设需要面对的外部环境更为复杂，例如，占据主导地位的利益集团原来是推动“激进”现代化的，但因“生产过剩”条件的出现及各种结构性危机（环境、能源等）的制约，而使得某种“倒逼”下的“反思”和以“反思”为包装的新一轮利益“圈占”同时出现。主要集中于城市的“中等收入群体”常常自我区隔于底层与“三农”，但当其切身感受到包括食品危机、雾霾、高房价等在内的伤害与压力时，也产生了参与乡村复兴的可能性。

也可以说，第三波乡村建设在实践中面对着来自附庸全球化的“资本”和“权力”的更大的压力、竞争与诱惑。正因如此，其在实践中不限于“乡”与“土”，而是动员包括市民、文化人士等在内的更为广泛的社会力量与跨界参与；除传统的实践外，同时还开展包括全球化挑战下第三世界的经验比较，并与发展批判、文化反思、话语建设等多领域的工作相结合，其面向与涉及范围也更加广泛。

四、小结

作为长期参与当代乡村建设的一线实践者，笔者不满足于常见的革命史和现代化两类分析框架，希望可以“跳出乡建看乡建”，通过重新界定研究对象并确定新的逻辑起点，打破历史与当代乡村建设实践在时空和叙述上的割裂，以“百年”为单位重新梳理乡村建设的内外环境与基本脉络。通过对中国乡村建设脉络背景的梳理，在激进内部理解改良，在改良脉络中反思激进。在具体论述上，尝试从“乡村”角度，讨论“百年激进”“百年乡村破坏”“百年乡村建设”的复杂关系，进而呈现乡村建设内在于乡土中国现代化转型的历史进程中，以及百年来不同阶段与形式之乡村建设的深层共性。在此基础上，笔者希望指出：

中国在遭西方列强自 1840 年鸦片战争以来一百多年的侵略、瓜分、凌辱、压迫的过程中，由于受外部冲击和直接侵略，产生了资源外流、生存危机与竞争焦虑，进而引发包括“自强”和“自救”在内的复杂实践与各种不期然的客观效果。如果以“三农”为视角来看，在强势国家主导的全球资本化秩序下，部分国人从各层面所进行的“激进”努力，常以“内生性”工业化的方式将经济、社会、环境等各种代价和成本制度化地转嫁给中国乡土社会，不断地产生中国式的“农民、农村和农业”问题，甚至形成乡村的致贫、致乱和致害效应。正是这种偏离本土、乡土与国情脉络（也即梁漱溟所强调中国之“特殊性”）的“百年激进”及相应的单一化社会共识，对乡村现实产生了深刻的影响，整体性导致“百年乡村破坏”。

然而，广大乡土社会和弱势群体也要生存和“活着”。如何生存？不能简单依靠对抗或反对。作为以农业为主要文明类型及以农民为主要人口的国家，中国近现代历史进程内含着“激进性”，其既产生了不同形式的“乡村破坏”与“三农问题”，也孕育了以自我保护与另类实践为双重定位的“百年乡村建设”，更为其在实践中日益显现的矛盾与困境埋下了伏笔。

需要说明的是：本书所涉及的三个“百年”非精确意义上的历史年代划分，而是宏观意义上对西潮冲击下中国现代化历史进程的泛指，重点在于通过对“激进、乡村破坏、乡村建设”之长期性与平行性的指出，以建立三者的内在逻辑与互动关联，强调不同阶段之乡村建设虽然存在或大或小的差异，但都可视为整体性状态或趋势的一定体现。

中国乡村建设始终回应着不同形式的“三农”问题，其是原住居民农业人口大国的“三农”因“激进式”现代化追求而被迫承接多重代价，及在传统社会结构与文化价值解体的双重影响下勇于担当的知识分子、农民和各种社会积极力量结合起来，尝试在外部环境与资源约束下，寻找非西方中心主义掌控之主流现代化发展可能的持续努力，以及由此与各种困难和限制互动的过程。

虽然国人已经有着近百年的乡村建设实践过程，但如何在一个“精英、二元、线性”的叙述框架下重新发掘被“成王败寇”“好人好事”“就事论事”等常见做法所遮蔽的乡建历史，如何在“革命史”与“现代化”夹缝中让乡村的民众民间建设史进一步释放出应有的启示，无疑是个很大的挑战！

第二章　脱嵌之后：乡村建设的内在动力与现实空间

若不是保护主义的反向运动阻滞了这个自我毁灭机制的运行，人类社会可能早就烟消云散了。

卡尔·波兰尼，1944，《大转型：我们时代的政治与经济起源》①

谋救人的要到乡村，谋自救的也要到乡村，从从容容做学术研究的归到乡村，急急忙忙救死不遑的也须归到乡村，东西南北都归到一块。

梁漱溟，1934，《社会教育与乡村建设之合流》②

小引：另一种真实

《中国合伙人》有句台词："是我们改变了这个世界，还是这个世界改变了我们?"所谓"改变"，既给影片主人公带来了"出国热"引发的巨大商机，也让银幕前的你我感受到了"中国崛起"和时代变迁所带来的强烈对照。如果我们也带着这种"改变"的动态视角，会发现2008年全球金融危机前后人们对"另类"实践的态度其实已经悄然发生变化，更多"边缘"实践日益进入主流视野。与其说是由于"主流"的包容或"另类"的进步，不如说是因为时代与外部环境的变化：一方面，"蜗居""蚁族""屌丝""史上最难就业年""富二代""拼爹"等"现象/现实"的同时出现真切地打碎了一些"农二代准中产阶级"的"城市梦（中产梦）"；另一方面，2008年之后此起彼伏的食品危机恶性事件、PM2.5来袭、首堵（都）之城及"东方之猪"（黄浦江漂猪事件）等现状也撼动了城市中产阶

① 波兰尼. 大转型：我们时代的政治与经济起源. 冯钢，刘阳，译. 杭州：浙江人民出版社，2007：66.

② 梁漱溟. 梁漱溟全集（第五卷）. 济南：山东人民出版社，1992：433.

级的普遍优越感，以致纷纷出现市民下乡、都市农夫等“逆城市化”端倪。如果说著名品牌的“毒奶粉”正在不同层面上改变着我们对“问题食品”只来自“黑作坊”或仅为“个案/例外”的自欺欺人的认知，那么更应该反思的则是以工业思路改造农业、对市场选择与政府监管的教条与迷信。

正是在如此氛围与外部环境的悄然改变中，不可抗力让我们“进城”了，河北乡间的晏阳初乡村建设学院转型为国仁城乡（北京）科技发展中心，既为组织起来的农民和按照生态化生产的产品找市场，也是以积极的心态探索实践“城乡互助”的新开始。当然需要反思城市，但并非因为其具有“原罪”，实际上城市也可能是多样的，其在生存形态上和乡村同样古老。更为关键的恰是我们需进入复杂脉络之中，去讨论现代都市包括不可持续在内的现实困境及其原因，只有建设性的反思才可能寻找并结合更多来自城市的资源与力量，进而打开更大的实践空间。事实上，乡建团队近年来分别在乡村和城市，以兰考南马庄“购米包地”（2006）和北京小毛驴市民农园（2008）为起点且持续至今的实践已经得到了证明。

离开熟悉的村庄和可爱的村民，经过一年多的颠沛流离，我们总算在北京这个超级大都市的六环外找到一块可以扎下去的土地（小毛驴市民农园所在的后沙涧村）。我们既兴奋也惶恐：在城市是否也能够进行乡村建设？完全不熟悉的市民消费者是否也能成为我们的支持者与合作伙伴？于是，我们开始了新的探索、发现与收获。

记得在此过程中，有位青年学生在一次关于食品安全的讨论中说到自己的困惑，面对眼前的各种问题食品，到底该选择 20 岁的时候饿死（不吃），还是选择 40 岁的时候因癌症病死（吃）？这的确是一种很有代表性的话语表达与思维惯性，重要的是，比起由此展开的认真思考和讨论，更常见的是以此为由快速进行着的不无犬儒的自我回答和自我消解，似乎无奈之中只剩下“别无选择”。可实际上，这种态度本身就是一种非常主流的“选择”。我们其实需要追问，对现有农业生产方式与消费方式的反思与改变是否一定就意味着都要“饿死”？在“三高”成为困扰大家的健康新问题的背景下，“不饿死”也“不病死”的第三种或更多种可能是否存在？如果说类似的困境表达作为一种真实，体现着这个时代本身的矛盾，那么对困境的质疑与挑战也是同样存在的另一种真实。

下面就分享几个让我们印象深刻的真实片段，它们分别来自小毛驴市民农园创办早期不同年份的消费者。2009 年，自取份额成员钟声除自己消费小毛驴市民农园产品外，还主动在其居住小区发起成立“自取小组”。在第一届全国CSA经验交流会上，他做了一个题为“我们为什么发起自取小组”的分享：他先谈了自己所住小区邻居之间互相的不信任、冷漠与戒备，而“2009年初，给了我们一个‘拆墙’的机会。小毛驴市民农园本身就是建立市民与农村之间良性关系的。我们小区有相同想法的人，通过小毛驴市民农园建立了互相的联系”。通过组织，轮流取菜，“大家平常还会经常进行沟通，分享彼此之间的喜怒哀乐及取菜时的心得体会……除此之外，我们自取小组还给孩子组织了绘画班、舞蹈班，不是外面平常的收费班。我们的舞蹈老师就是自取小组成员请他们的亲戚来担任的……孩子容易建立起这种关系，大人却不容易建立这种氛围。但是通过这种方式，邻里之间的接触就比较频繁了”（2010）。

相比而言，长期坚持来农场劳动的尹瑞庆则认为，“细细想来，生活的改变，让我们失去了什么？外出旅游不再安排，很少在外就餐；而生活的改变，让我得到了什么？一是身体比以前强壮了，菜园是一剂养生又强筋健骨的灵丹妙药。二是收获了健康安全的放心菜——吃菜时，再也没有心理负担了；更大的收获是在思想上，人与自然和谐共处的理念在思想中逐渐清晰和深入……小小菜园联系着大目标。受大学生的感染，我们会把装鸡蛋的塑料盒和配送小西红柿的网兜带回农场，重复利用。在家里也进行垃圾分类，更注意节约水电”（2010）。

虽然2011年小毛驴市民农园每斤8元的菜会让有些人觉得贵，但配送份额成员聂露却这样分析道，“看起来每周64元的菜价比市场上贵，但这样健康且值得信任的菜却为我们全家的其他生活带来了些悄悄的改变——减少吃肉、洗菜省水（不担心农药残留）、每周至少取消一次外出吃饭（家里固定有健康菜，意识提高后自然担心外面的食品安全）、降低购物频率……并且，这种‘昂贵’的菜还起到十分重要的教育作用，教育自己及家人尊重农民的付出，同时它也教育了农民，这种健康产品的高价格是对诚实劳动农民的奖励”（2011）。

除了消费者给我们带来触动与感动外，农园中与我们朝夕相处的大叔大妈们也常常给我们一些认识这个多样世界的新路径。有一次，当我们的志愿者对本地农友做关于为何在农园工作的调查时，提问者期待一些很高尚、很生态的答案，有位大叔非常爽朗地说：“我说实话你们不爱听，我来小毛驴市民农园就是因为离家近……”（罗逸，2012b）

正如大卫·哈维在《希望的空间》中所指出的，资本主义全球化并非一个单一的历史进程，而是充满着各种各类的矛盾，因此也充满了转变的希望。这个世界本来就是多样的，我们每个人都是一种真实，每天的点滴与选择皆是新的可能，一个更加合理的世界或许就在眼前和手下。

一、乡土社会的保护与重建

笔者在导论中专门讨论了卡尔·波兰尼的“双向运动视野”，近年来已有不少研究将该视野用于中国本土问题的研究。比如王绍光在《大转型：1980年代以来中国的双向运动》中指出：在20世纪90年代短暂经历了“市场社会”的梦魇之后，中国出现了蓬勃的“反向运动”，并在催生一个“社会市场”（2008）。实际上，这也正是第三波乡村建设在21世纪兴起的背景之一。而在与乡村发展有关的具体研究上，周立和王彩虹也采用该视野，通过结合福建和四川的10个乡村发展案例指出：在嵌入性考察视角下，农村产业发展呈现出双重“脱嵌”的特点。其中，第一重“脱嵌”是指农村产业仅作为经济形态，“脱嵌”于社会，弱化了社会功能；第二重“脱嵌”是指农村产业脱嵌于自然，弱化了生态功能。因此需要通过恢复农业农村的多功能性，以实现“回嵌”社会和“回嵌”自然，才可促进乡村的可持续融合发展（2019）。

可以说，波兰尼所提出的“社会自我保护”“脱嵌”“回嵌”等概念及所带出的整体性视野不仅有助于分析当前中国社会转型中的诸多问题，也有助于思考乡村建设的源起内涵与内在张力，探索一种理解百年乡村建设的新角度，同时呈现乡土社会在现代化转型过程中的复杂反应。

关于以“社会自我保护”为内涵和表现的“反向运动”，在导论中已有一定讨论。这里希望再次指出，其不是一个社会在面对危险时通常所做出的防御行为，而是对社会紊乱状态的一种反应。在波兰尼看来，社会是“反向运动”的主体，但不是一个超验的主体，而是受到具有历史偶然性的阶级力量的调节，他们包括保守派、封建地主、农民、贸易工会主义者和社会主义者，并共同构成了一场独立的运动（加雷斯·戴尔，2016：75-76）。也可以说，社会保护在根本上是来自社会内部的各个团体与阶级不自觉地联合起来对抗这种危机的一种纯粹基于自求生存的人类天性的本能反应（吕鹏，2005）。笔者认为，其中的“保护性”也需回到具体脉络之中，不仅要看到所产生的保护效果和由此形成的多元力量，还应借此将被遮蔽或化约掉的文化、社会、生态等视野重新纳入，以对此过程进行更为整体动态的把握。

既然要聚焦乡土，自然离不开中国本土的相关理论资源。在《乡土中国》之后，费孝通继续创作了《乡土重建》，所取书名“乡土重建”可以说是费孝通思考乡土中国如何面对现代转型这一重大现实问题的核心，也是其基于对当时乡村建设实践深入观察后的反思与补充（1999a：438），也有研究认为“乡土重建”是“反西方资本主义现代性的现代性方案”（陈占江，2016：68）。虽然两书的重点和产生的影响不同，但都一以贯之地体现着作者对乡土性的强调及最为重要的国情意识与文化自觉。在《乡土重建》中，作者通过继续推进对乡土社会及近代中国城乡关系独特性的认识，探讨“乡村瘫痪”之后怎么办，思考乡土中国在现代化转型过程中的处境、反应与张力，其间既充满着反思性辨析，也包括建设性主张。在费孝通看来，所谓“乡土重建”不仅包括其在书中提及的“乡土工业”“农民合作组织”“农工混合的乡土经济”“新技术”等实务层面内容，以及因敏锐的乡土自觉和整体性视野而带出的技术或经济的社会维度①，更包含着其对合理、可持续之城乡关系和新社会结构的追求，体现着其对现实两难和各种限制所保持的清醒认识（费孝通，1999a：309、317－318），而乡村重建所秉持的“总体性”“嵌入性”“主体性”原则（陈占江，2016：70）正是乡村建设的目标与方向。

本书尝试将乡土社会的“保护”与“重建”这两层内涵相结合，希望有助于跳出一般就事论事或从微观处“锁定”乡村建设的常见做法，进一步理解乡土社会复杂且动态的反应，在“脱嵌”和“回嵌”状态下思考乡村建设的兴起、困境与可能，以及其动力与张力的主要来源。

在此意义上，乡村建设作为“去乡土化”普遍趋势②下的“再乡土化”探索，虽然在内容、形式和效果上充满差异，但却有以下基本内涵：与乡土紧密结合并充分互动，促进各种发展要素向“三农”回流，努力改变乡土长期被当作“问题”和“对象”的状况，对乡村遭受破坏和不可持续的困境进行积极应对与创新探索。

---

① 比如对于一般被视为中性的技术改进，费孝通就认为：新技术如果没有新的社会组织相配合，也极可能引起对人民生活有害的结果（1999a：395），因此需要“回嵌”乡土。

② 有研究指出该趋势在某种意义上的全球性，“新自由主义全球化为南方诸国的小农和贫苦农民带来的是负面影响，在很多地区都引起了‘去农业化’或‘去小农化’的风潮”（亨利·伯恩斯坦，2011：126）。

二、乡村建设的多重源起

从历史到当代，乡村建设并非孤立的个别现象，也不是偶然发生的，而是由“时代的需要、环境的刺激与文化的变动”所引起的（瞿菊农，1944），是“民族自觉及文化自觉的心理所推迫而出”的（晏阳初，1937：79），其充分内在于近代中国“百年激进”和“百年乡村破坏”的基本脉络与历史进程之中。但这种自发同时却也是分散的，正如梁漱溟曾在《我们的两大难处》中指出的，“乡村运动者，自己不能合为一个力量；各有其来历背景，各有其意见主张……彼此也不能合而为一”（1935a：576-577）；在北碚从事乡建具体工作的高孟先也认为“因其出发的动机、采取的方式、理想的目的有种种不同，其性质、内容、结果亦因之而异，正反各不相谋，甚或相互矛盾”（1936：85）。

如上一章所述，近代中国由于受外部冲击而产生了资源外流、生存危机与竞争焦虑，进而引发包括“自强”和“自救”在内的复杂实践与各种不期然的客观效果——按照梁漱溟的理解，这些做法常产生“自毁”和“他毁”（1937a：151、152）。如果以“三农”为视角，在强势国家主导的全球资本化秩序下，部分国人从各层面所进行的努力，常以“内生性”工业化的方式将经济、社会、环境等各种代价和成本，制度化地转嫁于中国乡土社会，不断地产生中国式的“三农”问题。正是这种偏离本土、乡土与国情脉络的“百年激进”及相应的单一化社会共识，使乡村现实地产生了“三要素”（土地、资金、劳动力）的多形式外流、低成本稳态秩序改变、“乡土”作为被动的问题与对象这三个方面的影响，若借助“双向运动视野”，也可以说其开启了“脱嵌”乡土的历史进程，不仅对乡土社会产生深远影响，也将催生出以“回嵌”乡土为基本内涵的乡村建设。

对乡村建设不同源起的分析，根据梁漱溟当年的总结，乡村建设既产生于“各种救亡图存而要求社会积极建设思潮”之中，也因为当乡村破坏成为主要趋势时激起“救济乡村”和“乡村自救”的不同努力，更源自当千年社会秩序崩溃，而新秩序尚未确立或呈现代价过大时，某种重建社会构造的自觉探寻与另辟蹊径，他称该努力为“中国社会积极建设之要求”，也即面对“千年社会组织已崩，但新者未立”而产生的组织创新与制度创新（1937a：149－166）。可以说，其中既有消极也有积极，既涉及个体经验也直接联系着社会结构与时代主题。如果能够再结合当代乡村建设实践，对其源起进行进一步的梳理与探讨，不仅有助于从整体上理解乡村建设的社会基础和事实差异，也有利于对“广义乡村建设”进行边界拓展与内涵把握。

1. 乡村破坏的自救与救济

根据民国乡村建设代表人物之一、江苏省立教育学院院长高阳的自我总结，其所推动之实践“像江或河的来源一样，不止一个。不过，它有一个主要的来源，就是由于民族自救或救国的要求”（1935），再结合上述梁漱溟对乡村建设诸多源起的排序，各种方式和意义上的“救”可以说是理解乡村建设的首要维度，因为其直接联系着“乡村破坏”这一基本事实，我们可以通过时人的描述深化这种认识，其不仅“山穷水尽”（张鉴虞，1936），同时还“体无完肤”（傅葆琛，1934），更意味深长的是乡村破坏的影响和反应同时存在于乡村之外，“乡村的猛烈崩溃叫城市的人都感觉到非予以救济不可。他们之救济的动机，或许是恐怕失掉产生金卵的鹅。可是乡村的崩溃，确然是事实，确乎是厉害”（唐现之，1934）；为了避免可能的“殃及池鱼”，就连“向来漠视农村的银行界，为了自身利害关系，也不得不创立农村贷款事业，以巨款借给农民，想借着繁荣农村经济，以挽救金融业工商业的不景气”（余牧人，1943）。换句话说，乡村需要“救”，却不仅为乡村本身。在都市率先开展乡村建设的青岛市，就在《青岛市乡村建设月刊》发刊词中清醒地看到“乡村首当其冲，城市亦继承其敝也”“乡村不救，则城市岂能独全?”（1933）。这恰恰也从另一个角度反映出当时城乡从“相成”到“相克”及“分裂”这一历史悲剧（费孝通，1999a：319），而乡村建设正孕育并建基于如此社会背景与时代氛围之中，其不满足于一般的哀叹与论道，以“自救”和“救济”为应对办法，两者虽在主体、角度和形式上有所差异，却存在着彼此联系与内在互动。

与此同时，随着乡村破坏的进一步加剧及传统秩序的失效解体，“自救”成为当年“农二代”们参与乡村建设的直接动力。虽然他们常也有着“救国”大志，但当其面对家乡父老不堪忍受的现实刺激时，远水似乎解决不了近渴，这让他们暂时放下相对宏大的理想与计划，从自己的家乡和身边“小事”开始，见招拆招地展开乡村建设。例如，同盟会早期会员、河南省乡村教育奠基者王拱璧之所以参与乡村建设，源起于其

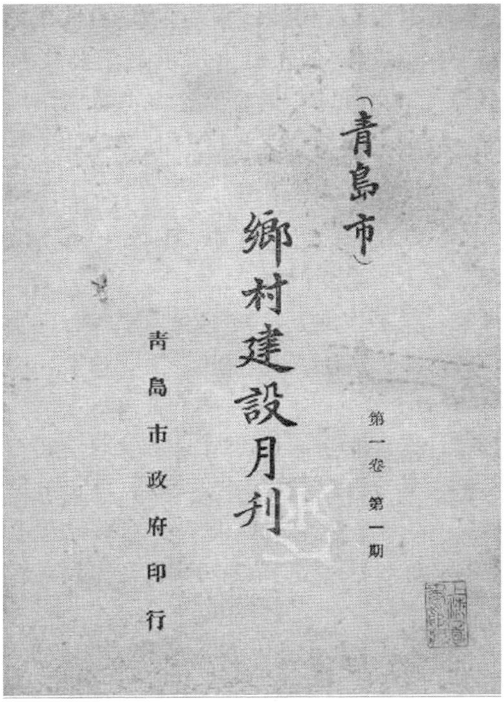

乡村建设不仅发生于乡村，图为《青岛市乡村建设月刊》创刊号封面（1933 年）

1920 年从日本回家乡孝武营村（今河南省漯河市郾城区）办理父丧，发现老家的村子陷入困境，贫民外逃谋生。在和许多乡亲交谈中，他们热切地表示“大哥，不要走了，管管家里的事吧。你只要在家，叫俺干啥就干啥”。除了无奈和哀求，王拱璧还看到农村的希望和力量。于是他决定在家乡扎根，创办青年公学，施行“农教合一”制度，同时开始了“青年村自治实验区”，推行新法耕作，改良村政机构，充实自卫力量。经过多年努力，青年公学取得了显著的成绩，受到北洋政府教育部及日本、美国学者的重视，参观者络绎不绝。1924 年，北洋政府教育部为王拱璧颁发二等金质奖章，河南省政府为其颁发“惠嘉青年”匾额（王拱璧，2014：36、346、355）。

同样因回乡奔丧而开始乡村建设，河南镇平彭禹廷的经历更具典型性。这位深受冯玉祥器重却毅然辞职返乡，推动以“自卫、自治、自富”为特点的“宛西自治”，同时创办河南村治学院并深得时人敬重的先驱，其之所以放弃令人羡慕的地位与事业，源起于 1927 年母丧回乡，却在途中“阻于匪乱，滞留十八日，始得动身，及抵里，其母已殡，由是于匪盗之横暴，切齿腐心”（沈松侨，1992：401）。在这种情况下，还“不断有乡中长者前来诉及匪情惨状。有人跪下请求，老婆婆哭诉哀告，闹成一片”（谭恒信，1985：17）。可能今天我们难以理解“眼泪”如何留下了彭禹廷，但若了解彼时彼地土匪横行之程度，或许有助于我们的认识。据史料记载，与镇平紧邻的淅川自民国八年之后“大小市集及穷乡僻壤，靡不遭其蹂躏，城门尽闭，途绝行人，良田鞠为茂草，崇宇变为颓垣，一肉票之值降及布履两双，世未有之惨酷”（王士范，1989：66、67）。这在当时的观察家孔雪雄看来，镇平实践是“被土匪、军队、污官、劣绅蹂躏到求生不得求死不能的环境里，人民自动拼出一条活路”（1934：411）。当然，留下来带领乡亲们对付匪患只是第一步，如何更为积极地消除匪患存在之社会土壤更为重要，这就逐步将彭禹廷引向了以“清户口、丈地亩、兴实业、便交通、立学校、积义仓、息讼救灾、养老恤孤，以及改良风俗、调剂金融”（李腾仙，1985：8）为特征的乡村建设①。

1929 年彭禹廷在河南省辉县百泉主持成立河南村治学院并担任院长，邀请梁漱溟担任教务长，分别设立“农村组织训练部”和“农村师范部”，并附办“村长训练部”“农林警察训练部”“农业实习部”等。图为河南村治学院纪念章

如果说类似“自救”体现了乡村建设实践者对家乡父老的赤子之情与不忍之心，那么“救济”则更多体现为对宏观意义上“百年乡村破坏”和乡土社会濒临崩溃的不安（徐宝谦，1936：66），以及由此做出的“保护

① 该案例详细可参考：茹春浦. 介绍一个人民自动办理的县自治. 乡村建设，1933，2（17/18）。作为该期刊物长达 30 页的篇首长文，该文对彭禹廷及镇平乡建进行了全面系统的介绍。

性”反应。比如，这种“不安”就深刻内在于曾启发梁漱溟进行乡村建设探索的“村治派”发起人王鸿一身上。在 1930 年的遗言中，他就认为“回想平生奔走，阅二十五六年，无非起于不安之一念”（察应坤、邵瑞，2003：172），其也构成了安徽乌江乡村建设的实践动力，“农村问题之严重，已成普遍之火灾，滴滴之水，无济于事，然尽力一分，即减少良心一分的苛责”（孙友农，1934：115）。正是步步紧逼的残酷现实，让“局内人混不下去，局外人也苟安不住。时代督促着一般有志的‘士’往下边看，到下层来”（张含清，1935），进而引发形式多样但内涵相通的乡村建设。

各种形式的“救”作为乡村建设实践的重要源起，常因相互融合而不可简单分割，其所希望面对并缓解的不只是困境中的农村经济，也包括被“问题化”和“对象化”后的乡土社会，更包括不平衡的城乡关系、不合理的社会结构、不包容的价值取向与不可持续的生活方式。而“救”的动力，除“乡村破坏”这一客观现实的催迫外，还包括对“去乡土化”发展方向的质疑。再如，对于近代早期乡村建设的代表人物、为晏阳初“定县试验”直接奠定基础的米迪刚来说，其早年远渡日本以求“新”求“变”，最后却回到家乡进行乡村建设，正因其看到“自变法维新以来，三十多年，把西洋人的一切都学完了，但是愈学愈糟，国家人民更为不堪”（1931）。类似反思和自觉除由国内日益显现的社会矛盾与现实危机引发，还直接联系着西方社会自一战到“大萧条”期间的复杂局势与资本主义自身的内在矛盾。

“乡村破产”的呼声在 20 世纪 30 年代此起彼伏，
图为中华职业教育社农学团组织国内农村考察团出发留影（1934 年）

也可以说，近代中国被动现代化后“脱嵌”乡土所引发的自我保护构成了乡村建设的首要动力。但其不停留于此，而是充满“多元繁复”（宣朝庆，2012）。之所以需要“超越”并进行更高要求的“创造”，是因为当乡村建设运动从乡土和弱势群体的立场出发而进行实践时，旧中国各种显而易见的困境自然不可能被“视而不见”或“掩耳盗铃”。在“走不通”① 的自觉与反思下，乡村建设不认同各种可能产生“乡村破坏”的主张和做法，但其同样不应循规蹈矩和无所作为，而应在“被动”中“主动”，在“疑新”中“创新”，尝试立足独特国情与社会基础，另辟蹊径地将各种行动重心下移并努力落地，在实践中重建文化自信、乡土自觉与民族自尊。

2. 乡土力量的发现与再现

自救在实践中常引发更大的自觉与行动，民国时期许多乡村建设实践者，在总结乡村建设运动时常将其放置在近代中国彼此衔接呼应的历次社会运动（太平天国、戊戌新政、辛亥革命、新文化运动、北伐运动）之中，并认为那是紧接其后的第六次全国范围的社会运动（孙伏园，1934）。作为有着强烈忧患意识与行动力的现实实践，近代乡村建设属于这一前赴后继变革脉络中的有机组成部分。除来自乡村破坏的刺激及对主流困境的反思外，其还源起于实践中对乡土力量的发现。例如，对于晏阳初来说，回国开展平民教育与乡村建设前的一件事对其影响是终身的，以至于他在各种场合反复提道：

> 我收到一封非常感人的信，它是一位在法国学会看书的中国劳工寄来的，大意是：“晏先生大人：自从您编的报纸出版后，我开始知道天下大事。但是，您的报纸很便宜，一生丁就能买一份。我怕你的钱赔完了会被迫停刊，因此，我把自己在法国劳动三年节省下来的365法郎随信附上。”对我来说，这真是一件意想不到的事。……这些“苦力”和“底层阶级”向人们表明：他们是最认真、最有能力的学生，他们的能力和如饥似渴的求知欲望使人们摈弃了传统观念。而这一切，都是在任何一所中国或美国的大学里了解不到的。从那时

① 该说法来自梁漱溟，也可以说近代以来各种理论与社会运动本身的困境促使他这位“城里人”投身乡村建设，因为“每一种理论都远离中国文化之根，并且造成了中国旧制度的毁灭和社会秩序的混乱”（艾恺，1996：200）。

起，我就决定在回国后，把自己的毕生精力奉献给平民教育事业。（1929b：163）

在《九十自述》中，晏阳初进一步回顾道：“我去法国，原是想教育华工，没想到他们竟教育了我。他们的智力和热诚，渐渐引导我发现一种新人。这新人的发现，比考古学家发现北京人，也许还要重要”（1987b：542）。由此可见，正如晏阳初晚年以“不是救济，而是发扬”等特征总结毕生的乡村建设实践，各种“救”虽然也作为其投身乡村建设的动力，却并非单一原因，同时还由于类似的“发现”让他切身感受到“民众”和“民间”的巨大力量，并因此心中有“民”。实际上，这种建基于个体经历之上的“发现”与意义的确立，有效地呼应了“五四”以来对各种原属边缘群体（如女性、儿童、农民等）独立价值的发现和充分肯定（钱理群，2018：3）。随后，势如破竹的北伐和风起云涌的农民运动为这种“发现”提供了广泛而有力的例证。

主後一千九百十九年一月十五號禮拜三

基督教青年會　駐法華工　週報

第一期　價十生丁

通信處　晏陽初君　Mr Y.C. JAMES YEN % Y MCA 12 Rue d'Aguesseau, Paris

本報特告

本報是特為開通華工的知識。輔助華工的道德。聯絡華工的感情。祥的。知我駐法同胞、無論在青年會任幹事、或在工營中當譯員、以及在工廠碼頭作傭工、都是急公好義的人、必願擔任義務、為本報謀進步發達。不致坐觀成敗、置之於不顧。況事方萌芽、需助為急、非得同胞諸先生的贊助、萬難辦得有成效的。著作不拘短長、本報無不歡迎的。但文字以用官話為合宜。題論以進德智為標準。投稿巴黎 Mr Y.C. JAMES YEN % YMCA 12 Rue d'Aguesseau, Paris 則本報感激無涯矣。

恭賀新年　三喜　三悲　初

各位華工同胞呵、據鄙見看来、各位此次[illegible]年、有三件特別的喜事、也有三種特別的悲想。今先論三喜、與諸公一聽。我們中國數千年以來、國執守舊、不求維新、無鐵路輪船、無郵政電線、交通不便、旅行艱難、不能出外洋的。萬中無有一人、就是在本國遊歷的、也是很少很少的。但各公深負遠志、有冒險性質、離家別鄉、梯山航海、迢迢四萬餘里、來到法國作工、不但自己增廣見聞、並且可以期滿回國、興家立業、强種强族。各位想一想、這豈不是一件大喜事嗎。各位來到法國雖是言路不通、規矩不熟、有種種的碍難、卻自己仍是早起晚息、勤勞刻苦的為我國聯邦作工。各位這樣的出力、不是勞而無功的。聯邦各國的軍官兵士、每談及華工、無不極口稱贊、中心佩服的。同胞乎、你們在外國有這樣的好名譽、不特是同你們自己顧臉、也是為我們祖國增光、這豈又不是一件大喜事嗎。各位自青島威海來、過海之時、有德國潛水艇的危險。登岸之後、又有飛艇炸彈的危險。停戰以來、再有瘟疫的危險。不是這樣的危險、便是那樣的災難。千千萬萬的人、陣的陣亡了。轟的轟斃了。病的病死了。各位都承皇天的顧佑、祖宗的大德、得以身體安全、無恙無危。請問各位、這豈不算是喜上之喜嗎。未完

晏陽初創辦的「駐法華工週報」第一期

晏阳初在法国创办的《驻法华工周报》第 1 期（1919 年）

中华平民教育促进会在河北定县乡村中的女子平民学校（20世纪30年代）

类似“发现”既广泛也重要，其不仅促进了上述各种“救”目标的达成，也有助于乡村建设实践者重新发掘被主流逻辑与规范化认识所遮蔽的议题和空间，进而做出特别的“选择”。比如对于以“大职业教育”为角度进行乡村建设的黄炎培来说，之所以两度回绝政府邀请担任教育总长，是因为其认为，“社会的重心应当在基层而不在上层。好比花瓶，要它不倒，只得将重心放低。社会的组成，以人民为基本和主要的力量”（1942：3）；再如燕京大学社会学系设立清河镇社会实验区，通过高校力量直接参与乡村建设，因为发起人认识到“要对付我国目前的大变迁，社会学者尤不能藏身象牙塔里，去幻出玫瑰色的理想国”（张鸿钧，1934：63），故需要通过“介入式”的实验与研究，在实践中发现问题，并以此作为培养人才、修正认识和改造社会的推动力量。而对于费孝通来说，其之所以主张乡土重建，并反复强调以乡土工业为突破口，不是因为其效率更高或有其他优点，而是因为其“发现”在现实中存在着这样一个并未引起足够重视的基本事实——“我们是求工业的充分现代化而让80%的农民收入减少，生活程度降低呢，还是求农民多一点收入，而让工业在技术上受一点限制？……乡土工业这个名字，我知道是不够漂亮、不够生动的，但是在这乡土中国，漂亮和生动常等于奢侈”（1999a：384）。事实上，在以都市化和工业化为导向、以乡村为需要克服的“问题”和“对象”之整体环境与精英视角笼罩下，“发现”乡土的价值和力量并不容易，乡村建设却因扎根乡土及与实践的紧密互动而曲折有力地展开着，因此也就更加可贵。

若进一步纵观百年乡村建设，其不仅源起于主观上的各种“发现”，同时也受力于更多被遮蔽事实在新条件下的“再现”。例如，当代乡村建设近年来在城市推进社会生态农业（CSA）[①]，其之所以兴起的深层原因包括：一方面，我们在环境危机和食品危机的事实中，看到了原来习以为常的现代农业不仅存在着诸多不可持续因素，而且当根据资本与市场原则进行全面产业化后，本应包括生态、生活、生产等多功能与社会性的农业被“窄化”为单一生产功能的食物原料供应方。但另一方面，农业性质的扭曲性改变不断产生反作用与能动性——本来农业是“养人”且净化环境的，但当下各种激素与化学物质的高残留、高污染却让农业成为“害人”的源头；本来农业是通过转化太阳能以创造能量的，现在却成为不可再生能源的重要消耗单位（邹德秀，1992：167）；本来农业作为人与自然密切合作的产物，更应符合人性本质的生命逻辑，现在却因工业化改造而依附于其实从属于生活和社会逻辑很小部分的生产逻辑（E. F. 舒马赫，1985：208）。正是这种变化与扭曲，脱离了社会与生态脉络，并在现实中产生越来越多的问题，当身处不断紧张的外部环境时，就逐步“显影”出其中的裂隙，曾经的“自圆其说”日益“捉襟见肘”，这也促使当代乡村建设在生态可持续这一民国实践所不涉及的领域中进行了诸多创新性探索，本章随后将结合案例进行讨论。

3. 建设思潮的反思与落地

百年乡村建设基于“百年乡村破坏”而展开（梁漱溟，1937a：481），面对如此“破坏”，各行各界都有所反应，但许多实践却常产生事与愿违的反效果，让乡村的整体性破坏进一步加剧。梁漱溟对此做出过尖锐的反思，同时也紧接着指出“乡村建设，实非建设乡村，而意在整个中国社会之建

---

① 即 community supported agriculture，起源于20世纪70年代的日本，2000年开始前北美的CSA已达上千个（伊丽莎白·亨德森，2012：中文版序2，298），中国大陆原译为“社区支持农业”，台湾地区译为“社区协力农业”。自2012年第四届全国CSA经验交流会起改为“社区互助农业”，以凸显生产者与消费者的共同投入与分享互动。该提法源自消费者与从业人员的多次提议，比如有消费者L在访谈（侯珈骏、王艳光，2009）中说：“支持，我觉得是互相的，绿色产品对消费者来说是一种健康的支持，消费者对于生产者既是经济生活来源的支持，也是对传统农业生产方式的支持，对土地和生态的一种保护，可能双向都不一定，是一个多方向、多维度的支持。”为强调社会与生态属性并进一步本土化，最后以“社会生态农业”为通用名称。

设”（1937a：161-162）。因此，理解乡村建设的另外一个重要维度是“建设”，只有其与前述两个层面紧密联系，才可让乡村建设真正名副其实起来。

乡村建设作为“近代以来整个国家建设思想或战略选择中的诉求之一”（王先明，2016：2），其建设性思想可追溯至清末民初的大动荡对建设的强烈需求与艰辛探寻，虽然类似主张和实践因局势变化而若隐若现，但却从未中断。随着建设势能的累积与外部环境的变化，北伐之后其转为时代主题①，“各种建设言说风行天下，以至建设思潮一时蔚为大观，从而逆转了清末以来以‘破坏’为主旨的‘全球革命潮’的思潮走向”（王先明，2013b）。这种对建设的推崇和呼吁首先由孙中山提出，因其十分无奈地看到“夫去一满洲之专制，转生出无数强盗之专制，其为毒之烈，较前尤甚。于是而民愈不聊生矣。（本）欲出斯民于水火之中，今乃反令之陷水益深，蹈火益热，与革命初衷大相违背”（孙文，1922：158）。这点得到乡村建设实践者雷沛鸿的认同，在他看来，自己早年所积极参加的辛亥革命是需要反思的，因为“所谓革命不应专于破坏为工作，反之，它应多注意于建设工夫，甚至创造工夫”（1931：33）。

孙中山逝世后，“建设”成为继承总理遗志的重要命题，同时产生了影响深远的社会能量。除谈论较多的“分期”建设外，将此建设蓝图具体化、从基层和从小处着手、动员民众、走向民间、“分散”地进行建设并让其真正落地，既是时代潮流，也是乡村建设实践的重要动力。早期乡村建设刊物《村治月刊》正是这样理解的并以之为目标，“总理所诏示吾人一切建设社会国家的最高原则，已经完全由理论而入了实施……而只有这样，国民革命之工作，方不致落空，民族之繁荣希望，才有所保证”（发刊词，1929）。而对于乡村建设实践者来说，这种“建设”之走向乡村是必然的，因为“中国是以农立国的国家，大多数的民众，不在都市而在乡村，所以建设中国，必须先建设中国的乡村”（傅葆琛，1932）。正是由于长期扎根乡土并与平民自觉结合，他们不满且反思自上而下的精英立场（俞庆棠，1935a）、以都市为导向且日益脱离乡村平民生活的现实状态（孙伏园，1934）及不同形式的“优先逻辑”（国家、工业、都市、经济）和“转嫁机

① 据方悴农在《农村建设实施纪》中记载：民国十五年以后，全国各地的农村建设运动空气如雨后春笋，如狂风怒潮，繁荣滋长，汹涌澎湃，大有掀天盖地而来不可遏止的形势（1935：119）。有研究指出：北伐完成后，“国民党力倡‘建设’，努力于由前之‘革命’变向为‘建设’的历史转折”（杜慧，2015：90）。笔者认为，除上述建设需求本身的突显外，“以建设去革命”也是当时国民政府的主观愿望与实际效果。

制”（成本、风险），由此形成对中国问题与道路选择的独特认识。

正是不断的反思和行动，让抽象宽泛的建设在具体实践中日益清晰起来。比如，卢作孚基于嘉陵江三峡的一线实践，指出乡村建设之“建设”应“在消极方面是要减轻人民的痛苦，在积极方面是要增进人民的幸福”（1930：73）。进一步，其认为乡村建设“不只在救济方面。（既然）中华民国根本的要求是要赶快将这一个国家现代化起来，所以我们的要求是要赶快将这一个乡村现代化起来”（1934：278），也即乡村、国家和社会的全面建设。实际上，他在当地所兴办的各种实业（民生公司、天府煤矿、北川铁路等），正是为达此目标的不同手段。

也可以说，在激进思潮和破坏事实占据主流的大时代中，建设性需求和实践虽然处于边缘且微弱，但却一直存在。其既非泛泛而谈或就事“做”事，也不是平行意义上的“农村建设”加“都市建设”，而是在新城乡关系视角下对更合理且可持续秩序的探寻，以及对相应社会空间的拓展。因此，其并非技术层面上的修补装饰，而内在于“复兴农村为旨归”的时代之中（王先明，2014），是文化和文明层面上的根本复兴——此处的“复兴”不可简单从字面出发进行理解，所谓“复”绝非“复古”，在民国乡村建设实践者眼中，其是“据文化之伦理、教养两原则，恢复民族信力是也”（王鸿一，1929：105）或是“恢复民族独立的精神，恢复民族创造的能力”（江恒源，1935：166）。

总之，对于直接回应“三农”问题的乡村建设来说，无论是今天听起来略显悲壮的“乡村自救”，还是让行动者似乎拥有道德光环的“救济乡村”，多将“乡村”议题从中国整体性议题中割裂出来，这既可能产生事与愿违的效果，也可能因为“救”的紧急性与临时性而不利于我们对中国乡村建设的脉络环境展开认识。如果说，“自救/救济”可理解为乡土社会的“自我保护”，是相对意义上“消极”之乡建，那么随后同时讨论的“发现/再现”与“反思/落地”则意味着“积极”之乡建。后者之“积极”不仅因为其本身的“建设性”，也体现在对被遮蔽之“脑矿”“农业多功能性”“社会/生态维度”等的重思与发掘，并以此展开不限于器物或技术层面上的创新性实践。

三、案例讨论：社会生态农业的兴起

上文结合乡村建设百年历程中的不同实践分析了其中的多重源起，其既非“横空出世”也非“个别案例”，而是有着深厚的社会基础与时代烙印。下文将通过当代乡建实践中比较典型且具有创新性的一组案例，讨论乡村建设在现实中是如何兴起并展开的。

1. 乡建“进城”与市民“下乡”①

作为乡建“进城”与市民“下乡”的代表性案例之一，北京小毛驴市民农园创办于2008年，前身是创办于2003年的晏阳初乡村建设学院，其背后联系着当代乡村建设的广阔实践与21世纪以来CSA本土化的各种努力②。农园占地230亩，位于北京市海淀区苏家坨镇后沙涧村，作为海淀区政府和中国人民大学共建的新农村建设产学研基地，农园利用都市郊区的自然条件与交通优势，逐步探索市民参与式生态农业，推动归农运动，实践融合都市与田园的“半农”生活，让市民在农耕中生产食物、锻炼身体、滋养心灵，建立新型人际网络和城乡关系，恢复农业的多功能性，以此探索新条件下的农业“三产化”与“社会化”创新。在发掘和再现“农业多功能性”过程中，小毛驴市民农园显示了多方面的意义与价值：除最主要的生产健康食材外，还包括推广自然教育、创新农业模式、改进城乡关系、培养生态人才、影响政策与舆论氛围等方面。该项目自成立起就引起社会各界的广泛关注并在国内外产生较大影响，截至2012年12月，农园已得到国内外近400家媒体的采访报道，吸引了大量市民、农民、大学生、学者、媒体、NGO、工商业者和政府部门等不同身份群体的广泛参与，接待国内外前来参观者逾万余人次，所倡导的模式也已被个别省市正式写入政策法规③。同时，在该农园的推动下，全国社会化农业日益多

① 需要说明的是：以中产阶级为主体的“市民下乡”不同于以追求利润为导向的“资本下乡”，前者多以追求安全的食物、洁净的空气和更优质的生活环境为目标，总体上是“亲生态”和“重文化”的，但其不必然能与乡土社会更好地结合。若结合得好，既可以和在地农民一起抵制可能加剧资源外流及环境破坏的“资本下乡”；但如果结合得不好，也可能出现包括“趣味下乡”在内的各种不期然后果，因此需要深入推进新形势下的乡村建设与城乡融合探索。

② 小毛驴市民农园的前身为创办于2003年的晏阳初乡村建设学院，该学院先后开展了免费农民合作组织、生态农业、生态建筑、各类乡建培训等教学试验研究工作，2007年因不可抗力转型为国仁城乡（北京）科技发展中心，并与由中国农业大学何慧丽副教授在“购米包地”基础上成立的国仁城乡互助合作社（2006年）结合，将工作场域和业务领域拓展到城市与消费者。与此同时，香港社区伙伴（PCD）2004年起即在国内以各种形式推介CSA，并带领乡建实践者、NGO从业者等人出国（境）参观，同时也组织CSA专题工作坊并推出相关的实习生计划等，为随后的广泛实践做了重要的思想与人才准备。

③ 2009年7月，贵阳市人大常委会制定的《贵阳市促进生态文明建设条例（草案）》以小毛驴市民农园为案例，将这一模式写入地方性法规，明确倡导社区支持农户的绿色纽带模式，让农业生产与社区居民需求直接挂钩。

元，截至2018年，已在二十多个省、市、自治区出现逾百家多种形态的CSA组织。农园自2009年起已连续组织十届全国CSA经验交流会，各地近1 500名生态农业推动者和500个农业团体参与交流，初步构建起了较为广泛的CSA网络与交流平台。

北京小毛驴市民农园入口

农园通过两种成员形式调整"人与土地、城与乡、生产者与消费者"关系，成员数量从2009年的54户增加到2012年的1 000多户。其中"劳动份额"集蔬菜种植、儿童教育、周末休闲、老人养生等功能为一体，是农业多功能性的重要体现与典型形式。具体做法是：市民在农园承租一块30平方米的农地，在种植之初预先支付整年的菜地租金和农资费用。农园提供工具、种子、水、有机肥等农资和必要的技术指导，市民依靠自身劳动在承租的菜地上种植自己喜爱的各种蔬菜，体验农耕乐趣，收获健康农产品，并参加农园组织的各类活动，协助农园建设。成员们在此过程中形成不同的邻里关系，互相帮助，彼此交流，形成一个多功能的都市农耕社区。

"配送份额"则通过打造社区、家庭与生产基地直供链条①与"本地生产、本地消费"的产销共同体，既提供给本地村民新的就业机会，又

① 如此"短链"模式既希望将消费者所支付的货币最大限度地直接送达生产者和生态环境恢复者手中，同时还"让消费者在新的生产链条中承担其应尽的责任，在逐步自觉中避免所形成的'倒逼'机制让商家增加食品不安全风险"（石嫣，2011）。

将传统市场运作中被分割的生产者和消费者之纽带重新建立起来，以缓解食品安全压力，构建体现社会化参与和监督的多重信任体系。具体做法是：成员与农园建立"风险共担"的合作关系，在种植季节初预先支付下一季蔬菜份额费用，农园按照预定计划负责任地生产出各种健康安全的蔬菜和其他农产品，定期配送给成员家庭。生产过程中产生的各种风险由双方共同承担。成员需不定期到农场参与劳动体验并监督农场生产。

除为市民提供自产生鲜农产品外，小毛驴市民农园还依托乡村建设体系多年培育的农民合作组织，努力通过发展城市健康消费网络，以共同购买（团购）等形式让市民和更多生产者建立良好互信的合作关系，既补充农园在配送和附加份额以外的各种日常所需健康食品，也支持拥有一定社会公信力的农户和农民合作组织朝生态方向转型。

因需体现极端气候频繁下愈发增加的农业风险及生态转型成本，同时兼顾生计、生态与生活，确保生产者有条件完成生态转型与再生产，所以所确定的价格高于①一般市场的普通产品价格，但却低于专卖店的有机食品价格。

此外，农园充分挖掘"农业多功能性"中的"教育功能"，利用特有的农业环境与教育资源，通过面向成员与社会公众开办亲子社区与田间学校，组织开锄节、立夏粥、端午节、丰收节等农业节庆活动，开展农业科普，传承农耕文化，倡导并实践可持续性生活。

在类似的城乡互动平台上，农民与市民（生产者与消费者）不再是落后与现代、贫穷与富有这些二元对立的对应物②。通过城乡不同层面上的

---

① 外界常由之产生"小毛驴市民农园为中产阶级服务"的质疑，笔者认为既对也不对。"对"是因为：中国中产阶级目前不仅已经有着庞大的数量，而且拥有引导包括广大农民在内的消费方式的"话语权/时尚权"，同时中国当代中产阶级还需通过教育和成长以承担更多社会责任。"不对"是因为：社会化农业本身主体就是多样化的，同时包括城乡之间的生产者、消费者和流通者，"亲生态"的中产阶级只是诸多受益群体之一。百年乡建一直就扎根并出发于乡村/民众，与其说服务不如说与中产阶级（不少也是"农二代"）共同实践。其目标本来就包括如下：首先，结合公平贸易，让来自中产阶级的利润直接返回生产者并进行生态补偿，同时也因中产阶级的参与而让农民和其他生态农业从业人员获得稀缺的尊严；其次，通过重新评价这一新的农业形态，一方面可在农村引导农民工通过多元化的城乡互动方式返乡创业，另一方面通过在都市发展社区农耕与阳台农业等方法探索城市低收入人群与生态农业结合的多种可能。总之，基于复杂脉络与现实，类似工作不可能一步到位，但却存在着各种可能性。

② 我们因此有可能在"生态文明"坐标下重新看待乡村老人、乡村妇女等相对弱势群体的意义，比如前者恰可能是即将消失的传统生态农耕技艺的传承人，也可能是社区记忆与文化的保存者。

组织创新，两部分群体都更好地掌控着自己的生活，减少对外部的依赖。“农民既不是被动的扶贫对象，他们有能力生产出无污染、天然的健康食品；消费者也不是被动的购买者，他们只要支持农民生产并承担应尽的责任，就可以获取安全健康的食物”（张和清、杨锡聪、古学斌，2008）。

该实践还有助于挑战我们对“经济”的定型化想象。虽然小毛驴市民农园涉及一般的经济形式与手段——销售、物流、客服、品控、团购、开发票等，从表面上看似乎很难被以调整各种社会关系为目标的社会运动所承认，但如果可以突破对主流经济的狭义理解，不将经济等同于狭义的市场经济或资本主义式的垄断经济（布罗代尔，1997、2003），类似案例恰可理解为与民生及可持续更相关的新型经济——信任经济、生态经济和社会经济——让经济重新“回嵌”社会、生态与文化脉络。进一步看，与其说那是对主流经济的替代，不如说它提供了新的视角与空间，在新坐标中，我们尝试摆脱主流，去想象并寻找新的“另类”可能，同时促进“人与人之间、人与土地及自然之间相互依存关系”的进一步建立（伊丽莎白·亨德森、罗宾·范·恩，2012：323）。

实际上，这些让生产者与消费者互惠互利并共担风险责任的实践最初起源于 20 世纪 60 年代的日本、德国和瑞士，目前已经遍布世界各地，欧洲大概有 4 000 个社区支持农业项目和 40 万消费者，日本约有 600 个项目和 2 200 万消费者，美国的 CSA 农场则已超过 4 000 家（陈卫平，2014：前言 1，34）。从更大范围上说，这些不同形式与表现的努力实际上从属于全球各地日益兴起的替代性农产品体系（alternative agri-food networks）及可持续性食品系统，其代表着一种对食物生产、流通和消费的空间重构和社会属性重构（石嫣，2010；伊丽莎白·亨德森、罗宾·范·恩，2012：19）。

2. 当自圆其说“捉襟见肘”

如导论所述，波兰尼认为“正向运动”看似摧枯拉朽，却具有“乌托邦式”的虚幻性，而现实实践则包含着显影这些虚幻与迷思的丰富素材。下文将结合以上案例的具体脉络和实践内容进行讨论。

（1）发展幻象的农业表现

“发展幻象”于 1991 年由沃勒斯坦提出，论者首先提出“发展是发展什么？是谁或什么实际上得到发展？经济发展是否就等于改善人民的生活质量？不同人群所付出的代价与产生的影响？”等问题（许宝强、汪晖，2001：1-21），然后论证指出：如果回到具体的历史脉络与整体性视野，发展并未如曾经许诺的或大多数人所期待的那样造福全世界大多数人，其不是明灯而是幻象。

虽然这种质疑发出于20世纪90年代，但发展的幻象性一直就存在且延续至今。具体到城乡与“三农”领域，与西方主流意识形态向全球输出“城市梦”相对，我国农史学者邹德秀较早就指出发达国家三十多年前即出现“反城市化”新趋势（1992：170）。同时，全球范围内长期存在并不断扩大的贫民窟也成为“城市梦”裂隙的有力例证①。城市规划学家刘易斯·芒福德就认为支撑当代特大城市神话与成功幻影的是“专业幻想家”和“轻信的牺牲者们”的共同行为，这导致生活其中的人对日常生活中的严峻细节视而不见（2005：559）。

之所以这套“裂隙”叙述能够自圆其说至今，与发展主义、科学主义和市场主义等话语体系在国家意识形态的推动下被强化为霸权话语有关（周立，2010：3；亨利·伯恩斯坦，2011：110）。下面将以此与本章直接相关的农业现代化脉络为例简单讨论，在指出发展“幻象”与“裂隙”的同时，为后面的案例分析提供必要背景。

首先，经过数十年的实践与反思，作为农业“现代化”重要论据与支撑的“绿色革命”正日益受到质疑：全面依赖石油的“绿色革命”不仅直接参与了全球气候的变化，它更以胜利者的姿态与优越感，深刻摧毁了大部分农业人口相对“低碳”的生活方式，并实际联系着十分重要的经济利益与“冷战”政治脉络，其高产的定义仅基于狭隘的效益观与严格的排他性（J. 托德，1983：106；乐钢，2000：228－229；马格林，2001：280；范达娜·席瓦，2006：9；温铁军、董筱丹、石嫣，2010；阿图罗·埃斯科瓦尔，2011：184-185）。

其次，具体到现代农业生产方式，其对环境产生的巨大破坏和影响也

① 详细讨论参见迈克·戴维斯的《布满贫民窟的星球》（2009），作者强调当前“高科技资本主义的内在趋势解除了生产增长与就业增长之间的联系”，进而导致贫民窟普遍化的重要原因是“无增长的城市化”，同时认为“城市贫民窟事实上是乡村城市化和城市乡村化的双向变迁所形成的独特聚居形态”。然而，笔者不同意书中结论所认为的“人类团结的未来取决于新兴都市贫民对他们在全球资本主义中最终边缘性的激进反抗”（2009：235）。结合本章例证，笔者认为：对新自由主义信条主导下“城市梦”幻象的揭示及乡土社会、农业多功能性等的发现与重建可能是更为根本且成本较低的应对。

已逐步凸显①。所谓现代农业，其实是利用土地把化石能源转化成食品，高产出的背后却是高投入②、高污染③、高风险与高依赖，在较低资源禀赋的中国自然存在脱离国情与无视生态限制的结构性困境④。

最后，正如国际慢食运动发起人卡罗·佩特里尼所指（2010：22、26、32），当前农业正在被依照工业化的方式改造而成为“农工业”，该做法实际是对人和社区因素的抽离，虽然看似掩盖了各种矛盾，制造出将可养活全人类的幻觉，但实际上“农工业”内在矛盾反而日益显现，这导致过去五十年中的食品生产实际上既是破坏者，又是牺牲品，它从千百万人的生活中分离出来。对于范达娜·席瓦来说，这种依托工业经济的所谓“成长”实际上是对自然和人类的一种盗窃……因为工业型农业的作物“收成”是建立在窃夺其他物种及第三世界农业贫困人口粮食的基础上（2006：引言1、12）。

若从“双向运动视野”看，当前全球范围内对食品安全的普遍焦虑与自觉意识也可算是坚持以工业思路改造农业之“正向运动”乌托邦面对现实困境后的某种反应⑤。

（2）“危—机”作为脉络

近年来，中国作为全球化的深度参与者，包括“产前资本垄断/技

---

① 如美国作为世界上农业历史较短、资源较丰富、人口压力较小的国家，用半个世纪就制造出世界三大环境自然灾害之一的沙尘暴，其可作为农业生产方式对环境影响的极度缩影（李玉红，2012：88）。

② 如文佳筠（2011：40）所述：“大规模单一种植使得大部分食品需长途运输才能到达终端市场。2001年的一项调查显示，美国中西部地区的食品从农地到餐桌平均需经过1 518英里（2 429千米）的长途跋涉……美国农业是世界上耗能最高的农业。每生产1卡路里的食品，就需要投入10卡路里的化石燃料。”

③ 2010年发布的《第一次全国污染源普查公报》显示，农业污染源排放占化学需氧量排放总量的43.7%，是第一大污染源。农业源也是总氮、总磷排放的主要来源，分别占57.2%和67.4%（文佳筠，2012：166）。

④ 如蒋高明测算（2013：9）：如果让2%的人口种植98%的人口所需要的粮食，过美国式现代文明生活，我们需要106.6亿亩耕地，可中国只有18亿亩，且还受到城市化的严重冲击。

⑤ 可参考日本守护大地协会创始人藤田和芳的回忆（2013：2）：作为当时反对日本安保运动的学生骨干，藤田和芳在激进社会运动挫败后选择被常人看不上的“农业”，在当时被嘲笑为“丢了大棒捡起萝卜的堕落活动家”，但他却坚持认为，这种彼此相通、对所处社会的反思批判及对新社会的想象力与希望支撑着守护大地协会一路走来至今已有40余年。与此呼应的是日本另一个始于1965年、从329瓶牛奶开始并存续至今的“生活俱乐部”，这个被联合国评为“人类50个希望团体”之一的团体的创始人岩根邦雄也是20世纪60年代反对安保民主运动的参与者，对主流反抗政治的失望与反思促其转向日常生活这个更为关键的场域，以此开展影响深远的消费者与替代性食物体系运动（赖青松，2002：30）。

术排斥、产中资源浪费/环境污染、产后食品危机/低质过剩”等农业困境同样存在于中国本土。此外，中国还因自身的文化社会结构而呈现着独特的裂隙与张力。

由于人地关系国情矛盾和城乡二元体制矛盾的长期存在，主流的农业现代化容易造成生态环境和食品安全的双重负外部性（温铁军等，2010：88）。农村分散的农户和城市分散的消费者经常同时成为“弱势群体”：不合理的农产品价格和不安全食品的被动接受者。虽然，城市中等收入群体因与生态型都市农业存在着内涵上的多重契合而对健康安全食品产生强烈的需求（石嫣等，2011：56-57），但绝大多数消费者却因远离食物的生产过程而失去监督能力①，被动承受劣质食品和环境污染后果，最终形成食品安全与信任危机的恶性循环（小毛驴市民农园，2012）。与此同时，受近年来包括食品、生态、金融等危机的影响，更多创新实践日益从边缘进入主流视野并产生持续影响，其也折射出外部环境的深刻变化，笔者在本章小引所述的“另一种真实”中已经有所勾勒。

呼应前面所讨论的全球脉络，如此新趋势和新可能的背后恰是现代社会的整体性危机，关于其深刻性已有国内外学者进行过分析②。笔者认为其还表现为以下两个方面：一是各种危机（生态危机/能源危机/金融危机/食品危机等）利益主体在“两害相较取其轻”中“以危机解决危机”的相互转化，进而导致警报失效并引发无益的“幻觉”③；二是当前主流处理危机办法的“去脉络化”未构成真正的有效应对。

---

① 一般意义的食品安全监管成本高且效率低，具体到中国这样的小农社会，还可能因农村政府面对两亿四千万户高度分散的小农生产之交易费用巨大而面临政府失灵（程存旺等，2011：54）。

② 如联合国大会主席高级顾问弗朗索瓦·浩达教授所指：“世界当前的危机——能源问题、气候异常、食物短缺和金融困局等都并非偶然，都是当今世界体系逻辑的一部分”（转引自刘健芝等，2009：12）；萨米尔·阿明（2011：295）也认为，“当代资本主义的危机是结构性的，它不可能在全球化资本主义新的扩张过程中得到克服”；温铁军（2004：52）则指出，“由于当今世界越来越缺少可供转化为资本的资源，一旦发展中国家没有新的资源可供资本化了，将会出现真正重大的全球性危机，不是经济全球化的资本流动，而是世界法西斯主义复苏”；汪晖还认为（2010：255、258），“2008 年全球金融危机将导致‘九十年代的终结’，它将让新自由主义的绝对霸权地位出现动摇，更大意义是对一种新的政治、新的道路和新的方向之探寻，重新思考发展模式成为不可避免”。

③ 在大众文化与消费社会影响下，比起 2011 年日本福岛核危机，现实中人们更多通过《2012》《阿凡达》这样的商业产品来“消费”越来越常见的“灾难（警报）”，并认同其所建构的叙述结构与分析判断，这既让各种危机失去本应有的警示效果，更让公众陷入更深的幻觉之中。

然而，也正是这种整体性“危—机”构成了社会生态农业的独特脉络——原本可能的“自圆其说”逻辑在不同层面上逐渐“捉襟见肘”①，而支撑原有叙述的现实条件发生着深刻且不受控制的变化。

（3）“脱钩”② 还是融合

除把本应多位一体的整体性“三农”（农民、农村、农业）问题“一农化”为单一的农业问题③，以及将农业的多种功能化约为单一的生产功能，其中存在着显著的“虚幻性”外，笔者同样认为主流对城乡关系的认识与想象也存在不同程度的“虚幻性”。

无论是作为空间还是作为议题，城市和农村从来都不可能真正地相互割裂。虽然挑战向“三农”及生态环境转嫁成本的倾向④与现实是乡村建设的努力方向之一，但“城乡割裂”或“城乡脱钩”绝非目的本身，笔者认为需要同样警惕另一种“陷阱”——不自觉地将“乡村建设”简化为“建设乡村”，并将复杂的城乡关系对立起来并加以本质化，因为两者从来都不是铁板一块或可以简单脱钩的。

虽然对于很多人来说，城市梦的实现⑤成为中国崛起的重要体现，但乡村自有其不可简单替代的价值，如刘易斯·芒福德（2005：570－571）所指：“在过去历史上大部分时间内，村庄和乡村一直是清新生活的储存库……不论城市的统治者们有多大的错误和过失，仍然是可以纠正的。即使全部城市人口都被毁灭了，人类 9/10 以上的人口仍然在毁灭圈以外活着。今天这种安全因素没有了，大都市迅速而猛烈地扩展，

① 笔者认为，所谓“自圆其说”和“捉襟见肘”是相对和动态的。其虽遭遇现实挑战而出现裂隙，但仍可能通过新的文化运作或政治经济行为再次加以遮蔽与转移。但即便“自圆其说”依然可能，听众却可能出现一些不同的反应，这点在下文案例的消费者自觉中有所体现。

② 存在着一种看法：认为乡村建设是“乡村的建设”，极端逻辑即“城乡脱钩”后才有利于乡村的建设。此处讨论主要针对这一观点与逻辑，希望指出不应画地为牢，而要看到无论是历史上还是当代，城市与乡村之间实际上都是“你中有我、我中有你”，只是相互融合的程度有所不同。除此之外，城乡“脱钩论”也不利于对“刻板化”的城乡关系进行真正的挑战。然而，这种对“脱钩”的反思并不妨碍我们对已存在的“城乡割裂”历史与现状进行批判。

③ 在中国农业被当作第一产业是西方殖民化及苏联要求“工农交换”的产物，其被作为第一产业也就几十年历史，若从英文表达看，农业本来就是文化。

④ “城乡分割”的后果之一是乡村被优先定位为生产场所，而非完整意义上的“生活—生产”场所，如此自然衍生出农民对城市所象征的生活方式与消费方式的无限向往和“新生代”农民工生活方式与价值观的扭曲。

⑤ 据中国科学院可持续发展战略研究组发布的《中国新型城市化报告 2012》，2011 年的中国内地城市化率首次突破 50%，达到了 51.3%。这意味着中国城镇人口首次超过农村人口。

把它思想上的毒素和化学上的毒素两者都扩散到全球各处，它造成的破坏恐怕是无法挽救的。”因此，对城市的反思和对城乡融合的追求常常“一体两面”，是乡村建设实践的重要内容。实际上，推动良性的“城乡融合”不只存在于当代实践，其贯穿于近百年来乡村建设的不同阶段，只不过历史上的乡村建设当时并不直接面对“城市病”与“食品污染”等议题。

本案例所讨论的社会生态农业正是“城乡融合”的一类创新性实践，在全球推动CSA二十余年的美国永续农业运动有机委员会主席伊丽莎白·亨德森就认为，“在中国，由于小农经济的种植模式，自古以来消费者和生产者之间的距离就是很近的，但改革开放之后，随着工业化和城市化的进程，一些大城市如北京、上海，消费者距土地的距离越来越远，由于农民的生产利益难以保障，食品安全的问题频发”（2011：41）。该观点表明现代城乡形态才是当下各种食品安全与消费者信任危机的温床。因为“中国历史上的城乡关系不像西方一样处在对立的、控制与反控制的过程中。相反，中国（传统社会）的城乡关系是互相哺育的过程”（吕新雨，2010）。准确地说，对现代城乡关系也不应该简单抽象地进行认识，在实践层面其充满多种可能性①，此处主要挑战的是受“百年激进”与“乌托邦”信条影响下主流的现代城市观念②。

值得注意的是，当今天的我们从政策和道义上都熟悉“工业反哺农业，城市支持农村”时，梁漱溟在70多年前却提出一个不太一样的观点，“西洋现在社会可以谓之二本的，都市离开了乡村，超过了乡村，独自发达；初时则压倒了乡村，后来则转回救济乡村；总之，让都市与乡村仿佛成了两极端，成了很不相同的东西。其实都市与乡村，不应当有很大的不同，不应当是截然两种东西；而应当调和”（1937a：558）。而在遥远的欧洲，同样带着对定型化城市形态与不合理城乡关系的批判，埃比尼泽·霍

---

① 如吕新雨（2010：119）指出，“现代化以来的城乡关系还要进一步有所区别，其中毛泽东时代的城乡割裂与今天的城乡对立需分别对待。前者的城乡分割是国家完成工业化战略的条件与前提，但与此同时，那个时代却通过‘政社合一’为基础的人民公社制度设计，以及用强制的方式让知识青年、医疗队和科普知识下乡等方式克服以城乡差别为代表的三大差别”。

② 就现代城市形态来说，现代城市里的隐匿、原子化及精神隔绝程度在人类史上是空前的，城里人比他们在农村的祖先还要与世隔绝。但在主流论述中，往往仍以“开放的城市/封闭的乡村”为不言自明的“常识”，即使批判性观点也多不自觉地共享着与对手同样的逻辑，可见更重要的批判是建立在对“现代城市/城乡关系”的定型化想象基础上。

华德（Ebenezer Howard）① 于1898年提出了至今仍产生全球影响的“明日的田园城市”。在他看来，“田园城市不是城郊，而是城郊的对立物；也不是乡村避乱所，而是为生动的城市生活提供完整基础”（2000：译序24）。正因看到城市和乡村都各有优缺点，他希望用一种“城乡一体”② 的新社会结构形态来取代城乡分离的旧社会结构形态，所以“城市和乡村必须成婚，这种愉快的结合将迸发出新的希望、新的生活、新的文明”（2000：9）。如果能够从这样的高度和角度进行认识，城市规划自然不应停留于技术层面，而应是一种整体性社会变革思想。虽然一百多年来，包括欧美在内的多国都有对这一创新性城市理解的具体实践，但这个公认经典③ 却仍没有获得应有的现实空间，某种意义上也呼应着中国乡村建设的实际处境。

3. 遮蔽与再现

（1）“真假生态”

正如前文所述，“双向运动视野”下的“双向运动”间充满着内在张力，虽然“正向运动”建基其上的乌托邦信条在实践中一直面对着不同表现的质疑与挑战，但因其与主流意识形态及各种利益的结合，所产生的影响仍然无处不在。下文将结合一组案例对社会生态农业开展过程中的曲折进行讨论。

2011年11月8日的《北京晚报》发表了一篇题为《小农场租地种菜只是看上去挺美 成本高且不生态》的报道，该报道质疑小毛驴市民农园为代表之CSA的生态性，通过老李、老冯和网友“老皇”为例指出：该种农场实存在“不划算、不丰富、不周全、不认证”这四大“弊端”，因为：

① 20世纪英国著名社会活动家、城市学家、风景规划与设计师、“田园城市”运动创始人。1850年生于伦敦。当过职员、速记员、记者。他了解、同情贫苦市民的生活状况，针对当时大批农民流入城市，造成城市膨胀和生活条件恶化，于1898年出版《明日：一条通往真正改革的和平道路》一书，提出建设新型城市的方案。

② 笔者认为，基于现有经济文化结构，简单地谈“城乡一体”同样有浪漫化成另一种“乌托邦”信条的危险，还可能演变为“城乡一样化”，故更希望以“城乡互动/城乡融合”进行表述，主要强调其中的动态性与开放性。

③ 《明日的田园城市》是一本具有世界影响的书，曾被翻译成多种文字而流传全世界，田园城市运动也发展成世界性的运动。美国城市规划思想家刘易斯·芒福德曾认为：20世纪人类出现了飞机和田园城市这两大发明，前者使人类可以自由地翱翔于天空，田园城市则能够在人类降落到地上时向其提供前所未有的符合人性的居住空间（祖田修，2003：185-186）。

> “虽说 1 500 元一年的菜地租金不贵，但实际投入的时间、精力和其他费用让这些菜吃起来很不划算。”“一上午，我就收了这么点青椒……个头只有市面上普通青椒的三分之一。”“看上去，这 1 500 元就是全部成本，其实不然……收这点菜还不够油钱呢……因为北京的小农场全部分散在城郊。”“虽然有收成，但很难真正对接家里的餐桌……成熟期一来，你看这白菜、萝卜，全可以收，又多了，哪吃得完啊!”“在食品安全问题频发的大背景下，有机食品似乎被认定是一种更安全、更健康的食品，其实并非如此……到目前为止，并没有强有力的证据表明有机食品更营养健康。”由此得出结论：这种农场只是以生态为名，实则不生态。

该报道引起小毛驴市民农园消费者与实习生们的一场公开讨论，正是这些讨论引起该报派同一记者再次前来调查并发表立场与角度与之前都有很大差异的补充报道。针对第一篇报道的质疑，很多实际参与的消费者不这么认为，小毛驴配送份额成员范敏坚（2012：21-22）指出：

> 这个成本高，是怎么比较的呢？的确，如果是自驾车，油费就要 30 元人民币。可这是和什么在比呢？我不来种菜取菜，去郊区的农家乐或是休闲度假，里程、耗油油费一样不少，成本可低？就生态了？……我在家门口买到的菜，难道是家门口长的？且不说蔬菜本身的生态性，单说蔬菜的运输距离，计算过吗？……贵就不划算吗？我吃着放心、踏实，这个感觉，买得来吗？多少钱算合理呢？客观效果上讲，看中国近年的发展，就是恩格尔指数降低，这算发展进步，可降低的那些百分点，都补到医疗支出上了，那么人的生活水平提高了吗？

劳动份额成员、退休市民尹瑞庆（2012：26）则认为：

> 对于这些付出，我们不但不会把它列为菜的成本，反而将其视为我们到郊区呼吸新鲜空气、强身健体及和朋友交流的需求，成为我们向往健康生活的一部分。收获的蔬菜反倒成了副产品。

此外，多位终日与生产者及消费者相伴的农园实习生从不同角度表达了自己的意见[①]：

---

① 以下讨论参见《小毛驴市民农园 CSA 简报》（2011 年第 12 期）之罗逸等的《生态农场，是爱是恨？——对〈小农场租地种菜只是看上去挺美 成本高且不生态〉一文的讨论和反思》，http://www.littledonkeyfarm.com/forum.php?mod=viewthread&tid=1322&extra=page%3D1。2012 年 5 月 8 日浏览。

他们首先指出“在中国，都市农业虽然冠以‘都市’之名，但其在中国城市的生存状态是尴尬的，它是城市发展过程中的残留物，城市发展在哪里，农田就消灭在哪里”；这在黄巧真看来，“在一个过度开发的大城市里，无论如何强调‘在地农业’要做到‘低碳’‘生态’‘有机’，都是达不到概念里所寄托的市民期待。我觉得这是北京常住民要去认识的一个道理”。罗逸在《白菜，劳动，生活》中谈道：“劳动不仅仅意味着干体力活、收获健康的食物，它也承载着人与人沟通交流的功能。很多城市家庭觉得沟通越来越少，是因为城市生活最大限度地剥夺了人们一起劳动的机会。”罗龙吉则认为：“我觉得有种委屈在里面，农场有苦说不出。来农场种菜是成本高，但并非我们自己的问题，而是北京这种极端城市化，把农田都挤到六环之外。如果小毛驴市民农园真的能把农场开到公园里，开到社区里，也就不会有这样的问题……市民来种地不仅收获菜，还收获快乐，收获家庭的融洽，收获孩子的教育，收获健康的身体，这些难道不需要算到种地的结果里面吗？为什么如此片面地追求种地的GDP呢？”

无论是“尴尬”还是“委屈”，类似张力其实存在于小毛驴市民农园发展的整个过程，正如有第三方评估所指：

> 被消费主义、客户至上等理念浸淫多年的城市消费者，往往出于简单的惯性思维，把自己对奢侈品①的概念平移到市民农园，把成员费用当作对一般意义上高端品牌、服务或功能性产品的购买，往往会把小毛驴市民农园的产品与服务市场上的一般产品进行简单而直接的对比，而没有考虑小毛驴市民农园在保护环境和保障食品安全等方面的正外部性及在多功能性农业方面的多元供给。（董筱丹、张兰英，2013）

笔者进一步认为，以生态之名将复杂脉络简单化并将其拉回存在问题的主流坐标内，既造成农业主体从“被代言”到“失语”这一基本现实，也使得尝试做出反思与改变的“社会生态农业”充满张力。当前生态农业所存在的问题，不仅仅是生态或农业本身的问题，它存在于资本导向与城市中心且日趋定型的现代社会结构中。面对“要素市场化、人才城市化和资本全球化”等多重压力，以产业化为导向的主流农业正逐渐失去数千年

① 如鲍德里亚1970年在《消费社会》中指出城市工业界的影响使得新的稀有之物出现：空间和时间、纯净空气、绿色、水、宁静……在大量提供生产资料和服务的时候，一些过去无须花钱唾手可得的财富却变成了唯有特权者才能享用的奢侈品（2008：37）。

农耕文明的立体功能与丰富意涵①，而窄化为纯粹的物质生产，其既是农业社会化与多功能性再现的突出障碍，也是当前小毛驴市民农园及相关团体在实践中所面对的重要挑战。

（2）内在动力

在讨论的同时，对于“真假生态”，也有越来越多的消费者从最初的不理解到逐步接受，与此同时“小毛驴市民农园”及“分享收获”的影响也逐步扩大，进而成为社会生态农业的行业引领与知名品牌。为何其能在各类资本“抢滩”农业新兴市场的激烈竞争中脱颖而出？

除农园团队多年来的艰辛付出与努力创新外，正如温铁军在第一届全国 CSA 经验交流会总结时谈道的，“有人问怎么动员市民参与？最好的动员不是我们，不管我们做了多少宣传，都不能被城市中的中等收入群体完全接受。那么，什么是他们最能接受的呢？不是我们的宣传，不是我们的教育，而是产业资本全面过剩条件下的恶性竞争。‘过剩到死资方尽，钱烧成灰泪始干’，中等收入群体转向绿色健康消费是谁教育的呢？不是我们教育的，是那些有毒食品教育的，是孔雀绿、苏丹红的功劳……”（2010：78）。类似观点也得到农园发起人之一黄志友的印证，“这个时代，我们面临包括生态安全（人与自然的紧张关系）、社会安全（人与人、城市与乡村的紧张关系）和食品安全（生态安全和社会安全的后果表现）等全方位的、近乎釜底抽薪的危机。小毛驴市民农园等社会生态农业兴起的时代背景，是因为食品安全触及了市民最直接、最基本的利益，而根源之生态安全和社会安全，至今仍然受到漠视”（2013：56）。可以说，这既是该类实践兴起的社会基础，也是上文所论“激进的裂隙”与“危—机”脉络的生动例证。

如果说类似因素属消极推力，何种内在动力让市民自愿做出“有悖”主流的选择（不“方便”、不“经济”），或者说该类实践给他们带去什么足以抵消主流社会对“农业”所长期形成的定型化“偏见”？下面结合农园部分劳动份额成员访谈记录（小毛驴实习生小组，2010）进行讨论：

---

① 无论是平民的“男耕女织”，或是读书人的“晴耕雨读”“耕读传家”，还是广泛存在的秧歌、传统节庆等日常生活，都表明农耕生产从来都与生活、娱乐、审美、传承、社区精神不可分割。从这个意义上说，21 世纪日本实践者盐见直纪（2006）所提出的“半农半 X”某方面的意涵一直存在于传统中国农耕社会中，当然，作者还赋予“半农半 X”更多字面以外的当代意义，详细可参考原著。

北京市民在小毛驴市民农园的劳动场景（2011 年）

针对大家认为农业或租地最主要目的是获得农产品，S（性别：男，年龄：50～60，学历：本科，职业：离退休）认为：

我们来这里肯定不是主要为了吃这里的东西，我们大老远地来一次光油钱成本就很高……所以不在于收多少蔬菜，主要是一个心情。

是否仅是从自己或家人的安全健康考虑呢？L（性别：女，年龄：31～40，学历：硕士，职业：媒体）则说：

……实际上还是考虑城市人的生活和土地之间的关系是怎么建立起来的。这种劳作的方式能给人带来幸福感。其实，我觉得你们不用总强调所谓的安全，当然安全是重要。其实，我觉得快乐感和幸福感最重要，说安全，我可以不用来种，直接让配送嘛。

是否一定是“有车一族”或“周末减压”的替代方式呢？W（性别：女，年龄：41～50，学历：本科，职业：编辑）指出：

现在城市生活中有很多没什么价值的东西，每天忙忙碌碌……说得很热闹、很花里胡哨的东西，其实翻出来看看没什么价值也没什么意义……我们都是坐公交来的……也不是工作压力，那个用不着来这里化解，我觉得非常简单，就是喜欢这样的生活状态，喜欢这种状态中人的那种自我感觉吧。

可见对许多消费者来说，希望收获或更看重的不仅是自产的安全产品，还包括幸福感等其他东西。而田间劳动也非仅抽象意义上的田园梦，还包括一种直接与土地、自然和真实相连接的生活状态。这既丰富了我们重新思考农业的角度，也反身呈现出现代人对城市生活的复杂认知。

笔者认为，以上这些不仅仅是一般意义上消费者理性或选择的问题①，更大意义在于其所带出的文化经济脉络，它同时体现着“人们对于现代化并入全球化运作中，化为社会关系、制度与竞争过程中的工业化、商品生产系统，如惯行农业的生产、食品加工、销售形态等现况，如何产生反省与质疑，进而有所行动”（黄紫翎，2011）。与此同时，这些表述不仅让我们看到消费者在新条件下的自觉与改变努力，挑战了我们对“城市人/消费者”及“城乡关系”的类型化想象，更让我们看到由此所打开的“另类”可能。再如：社会生态农业虽然表面上也是一种“买卖”关系，但同样可能引发并调整更多其他关系，包括生产者与消费者、城市与乡村、人与自然、消费与生产、劳动与闲暇、农业与非农业、种地老手和新手等；虽然成员需提前支付定金②，但作为一种风险共担的付出与承诺，其本身更有利于对当前城乡及生产者、消费者互不信任状况的改变；虽然以货币作为建立彼此关系的手段之一，小毛驴市民农园却以此为基础发展出更多以二手物交换、投稿换菜等“去货币”的“另类”经济，并从中收获乐趣、可持续生活及人与人之间的信任与和谐；虽然由农村生产者合作所引发的城市消费者合作及城乡互助，更像是社会组织，但其却同时拓展了经济交换范围，改善了市场环境，降低沟通与监督成本（避免需高额认证成本的内部监督），让生产者有更合理的投入产出，并部分改变了消费

① 一个可供参照的案例：郭于华针对近年来的“珍奥核酸”“脑白金”事件指出，“市场和社会造就了日益‘精明’的消费者，但这种被要求全知全能的消费者又是最缺少知情权的——信息残缺、虚假广告、包装作秀会让消费者在以为是自主选择和舒服愉悦中被愚弄和被宰制。因此‘全知全能’消费者的另一个面相是与之共存的‘无知可怜’的消费者。在科学至上甚至‘崇尚科学’‘信仰科学’的时代氛围和强势话语中，在面对权力、知识、专家和围绕着它们的高科技光环时，普通消费者处于绝对的弱势，而且他们对这样一种处境并不自知”（2005：102）。

② 由此延伸来的各种“经济”手段，还希望利用现代社会已有的“常识”、语言和规则，减少重建“新常识”的巨大成本——如用价格差距（小毛驴市民农园将菜地租金分成三个具有较大差距的价格，“低端”产品占绝大部分，其实是为鼓励大家亲自动手；而配送到居民点较为低价，则是希望大家可以自己步行或骑车到附近居民点取菜，鼓励大家践行环保并身体力行）这一易于接受的手段，鼓励市民自己动手参与田间劳动及到配送点自取蔬菜，以引导他们体验生产的艰辛并减少物流到家的高能耗。

者的经济行为（包括如何定价等）[①]，这些都在不同程度上降低了成本与风险。最后，虽然消费者在大众传媒与现代商业影响下不同程度地带有“上帝式”的优越感，但通过他们参与过程中的细微变化可以发现，那些并非本质使然，背后是更大的文化经济脉络，新空间将伴随这些脉络的变化而得以开拓。

这些对主流论述与简单化归纳的挑战，也得到小毛驴市民农园案例其他研究者的证实：陈卫平通过对46位农园成员访谈发现，劳动份额消费属性虽以“娱乐休闲场所”“不施农药化肥”“农场环境”“自己种的蔬菜”为多数考虑要素，但“幸福愉悦”却是核心价值，其来源于“心情好”“吃到好吃的蔬菜”“体验农耕生活”“缓解压力”“丰富生活”等途径，同时还产生“孩子成长”“回归自然”“健康”等最终价值（2012）。袁萍萍、简小鹰等也以小毛驴市民农园消费者为例指出：市民农园的价值并不仅停留在被定义为种菜收菜等经济活动和缓解食品安全压力的有效途径上，它还具有更深刻的社会学价值——通过参与市民农园，人与人之间的互动得到加强，并对促进社会整体和谐发挥着一定作用（2013：1608）。邵隽、张玉钧等则将这种多功能性体现归纳为“education（教育）—association（社交）—relaxation（放松）—trust（信任）—health（健康）”模式(2012：76）。

若进一步借助“双向运动视野”，有研究指出：这种农业的社会化创新和包括农夫市场、短食物链等在内的替代农业实践可被理解为“嵌入”的食物系统，其“再嵌入”机制恰好减缓了现代性状态所造成的不安与不确定性（陈卫平，2014：45）。

而据中国人民大学课题组自2012年开始在全国范围内进行的调查：逐利的食物体系模式导致了食品市场的“脱嵌”和严重的食品安全威胁。由此，家计经济条件下食品安全“社会共保”机制被破坏。作为“双重运动”的一种社会自我保护形式，农户和城市消费者逐渐转向“个体自保”：农户进行“一家两制”的食品差别化生产；城市消费者进行“一家两制”的食品差别化消费（徐立成、周立、潘素梅，2013）。

（3）多功能与社会化

从“城市梦”到“城市病”、从CSA引进到社会生态农业的本土传

---

① 详见2006、2007年河南兰考南马庄农民合作社在中国农业大学举办的两届“无公害大米价格听证会”，www.3nong.org/bbs/viewthread.php?tid=15467，2012年2月26日浏览。

播，它们既让我们看到“激进”幻象内在的裂隙，也让我们思考社会生态农业兴起的深层原因[①]：除上文提到之当前日益严峻的食品安全危机及因坚持以工业思路改造农业而导致的不良后果外，还由于农业本来和从来都应该是“多功能”和“社会化”的。正如2007年中央一号文件指出：农业不仅具有食品保障功能，而且具有原料供给、就业增收、生态保护、观光休闲、文化传承等功能[②]，也即具有生态、文化、社会等多重面向。

然而在现实中，作为“资本化”逻辑的集中体现，追求规模化和标准化的农业产业化是前述“三农一农化”之典型做法与必然产物，其对社会参与有着一定的排斥机制[③]，比较容易脱离社会与生态脉络，同时这种产业化食品系统因为存在大量中间环节而无法保障真正生产者的稳定收入[④]。在日本农学家祖田修看来，这种长期以来以“作为产业的农业，作为商品的农产品”的单一定位恰体现着“经济至上主义农业观”本质(2003：89)。

进一步说，并不是所有事物都能够彻底被商品化或产业化，正如波兰尼在《大转型：我们时代的政治与经济起源》中所指，“经济功能仅仅是土地许多至关重要功能中的一种。土地为人类的生活提供稳定性；为他提供栖息之所；是他生理安全的条件；也是风景和季节。设想人的生命中没有土地，就如想象他出生时没有手脚一样荒唐”(2007：152)。回到中国本土脉络，当前中国已经出现产业资本、商业资本和金融资本的严重过剩，依靠主流产业化和传统的资源资本化思路以维持经济增长实际将越发

① 客观地讲，小毛驴市民农园及相关实践近年来所引起的反响与各种客观形势变化有着极大的相关性。2008年“三鹿”问题奶粉所引起的“后三聚氰胺时代”已较大程度地改变了消费者的观念及社会生态农业的外部环境。可供对照的乡建案例是2006年的“教授（何慧丽）卖大米”事件与2009年的“女博士（石嫣）种菜”事件，两者同为相似新闻点的媒体事件，但媒体的立场与价值取向却有较大不同，前者毁誉参半，后者的嘲讽与批评则要少很多，更有记者从职业性采访发展到直接去农场租地种菜。

② 该政策提法引起学界对农业多功能性的广泛关注，但概念意义上的“多功能农业”1988年就已出现（高宁、胡迅，2012：82)，这被认为“农业本质特征”（林卿，2012：19）与“当前农学首要任务”（祖田修，2003：50)。除以上诸方面外，农业还具有文化教育、农村农业景观、生物多样性、动物福利等非商品产出相关的环境和社会功能（陈秋珍，2007：71；周立，2010：101)。

③ 正如帕沙·查特吉所指，“早期工业化技术状况形成了对工业劳动力的大力需求，而这些状况已经一去不返了。今天资本主义的发展较几十年前具有更多资本密集和技术依赖特征。大量农民不可能被吸收进新的资本主义增长部门”(2007：199)。在这个意义上，上述案例的CSA成员自愿拒绝以主流市场价格来定义自己在农场的付出，同时将多样化“回报”作为平衡以逆向完成“劳动替代资本”，无疑对我们重新理解“劳动”与“农业”有着重要启示。

④ 据周立综合各种数据测算，被奉为产业化范本的美国农业，其中农民总体上从食物价值中仅分配到5%左右，而美国家庭农场的破产率超过60%（2010：34-38)。

困难。正是基于这一现实，20 世纪 90 年代以来广受吹捧的农业产业化思路在现实中产生越来越多的问题并逐步受到质疑①。

社会参与所挑战的是包括资本力量在内的各种控制与排斥，高歌猛进常与危机困境彼此伴随，乡村建设因此内在于主流的裂隙与夹缝之中。从“产业化”到“社会化”，不意味着后者对前者的替代或超越，也不只是农业主体的多元化拓展，而是希望在现实困境面前承认农业的多功能性及人、食物的完整属性②，由此挑战各种遮蔽与乌托邦信条，进而让农业“回嵌”社会与更大的生态系统。

此外，当代乡村建设实践的另一重要背景是中产阶级的兴起，同时也是其所面对的新挑战。一方面，该群体的兴起不仅意味着社会结构的改变，当面对食品危机和“城市病”等普遍现实时，很容易产生包括焦虑、怀旧、乡愁等在内的复杂且不无浪漫化的社会情感，其既可能付诸实际行动并一起营造出乡村建设所需要的社会氛围与舆论环境，也可能因困境缓解或新压力出现而无以为继。另一方面，因乡村建设主张包容性大众民主并强调对物质性劳动的尊重，其与中产阶级所更倾向的精英民主及其对物质性劳动的暧昧立场存在着内在张力。从这个意义上说，当该群体与普通的乡村（相对于便捷、清新、放松的郊区）、日常的农业（相对于更能获得喜悦、仪式与社交效果的播种和收获）、生活中的农民（相对于另类、新潮的“新地主”）深度接触后，常保持着或多或少的叶公好龙式距离。

总之，社会生态农业的兴起既让我们看到与“资本下乡”有所区别的其他“下乡”形态以及在食品危机及“城市病”蔓延背景下调整城乡关系的新可能，同时也让我们意识到乡村建设面对这一变化的内在张力和不断再出发的意义。如果说以上讨论作为当代实践对“乡村建设多重源起”整体分析的例证与拓展，带出了更多的宏观脉络与理性思考，下面则以专栏的形式，尝试从感性认识出发，通过补充一则实践者札记，希望继续这一

① “激进式”农业产业化所产生的不良后果近年来已日益显现，一个极端却体现其内在逻辑的案例是：2011 年 4 月 16 日山东菜农因“8 分钱一斤卷心菜”而自杀，详见 http://news.sohu.com/20110420/n306120419.shtml。

② 黄紫翎（2011）结合台湾地区相关实践，转述 Brunori 所论及其存在的丰富意涵：功能上，它具有健康与品位的意义；生态上，它注重食物里程的距离、生物多样性与地景的变化；美学上，它使地景呈现多样化与差异性的面貌；伦理上，食物具有本质上的真实性（本真，authenticity），并且与人类社群掺杂了认同感与休戚与共的连带关系；在政治上，食物可以改变传统食物链中种子、农药、加工、制造与营销公司等的权力支配，具有改变生产与消费模式的影响力。

话题，从而讨论作为乡村建设实践主体的个人，是如何在时代转型中感知乡村建设的内在动力。

专栏 2.1：一个支农队员眼中的“乡建时代”

笔者 1999 年上的大学，刚好赶上扩招与教育产业化①，当时恰值新千年前后，社会上弥漫着千禧年的狂欢与躁动。作为“以农为本”的农业大学，一方面，与正处于产业化转轨的其他高校一样，考研、四级、恋爱无疑成为校园主旋律；但另一方面，当时的“三农”问题和社会矛盾又是如此严峻，空气中充满着忧虑和紧张。既然高考时就已铁心报考农大，我一入学就带着无比的热情与对象牙塔的浪漫想象加入一个有着鲜明立场与历史传统的“支农”学生社团②。

与很多新加入“支农”社团的朋友一样——忽然发现原来自己并不孤独，来自全国各地，怀着相似理想与经历的我们走到一起，“抱团取暖”所带来的热度与相见恨晚的感觉让我们十分兴奋！海阔天空、秉烛夜谈、通宵达旦那是常有的事。刚从十多年应试教育牛角尖中钻出来，让我们发自内心并全身心地投入，与其说是我们对社会问题的理解有多深刻，不如说是对青年人奔放理想的必要安置。因此，氛围对我们来说更为关键。在这里，虽然我们做不了什么，但至少可以尝试去关心；虽然我们可能什么都没有且在实践中幼稚可笑，但年少激情与对现实社会的真诚关注，似乎可以成为对校园生活巨大同化力量的有效防御。

自然，在周围同学、室友和老师眼里，我们是离群索居的一群人，没能与身边同学打成一片，过于理想……然而，当离开那个充满“爱情童话”与喧嚣电玩声的宿舍时，我们却找到了属于自己的认同与适合空气。面对那些时髦话语，我们可能“土”得掉渣、无言以对，但当回到社团那个狭小办公室，我们却能滔滔不绝地谈论上下五千年，与志同道合者分享自己关于“三农”的理想与认识、观察和思考；我们看似不“认真学习”，更准确地说是“不务正业”，其实是对在“农业”名义和“专业”包装下远离“三农”的所谓“知识”的天然排斥……虽然与别人眼中的“好学

---

① 有研究将它作为 20 世纪 90 年代以来以化解城市危机为导向的系列改革，其与农村金融改革及同样以拉动内需为目标的农村医疗领域改革一起，成为将农村稀缺资金资源抽向城市的“抽水机”（温铁军，2009：182）。

② 该社团为成立于 1993 年的中国农业大学农村发展研究会，以“学农、爱农、为农服务”为宗旨。

生”无缘，但我们却对另一些“不入流”的知识充满着无限热情，我们可以利用所有的假期、抓住一切机会“下乡”，组织“业余农校”“三农角”，打破院系和年级的限制，拜访不同领域的前辈师友并组织各种讨论，还建起了一个初具规模的自行车队，到北京的各高校间游学，希望能真正地打开视野，与更多同行者相遇……

2003 年寒假在北京师范大学举办的首届全国大学生支农调研项目培训班
（前排左二：刘老石；左九：邱建生；三排右九：温铁军）

所以，本该痛苦抑郁的我，非但没有，反而比其他同学多了一些直面冷语的韧性与执着。那段时光还给了我一个重要的启示：一个人的动力再大、能力再强、想得再多，在人群中也会被主流淹没，要让“怪”的人/想法/做法存在下去，只有找到更多的“怪”，这样才可以“见怪不怪”。然而，这同样需要警惕“画地为牢”与“自娱自乐”，只有进一步去发现何为“怪”，为何“怪”，才能真正获得自信、坦然与底气。

今天回过头来，这个“怪”可能就是后来在乡村建设实践中常听人说的“另类”，虽然在特别的语境下，该词似乎更多地等同于时尚小资或标新立异，但对当年我们这些懵懵懂懂的“80 后”来说，那些“别样选择”却联系着乡土和中国、过去与未来。自然，它也只有生长于主流社会之中，才具有及时准确地回应和对抗主流之现实意义。也因此，它常常要在主流话语与目光的重围下痛苦地存在着，如果没有有力的思想资源、新的评价坐标和包容的社会环境，我们如何免疫于无处不在的虚无与犬儒？如何抵御那美丽却不无虚妄的所谓现实？

身边不断出现新的“怪人”，也不断有“怪人”恢复“正常”，这本属正常，但最令人痛心和唏嘘的是，不久后的“常人”转身会轻松而又意味深长地将“往事”归为曾经的不成熟，似乎不久前的过往只是某种仅供怀旧的“青春旧梦”或劝诫老乡学弟（妹）时“倚老卖老”的资本。看多了，也就慢慢理解其中的无奈与纠结，同时发现这些矛盾现象所内在的时代脉络：一方面，激发我们如此关注“三农”的正是那样一个“大时代”——那既是李昌平代表数亿沉默的大多数喊出“农民真苦、农村真穷、农业真危险”的危机时刻，也是无论是《黄河边的中国》《岳村政治》这样的学术著作，还是《中国农民调查》这样的调查报告都热销全国的特别年代，更是社会学家眼中“断裂”频现和越来越多的人被“马拉松式”甩出去的历史进程。

另一方面，那个时代对于我们这些从小生活在农村或小城镇，然后到大城市求学的人来说，同时也意味着：周围充满着各种对“农”先入为主的看法，既有家人、朋友因“受够了”而让我们逃离“苦海”的煞费苦心；也有“城市中心主义”喂养成人的所谓“城里人”对“三农”之低劣歧视；更让我们失望并愤怒的是不少事情以“农”为包装或掩护，实则让我们更快更好地“去农”或“非农”，甚至“坑农”……

正是那样一个“最好也是最坏的时代”，既是偶然也是必然地让我接触到了乡村建设，同时也孕育出了一直延续至今的第三波乡村建设。

以上文字出自十多年前的实践札记，虽然仅是一些思考碎片，却也是当代乡村建设萌发年代的一种个体记忆。这些持续至今的成千上万的支农大学生和乡村建设实践者或曲折或平实的故事，一直并行于我们的眼光与世界，与其说这是当代乡建青年对现代教育或主流价值的曲折“反叛”，不如说是 21 世纪以来狂飙突进的教育产业化和全面都市化“遭遇”现实后的显影与反证，共同构成了当代乡村建设的内在动力与社会基础。

四、小结

如何理解“百年乡村建设”在实践展开中“差异纷呈”却“不约而同”？如何拒绝二元对立的分析框架及基于道德立场的简单化的价值判断，去意识形态化地呈现有别于“好人好事”“就事论事”“成王败寇”的复杂乡村建设？本章希望重新思考乡村建设多层面源起与动力。回到历史脉络，“自我保护”是乡村建设的重要源起与定位，“自救”和“救济”都有着比较明显的体现，然而对于变动时代的乡土社会及有着真切理想的乡村建设知识分子来说，还有着“乡土重建”这样进一步的诉求，也即乡村建设应是消极意义上的“自我保护”和积极意义上的“乡土重建”之结合。其中的“自我保护”，可以理解为当主流发展的代价及外部环境的恶化触碰到了基层民众的生存底线，由此引发的实践不同于一般的政治行为，其带有较为明显的反应性和分散性，同时携带着各种张力，多以“夹缝生存”为常态，并在与主流的各种互动中曲折展开。

具体到本章案例所讨论的社会生态农业，可以说，其所相对的“产业化/化学化农业”不仅存在诸多不可持续因素，还作为激进“正向运动”的前沿地带，内在于复杂的利益结构及霸权文化影响下。随着能源与生态危机的加剧，对其进行反思与批判日益普遍，笔者不做过多重复，而将重点放在常被忽略的“论述”层面——“三农一农化”，正如上文所简要提及的，它将本来代表着“文化、社会、经济”立体维度的“农民、农村、农业”窄化为“农业”这一单一经济维度，并以同样的逻辑将本应多功能的“农业”进一步窄化为“食物原材料供应方”，这也是 E. F. 舒马赫所担心的“把工业原则应用到农业上”，因为其不仅会对土壤和农业，也将对整个文明造成主要危险。同时“其可能所造成的社会结构，使人与现实的自然界不可能保持真正的接触，并且支持着暴力、敌意与环境破坏等一切最危险的现代倾向”（1985：72、75）。除此之外，与之相关的“城乡脱钩”也是充满虚幻的另一种“乌托邦信条”，它们和“农民终结”“技术中立”等常见说法一样，看似强大合理，但若真正回到民众生活与现实脉络，则可能“漏洞百出”并一直遭到“社会自我保护”的有力挑战。

当然，这种兴起与展开既面临着来自实践内部的困难张力，也面临着“无限地球”的过时思维及波兰尼意义上的各种“脱嵌”力量的排斥。因此，真正有力的社会生态农业不应选择“退回郊区式”的逃避①，而应以

---

① 据刘易斯·芒福德分析：郊区虽是深陷现代城市病的人的“避难所”，但其只是一种暂时却代价高昂的解决办法，一旦“郊区”普遍化，其优点也即开始消失，其与大城市的差别将越来越小，最终成为上流社会的绿色聚居区，这实际上回避了“城市病”更为根本的原因，同时还可能走向依赖汽车而导致交通更为拥堵等特征的“反面”（2005：498-509）。回到乡土中国与本章脉络，当前日益普遍的乡村“旅游化”，虽然尝试让三农“增值”，但其作为城市视野及立场下的功能布局与附属定位，仍然不利于乡村内涵的发展与城乡良性关系的真正建立，反而可能加剧乡土社会中本来不应分割之“生产—生活”“生计—生态”“社区—家庭”的对立。

“市民下乡、农业进城”的双向互动带出对“城市优先”这一主导信条的颠覆并努力探寻城乡关系新可能，同时以之进行文化实践，在现实中创造出不一样的价值与坐标。

总之，作为以农业为主要文明类型及以农民为主要人口构成的国家，中国近现代历史进程的剧烈转型既产生了不同形式的“乡村破坏”与“三农”问题，也孕育了以“自我保护”与“乡土重建”为双重定位的“百年乡村建设”，其不仅由农村“被落后”的现实促成，也是知识界对农村重要性自觉体认的产物（徐秀丽，2006：69）。乡村建设不限于技术层面上的单一回应，也不只为个案实践与微观做法，其既有着多重源起，又在差异纷呈中有着相通的基本内涵。一方面，作为整体性的建设努力，乡村建设的形式载体复杂多样，不仅是对“破坏”的“回应”，也是对数千年中华文明自下而上的一种历史传承与创新发扬，还是基于对“老中国”的再认识及对平民、知识、知识分子及中国在现代世界之处境的自觉与反思；另一方面，作为立足地方且与现实问题紧密互动的反思性实践，乡村建设自然不是纯理论的静态设计，而是一个运动中“活”的过程，是知识分子与实际相结合，在试验中不断根据当时当地的实际情况而进行调整、创造与总结的过程。

第三章 从自发到自觉：乡村建设的思想资源与曲折实践

我们不愿安居太师椅上，空作误民的计划，才到农民生活里去找问题，去解决问题。我们希望抛下一切东洋眼镜、西洋眼镜、都市眼镜，换上一副农夫眼镜。

晏阳初，1932，《在欢迎来宾会上的讲话》①

想想两年前我抱着满脑子的理念和方法到翟城来，现在往回看，脑子里的这些东西实在过于理想和不切实际，所幸我能很快调整过来，把自己定位在向农村学习的位置，而不死抱着理念来做事。把理念踩在脚下迈步向前，而不是相反，把理念扛在肩上亦步亦趋……

邱建生，2005，《“知识农村化，农村知识伦”
——翟城实验区的疑虑和希望》②

小引：熟悉却陌生

或许，鲁迅的《故乡》因熟悉而容易成为讨论的话题，少年闰土心里有着无穷无尽的稀奇事，让那只知道“院子里高墙上四角的天空”的城里少爷心中充满羡慕与钦佩。如果说中年闰土的一声“老爷”让我们同感于作者内心的悲凉，那么少年闰土则让我们感受到大地小主人的健康、生机与活力。然而，如果我们回到今天的农村，问现实社会中的少年闰土何在？或许，昔日乐园已由月下瓜田转至网吧、游戏厅，光怪陆离的现代城市生活才是他们的梦想与归宿。等他们稍微长大，我们却在韩少功的《山

① 晏阳初．在欢迎来宾会上的讲话//宋恩荣．晏阳初全集：第一卷．长沙：湖南教育出版社，1989：221．

② 邱建生．“知识农村化，农村知识化”——翟城实验区的疑虑和希望．开放时代，2005（6）．

中少年》（2008：28）中看到如此群像："如果你在这里看见面色苍白、目光呆滞、怪癖不群的青年，如果你看到他们衣冠楚楚却从不出现在田边地头，你就大致可以猜出他们的身份：大多是中专、大专、本科毕业的乡村知识分子。他们耗费了家人大量钱财，包括金榜题名时热热闹闹的大摆宴席，但毕业后没有找到工作，正承担着巨大的社会舆论压力和自我心理压力，过着受刑般的日子，他们苦着一张脸，不知道如何逃离这种困境，似乎从没有想到跟着父辈下地干活正是突围的出路，正是读书人自救和人间正道。他们因为受过更多教育，所以必须守住自己衣冠楚楚的怀才不遇。"

这一21世纪乡土图景似乎正在为近百年前乡建先行者们的忧虑与行动提供着现实注脚。完成了教育，学习了知识，我们却自然而然地离开了土地与乡村。

从鲁迅的"羡慕"到韩少功的"忧思"，乡村少年不再安心于那块生养的土地，这既让少年成为乡土社会终将离去的过客，也让乡土成为少年漫长城市化征程中欲罢不能的恼人"胎记"。于是，故乡成为熟悉却陌生的尴尬存在，她因失去了鲜活的生命浸润而沦为抽象空洞的怀旧题材，即便如此，其也仍然顽强地存在于漂泊异乡者们挥之不去的故土情结与春运大军艰难却毅然归乡的难舍亲情里。

然而，熟悉而陌生的乡村毕竟不都是那些"吸废气、喝污水、挤地铁"现代都市一族疲倦之后"农夫、山泉、有片田"般的牧歌想象，日益增高的农人癌症患病率告诉我们，在资本和污染携手下乡的高歌猛进中，所谓"净土"岂非自欺欺人？在电视广告的轰炸与"以消费论英雄"的文化霸权影响下，外表宁静的传统村落也处处弥漫着不甘寂寞的骚动，"乡村"似乎真的只能成为现代都市人的遥远"乡愁"。

某种意义上，在我从事乡村建设早期的下乡支农阶段，基本上是从城市回望农村，虽然急切但却遥远，一遍遍地"下乡"似乎满足了自己"他乡也是故乡"的弥补心理。对着偌大的中国地图，已经在超过一半省份留下自己浅浅的足迹，但也产生了虚空的内心。"眼"高了，可"手"在哪里？由青春所激扬起的自信与勇气，迅速被另一个"自我"所厌恶和怀疑：真的吗，然后呢？

作为一个外来者，我们如何去农村寻找自己的位置？或许在回答这一问题之前，我们更需要思考另外一组问题：我们是如何离开脚下这片土地的？为何学的知识越多，我们与乡亲们的鸿沟越深？为什么我们在专业领域出类拔萃，面对家乡父老时却依旧无力？这些问题既事关你我，也正是百年来乡建先贤们穿梭于象牙塔与泥巴墙的动力所在！

一、大变动时代的自觉

通过前两章的讨论，我们看到乡村建设紧密内在于中国现代化历史进程之中，其既面对着近代以来复杂的外部环境与剧烈的社会变革，也及时回应着因中西碰撞而产生的各种社会思潮，后者则构成其复杂的内在思想资源，影响着乡村建设的理想图景与发生形态，也让乡村建设不只作为个体层面上的自发行为。

1. 从“西化”到“现代化”

罗荣渠曾主持编写《从“西化”到“现代化”——五四以来有关中国的文化趋向和发展道路论争文选》。该书资料搜罗宏富而精炼，选编了1919—1949年间我国思想界四次论战的有关文章。这四次论战分别是：关于中西文化的论战，关于中国现代化问题的讨论，关于中西文化出路问题的新论战，关于中国应以农业立国还是以工业立国的论战。通过这样的系统梳理，我们惊讶地看到，今天争论的许多问题其实在20世纪三四十年代都已经提出来了。编者还以上述几次论战为线索，把它们联结成一条“从‘西化’到‘现代化’”的总发展线，从一个侧面探索中国近百年来思潮演变的曲折经历，以为当下提供温故知新的启示。

本书借助如此描述，从某种意义上说，“西化”和“现代化”既是近代中国的主导型趋势，也从不同方面深刻影响着近代中国乡村建设的思想与实践。作为乡村建设的重要理论家，梁漱溟认为近代中国各种剧烈变化源于百年来的中西文化大碰撞，当然如我们都知道的基本史实，这一“碰撞”并非自愿公平，其“交锋”后的效果也是有明显倾向的①——正如第一章中所引述梁漱溟的“他毁＋自毁”分析，以及以“三农”为例讨论其对中国全面而又深刻的影响。林毓生曾指出“20世纪中国思想史的最显

① 如随后引述的《从传统到现代》所指，“中国的‘现代化’不是起因于一种‘内发的力量’，而是源于一种‘外发的压力’，我们用西里·布莱克（C. E. Black）的术语来说，中国的现代化是一种‘防卫的现代化’”（金耀基，2017：117）。

著特征之一，是对中国传统文化遗产坚决地全盘否定的态度的出现与持续”（1988：2）；汪晖则认为“在中国文化史上，本土文化与外来文化的相互渗透、冲突、吸纳、排拒由来已久，但把中国文化或东方文化与西方文化作为对立的两大文明体系来进行比较、分析、评判、论辩，却是近代的事”（2008b：117）。可以说，除前两章所述物质层面的“节节败退”外，更大的影响是在思想观念与文化价值上，是对传统价值的整体性“重估”，以及由此产生的不同程度之“西化”。当然，其中的具体状况需要进一步脉络化以呈现其中的复杂性，此处讨论的仅是主流趋势。

如果说“西化”在体现着“他毁”之后同时包括“屈辱”“焦虑”“迷茫”“自尊”“奋进”等复杂情感在内的行为倾向，那么随着“现代化”的提出并付诸实践，其将延续这种通过全面变革进行“学习/赶超”的内在动力，与此同时，这个有着数千年厚重根基的文明体，随着无数先觉者为之前赴后继地奋起反抗，自然也就产生了痛定思痛以求“断臂求生”的自我反思，以及通过“拿来主义”实现消化吸收与进一步超越的新目标。去弊、扬新与建设融合在一起，构成了更为复杂的时代状况。

罗荣渠（2008：代序 16）的研究指出：“现代化”一词，在“五四”以后关于东西文化观的争论中已偶尔出现，但其作为一个新的社会科学词语在报刊上使用，是在 1933 年 7 月《申报月刊》发创刊周年纪念特大号“中国现代化问题号”特辑上。他同时指出，“把现代化基本概念确定为工业化、科学化、合理化、社会化是在二十世纪三十年代的文化论争中基本形成的，绝不是一个自发的自然过程，而是被动适应世界现代化挑战的过程”（2008：代序 26、37）。与此同时，在西方主导强势话语的影响下，“现代化”已成为一种独特的“意义系统”，深刻地影响着中国近代历史进程，并“制造”出更多“常识”与“共识”，笔者将在随后各章进行适当讨论。

初版于 1966 年的《从传统到现代》曾指出“20 世纪里一桩最伟大与最庄严、最迷惘与最具挑战性的事实是全球文化与社会的变动……简言之，就是一个从‘传统’到‘现代’的大变动，也就是人类世界中所有传统社会都在逐渐地消逝”（金耀基，2017：87），作者同时认为“20 世纪初叶以来，全球的所有传统社会在‘现代化’的诱惑下已激起一种‘满怀希望的革命’，传统的社会结构与文化价值都在逐一解组与消失。可是……大多数国家长期地停留在转型期社会中挣扎，而不得进入‘现代’

之境。其结果使旧的已去，新的未来，‘满怀希望的革命’变成了‘满怀挫伤的革命’，‘现代化’远比一般人所想象的要来得艰巨”（2017：106）。而在《现代化新论》中，罗荣渠认为现代化就是指人类社会从传统的农业社会向现代工业社会转变的历史进程，其实质是工业化，同时也是一种心理态度、价值观和生活方式的改变过程（1993：11-14）。具体到中国的现代化，吉尔伯特·罗兹曼在《中国的现代化》中指出“是从一个以农业为基础的人均收入很低的社会，走向重利用科学和技术的都市化和工业化社会的这样一种巨大转变”（2005：1）。

本书不以“现代化”为研究重点，此处主要指出的是：目前对现代化的反思和批判，多为二战之后进行，并在“后殖民主义”理论所开拓的空间中展开，而针对像中国这样农业原住居民人口占绝大多数的国家，不仅其追逐现代化的历史远远早于二战，其自身的文化经济脉络也比单纯的“殖民主义”国家要更为复杂。特别是，现代化进程不仅是百年乡村建设所处的基本脉络，延续至今的现代化思潮则参与构成了乡村建设的基本资源、评价坐标与对话对象。康晓光（2008：209）曾略显悲观但不无坚定地认为：“现代化几乎就是人类必须承受的‘宿命’，而‘三农问题’则是现代化的必然结果。”该观点笔者虽不完全同意，但却支持其将乡村问题内在于百年中国现代化进程之中，同时认为其处于由现代化所引发的各种变革思潮和复杂矛盾的前沿地带。而对乡村建设的具体研究来说，艾恺就主张“如果我们把梁漱溟看作‘非保守’‘非传统’现象——现代化的世界性反应中的一种，或许能看出梁漱溟的真正意义”（1996：9）。也可以说，从“西化”到“现代化”，或许可为乡村建设的想象图景与思想资源提供一个可能的角度。

回到历史脉络之中，19世纪后半期以来，对“变革”的期待与实践成为当时知识分子的重要诉求，据王尔敏统计，当时提出变局之言论者不下81人，就思想概念的传播而言，如此集中的人数和言论见诸文字，实可谓罕见，也说明其将产生深远影响（2003：325）。特别是甲午战败“无可置疑地证明了满人无力应付时代的挑战，自强运动那种表面的现代化，无法使江河日下的统治获得新生。只有一场激进的改革，甚或革命，才可能拯救中国”（徐中约，2013：255）。也正是这种独特的时代氛围孕育了萌芽时期的乡建实践，从江苏南通的张謇到河北定县的米氏父子，不同背景的先行者在各地进行了多种形式的积极探索。

而到了“五四”，内外环境的进一步紧张让变革思潮有了更为广泛的社会基础。据许纪霖和陈达凯的分析，“如果说晚清以来的‘乌托邦’思潮保持着中国文化在走向现代化过程中的主体认同和价值选择，那么‘五四’后知识分子所焕发的乌托邦热情，则表现了其超越西化而重觅未来理想社会的热忱”（1995：356）。与此同时，“五四”以来更加激烈的内外刺激也让许多知识分子转向超越书斋的社会改造，这些都是二三十年代乡村建设实践的基本动力与思想资源。然而，其本身却也包含着梁漱溟这样“另一个‘五四’”的道路（沟口雄三，2011）。

也可以说，“五四”为历史乡村建设的兴起与落地提供了重要的社会土壤。例如，梁漱溟晚年总结其毕生乡村建设最核心的八个字，“科学技术、团体组织”，某种程度上可以说是其所代表的“五四”一代结合中国农村实际情况后，对“科学、民主”理念的具体化与操作化；乡村建设运动所大力推广的“合作社”基本思想也是那个时候引进的（郑大华，2000：502）。而“走向民间”则是“五四”知识分子所开辟出的新传统，虽然其在“民间化”过程中存在着诸多张力，笔者将在后文结合案例进行讨论。

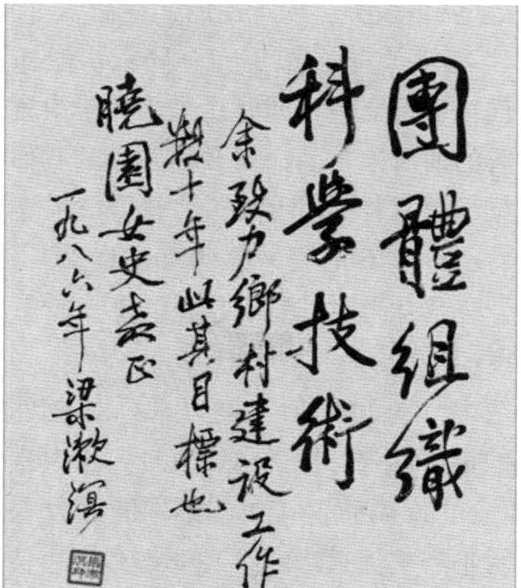

梁漱溟晚年对乡村建设目标的总结（1986 年）

“五四”之后，接着中国知识界在 20 世纪 30 年代爆发了“以农立国”还是“以工立国”的大讨论（罗荣渠，2008），民国乡村建设运动也在该时期进一步兴起，并产生了更为广泛的全国性影响。作为该讨论的参与者与相关主张的践行者，自然涉及各方面的批评和反思，笔者将在第六章进行讨论并分析其所显影出的多重张力。

此处需要特别指出：所谓“农—工”并非绝对对立，时任国民政府经济部部长的翁文灏就在1941年的《中央日报》上提出“两种主张各有其是处，分开来看，都觉太偏，合起来说，才是正道，二者是相辅相成而不可分的”，进而主张“以农立国，以工建国”（2009：416）。

2. “走不通”后的自觉

正如有研究指出“现代性是一个存在着内部冲突和张力的结构，所以，很多对现代性的反思和批判恰恰可能从现代性自身中孕育出来”（汪晖，2008c：490）。面对从“西化”到“现代化”这一充满张力的复杂现实，乡村建设在实践中产生了不同程度的反思与自觉。

作为“直面二十世纪中国难题的现代人物”（梁漱溟、林琪、伍贻业，2019：自序），梁漱溟1933年在文集《中国民族自救运动之最后觉悟》中首先论证了两条“走不通”的路，进而提出以“乡村建设”为概括的“觉悟”行动。然而，这不应简单归纳为梁漱溟的“特立独行”，其实有着那个时代的独特烙印。正如汪晖的研究，第一次世界大战不仅震惊了人类，还让“意识的转变”具有了普遍意义，让那个年代成为一个“自觉”和通过“自觉”激活新政治的时代，翻阅那个时期的各种印刷物，“自觉”和“觉悟”字样扑面而来（2014：8）。比如，欧战不仅让梁启超对东西文化产生不一样的看法，也影响着其对农业和工业的认识。在1922年7月济南“全国农业讨论会”成立大会的演讲上，他就指出：欧战后全欧社会尽处飘摇之中，细究其故，盖由于百年前工业革命而起。大工业勃兴虽然带来技术进步，然而“营此大工业者，不过千万人中之一人者。致演成富者愈富，贫者愈贫之现象。农业遂全归废弃，国家乃日濒于危险”（转引自杨瑞，2018：526）。随后三个月，章士钊在湖南教育会发表了《文化运动与农村改良》的演讲，进一步指出：“三十年以来，因为和欧化接近了，一般人并将欧洲的制度死死地搬到中国来运用，并不管对于以农业立国的中国，到底适用不适用。要知道，欧洲各国是以工业立国的……这种死死裹搬来的欧洲制度，好比将欧洲那有五六层的房子呆笨地搬到中国那种小茅屋上，怎么能够不坏事？”（1922：148）正因如此“自觉”，他在次年11月1、2日的《新闻报》上发表了影响深远的《农国辨》，全面系统地阐释了其对“作为农国之中国”的理解，为随后“以农立国”讨论做出了理论准备。

作为直接从事乡村建设的实践者，晏阳初则在《十年来的中国乡村建设》（1937）一文中指出："乡村建设运动当然不是偶然产生的，它的发生完全由于民族自觉及文化自觉的心理所推迫而出。"梁漱溟（1937a：515）还进一步直言："不是我们选择最理想道走，而是其余这一方那一方都横栏竖截堵塞不通。"这在费孝通看来，其正是在不断寻路的意义上提出"民族自觉"，希望从中国最本质的地方找出路，让中国传统文化比较平顺地进入现代文化（张冠生记录整理，2019：166）。

实际上，这种"走不通"自觉在不同方面都有所体现①。笔者暂以后文要结合案例详细讨论的教育为例略谈几句，虽然科举废除、帝制解体与走出"书斋"让现代知识分子看似获得新的空间，然而面对"去乡土化"的影响，很快就出现了让人堪忧的"青年与农村"困境，李大钊（1919：305-307）在"五四"运动前夕就认识到："一般知识阶级的青年，跑在都市上，求得一知半解，就专想在都市上活动，却不愿回到田园；专想在官僚中讨生活，却不愿再去工作。久而久之，青年常在都市中混的，都成了鬼蜮；农村中绝不见知识阶级的足迹，也就成了地狱。"为了改变这种严峻的困境，他大声疾呼："在都市里漂泊的青年朋友们呵！你们要晓得：都市上有许多罪恶，乡村里有许多幸福；都市的生活黑暗一方面多，乡村的生活光明一方面多；都市上的生活几乎是鬼的生活，乡村中的活动全是人的活动；都市的空气污浊，乡村的空气清洁。你们为何不赶紧收拾行装，清结旅债，还归你们的乡土？……曾何如早早回到乡里，把自己的生活弄简单些，劳心也好，劳力也好，种菜也好，耕田也好，当小学教师也好，一日把八小时作些与人有益、与己有益的工作，那其余的工夫，都去作开发农村、改善农民生活的事业。"笔者在此大幅引用百年前的呐喊，不意味着认同其中将城乡对立并带有"浪漫化"倾向（第七章将进行专门讨论）的分析，而是指出所反映的"走不通"及随后的"自觉"存在于方方面面，其也是当代乡村建设再次兴起的重要背景，比如温铁军曾以农业为例指出20世纪50年代"苏式道路"及90年代"美式道路"对人地关系高度紧张且有着深厚"小农村社理性"传统的中国来说"走不通"，因

① 例如张謇在开办苏北盐垦事业时，其一方面认为应当吸取西方资本主义先进经验，成立农业公司以现代科技来从事农业，另一方面也清醒地认识到中西国情相差悬殊，"西人之法与中土宜否，无从真知"（陈争平，2007：207）。

此才有相对于“产业化/化学化”而言的“社会化/生态化”农业之生存空间。

由此可见，历史和当代乡村建设的现实实践中都已包含着对“西化”和“现代化”思潮的质疑与反思，因此，这些带有某种“另类”探索的乡村建设实践也必须回到中国现代化运动的双重历史脉络（寻求现代化与反思现代化）中进行讨论。

进一步说，此处“自觉”同时包含着国情自觉①与文化自觉，来自资源条件的刚性约束已经成为近代中国的基本国情。历史学家何炳棣研究指出：中国人口自 1700 前后的约 15 000 万增加到 1794 年的约 31 300 万，一个世纪不止翻了一番，到 1850 年人口约达到 43 000 万。全国范围内的人地关系十分紧张（2000：325）。除此之外，数千年历史所积淀下的传统文明形态，特别是内在的“乡土性”与“村社理性”更是绕不开的基本现实。因此，该“自觉”既要求对主流发展思想、现代教育、城市化和工业化绝对优先的主导思路有所反思，同时也非简单地“回到/守住”过去，而是按照梁漱溟的说法，在去弊存真中发扬真正“有道理的老道理”，让“老树”发出“新芽”来。

特别需要指出的是：这种由国情、文化和资源所形成的自觉，以及由此产生的新思维，同样也表现在当代乡村建设的展开过程中。例如，早在规模化当代乡村建设开展之前，我国生态农业奠基人叶谦吉② 1982 年就发表了《生态农业》一文，他指出生态农业要符合我们“土地辽阔但耕地面积相对很小、人口多、水土流失严重、生态平衡严重失调”等国情，需要同时遵循“自然规律”和“经济规律”，努力实现“关系协调”

① 比如当代乡村建设推动者温铁军从比较视野出发，把气候变化导致的农业稳态社会和游牧流动民族之间的长期互动、亚洲大陆气候地理的多样性等因素纳入思考，进而理解中国的国家政治形态、文化延续性、乡土中国的低成本自治等内在逻辑，由此从文明视野思考中国乡村建设的历史意义。详见：温铁军. 生态文明与比较视野下的乡村振兴战略. 上海大学学报（社会科学版），2018（1）。

② 叶谦吉（1909—2017），江苏无锡人，中国生态农业奠基人、中国生态文明首创者和著名农业经济学家、生态经济学家。特别值得关注的是，他跌宕起伏的一生与乡村建设有着诸多内在联系：首先，他 1933 年毕业于金陵大学农业经济系，该系为我国最早的农业经济系（1921 年成立，曾任系主任的乔启明为重要的乡建理论家），30 年代曾积极参与安徽乌江的乡建实验试验；其次，他不仅在 1982 年率先提出“生态农业”，1986 率先提出“生态文明”，是公认的中国生态农业奠基人，同时还于 1983 年在重庆北碚金刚乡建立 58 个生态农业户，之后在大足县（今大足区）建立生态农业试验区（叶谦吉，2014：174），发当代乡村建设生态探索的历史先声；最后，他还是西南农业大学（西南大学前身之一）的缔造者之一，客观上也为西南大学近年来接续百年乡建传统奠定了基础。

和“综合平衡”，“既要实现生产上的良性循环，又要实现生态上的良性循环”（2014：4－9）。在1986年的《论生态文明》中，他根据生态农业的思想进一步指出“社会生产不仅要实现经济效益，还要实现生态效益和社会效益”，相应地，社会建设也包括“物质文明建设、精神文明建设及生态文明建设”，并充满预见性地提出“21世纪应该是生态文明建设的世纪”，所谓的生态文明是人类“既获利于自然，又还利于自然”，人与自然应保持着和谐统一的关系，从这个意义上说，真正的文明时代不过才刚刚起步（2014：80－83）。据此管中窥豹，对“不合理/不可持续”发展的反思及对在地文明的“自觉”其实一直内在于乡村建设的百年实践之中。

3. 本土与外来

梁漱溟曾在《乡村建设理论》中指出“中国人以一副老的神气学西洋制度，当然不成功。然则我们是舍掉老的神气去学新制度呢？还是就不要新制度呢？从前我主张改变自己去学新制度，以后才自知错误。直到今日乃寻出二者相通之点，所以才能谈乡村建设……乡村建设就是从此相通之点去建设一个社会新制度”（1937a：247－248）。晏阳初也在《九十自述》中回顾道，“我是怎样的一个人呢？我是中华文化与西方民主科学思想相结合的一个产儿……（所终身致力的平民教育）既不仿古，也非仿欧美”（1987b：529－530、535）。

正如两位先行者所示，作为一种尝试回归“三农”本土脉络的努力，乡村建设实践受前两章及上文所述思潮的影响，同时也因各种外来思潮在现实政治与社会变革中所出现的种种弊端，而“侧身”前往乡土、社会和历史传统中尝试寻找有力资源与新的发展空间。

回到历史脉络，近代乡村建设同时有着悠远的思想渊源，除传统儒家的民本思想影响外，还可追溯自春秋战国时期的农家思想，该思想包括“重农思想、民本主义、农业管理和生态农学”这四个基本构成部分（张云飞，1996：前言）。农家不仅参与两千多年前的百家争鸣，跻身“九流十家”，与其他学派相比，其也有着鲜明特征与丰富内涵，在中国科学技术史、经济史、思想史及学术史上都具有重要地位，是中国传统文化的重要组成部分（熊帝兵、惠富平，2014：1－2）。可以说，农家思想所主张的“重农”及“民本”思想不仅为近代乡村建设打下思想底色，其主张的“用养结合、灾害防治、循环经营”等技术经验也为当代乡村建设的生态探索提供借鉴启示。

如果说多元丰富的先秦思想与“知其不可为而为之”① 的实践精神为乡村建设打下原初“底色”，那么明代“阳明学”及后续影响则为近代乡村建设打下包括“知行合一”等在内的深刻思想“烙印”。如余英时研究指出“十六世纪以后，部分地由于阳明学（或王学）的影响，仍然有不少的‘士’关怀着合理秩序的重建，但他们的实践方向已从朝廷转移到社会……创建书院、民间传教、宗族组织的强化、乡约②的发展都是这一大趋势的具体成果”（2013：新版序 3）。正是在这一背景下，承办地方事务或推动如乡里建设、社会救济、赋役丈量等措施并实现学术思想的“草根化”和“化乡”理想则成为不少王学学者的努力方向（张艺曦，2013：3）。其中，“泰州学派”这一有着平民儒家特点的流派为其突出代表，其创始人王艮（号心斋）是一个灶户出身的盐丁，其门下也多出田夫、雇工、樵夫、陶匠之辈。虽然很多成员一生没有什么功名，却在芸芸众生中自觉站出来，担任乡村社会建设的领袖，帮助乡里制定乡约、参与社区建设、救危扶困、兴修水利、发展农村社会教育、改良社会风气（宣朝庆，2010：2-7、85、93、148）。

除创办人王艮外，泰州学派成员积极参与并推动乡村改良运动，比如何心隐考中举人后并不入仕途为官，而于嘉靖三十二年（1553）在家乡创办了以乡邻和睦为主旨的“聚和会”，该会分设“教”和“养”两个组织，尝试建立宗族范围内的公共教育体制。“聚和会”前后存在了大约六年时间，作为一场乡绅主导的乡村改良运动，其努力加强民间教育和改善纳税体制，一定程度上改善了地方的社会秩序和经济秩序（吴震，2009：293-303）。

有研究认为正是这种对“百姓日用之学”的强调及主动接近下层社会的实践具有“首位一贯的人民性”，其不仅在乡土社会中躬身实践，其思想也在基层民间广泛传播（侯外庐，1960：974-979、999）。而晚年梁漱溟在接受美国学者艾恺和林琪访谈时，则同时谈到自己对泰州学派的佩服

---

① 见《论语·宪问》：子路宿于石门。晨门曰：“奚自？”子路曰：“自孔氏。”曰：“是知其不可而为之者与？”

② 实际上，正如日本学者沟口雄三所指：在传统中国社会，把人们的道德连带感情组织起来的纽带是地缘性的乡约和血源性的宗族（2011：133）。同时，其认为按照梁漱溟的理解，中国革命就是规模扩大了的“乡约”全国版（2011：189）。关于乡约制度更为系统全面的梳理，可参考：杨开道. 中国乡约制度. 北京：商务印书馆，2015。

并自陈深受影响（梁漱溟、艾恺，2010：27；梁漱溟、林琪、伍贻业，2019：263）。

可以说，这些都是地道的本土资源，其与外来思潮是否存在进一步融合的可能？正如长期研究梁漱溟的艾恺自陈早期困惑“一个人如何可以既是佛家又是儒家?”后来终于想通了，“中国文化本就融合许多看似不相容的思想于一体”，“融合多种相互矛盾的思想，正是典型中国传统知识分子的特质”（艾恺采访，2011：自序 3)。下面以百年前国外“新村”思想的在华传播为例，指出乡村建设除“天然”蕴含着“在地化”思想资源外，其同样内在于当时的世界潮流之中①，不同程度受到国外乡村改进思想的影响，并在实践中进行着必需的调适与扬弃。

“五四”前夕，周作人在《新青年》第六卷第三号上发表了《日本的新村》，率先介绍了正在实践中的日本新村，其结合该运动发起人武者小路实笃及其所著《新村之生活》的主要思想②，特别是从生活的角度对其“赞美协力，又赞美个性；发展共同的精神，又发展自由的精神”深表认同，进而探讨包括“互助、劳动、平等、建设”在内更应该追求的理想生活及以之为基础所构想出来“以人类为本位”“避免暴力问题”的新社会（1919：209-214)。一年多后，周作人以《新村的精神》为题在天津发表演讲并发表在《新青年》第七卷第二号（1920 年 11 月）上，在这个演讲中，他结合几个月前刚去日本新村实地考察的所观所思展开进一步探讨，首先再次强调了新村的目的是“过正当的人的生活”，进而使世间更为“人类的”，又更为“个人的”，其中两条根本思想是“各人应各尽劳动的义务，无代价地取得健康生活上必要的衣食住”和“一切的人都是一样的人，尽了对于人类的义务，却又完全发展自己个性”。之所以不断从“人”和“生活”入手，是因该运动认为改造社会要从改造个人做起。相比此前的介绍，由于有实地参观经历做基础，作者此时更为具体，详细介绍了该运动的“十二条会则”，描述了他对新村的基本印象——“村的土地并不广大，只有四十余亩，现在筑了三所房屋，有二十二个人在那里耕种。村

① 例如，乡建实践开拓者张謇一方面主张“村落主义”与“在地化建设”，但另一方面，“‘世界’成为张謇观察和改造中国社会的参照系。因此，他极为强调，‘有世界知识，而后可以知一国之地位’；办‘一国事’，要有世界的眼光”（章开沅、田彤，2011：34)。

② 中文版详细可参考武者小路实笃所著的《新村》（光华书局，1927)。该书为孙百刚从著者 1918 年的《新村之生活》和 1920 年的《新村之劳动》中节选 13 篇“最足以理解新村”的文字翻译而成，并附有长篇译序（评胡适之“非个人主义的新生活”)。

里的情形也没有什么特别，但有一种平和幸福的空气为别处所无的。劳动者的物质的困苦与‘知识阶级’的精神的不安，村里的人都可以免了。新村的生活，一面是极自由，一面又极严格；一面是辛苦，一面又极舒服”。紧接着，作者以此做参照，比较了当时南京启新农工场、北京平民新组织、龙华新村这三个“颇与新村相像”的实践项目以及当时反对新村的批评（1920：221-225）①。

除周作人介绍日本新村外，同一时期的李大钊也在介绍异域的新村运动，在其 1920 年 1 月发表的《美利坚之宗教新村运动》中，他介绍了谢克尔（Shakers）、哈曼尼（Harmony）、亚马拿（Amana）等六个村庄，虽然这些村庄都属于宗教的新村，但李大钊却从历史、人口、教育、结构、变迁等方面进行了介绍，呈现了更为丰富的社会主义内涵（1920：151-163）。

作为对这一思想充满行动力的回应，青年毛泽东在 1919 年 12 月发表的《学生之工作》中提出在湖南岳麓山建设“以新家庭新学校及旁的新社会连成一块为根本理想”的新村，以改变“学生毕业之后，多骛都市而不乐田园……农村无学生，则地方自治缺乏中坚之人”的弊端。他还特别提到对张謇在南通所推动事业的认同——“吾人于南通县之自治教育，亦艳称之，则又所谓‘模范地方’也。所以然者，效验既呈，风树乃树，世人耳目，咸集注之”（2008：406-410）。除此之外，第二章所谈到的早期同盟会会员王拱璧，从日本留学归国后在河南西华县孝武营建设“青年村”，而同样留日返乡的傅柏翠则回到福建连城探索“新村”试验（下一章将详细讨论），都可算是对这一思潮的“乡建化”实践。

值得注意的是，中国本来就是乡土社会，乡村在分布上星罗棋布，乡土文明及其独特价值时至今日仍然有着很大的影响，正如乡建实践者雷沛鸿所指，“在乡村建设运动下，我们虽则不要做任何新村运动，然而却要大家做归乡运动”（1933：103）。可以说，乡村建设不同于“新村”那样在原有体系外单独进行，而是在“回嵌”乡土中探求对其合理性的发扬与创新。

① 关于周作人的新村思想，可参考以下研究：倪墨炎．周作人宣传新村运动及其影响．上海师范大学学报，1989（1）；靳明全．关于周作人的新村思想．文学评论，1993（6）；董炳月．周作人与《新村》杂志．中国现代文学研究丛刊，1998（2）；李培艳．“新村主义”与周作人的新文学观．中国现代文学研究丛刊，2014（11）。

也即，乡村建设融合了“本土”与“外来”两类思想资源①，并包含着对传统不合理因素的反思与自省，比如梁漱溟就曾指出，“中国文化到清代的时候，表面上顶光华，顶整齐文密，而内里精神顶空虚，顶糟；外面成了一个僵壳（指礼教），里面已经腐烂……所以西洋东西进来，一下子就慌了”（1937a：272－273）。而其在山东邹平实践的“乡学村学”则吸收了北宋吕氏乡约中他认为比较合理的做法，为避免误会，他反复声明：这里说的绝不是一般的封建礼教②，因此才需要恢复其“僵化”之前的根本精神，并加以改造。这也是梁漱溟为何不像一些“道学家”那样仅停留在纯粹的“道德教化”上，而是深入实践推动合作社建设、农业技术改良、乡村自卫武装等行为的原因，因为只有系统成套的建设才能产生综合效果，并为“新礼俗”的建立提供物质基础。

不仅乡村建设中偏“本土”取向的实践者从传统中获取资源，即使常被归为“西化派”的晏阳初同样也在回归乡土中吸收、运用着传统文化中的重要资源，这从他不断强调“民为邦本，本固邦宁”这一传统儒家的“民本”思想便可窥见一斑，同时其所致力于打破身份、阶级、性别、年龄等限制的平民教育也在某种程度上体现着孔夫子“有教无类”的教育思想。而在美国师从教育家杜威的“洋博士”陶行知，同样也在很大程度上受明儒王阳明的影响，以“知行合一”来重新校正所处时代知识分子知行脱节或由于过度“西化”而脱离本土脉络的困境，关于他们的教育主张及实践，下文案例将详细讨论。

对于当代乡村建设来说，无论是第五章即将讨论的农民合作组织还是上一章所讨论的社会生态农业及以城乡再平衡为内涵的“逆城市化”运动，都同时有着本土和外来的思想资源。例如，荷兰社会学家扬·杜威·范德普勒格在《新小农阶级》中就指出当前的欧洲，随着景观、生物多样性、农村生计、劳动过程和食品质量的全面退化，同时越来越多的农业家

---

① 关于对民国时期域外农村建设思想的借鉴，一方面可参考山东乡村建设研究院编辑的期刊《乡村建设》（1931—1937），其中不同期次分别有对丹麦、苏联、巴勒斯坦、保加利亚等国家所进行农村建设或合作运动的介绍，中华平民教育促进会编辑的《民间》（1934—1937）也多次刊文介绍包括日本农村更生运动等域外经验；另一方面可参考当时的相关译著及普及读物。比如：江坂佐太郎所著、黄重建所译《日本的新农村》（商务印书馆，1935）；胡士琪所编《丹麦之农村建设》（正中书局，1937）等，梁漱溟曾多次提到与丹麦的比较并在邹平接待过该国专家。

② 比如梁漱溟指出，“不一定点头鞠躬算是礼。礼的根本、礼的重要、礼的大端是在制度，不过运用这个制度去行动的时候，还是要靠礼貌之礼、礼节之礼”（1937a：385）。

庭被推向边缘化的境地，进而出现了时常隐蔽却又无处不在的“再小农化”过程。所谓“再小农化”就是让农业再一次变得更加贴近小农，进而导致关乎社会与自然的一系列新型关系的出现，而农业也以新的方式嵌入这种关系之中（2013：前言，1、180），而这些，可以理解为社会生态农业与城乡再融合实践在当代兴起的重要国际背景，与此同时，正如温铁军所提醒“千万不要以为社会化生态农业在中国只搞了十几年。其实中国几千年来的农业社会，一直都是社会化的生态农业，只是在最近半个世纪左右逐渐走向了化学化、石油化”（2017：3），也可以说，社会生态农业既内在呼应着全球范围内的前沿探索并与之充分互动，也有着基于国情与本土条件的深厚社会基础。

以上关于乡村建设的思想资源只是非常粗略的归纳，现实十分复杂且多缠绕在一起而难分彼此。无论是历史还是当代，乡村建设的主体和思路本身就充满着复杂张力，而这些思想资源往往也是其对话对象，它们既有助于挑战我们在评价时某种看似清晰的“二元对立”倾向，也彰显出不同力量对乡村建设的复杂影响，同时也是乡村建设百年实践之内在困境的部分原因。

专栏 3.1：传承与创新——山东乡村建设试验中的乡学村学①

乡学与村学在梁漱溟的乡村建设构想中居于中心地位。要理解这一实践的由来，需要首先大致把握其乡建构想的形成过程。

梁漱溟关于乡村建设的理论思考，大约在 20 世纪 30 年代中前期成熟为一套结构化的论述。但他这一思路的形成，则经历了一定的曲折，并与他早年时的政治经历及思考存在紧密联系。梁漱溟青年时代热衷于西方近代民主政治，认为确立民主共和政体之后，中国即可走上建设正轨。但辛亥革命之后的政治现实使他“越来越绝望”（梁漱溟，1934a：19）。随后他认识到，民主共和政体之无法发挥作用，乃在于中国人“旧势力大”“旧习惯深”，缺乏与西洋政治制度相匹配的“新习惯”（梁漱溟，1934a：21）。梁漱溟此处所谓“新习惯”指的是作为团体组织的一员，对于团体组织事务有“注意力”和“活动力”。梁漱溟有时也使用“团体生活”与“团体组织”等词语来指涉这一“新习惯”。用当下的语言来表述，“团体

① 本专栏作者为香港中文大学文化及宗教研究系博士研究生张振。为让本书更为丰富和多元，部分专栏特邀不同作者进行撰写或整理资料，笔者在相关专栏标题中会逐一标注，在此一并致谢。未标注的专栏为笔者自行撰写。

组织”这一命题可以理解为培养民众在政治上的主体性与能动性：主体性意味着民众能够超出个人一身一家的生活，将本村、本乡以至国家的公共问题理解为与自身紧密相关的事物，从而成为具有自觉的公共意识的政治主体；能动性则进一步意味着民众不仅有参与政治的自觉意识，更有参与政治的活力与能力，从而组织起来获得力量。

随后，梁漱溟的注意力转向如何培养中国民众“团体组织”的政治习惯以适应西方政治制度。他认为，“要培养团体生活，须从小范围着手，即从乡村小范围地方团体的自治入手，亦即是由近处小处短距离处做起”，“今日从事于乡村建设运动实萌芽于彼时”（梁漱溟，1934a：21）。随着思考的深入，大约于1922—1927年间，“民族精神”问题开始在他的思想世界中显影成形：第一，1923年之后，他意识到《东西文化及其哲学》存在缺陷，开始尝试用以“理性”/“人心”概念为核心的新理论来解释孔子/儒家/中国文化，并认为中国“民族精神”高于西方，且承载着为人类开辟新文明的使命；第二，此“民族精神”是“中国数千年文化所陶铸成”的，与西方根本相异，这成为中国人学习、适应西方式政治制度的“梗阻”。

在这个意义上，如果说之前梁漱溟所致力的是通过改造民众以促进西方式政治制度在中国扎根，那么此时他强调，中国文化与西方文化之间的差异使得西方式政治制度缺乏在中国扎根、落实的可能性。因此，尽管“团体组织”仍然是梁漱溟思考的核心内容，但以下问题则发生了变化：第一，培养什么样的“团体组织”——不是与西方政治制度相匹配的“团体组织”，而是与中国“民族精神”相匹配的“团体组织”；第二，怎样培养“团体组织”——不是通过西方个人主义、权利意识的方式来培养，而是通过“民族精神”/“理性”/“人心”的方式。此时他认为，培养与中国“民族精神”相合的政治习惯，“唯有从乡村起为最适宜”（梁漱溟，1934a：24）。这一思考路径在20年代末30年代初成形，很大程度上左右了梁漱溟的乡村建设理论与实践方向。可以说，“民族精神”—“理性”—“人心”—“团体组织”这一问题意识丛，构成了梁漱溟投身乡村建设实践的关键动力。

由此，梁漱溟民族自救方案的实践形式，从先前渴慕的西方近代民主政治，转向了一种更贴近中国文化传统的新实践形式——政治机关的教育化（梁漱溟谓之“政教合一”）。乡学与村学的制度实践，就是其中的关键部分。

理解乡学、村学实践的两条思想脉络

这一新实践形式关联着两条思想脉络。首先，这一形式紧密承接着中国历史文化传统中的思想与实践资源，特别是明代以来向基层社会下沉的儒学取向及与此相伴随的宗族伦理、乡约等文化/制度实践。吴飞曾深入分析作为一套教化制度的乡约如何逐步在基层社会展开、落实并发挥社会整合功能的历史脉络。他在这一脉络中重新定位了乡建与乡村革命："梁漱溟先生乡村建设的基本组织方式来自传统的乡约，这种直接与道德教化相关的乡村组织……以这种传统的方式来形成一套新礼俗和改造整个中国社会。或者说，他是以教育的方式（乡村学校）来进行社会改造。"而且，他强调，"现代中国社会种种整合乡村社会的努力，都或多或少地借助了乡约中形成的一些基本技术。不仅梁先生明确以乡约为蓝本的乡村建设是这样的，各地的军事团练（包括河南的乡农学校）和共产党的乡村革命，都或多或少可以通过乡约得到理解"（吴飞，2009a）。

其次，乡学与村学最基本的特点，即"政治"与"教育"的结合，也紧密联系着20世纪20年代以来的思想经验。对欧战的反思与在反思基础上寻求中国未来新出路，构成了20年代中国思想界的主要脉络之一，1923年的科玄论战正是这一脉络的标志性事件。通过"精神""情感"等范畴反思西方启蒙理性与科学所造成的历史后果，通过"精神""情感"以及"艺术""人格"方面的教育，一方面激发民众的政治性，另一方面避免启蒙理性与科学带来的现代危机，成为时人思考"教育"问题的主要关切。

后来成为乡村建设运动中重要一员的瞿菊农在"科玄论战"中专门撰文谈"人格"与"教育"，便并非偶然。出于对"个人主义""机械主义"的反思（正对应着梁漱溟在《东西文化及其哲学》中所强调的科学理智所导致的"人我""物我"分别），瞿菊农强调在这些原则支配下的教育只能保存"过去"的经验而无法创造一种新的"未来"。"过去"与"未来"在瞿菊农那里实际上是资本主义的旧历史经验与中国试图寻找新方向的转喻。在他那里，教育改革、人生观改造、社会改造三者相互扣连：改造社会，必须改造人生观，因此必须要改造教育。是故他提出了对专业化、知识化的现代教育的批判，强调新教育的第一步便是"求身与心的各方面的调和的发展"，以帮助学生完成"人格之实现"（瞿菊农，1923）。由此，"教育"（特别是人格与精神的教育）与"政治"扣连起来。

不妨对照梁漱溟自己从事教育工作的经历与反思。1924 年，梁漱溟辞去北大教职，赴山东曹州办学，其动力即在于：时下青年学生常常不免因人生问题与社会环境而生发感触、“陷于烦闷痛苦”；但学校教育却只注重知识技能，而忽略了对青年“全生活”的教育。梁漱溟在民众社会教育和乡建实践的取径资源上尤为重视丹麦民众教育，也正是因为：一方面，丹麦民众教育重视通过历史、音乐、文学等对“人生行谊”“精神”“活气”进行培育；另一方面，乡村建设在动员上的一个重要前提就是乡村民众在“心理”“精神”上的安顿与启发。一方面是对价值理想（探寻一个断裂于资本主义旧历史的新未来）的追求，另一方面是实践层面的动员方法之取径——从以上不难看出梁漱溟关于“教育”“政治”与民族出路的思考，与 20 世纪 20 年代瞿菊农的“人格教育论”乃至蔡元培主张的“美育运动”等教育主张之间存在内在联系。由此我们可以更为脉络化地理解：20 年代的这一思想脉络，如何以“教育”问题为中介，关联着梁漱溟的乡建实验的基本实践形式——乡学与村学实践，就其核心而言，正是“政教合一”或“政治”的“教育”化（梁漱溟，1932：334－344；1933a：395－401；1934b：434－446；1934c：492－519；1935b：670－678；1935c：689－692）。

乡学、村学的基本内容与主要工作

按照山东乡村建设研究院的县政建设实验计划，1933 年，邹平被划为县政建设实验区，原先的区划与行政机关（包括乡镇公所、监察委员会、调解委员会等）被废除与撤销，于乡设置乡学，于村设置村学。乡学与村学，以各区域的全社会民众为教育对象，实行“政教合一”式的政治—教育建设（梁漱溟，1933b：380）。

在组织架构上，乡学与村学主要包括学众、学长、学董、教员（或辅导员）四个部分。

学众即乡村中一切民众，为受教育者。梁漱溟认为，中国问题之解决，必须要“靠自力”，就是“所谓启发农民的自觉”。而一旦农民的“自力”被培育与激发出来，那么将成为推动中国前进的主要力量。乡学与村学的主要目的即在于这一启发自觉性的工作：让学众知道，“非靠你自己不行，一切事都必须靠自己力量去做，才可有办法”（梁漱溟，1935d：712）。

学长为乡学与村学中的领导者，不直接参与管理事务，“超居于众人之上”，通过与具体事务保持距离，来监督众人，督教不肖子弟，调解邻里，为学众之师长，带领大家齐心学好向上求进步（梁漱溟，1934d：455）。

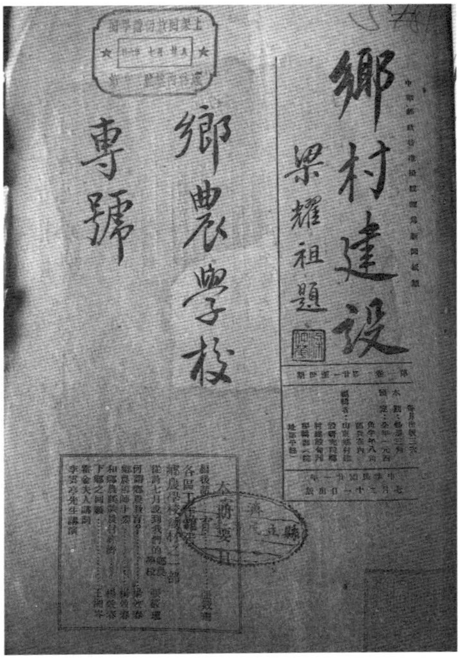

山东乡村建设研究院出版的《乡村建设》（乡农学校专号，1932）

学董为乡村领袖，由实验区县政府从本村人士中遴选出，组成学董会；其中一人经县政府委任而担任理事；乡学与村学即是各学董会于县政府监督指导下主持办理。其职责在于，劝学众入学、接受教育，组织会议与讨论，督促大众监督公事，尊重学长与教员（或辅导员），并作为中间机构在乡村与县政府之间进行沟通。也即，学董会可以被视为乡学、村学的具体行政事务机构（梁漱溟，1934d：456-458）。

教员或辅导员指在山东乡村建设研究院接受过较为系统的理论学习的工作人员。作为外来力量，他们进入乡学与村学之中，负责该制度的讲解、指导，特别是学众的动员工作（梁漱溟，1934d：458-465）。

通过以上制度设计，梁漱溟试图将“政治”与“教育”结合起来，以乡村为基础打造中国的未来出路。魏文一曾对此指出：首先，“教”是“一切制度的精神、行动的准则，也是一切事业的动力”，“在施教过程中，道德教化和知识教育有先后差别，首要的是用教化的方式提振一种大的气魄和人生格局……为的是让农民从暂时的琐碎的事务中脱离出来……从整个社会演进、文明出路的高度重新思考自己的生活。对此有了同情和理解后，再开展科学技术教育……以友爱的精神自然可以很好地实现合作”；

其次，“政教合一”中的“政”的目的在于“调动农民参与团体生活，使这个新团体的身体有力量”，因此特别注意避免农民“被上级行政机关所支配”，强调“村民与领袖彼此以对方为重，民众接受领袖的领导，领袖珍视民众的信任”(2017)。

在这一制度设计下，邹平推动了不少农村社会变革工作，如“指导农业改良、指导办理合作社，以及整顿乡村，如禁赌、禁毒”等（梁漱溟，1937b：1019)。其中较主要的工作如：(1) 整顿户籍工作，梁漱溟将之称为“行政的根本”，在此基础上，邹平推动了禁止早婚、清理地亩等工作。(2) 卫生行政工作，如培养人才、建立各乡卫生所，尤其是培养妇女的接生工作。(3) 乡村的保卫工作，全县除了六十名领取薪酬的全职警察外，“其余全县的治安，完全是靠农民自己”。(4) 合作社以及农业改良与推广，如美棉运销合作社，造林、养蚕、信仓等合作社，农村金融的流通等；兴修水利；调节民事纠纷等（梁漱溟，1937b：1019－1021；王建五，1991；耿巨吾、宋一平，1991；王峻明，1991)。

乡学、村学的历史效果

在1935年的一次演讲中，梁漱溟强调，乡学、村学实践最重要的目标有两个，一是启发出民众的“自力”，二是推进民众的组织化（梁漱溟，1935d：712)。这两点也是我们检视乡学、村学实践历史效果时的基本尺度。

客观地说，梁漱溟的邹平实验，确实做出了有意义的良性探索，例如：通过外来的青年群体（即在山东乡村建设研究院接受过系统训练的教员或辅导员)，形成一股新的政治力量。这一力量能够通过对“主义”和“政治”的信念一定程度上克服地方政权的“内卷”，深入农村之中进行服务工作，在实验县政权与群众之间建立认同联结，从而建立低成本的“上层建筑”，提高对人力物力的组织、调动能力。

就前一点而言，狄金华的研究已经有详细分析。他指出：“梁漱溟乡村建设中的改造工作主要依赖自己培养出来的工作人员，解决了一般政策执行过程中代理人的‘共谋’问题。”而且，在邹平社会改革中，无论是乡学、村学还是民兵团体，所动员的核心都是乡村中的年轻人，这一组织动员“形成了一种积极向上的力量”，“当这些具有较高知识能力和较强正义感的青年充斥到乡学和村学之中时……不仅能够镇住当地的地痞流氓，而且形成了一种新的社会文化引导着当地的习俗与生活朝实验县政府所期待的方向转变”(2019)。

就后一点而言，在当年乡学、村学工作的实际参与者的回忆中，也有值得注意的记录。例如，乡学与村学通过将民众组织起来，在乡村“上层建筑”方面进行了不少创新。如合署办公实验力图将脱离乡土脉络的、分散化的科层体制，重新拆分与组合，尽力使得行政力量与民众、乡村相贴近，从而降低了基层行政成本、提高了行政效率。再如，县政实验中的治安工作，通过培育民众政治主体性与组织化这一实践方式，在“薪饷费用极为有限”的情况下“却收到了较良好的效果。此时原有之公安局、民团队部、政务警察三部分一律裁撤……全县只有 40 名比较集中的武装力量……从受训农民中选拔出来，服役 4 个月，期满归农。如此轮流执勤……全县为兵力者虽只有此数，却远胜于大批军警之驻扎”（王冠军，1991）。

正如梁漱溟指出的，“如此所有乡队队员，都是农民，农民在家里生活，乡村没有负担，而却有自卫的力量”（梁漱溟，1937b：1021）。无论是合署办公还是乡村自卫①，依托乡学与村学而实现的这些制度创新，其基本原理正在于，通过民众的组织化，将现代化的科层体制的运行成本吸纳进民众自我组织之中。历史学家杜赞奇曾分析民国时期华北农村中的“国家政权内卷化”现象（杜赞奇，2003b）。内卷化现象，一方面意味着国家为了现代化（经济、工业、教育、科学等诸多方面）而打造向下渗透的财政能力严重受挫；另一方面，现代化的成本通过这一精英阶层的转嫁而进一步落到农民头上，表现为繁重的“苛捐杂税”。从这个角度看去，虽然梁漱溟也承认乡建运动并未能彻底解决使农民痛苦的苛捐杂税问题，但也通过乡村“上层建筑”形式的创新，降低了其运行成本，对苛捐杂税也有一定程度的缓解。这对我们反思 80 年代以来高成本的乡镇“上层建筑”与农民负担问题，仍不无意义（董筱丹、温铁军，2008）。

曾参与邹平第十二乡乡学工作的卢资平回忆，“乡学的建立和开展活动，使得乡村的各种工作都有了不同程度的提高，尤其是生产、教育、治安、乡情民俗、人际关系方面成效较大”（1991）。可以说，这一制度实践

① 作为与邹平的对照，山东乡村建设研究院菏泽试验区负责人孙廉泉在《菏泽的乡村自卫》演讲中谈道：“我一到菏泽，即感到问题的严重。每年花了十万多元的费用，养了这许多的武力，地方上每年的赋税，都用于养兵，而这些兵，并不能维持地方上的治安，当我在接事的时候，感到要做县政改革，真是有点心惊胆怕……我决意将此批民团、各区公所常备兵、公安局等一律取消，而从事发动民众自己的力量，自己做自卫的工作”（1939：27）。——笔者注

梁漱溟所主持的山东乡村建设研究院邹平实验县实施合署办公，降低治理成本

立足于对国情现实和中国传统资源的自觉意识，在乡村中展开了不少卓有成效的建设性探索。尽管这些实践仍存在不足并常被贴上“改良”标签，但其历史实践及思想意涵仍充满复杂性和丰富性，我们需以开放的心态进行细心的检视与思考。

二、悖论性展开

通过以上讨论，大变革时代与充满张力的思想资源不仅让乡村建设复杂多样，同时也让其展开过程充满“悖论”——比如：梁漱溟常说自己有几个料不到（数代生活京城，却长期深入民间进行乡村建设；小时未曾读过四书五经，却变成一个拥护儒家思想和赞扬孔子的人；当初最厌恶哲学，却不料反被目为哲学家）；晏阳初也常提及自己这个“意外”变化（对“一战”法国战场上的华工开展识字教育，原以为教育农民，想不到却是农民教育了“我”）；而作为梁漱溟和晏阳初至交的卢作孚，所受到的颇为传神的评价则是“一个没有受过正规学校教育的学者，一个没有现代物质享受的企业家，一个没有钱的大亨”（孙恩三，1944：513）。

进一步说，笔者认为实践中的乡村建设常充满悖论地展开着：作为某种意义上“反理论”的理论生产者、“反都市”的都市人①、“反启蒙”的启蒙者，很多时候则以“反乡建”的手段开展乡村建设②。除此之外，在“民族—国家”的既定框架内，乡村建设实践还体现着后发现代化国家在资本主义世界体系中的结构性困境③。如此说法自然不够严谨，主要目标是希望大家对其中的复杂性及内在张力进一步“自觉”，同时也希望从一个新视角理解乡村建设实践所内在的差异性——其既不是庸俗的派别之争，也不是组织意义上的“分裂”。正如梁漱溟面对很多人质疑为何乡村建设“散”、难以形成“合力”时回应道：“乡村建设运动遍于全国，却非自一个中心扩大起来，而是先后由各地发动的；彼此见解互相接近，而不无出入”（1940a：591）。实际上，梁漱溟恰认为这正是乡村建设的真正方向——眼光向下而非受限于上，重在社会而非问鼎政治，也是他理想的乡村建设区别于主流政治的关键所在。

也可以说，现实中的乡村建设既不同于后来者归纳后的逻辑流畅与边界清晰，也非常见的“挫折—反思—成功”套路，其多难以由“好人好事”式处理所完整承载。一方面，在内涵与手段、最初目标和实际效果之间常存在着或多或少的差距与变动空间；另一方面，现实层面的乡土、平民等因素常在其中发挥影响与作用，而让乡村建设在开展过程中充满曲折与变化，这也让实践中的乡村建设在不断试错、夹缝平衡和策略选择中充满悖论地展开着，更多可能性与乡建的独到之处常也恰好产生于此。同时，它还是个动态互动的过程，实践带来新的可能性，而可能性又引领新的实践。

如此“悖论性展开”除上文所讨论方面外，同时也涉及各种外部主体

① 乡村建设实践常反思都市主义或以都市为中心的立场，然而不少实践者却来自都市（如梁漱溟本人即是典型案例），或虽生于乡村却主要成长并受教于都市。

② 无论是历史还是当代的乡村建设实践，在实际过程中常充满“矛盾”与“悖论”。比如，2004年河北定州的晏阳初乡村建设学院一边开展生态农业试验，一边其所推动成立的合作社却在联合购销化肥农药；大学生支农支教的开始阶段也往往包含着鼓励农村儿童通过向往城市而离开乡村这些“反乡建”的手段与实际效果。本书不同章节中所举包括笔者在内实践者的各种尴尬与困境，不仅仅是自我反思，更是希望指出其所折射的矛盾张力与深层次困境。

③ 类似困境在历史及当代乡村建设推动者梁漱溟和温铁军的观点中同样存在：在《最后的儒家》中，艾恺以“中国现代化的两难”为表述对梁漱溟进行了概括，认为书中的各种矛盾不是其个人的困境，而是结构性的内在张力。对于温铁军，从其两个主要观点“解构现代化”与“生态文明”即可看出他对主流现代化的强烈质疑，但他却非简单地拒绝与否定，特别是面对以“国家”为基本单位的全球性竞争格局时，无论是“富国强兵”还是“金融主权”，都是古老文明数亿民众安身立命的必要与基本条件。为此，他常用“人不能拔着自己的头发而离开地球”进行着意味深长的自我表述……

或社会改造思路在回归乡土过程中所内在的复杂性①与“悖论”状况②。该如何理解在此背景下之“反乡建”的乡建呢？一方面，乡建的展开过程充满曲折，经常以“非乡建”或“反乡建”为起点，过程间的差异和变化很难一步到位。另一方面，如上节所述，乡建本来就内在包含着复杂张力，所谓“反”可以理解为包括“偏离”“挑战”“重思”等多重意涵，如果说前一个“乡建”主要指乡建的愿景、原则和实质，那么后一个“乡建”则更多指现实存在的状态及事实；如果说前者为主流认识与价值框架下所预留的社会存在，是一种主流想象与危机社会的反应产物，那么后者则作为创新性的现实需求和转化尝试。把两者以纠结的形式放在一起，重点希望突显其中的复杂过程及内在张力，以利于我们对乡村建设进行整体性理解。

具体到下节所要讨论的案例，依照“跳出乡建看乡建”这一基本思路，案例尝试结合历史与当代彼此呼应的相关实践指出：实践者们虽然刚开始以“作新民—教育下乡”为目标，但其在实践中不期然地“遭遇”各种形式与表现的乡土影响，进而转化为以“再乡土—教育归乡”为内涵的乡村建设实践。如此讨论同时也有助于理解：为何历史和当代的乡村建设实践者尽管在学科、经历、出发点、时代等方面存在差异，但只要他们真正扎根乡土，都会受到较大的冲击与改造，最终汇聚成多元却同质的乡村建设。

三、案例讨论：“再乡土化”的教育探索

在百年来的近现代史上，与乡村建设紧密结合的平民教育③和社会教

---

① 比如钱理群在给当代乡村建设实践者邱建生所著《互助型社会：在地化知识与平民教育创新》写的序中提及，受该书启发，他想起赵树理“社会主义农村建设思想”中的核心概念“伦理性法律”——希望在现代法律与乡村伦理之间取得某种平衡，既“有法可依”，又“有情有义”，在此基础上建立农村新秩序（邱建生，2016：序5）。

② 例如，有研究指出近代中国的工农和城乡关系出现如下“怪圈”：一方面，传统农业部门和农村经济需要现代工业和城市经济的拉动才能向现代转化，但现代经济部门却缺少实力，不能单凭自身资源发展壮大。另一方面，现代工业部门又必须依赖传统农业部门的发展和改良才可能形成自身发展的基础和条件，但传统农业部门又难以从内部“内生”出这种重大突变（林刚，2007：38）。

③ 关于平民教育与乡村建设的关系，可参考冒荣（1997：168）。根据郑大华的研究，“乡村教育运动大约形成于1926年前后，但就在乡村教育运动形成不久，尤其是1927年后，乡村教育便已开始向乡村建设的方向发展”（2000：70）。

育，是中华民族多元文化沃土上生命力很强的百草。

在案例讨论前需要说明三点：

其一，本节主要讨论的是被后人归纳为“乡建派”团体所开展的平民教育[①]，它虽不是唯一和最早的，但却持续时间最长并与当代同名实践遥相呼应，且同时兼顾理论与实践。除平民教育外，还包括生活教育、民众教育、社会教育等探索性实践，其都以“再乡土化”为内涵，自觉区别于“精英教育”“去农化立场”和狭义的“学校教育”，并在实践中各有重点，同时也有交叉重叠。

其二，之所以使用“遭遇”这样的非学术词汇，是因为希望可以较生动地把握其中“不期然却真实发生”的特征，因其不是个体层面上的面对，而是整体上不同脉络的碰撞——正是那个大变革的年代，东西大交通带来了东方“遭遇”西方、广大农村“遭遇”不断“扩张/吸纳”的都市、传统农业文明“遭遇”不断资本化的工业文明等。

其三，作为当代乡村建设农民教育实践的当事人，笔者尽量引用历史实践者在不同时空条件下的原始表述，希望有助于读者把握其中的复杂性与张力。但不管引用多少文献，仍觉意犹未尽，为此，本节文末及专栏呼应了笔者及当代乡建同人的具体实践与反思，希望让历史与当代互动起来。

1. “新民”时代

1919 年 5 月，美国教育家杜威在江苏省教育会做访华两年的首次演讲，题目即为《平民主义之教育》，意味深长的是，该题目实为“democracy education”在当时脉络下的特殊翻译（川尻文彦，2009：143），可见平民教育本身的多义性[②]，与此同时，其也不同程度地内在于当时以“新民”为特征的时代脉络之中。

1894—1895 年甲午战争的失败，促使严复开始对乡土中国现代化转型

---

① 此外，近代中国从事平民教育实践的还包括：北京大学平民教育讲演团（1919—1925）和北京高师平民教育社（1919—1924），前者的主要领导者为北京大学中思想活跃的知识分子如邓中夏、许德珩等，他们先后为城市平民、郊区平民和工人讲演约四百余次（刘晓云，2010；张允侯等，1979），后者由北京高师部分师生共同创立，深受杜威民主主义教育思想的影响（杨彩丹，2011）。

② “五四”运动前后，“平民”一词成为无所不用的形容词。除平民教育外，还有“平民文学”“平民工厂”“平民银行”甚至“平民洗衣局”等（顾昕，2006：517；马宏，2000：35）。

的思考，其提出“鼓民力、开民智、新民德”的“三民”学说（张丽军，2009：2-3）。而在1902年发表的《新民说》中，梁启超（1902：44-45）则提出了著名论断——“苟有新民，何患无新制度，无政府，无新国家”，这对晏阳初等人来说无疑有着振聋发聩的启示，他在晚年回忆（1987a：491）中就表达了当时的“崇拜”心情，但也指出梁启超没有进一步具体化，而自己的毕生工作正是对该理论的实践与发展，以使占人口绝大多数的农民能够成为新社会和新国家的基础（晏阳初，1929b：171；邱建生，2005：36）。

虽然晚清以来各种变革思想不断，但丧权辱国与危机事实无疑强化了以“国家”为救亡复兴的基本单位，客观上让“救国”在一定程度上对“救民”产生了覆盖与遮蔽①，“新民”的丰富意涵也常被窄化为“新国家”的诸多实现手段之一。而到“一战”和“五四”之后，与巴黎和会所引发的民族主义兴起相伴随的是“中国现代化照搬西方摹本的幻灭，变革者们愈来愈发现，自己长期所想象和倡导的富强计划多少显得迂阔和一厢情愿。事实证明，自西方舶来的个人主义价值也难以在农业中国动员起广大民众变革社会的热情与力量”（许纪霖、陈达凯，1995：352-353）。

正是这种内外刺激让那个时代的知识分子从一般意义上的文化“启蒙”转向社会改造，希望行胜于言地进行更有力且基础性的变革，“新民说”也有了进一步的实践意涵。正是这种实践空间的打开，让“五四”次年回国的晏阳初很快反思道，“就我国的新文化运动来说，都是少数学者的笔墨运动，和多数平民真是风马牛不相及”（1928：122）。由此，“新民”不仅成为“变革”年代的新语境，也为平民教育探索实践得以展开提供了基本动力、想象来源与社会空间。

即使这样，经由“五四”出发②的平民教育实践初期，其目标及自我

① 如当代乡建实践者温铁军所指，“中国现代化起点是在本社会内部缺少现代化积累的情况下强行启动的，中国现代化路径关注的基点是所谓的‘民族—国家利益本位’，追求的是国际利益角逐中的实力排序，这种导向的现代化将民生问题与国家利益捆绑打包，形成了国家第一、民生第二的价值取向”（2010：162）。

② 如钱理群在《中国大陆六代知识分子“到农村去”运动的历史回顾》一文中所指，其中第一代即始于“五四”时期，因为“五四”新文化运动的核心是“人的觉醒与解放”，其中一个重要方面，就是对妇女、儿童与农民之独立价值的发现与充分肯定（2007：210）。在这篇文章所归纳的20世纪的六代“下乡”知识分子中，除“文革”时期作为知青的“第五代”因复杂的时代背景而具有较大程度的“被动”色彩外，其他五批多是“前仆后继”地采取自愿行为，这正是本章案例的事实基础。

定位依然是“启蒙运动”（宋恩荣，2008：7；顾昕，2006：522），随后因为受乡土和实践的改造而逐步“落地”①，后文将详细讨论。

作为“落地生根”的现实回声，当代乡村建设实践者邱建生的观点值得比较：在指出当下教育因被各种超稳态利益“绑架”而异化为坚硬的“花岗岩”后，他形象地定位自己所长期从事的平民教育实践为“我们可以做什么？我们抡起铁锤？我们去爆破？或者，我们种上小花爬满花岗岩？我们必须要独辟蹊径。如果我们在花岗岩的缝隙中植入一粒种子，一粒具有变革社会的远大理想的种子，我们集合这个社会善的力量，用心去培育这粒种子，十年，二十年，五十年，它将长成参天大树，它强壮的根系将从根本上撼动这花岗岩石”②。

进一步说，“新民”不仅催生了启蒙实践，还广泛影响着社会转型期的知识分子及在精神上孕育他们的新式教育——正是新教育“启蒙”了后来的“启蒙者”（晏阳初、陶行知、梁漱溟等），同时让他们以“反启蒙”的方式对这些新式教育进行批判与改造。而新式教育的兴起则需追溯至清末新政，特别是 1905 年废除科举导致中国传统知识分子的人生“正途”被堵塞，同时传统文化既定价值目标所需的工具性连环被破坏，政治系统与社会精英的传统联系被割断，整个社会成就取向的根本改变及政治、经济、文化三位一体的社会结构出现裂痕也就在所难免了（许纪霖、陈达凯，1995：17、217－218）。关晓红也认为，甲午战后为时势所迫，科举改革进入尝试阶段并正式推行，其中对乡村士子最直接的影响是生计与出路的重新考虑与选择（2013：81、210）。这不仅仅让知识分子的传统社会角色与功能发生“去乡土”的强制性变迁，更让对知识的定位发生悄然改变——在现代知识体系的新坐标中，“乡土”更多成为问题本身或“不科学/反科学”的象征。

在《九十自述》的回忆中，晏阳初（1987b：546）谈到安逸舒适的普

---

① 参见钱理群对抗战时期“第三代”下乡知识分子的描述：因为知识分子到农村去并与工农相结合，其与农民的关系发生了微妙的移动——由“启蒙/被启蒙”逐渐转化为“受教育/教育”，“到民间去”的“启蒙”主题逐渐变成了“改造”主题，作者紧接着指出其中存在“美化农民”与“对农村的民粹主义倾向”问题，以及其中所包含“用农民的意识来改造知识分子以至整个中国思想、文化与社会”的隐患（2007：216）。笔者认为，“遭遇”乡土并不意味着成功“改造”，乡村建设实践同样也可能因对“三农”的“浪漫化”或“刻板化”处理而偏离方向，故其是个动态复杂的过程。

② 邱建生. 平民教育和社区大学的理想. (2011a)[2011－12－08]. http://blog.sina.com.cn/s/blog_492165a30100o5n6.html.

林斯顿学习并未使自己“乐不思蜀”，相反，美国的富裕和民主更使他深惭中国的贫穷和落后。他怀疑自己在学校里所学有多少可实际用于中国的变革，而要在中国建立民主政治与安乐社会则必须从基层做起，扫除文盲、普及教育。他认为这已是当时许多知识分子的同感，他们更需要的是真正的实践。因为“中国人易犯的毛病，思想主张用文字写出来以后，有人读了赞赏一下就完事，文字就是工作，理想等于幻想”（1940：128）。或者也可以说，“学者想写平民百姓的艰辛和奋斗，诗人赞美中国农民生活纯朴，歌颂农村美丽，却丝毫不能解脱他们身上的沉重负担”（转引自赛珍珠，1945：599）。正因如此，晏阳初等选择以实际行动“回归中国”“回归乡土”。

2. “作新民”[①] 的乡土遭遇

虽然费孝通承认“中国乡土社会中本来包含着赖以维持其健全性的习惯、制度、道德、人才，（但）在过去百年中，不断受到一种被损蚀和冲洗的作用，结果剩下了贫穷、疾病、压迫和痛苦”（1999a：354）。但他仍坚持如下反思：因为中国社会的乡土性，只有“当其进入现代社会的过程中，我们在乡土社会中所养成的生活方式才产生流弊”。文字作为现代化的工具，这些乡土社会中的文盲并非简单由于乡下人本质上的“愚”，而是乡土社会遭遇现代社会后的某种差异表现（1948a：316－327）。

中华平民教育促进会在定县贡院影壁上“除文盲，作新民”的宣传画

---

① “作新民”出自《尚书·康诰》，是一种非常古老的观念（韦政通，1991：257），其在20世纪初期的时代脉络下成为平民教育运动的口号、主张与出发点（如晏阳初提出“除文盲，作新民”）。

笔者认为，一方面需要对教育实践者们“文字下乡”① 所存在的主观性及对乡土社会可能造成的不期然影响有所反思，另一方面也需思考那些常被“问题化”的乡土社会及普通农民为何会对下乡的“外来者/启蒙者”产生“改造”效果。在此过程中，他们也反馈一些让实践者“意外”的问题②及包括感动③在内的情感力量，这些进一步激发起外来者“坐言起行”的行动自觉。例如，实践中的晏阳初（1938：36）就曾说：“‘到民间去’的口号，喊得何等响亮！究竟有几人到了民间去？去了又多久？做了什么事？到民间去休息休息，那倒是常见。到农村去把农村大骂一场，也大有其人。真正到民间去为农村谋一点建设，为农民谋一点福利，这样的人却太少了……新的士大夫呢，从东西洋回来，斥农民为‘麻木不仁’。他们讲政治、讲教育、讲经济都不及于农村，瞧不起农民，抹杀了中国的基本问题，眼红着西洋的繁荣，高唱工业化，抛弃了现实。”

虽然同样有着自我“精英化”和将乡土“问题化/本质化”的危险，但这些教育实践者因与乡土社会的互动结合而与“新士大夫”有所区别。比如，回到中国和乡土脉络后，晏阳初和陶行知都对当时影响力很大的杜威教育理论提出不同程度的反思。前者认为“‘教育即生活’在美国是正确的。但在非洲、亚洲，教育是何种生活？”（1978：447），而作为杜威弟子的陶行知更为直接地指出“我从民国六年起便陪着‘教育即生活’这个现代教育思潮的中流到中国来。八年的经验告诉我‘此路不通’，整个教育需变个方向”（夏军，1998：66）。为何如此？陶行知解释道：“学校即社会，就好像把一只活泼的小鸟从天空捉来关在笼里

① 根据曹立新（2013：20）的研究：20世纪30年代中国知识界的“下乡”运动，是一项包括博士下乡、教育下乡、科技下乡、金融下乡、卫生下乡、工业下乡、自治下乡、民主下乡、文字下乡、传媒下乡等在内的一系列现代性元素的下乡实践。文字下乡作为其中一种自有其时代特征，但所谓“下”也携带着特殊的意识形态，需要进一步反思。特别值得注意的是，熊春文（2009）提出了“文字上移”这个当代乡村教育新趋向，其无疑对本节所尝试的“再乡土化”构成更大的挑战。

② 如晏阳初刚去定县推广基于城市经验的扫盲时，就有当地农民和他说“您老的好心肠，解决不了我的饿肚皮”（郑大华，2000：73），正是类似的“意外”反馈让中华平民教育促进会在反思和改进中转向综合性的乡村建设。后来所归纳的“四大教育”“三大方式”也都不属于最初设计，而是在现实和失败中不断配合乡土脉络及农民需求所产生的经验总结。

③ 如晏阳初（1934b：298）曾说：“我们所以能十余年如一日，在乡间吃苦挣扎，就因为受了这些可爱可造的农民的感动，否则我们也愿意享受都市很舒服的生活，老早就一丢光跑了。”

一样。它要以一个小的学校去把社会上所有的一切东西都吸收进来，所以容易弄假……要先做到‘社会即学校’，然后才能讲‘学校即社会’；要先做到‘生活即教育’，然后才能讲‘教育即生活’。这正体现了生生不已的‘生活’”（转引自川尻文彦，2009：151）。正是这些来自教育现场的真实反馈及一线实践中的各种证伪，让他们不迷信和受限于权威主流，而在自我改造与教育实践中走出一条“再乡土化”的归乡之路。

若回到历史，类似的教育探索同样有着复杂的时代脉络，除上述语境外，其还存在于“五四运动前后为适应当时民族资本主义发展需要的‘教育救国’”（张荣禄，1996：101-103）及“近百年来依附于国家工业化必需的产业资本并在当代服务于全球化竞争与金融资本的主流教育界”（温铁军、邱建生，2010：30）背景之中。与此同时，其还直接联系着科举废除与“现代教育”的兴起。值得注意的是，许多“乡建派”知识分子都对自己身处的现代教育进行过猛烈的抨击。例如，从小就读新式学堂的“最后儒家”梁漱溟决绝地指出，“数十年来与此乡村社会全不切合的西式学校教育，是专门诱致乡村人于都市，提高他的欲望而毁灭他的能力，（而）流为高等乞丐”（1930：224）；“旧日社会之教育，其病在无教育可说，是消极有所不足；（但）三十年来之新教育，则为个人生命上添病，是积极的中毒”（1931a：254）。之所以如此认为，是因为梁漱溟注意到现代教育与传统教育的一个重要不同是，前者常将独立校舍、西式教材、通晓现代知识的新式教师、不菲的学费等列为办学的基本条件，其本无可厚非，但如果要以上条件通通具备，只有都市和较大城镇才能满足，由此虽然“兴学堂”成为全国热潮，但真正办起来的却十分有限，而乡村原有的旧式教育体系却在此过程中迅速瓦解，同时也让乡村教育和人才流向发生了方向性转变①。梁漱溟失望地看到“所谓新教育便是西洋化的教育，并且是都市文明体系中的一种制度。无论是知识思想，（还是）生活习惯，所以乡村子弟受教育的那天，便是脱离乡村的那一天”（1937a：480）。

---

① 除乡建实践者和社会学家的论述外，已有不少研究分别得出相似的结论。比如，历史学者王先明在《变动时代的乡绅——乡绅与乡村社会结构变迁（1901—1945）》中结合历史数据论证指出，“新学教育作为一支加速乡村士绅离乡的强效催化剂，使整个中国的教育布局发生了显著的变化——乡村学校仅占全国学校总数的10%，即使是服务于乡村社会的农业学校也有将近80%设在城区。同时，受其影响所加剧的单向性士绅离乡流动，则从长远意义上影响和制约着乡村社会结构和权力结构的重构和运作”（2009：43、44、57）。

费孝通说得更彻底，认为这样的现代教育悬空而不切实际，并且像“采矿”，损蚀了乡土社会。“乡间把子弟送出来受教育，结果连人都收不回”（1999a：359）。陶行知则不无“后悔”地说道“我以前也是把外国教育制度拉到中国来的东洋车夫之一，不过我现在觉到这是害国害民的事，是万万做不得的……新学办了三十年，依然换汤不换药，卖尽气力，不过把‘老八股’变成‘洋八股’罢了。‘老八股’与民众生活无关，‘洋八股’依然与民众生活无关”（1927：208；1928：237）。被学界归为“西化”派的晏阳初同样认真地反思道“工商业发达的国家的都市人的教育，如何能适合犹滞在农业时代的中国社会需要？我们初到乡间，看见农民失学，慨叹中国教育不普及，后来在乡间久住，才知道幸而今日中国的教育不普及，否则真非亡国不可。这并非愤激之谈，因为农村青年，未入学校之前，尚能帮助他的父母，拾柴捡粪，看牛耕田，不失为一个生产者，可是一旦入了学校，受了一些都市文明的教育，他简直变成一个在乡村不安，到城市无能，不文不武的无业游民”（1934b：299）。留英的余家菊则认为“在旧日社会，乡间读书明理之士，散步闾阎。其任官服役者，官罢亦衣锦荣归。今日则何如者，中学毕业生，多数皆不愿回乡。其蛰处乡里者，皆所谓穷途末路，莫可如何者也”（1931：417）。

这些不同学科背景的知识分子，之所以都对自己深受其惠的现代教育给予了如此猛烈的抨击，自然不能简单归因于现代教育“脱离实际”。比起传统教育，现代教育更强调实践与应用，关键在于配合着什么样的实际。笔者认为，其服务并受制于“工业化”“都市化”“资本化”而在根本方向上的“去乡土化”才是真正的问题所在。

恰基于此，回归乡土的教育探索者们针对这些困境进行了创新性实践。对于陶行知来说是“生活教育”（生活即教育、社会即学校、教学做合一）。对于梁漱溟来说是政教合一的“乡学村学”（详见专栏 3.1）。对于晏阳初来说是“实验的改造民族生活的教育”，“中国式的古董教育，与民族生活不相干，只能造成三家村的乡学究；西洋式的舶来教育，与民族生活不相应，只能造成外国货的消费人。只有实验的改造民族生活的教育，才能造成国家中兴发强刚毅有作为有创造的民族”（1934b：297）。也即，通过生活教育、社会教育和平民教育的创新以便让教育重新回归“乡土”，与此同时进行“乡土化”且“低成本”的教育方法创新（如小先生制、导生制等）。

陶行知提倡“脑、手、嘴、眼、空间、时间”六大解放，
使受教育者得到全面发展。图为育才学校戏剧组
为周边农民演出《朱大嫂送鸡蛋》(1945 年)

3.“遭遇”后的反思与创新

台湾学者韦政通认为，“创造转化”是晏阳初乡村建设思想中一个基本的特色（1991：255）。但这些创造是如何开始并完成的？据吴飞的观察，晏阳初并没有像梁漱溟那样进行复杂的文化分析（2009b：73），而是从上一章“乡土力量的发现与再现”中所述的自身经历出发，“见招拆招”地逐步展开。例如，晏阳初先在长沙、烟台等城市开展平民教育，但因中国最广大的平民在农村，故其领导的中华平民教育促进会逐步迁至河北定县。然而这一过程并不顺利，晏阳初曾对各慕名来访并准备做农村工作的来宾坦言其中的曲折与错误，“希望（大家）不再上当”“一错实不容再错了”“我们知道自己不了解农村，才到乡间来求知道……我们欲‘化农民’，我们须先‘农民化’。可‘农民化’至不容易。必须先明了农民生活的一切。我们正努力在农村作学徒”（1932c：221）。晚年的晏阳初更直言长期伴随着自己的痛苦教训，“我们必须首先甘当和承认自己无知，放弃学术包袱和偏见，然后重新再学习。不少专家发现否定过去所学和再学习是很难的，因为对于他们来说不再是自己知识的主人，而是自己知识的牺牲品”（1979：471）。

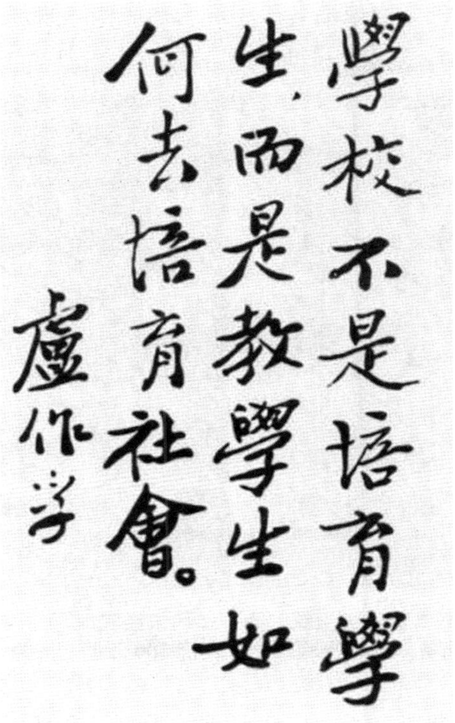

卢作孚对教育的理解和反思

早在费孝通对“文字下乡”提出批评[①]之前，实践中的晏阳初已认识到“文字”在乡土脉络中的局限性，“仅教农民读和写不可能为他们提供实际的帮助。乡村不像城市，不可能为识字的人提供许多机会去使用学过的字。在城市里，商店和家里挂着各种条幅、街道标志、账本等。乡村农民，几乎没有那种在公共场所认出刚学到的汉字而产生的激动心情。因此我们感到，除非能将这种知识教学与农民的日常生活联系起来，否则不可能给他们以实际的帮助。因为在几个月后，他们可能将所学的东西忘得一干二净”（1929a：143）。正因如此，“文字下乡”很快转化为以乡土为本位的综合性“乡村建设”，因为实践者们逐步认识到“乡村建设不是任何一面可以单独解决的，而是连锁进行的全面建设。社会与生活都是整个

① 该批评详见费孝通《乡土中国》中的“论文字下乡”及“再论文字下乡”两章。但若放可当时“去农化”的时代脉络下，“文字下乡”本身也有其特殊意义。笔者认为更重要的是：哪种文字？怎么下乡？下乡为了什么（是为了促进工业化和城市化所需的劳动力输出，还是为了乡村建设与平民生活的改善）？类似问题需结合脉络展开进一步讨论。

的、集体的、联系的、有机的，决不能头痛医头，脚痛医脚，支离破碎地解决问题”（晏阳初，1948：341）。

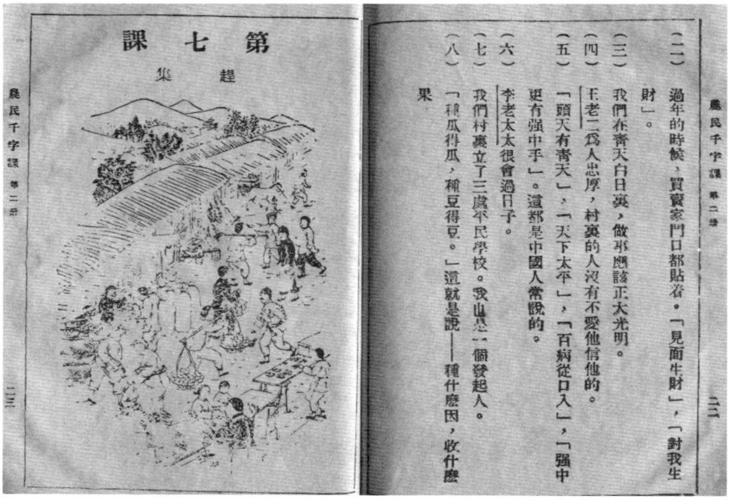

農民千字課 第二冊

第七課

趕集

二二

農民千字課 第二冊

（二）過年的時候，買賣家門口都貼着「見面生財」，「對我生財」。

（三）我們在青天白日裏，做事應該正大光明。

（四）王老二爲人忠厚，村裏的人沒有不愛他信他的。

（五）「頭上有青天」，「天下太平」，「百病從口入」，「強中更有強中手」。這都是中國人常說的。

（六）李老太太很會過日子。

（七）我們村裏立了三處平民學校。我也是一個發起人。

（八）「種瓜得瓜，種豆得豆。」這就是說——種什麼因，收什麼果。

二三

由中华平民教育促进会组织、陶行知和朱经农编写的《平民千字课》（共4册），该书由商务印书馆出版，总计发行300万册。图为《平民千字课》内页

也可以说，长期置身于宽广而厚重的乡土社会现实之中，通过“农民化”与“化农民”的动态辩证，外加当时流行的“试验主义”影响，平民教育推动者们以“开脑矿—作新民”为特征的启蒙思维在实践中得到调整①，其在实践中表现为从认识到方法上的反思与创新。

为了能够真正“下乡”，并有效面对乡土社会与农民的多样化需求，文字和知识都必须得到改造，同时要因势利导地利用民间旧有的“旧工具”（如旧剧）使之“民众教育化”，避免标新立异而易生助力，同时在设备上可以解决而更显经济（罗中典，1937：41）。例如，定县乡村建设实践中曾借助“农村戏剧教育”以补充纯文字教育的不足，一方面可以打破文字障碍，使教育娱乐化以实现雅俗共赏；另一方面，也为戏剧迎来“新生命”，其内容是农民生活和农村问题，演戏的就是农民自己（晏阳初 1938：41）。

① 若以晏阳初为例，他的理论从早期的“愚、穷、弱、私”调整为后期的“乡村改造十大信条”，后者充满自省地总结了诸多有效的农村工作方法，至今仍被全球范围内的农村工作者所借鉴。通过前后比较即可见乡土“遭遇”的影响之深。也正是如此，类似实践需放回当时脉络中进行细致且动态的分析。

中华平民教育促进会在定县组织农民演话剧（20 世纪 30 年代）

在方法上，实践者们也通过创造回应“熟人社会”特点与国情限制，无论是陶行知的“小先生制”，还是晏阳初的“导生制”①，所希望的是如何将有限教育资源最大化——人人可以成为先生，以改变被主流传统所定型化的“师—生”想象及背后的权力关系。其中，陶行知创造“小先生制”的源起和过程可谓意味深长，据陶行知回忆，“中国原是个穷国，所以教育也要采取‘穷办法’。我是顾到这点才展开小先生运动的。可是这小先生运动不是忽然想起来的。乃是民国十一年提倡‘平民教育’的时候，我那五十七岁的母亲有一个愿望，要学《平民千字课》。我和妹妹每天忙于推广这场运动，连给母亲教千字课的时间也没有，结果我就叫才六岁的儿子小桃教他的祖母读千字课。这大胆的尝试居然成功，祖母和她的孙子一个月后竟然读完了第一册”（1946：646-647）。可见，虽然这种“遭遇”不一定为具体的乡土，但却都来自与乡土有着千丝万缕联系的日常生活，其为深入其中的探索者提供了源源不断的创造动力。

① 该制与“小先生制”有相通的内涵，目的是要以“最经济、最迅速、有计划、有组织、能持续、能自动推进的教育方法，来普及目前最急迫的男女老幼大众教育。其方法是：教的人，要教人习，教人用，教人传；习的人，习会了，要去用，要去传”（郑大华，2000：245）。这种“教学相长”的方法，在“教他人的同时，也巩固了自己所学的知识，所以也不吃亏，而且还养成助己助人、为社会服务的精神，增加对社会的了解”（郑大华，2000：266-267）。

针对教育资源稀缺而进行的教育方法创新（20 世纪 30 年代）

在实践中，晏阳初还认识到“在乡村办教育若不去干建设工作，是没有用的。换句话说，在农村办教育，固然重要，可是破产的农村，非同时谋整个建设不可。不谋建设的教育会落空，无补于目前中国农村社会”（1933：246）。既然本节讨论的是“再乡土化”的教育探索，同时应包括以教育为手段和载体，实现包括乡村组织、乡村治理等功能在内的“大教育”①。笔者认为，专栏 3.1 中梁漱溟在山东的“乡学村学”实践，正是将教育与建设有机结合的典型案例。该实践既是学校，又是组织；既是教育，又是自治；既重视普通农民，又重视乡村领袖；既充分调动村社理性，将乡土社会中的各种冲突矛盾内部化处理，又以此为载体培养具备新习惯和新氛围的进步组织，重建有效应对现代化挑战且低成本的新型治理方式。为避免误会，梁漱溟专门指出“很有一些人只注意乡农学校为一个学校而忽略了它是一种组织，实是错误”（1937a：346）。针对“乡学村学”的基本指导思想——改进后的《乡约》，他进行如下解释，“约就是会的意思，《乡约》就是乡民大会。约来干什么？做好事情，做改进乡村的事情，故乡约就是乡村改进会”（1937a：350）。实际上，正如有研究指出：到了明清之际，乡约已成为实现乡村自治和社会整合的一种普遍的组

① 据《晏阳初全集》主编宋恩荣对笔者的口述，1988 年 4 月，他对晚年晏阳初进行访谈，已届 98 岁的晏阳初特别申明“一般意义上的教育概念，不足以概括我的思想与事业”。

织形式，农村中的教育、社会、军事等各方面的组织都是依循乡约的脉络得以建构（吴飞，2009a：234）。乡约的倡导显然是具有教育意义的，但其目标并不止于教育，而是要从教育里面去组织或结合人民（费孝通、吴晗等，2012：124）。

然而，梁漱溟对这样一个很难让现代人理解的“组织”赋予了太多功能，几乎把几十年没有做好的工作与期待都放入其间，以致现实与目标相去甚远。他本人似乎早有思想准备：“乡建准备整个打算从头到尾皆以多数人为重，结果怕是受多数人之累!”（2005：550）之所以要如此负重前行，是因为梁漱溟坚持认为“不是说到了理想社会，生存和教育才有保障，而是乡村组织一开头就向此作去”（2005：422）。

作为历史实践的回声，当代乡村建设也在教育“归乡”方面进行了前后呼应的相关探索。下文以笔者参与其中的“改编”故事为切入点，联系历史上的类似做法，讨论知识“再乡土化”的空间与可能。

秦红增认为，乡村社会存在地方性和现代性两类知识体系。前者在文化系统中处于被动地位，而现代性知识体系有着丰富的科学知识财富，对它通过技术和组织手段来克服问题的能力深信不疑，但地方性知识由经验积累而成，在后者的强势背景下逐渐消失，地方差异性也愈来愈小（2005：127-132）。2004 年，我们在晏阳初乡村建设学院所在的河北定州翟城村举办针对村民的电脑培训班，发现有学员将自己先前接受培训时的笔记进行整理，印给下一期学员，因学员们的基本教育程度、思维习惯甚至语言都很相似，遇到的难点和可能的解决办法也接近，于是这份笔记比老师们从网络上找到的各种相关教材都更受欢迎。

这给了我们很大的触动。晏阳初当年总结农民不识字有三个原因：第一太忙，所以没有功夫读书；第二太穷，所以没有钱读书；第三太难，因为文字多，文体不通俗，读起来不容易，所以没有法子读书（1938：38-39）。于是，他和陶行知等人利用了新文化运动的重要遗产——白话文，将文字和语言的“农民化”视作进一步工作的重点，编辑了发行量达 300 万册的《平民千字课》①。

如果结合当代案例，知识或语言上的“农民化”是否仅意味着一般意

① 同时还开启了规模浩大的“扫盲运动”，具体过程可参考：徐秀丽．中华平民教育促进会扫盲运动的历史考察．近代史研究，2002（6）；关于《平民千字课》的研究见：郭双林．20 世纪 20 年代平教运动与现代国民教育——以平民千字课本为中心．史学月刊，2020（1）。

义上的简化（多一些图和例子，少一些文字）？我们所提供的类似《傻瓜学电脑》《计算机入门 ABC》之类的通俗读物也能满足上述要求，但为何不如那些手抄笔记受欢迎？因后者配合了学习者的实际脉络（现有认识与文化基础、与年龄性别对应的接受心理等），而已有培训教材多出自编辑的无差别需求假想中。除此之外，所谓“培训/教学”背后的整套知识和语言体系及所追求的理性逻辑与农民学员的生活逻辑也存在着不小的冲突。

既然上述差异存在，有什么方式可以应对？一首由农民学员在培训班上改编的歌曲促进了我们的进一步思考：

再也不能这样活

（根据电视主题曲《再也不能这样活》改编
改编者：北京梁漱溟乡村建设中心湖北三岔培训班）

东边有山，西边有河，学习培训，意义太多。
究竟是咱不行，还是环境恶，
究竟是命里注定就要苦苦过。
哟呵呵，
闭上眼睛就睡，张开嘴巴就喝，
迷迷瞪瞪上山，稀里糊涂过河。
再也不能这样活，再也不能那样过，
生活就要团结起来，大家一起来做。
生活就要有追求，生活就要去拼搏，
合作洪流不可阻挡，生活定会更加欢乐，更加欢乐！

对于许多观摩培训的记者、学者和大学生来说，这首歌对他们产生很大的冲击，不仅仅因为即兴的改编与培训内容结合得恰到好处，充分证明了农民的能力，更因这首歌原为电视主题曲，学员们耳熟能详而容易传播，后来各期培训班多选其为活跃气氛的班歌，并在返乡后教给更多人。类似改编十分广泛地存在于乡村建设实践者与“乡土”的结合中。在支农队员的记录里，类似歌曲“成了（改编者）自己的创作，大伙唱得更响、更亮了”（游丽金，2004：15）。

可见，外来的现代知识如果没有与使用者的已有知识、表达需要及语言习惯进行结合，再简化的内容也无法在他们的生活中生根发芽。通过对原有“意义系统”进行挑战与“重置”的“改编”——既可能是“再乡土化”教育的“对象们”融进自己的理解、情感和想象而进行“转化式”学习的有效方式，也可能是他们“挪”主流资源为己用且对既定权力关系所进行的挑战。

晏阳初乡村建设学院编辑的通俗易懂且便于携带的《田间地头》（2005年）

当代实践的“改编”式创新，一定程度上呼应着历史乡村建设先贤对文字、戏剧、图画等资源的使用与发挥。比如：关于文字改编与图画资源的应用，青年晏阳初在正式赴定县之前即已在烟台、长沙、嘉兴等城市的平民教育运动中采用，这种新教学方法被命名为“群众教学法”，主要目的是方便在“教师少而学生多”的地方推行平民教育。除此之外，这种幻灯片式教学还可引起学生的兴趣，学生光看图即已受较大影响（吴相湘，2001：49）。到了定县的乡村建设阶段，晏阳初及中华平民教育促进会同人在“《平民千字课》《士兵千字课》及初高级平校课本都绘制插图。农业、卫生、公民、国难教育、社会调查等机构及合作社等都各有挂图。且在各村举行农村图画巡回展览会，并倡导运用挂图代替年画”（吴相湘，2001：189）。而关于文艺与戏剧的应用，中华平民教育促进会充分利用当地和乡土社会中广泛流传的传统文化资源，“改删过的鼓词和改编过的秧歌共印行二十种，在提高语言程度、增加读书兴趣、启发新的思想上都收到相当的效果”（吴相湘，2001：188)。戏剧家熊佛西甚至于1932年辞去北平各大学的课务，迁居定县，创作适合乡土与农民接受的戏剧，同时研究大众戏剧的内容与形式①。在此期间，熊佛西写下《锄头健儿》《屠户》《过渡》等剧本，皆在农村公演中获得成功。除剧本外，戏剧家们还创制了乡村露天圆形剧场，以容纳几面观众，增强互动性并减少传统乡村戏剧中观众拥挤站立台下不利于观众安息享乐等做法（吴相湘，2001：191-192)。

中国话剧拓荒者和奠基人之一熊佛西先生（1900—1965，右二）1932年初率北平国立艺术学院戏剧系师生到河北定县实验农村戏剧大众化

这些创新与改造不仅重新激活并解放了日趋“窄化”的工具手段，在“再乡土化”中减少长期以来的“非农化”影响，同时也启发我们重思知识如何在改进民众生活中发挥出应有的作用、知识分子与工农大众如何进一步结合与互动。

专栏3.2：晏阳初乡村建设学院的农民培训②

乡村建设在整体和系统上包括较为复杂的形态内容与方式，即使是乡村建设实践过程中的一个切片，也能折射出脉络内外更为复杂的面向与思考空间，下面以晏阳初乡村建设学院所举办农民培训为例，通过具体实践和内部过程，讨论乡建实践的某些展开方式和行为特点。因为笔者全程参与该培训的筹备、组织与总结，为更贴切地进行表达，以下采取第一

① 详细可参考：熊佛西．戏剧大众化之实验．南京：正中书局，1947。

② 该专栏来自笔者担任晏阳初乡村建设学院培训部负责人时所写的总结报告，有一定删减，但为保持原貌，未在语言上做过多处理。

人称。

农民免费培训学校

作为一家为当代农民带头人提供免费培训和进行乡村建设各方面实践研究的非营利组织，晏阳初乡村建设学院成立于2003年7月19日。学院针对各地农民带头人、具有实践意愿的乡村工作者和关注农村发展的各界志愿者开展农村合作经济、农村工作方法、生态建筑、生态农业和乡村文艺等方面的培训。在此基础上，学院鼓励学员返乡后在家乡开展乡村建设实践工作，通过与学员及基地的充分互动，积极收集整理各地乡村建设实践经验，并以此为基础开发符合农民及农村工作者接受特点的课程体系①。

由于人力、资金等方面的实际困难，我们从2004年4月18日才开始面向全国举办第一期农民培训班。根据院长温铁军的建议，该期培训以“中国农村合作经济与乡村建设”为大主题，为期两星期，来自全国各地约六十名农民学员参与了培训班学习。

培训班的部分课程面向所在村庄开放，图为村民带孩子前来听课

虽然首期培训还算顺利，该期培训班的很多学员也成了至今在各地推动新农村建设实践的骨干，可当时我们的心里却非常没底，还没有形成团队的同人间充满了焦虑、紧张和不一致的意见，不仅仅因为面对一个建于20世纪50年代、已经荒废多年的乡村中学校舍，与培训相关的基本后勤

① 截至2007年4月16日，除试验区村民、大学生和志愿者培训外，晏阳初乡村建设学院共举办农民培训17期，培养各地农民带头人779人，推动全国范围内几十个农民合作组织的成立（《晏阳初乡村建设学院合作经济工作总结及大事记》，周锦宇，2008）。

设施都要从头开始，更重要的是，现代教育训练出来的我们，基本上还跳不出自己所受教育的影响，虽然我们都对晏阳初、梁漱溟等前辈的理论有着浓厚的兴趣，并且也多次讨论过他们当年的实践方法，但当要我们真正去组织一期面对农民的培训时，我们该怎么办——是按惯常先有教材、教学大纲、教师，然后再有培训？还是先有培训，再从中慢慢总结发展出这些东西？

与此同时，我们如何去面对农民学员大脑中已有的关于“培训、讲者、知识”等定型化想象？认识起点和已有知识程度充满差异的农民学员坐在一起，当然和正规教育中逐级上来、相对同质的学生不同，我们该从什么方面切入？那些抱着很具体的目标，却只能参加短期培训的成年农民，我们应该培训什么？总之，带着诸多的不确定因素，我们硬着头皮开始了第一次培训。

实际上，我们必须看到每位学员都不是白纸一张，如何建基于其认识之上，并根据成年人的思维特点进行设计，是对我们的最大挑战。其中，“以问题为导向”慢慢成为我们的整体思路——把日常生活中所面对的事物、困难和解决办法问题化，既可调动大家的兴趣并联系自己的现实生活，又可使整个培训安排形成有机整体。

例如以“农民合作组织”为主题的培训，我们不会从“合作社”的定义或概念开始，而是围绕“为什么—是什么—干什么—怎么干”这一主线来设计整体安排。培训第一课，我们也会直接由问题开始，如分成不同方面（经济发展、教育培训、文化乡风、民主管理、生活环境）的小组，各自讨论目前自己所在或所了解的农村中：现状是什么？困难是什么？原因是什么？

通过这样的开始，在让大家有话可说的同时进行各地经验的交流，然后归纳出目前农村中各方面的问题所在，以及可以采取的行动方向。在培训中我们发现，如果光讲理论，农民参与讨论将很困难，那些已经归纳好的条条框框可能便于他们抄下来，但却较少有现实帮助，因为那不是他们的思维习惯。相反，当我们通过视频等方式介绍一些具体案例时，大家的讨论就会非常热烈，不仅仅因为这些案例是他们日常经验的可及范围，更因为案例中的人和事比较具体，容易让讨论者有换位的可能。

如果说培训内容应紧贴他们的生活，那还将面对一个问题——客观上已经与他们的生活有着不少区别的我们，如何“走进/理解”他们的生活？比如开展“农民合作组织”培训时一个很大困难是，我们如何和学员们说清楚——新型合作组织和当年的人民公社有何不同。虽然从理论上，我们似乎可以讲得简单明了，但我经常问自己，对于我们这些基本没有受那段历史影响的年轻一代来说，那段影响如此深远且复杂的历史现实真的会因课堂上的几句话而得以区分吗？对我们来说，可能只是一段过去的历史，但对于他们来说，那曾经是他们的全部生活，更是他们对“合作”等类似主题的主要想象来源，其中有太多的情感因素在里面。

而以“理性”为自我标榜同时也是自我束缚的现代知识，在面对这一个个不仅仅是遗产更是债务的议题时，却往往又是那么的简单和轻率。

以农民教育农民

相对于基础教育和高等教育，成人教育本身有着自己的特点。培训班中每个学员的起点、特点和社会化程度都不一样，有的人特别爱表达，有些人则特别沉默。当然，我们可以通过很多协作者技巧来避免个别人的过多表现，并让沉默者发声。但如果在这种以说话为唯一的表现方式和衡量标准面前，不管协作者多么有耐心和技巧多么娴熟，那些不爱说话者还是将永远处于弱势，那我们是否可以不让大家简单地“齐步走”，而是针对大家的差异采取多元化方式呢？在此过程中，如何让受教育者从被动的接受者转化为主动的参与者和引导者？

为此，我们在培训中间穿插设计了文艺表演和“打气小组”（让大家通过轻松和娱乐，有更好的精力参与学习）。这让老人（很多都有地方文艺特长或参加过早年的文艺宣传队）、妇女以及一些不爱说但爱唱的人，就有了自己的表现舞台和参与机会。又如，为了加强纪律，除合作组织的知识学习，还让学员现场体验合作组织和团队感，我们安排了清晨的队列训练，特别邀请当过兵的学员当小分队队长，也许，这个队长在平常很沉默，但在这个环节中，他却可在帮助大家训练时获得认同与价值体现，还可更好地体验组织带头人应该怎么做。

培训一开始，我们还会鼓励学员们自我服务，让每个学员参加一个小组，小组选出组长，独立运作，以完成寓教于乐（打气组）、自我管理（纪律组）、自我服务（生活组）和学习总结（学习组），这些小组不仅仅大大减少了培训组织者的工作压力，锻炼了参与者的组织能力，更淡化了“培训者—被培训者”的权力关系，让传统意义上的被培训者成为培训班主人，在唤起其主体意识的同时，也提高其参与质量。此外，在培训过程中，鼓励他们“回忆”——村庄中的各种变化、身边的人和事——也是使“培训内容”接入他们日常生活的好办法。

总之，多形式的培训及各种辅助手段的设计，既考虑到成年人学习和思维的实际特点，尽可能调动大家的积极性，使其从不同角度进行认知，又希望可在课堂内外的方方面面让他们都有机会感受到“农民合作组织”这一培训主题，让处处成为培训之所。

作为农民眼中的权威，专家学者若能主动走进农民中间，放下精英架子，不仅有十分重要的社会意义，还会对农民学员起着直接的精神激励作用。所以，每次培训班我们都邀请一定数量的专家学者，但与学员相处时间有限的专家学者毕竟不能取代另外的两类“老师”——农民自己和协作者。

为此，和专家们的专题讲座一道，我们专门设计了“我们的合作故事——学员经验分享”板块，每天上午都有半个小时左右的时间，邀请学员作为主讲嘉宾，分享他们的经验、计划和困难，同时希望以此引发更多的学员参与讨论。当然，我们的农民朋友有拉家常的习惯，不少时候难以聚焦并自觉形成观点，这时，我们的协作者就应该协助做出总结。无论如何，由于讲者就是学员自己，大家听起来显得实在，提问和讨论也相对自由，不再高不可攀。

同时，在每一期培训班的学员选择上，我们专门安排一定比例有合作组织经验的学员参加，既因如此能有更多经验可以分享讨论，也因其在培训中可以对其他学员起到带动作用。所以，既是以农民教育农民，也是以农民影响农民。交流慢慢成了培训的主要形式。

而在这个过程中，教育者与被教育者从约定俗成的角色中摆脱出来，协作者逐步转变成组织者、提问者和总结者。除对教育形式上的突破外，同时需要解放的还包括培训空间——传统教室的空间布局本身就隐含着明显的权力关系，它强化了讲台占有者的中心位置并固定了下来。当然，和很多培训一样，我们也通过调整桌椅位置等方式，尽可能地改变这种由空间所形成的权力格局。除此之外，理想中农民培训的环境应该是什么样子?

我们经常听说，不少组织直接在宾馆举办农民培训，据了解，这可能因此造成一些培训之外的影响：除容易让农民感觉不自在外，不菲的住宿价格常让他们产生很大的落差，虽然不用他们出钱，但很多农民都会在私底下琢磨——“这么住一天等于多少天的劳动，如果能把钱直接给我们不更好吗?”虽然不一定有道理，但这些却有可能间接影响培训效果。

由于晏阳初乡村建设学院本身就在村里，由废弃中学改造而成，没有外来投资，主要设施都依照乡土特点，由志愿者和学员通过义务劳动一点一滴完成，很多农民在这样的环境中培训更加习惯，他们至少有几个感觉：简朴——无论是农民还是教授，吃的是农村常见的粗茶淡饭，住的是简易宿舍，让大家在“同吃、同住、同劳动”中充分体会到了平等；舒服——学习、生活、运动、洗澡等基本条件俱全，60多亩的校园也有足够的活动空间；新鲜——台湾建筑师专门为乡村设计的生态厕所，多功能的“四位一体”生态大棚，学院各角落都被改造成教学场景，还有农地、果园和经常来访的村民……

正式课程之外，我们还利用校园广播播放与培训主题相契合及培训期间学习过的歌曲，既在学院中营造积极向上的气氛，也希望帮助学员巩固练习，使其回去后推动合作社的文化建设。同时，我们还鼓励学员将自己喜欢的话贡献出来，挑选出通俗易懂并与培训主题相近的，让他们自己用红纸写出来贴在教室里，与更多人分享。

如前所述，为挑战教室这种单一化的学习空间，我们采取了一个办法，就是在课程中穿插安排了田间劳动，并逐步成为培训特色和对学员的基本要求，既因为有些生态农业的课程需要在田间操作，还因学院希望建设成为“农民自己的学院”，希望学院的建设能更多依靠学员和志愿者一砖一瓦地进行，所以，在我们的招生简章上明确写明“劳动者免费就学”。

培训期间，温铁军院长与农民学员一起劳动（2005年）

刚开始时，包括我们自己在内，对此都有不同看法：农民难道在家的劳动还不够吗？但恰是田间劳动，让我们发现了它的奇妙作用——对于大多数农民来说，教室是陌生的，而田间则是他们的“主场”，常不经意间起到很好的“破冰”效果①。在田间，可以用更熟悉的方式，自然而又不乏自信，若看到旁边协作者“老师”卖力却蹩脚的样子，便在大笑或窃笑中高兴地露一手。

此时，学员之间、学员和“教员”之间的隔膜已被打破，大家也在这个过程中有了相互教育的机会。

在合作中学会合作

受农活和家庭的限制，学员们通常只能抽出一周左右的时间参加集中学习。而对于以“农民合作组织”为主题的培训，如果光讲“合作的好处”则可能是一种误导，因为学员们无疑将面临各种实际困难；但若只是“讲”困难，那也无疑是纸上谈兵，很难起到真正的“预防/应对”作用。

为了加深学员对相关问题的理解，提高实际操作能力，避免合作组织发展过程中的常见失误，同时也为检验学习效果以便调整巩固教学内容，我们将农民合作组织中可能遇到的困难和解决办法，设计成“模拟—互动”的体验课程，希望“寓教于乐”地将其中的重点、难点以具体场景表现出来。具体做法如下：

（1）选定学员为适合角色，演练合作社成立过程中的各种场景和遇到的问题。为增加参与，角色可根据观众要求替换。

（2）模拟时，选出观察小组进行观察，每个场景结束后发表评论，要求找出其中的问题及总结好的经验。

（3）每个场景结束后，全体讨论。

（4）协作者总结点评。

为确保演出精彩并富有戏剧性，以吸引大家参与，在不影响主题表现的前提下，还可设计一些有趣形式并充分利用道具，如：开场时让两个“钉子户”（不理解合作社并唱反调者）拿着空酒瓶对唱；合作社发起人手上拿着写有“合作社法”字样的纸张以代表最新政策（随后被村干部质疑“自费印的?”）；合作社发起人为获取村干部支持而主动为其点烟；合作社发起人妻子正在家里做家务，丈夫接到合作社理事长电话通知开会，从而激起家庭内部矛盾，妻子一边抱怨、一边向观众表现委屈；小贩在村里吆

① NGO 培训中十分流行“破冰”，希望能尽快打破彼此间的陌生感觉。但我们在实践中发现，一些做法可能适合大学生和 NGO 从业人员，但却不适合乡土文化影响下的成年农民，因为他们对身体和性别有着较多的禁忌，常常难以取得预期的效果。

喝收购苹果，想办法“各个击破”从而分别与社员谈价格，力图阻止合作社联合购销……

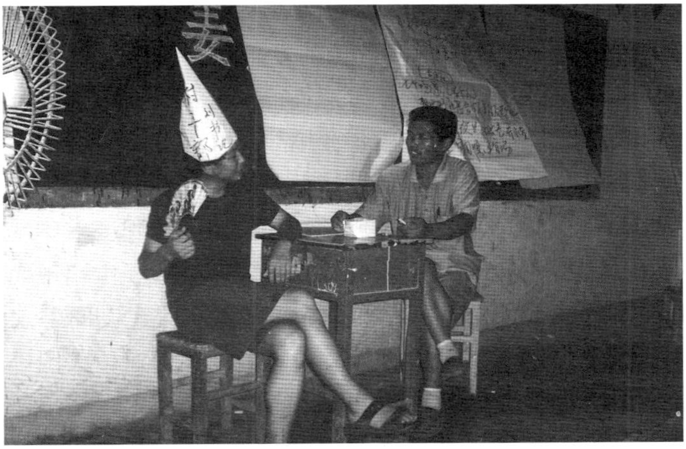

表现新型农民合作组织诸困难的现场模拟教学（左：刘老石）

类似模拟通常出现在培训将近尾声时，算是用这种特殊的方式对前面的学习内容进行总结与回顾，同时也检查前期教学效果，以便及时补漏。每一次模拟无疑都把培训推向高潮，不仅“演员们”演得投入，“观众们”也纷纷上台“换位一试”，与其说是为了过下“戏瘾”，不如说是对即将面对困难的操练与预演。

通过这些戏剧化的冲突和现场讨论，不少人感受到了合作的实际困难而减少了随后的“盲动”，也让更多人体会到了“难能才可贵”及在实际操作中所应注意的工作方法。

虽然这样的模拟是我们每次培训的“保留节目”，但每次都“常演常新”，因为学员的背景和理解不一样，不同的差别也给下一次的模拟添加了新的问题与创意。所以，我们的配合也需要和返乡建设的学员一样，见招拆招且灵活机动地进行，并在这个过程中及时进行自我反省和调整。

四、小结

如前两章所讨论，“百年乡村建设”反应于“百年激进”和“百年乡村破坏”。本章进一步指出乡村建设实践者及其所推动的实践，内在于从“西化”到“现代化”的整体脉络与变革时代之中。所希望处理的主要问题是：复杂多样的乡村建设实践存在着什么样的思想资源？为何及如何看待乡村建设实践中的动态性与曲折性？

首先，本章开头基于各种历史文献及相关研究成果，通过不同角度的“脉络化”处理呈现乡村建设内在资源的复杂多样，同时提出乡村建设在实际展开过程中的一些悖论并结合案例进行理解，希望以此配合第一章对乡村建设脉络的整体梳理，为随后各章挑战“好人好事”的类型化叙述做进一步铺垫。乡村建设的实践行动虽然看似微观具体，但实际上体现着复杂的思想资源，其同步于中国的现代化进程，在不同程度上体现着国情自觉、文化自觉与实践自觉，从一定意义上可看作有别于主流现代化的某种“另类”实践。然而不同层次的矛盾混杂交错，乡村建设即是现实张力和多重限定下的产物，这也是其在现实和叙述层面都面对较大困难的深层次原因。

其次，通过结合历史与当代彼此呼应的“再乡土化”教育实践，本章希望以“实践者—研究者”的独特视角让我们回到具体的实践脉络中，同时希望“跳出教育看教育”，通过其与现代教育的区分及自身的多重面向，让我们对乡村建设教育探索的特点进行更为立体的把握。其中，笔者尝试借助波兰尼“双向运动视野”，其以带有一定“正向运动”特点的“启蒙—作新民”为理想与目标，但却在实践中不期然地“遭遇”了来自“乡土”的各种形式与表现的“反向运动”，正是通过“挫败”中的不断反思与调整，拒绝自我简化为“双向运动”的任何一方，而是反复融合并理解来自“反向运动”的资源与立场，同时在实践过程中不断反思出发时的“正向运动”目标及局限，通过复杂的互动与创造性实践，探索出一种以“乡村建设”为目标与脉络的新实践。

最后，具体到对“再乡土化”教育实践的认识方面，虽然乡村建设不同人物与团体有着不甚统一的主张与探索，但“乡建派”所理解和推动的教育却有着共通的基本内涵：其不是现代教育或传统教育的补充，也不是对象意义上对平民的教育，而是针对现代教育脱离乡土与生活脉络且高成本这一现状所做出的改变。因此，其目标不止于数量上的普及或内容上的扩充，更强调对教育方向与目标的根本反思。此外，还包括对教育空间的开拓，如尝试教育与农业、教育与生活、教育与职业发展、教育与村庄治理等的结合；在扩大实践空间的同时，也尝试对现存各种不合理的教育权力关系进行突破。

特别需要指出的是：无论是历史还是当代的“再乡土化”教育实践

者，虽然自身常作为现代教育的经历者与受益者，但却都有着较强的自我反思与自我批判精神，其不仅仅是对知识分子“另类”角色的自觉，更包含对现代知识体系的自省。因此，我们看待这些教育探索，不应停留在作为口号与动员手段的“除文盲，作新民”和对“愚、穷、弱、私”的静态理解上①，以不错失一个从根本上去反思当前教育危机的难得机会。

---

① 梁漱溟当年对此即有深刻的反思，他认为：有人说中国问题出在“帝国主义与军阀”，又有人说是“贫、愚、弱、私”，这两说都不正确。前一说好像中国此刻就多了这两样东西，去掉这两样东西就好了；后一说又好像中国此刻就在乎这四样缺乏，添补进来就发了。（然而）宇宙间最要紧的是那些关系，而不是一一具体事物……人生下来一丝不挂，可说最贫不过，但未闻有以为问题者……今日中国不是贫的问题，而是不能富的问题，是贫而益贫的问题（1937a：161-162）。

第四章　不只建设乡村：乡村建设的形态、原则与内容

乡村运动者所做的工作，无妨是枝节的、改良的，但必须有远大的目标。在政治上、经济上几个重要问题，都必须有鲜明的主张、确定的立场。小处入手，大处着眼，脚步须稳，要求宜强。

梁漱溟，1935，《我们的两大难处》①

乡村建设这个看起来很大的话题其实就在我们的日常生活中，上厕所是，扔垃圾是，吃饭是，劳动也是。如果我们把这个话题从我们的生活中抽离出来，我想我们谈起来会很无力。

黄国良，2008，《健康农业志愿者实习生总结》②

小引：从"近"到"进"

2003 年，"非典"的到来让我们有了一段特殊的经历和体验，各种骚动弥漫于整个校园。似乎大家都"看透"了生与死，然后更为投入地加入包含"打牌＋杀人游戏＋网络游戏"等在内的虚幻与狂欢中。危机时刻所带来的严肃思考反而缺席与不再重要。如果弥漫于这个世界各个角落的犬儒与浮躁依然如故，死亡本身不就是游戏人生的一部分而已？心中如果没有更为丰富的苦难与真正的快乐，被"恐惧"和"对恐惧的恐惧"填满难道不也自然？

2003 年 7 月 19 日，我参加了期待已久的晏阳初乡村建设学院揭牌仪式，不仅仅由于它位于河北定州翟城村这样一个历史乡村建设的发源地，

① 梁漱溟. 梁漱溟全集（第二卷）. 2 版. 济南：山东人民出版社，2005：585.

② 黄国良（老六）为晏阳初乡村建设学院生产部负责人，载于《足迹》，国仁城乡（北京）科技发展中心生态农业工作室编（内部印刷），2000 年，第 5 页。

更因长久以来那就是大家心中的共同期待——我们需要一个扎根农村以接续乡建薪火的实践平台。回京后没几天，我很自然地辞职了，作为国际行动援助中国办公室（晏阳初乡村建设学院理事单位之一）的代表，开始这项富有挑战性的工作。

说是已经揭牌成立，那不过是处于实践一线的人在现实压力中形成的策略选择与自我暗示——我们需要关注，如此才有可能带来最为缺乏的支持与存在感。而各种工作基本上还是空白。大队人马与热闹散尽后，留下了无数的期待、部分的赞赏与更大的压力。

所工作的学院位于建于 20 世纪 50 年代并已废弃多年的老乡村中学，破败漏风的窗户、不稳定的电压、特别是第一个没钱买煤的冬天……根本就不是媒体报道中的明亮光彩与华丽开篇，名人晏阳初与乡建复兴的光环也没能够给我们带来实质的温暖，有的恰是更多“不冷眼”的旁观与遥远多情的期待。虽然如此，热情的村民们和至今依然被我们铭记于心的志愿者们给予了我们“雪中送炭”的帮助，让我们度过了最难的岁月。

最初阶段以《中国改革》（农村版）杂志社为主要办公地点，我往返于北京和翟城。到了 2004 年 3 月，我强烈感觉到这样远程参与远远不够，所以决定搬家，先是“人”搬，然后就是让我最痛苦的三大架书，只能通过各种不同的途径，一本本、一箱箱分批落户，最后就是铁路托运那辆大学里骑了三年的二手自行车。

如此搬家，既让我十分深刻地从物质层面上了解到“北京—定州—翟城村”这样的三级空间在交通等硬件方面的巨大落差，更让自己经常性地在半天内从一个光彩夺目的国际都市迅速切换到普通平常的华北村庄，我也更加体会到当年的“海归”晏阳初及中华平民教育促进会的“洋博士们”举家迁往定县是需要很大的决心与勇气的。

开始到村里生活了，才发现那只是“走近”农村，远非“走进”农村。大学社团里滔滔不绝的“三农”理论在现实面前是如此的苍白、狭隘与花拳绣腿。原来在读晏阳初等人谈乡建的经验文章时，表面上似乎都懂——既没有艰深的理论，也不需要过多的立场调整——然而当真正面对那些乡土社会中鲜活多样的经验与问题时，从概念与主流逻辑出发的处理却多显失效和无当。如果说搬到定州受到什么最为直接的冲击，那无疑是态度和观念上的，饱含热度却又错综复杂的现实让我们收起“削足适履”式验证，不管什么理论、什么经验，在这里都要求先通通放下，进而回到理论和理念的原点。只有这样，才能真正敏感于来自底层和细节的微言大义，清醒地意识到：“农民”不该是我们想象中被动的“对象”，他们和我们一样也有喜怒哀乐；“农村”也不应成为新的普适尺码或“一村一模式”的简单分类，每个村庄都有着漫长的历史与成百上千的独特生命故事，我们才来多久？怎敢自以为是地以为理解了并试图改变？处处留心，不仅需要“发现”村庄贫富和差异背后的权力关系，还需要去“发现”与传媒及书本中不同的丰富与饱满：虽然比起城市白领来说，村民收入可能低得多，但他们竟成为我们的最初资助者和志愿者；经历过毛泽东时代的50多岁的大娘乒乓球打得竟然比“80后”年轻大学生好；村民为了学电脑可以如此热情——没有电脑，竟然在自己手绘的“纸键盘”上秉烛练习……

如此“发现”，不是传媒小报式的猎奇，也非义正词严的学术“贩卖”，而是让我们把脑中抽象的概念与肩头唬人的理念暂时放下，更为自觉地“走近”他们，同时保持自知之明与自我警惕——我们从来不可能真的是他们！只有这样，才可能不再“天真”，不再用或冰冷或浪漫的语言来包装他们，不再将他们凝固在那里，以学术的“逻辑严密”与“客观中立”为名义，对他们进行写生般的叙述与加工；也只有这样，才能摆脱乡建“原教旨主义”所可能产生的路径依赖。正是在这个过程中，我理解了陶行知说“创我者生，仿我者死”时的良苦用心与意味深长。

在大学阶段，我虽然知道乡建不是“头痛医头、脚痛医脚”，但也窃以为就是将先贤探索的各个方面合起来便是整个乡建。到了现场，才发现乡建既不该是“杂货铺”，也不能是“好人好事”，每个具体实践实际上都联系着百年现代化进程下乡村的处境与位置、奋斗与无奈，同时也内含着所谓“乡村建设”的张力抑或理由。

对于我自己，“笼鸟归林”带来短暂兴奋之后却是持久的尴尬！在北京和农业大学接受过的现代专业教育不可避免地给了我某种开初的优越感与荣耀。然而这里就是乡村，无须再长篇大论地推销“三农”危机与抽象概念，自己却扎扎实实地不会种地（虽然在家理应有这样的机会，但和无数来自乡村的同龄人一样，“农活”只是未来没出息“差学生”的预备职业，既无须我们染指，也已在家人努力只为让我们具有和城市一样好的读书条件和时间保证而做出的补偿中代劳了）。虽然在号称“农业最高学府”的环境里待了四年，但彼此学科的隔膜让我只能远观农学相关专业同学下地；虽然当了几年“三农”社团负责人，但我们对学生“领袖”的期待与想象让我似乎只是多了一些组织活动的经验与“黑板养猪”式技巧建议，它甚至让我变得毫不羞愧地不懂装懂，因为每次下乡都不需要太久，也非自己的家乡或熟悉的地方，我们已经收获了见识与调查报告，激情和热情也已得到充分挥洒……

面对着类似的尴尬、自责与自我怀疑，幸运的是我们拥有团队——一群“80后”在分享相似困惑与问题时互相帮助，在优势互补中蹒跚前行，而纯朴的村民给了我们最为珍贵的耐心与宽容。

乡村的点点滴滴，让我们的工作和生活融为一体，也让这些“80后”工作者成为这个农民培训学校的第一批“学员”。现在回过头去，还可以回味起诸多当时没有注意可却意味深长的东西：比如从村里老人口中得知翟城街道原来的名称不是现在的“东、西、南、北”实用叫法，而是充满儒家意味的“仁、义、礼、智、信”；可以从社会学和文化意义上解读的快乐乡亲们集体做手工月饼的场景……

而乡建学院的工作，仍然充满艰辛与希望逐步开展着：农民培训、大学生志愿者交流营、生态农业、生态建筑、翟城及全国各地的乡村试验区、隔三岔五接待怀有不同目的的来访者和媒体……但人群散去，校园安静下来，呆呆注视着那些见证了一个村庄半世纪历史记忆的树木与瓦块，我忽然想到：乡建学院难道不也是中国时下热闹无比的“三农”的缩影？它不断在镁光灯下被聚焦，但却无法发出自己的声音；即使弱弱发出“不合时宜”却来自真实大地的喘息声，也会不断被滔滔不绝的主流声浪所淹没与替换。开办伊始，就有媒体期待着这个小小的民间团体载起“三农”，正如我们同样“恨铁不成钢”地焦虑着农民的“善分不善合”与乡村景象的“有碍观瞻”。为何我们都分享着如此相似的前提判断与提问方式？为何我们的内心总隐含着依靠“别人/别处”的努力来减少自己内心的不安与道德重负的想法？

“活着，就是胜利！”这句略显悲情的话，既是我们当年“自嘲式”的玩笑，也是所处困境与状态的某种缩影。我们不该道德自恋，也无须悲壮自怜。但我们却仍可通过这句话来感受强大主流及犬儒意识形态的影响，尝试跳出二元对立之改良实践本身的艰辛。在那难忘的三年多岁月里，从翟城村偶尔进城的我们，真的很“土”，不管是留洋“海归”还是地道的香港同胞，穿着13元一双赶集时买的大棉鞋，手里还经常拎着自己地里产的农产品，每次进学院校门都要被保安盘查……可是，我们也没觉得什么不妥，并切切实实地感受到了老乡们进城的“待遇”。

然而，有一次到北京开会，却让我们忽然震住了——当看到不管是在寂静的郊区还是繁华的城区，北京的路灯和各种没有必要的灯都开得一样夺目时，我们终于明白为何这段时间村里老停电，连最重要的浇地用电都要限制（村民大叔们常半夜就爬起来排队等水浇地，老乡们视之为常态，我们也都已被迫习惯了如此现实），只是心里常想：为何都有了包括三峡等在内的世界级超巨型水电工程，还是这样？如果说首都是“心脏”，河北就是“胸膛”，似乎“胸膛”的义务责任和存在意义更多体现在对“心脏”的保护上。原来，我们的发展永远是有“优先序”和“牺牲者”的，城乡二元也绝非通过户口制度或人大代表比例差异才有所显现，它是如此的具体与日常、普遍却司空见惯。如果是这样，乡村建设的真正展开是否可能在不对“城市”进行反思与改变的前提下进行？部分学者或乡村社区组织所向往的城乡分割互不侵犯的理论设想是否能够真正实现？

从“近”到“进”的反思故事其实折射出诸多复杂面向，各类社会问题也从来不是简单作为某种外在环境，而是内在且动态地构成乡村建设并作为其各个层面上的对话对象，存在于产生前、过程中和随后的影响效果等不同阶段。如果是这样，乡村建设还可能只是建设乡村吗？

一、群体性存在与多样化生存

《剑桥中华民国史》中专辟一节关注“乡村建设运动”，把民国时期的乡村建设实践归为几种类型：西式的和排外的，教育的和军事的，平民的和官僚的（费正清，1992：391）。很容易发现，该描述过于简单和绝对，同时也遗漏了不少重要团体，例如黄炎培、江恒源领导的中华职业教育社在昆山徐公桥等地的实践，俞庆棠、高践四领导的江苏省立教育学院在无锡黄巷等地的实践，卢作孚、卢子英领导的北碚峡防局在嘉陵江三峡地区的实践等。进一步说，正如导论所提“20 世纪 20 年代末 30 年代初全国从事乡村建设工作的团体和机构有 600 多个，先后设立的各种实（试）验区有 1 000 多处”，可真正进入公众视野的实践却屈指可数，不得不说是个很大的遗憾。

正如笔者在本书多处转引梁漱溟语“乡村建设，实非建设乡村”，若以此广义看，历史进程中的乡村建设丰富多元，仅关注有限几位所谓的

“代表性”人物，不利于我们对其内在的群体性①和多样性进行认识。如果说分布上的广泛和集群挑战着我们对其“个别/个案”的定型化认识，那么推动者身份、政治立场、开展方式等方面的差异性则鼓励着我们从不同角度对乡村建设进行全新的认识。

1. 从黄展云和傅柏翠说起

上述民国乡建典型案例已经有较多介绍和研究，但许多同样具有启示性的实践却因各种原因而未引起应有的关注。下面以笔者近年来在老家福建所发现的两个实践案例为例，希望大家意识到主流乡建论述的不足，同时也鼓励我们以更开放的角度去思考乡村建设的边界与内涵，一起去“发现”身边被“掩埋”着的乡村建设。

之所以选择黄展云和傅柏翠，是因为一方面两人都在福建，这对常年在外“寻找”乡建的笔者来说，绕了一大圈发现身边就有，自然有着特别的意义，让我们看到了乡村建设事实上的广泛性②；另一方面，这两位在地方史上皆有一定影响，但却较少有人从乡建的角度对他们的主张和实践进行理解，即使有，也未与其他乡建研究构成有效对话。更值得注意的是，他们都有着在国共历史上沉浮的争议性经历，有利于呈现出乡村建设与中国革命的缠绕关系与内在张力。

也可以说，笔者对乡建“群体性”和“多样化”的讨论，目标并非简单查缺补漏或“增列家谱”，而是希望借此打开更多被遮蔽的空间，以呈现乡村建设的复杂面向。先来谈谈黄展云③。

黄展云（1875—1938），字大梓，号鲁贻，祖籍福建永福（今永泰县）白云乡。18岁中秀才，后赴日本考入早稻田大学师范系，从青年时起立志教育救国，是福州蒙学堂的创始人，先后创办女子师范学校、平民小学、独青小学、光复中学、海滨中学……黄花岗七十二烈士中的福州人多是他的学生，被誉为“福建蔡元培”。特别值得注意的是：中日甲午海战

---

① 此处“群体性”既体现在下文所讨论的全国范围内的相关机构或个人，也体现于同一机构或区域内不同实践者的群体行为，后者已有相关研究进行过论证，详见《聚同道于乡建：华北乡村建设工作者群体研究（1926—1937）》（任金帅，山西人民出版社，2013）。

② 其只是福建近代乡村建设史上的两个彼此呼应且意味深长的案例。关于福建近代乡村建设的更多实践，详见：李在全. 民国福建乡村建设运动研究. 福州：福建师范大学，2003。

③ 以下关于黄展云及营前村乡建资料除单独注明外，均参考自：《“营前模范村”史料汇编（一）：“营前模仿村”创建史实》（福建省长乐市“营前模范村”研究会，内部印刷，2011）、《孙中山秘书黄展云》（陈熙，内部印刷，2016）。

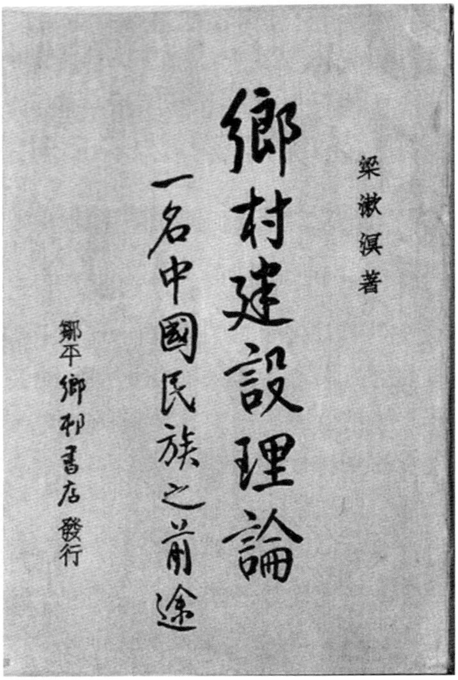

梁漱溟在访问延安时送给毛泽东《乡村建设理论》一书并与其进行了讨论，
该书 1937 年由邹平乡村书店出版，以“一名中国民族之前途”为副标题

中，黄展云岳父刘步蟾（“定远”舰管带）、堂叔黄建勋（“超勇”舰管带）和表叔林履中（“扬威”舰管带）英勇殉国。就像甲午之败对张謇和张伯苓产生深远影响一样，此事也深深地刺激了黄展云，其闻讯后痛心疾首，乃发奋图强，同时无意仕途，立志教育救国并向往政治维新。

黄展云长期追随孙中山从事民主革命，组织了“励志社”“益闻社”“十汉团”，策划组织了辛亥革命福州光复起义，曾任福建民军总指挥、孙中山党务秘书及大元帅府秘书，民国八年回福州任国民党福建支部部长，此后 7 年中，在福建与北洋军阀斗争，经历几次出走，几度下狱，直至 1926 年北伐军入闽时出狱。

1927 年 8 月，黄展云任福建省政府农工厅厅长，他将轰轰烈烈的大革命夭折的原因，归为“有伟大的理想，没有接受的民众”。大半辈子的“教育救国”与“革命救国”让他反思道，“取得政治的中心还不是完成革命的大路……有伟大的理想，没有接受的民众，到底是失败的。我们中国的社会好像一大块淖泥，要在这淖泥上建筑巨厦，必先把泥泞变成硬地。有坐写字楼的工程师，没有插荷挖土的工人，到底白纸上绘的图只是一张纸，这教练工人的工作我想或许比工程师还重要!”（1930：81）。因此，他决定遵循孙中山先生“三民主义”和“地方自治”的建设方针，宣扬乡村自治，改善民生，“向乡村去直接和民众接近”，去试验推行各项农工政策，企图走出一条改良政治、巩固民国的道路来，以“在中华民国高楼的基地上下一根木桩”（黄展云，1932）。1927 年 12 月 3 日，以杨树庄为主席的福建省政府第 51 次会议通过了黄展云的提案；年底，黄展云派他的助手、留法归来的化学工程师黄朝平①和严以澧到营前接管了县衙，成立“营前乡自治筹备委员会”，同时创办《福建农工厅月刊》。1928 年初，黄展云亲率大批人员下乡，3 月 5 日宣布“营前模范村政府”成立，他以农工厅厅长身份自兼村长。

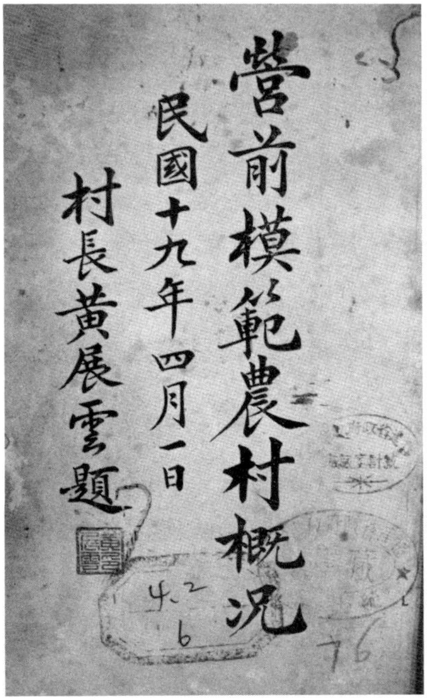

《营前模范农村概况》封面（1930 年）

① 黄朝平（1896—1986），福州仓山区盖山镇义序村人，农家出生。1920 年在老师黄展云的帮助下，黄朝平公费赴法国勤工俭学，到巴黎大学化学系学习。在此期间，他积极参加中共旅欧支部各种活动，与周恩来、蔡和森、邓小平、李富春来往密切。1921 年 9 月，他参加反对签订不平等的“二十一条”爱国运动被捕，与陈毅等一起被押送回国。后又经黄展云帮助，转赴比利时布鲁塞尔工学院学习，1924 年获化工硕士学位，精通制糖专业。1925 年，黄朝平怀着教育救国的抱负回国，在黄展云的领导并支持下，相继创办了福州工艺讲习所、福州理工学校（福建省机电学校），1927 年邀请蔡元培先生讲学，推动福州教育事业的发展。受黄展云感召与邀请，黄朝平于 1928—1933 年担任“营前模范村”掌印（副村长），负责模范村的各项具体工作。

营前模范村位于闽江下游，罗星塔南岸，距福州水程三十余里，虽然叫村，但原是闽侯县辖之第十三区，有大小七十六乡，共有 9 450 户，38 425 人口。黄展云以此地交通方便、地点适中，模范村成立后属县一级编制①，直隶于福建省政府，并拟订《营前模范村暂行草案》，其目的是改革农村政治，发展农村经济，分期实现三民主义，同时也是对第一次国共合作时期中国共产党所提出农工各项政策的落实。具体做法包括：

首先，黄展云对旧官场的腐败深为痛绝，他指出"廉洁之政府，为对于公职人员最低之要求"。模范村取消旧式衙门，建立民主化且低成本简单化的村政委员会。村政府设行政、财政、民政、建设、教育等部门主持日常事务，各部门只设助理员和干事，没有冗员，因此办事效率高，又减少了行政费用。遇有大事则集合民众、乡绅征求意见，民主商量。村政府工作人员多是一些有理想、有抱负的青年知识分子，他们廉洁奉公，勤于政事，平易近人，黄展云亲自做出表率②。与此同时，在其担任厅长的福建省农工厅，1927 年在成立宣言中就开宗明义地以"改善农工生活、保障农工利益、提高农工智识"为三大目标并提出在省内"选择几个适宜地方，划为试验区域，做实行农工政策的试验场"。而无论是营前村还是农工厅，黄展云的努力变革恰基于其认识到"吾国受数千年专制之流毒，所谓官厅者不过代皇帝剥夺民众、代皇帝压迫民众而已……本村设立，力矫兹弊，对于民众事件，为之设计划，为之排障碍，为之争利益"（1930：99）。

其次，因在福州创办"蒙学堂"而影响深远的黄展云和其他乡村建设实践者一样，也认为救国应从教育入手。因此在模范村建设中，他十分重视普及教育、平民教育和社会教育。除实行义务教育外，黄展云还创办了福建最早的一批农村幼儿园，开办成人扫盲班、夜校和图书馆、公园、运动场。与此同时，模范村雷厉风行地查禁烟赌，推动乡村卫生，崇善惩恶，提倡男女平等，从而移风易俗，破除迷信，举办清葬，革除陋习，使得社会正气上升。据 1929 年《福建民国日报》所载《营前模范农村游

---

① 虽然是县级编制，但其明显小于其所在的"长乐县"，按照今天的理解类似于"镇"。至于为何要强调其为"村"，笔者认为应是推动者以此强调中国以农为本，以乡土为最重要特征的缘故，时人曾指其"非常人脑中所谓的农村可比，因为它已是一个政治上的名称了"（郑廷泰，1929）。同样的道理，阎锡山在山西虽以一省为单位，张謇在南通虽以一县为规模，但其分别坚持"村本政治"与"村落主义"，也可以理解为广义的乡村建设。

② 营前模范村村民回忆："我在'模范村'当炊事员，亲身体会到黄展云村长平易近人，没有半点官架子，作风民主，廉洁秉正，关心民众疾苦"，"堂堂一个农工厅厅长来兼村长，一点架子都没有，平常就穿土布衫，黑布鞋"。见陈熙．孙中山秘书黄展云．内部印刷，2016：239-240。

记》，“在这里，没有浮躁的骄奢的习尚，没有淫佚的游惰的风气……它有的只是太平……而这太平之中又透露着将来的新的气象、幸福和光明”（柳衣，1929）。

最后，就农村的根本政策与财政政策实行改革。从清查人口、丈量土地开始，着手对田赋进行清理和改革，以逐步过渡到“耕者有其田”，认为其作为“三民主义”之民生主义在农业政策方面的重要步骤而进行实践。在此基础上，模范村实行“废两改元”，清理和改革田赋，查出被地方大户隐瞒的土地，整治了贪污舞弊的官吏税差，减轻了农民的负担。实践后，全村税率降低而田赋收入反增一倍，为实施“平均地权”打下基础，村政府用这些钱修建新的马路和码头。与此同时，1928 年模范村为推行孙中山“节制资本”的主张，抑制钱庄对农民及小商贩的盘剥，废除包捐、杂税和关卡。同时，为发展乡村在地化金融以抑制高利贷，模范村创办农工银行和农业信用社，“乃试行以日息三毫贷借于农民，计开出贷借二百余户，至该年七月底归款，农民无一滞欠者”（黄展云，1930：91-92）。同时自行发行货币（一角、五角的横票纸票），作为本村主要流通货币。

黄展云本着综合建设的思想，一方面在“营前模范村”设立民团，让“本乡积匪，闻风逃避”，让建设有个安定的环境，然后在此基础上成立“营前模范村农民协会”，同时发动农民围海造田、改善村路、修筑自新工艺所、建立农业信用社，劝导冬期种麦，培育优良树苗以绿化荒山。另一方面，模范村因地制宜地进行了前沿探索：例如以农工一体化的思路试验早期乡镇企业——集股办公私合营的发电厂，以解决农业生产和农产品加工的动力问题和照明问题。发电厂落成后建立了电力碾米厂，同时又以稻壳做燃料发电和稻草造纸，一举多得。再如，在选择建村地点时，即考虑外向型农村经济格局。营前地处闽江口，外国轮船停泊江面，通常需要在此补足供应，采购食品，就因势利导，通过围江造田建造了直通江口码头的新型商业街，该建设充分发动农民改造闽江河滩，不占用一分农田，建成一条大道，道旁盖起二三层的楼式店铺，除商铺外还建有邮局、海关和其他服务设施，模范村以每幢 500 银圆的价格出售，不仅很快收回投资，还引导高利贷资本转向商业投资，既整顿了当地的金融经济秩序，也实现了城乡融合发展（黄文华、王大鹏，1991：222、226）。

黄展云这个以践行孙中山先生“平均地权、节制资本、农村自治”为要旨的改良村治计划，试办几个月就遇到了阻力。1928 年 7 月，国民党右派借口福州人力车工会指导员谢瘦秋被刺案件，撤去其农工厅厅长职务并进行通缉，黄展云避居上海一年，模范村由农工厅管理转为省民政厅管理，相关工作继续由副村长黄朝平主持推进。1929 年 9 月 1 日，不是农工厅厅长的黄展云回闽，更为坚定地推动模范村工作，第二次专职任营前模范村村长，他说："革命工作，岂言及位，本人不计较于此。" 9 月 13 日，黄展云在营前村发表《告营前村民众宣言》，指出："民国成立十八年矣，政令之偏颇，捐税之繁复，较于亡清，几有过之。民国仅存名义，民命等于草芥，人民受兹苦痛，乃咒革命为不祥。北伐靠成，张皇被苴，未及百一。"同时明确表示，即使面对各种阻力，"从今以后，决定本我怀抱，努力于模范村之建设，摒除一切权利，冲破一切艰难，以扶助本村善良民众，至能以自力实行处治"，随后着手编写《营前模范农村概况》，宣传村治为建设中国的基础。1933 年 3 月，国民党当局认为模范村带有红色政治色彩而进行撤销。营前模范村前后历时 5 年 4 个月。

笔者认为，营前模范村的推动者既有孙中山的秘书和国民党左派，也有虽然无党无派但却在留法过程中与中共领导人有直接联系的"亲共"力量①。模范村以分期践行"三民主义"为出发点与指导思想，在实施过程中强调有别于激进的改良方式，但却被撤销于"带有赤化色彩和倾向，模范村内部恐有共党潜伏"的理由与借口。这些都呈现实践本身的复杂性，挑战我们对乡村建设的定型化认识。

如果说黄展云和黄朝平所主持的营前实践是中国现代化进程中让人意味深长的一个"非典型乡建"，同样在福建实践的傅柏翠虽然晚出生 20 余年，其乡村建设实践却呈现出更为复杂缠绕的特点。

傅柏翠（1896—1993），福建上杭县蛟洋乡人，1914 年留学日本并加入中华革命党。1921 年回老家创办民团，武装保卫家乡。1926 年出任国民党上杭县党部秘书兼常委。1927 年南昌起义后，在血雨腥风之际毅然加入中国共产党，并于次年在家乡发起农民武装起义，成立农民协会，领导开展土地革命运动，同时组织了一支 800 多人的农民武装（单响枪 200 余支，五六百支鸟枪及成百门土炮），在方圆六七十华里的山区开展游击战，打土豪、袭顽匪，成为闻名遐迩的农民领袖。1929 年，毛泽东、朱德率领的中国工农红军第四军入闽，任命傅柏翠为第四纵队司令员，中共

① 事实上，中共地方组织正是利用该村推行"平均地权、节制资本、民主自治"的政策而在当地开展工作（营前模范村史料汇编，2011：5）。

领袖对他倍加倚重，称他为“大名鼎鼎的闽西傅先生”。然而到1931年前后，傅柏翠与闽西特委政见不合，坚持在家乡推行“共生产共消费的农村共产团”实验（蒋伯英，2018）。因屡次不服从组织命令，傅柏翠被开除了党籍。1939年以后，国民党委任他为永定县县长等职。1949年，他发动了声势浩大的闽西起义，1950年被任命为福建省人民法院院长，1986年以90岁高龄第二次加入中国共产党（陈赛文、黄宁、傅柒生，1995；张木森，2007；许人俊，2007）。

除了经历传奇，傅柏翠的选择也意味深长。当其被开除党籍后，“只求固守蛟洋，拥兵自卫，决不向其他地区扩展，更拒绝与红军作战。红军主力长征并留下少量红军坚持敌后游击战争，蒋介石调动十多万军队‘围剿’闽西红军游击队时，傅柏翠和红军游击队签订秘密协议，双方保持特殊关系，不时向红军游击队提供粮食、药品和日常生活用品，并秘密安排保护当地苏维埃干部……使古蛟地区成了‘不共不和’的独立王国”（许人俊，2007：30）。

1932年8月以后，傅柏翠武装割据包括蛟洋、坪埔、桃源、古田等在内的41个乡村，面积达450多平方千米，涉及6 000余户，共30 000余人，希望走出第三条道路。在此期间，傅柏翠提出“一切以农民利益为中心”的口号，主张“农民要土地，要自由，要和平，不要阶级斗争”①，实行“农民独立革命”，走“社会主义道路”。他把苏维埃时期建立起来的各项规章制度加以改造，进行政治、经济、文化教育、卫生、社会福利、武装和治安等各方面建设（陈赛文、黄宁、傅柒生，1995：124）。

在土地政策上，傅柏翠自家带头减租退租，同时采用了苏维埃时期土地革命的政策，以村为单位按人平均分配，同时吸收十九路军“计口授田”政策，形成了古蛟地区独有的土地政策，受到当地群众的欢迎。新中国成立后，1951年上杭进行土地改革，认定“古蛟地区和白砂等地在共产党的革命武装和当地农民共同奋斗、坚持斗争下保持了土地革命的果实”（陈赛文、黄宁、傅柒生，1995：126；许人俊，2007：32）。在农民分到土地后，为了鼓励当地农民进一步发展农业生产，傅柏翠倡导古蛟地区每年正月二十九举行农副产品展览交流大会，同时大力推动植树造林并

① 据回忆材料记载：傅柏翠带头减租分地，也要其他地主效法。他不要求没收和焚烧地主的田契和债纸，也没有在农村划分阶级，虽然容许农民清算土豪劣绅和恶行恶状出名的房族长，但绝不容许暴力和杀戮（陈永发，2011：445）。

制定严格的护林公约。据记载，有次傅柏翠妻子砍了一棵小杉木用来插牵瓜菜，他得知后让卫士把妻子捆绑起来，最后罚她杀猪向全村各户送一斤猪肉，以示赔罪（陈赛文、黄宁、傅柒生，1995：127－128）。

除此之外，据《福建革命根据地货币史》，由傅柏翠推动成立的蛟洋农民银行是中国共产党领导组建的第一家红色金融机构，其发行的蛟洋农民银行流通券为福建最早的革命根据地货币。1927 年，为了在经济上进一步巩固农民运动成果，蛟洋农民协会从群众砍伐沿路杉林所得的八千元中抽出两千元开办农民银行。该银行设在蛟洋乡“义合祠”，有工作人员三名，有存款和放款业务。因当时农村高利贷十分严重，利率月息一般在三分以上，有时高达五分，并且需要用房屋或土地做抵押，蛟洋农民银行为了帮助农民解决资金周转的困难，特规定生活确有困难、需要借钱的农民可申请借款，限在五元以内，不予计算利息，深受农民欢迎。1928 年 3 月，中共北四区委成立后，该银行成为区委的直属金融机构，区、乡所征收的杀猪、宰牛、土地税都存入蛟洋农民银行，既充实了银行的信贷资金，也为区委的经费开支提供了资金来源。与此同时，蛟洋农民银行还发行一种叫“流通券”的纸票，曾经作为附近方圆百里市场流通的主要货币之一（蒋九如，1994：11－18）。

傅柏翠在古蛟地区推动乡村建设的措施还包括：一方面，在 1929 年领导北四区创办敬老院、废疾院，在乡村建立医疗所，并修筑乡村道路、架设电话线路、设立邮政代办所和各类小型工业企业，包括炼铁厂、铁锅厂、松香松节油厂、土纸厂等，同时还于 1933 年集股创办各种生产合作社（土纸、铁器、理发、泥木匠等生产合作）和消费合作社。除古蛟外，其周边的茶境乡也于 1936 年开始从组织合作社着手进行“乡村建设”，专门组织“茶境乡村建设委员会”，搞“计口授佃”或“计口授田”，每年抽多补少一次，三年总调整一次。乡建会厘定三年计划纲要，除实行土地制度的改革外，还计划经营工业和商业，如建设市场、创办瓷厂和酿造厂等，并兴办中学以培养建设人才（章振乾，1996：196）。

另一方面，傅柏翠还创办每周一期的《古蛟报》及平民学校、农民夜校和农村教育社（1933 年），同时利用所创办的“私立古蛟初级中学”培养农业技术人才（陈赛文、黄宁、傅柒生，1995：125－133）。为了维持社会治安，古蛟组织乡村警察所，严禁赌博、抽鸦片、偷窃等行为，促进社会风气清明、人人知义从善。据说，有次国民党福建省主席刘建绪到地方巡视，在古蛟遗失皮包，被当地群众拾到后立即送到办事处并送还失主，刘建绪特别感激，特制“为民表率”匾额一块，挂于蛟洋村宗祠中。

在傅柏翠领导下的古蛟地区，耕者有其田，人民群众安居乐业，没有偷盗，没有土匪，没有赌博，没有抽鸦片，不拜菩萨，婚姻自由，义务服兵役等，一直维持了20多年（陈赛文、黄宁、傅柒生，1995：133-136）。据章振乾1945年在闽西农村调查时的日记，作者观察到古蛟“各村乡建人士均有一种蓬勃的生气。许多事业都自发地举办起来，尽管有的过于理想，但他们都很有兴趣地在商讨，在举办，在反复辩论之中，这与时下形式主义有所不同”（1996：121-122）。而据台湾学者研究，虽然古蛟地区与傅柏翠理想的“新村”差距颇大，但在抗日战争与国共内战的动荡时局中，这个区域却始终维持社会稳定，经济自给自足，堪称同时期闽西农村少见的异数（赵树冈，2014：41）①。

关于傅柏翠“不听劝说”地坚持回家乡，尝试成立“共家团”和组织村乡集体合作、互助共享的行为，可追溯到其在“五四”时期所受日本武者小路实笃的“新村”思想影响。他在访谈记录中提及自己受到周作人1919年发表于《新青年》的《日本的新村》启发，企图在古蛟地区实现“新村”理想（章振乾，1996：183；陈永发，2011：435；赵树冈，2014：113）。

关于傅柏翠与乡建的关系，除上述实际行动外，20世纪40年代初，傅柏翠在当地设立乡村建设委员会，制定古蛟乡村建设“三年计划”和“五年计划”。其间，1941年傅柏翠曾企图把古蛟乡村建设安上“三民主义”的牌子，希望使现行制度合法化，但结果失败了，最后只好仍以“古蛟乡村建设”为名（章振乾，1996：169）。另据傅柏翠本人回忆，其1936年与梁漱溟有过交往，后者曾邀请他到山东参与乡村建设和民众武装组织运动（2002：270-271）。

因为篇幅关系，关于黄展云和傅柏翠的详细情况，笔者暂不展开。若将两人结合起来看，一方面，再次证明了乡村建设在乡土中国现代化转型过程中的普遍存在，但其又不可能简单自然地发生，其中充满艰难与曲折，乡村建设实践也断非“保守”或“书生之见”，无论是本节中黄展云、傅柏翠在时代风浪中的几次选择，还是河南彭禹廷为地方良治而付出生命

---

① 关于傅柏翠及古蛟农村建设的复杂状况，还可参考：陈耀煌. 民国时期的农村社会与地方强人——傅柏翠与闽西地区//东吴历史学报（第29期）. 台北：东吴大学出版社，2013。

代价、梁漱溟抗战后亲自带游击队去敌占区，都有所体现；另一方面，也表明乡村建设和中国革命本身的丰富性，无论是黄展云、傅柏翠，还是梁漱溟、卢作孚，他们早年都曾积极参加革命，正如卢作孚与好友恽代英的一次讨论：我们不仅需要炸弹，我们还需要微生物，因为后者更为广泛、持久和深刻。在现实中，乡建与革命常充满张力①地缠绕在一起，关于此点，笔者将在最后一章进行专门的讨论。

2. “有实无名”的乡村建设②

笔者认为，除以上两个案例外，在全国范围内还应存在更多丰富多元的相关案例，其之所以较少进入已有乡村建设的研究视野，一方面，是因为这些实践留下来的资料相对较少。作为带有改良特点的渐变行为，其本来就融入生活点滴之中，变化效果常不明显，而且很多作为地方性和小规模的实践，较少有历史或社科学者进行专门的记录与档案保存。外加20世纪二三十年代这一集中发生乡建的时期刚好也是中国内外变化最剧烈的时代，保存资料殊为不易，被不断发生的各种变化所破坏、中断和覆盖更是常态。

相对而言，今日被更多提及和讨论的历史乡建实践，不少与推动者的特殊身份能够引起当时媒体和学者的关注有关。比如晏阳初“海归”身份和巨大的海外影响与筹款能力，外媒报道经常反过来推动国内媒体的关注；而对于成名很早的北大学者梁漱溟来说，其从“五四”时期起就一直活跃于知识界的聚光灯下，个人经历本身也具备传奇色彩。也可以说，这两个最受关注的代表性乡建实践者除在持续时间和系统程度上的突出及特色鲜明外，能引起更多的关注自有其独特原因。

另一方面，由于受到坐标的限制，让我们多选择性地看到部分实践或其中的某些方面，其不仅涉及政治取舍，还联系着主流意识形态的“屏/蔽”效果。因为在“效果论”的考量下，只有主流意义上“成功”的人和

① 傅柏翠本人回忆，自己“从1930年12月被开除党籍，1931年3月用武装力量对抗闽西苏维埃政府肃反委员会的军事讨伐，直到1949年全国解放，整整18个年头，都是处在国、共两面的夹缝中，行动极不自由”（2002：261）。

② 需要特别指出的是：所谓“有实无名”的乡村建设，不仅指实践上的相近探索，同时也应包括理论上的相近思考，比如“村治派”的思想者与实践者、核心成员王鸿一对梁漱溟的“乡建转型”有着重要影响，米迪刚则直接发起河北定县翟城村的村治实践并为后来晏阳初主持的“定县实验”奠定了重要基础。该学者群的相关思考也充分体现了国情自觉、文化自觉与实践自觉，与乡村建设有着相通的内涵。

事才能获得进入历史的资格并以既定评价加以固化，效果不“好”或不够“好”的，自然无法作为典型案例而引起关注。这也让乡村建设在愈发的类型化和简单化中日益单薄，稀释了其本应包含的更多启示。

除以上所举福建的例子外，实际上还存在更多被忽略的重要乡建实践，虽然其可能并未以“乡村建设”为名，却内在体现着乡村建设的实质内涵，也可以被称为“有实无名”的乡村建设。

比如第一章讨论近代乡建萌芽时提到的晚清著名实业家张謇（1853—1926），作为近代中国实业家、政治家、教育家，他于1894年考中状元，激愤于中日《马关条约》，主张兴办实业与教育以救国，所从事的“经营乡里”活动也从自发阶段提升为自觉阶段（虞和平，2004：77），随后集中精力兴办实业、教育、文化、交通、地方自治和建设等事业，所努力建设的江苏南通被誉为“中国近代第一城”[①]，有研究者指出，其“在实践中完成了后来乡建派所追求的全部目标”（马俊亚，2013：263），可以理解为“有实无名”乡村建设的典范案例（熊彤，2009：125）。除南通本身的实践外，张謇还影响和启发了一批仁人志士，其中也包括随后在北碚推动乡村建设的卢作孚及下文要提及的费达生。

南通农会由张謇创立（约于清光绪二十年），1912年于城南门外建立事务所。农会除向当地农民推广优良品种、图解耕种知识，还兼管理地方林业和乡人的婚丧嫁娶及邻里纠纷诸事

① 关于张謇在南通建设中所取得的成就及其对中国现代化的开拓意义，可参见：张廷栖. 张謇所创中国第一. 北京：中国环境出版集团，2019。

中华职业教育社与地方人士在镇江黄墟举办农村改进试验区，帮助农民发展经济。图为黄墟改进区一周年纪念大会合影（1931 年）

据研究者归纳，出于“不满程朱说而不做的作风，想通过自己的实践来‘替书生争气’”和“弘扬儒家的民本思想和仁者爱人的大义”这两个方面的动力（虞和平，2004：493、494），张謇返回家乡南通，一方面提出以“村落主义”[①] 为核心的在地化发展思路，该思路延续其长期以来的“农本思想”——早在 1897 年，张謇即指出“凡有国家者，立国之本不在兵也，立国之本不在商也，在乎工与农，而农为尤要”，即使在后来大生纺织企业卓有成效时，他依然认为“民生之业农为本”，“工次之”（章开沅、田彤，2011：82）；另一方面在南通开展以县域综合发展为目标和内容的乡村建设早期试验，这也是一个“资源在地化产业开发”的过程：把所在地区形成的产业开发收益全都用于当地的社会发展，包括通海垦牧、福利建设、教育建设、公共基本建设等[②]。也有研究认为：南通经济发展走的是一条依据本地物产和市场，开发工业，以工带农，以农援工，以点带面，城、乡一体的发展之路。与此交织并行的是工业化启动了传统城市的近代化，再则启动了农村的市镇化，因大生各厂和各企业几乎都建在农村，有学者也把这些厂称为“中国最早的一批乡镇企业”（章开沅、田彤，2011：491）。

其中，垦牧是张謇实践的重要组成部分，他于 1901 年创办了“通海垦牧公司”，经过十年艰苦创业，至 1911 年“堤成者十至九五，地垦者十之三有奇”，基本上按科学方案设计施工的整套农田水利设施已经建成。

---

① 该说法原为时人之讽刺，但张謇却乐于接受，其自陈“走抱村落主义有年矣，目睹世事纷纭，以为乡里大夫，苟欲图尺寸以自效者，当以地方自治为务”。章开沅和田彤认为：张謇“村落主义”的奋斗目标是“民治”，教育、实业和慈善是“村落主义”的主体，“治人”是村落主义的核心和关键（2011：482-483）。

② 可参考：《二十年来之南通》（陈翰珍 1925 年著，1938 年南通县自治会印行）和《南通地方自治十九年之成绩》（张謇研究中心南通博物苑，2003 年重印），时人编著的两书对南通各方面实践有详细记载。

一方面，堤内土地已得到初步改良，已能为大生纱厂等提供优质原棉。另一方面，在周边建起“自治公所”、初等小学、中心河闸等，昔日荒滩已建成新式农村。通海垦牧公司在短短十年期间取得海内外公认的巨大成绩，在其影响下，后起公司纷纷效仿，总投资数千万元，吸收了数十万移民开荒种棉，至 20 世纪 20 年代，这些公司已拥有南起南通，经如皋、东台、盐城、阜宁，北至灌云的沿海土地 2 000 余万亩，植棉 400 余万亩，年产棉花 60 余万担（陈争平，2007：213－214）。可以说，在“创造增量”中促进了农民的收入增加与产业开发①。

作为“百年乡村建设”的开篇，张謇南通实践的重要性毋庸置疑。从乡村建设的角度对张謇的研究目前还相对单薄，除前述关于“有实无名”乡村建设的两篇文章外，笔者参与撰写了《近代中国在地型社会企业的探索与创新——以张謇的“大生集团”与近代南通建设为例》（《上海大学学报》2018 年第 1 期）。因为张謇所处时代及其人其事的复杂程度让现阶段的笔者力所不逮，此处暂做留白，未来再做专门研究，敬请谅解。

作为与张謇有着内在联系②的费达生、费孝通姐弟，其分别在实践和理论两个层面推动了“有实无名”的乡村建设。相继写出《乡土中国》《乡土重建》的费孝通，其与乡村建设的内在关联近年来已有研究从不同角度进行推进③，笔者也已在第二章中进行了一定讨论。此处主要讨论对其产生重要影响的胞姐费达生④。

费达生（1903—2005），蚕丝专家，一生从事蚕桑丝绸科学技术的推广，被誉为“当代黄道婆”。14 岁入江苏省立女子蚕业学校学习，受到蚕

---

① 关于张謇所推动的农垦事业可参考：姚谦，等．张謇农垦事业调查．南京：江苏人民出版社，2000。该书对二十几个相关农垦公司的数百人进行口述访谈，多角度呈现这项事业的方方面面。

② 据费孝通回忆：当年张謇先生请我父亲（费璞安）到南通教书，是南通兴办新学的第一批教师。我名字里边的“通”字，就是父亲在南通当教师的纪念。张謇先生的儿辈是“孝”字辈，我们两家很熟悉，为纪念父辈的交情，我的名字也就用了“孝”字（张冠生记录整理，2019：138－139）。

③ 例如：徐勇．现代化中的乡土重建——毛泽东、梁漱溟、费孝通的探索及其比较．天津社会科学，1996（5）；张华．“去民间”：以张竞生与费孝通乡村研究为案例．西南民族大学学报（人文社会科学版），2016（5）；张浩．从“各美其美”到“美美与共”——费孝通看梁漱溟乡村建设主张．社会学研究，2019（5）。

④ 近年来已有研究从乡建角度研究费达生，详见：金一虹，杨笛．现代性的另类追寻——费达生 20 世纪 20—40 年代的社会改革研究．社会学研究，2017（1）；金一虹．“有实无名”的乡村建设——从费达生的社会实验说起．开放时代，2018（3）。

丝教育家郑辟疆[①]的熏陶和影响。1920 年从女蚕校毕业后留学日本，次年考入东京高等蚕丝学校制丝科（东京农工大学前身）。留学期间，她看到日本自明治维新后，以蚕丝兴国，成为中国的强劲对手；又因经常受到一些日本人的歧视，更激起了她发愤图强、挽回利权、重振祖国蚕丝事业的决心。回国后，她回到女蚕校工作，追随郑辟疆，坚持教育与实践相结合，长期深入农村，开展推广养蚕新技术的土丝改良运动，1925 年接任女蚕校推广部主任。

费孝通晚年回忆起时，曾深情地说道："姐姐一直走在我的前面，是我的表率……我确是在她后面紧紧地追赶了一生。"之所以这么说，不仅因为费达生在当地的实际影响——"如果到太湖周围有桑树的村子里去，只要一提起他们两人（郑辟疆、费达生）的名字，就会从广大劳动农民的脸上体会到对他们感激的心情"（余广彤，2002：代序）。实际上，费孝通成名作《江村经济》中的"江村"就是费达生所进行实践探索的"开弦弓村"[②]。正是姐姐的实践为弟弟的理论思考提供了冲击，"刚（在开弦弓）住下时，他没有想要搞调查。可是，一旦他亲眼看到了农民的劳动与现代缫丝机器的结合，整个的心思一下就被触动、被吸引住了。他为这个现代工业进入中国乡村的场面而激动，觉得面前的事情大有意义，应该把它写出来"（张冠生，2011：109）。与此同时，正是费达生的引介，为费孝通快速进入那个"熟人社会"并赢得村民们的信任打下了基础，"村里的调查工作，从费达生为他准备下的良好人际关系中得到了非常多的便利。村民们爱姐及弟，称费孝通为'小先生'。他们像欢迎'费先生'一样欢迎'小先生'"（张冠生，2011：115）。可以说，费孝通正是把费达生所代表的一代人在乡村中所进行的建设性探索和创造记录"写出来，理论化，提个概念——工农相辅[③]，解读中国牛郎织女的传说"（张冠生记录整理，2019：目录 6）。

作为"有实无名"乡村建设的先行者，费达生不仅以扎实的技术创新

---

① 郑辟疆（1880—1969），蚕丝教育家，江苏省立女子蚕业学校校长，被誉为中国蚕丝界泰斗。在教育上，他提倡知行合一，学以致用。他长期从事蚕丝科学技术的研究和推广，尤其对改良蚕种，组织蚕丝业合作社，推广养蚕、制丝新技术，有卓著成绩，对我国蚕丝事业的革新和发展做出重要贡献。1950 年，70 岁的郑辟疆和 48 岁的费达生宣布结婚，他们先是师生、后为同事，再为夫妻，一起走过了近 30 年的历史，成就一段人生传奇。

② 1936 年费达生引介费孝通在该村调查，后者最后写成被誉为"人类学实地调查和理论工作发展中的一个里程碑"、国际人类学界经典之作的《江村经济》。

③ 费达生 93 岁回忆自己一生事业时提道：不能农归农、工归工、商归商，那不行的……要农工商一起弄，不是单独能弄的（李小江，2003：255）。

改进农民生活，她还在郑辟疆的带领下，1924 年 4 月到江苏吴江的开弦弓村建立蚕业改进社。1929 年 1 月 10 日，费达生等人推动的开弦弓生丝精制运销合作社正式成立。同年 5 月，该合作社的机器丝厂开工投产。该厂作为我国历史上第一个农村合作丝厂，时为国内外同行所瞩目，被日本学者称为“现代中国极有价值的试验”（张冠生，2011：36）。据《开弦弓村志》记载：1929 年 3 月 1 日，成立一个多月后的生丝合作社（也称缫丝厂）召开入股社员大会，选定 2 亩 6 分桑地和 1 亩 4 分低地为生丝合作社用地。3 月 9 日，生丝合作社破土动工，7 月 17 日竣工。共建厂房、办公用房和生活用房 32 间，安装日本小复摇式铁木结构缫丝机 32 台、复摇车 16 台。8 月 5 日，生丝合作社正式开车。所需经费除社员股金外，以费达生及女蚕校技术推广部的名义做担保，先后两次共向江苏省农民银行吴江分行和震泽江丰农工银行贷款 158 752 元。年末产丝 41.31 担，获利 10 808 元。入股社员扩展到 552 户，总认股 833 股（2017：82-83）。该村志还在各种史实的基础上进一步指出：费达生等从推广养蚕科学技术到创办生丝合作社，走的是一条不同于别国的乡村工业化道路。生丝合作社是在乡村立厂，与都市建厂不同。都市工业是以人去适应机器，乡村工业是以机器去适应人。工人平时做工，农忙务农，工厂就在乡间，同伴就是邻里。这是从实际情况出发，土生土长的结果（2017：84-85）。而据费达生当时的描述：这合作社自民国十八年（1929 年）以来，由该村农民自己负责，在几年中正逢丝业的大衰落。但是这小小的一个芽，没有在大风浪中夭折，反而表现出了它一些吃得风浪的特长，其中包括原料统一、费用较轻、经济伸缩力较富等方面（1934：19-20）。而在此前，费达生 1933 年已在《独立评论》第 73 期上发表《我们在农村建设事业中的经验》，认真梳理其在开弦弓所进行丝业改造与农村建设的经验，希望与当时从事农村运动的人士交流探讨。从中，我们既可以看到在半个多世纪后异军突起之“乡镇企业”的早期形态，也可以看到费孝通《乡土重建》的理论基础和底气来源。

开弦弓村实践的起步与推进都体现着在地建设性力量与外部资源的良性互动。据费达生 93 岁时的回忆，“开弦弓有个陈行荪，是个小学校长，他很起劲，要求去他们那里演讲，郑先生（郑辟疆）答应了。开完会后，看展览，看蚕、丝模型、照片……演讲后回到船里，陈行荪校长和乡长来了，对郑先生一躬到地，客气得不得了，在河滩边一躬到地，到今天我都记得……”；除了特别诚挚的态度外，更体现在实际行动中，第二天他们就组织起来 21 户，成为后来制丝合作社的基础（李小江，2003：239－240）。由此可见，在组织合作社和改良蚕丝过程中，充分体现着外来知识分子与在地农民的良性互动。费达生晚年回忆中也有生动的描述："从农民中学习，再教农民……我们学他们的说话、名词。相互学习，才能教他们，指出什么地方不对……（这些）学生很起劲，不但有信用，而且感情好，等于大家庭中老人小人的感情，感情是可以引起教育方面的力量的……感情一好，大人小孩都对我们尊敬得很，我们对他们像自己人一样，大家的精神好了，什么都肯听话、好学、肯学。"（李小江，2003：241－242）

从张謇到费达生，长三角区域一脉相承的这两个案例，既展现了常被我们忽略的"有实无名"乡村建设，同时也为我们理解类似实践提供了一个新的角度，里面的更多内涵与启示还有待进一步研究。

除以上由实业家发起的乡村建设外，还有一些在"自治"实践中展开的"有实无名"乡村建设，第一、第二章所讨论的河北定县米迪刚及河南镇平彭禹廷即是典型。此外，浙江萧山衙前村"乡村自治"也是另一个"有实无名"的乡建早期案例，虽然因为发起者沈定一的传奇人生①而让该实践充满争议，但山东乡村建设研究院主办的《乡村建设》第二卷第七第八期合刊竟用整十九页的篇幅及首篇的位置刊载了《沈定一先生及其主办的乡村自治》，可见其影响。

带着"知农村改造不但须济其急，尤须救其常；不仅须改变其穷苦，尤须医治其愚笨。于是继续努力于兴办全乡农村小学，及整治水利兴办合作社等事业"（孔雪雄，1932：1）的理念，沈定一 1921 年回到家乡萧山衙前。他身穿普通农民衣服，操着家乡方言，用农民常见的事例做比喻，不仅使农民听得懂，也说到了农民的心坎上。他为了迅速建立农民组织，创办衙前农村小学，作为开展农民运动的基地，同时积极发动农民，主张"农民自决"。沈定一于同年 9 月 27 日在衙前东岳庙召开农民大会，成立衙前农民协会（全国第一个有纲领、有章程的农运组织），并通过了由他起草的《衙前农民协会宣言》和《衙前农民会章程》。沈定一曾为自治会

① 沈定一（1883—1928），浙江萧山人，字叔言，又字剑侯，号玄庐。于日本留学期间加入同盟会，辛亥革命爆发后参加光复上海的武装起义。1916 年回国后当选为第二届浙江省议会议长。1920 年，沈定一与陈独秀、李达在沪组建上海共产主义小组，为中国共产党的最早党员之一。1923 年底加入国民党并于 1924 年当选为中央候补执委。1926 年参加"西山会议派"召集的国民党伪"二大"，被选为中央常务委员。后期积极反共，1928 年因派系倾扎在萧山衙前被刺身亡。详见：萧邦奇. 血路：革命中国中的沈定一（玄庐）传奇. 南京：江苏人民出版社，1999。

会所撰写对联“填海底，削山川，把大地打匾鎚圆，请自乡始；扫文盲，换穷骨，为群众谋生设教，不让人先”（孔雪雄，1932：4），从中多少折射出其希望立足乡村、谋求全局的理想与目标。

沈定一在《衙前村试办乡村自治筹备会成立宣言》（1928 年）中提出：本村试办自治，不单是使一般民众得到实际的团结机会，并且要在自治的设施上救济我们的穷困，振拔我们的愚鲁（陶水木，2010：730）；而在《浙江萧山衙前村乡村自治会章程》中则将“1. 清查户口及财产；2. 筹备乡村经济组织；3. 测量土地、估定地价；4. 修筑道路及设备各种交通机关；5. 垦殖荒山、矿地；6. 改良农田水利、保护森林；7. 建设学校”列为本会全部自治事件（孔雪雄，1932：附三）。由此可见，衙前探索不仅有已受到较多关注的农民运动，还包括“建立各种各样的社会机构（医院、孤儿院、教育协会）……设立许多解决社会、环境、经济、教育和政治问题的新机构，在这些新机构中，短期的如筑路、病虫害防治、济贫等机构。沈定一死后仍保留下来的有 4 项：水利工程、教育、蚕丝业改革、信用和零售合作社的设立”（萧邦奇，1999：215）。例如，为提高当地农民的收入，自治会一方面推广优质蚕卵，不仅提高了茧丝产量，也因茧丝质量提升而提高售价；另一方面成立茧丝销售合作社以利于蚕茧销售。此外，1928 年还成立了衙前信用合作社，最初吸引了 300 多人参加，第一年贷出 1 000 元，第二年则贷出 6 000 元，到 1930 年会员已达到 540 人，其他乡也随之成立了信用合作社，而在衙前同时还成立了蔬菜销售合作社和草帽工人合作社（萧邦奇，1999：216－217）。据时人孔雪雄的观察，经过这些努力，“自治已经初具规模，无论男女老幼，都明晓自治权的运用……区内生产进步虽无统计可考，然原来破败的屋舍已渐渐修葺整齐，衣衫褴褛的亦不容易看见……讼事盗贼亦绝然无闻”（1932：4）。因篇幅所限暂此打住，希望以此为例拓展我们对多元乡建的认识，同时也看到乡村建设与乡村革命（农民运动）的复杂关系，笔者将在第八章的“几点讨论”中进一步展开。

专栏 4.1：延安的乡村建设实践①

一提起延安，大家很容易联系起革命，而乡建似乎等同于改良，是革命

① 本专栏源自笔者参与组织的“在乡村发现中国——跨学科联合调研”（一）。联合调研组十二人于 2018 年 7 月 10—20 日在晋豫陕三省七个县区进行调研，此为笔者在延安参观时的观察与思考。为保持原貌，此处未做过多修改，其中部分图片来源于延安北京知青博物馆。

的对立物，很少有人会将其与作为革命象征的延安联系起来。可实际上，延安与乡村建设有着紧密的内在联系①。就在80多年前，乡村革命和乡村建设的代表人物毛泽东与梁漱溟就在延安窑洞中进行过连续六天的深度对话。

而就在毛泽东和梁漱溟“窑洞对”的发生地延安，经过大革命失败和艰苦卓绝的长征之后，其不仅仅是“落脚点”和“出发点”，更是“一切工作的试验区”（毛泽东，1945）。中国共产党一方面需面对如何在恶劣的外部环境和边陲地带拓展出必要的生存空间，进而谋求更大发展；另一方面，作为外部主体和现代政党，到了中华文明发源地之一的黄土高原，如何直面乡土中国、小农经济和资源禀赋差等国情现实，并将乡土及小农转化为“革命/建设”的独特资源与内在力量，这既是摆在中国共产党面前的巨大难题，也是所谓马克思主义与中国具体革命实践相结合的关键之处。

在延安简陋的窑洞里，当时②强调普遍性的毛泽东和强调特殊性的梁漱溟最后谁都没有说服谁，然而却彼此尊重且求同存异③。美国马克·赛尔登则将这种“关于经济发展、社会改造和人民战争的别具一格的方式，其特色包括民众参与、简政放权、社区自治”的方式命名为“延安道路”④，并认为其是“边缘乡村地区的人们在资源极端稀缺的条件下对因战争而加剧的压迫、剥削和停滞所做出的创造性回应”（2002：202、289）。正因如此，乡村革命与乡村建设有了结合起来进一步讨论的必要。

本专栏希望通过发掘延安经验的丰富内涵，透过延安与乡建共性和张力的讨论，既推动对乡村建设的新理解，也促进对发生在20世纪这场既

---

① 有研究认为“延安时期是中共与乡村社会的结合达到最佳状态的历史时期，也是乡村建设的延安方针与乡村实践的延安道路实现并行不悖、难分轩轾的历史时期”（王先明，2016：13）。

② 之所以为“当时”，是因为毛泽东除强调中国革命的普遍性，也强调其特殊性，后者正是“马克思主义中国化”和“山沟沟里出马克思主义”的思想基础，此处只是论辩语境下的相对而言。有研究指出：梁漱溟对中国社会和中国革命道路特殊性的强调，契合并促进了毛泽东对中国革命理论的探索。半年过后，1938年9月至11月召开的中共六届六中全会上，毛泽东提出马克思主义在中国具体化问题，关注无产阶级革命中的中国特点，追求无产阶级革命理论的中国作风和中国气派（朱鸿召，2013：542）。

③ 类似场景一年半前曾经预演。据《千家驹年谱》记载，1936年夏，千家驹曾请梁漱溟到他家谈中国农村建设、农村阶级、抗日救国等问题，时达两个半天。讨论中，谁也说服不了谁（王文政，2014：52）。

④ 杨东在《乡村建设的延安道路》一文中认为，延安时期中共采取了“尊重固有条件、组织起来、利用传统改造传统、坚持乡村建设的农民主体、一切工作在于村”这五大方针（2014：130-132）。笔者认为，这实际上也是乡村建设的内涵和原则。

有着国际共运背景，也有着十分突出的本土特征与乡土特质，虽由知识精英发起并以城市为初期中心，最后却以“农村包围城市”为高潮与主要力量源泉的社会主义革命进行新的认识。

一

今日之延安，虽然经过多年的退耕还林，比起老照片中的“圣地”延安已经多了不少绿色，然而相对于八百里秦川的丰裕，却仍然掩饰不了土地的贫瘠和资源的匮乏。经过 80 多年的发展，延安现在已是有着 200 万人口的中型城市，且有着令人羡慕的石油资源；然而当时却是人烟稀少和落后偏僻的边陲之地，要想以此支撑起能够夺取革命胜利的正规军队与现代政府，难度可想而知。但这却是当年红军所面对的基本现实，也是中国革命要完成从传统中国向现代中国转型所面对的诸多限制的某种缩影。特别是 20 世纪 30 年代后期，全国范围内的外部环境正随着世界经济危机和日本全面侵华而发生剧烈变化，内部环境则因白银危机的爆发和保甲制的强制推行而导致“三农”受剥夺程度进一步加剧。

《延安乡村建设资料》（共 4 册，孙晓忠、高明，上海大学出版社，2012）

80 多年前的延安乡村建设正是在如此背景下展开的。为了破解中共在延安可能面对的“政权内卷化”危机（高明，2018），克服迅速到来的严重财政困难，同时实现更广泛的革命与建设动员，中国共产党在延安开展了著名的“大生产运动”，亦兵亦农，化消费者为生产者，开人民军队屯垦之先河，从 1942 年到 1944 年共开荒 200 万亩，其中 1943 年产粮 184 万石，除去总消耗 162 万石，余 22 万石。一方面，突破了国民党的“经济封锁”，为各种建设提供了必需的物质基础；另一方面，大力提倡“组织起来”，充分调动包括妇女、儿童在内的各种力量，以细致耐心的工作态度和高明深入的工作方法来完成“细腻革命”（张炼红，2011）。与此同时，通过对“二流子”等群体的改造，努力推动“劣绅驱逐良绅”现象的逆向转化。在这些工作的基础上，再结合各种形式的互助合作，进而构建了强大的建设主体，让革命融入乡土社会和农民的日常生活之中。

延安“大生产运动”积极改善了农业生产条件，人们在陕北种上了水稻

延安妇女纺织合作社

如此建设，当然不是一般的建设，其在融合乡土后创造性地发展出一种新的政治。从这个角度看当时政权建设中的“三三制”原则，其不仅基于统一战线的需要，还事实上产生了调动本土建设力量并让外来主体接受“在地化”改造的效果；与之相应的“精兵简政”政策，不仅可以减轻民众负担并提高行政效率，还有助于避免官僚主义和形式主义，两者都内在着“改造政权”，让外部主体和乡土社会更好地融合，探索一种低成本的乡村治理方式。

抗日民主政权建设实行“三三制”原则，即在政府工作人员分配上实行共产党员、非党的左派进步分子和中间派各占三分之一。图为陕甘宁边区参议员合影。前排左三为开明绅士李鼎铭

除了“政权建立”和“政权改造”齐头并进，“融入乡村”和“改造乡村”也同步进行并体现在很多方面。例如，延安的秧歌改造既延续传统秧歌的草根性和乡土性，也努力去除其中的色情等积弊。为了发展教育，陕甘宁边区政府拨出全部经费的20%用于发展教育事业。到1940年，边区先后创办了1 341所小学和7所中等学校。但这些教育都不是重复以“去乡土化”为特征的现代教育，而是强调教育与生产的结合，并以识字班、夜校、冬学、读报组等形式的社会教育为重要载体（延安革命纪念馆，2011）。为了进一步让知识分子和农民更好地实现双向融合，1942年的延安文艺座谈会强调了文艺工作者需要与工农群众紧密结合，明确了文艺工作的新方向。为了在更大范围内形成有利的社会氛围与实践自觉，中国共产党还进一步总结出“理论联系实际、密切联系群众、批评与自我批

评”三大优良作风，并在各层面上进行贯彻发扬。

延安清凉山卫生所大夫出诊受到农民欢迎（1943 年）

延安文化沟广场演出秧歌场景（1943 年）

二

通过农村包围城市，中国革命成功获得政权。1949 年中华人民共和国成立，通过土地革命对乡土社会进行全面的组织化改造，这虽然让“乡建派”知识分子们的乡村建设行为萎缩，却由于新国家社会广泛参与基础的形成，而使得乡村建设的理念和工作在国家建设背景下，以新的形式被高效、全面替代与覆盖。就在中共中央搬离延安 20 年后，2.8 万名北京知青陆续到延安插队落户，是继红军长征到达陕北后的又一庞大的外来群体。这一遍布全国的“上山下乡”运动除可以联系当时特殊的政治环境外，其实还联系着重要的经济背景。根据温铁军的分析，在 1980 年之前的工业化原始积累过程中有过两次大规模的外资投入，带来了四次大规模危机。GDP 增长、经济支出、财政盈余纷纷下降到零值线以下，危机爆发造成几千万失业，重大成本转移给社会。于是，中国第一次有了政府动员上千万城市青年去农村的“上山下乡”运动，以这种成规模的劳动力集中投入替代极度稀缺的资本。

延安地区北京知青建设新农村统计（1971 年）

在如此艰难却影响深远，以“自我剥夺”完成原始积累为特征的国家工业化过程中，一方面，相比于城市和工业来说，“三农”无疑承担着更大的成本和代价。曾经的革命摇篮在几十年后依然贫困，也正是这点让 1973 年陪外宾来延安的周恩来总理热泪滚滚。另一方面，除了经济上通过工农剪刀差以“汲取”资源用于工业化的无奈之举外，社会主义国家也对“三农”进行不同层面上的“回馈”，尝试对原来以城市为导向的文化教育、社会建设等进行方向性改变。

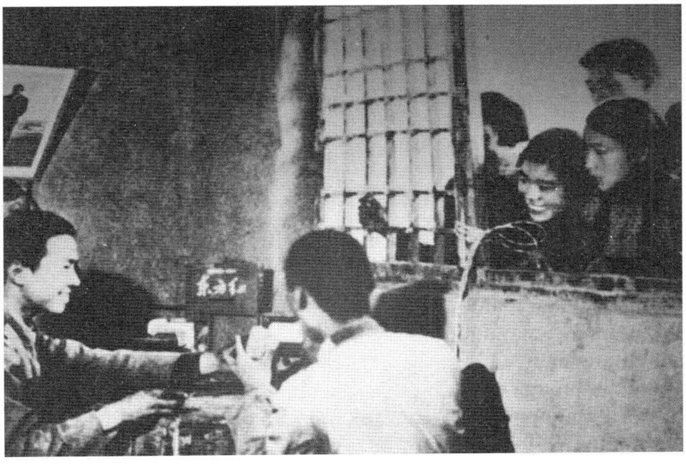

延安知青创办的广播站，第一次将广播引入农村

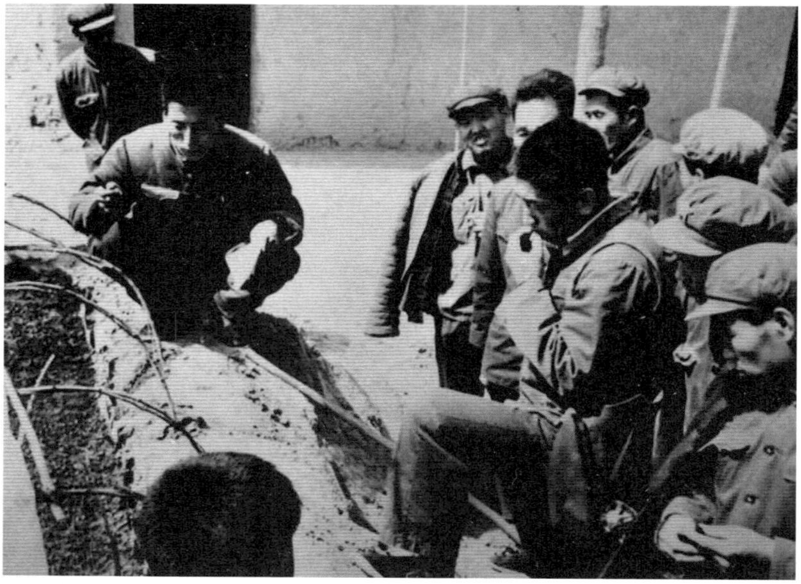

延安地区富县钳二公社北京知青在做玉米发芽实验

我们可以在如此背景下重新认识延安第二波外来力量所参与推动的乡村建设，“到乡村接受再教育”和“建设乡村”实际上是一体两面且同步进行的。随着大规模知青的下乡并参与劳动，大批消费者重新成为生产者，既释放了危机状况下十分突出的财政压力，同时知青们通过担任农业技术员、赤脚医生、民办教师等，也弥补了乡土社会的短板和不足，成为一股稀缺且关键的建设性力量。

例如，1969 年到延川县关家庄公社关家庄插队的北京知青孙立哲，当看到陕北农村缺医少药的现状后，他刻苦自学，大胆探索，成为一名出色的赤脚医生，并于 1970 年创办关家庄合作医疗站。十年间，该医疗站成功完成大小手术 3 000 余例，治疗 28 万人次，不仅缓解了当地乡村医疗资源紧张的状况，还有力挑战了以都市为导向的现代卫生制度。更多知青则利用延安的简易窑洞，办起了各种“窑洞小学”，方便乡村儿童入学。到 1975 年 9 月，延安地区在校学生达到 33.9 万人，适龄儿童入学由“文革”前的 65％上升到 97.1％。

当然，笔者不是要将这种让千万家庭天各一方的行为浪漫化，只是希望能历史化地进行理解，并思考其对国家和参与者的深远影响。正因为直接到达了最基层的乡村，或主动或被动地跨越了巨大的城乡鸿沟，他们才看到了当时中国社会的另一种真实。正如有位知青所说：“我来到农村，才知道了什么叫中国，才知道了我们的老百姓是多么的苦又是多么的好。”实际上，这种因“再乡土化”而对原来“去乡土化”所产生固有认识的突破，与民国期间乡村建设先驱者们所经历的刺激和反思有着很大的相似性。

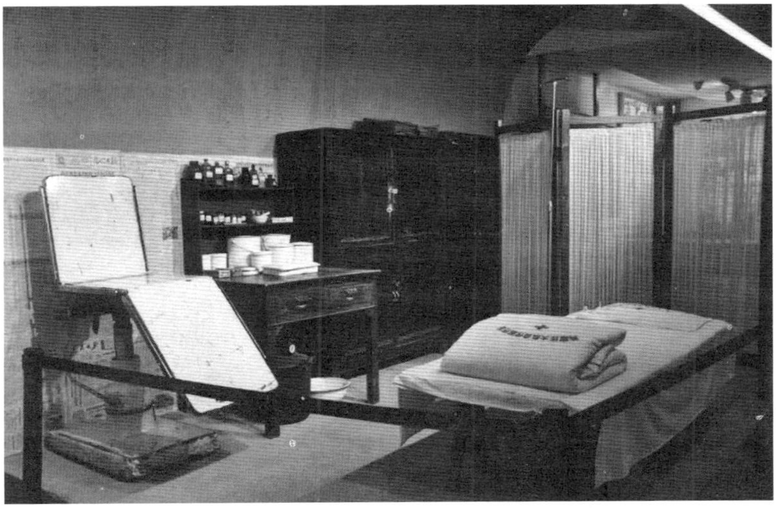

北京知青孙立哲创办的延川县关家庄合作医疗站

延安大学学生在识字班教妇女识字（20 世纪 40 年代）

延安知青创办的窑洞小学

边区妇女社会教育统计表

年度		1937年	1938年	1939年	1940年	1941年
识字组	组数	—	5 560	3 852	3 580	1 973
	人数	—	39 701	24 107	23 725	12 259
夜校	组数	—	599	535	545	524
	人数	—	8 245	8 086	8 706	7 905
半日校	组数	—	236	202	379	393
	人数	—	3 994	12 323	5 833	5 990
冬校	组数	382	728	643	965	655
	人数	10 337	12 824	17 750	21 689	20 919

陕甘宁边区妇女社会教育统计表（资料来源：延安杨家岭革命旧址纪念馆）

这种对乡土中国的重新发现，既属于那个时代“下乡”的城市青年，也属于数量上更加庞大的“回乡”农村青年。正如作家路遥所说：“踏上故乡的土地，就不会感到走投无路。在这个创造了你生命的地方，会包容你的一切不幸与苦难。”在新的坐标下，乡土不再只是贫困落后的象征，同时也孕育着改变的力量与新的可能。

为了让这种可能成为可能，知青们需要克服“生活关”“劳动关”“思想关”，它不仅仅是对新中国同龄人的历练考验，更是那个特殊时代中城乡融合与区隔打破的沉重要求。

三

如果说1949年之前在延安发生的乡村改造实践可以理解为“有实无名”的乡村建设，那么1949年之后包括广大知青参与的建设实践，则可以理解为国家建设背景下“没有乡建派的乡村建设”。之所以说是“乡村建设”，不仅仅因为它们都涉及乡村和建设，更因为它们本来就与“乡村建设”有着共通的内涵。在面对问题和最终目标上，真正的乡村建设既不是“就事论事”的“头痛医头、脚痛医脚”，也不是“随心所欲”的简单建设，而是对外部剧烈变化环境的把握和各种限制下的突围，是传统中国向现代中国转型过程中各种可能性的探索。比如，“城二代”梁漱溟之所以离开舒适的象牙塔，来到泥巴墙并将之作为所知所行的落脚点，是因为其困扰于且不甘于“旧的破坏了，新的却没有建立”“东不成、西不就”的可怕真空。与此相似，延安实践所要做的“不仅要超越经典马克思主义对‘亚细亚生产方式’的论断；还要克服俄国十月革命对乡村的处理方式；并回答中国前几代知识分子的难题”（孙晓忠，2012：序）。

本专栏尝试以乡村建设的视野重新看待延安经验，发掘革命所内含的建设因子和建设诉求，呈现乡村革命的另一种面向，同时推动对20世纪中国之复杂性的再认识。如果说广义乡村建设是乡村革命的目标和内面，那么广义乡村革命则是乡村建设得以真正开展并可持续下去的条件和保障。在回归乡土脉络的过程中，乡村革命与乡村建设相互融合且彼此影响，两者都不应该是自足和封闭的，都需要还原到历史语境之中进行开放性理解，进而发掘其中互相补充、融合和印证的方面。我们既应该从乡村革命的成功反思乡村建设的局限与困境，也应该从乡村建设的草根性反观后来革命中的偏颇与飘浮，同时努力拼接更为完整与饱满的中国革命，挖掘那些在革命浪潮中被排斥和被边缘化但实际上同样重要的建设性经验。

3. 乡村建设的复杂光谱

正如导论中所交代的，本书的研究对象为广义的乡村建设，且上节已经专门讨论了“有实无名”的乡村建设。“打开的”乡村建设名称十分多样，即使是同样内涵的整体性概括，除“乡村建设”外，还包括“乡村改造、农村建设、农村改进、农村协进、农村复兴、农村运动①、归农运动”等，也有“乡建、乡运、村政、农运”等简称或“乡村工作、乡村事业、模范村”等泛称。

---

① 值得注意的是，与“农民运动”相对应，乡建实践者也常以“农村运动”指称乡村建设，比如中华平民教育促进会主办的《民间》（1934—1937），其发刊词即以此为自我指认，同时开设《农运情报》专栏。

如前文各章所讨论的，乡村建设有着不同的源起，其思想资源和立场主张充满差异，具体实践中的行为目标、推动主体和方式内容也十分多元，呈现出复杂的光谱。前面已涉及教育家（如黄展云、黄炎培、晏阳初、陶行知等）、实业家（张謇、卢作孚、费达生等）、文化学者（如梁漱溟、米迪刚等）的乡建主张及实践，下面再结合案例讨论几种其他类型的相关实践。

在特定时代脉络下，由政治家和“地方实力派”参与并推动的乡村建设是一种重要类型。前文所讨论的河南镇平彭禹廷、福建古蛟地区傅柏翠都是掌握武装的地方精英推动乡村建设的典型，其规模相对不大，下面以规模更大的“山西王”阎锡山的省级实践①及“文职”政治家黄郛夫妇的莫干山农村改进为例，做进一步的呈现。

说起阎锡山，人们大多数时候会将其作为“军阀”代表而在民国复杂的政治形势下对其进行“意识形态化”处理，而对于其在山西从事大规模的村治实践与村政建设则关注不够，对此近年来也已经有专门研究②，笔者在此仅简述其实践的动力、内容、成效与问题。

作为地方实力派的代表，阎锡山不仅在其统治下的山西全省推动长期且影响深远的村政实践，还与全国范围内的乡建思潮和推动者有着密切联系③。阎锡山为何费尽周折地办理村政？其在《山西村政汇编》序中自陈“村者，人民聚集之所也。为政不达诸村，则政乃粉饰；自治不本于村，则治无根蒂；舍村而言政治，终非彻底之论也”（1928：51）。但是否可以如乡建知识分子所主张的从“自发”到“自觉”地逐步推进？作为政治家且手握实权的阎锡山在《六政宣言》（1917 年 10 月 1 日）中明确提出“凡此兴利除害之六端，实为生众食寡之要政。如期望人民自行举办，如河清难俟！非以官力积极提倡，不足以树风声而资振作，而欲官吏之实心从事，尤非严加考核，不足以定奖罚而促进行”

① 除阎锡山在山西外，“新桂系”在广西也推进了类似实践。详细可参阅：谭肇毅．评 30 年代新桂系的乡村建设//“20 世纪中国社会史与社会变迁”学术研讨会论文集．中国现代史学会，1997；刘文俊．广西新民团研究（1930—1940）．合肥：合肥工业大学出版社，2007。

② 比如：董江爱．山西村治与军阀政治（1917—1927）．北京：中国社会出版社，2002；韩玲梅．阎锡山实用政治理念与村治思想研究．北京：人民出版社，2006。

③ 梁漱溟晚年接受采访时，专门提到阎锡山资助《村治月刊》并邀请其及王鸿一担任顾问（梁漱溟、艾恺，2010：75），《村治月刊》1929 年第 1 卷第 9 期也刊登了定县翟城村米迪刚的《参观山西村治归来后之感想》，可见当时山西村政实践与广义的全国乡建有着密切互动。此外，山西村治当时已名声在外，泰戈尔访华期间为了交流中印乡村建设，专门改变行程到山西拜访阎锡山。

（1917：132）。

正因阎锡山认为“行政之本在于村”，所以他把整饬村政作为推行新政的基础，希望通过村治实践与村政建设达到振兴经济、发达物产、安定社会、强本固省的目的。山西省地方志办公室 2014 年主持编写了《民国山西村政建设》，全书 759 页，详细整理了山西推行村政建设期间的制度、文件、纲领、训令等重要史料，并做了长篇概述，有很大的史料及参考价值①。除特别标注外，以下内容参考自该书，据记载：山西村政建设的具体内容包括编查户口、实行区村制、办理“六政三事”（水利、植树、蚕桑、禁烟、天足、剪辫、种棉、造林、畜牧）、调解诉讼、执行村禁约、整理村范、办理保卫团、办理积谷等，涉及农村基层社会的政治、经济、军事、文教、行政、司法、道德习俗等多个方面。具体做法及成效包括如下：

一方面大力发展教育。据统计，1911 年在山西 1 100 万居民中，约有 99%以上是文盲。由此，阎锡山把国民教育作为山西村政建设的重中之重——实行强迫国民义务教育，要求凡山西百姓，不论贫富贵贱，在 7 岁到 13 岁的七年间都要接受四年教育（2014：18）。为了确保这一目标的实现，阎锡山不仅在全省范围内大面积创办学校，“在 1918—1920 的三年间，山西教育经费支出占总支出平均达 47%。而且在整个教育经费支出中，国民教育又占了绝大多数”（2014：21）。

另一方面改进农业基础设施并全面发展生产。从 1917 年 10 月 1 日六政考核处成立到 1923 年六政考核处撤除，全省共开渠 504 道，灌田 199.55 万余亩，凿井 17 862 眼，灌田 7.74 万余亩。在此期间，在山西全省约 6 000 万亩农田中，水田已由民国初年的 370 万亩发展到 550 万亩；在植树造林方面，据 1921 年统计，1919 年山西全省共建有县级苗圃 105 处，面积 2 853 亩，各种苗木成活 1 780 万余株，以后几年，种树造林发展更快，仅 1924 年一年山西全省造林多达 332 327 亩，植栽树木 5 330 万余株；在蚕桑和种棉方面，根据《山西通志》记载，到 1922 年山西全省种植桑树 8 034.4 万株，生丝产量 62 吨，养蚕户 17.96 万户。棉花种植面积也由原来的河东一带 20 余万亩，扩大到晋中、忻州等区，面积扩大了三倍（2014：44-45）。另据美国学者的研究，阎锡山鼓励农民生产专业

① 该书以附录形式收录了《山西村政纲要》（邢振基，晋新书社，1929）。作为当时的原始记录，其有山西村政建设的翔实记载。

化的运动也很成功。从1931年到1936年，山西种植棉花的面积总数几乎增加了五倍（唐纳德·G. 季林，1990：192）。

总之，实施了村政建设之后，山西经济状况发生了重大变化。尤其是村政建设初期的1918—1920年间，山西省财政收入每年按60%的速率稳步增长，1918年岁入109万元，1919年增至175万元，1920年则增至239万元（2014：44-45）。

然而，我们不仅要看到以上成效，也要认识到这种“自上而下”强力推动乡建所产生的问题。虽然与其他省区相比，当时山西政治和秩序要相对稳定很多（民国十三年统计，全省劫盗案共十七件，人曰“世外桃源”，被中外誉为“模范省”），然而群众中却传诵着“头上顶着九层天，千查万问永不完”的顺口溜（李茂盛等，1997：266）。除各种强势和生硬给民众带来不便外，如此“行政化”的措施还产生了不少“事与愿违”的不期然效果。例如，植树造林本是好事，然而规定各县每年必须达到每人栽种一株的植树标准，并成立林业促进会以督促推进各县造林之事，就容易出现“预料之外”的情况——许多官吏把完成植树造林任务作为升官的手段，只求栽种数量，不求质量，不管土质气候差异，栽后也缺乏管理保护措施，造成成活率较低。一些官吏、警佐则常以护树为名勒索百姓（2014：30-31）。因此，现场参观后的梁漱溟，1929年即以“铁钩”与“豆腐”的生动比喻进行批评，本书第六章将进行专门的讨论。

下面再介绍另一个也充满争议的政治家。黄郛（1880—1936），字膺白，号昭甫，浙江绍兴上虞百官镇人。民国时期著名政治人物，同盟会会员，蒋介石的盟兄弟。自日本东京振武学校毕业后，曾任北伐军兵站总监、上海特别市首任市长、外交总长、教育总长、新中国建设学会理事长、行政院驻北平政务整理委员会委员长、代理国务总理摄行大总统职。参与过上海光复、“二次革命”和护国之役、北伐战争等重要事件。1928年5月，日军炮轰济南，制造五三惨案，时任外长的黄郛事后被蒋介石免职顶罪。1933年秉承汪精卫授意，在华北推行对日本帝国主义屈辱妥协的外交方针，后遭到全国民意所指而被迫辞职。1936年9月，复任国民政府委员；同年12月6日，病逝上海。

关于这位民国要人，一般性介绍多集中于其政坛上的浮沉，很少关注他另外一段重要的农村改进经历——他和夫人沈亦云自1928年起，在浙江德清莫干山麓的庾村创办农村改进事业，兴建小学、农场、蚕种场、奶牛场及农田水利工程，其中的学校、蚕种场及农田水利工程至今仍在发挥着惠及一方百姓的作用（罗永昌，2018：2）。

为何这位曾经的“代理国务总理”要到山里办乡村教育？据1932年莫干小学校长兼莫干农场场长回忆，黄郛曾言“我从小没有父亲，家境困难，全靠国家和社会的培植。近年来常居莫干山，每次经过乡村，总看见许多小孩，或逗留道旁或嬉戏山间，一无所事。这当中不知耽误了多少聪明有为的青年……在乡村中（也）不知蕴藏着多少聪敏可造的儿童……终日两眼看天度过他们的终生岂不可惜。把一个国家建设在这样的国民身上，又岂不危险。回想吾幼年曾受社会的帮助，现在也应做些社会事业，这也是国民应尽的义务”（郑性白，1945：245）。如果说办乡村教育是从回馈社会的角度出发，那么，做农村改进，除了由乡村教育延伸出的需求外，还联系着一个重要原因：据记载，自1928年黄郛举家迁往莫干山常住后，几年中他走遍了自庾村到莫干山山顶附近数十里的山村小路，与村民的关系也从相识到熟悉。在此过程中，他发现“这里的村民有着明显的特征：其人情朴实而懒怠，生活贫困而简单，工作方法守旧而不变，知识贫乏，方圆数十里也没有几个人能写出自己的名字。这情景与莫干山上‘避暑乐园’相比有‘天地两重’之别……山上每年夏季游客时尚，充斥了都市的奢华和现代化物质享受。而避暑者的仆人则多留于山下居住，他们把都市中低级趣味的娱乐方式，传染于乡村，打破了这方水土原本的宁静，产生了极大的负面影响”（罗永昌，2018：113）。笔者看到此处，联想到当下作为全国民宿“圣地”的莫干山，无数“天价”民宿正给当地乡村带去意想不到的影响和冲击，资本大潮下“要土地不要农民，要农业不要农村”[①] 的割裂自利式发展正席卷全国，真是太阳底下无新事，让人不胜唏嘘。

正是面对着如此“落差”和可预想到的负面后果，黄郛感到心有不安。一方面，他在办理乡村教育时努力推动其与乡村建设的紧密结合，比如，他创办莫干小学的目标是“（学校）成为农村改进的先声，（学生）成

① 有研究指出：自发流转推动的农业经营具有修复村落秩序的作用且可能产生创造性，但市场化和规模化流转通过对传统文化维持、农民食物主权保护等农业多功能性的抽离，促使农业经营迅速脱嵌于村落秩序之外，同时导致村庄内在构成要素不同程度地被工商资本架空或吸附，进而使村落秩序蜕变成资本化农业体系的一部分（黄增付，2018）。虽然该研究所指的自发流转并未明确提及“逆城市化”潮流中以追求生态自然和生活品质的“中产/市民”下乡，但笔者认为可将其纳入，进而将其与追求利润最大化的“资本下乡”进行本质区分。

为地方上有用的人才”（郑性白，1945：248）。据1936年编写的《莫干小学纪实》记载，该校特别注重“耕不废读，读不废耕”的宗旨，不仅希望教育为乡村改进服务，同时希望能“使城市儿童趋向乡村，养成‘归农’[①] 之愿望与身手”。为进一步体现该理念，黄郛亲自确定莫干小学校徽——一把锄头、一本书。经过一年的筹备，1933年元旦新校舍落成，黄郛夫妇特地到庾村与师生同过学校生活，就住在西楼的两间房子里，且不带一个佣人，一切亲自动手，吃饭也和师生同在一起。这时，学生已有120人，教师5人，在饭后课余，只要有空闲时间，黄郛就同教师们讲解办学和改进农村的指导思想并写下“耕读”之匾和“相友相助相扶持，自治自卫自教养”的对联，将之悬挂在大礼堂上，作为今后办理整个农村事业的指针（罗永昌，2018：87-88）。

另一方面，在莫干小学建成之时，黄郛充分借鉴其他地方的农村改进经验[②]，建立了农村改进会和农事实验场，以改变村民的生活状况，同时利用莫干小学的校舍资源为周边村民开设民众夜校，唤起他们对改善生活的渴望，并从县城请来医生为村民免费施诊，提高村民健康水平，也增进村民对学校的信任。1933年3月17日，黄郛在庾村发起成立“莫干农村改进会”并担任第一任理事长，改进会由村中干练者与学校教师担任，下设建设、农事、总务、教育、保安五股，开展工作包括：改进农事技术、提倡造林、改良蚕种、组织购买贩卖合作社、设立卫生室、修理道路沟渠并保持清洁、办理社会教育、设置公共仓库及各种形式的赈灾，以满足农民青黄不接时的应急需求等（李凤琴，2017：153；罗永昌，2018：113-115、135）。

1933年，莫干农村改进会商请浙江蚕种改良场派人员到庾村指导饲育改良蚕种，使饲育蚕种由原来的40余张推广到260张。第二年推广到周围50公里以外的乡村，总量激增至1 000多张；同年开始在庾村推广改良麦种，至第三年试验区内外种植面积达3 000余亩，因这些冬季作物提

① 杨开道曾于1923年在《东方杂志》（第20卷第14号）发表《归农运动》一文，敏感指出当时即已逐渐“热闹”起来的“归农运动”，其既有消极作用也有积极作用，与国外“back to the land”有着内在呼应。其与本书第二章所讨论乡建的“多重源起”有着内涵式相通。但意味深长的是，相对“时髦”的“归农运动”和“新村运动”最后能坚持下来的，多转化/汇总为相对“朴实”的乡村建设。

② 据《黄炎培年谱》1933年1月记载，专门提到谱主和江问渔等人陪同黄郛参观徐公桥农村改进实验区（许汉三，1985：95），而在黄郛的日记中也有邀请徐公桥农村改进实验区负责人陆叔昂到莫干山谈莫干乡村改进方案的记载（罗永昌，2018：83-84）。

高了土地利用效率，使得周边地区粮食供给短缺的现象得到了根本性改观。与此同时，莫干农村改进会成立后新栽植松杉苗木 3 万余株，先后疏浚溪流 250 余丈，修路 540 余丈，筑路 30 余丈，使得水利交通都便利许多。除此之外，莫干小学还购置“安哥拉兔”“美利奴羊”“莱格杭鸡”，一方面教儿童知识与饲养技能，另一方面指导村民，发给优良种源，以提高村民收入（罗永昌，2018：120－122）。

正是各种与乡土结合的努力及其所产生的实际成效，让黄郛与当地村民结下深厚的友谊，据记载，“庾村人民见黄先生，老者如见其兄，少壮者如见其父师”（张静心，1945：229）。1936 年黄郛病逝后，夫人沈亦云 1937 年从杭州迁居莫干山，为了其夫生前的心愿和“生死之盟”而不能不至。在口述回忆中，沈亦云表示“我将以庾村工作为后半生的寄托，我是不得已而来，既来不想再走”（罗永昌，2018：164）。在她的推动下，虽然受日本侵华的影响，但莫干山农村改进工作依然以不同形式得以继续。抗战胜利后，沈亦云 1946 年 5 月专门推动组织了“莫干农村公益事业复兴委员会”，为该区域的农村改进服务。为了纪念这段特殊的岁月，沈亦云在晚年的回忆录中专门设置了“战后的莫干农村”一章，认为“莫干山占我一生最好的时间，从卅五岁到五十五岁”（2017：340），而自己在抗日战争后“最切心而亦最不容缓的一件事是庾村工作的复兴”（2017：534）。

无论是一省还是一村，阎锡山和黄郛夫妇以政治人物的敏感和自觉，在实践中探索着中国乡村的改进可能。在同一时期，还有不同学科背景的专业知识分子，直面内忧外患的严峻现实和内心深处的“不忍”与“不甘”，利用能力专长分别进行了各种积极和富有意义的努力，笔者在此略举一二。

虽然不及社会学、经济学等社会科学学者在公众讨论中活跃，但作为与农业生产和农民生活直接关联、以“农业技术改进”为毕生追求的农学家们（也有人将之归为“农业派”或“技术派”），却是乡村建设中一股十分重要却常被忽略的力量。

例如，与梁漱溟及卢作孚同年出生、被誉为现代农学界先驱的钱天鹤（1893—1972），因深感我国以农立国，而农业生产技术落后，农村凋敝，故立志献身农业，远赴美国康奈尔大学攻读植物育种。1919 年学成归国任南京金陵大学蚕桑系主任，潜心于防治蚕病和选育蚕种的研究。1931 年，他作为主要创建人之一推动中央农业实验所的创建，主管全国农业研究、改良和推广工作。抗战时期，他临危受命担任国民政府农林部常务次长，襄理全国农政大计，殚精竭虑地致力于增加粮棉生产。通过推广优良品种，防治病虫害，改进农田水利工程，建立农业推广机构，以及实行田赋征实等措施，促使粮棉蚕丝等产量得到较大增长，保障抗战期间的粮棉供应。1948 年任中国农村复兴联合委员会（简称“农复会”）农业组组长。1949 年随农复会迁台后参与拟订台湾农业政策和实施纲要，同时主持并策划了金门、马祖两岛的农业建设并成绩斐然，至今仍为当地民众感念。钱天鹤除了在农复会任职期间和晏阳初及中华平民教育促进会在华西实验区中有诸多互动外，其通过增加农作物产量及改进农业技术为手段以提高农民生活的毕生理想与其他角度的乡村建设内涵相通且彼此互补，并且其青年时期因“悯农”而立志终身从事农业的人生选择也与其他学科或领域的实践者遥相呼应①。

作为钱天鹤的同事和挚友，农学家沈宗瀚（1895—1980）也是另一典型案例，他出生于浙江余姚，自幼帮助家里干农活，深悉农民缴税谷、借高利贷及无医药之疾苦，从小立志学农，为最大多数的农民服务。1927 年，他在美国康奈尔大学获得作物育种方向博士学位后回国，执教金陵大学并于随后担任农艺系主任，育成金大 2905 小麦良种。1931 年，应国民政府实业部的邀请，沈宗瀚参与筹建中央农业实验所；1934 年兼任中央农业实验所总技师，主持小麦改良工作。抗战期间，中央农业实验所西迁，他先后任副所长、所长，负责农业技术行政计划和协调工作，致力于后方粮食和棉花增产。1945 年抗战胜利后被派接收华北农事试验场。1947 年到南京重建中央农业实验所。和钱天鹤一样，沈宗瀚也是 1948 年中美合作成立的农复会重要成员（1964 年后继蒋梦麟任农复会主任委员），并于 1949 年随农复会迁台后，所从事工作从原来的农业技术改进扩至农、林、渔、牧、水利、农民组织、农业金融、乡村卫生、家庭计划及国际农业技术合作诸方面，并对台湾的土地改革、农会改组、工农业配合发展，加速农业建设和拟定农业发展条例，倡导农业经营现代化等都做出了重要贡献。其在实践中著述颇多，在国际农业学术界有较大影响②。

---

① 关于钱天鹤的生平、思想和实践，可参考：钱理群．钱天鹤文集．北京：中国农业科技出版社，1997。需要说明的是，钱天鹤先生为本书多处引用、长期关注并支持乡建事业的钱理群老师之父，两代人精神上的延续可谓意味深长。

② 关于沈宗瀚的生平、思想和实践，可参考：黄俊杰．沈宗瀚先生年谱．台北：台大出版中心，2016。

因为笔者暂未对两位先生及相关农业团体做专门研究，此处只好以他们的生平履历做个简单的介绍，希望帮助我们打开新的理解空间。而对包括这些农学家在内的乡村工作者群体，台湾学者黄俊杰以“对农业问题的看法”为角度将他们分为四个流派：第一是“农业派”，认为中国农业的根本问题是生产力的提升；第二是“平教派”，认为中国农村的基本问题在于平民教育水准的提高；第三是“分配派”，认为中国农业的落后乃是由于帝国主义者、资本家和地主对农民的剥削；第四是“折中派”，认为农业技术创新必须与制度改良同时并进。他同时认为，这四种意见取径虽然有所不同，但有一个共同点——就是对“农民主体性”的肯定，都在不同程度上承认只有农民才是农业发展的主体，而农民生活的提升是一切农业技术改良的最终目的（2016：增订新版自序）。

特别需要指出的是，以上其他派别的实践中常有农学家的参与（比如中华平民教育促进会“定县实验”中就有大量农业专家），农学家本身也常有多重身份（如钱天鹤、沈宗瀚本身也是农复会的核心成员，后者更在台湾土改中发挥了重要作用）。除此之外，随着乡村建设运动的兴起及对各种相关农业团队的互动影响，自 20 世纪 30 年代后，历史悠久且具有全国影响的中华农学会也改变了过去“专注技术”的路线，在章程中增列“改良农村组织”并将其落于具体实践中，可见，其不仅与乡村建设各派在人脉上互有勾连，在思想主张及事业上亦有联系，并在积极互动中相互影响（杨瑞，2018：377）。

除农业专家外，还有其他专长并在当时有较大影响的知识分子也“跨界”参与乡建。比如，据《孙伏园评传》记载，自 1931 年留法回国后，孙伏园这位被称为“副刊大王”的民国著名出版人几乎用他生命中近十年时间参加中华平民教育促进会，主持平民文学部工作，同时还担任过该会主持的湖南衡山实验县县长及私立乡村建设学院教授等（吕晓英，2011：180）。为何他要离开熟悉的都市与“文坛”，定居河北定县？一方面，由于“20 世纪 30 年代中国现代文学质地所发生的微妙调整，他不愿意走入一场场文学纷争中，他看到这些有着责任或义务什么的冠冕堂皇的名字，至多只是许多鸡零狗碎的算计和争斗，为蝇头小利和蜗角虚名所驱使。他更愿意‘行心之所安’”。另一方面，他主编的《晨报副镌》约有五千人读，据说晏阳初曾和他说：国内几万万平民正需要有人为他们撰写他们看得懂的文学，你何不到乡村去创造新的平民文学？孙伏园极以为然，1931 年后常年生活在定县，脱下西装，摘去土耳其式的红帽子，改着一袭蓝布长袍、布袜布鞋的中国旧装束，谦和朴实地在乡间、在平民中为农民编撰着看得懂的平民读物（吕晓英，2011：183、195）。

再如，我们还可以发现另外一位让人更意想不到的“跨界”乡建参与者——张竞生，这位20世纪二三十年代中国思想文化界充满争议的风云人物，被世人关注最多的自然是其“性学博士”的一面，可很少有人知道这位昔日加入同盟会、在南北和谈中被孙中山委任为南方议和团首席秘书的人物，二三十年代在老家的粤东山区开公路、育苗圃、办农校、编刊物、开展乡村建设①。

除农学、文学、美学、教育学和社会学的专业知识分子外，诸如戏剧专家熊佛西、公共卫生专家陈志潜②、合作事业开拓者章元善③等都深度参与了乡村建设实践，他们本来完全可以和同行们一样，继续以城市和象牙塔为中心，然而他们却挑战那个年代的专业主流，与乡村建设产生了某种重要的交集，既推动各自领域的乡土转向与国情自觉，同时也为乡村建设扩充了更加多彩的资源。

如果说以上还都以知识分子为主体，那从未读过书且长期生活在乡村底层的民间思想家王凤仪（1864—1937）在那样一个特殊的时代毁家兴学，四十余年所创事业除女义学、会体和新农村之外，还设有性理讲演社、安老所、怀少园、学田农场和工读学校等千余处。如果我们把这些出发点、学科、背景、阶级充满差异的广义乡村建设实践组合起来，将呈现出更为复杂多样的新版图。

除此之外，基督教会也是推动乡村建设的重要力量④，不仅燕京大

① 详见《文妖与先知——张竞生传》（张培忠，北京三联书店，2008），该书有专门章节讨论其乡村建设实践；张竞生．农村复兴实验谈．社会月报，1934，1（1）；张华．“去民间”：以张竞生与费孝通乡村研究为案例．西南民族大学学报（人文社会科学版），2016（5）。

② 陈志潜回忆录《中国农村的医学：我的回忆》（四川人民出版社，1998）对其毕生推动公共卫生的本土化和乡土化有相应记录；同时可参考《改变中国：洛克菲勒基金会在华百年》（马秋莎，2013）中与陈志潜相关的记载，第344～350页。

③ 在章元善及其所主持的华洋义赈会的努力下，截至1937年，全国6个省、191个县已出现12 560个合作社，社员达28万多人（章元善，1982：171）。详细可参考：章元善．华洋义赈会的合作事业//中国人民政治协商会议全国委员会文史资料研究委员会．文史资料选辑：第80辑．北京：文史资料出版社，1982；薛毅，章鼎．章元善与华洋义赈会．北京：中国文史出版社，2002。

④ 相关方面整体介绍可参考：余牧人．基督教与中国乡村建设运动．上海：上海广学会，1943；刘家峰．中国基督教乡村建设运动研究（1907—1950）．天津：天津人民出版社，2008。

学、金陵大学、齐鲁大学等著名教会学校开拓性地从事社会调查、农业推广等方面的教学和研究，为乡村建设培养并输送了大量人才，同时基督教会还以设立试验区①等形式在北平清河、安徽乌江、山东汶上等地直接开展乡村建设，实践点遍布全国②。1933 年 4 月 7—20 日，中华全国基督教协进会在河北定县召开基督教乡村建设讨论会，主题即为“基督教对乡村建设应当有何贡献”，共有 14 个省份、18 个教会团体的 186 名代表与会，可见当时基督教参与乡村建设的广泛程度（刘家峰，2008：1）。1934 年，华北基督教农村事业促进会还创办适应农民生活与乡村环境需要的《田家半月报》，订户遍及全国各地，甚至到了朝鲜、暹罗等东南亚国家；1938 年，该期刊发行量达到 20 000 份，后又增加到 32 000 份，成为中国发行量最大的基督教期刊（刘家峰，2008：138）。曾任中华平民教育促进会乡村教育部主任的傅葆琛 1944 年则在华西协和大学创建乡村建设系并于三年后创办《华西乡建》月刊。特别值得关注的是，在上述基督教乡建集中开展之前，贵州威宁苗族地区的石门坎即在 1905 年开始综合性社区建设并产生了广泛的海内外影响，使得一个大山深处的偏远村落最终成为西南三省苗族文化中心③。沈红的《结构与主体：激荡的文化社区石门坎》（2007）设有专门一节，题目就叫“教会与社区的共生：乡村建设”，分别从教育、文化、医疗卫生、基础设施和乡村工业等角度对其建设历程进行了系统介绍。因篇幅关系，笔者无法在此对该案例展开讨论，仅希望指出，若从时间上看，其几乎与河北定县翟城村的“模范村建设”处于同一时期，两者在当时都没有以乡村建设为名，分别由外来传教士和本土乡绅发起，自然充满差异。然而，若结合起来看，一方面有利于对乡村建设复杂性与多元性的进一步认识，另一方面也支持本书以更多“有实无名”的

---

① 这联系着基督教乡建运动的一个重要转向，“主张这一路向的基督教知识分子认为以教会为核心的乡建组织网络，仍太过于培育‘属灵化’的程序，总是放不下架子，不能应付乡人的生活问题……注重入世甚于注重出世，注重生活甚于注重宣道，几乎成了当时基督教乡建知识分子的一个普遍共识”（杨念群，2006：25）。

② 刘家峰的《中国基督教乡村建设运动研究（1907—1950）》（2008）根据相关档案资料整理了“全国基督教会界（男女青年会）实验区及工作内容”，以表格形式列出全国范围内 41 处教会参与乡村建设的试验地点和试验内容。

③ 据《用生命爱中国——柏格理传》（阿信，2009）封底描述，石门坎在中国首倡双语教学，开中国近代男女同校先河；创制苗文，结束了苗族无母语文字的历史；创建乌蒙山区第一所苗民小学，培养出苗族历史上第一个博士；创建乌蒙山区的第一所西医医院，创办中国最早的麻风病院……这些变化由英国传教士柏格理（Samuel Pollard，1864—1915）所促成，关于其扎根苗乡十载并最后因救治传染病人不幸染病逝世于石门坎的传奇人生可参照本注所列传记。

乡建实践为据，将其界定范围前置于清末并内置于中国现代化整体进程的探索性努力。

而作为“乡村建设，实非建设乡村”的另外一个重要例证，则是被视作“都市反哺乡村、工业反哺农业、城市文明反哺乡村文明开端”的青岛乡村建设运动。1932 年 3 月，青岛市第 135 次市政会议通过了《青岛市乡区建设办事处规则》，次月在李村、沧口、九水、薛家岛与阴岛五个乡区建设办事处，该办事处为青岛乡村建设的基本推进机构。在 1938 年 1 月青岛沦陷之前，青岛市政府开始了将近六年的乡村建设事业①，具体工作包括六个方面：一是社会方面，整理村治、改选村长、改革地方不良习惯、促进地方公益、厉行乡村清洁、改进乡区卫生；二是经济方面，调查农村经济、设立农工银行、指导各区成立各类合作社；三是教育方面，建设乡区学校校舍、增加教育经费、增设民众学校、推行民众教育；四是公安方面，加强乡区防务、查禁烟赌、规划乡区交通、办理调解事件；五是工务方面，修筑与改良乡村公路、建筑桥梁涵洞；六是农林方面，改进种苗、防除病害、推广优良品种家畜、举办农产展览会等（魏本权、柳敏，2013：2、85-86）。

1933 年 7 月，第一次全国乡村工作讨论会在山东邹平召开，与会 60 余人，来自党政机构、大学、科研单位、报社等部门。图为该会发起者和组织者，前排自右至左为梁漱溟、章元善、魏朗斋、严敬斋、陈筑山、高践四、晏阳初、于树德，后排自右至左为许仕廉、杨开道、梁仲华、李景汉、孙廉泉、瞿菊农、张鸿钧

① 可参考：《青岛市乡村建设月刊》（1933 年创刊），以及青岛市李村乡区建设办事处编印的《李村乡区建设纪要》（1934 年 9 月），共 377 页，有翔实记录。

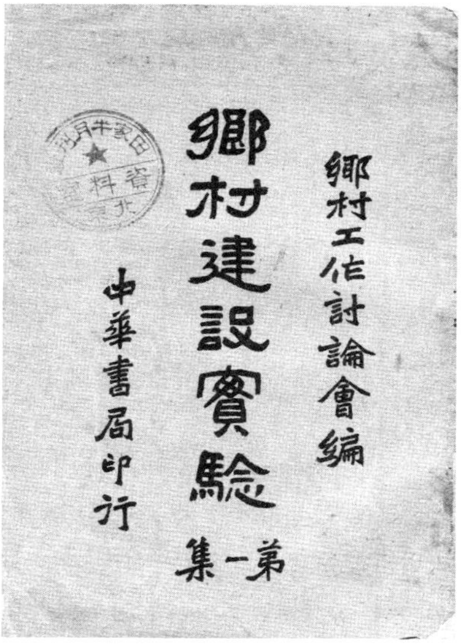

第一次全国乡村工作讨论会编撰的
《乡村建设实验》第一集（中华书局，1934）

通过以上对不同案例的讨论，我们看到乡村建设实践中普遍存在的差异与多样，这既呼应了前面各章所提到的乡村建设本来的多重源起及丰富的脉络资源，进一步帮助我们理解开展过程的复杂与曲折，同时也改变了我们对乡村建设的各种“刻板”认识。与此同时，我们也要认识到：这些方式和内容各异的广义乡村建设，虽然以多样化的方式存在，但在基本立场与努力方向上却内涵相通：比如，一方面对主流各界“去农化”导向有所批判，对外来力量剥夺乡土有所拒绝，对以激进方式改变乡土有所警惕，对以自上而下方式推动社会变革有所质疑；另一方面，对立足在地资源以实现组织创新、教育创新和制度创新拥有热情，同时对各种限制与约束条件下创造可能性保持信心。

专栏 4.2：全国乡村建设部分机构列表（1926—1937）①

编号	名称	地址	开办时期	主办者	备注
1	徐公桥乡村改进区	江苏昆山	1926 年	中华职业教育社	1927 年停办，1928 年 4 月重办，1934 年 7 月交归地方接办

① 本列表摘自《农村改进的实施》（沈光烈，中华书局，1941：72-79），原题为《战前全国重要农村机关改进调查表》。

续表

编号	名称	地址	开办时期	主办者	备注
2	武村改进社	江苏嘉定	1926 年	地方人士	
3	晓庄师范	江苏南京	1927 年	中华教育改进社	1930 年停办
4	东乡自由区	浙江萧山	1928 年	党部及本地人士	1930 年停办
5	唯亭山乡村服务区	江苏吴县	1928 年	基督教苏州青年会	
6	黄墟农村改进区	江苏镇江	1929 年	江苏实业厅 中华职业教育社	
7	善庆农村小学	浙江舟山	1929 年	中华职业教育社 本地人士	1934 年 7 月交归地方
8	汤山乡村实验区	江苏江宁	1929 年	中央农业推广委员会 内政部卫生署 汤山农民教育馆	
9	河南村治学院	河南辉县	1929 年	河南省政府	1930 年 10 月停办
10	乌江农业实验区	安徽和县	1929 年	金陵大学农学院 中央农业推广委员会	
11	江苏省立教育学院	江苏无锡	1930 年	江苏省教育厅	
12	中泠新村	江苏镇江	1930 年	江苏省义务教育联合办事处	1932 年停办
13	十家墩新农村	江苏睢宁	1930 年	江苏农矿厅 江苏建设厅	
14	定县实验区	河北定县	1930 年	中华平民教育促进会	
15	清河乡村实验区	北平清河	1930 年	燕京大学	
16	镇平乡村自治区	河南镇平	1930 年	镇平地方自治联合办公处	
17	福生圆实验区	山东烟台	1930 年	基督教女青年会	
18	俞塘乡村实验区	江苏上海	1930 年	钮永建先生 俞塘民众教育社 中央农业推广委员会	
19	新造乡民学校	广东番禺	1930 年	黄艮庸先生	
20	台山乡村实验区	广东台山	1930 年	基督教女青年会	
21	善人桥农村改进区	江苏吴县	1931 年	中华职业教育社 地方人士	1934 年 11 月交教育局主办
22	顾高庄农村改进区	江苏泰县	1931 年	中华职业教育社 地方人士	1934 年 10 月停办

续表

编号	名称	地址	开办时期	主办者	备注
23	诸家桥乡村许欸学校	江苏余姚	1931 年	中华职业教育社 地方人士	
24	白沙乡村改进区	江苏鄞县	1931 年	中华职业教育社 地方人士	1932 年停办
25	山东乡村建设研究院	山东邹平	1931 年	山东省政府	
26	香泉乡村学校	河南辉县	1931 年	河南村治学院同学会	
27	界满实验乡	江苏南汇	1931 年	南汇县政府 地方人士	1932 年停办
28	羊山实验区	香港九龙	1931 年	香港青年会	
29	文化乡村连环农校	浙江武义	1931 年	地方青年	
30	东莞农村改进会	广东东莞	—	罗汝荣先生等	
31	长安农村改进区	江苏萧县	1931 年	地方人士	
32	范公桥实验区	江苏镇江	1931 年	省立镇江民教馆	
33	五里亭改进区	福建闽侯	1930 年	福建教育厅	
34	栖霞新区	江苏江宁	1931 年	省立栖霞乡师	
35	江宁实验区	江苏江宁	1931 年	江苏省政府 中央政治学校	
36	福州电器公司农村建设部	福建闽侯	—	福州电气公司	
37	长泾桥改进社	江苏太仓	1931 年	地方人士	
38	同安农村改进会	福建同安	—	同安县政府	
39	北夏普及民教区	江苏无锡	1931 年	省立教育学院	
40	慧北普及民教区	江苏无锡	1931 年	省立教育学院	
41	山海乡村工学团	江苏宝山	1931 年	陶行知先生 地方人士	
42	西善桥乡村改进区	江苏江宁	1931 年	省立南京民众教育馆	
43	下蜀自治实验区	江苏句容	1932 年	省立南京民众教育馆	
44	东安农村改进区	江苏武进	1932 年	地方人士	
45	湖塘桥农村改进区	江苏武进	1932 年	地方人士	

续表

编号	名称	地址	开办时期	主办者	备注
46	丁桥农村服务社	安徽芜湖	1932 年	基督教芜湖青年会	
47	卜弋桥农村改进区	江苏武进	1932 年	地方人士	
48	南星墅农村改进区	江苏武进	1932 年	地方人士	
49	广西垦殖水利实验区	广西柳州	1932 年	省政府	
50	龙山农村服务社	山东济南	1932 年	齐鲁大学	
51	杨家庄农村改进会	山西太谷	1932 年	铭贤学校	
52	乡村建设办事处	山东青岛	1932 年	青岛市政府	
53	高桥卫生实验区	上海	1933 年	内政部卫生署 上海市卫生局	
54	第一农村合作实验区	浙江杭县	1933 年	浙江建设厅	
55	晟更乡村工学团	上海北新泾	1933 年	当地农民	
56	巴县乡村建设学院	四川巴县	1933 年	四川教育厅	
57	湖北乡村建设研究院	湖北汉口	1933 年	湖北省政府	
58	邹平实验县	山东邹平	1933 年	山东省政府建设研究院	
59	菏泽实验县	山东菏泽	1933 年	山东省政府建设研究院	
60	平山村自治实验区	广东惠阳	1933 年	惠阳县政府乡村师范	
61	石岩村生活改进区	浙江萧山	1933 年	省立湘湖师范	
62	莫干农村改进会	浙江武康	1933 年	地方人士	
63	祝甸乡村民教实验区	山东济南	1933 年	省立民众教育馆	
64	土屋乡村民教实验区	山东济南	1933 年	省立民众教育馆	
65	农村复兴委员会	江苏南京	1933 年	行政院	

续表

编号	名称	地址	开办时期	主办者	备注
66	河北省县政建设研究院	河北定县	1933 年	省政府	
67	漕河泾农学团	上海	1933 年	中华职业教育社	
68	呼延农村教育实验学校	山西阳曲	1933 年	地方人士	
69	萧场乡村工学团	江苏宝山	1933 年	县教育局	
70	沈家楼棉花工学团	江苏宝山	1933 年	县教育局	
71	平郊乡村教育实验区	北平	1933 年	国立北平师范大学	
72	沙上坪乡村改进区	江西新建	1933 年	地方人士	
73	津郊乡村改进实验区	河北天津	1933 年	天津市立民众教育馆	
74	留下乡村自治实验区	浙江杭县	1934 年	浙江省自治专修校	
75	凌家桥民教实验区	浙江杭县	1934 年	省立民众教育实校	
76	第二农村合作实验区	浙江永嘉	1934 年	省建设厅 县政府	
77	沪郊农村改进试验区	上海	1934 年	中华职业教育社	
78	钱山民教实验乡	浙江吴兴	1934 年	县立民教馆	
79	丁卯乡村试验学校	江苏镇江	1934 年	地方人士 中华职业教育社	
80	洛阳民教实验区	河南洛阳	1934 年	中华社会教育社	
81	荻山自治实验乡	江苏上海	1934 年	地方人士 中华职业教育社	
82	南日晖乡新农村实验区	浙江桐乡	1934 年	县政府	
83	欢潭实验乡	浙江绍兴	1934 年	地方人士	
84	西北农林学校	陕西西安	1934 年	国民政府	
85	宝山农村改进区	江苏宝山	1934 年	地方人士	
86	高桥农村改进会	上海	1934 年	地方人士	
87	黄渡义教实验区	江苏嘉定	1934 年	省立黄渡乡师范	
88	大夏民教实验区	上海	1934 年	大夏大学	

续表

编号	名称	地址	开办时期	主办者	备注
89	沪江大学乡村服务处	上海	—	沪江大学	
90	练西实验乡	浙江嘉定	1932 年	地方人士	
91	兰溪实验县	浙江兰溪	1934 年	中央政治学校 浙江省政府	
92	省立国民基础教育研究院	广西南宁	1934 年	广西省政府	
93	定番自治实验县	贵州定番	1934 年	贵州省政府	
94	临川县政实验区	江西临川	1934 年	江西省政府	
95	豫鄂皖边区合作新村	—	—	—	分公有、私有、散居三种
96	青山农村改进社	湖北汉口	—	汉口圣公会	
97	海口洲农村服务社	安徽安庆	—	安庆圣公会	
98	峡区民众教育办事处	四川北碚	—	北碚峡防团务局	
99	百泉乡村师范	河南辉县	1931 年	河南省教育厅	
100	新民村	山西屯留	—	地方人士	
101	上井村	山西河津	—	严慎修	
102	翟城村	河北定县	—	米迪刚 米阶平	
103	中山村	河南安阳	—	中华农村促进社	
104	长沟村农业改进会	江苏武进	—	朱稚竹	
105	青龙桥乡村实验区	北平	—	市立民众教育馆	
106	江西特种教育处南丰实验区	江西南丰	—	江西教育厅	

二、乡村建设的基本原则

不管是历史的乡村建设还是当代的乡村建设，虽然在形态和内容上存在着较大的差异，但却有着相近的原则，这些原则既联系着乡村建设的核心目标，也体现其基本内涵，同时也是区别于主流发展与一般社会运动之关键所在。当代乡村建设参与者们在实践中逐步将乡村建设总结为“3P”原则，即人民生计为本（peoples' livelihood）、互助合作为纲（peoples' solidarity）、多元文化为根（peoples' cultural diverse），其同时也是贯通乡建百年的重要特征，内在体现着旨在维护民生、促进联合、提倡多元的乡村建设理念。

1. 人民生计为本

卡尔·波兰尼的另一著作 *The Livelihood of Man* 曾指出，现代社会问题的根源在于人们沉溺于经济至上主义的时代精神，对市场主义的局限缺少自觉，书名“生计”所要表达的意思是人类生活原本不是埋没于狭隘的经济范畴，而是处于总体性和复杂的社会关系之中（祖田修，2015：148）。

乡村建设关注和实践的对象，主要是作为社会基本组成的乡村社区与普通民众，领域常为与他们生活息息相关的各方面。从历史的乡村建设中教平民识字、开展生计建设与卫生教育，一直到当代的乡村建设与农民生活，与健康密切相关的生态建筑、生态厕所、社会化农业、垃圾分类等实践，都尝试从被主流忽略的小处和日常入手，着眼一些有利于乡土社会可持续的基本方面，以谋求提高民众生活质量与长远发展的改善途径。其中，“生计”应是最为基础和重要的维度，在不同时期其有着不同的体现。正如第二章所指，乡村建设产生于乡村破坏，核心问题常是生计的社会基础受破坏或条件的改变，在民国期间，其可能表现为乡村经济的破产、土地兼并、洋货抛售、通货膨胀等。而对于当代中国来说，同时还表现为生态环境压力下农业生产脆弱性的增加、资本下乡对小农经济的冲击及消费主义对乡土社会的影响等方面。因此，这里的“生计”不应窄化为物质层面与经济视角下的生产，而是内含着结合生产、生活和生态后的整体性视野。

乡村建设一直强调“在地化”与农民在实践中的主体地位。因此，“人民性”不仅为历史乡建实践者所反复强调①，也与自身的源起有关，

① 例如，晏阳初终身践行“民为邦本、本固邦宁”的古训，已 88 岁高龄的他在第十届国际乡村改造培训班上指出，在该培训班的教材中“人民”出现了 488 次，其无疑是乡村建设与平民教育实践的重心与关键所在（1978：457）。

从学习刷牙开始——中华平民教育促进会在
河北定县进行的乡村卫生教育

有其独特的历史脉络。比如：在全面抗战这一民族矛盾集中爆发之前，面对内忧外患与四分五裂的政局，面对腐败政治下国家与人民之间的对立，面对政客文人常以国家名义绑架人民……相对于各种以“救国”为目标的主张，平民化的乡建实践则更侧重于“救民”，虽然两者并不可割裂并在随后因外部条件变化而变化，但仍显示出不同的重点所在。

进一步说，“人民生计”一方面强调以人为本及对“三农”的社会保护，以自觉区别于破坏乡土社会及牺牲弱势群体利益的主流发展，同时提倡有别于精英民主的大众民主；另一方面，其也不同于物质层面上的产量增加，而是从可持续角度出发，强调生计系统本身的稳定性及人民对获取并建立生计能力的掌控权。

2. 互助合作为纲

据民国乡村建设研究者乔启明总结，乡村建设的首要原则应该是“促进农民自动组织”，一方面因为“农民笃于个人主义，而轻于社会观念，故任何乡村建设事业均无由推行”；另一方面，很多“错误”的乡村建设实践“多借重外力，农民反处于被动之地位，一旦环境变迁，外力引退，其所进行之事业俱告停顿”（1938：285）。

回顾乡村建设百年历程，将发现无论是张謇在清末组织的农会，晏阳初、梁漱溟、卢作孚等在民国期间推动乡村的经济合作、金融合作和消费合作，还是当代乡建在新条件下开拓的工友互助和城乡合作，以各种形式的“互助”实现“自助”都是各时期乡村建设的重要内容。进一步说，互助合作既是组织手段和工作方法，同时也是目的本身——推动不同层面与形式的合作组织，减少现代化对“三农”的各种风险与成本转嫁本身就是乡村建设的方向所在。

山东乡村建设研究院梁邹美棉运销合作社联合会扎花厂落成典礼（1936 年）

之所以如此，一方面，在外部宏观环境不利于“三农”的情况下（也即前文所述“三要素”净流出农村，乡村低成本秩序解体，文化认同感与社区性减弱等），各种不利于“三农”的力量一直在组织化和规模化，而乡土社会的传统互助机制却因生产/生活方式的改变而逐渐式微。另一方面，面对高度分散的小农和同样分散的社会建设力量，如何做好有效对接，则舍组织无他途。

也可以说，面对普遍的乡土社会“去组织化”，通过组织化以重建良性社会基础并提升乡土社会自我保护能力是乡村建设的核心任务与基本原则之一。此处所说的互助合作，除上述农民个体间的多形式协作，同时还应包括城乡之间的互助融合及生产者与消费者的关系重构等。比如：除下一章将讨论农民合作社这种直接的经济合作外，也包括民国时期河南镇平等地从农民最关切的治安联防入手所进行的自卫合作，还包括梁漱溟的乡学村学、卢作孚的“工农城乡联动”等各种低成本社会治理和重建社区共同体的创新性实践。这些努力既希望在实践中创造更有利于乡村建设的组织载体，同时也尝试在以竞争和个体成功为终极法则的现实世界里，逆流而上践行出包括“互助、合作、共享、共担”等在内的乡建价值。

3. 多元文化为根

如何突破影响甚巨的经济主义主流坐标，乡村建设对此有着特别的反省与自觉（下一章将结合案例讨论）。其中，文化不仅是乡村建设重要的工作载体[①]与切入点[②]，其和“互助合作”一样，都既是动员与开展乡村建设的手段，也是目的和原则之一。

对于乡土社会来说，文化是手段，因为其在调动人员参与方面有独特优势，通过各种易于农民参与的大众文化活动即可起到组织农民、提高社区凝聚力的作用，它本身也可极大程度地调动农民积极性，让其创造性地参与自身发展和社区建设。例如，通过组织腰鼓队，当代乡村建设试验点的妇女们达到自我组织、锻炼身体、找回自信等多重目的；通过农民自编自演的节目，许多乡村文艺队挖掘出了村庄中潜藏着的文艺人才和文艺形式，还起到宣传新思想和移风易俗的作用。

文化也是目的。乡村建设归根到底是人的建设和生活的建设。创造出一种健康、让参与者重新获得力量、与生活环境可以再次融合在一起的文化本身就是我们所追求的乡村建设的重要目标之一。特别是创造出有利于社会各界广泛参与，促进对乡土文化价值的重新理解，让在主流经济与社会环境中处于弱势的群体（如农民）和产业（如农业）重新获得尊严，进而有利于“三要素”回流的新文化。也可以说，正是文化层面的丰富意涵与独特思考，让乡村建设区别于一般发展主义和经济主义影响下的“建设乡村”。关于以上两点，笔者将在下一章结合案例进行讨论。

而所谓“多元文化”，是希望能突破以都市为导向的主流发展想象，看到社会现实中的差异性，眼光向下地发现各种资源和可能，进而重构新的社会土壤与认识基础，同时也对原来带有排斥性的单一化坐标进行反思[③]，对经济主义视野下各种“刻板化”和“浪漫化”偏见进行拒绝——

---

① 如当代乡村建设实践者邱建生指出：尽管工业化和城市化已经把乡土文化肢解得七零八落，但其灵魂和根基仍在，包括人们对自然的天然敬畏、互惠型经济系统、守望相助的社区生活、勤劳节俭的风尚等。他认为乡土文化是生态文明得以建立的基石，没有乡土文化，生态文明的建立将是镜花水月（2016：239）。

② 比如，从与农民日常生活直接相关的农耕文化、乡村文艺、乡村传统伦理入手，培育各种乡村文艺组织，相对低成本地启动乡建实践。

③ 比如在第二章的社会生态农业实践中，分别代表生产和消费的农民与市民将不再是“落后—先进”和“传统—现代”等二元框架下的简单对立物，传统观念与工业文明坐标下不无悲情的“389961”（代指妇女、老人和儿童）弱势群体却可能在生态文明的新坐标中获得体现价值的位置与空间。

只有对“无限地球”逻辑有所反思，进而调整常见的线性进步观与认识论，同时纳入“收益”和“成本”两个维度，才可能真正思考乡村建设所尝试回应的现实困境及努力开启的空间所在。因此，“多元文化”所包含的多样化和包容性，既体现了生态文明的丰富内涵，展现了乡建实践中比较鲜明的“在地化”特色，也构成了乡村建设与一般排斥性激进实践的区别所在。

除以上基本原则外，当代乡建团队在实践中还进一步总结，认为：因直接面对着全球范围内资源快速资本化的强势逻辑，坚持社区资源主权（sovereignty）、社会多元联合（solidarity）和生态安全（security）（简称“3S”），以实现经济社会的可持续，正成为新的原则与共识。当然，以上原则只是对不同时空条件下多样化乡建实践过于“简单”的归纳，也即乡村建设所努力使之更为接近“乡建”的愿景目标，其在现实中一直面对着各种困难与障碍，自然不应等同于过程或结果本身。

三、案例讨论：当代乡村建设五大体系

和历史上的多元化实践一样，当代乡村建设实践同样源于复杂多样的思想与脉络，同样有着“群体性”与“多样化”特点，也同样体现着“建设乡村”之外的更多诉求与特点。学界已经对历史乡村建设的内容重点有较多归纳，因此也有必要对当代实践进行梳理，以便读者结合上述原则，对当代实践的整体格局及本书各章相关案例的背景有更充分的认识。

作为对 21 世纪以来日益严峻“三农”问题[①]的建设性回应，当代乡村建设以针对“三农”问题的不同面向为着眼点，逐步发展出下文所涉及不同主体与内容的五大体系。需指出的是：这几个方面并非预先设计，而是在实践过程中根据实际需求与现实问题不断展开的。

为何叫体系，而不是一般的内容？一方面因为各部分都有相应脉络，

① 如导论及前两章所述，20 世纪 90 年代以来的“三农”问题是当代乡村建设兴起的最重要背景。一个实际案例是：曾孕育出当代乡建多个机构的中国经济体制改革杂志社 2002 年创办了《中国改革》（农村版）（温铁军担任杂志社总编兼社长，工作团队包括李昌平、刘老石、邱建生等，该刊停刊后由 2005 年 7 月 16 日成立的中国人民大学乡村建设中心承接相关功能），从不同角度系统呈现了当时全国范围内异常严峻的“三农”问题。此外，1999 年中国开始出现资本和生产的“双重过剩”、2001 年中国正式加入 WTO 而进一步承担全球化所存在的风险和成本，这些也是该实践兴起的宏观背景之二。

联系着不同的工作对象、方法策略和希望解决的问题，并带有一定的自发性和生长性，同时有各自的创新点；另一方面是希望跳出单一机构（团体）的常见呈现方式，同时也尽量表现同一体系内部及不同体系间的交叉与互动，以及其“网络化”和“去中心”的重要特点①。

需要说明的是，受能力和见识所限，笔者仅在各体系中举一些比较熟悉的案例。在全国范围内还有很多不同团体（实践者）以更加多元的形式进行着积极探索，并不断产生宝贵经验，读者可进一步查询和了解。

1. 学生下乡　教育支农

当代乡村建设运动在具体行动上源起于21世纪以来波澜壮阔并持续至今的“大学生支农运动”。从下乡支农调研、支教扶贫、建立信息站，到转型汇聚为当代乡村建设运动，这些完全民间且自下而上的支农活动在当代乡村建设的初期阶段发挥了“酵母粉”的作用，主要是对农民进行引导，激发其内在的自信与创造力，并根据农村的需要，把相关信息、理念和文化传播到农村，农民则因为这些“外力”的刺激与推动产生互助合作与多层次改变的可能。与此同时，正是与乡土脉络和国情实际的结合，不同程度地改变了实践者的精神面貌与参照坐标，实践者在重新认识自己的过程中也增进对社会现实的思考与理解（刘相波，2005：43-48）。

自2001年始，后来发展为北京梁漱溟乡村建设中心（2004年）的中国经济体制改革杂志社大学生支农调研项目在负责人刘老石②的带领下，发起“大学生支农调研活动”和“大学生新农村建设行动”并在全国范围内推广，组织动员高校学生利用“五一”“十一”及寒暑假下乡支农调研、支教扶贫、开展社区培训、建立信息站、组建农民合作与文化组织等。十多年来，北京梁漱溟乡村建设中心与全国各地支农类社团保持紧密联系与

① 很多人认为乡村建设机构已经或应该是某种专职从事乡村建设的专业化机构。然而对于当代乡村建设来说，恰如温铁军的总结，其实际上只是一种进退自由的“四无”（无领导班子、无上级组织、无固定筹资、无纪律约束）平台与社会网络，既不同于一般意义上的NGO（非政府组织），也非规范严密的现代组织。其社会力量包括各种类型的志愿者和城乡社区成员，并常在地方化过程中衍生出多元化的存在形态。

② 本名刘相波，生于黑龙江省黑河。2000年，刘老石任教于天津科技大学基础科学部。世纪之交，“三农”问题突显，刘老石开始组织大学生下乡支农调研，带领并影响了成千上万的青年从城市回到农村，帮助农民成立专业合作社、文艺队、农民协会。2004年底，刘老石发起成立北京梁漱溟乡村建设中心。2010年7月，刘老石辞职专事乡村建设工作。2011年3月24日，刘老石因车祸不幸去世。相关事迹详见第六章专栏6.1。

合作，培训指导过的学生社团超过 300 家，涉及全国 200 余所高校。

行走在田间地头的大学生支农队（2003 年）

在开展过程中，该实践由假期支农等较为单一形式逐步扩展为包括休学支农、毕业蹲点、返乡创业等多元化参与形式在内的“另类”实践教育体系。为了“点面结合”地进行深度支农与人才培养，自 2005 年起，北京梁漱溟乡村建设中心至今持续举办“农村可持续发展青年人才培养计划”项目，每年通过组织数十名大学生（研究生）在各类乡建基地开展为期一年的系统实践，将个人成长与农村发展结合起来，在乡土社会的近距离观察与直接行动中重新认识包括个人与社会、乡村与城市、理论与实践、村庄与全球等在内的各种关系，努力把自己锻造成乡村建设“多面手”。

被称为“休学支农第一人”的早期支农队员白亚丽（2011）在多年实践后反思道：“这与五四时代欲用‘民主、科学’试图改变‘愚昧的农民’和‘黑暗的乡村’的情形有所不同，这一代人其实是在为自己寻找并建立价值观的过程中促进着农村的变革。因此，这或者可以称为一场‘双向精神扶贫’运动……十年前，当‘到农村去’的口号将第一批支农队员聚集时，谁也不曾预料，这竟是一场以行动来探求时代精神和青年价值的（社会运动）。”也可以说，这种成本很低的社会实践实际上获得了巨大的社会价值，这一被誉为“中国知识分子第六次下乡运动”（钱理群，2007）开端的实践行动不仅在建设乡村与自我成长两个层面发挥了积极意义，还为更加广阔之当代乡村建设做了重要的人才储备、路径探索与基地建设。无论是随后成立的晏阳初乡村建设学院，还是河南兰考、安徽阜阳等遍及全国的各类乡建试验点，都受其直接或间接的影响。

人才储备既包括在支农活动实践中锻炼成长了的大量大学生和志愿者，也包括支农活动的组织者在实践及与学员的互动中积累的宝贵经验与工作方法。除此之外，该实践作为先导性实践，本身也呈现了当代乡村建设的时代脉络——比如，下乡支农所发生的21世纪初，除“三农”危机背景外，也是高等教育在20世纪90年代“产业化改革”后果逐步显现的年代，高校大规模扩招让更多农民子弟有机会进入大学，而城乡差距的现实体认、现代教育在资本化过程中的异化与“去农化”倾向也激发出更多“不忍”者及“不甘”者的自觉担当（温铁军、梁少雄、刘良，2020：44）。

可见，看似偶然分散的支农实践自有其内在动力与社会基础，除行动本身所产生的直接或间接效果外，还有力地挑战了教育“去农化/城市化”的主流思路，并从教育支农与知识再生产的角度，率先开启了“三要素”（土地、资金、劳动力）向乡土社会的回流，同时营造出有利于城乡良性互动与乡土价值“再发现”的舆论环境与社会空间。

专栏4.3：国立中山大学乡村服务实验区公约、大学生支农队纪律歌①

国立中山大学乡村服务实验区公约②

我们的服务公约是：

一、坚信乡村为民族生存基本力量的大本营；

二、坚信乡村建设为民族复兴的基本途径；

三、坚信本区工作为我们建设乡村复兴民族工作的起点；

四、一切工作以民族国家为立场；

五、一切工作以乡村民众为对象；

六、忠于职务，责任未尽，决不放弃；

① 本专栏选用两则不同时期的乡建文献，一方面希望通过历史与当代两个文本的比较，看到其中的呼应关系及乡建实践者的自我要求，同时思考其所内在体现着下一章所讨论的乡建内涵与第七章所讨论的乡建主体性建设；另一方面也可从中看出，无论是“公约”还是“纪律歌”，其实都尝试通过“自律”的方式挑战并纠正乡建实践者一些不自觉的行为和习惯，其不仅涉及个体，还联系着当时的整体社会状况。

② 资料来源：《国立中山大学乡村服务实验区报告书》（国立中山大学出版部，1936）。

七、将乡村民众的痛苦认为自己的痛苦；
八、绝不畏苦、言苦；
九、必须遵守指导者的指导；
十、对于指定的工作绝不规避；
十一、一切行动要大公无私；
十二、对于本区工作尽量贡献意见；
十三、绝不浪费分毫，务求乡村事业合理化；
十四、绝不把都市的奢侈生活带到乡村去；
十五、绝不争功论绩；
十六、乐意接受批评；
十七、随时自我批评。

我们的服务须知是：

一、对人务求谦虚诚恳；
二、守时；
三、养成科学头脑，勤劳身手，革命精神，宗教热诚；
四、随时随地要研究，发现问题，求出办法；
五、对工作绝对忠诚；
六、每次工作之前，须详细研究，精密计划；
七、对乡人不能摆架子；
八、说话不可夸大，不可轻诺，免失乡民信仰；
九、凡事务使民众明了，发生兴趣；
十、说话只求清楚，不必谈高深理论及应用难解的语调；
十一、不可以利动人，需启发民众感觉需要；
十二、协助民众自动满足其需求；
十三、对小孩慈爱，妇女严谨，老人尊敬，壮丁亢爽；
十四、遇事须有同情心，使民众由感激而生信仰；
十五、注意发现能干的青年，训练之使成农村基本人才；
十六、领导青年努力服务，发展乡村事业；
十七、事事要尽力以最经济的办法去实行；
十八、事事以身作则，用人格去感化民众；
十九、不可忘写日记及填表；
二十、应将困难问题经验尽量报告；

二十一、我们进行工作应该因势利导。

大学生支农队纪律歌

（根据《三大纪律八项注意》改编　改编时间：2003 年　改编者：孙恒）

支农队员个个要牢记，群众利益放在第一，
住宿吃饭别忘了交钱，努力减轻人民的负担。
党的政策一定要记牢，
法律法规三个代表好，
科技信息一定要努力传播到，
群众视它为法宝。

出门在外切记要安全，夜黑路险别忘带手电，
常备药品尽量要带全，
团结友爱互相多关照。

分组调研不要太分散，资料图片尽量搜集全，
尽力搞好干群之间关系，
为建信息站创造好条件。
说到做到不轻许诺言，
群众对我拥护又喜欢，
精英作风坚决克服掉，
尊重群众不要太骄傲。

支农队员个个要牢记，群众利益放在第一，
我们的步伐永远向前进，
全国人民拥护又欢迎。
我们的步伐永远向前进，
全国人民拥护又欢迎！

2. 农民合作　改善治理

如何理解田间地头所观察到的乡村现状与关键问题？如何在调研所收集并呈现各种“缺”（钱、人、市场、技术、信息……）的纷繁复杂中找到主线？如何挑战先入为主的“匮乏视角”，进而发现并激活弱势群体和

乡村社区所蕴含的巨大潜力？类似困惑常成为青年学生在下乡支农过程中不断面对的问题。与这些困惑同时存在的，则是他们在21世纪初的调研实践中了解到的当下农村基本现状：一方面是原子化的个体小农无法抵御市场风险及资本化力量的“圈占”。另一方面是社区凝聚力难以建立，无论是农田基本建设还是乡村道路等公共事业，常陷于困境，而市场化和城市化进程的加速更加剧了类似问题的突出程度①。

作为下乡支农总指导和当代乡村建设实践的推动者，温铁军结合自己长期的农村调研发现，认为：在市场经济与全球化压力不可逆的条件下，应该通过提高农民的组织化程度并在乡土社会内部形成可维护的契约关系，在增强其谈判地位的同时减少其与外部市场的交易成本，以此维护农民和乡村弱势群体的基本权益（2009：88）。

如果回溯历史，甲午战争后民族危机的加深与农业生产的衰微曾促成清末农会并开启现代中国不同阶段的“农业/农民”组织化进程，如“清末与民国早期以绅商为主体、旨在农业改良、依附于政府的咨询性机构的农会；国民革命时期以贫苦农民为主干、旨在破坏传统乡村秩序、行使国家政权的农会；国民党统属下以有产阶级为主体、旨在整治社会秩序、作为保甲组织附庸和基层政权补充形式的农会；革命根据地以贫苦农民群众为骨干、旨在消灭封建制度、作为革命政权合法执行机关的农会”（李永芳，2008：16、590）。虽然类似探索的性质、功能和定位不同，但传统小农村社经济面对现代化转型的巨大压力，组织化无疑是基本方向。“团体组织”正是梁漱溟乡村建设理论的两大核心之一，其所谓“乡学村学”也即通过将教育与组织结合起来，把村庄共同体的传统文化资源和社会资源有效地发掘出来，建立有别于高成本现代治理的低成本乡村治理，既充分利用原有的村社理性，对村社中的各种冲突矛盾进行内部化处理，又以此为载体培养具备新功能和新氛围的进步组织，重建能应对现代化挑战的新乡土秩序。

延续历史上的反思与探索，北京梁漱溟乡村建设中心在动员组织下乡支农的同时，将各种类型的新型农民合作组织作为学生和农民结合后开展工作的主要方向与内容。自2003年至今，其推动包括技术、购销、金融、文化、养老等在内的多形式合作，在全国二十多个省市推动建立以农民合

① 随着后来“三农”问题受到普遍重视并转化为从“新农村建设”到“乡村振兴国家战略”的实际行动，该趋势有所缓解并出现了逆向转化的新可能。

作组织为载体与内容的当代乡村建设试验基地。与此同时，成立于 2003 年 7 月 19 日的晏阳初乡村建设学院则从 2004 年 4 月 18 日开始面向全国免费举办农民合作组织培训班。截至 2007 年 4 月 16 日，学院共举办农民培训 17 期，培养各地农民带头人 779 人，推动全国范围内几十个农民合作组织的成立（周锦宇，2008）。通过建设这些培训及合作组织试点，希望能推动弱势“小农”的互助与联合，在加强自我保护和凝聚建设性力量的同时，谋求相关问题的低成本与内生性解决。例如，利用妇女协会解决村庄内部矛盾与家风村风式微问题，利用老年人协会解决乡村养老及道德滑坡问题，利用学习小组解决各种经验（如农业技术、家庭教育等）的交流分享问题等。

曾因上书总理疾呼“农民真苦、农村真穷、农业真危险”而引起全国关注的李昌平和艺术家孙君等人于 2011 年联合创办了“中国乡建院”，在广度和深度上都进一步推进了当代乡村建设中的农民组织化探索。截至 2019 年 5 月，中国乡建院已为全国 22 个省市区的 76 个县的 281 个村庄提供了乡村建设与综合发展服务。该机构最早的试验点为河南信阳平桥区的郝堂村，时任平桥区区长的王继军一方面盛邀李昌平、孙君等人共同推动“郝堂试验”，同时对李昌平的三句话进行了调整——“农村是有价值的，农民是有尊严的，农业是有前途的”。在成效显著的“郝堂试验”基础上，中国乡建院逐步总结出了应对当前乡村困境的解决办法：建立农村内置金融，把农民组织起来，把他们手里的闲散资金运作起来，成立专为本村本地农民服务的合作社，以农民的土地、山林、房屋为抵押物，解决农民发展生产贷款难的问题，同时增加集体收入，谓之“资金互助促发展，利益收益敬老人”。也即：创建内置金融村社体系＝“组织有效＋金融有效”一举两得＝“四两拨千斤”。除郝堂村外，目前该经验已陆续在湖北监利县王垸村、湖北鄂州张远村、广东珠海斗门镇、山东微山县杨村、山西岢岚县宋家沟等数十个村庄进行了各具特色的探索①。与此同时，中国社会科学院杨团研究员带领团队从 2002 年至今在全国范围内开展了卓有成效的“综合农协”试验，并发起“北京农禾之家咨询服务中心”，通过在各地乡村开展的长期实践表明，建设社区型综合性农民合作协会及多层级的农协体系是“三农”改革的重要方向，相关案例及思考详见“农禾之家”综合

① 该段介绍引自：陈金陵. 乡建路上. 北京：中国建筑工业出版社，2019。关于中国乡建院更详细的案例描述也可参考该书。

农协研究组编写的《综合农协：中国“三农”改革突破口》（社会科学文献出版社，2013）。

可以说，当代乡村建设者在实践中认识到合作组织有利于帮助农民从“个体”凝聚为“主体”，不仅仅可以弱化风险、提高自身能力，解决各种个体农民“办不了、办不好、办起来不合算”的事情，更为一盘散沙的乡村社会重新整合后以利于“三要素”回流提供载体。前文在“乡村建设的基本原则”中已提到合作组织既是手段也是目的，同时还是推进乡村建设前沿探索的必要保障。例如，当实践者开始推动农业的生态化转型时，若没有形成内部的组织约束而仅靠外界的制度监督，就有如农民开玩笑说“有二十个警察也看不住我用（农）药”。

然而，在实践中，推动者们同样也发现：新兴单一形态或业务的合作组织常显后劲不足并遇到较大困难，不仅仅因力量单薄和空间有限，更由于当前外部环境整体不利于农民走向合作，各种有利政策与扶持都存在可能的“精英捕获”（仝志辉，2009）。在此情况下，农民合作组织应分别朝业务上的“多元综合”与空间上的“城乡融合/产消对接”方向拓展，相关案例及思考，下一章将详细讨论。

专栏4.4：从“哭着维权”到“笑着乡建”——南塘兴农合作社的冲突转化①

安徽省阜阳市颍州区位于淮河北岸的江淮平原腹地。当地土壤肥沃，气候温润，是我国黄淮海平原的粮食生产大区。阜阳主要农作物为小麦、玉米、大豆，经济作物有生姜等。近年来，大棚蔬菜、花卉生产在当地发展规模大，产品行销全国市场。

南塘兴农合作社隶属安徽省阜阳市颍州区三合镇三星村，地处三合镇西4公里处。据2016年2月统计，合作社有社员700余户，来自南塘村周边2个乡镇9个社区。南塘兴农合作社是《中华人民共和国农民专业合作社法》公布实施后，于2007年初注册的安徽省第一家农民合作社。目前，合作社设有社区中心、文化中心、生活中心、教育中心，是一个有着较大影响的乡村综合服务合作社。

① 本专栏为重庆大学人文社会科学高等研究院博士研究生吴丹根据相关资料整理。经过二十余年的曲折探索，目前该合作社还在继续发展中，值得进一步关注。

由维权而聚拢的村民

20世纪末，正是农业税费负担沉重、乡村治理矛盾复杂时期，南塘村民因村干部作风与农户负担重等问题上访反映情况未果，曾4次进京。1998年，拥有法律专业学历的杨云标，曾在律师事务所学习，为复习备考律师职业资格考试回到了家乡南塘村。作为学法人和懂法人，杨云标成了集体维权的参与者，他应用所学知识，引导大家实事求是地上访反映问题。

2000年10月，经安徽省级领导过问后，查实时任南塘村支两委干部挪用与贪污公款7万余元，村支书、村主任及文书被免职。这一问题取得突破后，2001年3月7日，三合镇7个村约30位村民通过了《三合农民维权协会章程》，发起成立了维权协会，进一步要求运用法律知识和手段维护农民利益。此后不久，因农民补贴问题，协会组织村民向上反映，使问题得以迅速解决。协会理性维权初见成效，增强了群众的信任感。2001年4月，南塘村村委换届选举，参加维权协会工作的唐殿林高票当选村委会主任，杨云标被选为村文书。

维权事件及阶段性的成功，不仅仅给村民带来了持续维权的策略、经验及底气，更催醒了村民建设家园的主体意识。杨云标如此描述这种转变："以前我们都是等待、依靠、观望，现在我们觉得家乡也是自己的家乡，也需要积极主动投身到家乡的建设当中来。"村民意识到，自己是家乡的主人，要想建设家园，最根本是要靠自己。

维权背后的阴影

然而，随着维权的持续深入，也给村民带来了新的困惑和困境。一方面是趋于紧张的干群关系，使得要突破为维权而维权的桎梏越发艰难。据杨云标讲述，在维权初期，村民们聚集在阜阳市市政府门前游行示威，人群后面停有二十辆防暴警察的警车，维权过程中一旦出现过激举动，则可能引发沉重的维权代价。村民们逐渐发现，他们关于对话的要求，很难得到严肃解释和根本性处理，而村民自发成立的维权协会也承受着来自各层面的维稳压力。另一方面是如何转到建设家园的轨道上。村民对比后发现，同期一起以维权为业的团体和个人，不少都偏离了建设美好家园的初心，甚至影响到了正常的生产生活。村民们"好好过日子，过好好日子"的要求，没有随着维权之路的成功而被淡忘，而是进一步升级为渴望带头人发挥作用，共同建设美好家园的实际行动。熟悉政策与法治环境的合作社带头人敏锐地意识到，必须要抓住时机及时转型。

转型与发展

2002年，杨云标应邀参加在北京举办的中国乡村建设论坛，会上见到了国内关注乡建工作的不少专家学者，南塘故事逐渐向社会传播开来。2003年，中国经济体制改革杂志社的刘老石带领大学生支农队28人来到南塘调研。受该活动启发，骨干们意识到“首先要把人气聚拢”。随后不久，南塘以村民骨干为基础成立了“老年协会”和“妇女文艺队”，用“唱歌跳舞种有机蔬菜”的方式，开启了具有南塘特色的乡建实践。

村民在泥泞路上夹道欢迎支农队员（2003年）

2004年，在老年协会、妇女文艺队的基础上，该村筹备成立“南塘兴农合作社”，取代原有的维权协会，实现了历史性转型，标志着由维权开始进入发展经济阶段。2006年村级行政区划调整，合作社所在的南塘村与相邻的孙庄、赵王合并建立“三星村”，归属阜阳市颍州区三合镇管辖。2007年7月1日，《中华人民共和国农民专业合作社法》正式生效后，7月30日南塘兴农合作社成功注册，成为安徽省登记在册的第一家农民合作社。首批社员80多户，覆盖3个行政村。此后，南塘兴农合作社按照综合合作组织的方向，不仅自身得到壮大①，而且实现了生产建设、环境建设、社会建设“三位一体”同步发展，初步归纳如下：

① 2006年该合作社用“生态建筑”的方式建设自己的大楼，使合作社有了固定工作场所。此后2013年在东侧由北向南联体续建了4间两层房屋，2015年继续向南延伸出5幢建筑，2016年完成了南部乡村戏台“人间”与围墙大门的建设。2017年，修建完成“合作的丰碑”纪念碑。

一是融洽干群关系并吸纳外部资源。2004 年以来的合作社发展，重视及时向村、乡两级主动汇报进展和有关活动安排，积极征求意见，争取项目支持。2007 年，合作社首次承接政府项目做农业综合开发，承担打井、修路、建桥等工作。2008 年，合作社与区农委合作成立“沼气工程队”，为社员建设和维护沼气池，到 2013 年累计建成了 300 多座沼气池。近年来，上级政府多次以不同形式在经济和政策上支持该合作社发展。

二是完善治理体系和议事规则，形成稳定的集体核心。从维权开始到合作社建设，该组织的核心骨干始终未变。他们是村里的一群老人与杨云标，而杨云标是最年轻的一位。其中，曾经历过多次党建历练和组织考验的老人，具有丰富的实践和历史经验，能发育组织、稳定船头；而精力充足、视野开阔、思想活跃且有法律实践经验的杨云标懂管理，能革新理念并引入资源。这样的组合，成为合作社良好的组织基础，也保障了在 20 多年的风风雨雨中该组织始终能克服困难，稳步发展。值得注意的是：合作社与维权活动在性质上毕竟存在巨大差别。在合作社发展初期，部分社员因“政见不合”、利益关注点不一致等经常发生争执，有的选择离开了合作社；合作社也经受了来自社会经济发展的冲击与内部成员矛盾冲突的考验，开始寻找符合自己特点的治理方式。2008 年，合作社引入团队开始做村民议事规则，它保证了团队的每个人充分表达自己的意见，不因为意见不同而产生感情上的隔阂，也不会闹得不可开交。《可操作的民主》一书专门描述了这一“规则下乡”的有趣过程。目前改造自“罗伯特议事规则”的“南塘议事十三条”（被戏称为“萝卜白菜”规则）的影响已跃出安徽，走向全国。近年来，南塘兴农合作社还开展“新乡绅计划”，促进能人返乡和中产下乡，拓宽人才及资金入口，使他们参与社区治理，使得合作社获得持续发展动力。

三是发展经济，完善村社金融体系。从 2004 年开始，合作社即组织种子、化肥、农药等统购统销。经销农资工作启动后，合作社发现缺乏初始资金，其经营活动受到制约，于是开始启动资金互助项目。2005 年开始对资金互助实行单独股份制，每股 200 元。2006 年，资金互助项目与合作社并股。2009 年，相关主管部门来合作社调研，备案了合作社开展存贷款的资金互助业务，规定贷款可针对合作社社员内部发放，之后这项工作一直坚持进行。2010 年资金互助项目有存款近 40 万元，存款人有 200 人左右，当年贷款 30 万元，资金流动性较好，达到除规定储备金外全部贷出水准。针对乡村的老龄化趋势，合作社在反复尝试基础上，还创

南塘兴农合作社组织村里少年向南塘村首届好儿媳敬礼

新出了老年资金互助项目。项目允许每位老人注入 4 股资金，每股 10 000 元，给予每股每年分红 1 000 元的优惠。该项目受到老人的欢迎，已经发展到 273 户。到 2016 年，合作社金融资产发展到 300 多万元，当年为社员提供贷款 200 多笔，总计 900 多万元，获息 30 余万元。合作社金融活动坚持按规定办事，未出现过呆账坏账。2017 年以来，流动股金进一步扩展到 360 多万元。除此之外，2010 年合作社成立高粱酒坊，自酿高粱酒，“南塘大曲”品牌经营先是以低于市场（比同类白酒价格低一倍）价格供应社内居民，经质量检验合格后开始在市场上流通，逐步获得市场认可，2016 年酒厂利润达到 20 万元，成为合作社的重要经济来源。

杨云标（右站立者，左为温铁军）到晏阳初乡村建设学院参加
农民合作社培训（**2004** 年）

四是发展公共服务。对于儿童，南塘兴农合作社的工作分为两个部分：一是华德福幼儿园，关注儿童个体差异，注重身、心均衡发展；二是刘老石乡村图书馆，由志愿者参与图书馆日常管理，如借书、还书、纪律维持、清洁打理等。2016 年开始，合作社与厦门担当者阅读项目合作，启动“班班有个阅读角”活动，合作社每周都派人到学校组织每班一节课的读书活动，这项活动至今在南塘小学坚持进行。对于老人，如一年一度的九九重阳节，南塘兴农合作社邀请老人过生日；2012 年启动“敬老文化节”，给合作社 60 岁以上的 99 位老年人集体过生日。从 2009 年开始，合作社还专门启动了“平民追悼会”活动，引导新的村风民俗。对于妇女，合作社主要开展广场舞项目，给乡村妇女和其他村民带来不少愉悦；合作社也创造岗位，吸纳以妇女为主体的就业。对于普通村民，每年的“大地民谣音乐节”、“南塘好声音”、“广场舞大赛”、纪录片放映节等活动，人气兴旺，获得村民一致好评。此外，合作社的便民服务中心负责代乡亲们交电费，同时也利用微信等新媒体平台发布消息，提供各种服务。

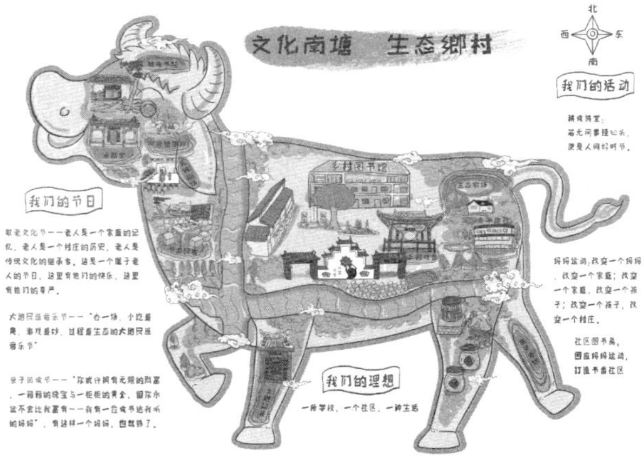

南塘兴农合作社战略规划图（2016 年）

经过长期的发展，以南塘兴农合作社为核心搭建的社区公共空间有乡村图书馆、人间戏台、村民广场、茶馆等；情感关怀有平民追悼会、敬老文化节等；社区服务有老年协会、妇女协会、儿童中心、便民服务中心等；多元参与有“新乡绅计划”和爱故乡生活馆等；历史传承有南塘英雄榜、合作的丰碑等；生态家园有社区食堂、生态农场和高粱酒坊……当前合作社已经从开始时的一贫如洗，发展到现有资产 1 000 多万，社员通过合作社直接增加收入超过 150 万元。

2016 年开始举办南塘农夫市集

3. 社会农业　城乡融合

在 2012 年乡村建设年度总结反思会上，当代乡村建设实践者有个意味深长的总结：十余年的乡村建设实际上是两批人分别在农村和城市做着彼此呼应的两类工作。农村团队曾主张出去打工的人最好不要再去了：一方面，城市的打工生活没有想象中的美好，同样充满艰辛；另一方面，即使城市更有吸引力，你现在去城市打工，几年之后大部分人估计也要回来，还可能带上一身病，倒不如留在乡村考虑如何把家园建好。而在城乡结合部做工友工作的一些同人则认为：今天城市之所以能够建立并运转，其中有广大工友的付出与汗水，凭什么我们不能留下来分享这个成果？基于如此认识，两部分看似在平行空间中的乡建者分别推进着各自的实践，但十年的实践下来，却发现彼此都只对了一半：因为今天更真实的问题已经不是“去城市，还是留农村”，当下更为准确的困境是“留不下的城市＋回不去的乡村”① ——如此“留不下”的不仅包括进城的工友，还包

① 有社会学者结合案例指出，正因同时脱嵌于乡土社会与城市的劳动现场，新生代农民工处于持续不断的流动与漂泊状态（黄斌欢，2014）。

括越来越多在城的“农二代”。而“回不去”的，同样既包括因为各种原因宁可在城市当“蚁族”的天之骄子，也包括那些已经不习惯没有路灯、商场与 KTV 的“80 后”“90 后”农民工。

这个新困境的提出引起一线实践者们的普遍共鸣，它也直接解释了为何这两个关注不同对象与方法的团队会进一步交叉融合，以不同形式在城市推动“社会生态农业”①，并联合发起以“爱故乡”为旗帜的多元化返乡实践。它也进一步提醒我们，城乡问题绝非“城市—乡村”这样一个二元框架所能解释，而由“返乡”所引发的，也非简单的回归乡土与重建乡村，同时也是在此过程中所发展出来的反思性视野。

2005 年 11 月，在学生支农动员与农民组织培训后，河南兰考南马庄村成立了农民合作社并在随后朝生态方向转型。然而合作社一年辛苦所生产的 10 吨无公害大米却在洛阳销售时被骗，证明在一个“亲资本”且脱嵌于社会的经济环境下，组织起来的单一合作社仍然无法摆脱困境。无奈之下的社员将大米拉到北京闯市场而引发了广受媒体关注的“教授卖大米”事件。当时在河南兰考挂职副县长的中国农业大学何慧丽副教授在此基础上于 2006 年 11 月在北京探索形成市民预付定金的“购米包地”机制，同时组建国仁城乡互助合作社以将合作组织与可持续教育从单独的生产者扩展到都市消费者和普通市民之中。

在实践中，当代乡村建设推动者发现化学农业的不可持续性及单纯的生产者合作无法面对城乡割裂困境及食品安全危机，类似问题在全国范围内普遍存在。为促进农民合作社之间的联合并与同时组织起来的城市消费者进一步对接，2006 年 4 月 28 日，北京梁漱溟乡村建设中心联合当代乡村建设实践中的七家农民合作社在北京成立国仁绿色联盟，希望通过在城乡两头同步工作以破解难题。与此同时，先后开展农民合作组织、生态农业、生态建筑等教学试验研究的晏阳初乡村建设学院则于 2007 年因不可抗力转型为国仁城乡（北京）科技发展中心，并与由“购米包地”所引发的国仁城乡互助合作社结合，将工作场域和业务领域拓展到城市，于 2008 年 3 月在北京郊区创办小毛驴市民农园（详见第二章的案例讨论），随后各种多元化的创新探索逐步展开。可以说，在当代乡建兴起的近二十

① 内地早期社会生态农业探索可追溯至香港社区伙伴（PCD）2004 年的各种推动，关于乡村建设实践者推动并持续至今的多样化实践可参考第二章的案例讨论及该案例集：温铁军．中国农业的生态化转型——社会化生态农业理论与实践．北京：中国农业出版社，2017。

年中，从“三农”问题到“生态农业”“健康消费”“市民农业”，再到“慢食、慢城、慢生活”“农夫市集”“公平贸易”“社会生态农业（CSA）”“参与式保障体系（PGS）”等，很多原本在国外流行①、在国内只停留在学术界的词汇，通过一直坚持多样性和参与性的乡村建设，正逐渐被越来越多的国内普通公众所熟悉和接受（温铁军，2017：429）。

2006 年 10 月 1 日，时任中国农业大学副教授的何慧丽（右一）带领北京市民前往河南兰考县南马庄村看自己包种的稻田，推动“购米包地”这一本土性的 CSA 与城乡互助新探索

通过这些见招拆招的实践，我们可以认识到：单纯的“就农业论农业”已经不能解决当下农业的深层次困境②。在普遍而又急速的城市化影响下，传统乡村不再是当代乡村建设更为恰当的分析与实践单位。不管承认与否，面对着剧烈的城市化变迁与大众文化的全方位覆盖，大部分城乡之间实际上已经“你中有我、我中有你”了。常见的“城乡脱钩论”看似保护乡村，实则不利于对“刻板化”的城乡关系与现实困境构成有力挑战。当代乡村建设希望以更为积极的态度，在组织农民和生产者的同时，进一步组织市民与消费者，以公平贸易为手段，让来自城市和消费者的利

① 无论是前述的“嵌入式”食物体系还是对“另类”城市的想象与探索，在国外早已有相关理论和实践。例如被称为“城乡融合思想首创”的田园城市理论，就由英国人霍华德（1850—1928）和德国人施密特（1869—1934）提出并付诸实践（祖田修，2015：101-105）。

② 类似观点实际上也存在于历史实践处，比如梁漱溟就认为“想要农业发达，不是农业片面的事；在其社会的方方面面（政治经济教育）都有密切关系，而实为整个乡村的事。如此方方面面都顾到的促兴农业，换句话说，那便是‘乡村建设’了”（1930：224）。

润直接返回生产端——既让农民和可持续农业的从业人员获得有尊严的回报及必要的生态补偿，也有利于实现农民与市民、人与土地的良性互动，以建立生产者与消费者共担风险、共享健康的生活方式。

也可以说，乡建视野下的农业创新不是一般意义的吐旧纳新，也非让农业在与“二产”比较中强化其基础却弱势的地位，更不是以消费为导向的空间拓展，而是从工业文明到生态文明的根本转换①。它通过“三产融合”及以“农业进城、市民下乡”为表现的多元探索，重新认识乡土价值并发掘农业内涵的多功能性，挑战主流观念对农业的定型化认识，反思农业本质与当前困境的深层次原因，重建社会信任与合作机制，进而实现城乡可持续发展。

4. 工友互助　尊严劳动

实际上，在当代乡村建设萌芽时期，就有实践者指出应该将“三农”问题拓展为包括“农民工”议题在内的“四农”问题②，同时从文化、经济、法律等角度认为“新工人/农民工”的服务与组织一直也是当代乡村建设的重点工作内容，其与其他乡建实践应一起互为补充、相得益彰。

乡村建设视野下的新工人实践，一方面在城市中的农民工聚居区开展包括文化、法律、经济等在内的各项工作，培育新工人的主体意识与地位，同时在“去乡土”导向与消费主义意识形态中奋力突围，探索一种源自生活、互助平等、尊严劳动的“新工人文化”；另一方面，面对全球金融危机下宏观经济形势的改变，配合在乡村推动的合作组织与社区建设，积极引导工友以多种形式返乡创业，重建城乡中国的良性社会基础与可持续条件，该部分实践也与前述的社会生态农业共同构成乡村建设在城乡中国转型过程中的两种主要创新。

最早在城市推动工友服务与互助组织的乡建团体为北京工友之家文化发展中心。该中心成立于 2002 年，立足农民工聚居区，致力于服务工友群体的社会、文化、教育、权益维护及生活状况的促进与改善。主要项目包括新工人艺术团、同心实验学校、同心互惠商店、打工文化艺术博物

---

① 如美国生态经济学家小约翰·B. 柯布在《21 世纪生态经济学》中指出：其自 20 世纪 60 年代开始关注当前文明彻底的不可持续性。经过近半个世纪的研究和思考，其认为对生态文明的追求可以而且应该替代对现代化的追求（2015：中文版序）。

② 事实上，相关提法已得到相关研究的佐证。参见：胡鞍钢. 破解“四农”问题取得突破性进展//中国：民生与发展. 北京：中国经济出版社，2008。

馆、“流动的心声”儿童发展教育项目、同心创业培训中心、新工人网等。其中，新工人艺术团十多年来坚持为工友创作和表演自己的文艺作品而在海内外产生广泛影响，近年来还连续举办多届获得普遍好评的打工春晚[①]。正如有研究指出：新工人艺术团的诞生并不是一个偶然现象，而是有着广泛的社会基础，其既创造出新的组织形式，也实践着真正的人民文艺观。它以现实感的再现为创作目的，既抵抗着幻象的侵蚀，也呼唤人们重新建立对这个时代的现实感，进而创造出有别于文化工业的新兴大众文化，同时以行之有效的文化实践引导人们重新树立建设一个良性社会环境的信心（郭春林，2019：45-73）。

此外，杭州草根之家和北京晏阳初平民教育发展中心所推动的国仁工友社区大学也分别在杭州、长沙、天津、福州、厦门等地开展相关实践，以让工友过上幸福有尊严的生活为目标，同时面向打工者进行城乡中国时代的平民教育新探索。

新工人艺术团 2002 年“五一”劳动节公益演出

特别值得关注的是，当代乡村建设推动者邱建生原来一直在乡村开展工作，在《松土者：福建省新农村建设十年发展报告（2007—2017）》中他回顾自己回闽的乡建却是从厦门的城中村开始的，“（在那里），我又一

① 除这些工作外，该机构近年来还从事“新工人”的研究与书写，希望让社会各界对“新工人”有更为全面的认识。其中，北京工友之家文化发展中心成员吕途出版了有着广泛影响的“新工人三部曲”：《中国新工人：迷失与崛起》（2013）、《中国新工人：文化与命运》（2015）、《中国新工人：女工传记》（2017）。

次有了长跪不起的冲动。我越来越感到，工业区和城中村是新乡村建设的一块重要阵地，因为作为新乡村建设的主力，那些农村的年轻人，他们长年工作生活在这里，如果他们发展不好，新乡村建设就是虚妄”。正因如此，他在城中村创办了厦门工友之家，并受乡建先贤黄炎培“使无业者有业，有业者乐业”的启发，将“使无力者有力，有力者有爱”作为愿景和使命，陆续在厦门安兜、马垅、殿前、蔡塘等城中村开展工作（邱建生，2019：3-5）。

工友互助虽然常从文化、教育等方面入手，但却努力创造一种“源自生活、改变生活”的新文化及能够体现劳动尊严的新价值，在此基础上，提高打工者的组织化程度与主体意识，夯实新工人群体在日益激进的社会变革中进行自我保护的社会基础。虽然日常点滴服务与包括公益项目、社会企业在内的各种探索充满曲折，却在都市中心的重围中坚韧地开拓出各种富有创造性的实践空间，也为乡村建设的其他工作注入新的活力。

5. 大众参与　文化复兴

正是通过这些形式不同却彼此配合的多元化实践，让我们看到乡村建设的复杂面向。2012 年底，包括国仁城乡（北京）科技发展中心、北京晏阳初平民教育发展中心、北京梁漱溟乡村建设中心、北京工友之家文化发展中心等在内的多家不同领域的乡建机构联合发起“爱故乡”系列活动，主要包括：（1）开展全国性的爱故乡主题活动，如发现故乡之美①、寻找故乡之歌、爱故乡年度人物、全国爱故乡大会；（2）举办爱故乡生态文化节、爱故乡文化营，推动城乡交流；（3）组织爱故乡高校行，发动青年参与爱故乡行动；（4）创办爱故乡专题工作坊，培养爱乡骨干；（5）搭建地方爱乡平台，构建全国爱乡志愿服务网络；（6）建立爱故乡智库，搭建爱乡资源对接平台。该系列活动主张跨界行动，希望打破乡村建设专职/专业的限制，挑战乡建内部所存在的“自话自说”与思维定式，通过广泛发动高校学生、农民、新工人、老知青、教师、地方干部、媒体人、

---

① 该系列活动的首个活动为“发现故乡之美”图文征集（2013 年），该活动是由乡建工作人员、志愿者和社会人士共同开展的公益行动。具体主题包括：（1）记录家乡的风土人情（包括自然风景、建筑风格、生活习俗、文艺活动等）；（2）记录家乡的传统生活技艺（包括手工艺、生活器具制作、食物加工、储藏技术等）；（3）记录传统的农业技术与方法（包括耕作方式、生产技术、传统农具等）；（4）记录当下仍然坚守在乡村、推动乡村保护的行动者的故事或实践案例。这样的美不仅包括自然景观之美，还包括社会“人文”生态等角度。除发现被遮蔽的美本身，还包括寻找、辨别遮蔽因素，以使“美”为更多人认同成为可能。

企业家等多元群体，利用各种“回乡/去乡”机会重新认识与理解乡土①，让百年乡村建设所积淀、传承的生态文化和具有反思自觉的知识分子结合，以创造出有利于生态文明与可持续发展的新文化（包含文学、音乐、绘画、体育等形式），提升乡土社会的凝聚力和价值自信，积极应对“资本下乡”对乡土社会的冲击，引导更多力量从“下乡”向“回乡”转变。

“发现故乡之美”活动海报（2013 年）

该系列活动只是个引子，由此展开了当代乡建的第五个重点领域。此处之“故乡”，非个别或地理范畴，而广义指称乡土社会这一中国文化的

① 社会学家潘光旦 1946 年发表的《说乡土教育》就意味深长地指出：故乡真无一事值得留恋吗？不，无论就任何人的故乡说起，值得留恋的地方正多；问题是在他的童年与青年时代，我们没有把家乡情形，包括广狭义的史地在内，充分地介绍给他，让他观察、鉴赏，让他留下一个深刻的印象，觉得前途值得继续观察研究的是些什么现象、值得维持兴革的是些什么事业（潘乃谷、潘乃和，1999：377）。

"有形之根"。需要"发现"[①]的并非仅是其在现代坐标与逻辑面前的陷落与节节退败，还包括来自乡土社会虽无声却不息的突围努力与所蕴含的各种可能性。通过重新发现其在主流坐标下被忽略和遮蔽的价值，开拓乡村建设新的发展空间，同时创造出真正有"根"的文化。

如果说社会生态农业（CSA）的参与者包括大量城市中产阶级，那么，以"爱故乡"为表现的乡村文化复兴则很大程度融合了城乡社会不同层面的"文化精英"。除此之外，近年来当代艺术家还在山西、广东、安徽、重庆、福建等地发起多元丰富的"艺术乡建"，通过让艺术介入社会，渠岩[②]希望"创造一种新的文化形态和再生机制，来抢救已经濒临消失的文化遗存和村落生态，召回被我们长期丢失的民族精神和灵魂，修复在改天换地等运动中被毁坏的生态系统"（2015：前言）。正是这些城乡社会各界广泛参与的乡土文化复兴实践，与城乡融合一体两面（北京爱故乡文化发展中心，2018：序），让大众议题真正进入大众视野。

需要说明的是，当代乡村建设五个系统的工作经常相互跨越和融合，各体系内部也同时包括"实务行动"与"理论生产"两类探索，这也是近年来乡村建设实践努力在学院体制内开拓新空间，并加强国际比较、交流与传播的原因，希望以整体视野重新梳理中国现代化进程中的百年经验，开展有利于发展中国家、草根弱势群体与生态环境的新知识生产。

四、小结

如何从整体上理解乡建及其"溢出"部分，或者说为何有必要通过更为开放的框架和整体性视野去讨论常被我们"窄化"处理过的乡建实践？希望在前三章基础上，通过本章的讨论与举例进一步挑战"类型化"和"简单化"后的乡建论述。

---

① 自"五四"以来，关于人的发现、平民的发现、以"农"为本之价值和国情现实的发现，都是百年乡建实践出发的重要原点。这种发现，也即对原有主流坐标的突破与重构，其自然不可能是一次性完成的，而是充满着张力与反复，在与主流各种互动中曲折展开。

② 作为20世纪80年代即已成名的资深艺术家，渠岩在艺术乡建实践中形成了相对系统的思考，该话题可参考其近年两本相关著作《艺术乡建：许村重塑启示录》（东南大学出版社，2015）和《限界的目光》（商务印书馆，2018）。除此之外，欧宁和左靖2011年在安徽黟县碧山村发起的"碧山计划"也引起广泛的关注及关于"乡村建设"的讨论。

在本章中，笔者希望对乡村建设的形态、内容与原则进行初步总结，同时指出无论是历史还是当代的乡村建设，我们都不可将其简单等同于“建设乡村”这样的狭义理解。作为立足地方且紧密互动于现实的行动方案，乡村建设的形式与内容都并非单一，而是充满复杂性与多元性。

笔者认为，广义乡村建设在实践中常存在着“群体性”和“多样化”特点。既因为乡村建设需回应“三农”在现代化转型剧烈变革中的全方面需求，又因为从某种意义上说，“去农化”导向已渗透并影响到各个层面和学科之中，从各自领域出发，探索一种既批判又建设的新空间已构成当时的某种现实需求。从这个意义上说，乡村建设作为一种高度社会化的实践平台，集中反映了社会普遍存在的问题和需求。也因如此，需进一步认识到它的真正力量来源于民间社会。只有不断向社会保持开放，才能确保乡村建设的创新与活力。

如果说产生“三农”问题的关键在于农业“三要素”大规模净流出农村（温铁军，2009），作为尝试面对且缓解“三农”问题的乡村建设实践，虽然复杂多样，但如何让纷纷外流的“三要素”逆向回流则是关键与核心，其中同时涉及青年学生、农民、市民、农民工、知识分子等群体，因此也就有本章案例所讨论的当代乡村建设五大体系。

新的外部环境与时代变迁挑战着人们对乡土社会的定型化想象，而城乡中国背景下的乡村建设更加不同于一般理解上的“建设乡村”，我们必须回到具体脉络，重新连接文化、社会、政治、经济、生态等立体维度以进行整体性思考。相关内容下一章将进一步讨论。

第五章　多重回嵌：乡村建设的目标与内涵

乡村城市大自然多位一体；
动脑动手靠自己合作同心。

佚名，2007，《晏阳初乡村建设学院春联》

我绝对不相信，北京城的居民会因为吃了我们的蔬菜就健康起来，至多只是生活问题的一角能暂且缓解而已，还有空气、水、工作和生活上的客观压力、情绪上的影响、整体大环境等，我们是无法替他们分忧这些问题的……

徐凌涛，2010，《蔬菜配送记》①

小引：盲点、中立与敏感

笔者在参加乡村建设过程中，接受过多次社会性别培训，印象最深的是这样一种归纳——目前我们对社会性别的认识，已经或即将经历“盲点、中立和敏感”这三个阶段。与其说其清晰形象的总结让我印象深刻，不如说，这个归纳也将我们乡村建设一线工作者所从事工作的意义、自我定位及需要面对的各种张力与内在困境比较形象地进行了总结，而不管我们具体是哪个领域。

回到社会性别，对于社会公益事业从业者来说，大家看起来表面上已经逐渐消除了歧视，因此自认为已经自然而然地过渡到“中立”和“客观”。然而如此“中立”仍然可能让我们掉入另一个更为隐蔽的“陷阱”，它将在“中立”的掩护下在我们身上强化和复制主流社会的更大

① 徐凌涛为北京小毛驴市民农园工作人员，该段话来自《蔬菜配送记》，见《田间地头》（小毛驴市民农园会员通讯）2010年第8期，第12页。

偏见。

与此相对，“敏感”的必要性则随处可见于各种农村工作中。笔者所组织的某国际机构青年实践者计划的一位大学生实践者，在回忆起自己在农村一年过程中一次十分有趣的经历时说道：

> 我和另外一个同事去一个项目村做三年规划，开会期间一位村里的妇女A提出了想识字的渴望，她说不知道自己还能不能有这个机会。会后，我、她，还有另一位村里妇女B聊天，这位妇女B参加了我们机构在桂林的一次社会性别培训，我把当时拍的一些照片拿了出来，其中有一张是我们在演小品，妇女B演做针线活的奶奶，我演写作业的孙子。在随后的会上，提出想识字的这位妇女A说自己不喜欢这张照片：为什么我们就做针线活，你们写字，为什么我们不写字？……
>
> 经过这一尴尬的场景，我自我反思：在此我想说需要对工作中的细节加强敏感，我真的没想到照片场景对她会有那么大的触动，我们需要对一贯的思维定式与角色定位保持敏感！①

类似案例其实在我们的实际工作及生活中经常发生，它提醒我们需不断反思社会秩序在自己身上内化下的烙印与影响，以及“我们”作为携带着项目并受过较高教育的外来者和“他们”不平等的权力关系。而“我们”在与“弱势群体”一起工作时的一言一行，表面上可能只是遭遇到热情或冷漠，但背后却常常有无数村民/干部很“敏感”地在“观察/试探”我们，而我们自己，则经常不自觉地复制着社会主流的性别/权力角色，所以我们的确不仅仅要注意细节，更要十分自觉于各种点滴习惯。

那我们要“敏感”什么？一方面，它要求我们自觉于其间交织的各种利益关系，看到现实社会中复杂的“经济/文化/社会”面向及强大的主流观念影响。因为性别问题从来不会单独存在，我们不能抽离各种背景、社会脉络、男女关系而孤立地谈女性；另一方面，就如学者陈顺馨所指出的，在女性主义理论中，“差异”是一个比“平等”更为重要的概念(2006)。因此，我们更需要“敏感”地去发现，在平等和中立的掩护下，“差异”所可能遭遇的漠视与强化。而就在这些同样需要“敏感”对待的

---

① 参见国际行动援助中国办公室第三期青年实践者2009年1月月度报告。

群体里，女性或许只是一个符号，一个被主流固执地指认为弱势群体的符号，“她”可以是女人，也可以是任何一个长久地被无视、被轻蔑、遭放逐的社会群体（戴锦华，2005）。

当代乡村建设实践又何尝不同样面临着相似的处境与复杂之利益关系？农民和传统意义上的农村常常被排斥于现代化之外，从一开始就是现代化所要“克服”的事实或问题。从某种意义上说，正因有了对“三农”及其所代表的传统生活方式之排斥，才有“现代化”的优越性与强大动力。带着这样的文化敏感与整体性视野，我们或许可以说，长期以“民族—国家”为单位的现代化和当前迅猛的全球化浪潮，已经让“三农”不可能外在于这样的“大局”之中——近乎覆盖全部村庄的“非农化”主流文化已经让不少“在乡者”莫名其妙地“厌弃”生养自己的村庄、“鄙视”那充满“土气”的生活方式，恨不得尽快逃离脚下的这片土地。

在如此情境下，用一种“外来人”的视角和“浪漫化”的处理方式去让“本地人”坚守“原生态”与“田园之美”，且不说如此纯粹地以文化“解决/改变”文化是否有效，这种由“自我”出发去想象“他者”的做法难道不也会成为另一种定型化“偏见”？“在地化”绝不意味着画地为牢，如何自省于对乡村、农民或生活方式可能的“本质化”和“审美化”①？

正如有分析指出，“不管是将城市与乡村分别叙述为‘有缺陷和美好的’，还是叙述为‘文明的与落后的’，都陷入了二元对立的思维模式。这样的思维模式根本无法解决城市与乡村任何一方的问题，因为它们都承认了现实中城市与乡村的分离，并把这种分离作为思考问题的前提”（吴志峰，2008：452）。因此，我们既要坚持乡村或农民本位，但却同样要拒绝各种形式的“乡村主义”。

可见，行动并不具有天然的免疫力，它同样也可能掉入主流逻辑，而让我们在自以为是和自恋自怜中左右摇摆，在市场化的洪流中不自觉地去“消费”他者。进一步说，或许我们不是解决问题的办法，我们可能就是问题本身。不管是女性主义还是乡村建设，如果没有不断反身且能够“见招拆招”的思想资源与批判武器，其不仅构成不了新的社会建设力量，在

① 大卫·哈维在评述雷蒙德·威廉斯时，特别强调其所指出的“我们永远不要忘记被压迫之人所承受的现实生活的残酷和困难。我们不应脱离人类所遭受的痛苦和情感去审美化或理论化这种现实经验”（2017：279）。

当前犬儒主义和消费文化盛行之下，原有的反抗资源甚至都有可能被彻底地吸纳和消解。

一、重建整体性视野

雷蒙德·威廉斯在《漫长的革命》中认为，“如果我们要理解我们的真实历史或我们目前的现实状况及转变的条件，那么就必须始终努力把这个过程当作一个整体来把握”（2013b：5）。

本书提倡从广义的角度理解乡村建设，但绝非泛化。当我们说存在“有实无名”的乡村建设时，自然也就存在“有名无实”的乡村建设，故需要进一步探讨多元化实践的共通内涵。而上文的小引和讨论提醒我们应从更为整体的视野来讨论乡村建设，因为如上一章所指，乡村建设不只是建设乡村，而是有着复杂的历史脉络与思想资源，同时其所面对的问题和产生的回应都不可能是割裂或片面的，整体性视野将是理解乡村建设的关键所在①。正如导论所述，这种整体性视野除了有意识地打开实践中的不同面向，自觉于“表达性现实”与“客观性现实”所存在的可能偏差（黄宗智，2003），同时强调回到脉络之中，在动态分析中扣联包括政治、经济、社会、文化、生态等在内的各种面向，带出微观实践的宏观背景②、社会基础与内在张力。

需要说明的是，不是乡村建设天然具有整体视野，实际上，其随时面对主流坐标的影响与改造（详见第七章）。为了建立整体性视野，需要先从重思“经济”与“文化”入手，本章尝试将常被割裂的“经济”与“文化”重新结合，以此重新理解当代乡村建设中的农民合作实践，同时探讨乡村建设的目标与内涵，并为下一章讨论乡村建设的矛盾张力做出铺垫。

1. 重思经济

在1947年的一篇会议论文中，卡尔·波兰尼指出：对经济决定论的

---

① 如梁漱溟（1937a：409）曾指出：“我们的运动，不称农民运动，而称乡村运动；不称乡村教育，而称乡村建设。既可以表现乡村的整个性，又可以表现工作积极的建设性，更重要的是表现靠乡村自身的意思。”

② 比如通过温铁军常用的两个句式可以看到其结合宏观微观的思维方法，“（粮食/三农/教育等）有问题，不是（粮食/三农/教育等）本身的问题”“跳出（三农等）看（三农等）”，类似表述还有“汝果预支农，功夫在农外”等。

教条式信念的各种表现形式，已经成为阻碍人类心灵进步的主要障碍。所有会思考的人都认识到人类今天的生存环境是不稳定的，人不是一个简单的存在（2017：39）。除经济学家外，其他领域学者也指出重思经济的必要性。比如劳伦斯·格罗斯伯格就认为：对文化研究而言，我认为问题绝不是我们认为经济是不重要的。我们认为经济问题是如此重要以至一些政治经济学家从事经济研究的方法是非常糟糕的，也就是说，文化研究反对的不是经济问题和事项，而是政治经济学研究经济的方法。不是我们拒绝政治经济学，而是我们拒绝了政治经济学的一个版本（2011：352）。而当前，我们更多是通过现代经济学来认识理解并定位经济，其作为“显学”的强势存在对欲罢不能的各种常识建构起着十分关键的作用。泰国学者佩尤托分析指出：实际上，经济的思想早自柏拉图、亚里士多德时代就已经存在，而经济学研究却只是工业化时代才得以形成的一门学科，狭隘的经济学思维事实上已经成为当前最紧迫的社会问题和环境危机的主要根源（2003）。

进一步说，现代经济学的研究方法也并非如大众所信以为真的科学主义与现代主义，相反是借助于如大量文学书写一样的修辞：比喻、引用权威、简单对称的表述和被认为带有严谨与科学标签的数学语言等（许宝强，1998）。与此同时，经济学又将自身与其他社会科学和文化领域分割开，其中一个重要功能是建构出“合适”的“经济领域”，或为被界定为“经济”的领域提供合法性与围墙，以使得“另类”的经济观点被消音（许宝强，2007：前言3，145、158）。

正是这种经济学及其所扣联的其他相关力量共同制造出“经济社会”及“经济人”常识，让经济得以“独立/优先/凌驾”于被分割出来的“社会”与“文化”，从而构造出新自由主义主导下的“经济乌托邦”——它表面上独立于社会，但却隐藏着改造社会、重构主体的潜在目标与事实效果。但实际上，正如波兰尼认为的那样，“经济并非像经济理论中说的那样是自足的，而是从属于政治、宗教和社会关系的”（弗雷德·布洛克，2007：15）。同时，它也是一个植根于各种生态、技术和人工建构的组织制度之内的动态“过程”，即经济生活是嵌入各类社群文化活动之中的（许宝强，2007：274）。“被认为不言而喻的各类‘经济’活动，实质包含了种种被界定为‘非经济’的社群文化实践。而被不断强调和化约的经济力量只是其中一个因素，政治、文化、社会等力量从来都不会被完全排拒出其运行机制之外”（许宝强，1998；2007：21-24）。

波兰尼还通过实例指出，“任何力量都不像经济主义偏见那样有效地模糊我们的社会洞察力。导致退化和沦落的原因并非像通常假定的那样是由于经济上的剥削，而是被牺牲者文化环境的解体，恰恰是这种对剥削的强调使得更重大的文化退化问题逃离我们的视野。印度大众在 19 世纪下半叶饥饿而死的原因并不是他们被兰开夏（英国纺织业中心）剥削，他们大批死亡是因为印度村庄共同体被消灭了。因为在从前的时代，有地方上的小粮仓来应付歉收，但现在这些粮仓或者早已不再运转，或者被卷入大市场中，正是这些剥削的对立面启动了具有毁灭性的文化交往”（2007：134－137）。通过这种结合起经济与社会文化的整体分析，他因此认为“社会的发现既是自由的终结，也是自由的重生”（2007：220）。

呼应着波兰尼的思考，法国年鉴学派历史学家费尔南·布罗代尔认为，一切社会都可以被分解为几个“组合”：经济、政治、文化、社会等，但“只有与其他‘组合’联系起来，渗透到其他‘组合’之中并向其他‘组合’敞开大门，经济这一块才能被理解”。布罗代尔通过进行“物质生活、市场经济、资本主义”的层次划分（2003），指出介于生产和消费之间的市场仅起着不完全和部分的联系作用，而非真正万能。19 世纪前，它只是一个坚实的、厚薄不均的普通层次，在它的下面有着日常生活的汪洋大海，一切进步取决于物质生活的膨胀，而市场经济本身也依赖物质生活而迅速膨胀，并扩展与外界的联系。虽然在这一扩展中，得益的始终是位于最上层带垄断性质的资本主义，但资本主义也从未完整地统辖整个经济或全部社会劳动（布罗代尔，1997：82－84、93）。正是通过三个层次之间的互动与辩证，布罗代尔让我们跳出经济决定论的陷阱及对“市场经济”与“资本主义”的固化认识，看到经济主义是在特定历史条件下阶段形成的，只是在片面和割裂的视野下，需要在重思“经济”的“另类”视野下与“脉络化”的分析方法中打开社会变革的可能空间。实际上，正如有研究指出的，在近代资本主义社会出现之前，经济是嵌在社会关系和伦理关系之中的，从这个角度说，梁漱溟的《中国文化要义》以传统中国为例，实际上对波兰尼的论点进行了遥远的呼应，而更多史料证明，古代印度和伊朗社会也是如此（王绍光，2012：25－27）。

20 世纪 90 年代以来，社区经济的理论和实践路经香港逐步为内地的社会运动界所了解。但潘毅（2011）认为，需提出一个比社区经济更具现实针对性与推动力的社会经济，它相对于以利润为唯一目标而造成当地社会经济发展与社会关系相脱离的市场经济，社会经济的要旨应包括：以人为本、立足社区、互助合作、民主参与、人与土地的和谐共生，以及一种“生产不是为了消费，而是为了解决民生问题、多元化”的社会所有制。从根本上说，社会经济不是服务于资本的积累，而是重新将经济发展嵌入社会关系的一种新型模式。

作为进一步的延伸与展开，在香港理工大学所举办的“社会经济公共论坛”上，三位香港学者（潘毅、许宝强、严海蓉，2011）从不同角度进行了充满张力的讨论：许宝强对在经济之上冠以社会的这种做法，担心会令人觉得社会和经济是分割的，或令人认为社会经济可以先验地得到不同对待。他认为，重要的不是提出理想的社会和经济应该是什么样子，也不是加上“社会”后就成为“社会经济”这样的好东西。相反，他认为重要的是做现实分析——现实中社会和经济无法分开，所有的经济活动在现实中都是“社会经济”，而经济不可能脱离社会的范畴，也不能脱离文化的范畴。我们如果不打破这种二元对立的观念，就会缚手缚脚。相反，大企业却没有这种自我暗示和自我设限，它们信手拈来，十分灵活。

严海蓉和潘毅则提出质疑：难道蒙德拉贡和富士康都可以称为社会经济？这样的处理是否会模糊社会经济以社会为本的目标？许宝强认为不会，因为社会经济本身就有好坏之分，恰恰如果我们要培育出一种好的社会经济，就不能停留于“动机是否好”或是否由“NGO/社会公益团体”来推动这种层面，简化分析往往不能跳出“好心办好事”这样的逻辑。相反，重新扣联复杂的脉络与现实，反而可能会“逼”我们去讲/想清楚社会经济所真正应该包含的内容。

作为讨论双方的思想来源与可供借鉴的理论思考之一，《资本主义的终结》的作者 J. K. 吉布森-格雷汉姆基于其多年来对另类发展实践的参与和思考，在 *A Postcapitalist Politics* 一书专门展开了分析。作者认为，无论是社区经济还是社会经济，都不应抽离具体脉络而进行浪漫化和理想化的讨论，首先要做的是重新思考“经济”的概念本身及“社会”与“经济”的复杂关系，而不是在主流经济与日常生活中已经存在的各种所谓“非经济”或“多元经济”的“社区/社会经济”（2006：79－99）。

在这样的宏观背景下，提出社会经济[①]不仅对当前日益森严的学科壁垒产生知识生产上的挑战与创新，也可能对不同层面上的现实实践起到

---

① 关于社会经济的更多理论探讨与不同时期的实践案例，可参考：潘毅，严海蓉，古学斌，等. 社会经济在中国——超越资本主义的理论与实践. 北京：社会科学文献出版社，2014。

“解放思想”的推动作用。但其也存在着被轻易误读与简化处理的危险：当新的说法被素以“创造”新概念为时尚的学术界所推崇时，兴奋和热情反而可能斩断其与社会实践的有机连接；即使能回到具体的社会实践中，其也容易被理解为某种实体性的“替代”，在不自觉中强化了对所批判对象的定型想象与主流辨识。

回到中国乡村建设实践的具体脉络。一方面，乡村建设实践者逐步认识到“经济/文化/社会/政治”的整体性。如晏阳初在回顾自己过去十年实践时所说，“乡村建设是整个新社会结构的建设，并非头痛医头、脚痛医脚的事，而是从根本上谋整个的建设事业，所有文化、教育、农业、经济、自卫等各方面工作都是互相连贯的，是由整个的乡建目的下分出来的”（1937：565）。梁漱溟也在实践中认识到“如果单把合作看成达到经济发展的手段，则合作社是不会办好的”（1937a：425－428）。可以说，虽然乡村建设许多工作看似“经济”建设，但单从狭义的经济上下功夫是解决不了问题的，重新纳入社会、文化、生态等维度的整体性视野是推进乡村建设认识的前提和基础。

另一方面，对于乡村建设来说，希望不单思考“收益”，同时也将“成本”纳入并进行对称考量。而实际上，广义的成本意识一直为历史和当代乡村建设所自觉，比如历史上彭禹廷所主持的宛西自治中非常生动且意味深长的《息讼歌》①，不仅仅让我们看到单纯从现代法律角度去思考乡土问题的局限，更折射出一般“法律下乡”经常存在的高成本与不适性。而在当代乡建推动者温铁军及其团队的研究实践中，“成本”自觉无疑十分突出②。

---

① 《息讼歌》（镇平县十区自治办公处，1933：144）如下：

世人有事莫结冤，人也安然，己也安然；听人刁唆到衙前，告也要钱，诉也要钱；
差人奉票又奉签，锁也要钱，开也要钱；地邻干证车马连，茶也要钱，酒也要钱；
三班丁书最难言，审也要钱，和也要钱；自古官廉吏不廉，打也要钱，枷也要钱；
唆人本来为腰缠，赢也要钱，输也要钱；当尽家产卖尽田，争志也难，争气也难；
食不充口衣不全，子也煎熬，妻也煎熬；那时方知讼不甜，悔也枉然，恨也枉然；
唆人争讼罪弥天，人也嫌恶，神也嫌恶；世事看来莫见偏，屈也受焉，辱也受焉；
教子读书与耕田，名也完全，利也完全；民众切记此篇言，行也安然，坐也安然；
乡党和气结一团，愿你也然，愿我也然；从此邻里无争端，张也省钱，李也省钱。

② 无论是在其所做的各种演讲中，还是在其各种著作中，被遮蔽之“成本”事实存在及现代化进程中存在的“成本转嫁机制”常作为核心观点之一。例如《八次危机：中国的真实经验（1949—2009）》曾提醒道：人们很少意识到制度收益与制度成本承担主体的非一致性——这种改革的成败，客观上不仅仅在于制度收益被哪些既得利益集团获取，更在于制度成本如何被获益的利益集团成功地转嫁出去（温铁军等，2013：168）。

从这个意义上说，乡村建设正是基于乡土社会的背景和特点，对现代市场社会及各种“常识”所进行的修正、挑战和创新，并以此尝试一种让经济“回嵌”社会的可能路径。笔者将尝试以此新的“经济观”及整体性视野在后文中结合当代乡村建设实践案例进行分析。

2. 作为生活样法的文化

早在开展乡村建设之前，梁漱溟 1921 年就在其成名作《东西文化及其哲学》中对文化进行了独特的定位，“文化并非别的，乃是人类生活的样法”（1921：380）。从某种程度来说，乡村建设就是在这样的文化视野下展开的。而在艾恺看来，“乡村建设必须是一个文化运动而不是政治运动。因为梁漱溟认为，中国的各种问题——政治的、经济的、道德的——根本上都不过是文化危机的具体表现”（1996：212）。无独有偶，对乡土社会有着深入感知的费孝通也指出“文化是指一个团体为了适应处境所形成的一套生活方式”（1999a：300）。

这种与主流文化有所区别的“文化”其实正是文化研究所提倡的整体文化观。在《关键词》（1976）一书中，雷蒙德·威廉斯将文化界定为现代社会知识中的 4 个或 5 个关键概念之一。他提醒我们，文化一词最初与耕种庄稼和饲养动物相关（以 agriculture 一词为例）。在当代文化学者保罗·杜盖伊和斯图尔特·霍尔看来：19 世纪，受德国作家郝德及浪漫主义运动和高涨的国家主义的影响，“文化”逐渐变得与“不同国家和民族独特的和多变的文化联系在一起——记述特定的群体、民族、国家或历史时期的生活方式”，近年来“文化不再被视为仅仅是其他进程（经济或政治进程）的反映，而被视为与经济或政治发展进程同样是现实社会的组成部分。不仅如此，由于近年来理论家们开始主张所有社会实践都是有意义的实践，因而所有的社会实践在实质上都属于文化范畴”。此外，他们认为威廉斯特别强调了文化、意义与传播之间的密切关系，其所提倡的整体文化观反映、折射和表现了社会关系，“由于我们看问题的方法实际上就是我们生活的方式，因而，传播的过程事实上是结成社区的过程：新意义的提出、接受和比较导致关系的紧张和发展与变化的实现”（杜盖伊、霍尔，2003：2、11、12）。

以上关于文化的理论探索及所展现的新视野，既可帮助我们发掘乡村建设实践中常被遮蔽的面向，挑战主流认识中的各种“刻板化”与“浪漫化”偏见，同时也有利于现实中的乡村建设获得更大的实践空间，进一步发展出“回嵌乡土”的整体性文化。

今天我们谈文化，不是一般意义上的强调重要性或对经济“霸权”的反抗，而是期待借此发展出一种新的整体性视野。透过此新视野，即使是常被窄化为技术维度的“农业”，实际上既“可以是一个经济部门、科学门类、生态系统，也可以是一种职业、一种生活方式、一种文化现象”（邹德秀，1992：前言）。而这种视野的整体性还可以让我们“跳出文化看文化”，看到其在实践中的广泛影响及与不同因素的各种互动。

具体到本书的脉络，进入20世纪90年代的中国，繁复的文化格局被戴锦华形象地称为“镜城”式的共用空间：国家、跨国资本、中央、地方、企业、个人，在极端不同而间或共同的利益驱动下，彼此剧烈冲突抑或“无间”合作（1999：31）。与其说大众文化或大众传媒开始形成中国社会的公共空间，不如说它比其他领域更为真切地展现出90年代转型期中国社会、文化特有的“共有空间”特征（1999：37）。其中，乡土社会无疑面对着一个以消费、时尚为主导的城市文化“包围圈”，它不断制造出各种可欲不可及或充满荒谬感[①]的所谓“需要”。于是这样的一种悖论得以产生：文化“景观”看似丰富的背后，是真正文化所面临的资源枯竭与功能丧失。

当乡土社会“遭遇”现代文化，实际上发生了什么？敏感的文化工作者以寓言的形式进行了触摸。例如，“第五代”导演周晓文1994年的电影《二嫫》[②] 讲述了北方山村卖麻花面的农村妇女二嫫决定要存钱买一台全县最大的电视机的故事。为了买到这台连县长都买不起的电视机，她通过卖麻花面、编筐、打工、卖血等方式筹钱。可等她终于如愿以偿时，她却病倒了，和电视机一起成为大家观看的“物件”。影片的人物和情节当然是虚构的，然而所揭示的意义与困境却十分真实。那象征着外来文化与现代文明的电视机“破窗而入”，除了给她带来各种生产的不便——“笊篱做天线了，那用什么做麻花面”、生活的不便——“水缸怎么勺水、柜子怎么打门、人睡哪儿”等实际问题外，也正因这件当年的高档奢侈品，那个家庭似乎更显破败与不堪。而此后的二嫫，除了病倒与一脸茫然外似乎并未获得期待与想象中的吐气扬眉，她仍然只能而且更是“‘村长’的

① 曾经有报道说，因为电视广告的宣传，有农村母亲在市场上卖掉自家鸡蛋，为了给她们正在上学的孩子买方便面“补身体”。

② 可同时参考原著小说《二嫫》（徐宝琦，海潮出版社，2001）。

妻”。若按照让·鲍德里亚在《消费社会》中的说法，消费是一个系统，维护着符号秩序和组织完整：它既是一种道德，也是一种沟通体系和交换结构，其所形成的社会功能和结构组织在很大程度上制约着个体。与此同时，这些消费物“好似一条链子、一个几乎无法分离的整体，它们不再是一串简单的商品，而是一串意义，因为它们相互暗示着更复杂的高档商品，并使消费者产生一系列更为复杂的动机……（从而）逻辑性地从一个商品走向另一个商品”（2008：3、60）。

如果说该影片呈现的是20世纪90年代早中期乡土社会因现代文化的冲击所引发的内在矛盾状况，那么到了全面经历“三农”危机而想象着通过城市化和现代化治愈“乡痛”的21世纪，寓言中的困境则越来越常态化为我们习以为常的现实经验。王晓明写于21世纪初的《L县见闻》以小见大地图绘出内地普通乡村再也熟悉不过的现实状况。正如作者在细致观察后的反思，“这个社会的几乎所有的文化产品：广告、电影、肥皂剧、小说、报刊的专栏文章、‘学术’论文……都汇入鼓吹城市化、鄙弃乡村生活的潮流，即便一些偏僻的角落偶尔冒出一两样别式的创作，也都迅速被这潮流淹没，沦为‘农家土鸡’式的点缀，使人们更安心于享受城市的奢华。在这铁桶一般的现代化、城市化的主流文化的包围和熏染之下，农民除了向城里人的生活看齐，还有别的选择吗？和许多城里人相比，他们反而更轻贱自己的生活”（2004）。这是因为，同样根据鲍德里亚的理论，消费社会中的需求和满足会向下渗透，中低产阶级的需要与物一样，总是滞后于高产阶级，形成时间上的差距和文化上的差距（2008：43）。

如果说2004年的这个记录代表着城市化浪潮与流行文化席卷下乡村文化的一般处境，那么2008年全球金融危机之后，当乡村成为过剩资本“避难所”与危机的转移空间①时，其间的影响因素已大大超越一般的文化生产、消费与流通，还包含着各种强势力量开疆拓土的“战略眼光”与步步为营的“策略技巧”，更为彻底的现代生活想象与新意识形态正在广

① 笔者希望在此中性理解该历史进程，一方面看到各种类型的资本下乡及家电下乡、汽车下乡、建材下乡等实际产生的“去产能/去库存”效果，对外贸减少和全球危机背景下中国经济复苏所起的积极作用；另一方面，若从经济以外的其他角度看，这种包括消费下乡在内的人为刺激，也可能引发包括文化、生态、资源等不期然的后果。并且，若不能进一步改变思维和做好乡村建设，资本下乡是暂时且摇摆的，不仅不能补足乡土社会各种稀缺资源的短板，反而常常加速资源外流，故要同时做好：（1）从“下乡”到“回乡”的引导与机制创新；（2）有利于自我保护与应对外部风险的农民组织化；（3）包含农民在内的在地资源价值实现与分配机制。以上三点恰也是当代乡村建设面对“城乡中国”转型而见招拆招的“建设性”应对。

阔的乡土大地上呼啸而来。

在主流文化与意识形态所构筑的坐标体系与意义系统中，乡村常成为边缘、落后、被动的象征。乡土社会“遭遇”大众文化并未丰富反而收窄了我们对文化的理解，同时对乡村中不同群体和未来返乡青年的主体性产生着深刻影响①。如何在强大的主流文化与窄化视野遮蔽下，既认识到乡土社会在现代化高歌猛进中的步履维艰与节节败退，同时也“发现”文化与社会的多重互动并由此寻找新可能，则是乡村建设的努力方向。

与此同时，作为生活样法的文化不能仅作为形而上的装饰点缀或工作手段，它也是内涵与目的本身。同时，这种生活方式是整体性的，涉及经济基础、物质条件、分配流通、政治空间和生态坐标等，不能与经济进行简单分割。其不是知识分子或专业精英们从学院、书本或工作室中创造出来的抽象物，而是落实到民众生活中并与之双向互动。它是历史性的，伴随着经济全球化与“去政治化”的进程而产生各种变化。同时也因其直接联系着生活的样法，所以改变或创造这种意义上的新文化，对实践来说就有着打开新空间的特殊意义。特别是在移动互联网、人工智能等技术变革使人类生活方式产生根本改变的当下，文化形态已经发生了巨大改变，将发挥出更大的生产性和能动性，这无疑也给乡村建设带来新的挑战。

二、回流与回嵌

有研究指出：波兰尼最初在 1934 年的一篇论文中使用“嵌入性”概念，比喻一种依附或从属状态，它指的是“经济”和“社会”的关系。自 20 世纪 80 年代末以来，该概念展现了独特的生命力和广泛影响，语义上的含义也十分多元。在《大转型：我们时代的政治与经济起源》中，波兰尼既深刻地指出“脱嵌”的现实与问题，也表明考虑到保护性措施与市场体系的固有紧张关系，任何成功的“嵌入”都将付出巨大代价。但从整体上说，波兰尼乐观地相信，全球趋势在总体上朝着“重嵌性”方向发展（加雷斯·戴尔，2016：233-253）。然而，也有研究指出：嵌入性概念本

① 正如有研究指出“乡村文化的边缘化，乡村自身文化生态的破坏，直接导致乡村少年对自身周遭文化的冷漠，他们因此成了一种在文化精神上无根的存在，成了文化的荒漠中人”（刘铁芳，2008）。

身比较模糊，意义指涉具有多重性，逻辑张力也较大，以至于社会学内部对嵌入性也存在诸多争议和分歧。特别值得注意的是，脱嵌常被视作波兰尼用以描述市场与社会关系的一种隐喻式的分析方法和策略。若真正深入《大转型：我们时代的政治与经济起源》进行分析将发现：只有永恒的嵌入事实，而无真正意义上的“脱嵌”存在（符平，2009）。

正如导论所述，本书希望借助波兰尼的双向运动视野，“回嵌”（或重嵌）自然是其中的核心概念，有助于从新的角度推进对乡村建设丰富内涵的理解。但在展开具体分析前，笔者希望先讨论一个相关议题——乡村建设为何“乡村”、为何“建设”？

如此整体性和差异性并存的建设为何选择乡村为起点与切入点？根据梁漱溟的分析：中国这样农业人口占绝大多数并以村社聚居为主要生活形态的国家，“仿佛是集家而成乡，集乡而成国……多数人都在乡村，所以你要启发他自动的力量，启发主体力量，只有从乡村下功夫”（1937a：313）；同时“中国社会是以乡村为基础，并以乡村为主体的。所有文化，多半是从乡村而来，又为乡村而设——法制、礼俗、工商业等莫不如是”（1937a：149、150）。除此之外，从当时的各方面情况来说，农业较工业更有基础，而当时的工业则是“外无市场，内无资本”（1937a：160）①。

总之，虽然乡村建设的出发点和落脚点都是“乡村”，但实际场域却不限于乡村。根据波兰尼的视野，其希望保护的是局部利益，但所带出的却是整体性社会失调。因此，其所希望实现的自然也是整体性建设。关于其“建设性”，第二章“乡村建设的多重源起”中已有所涉及，此处仅作为补充。如宣朝庆（2012）所指“如果说‘改造’是以自身依附于西方，适应西方的发展，那么‘建设’就是谋求独立自主，努力创造本民族自己的历史”。笔者进一步认为：乡村建设中的“建设”不同于“去政治”意义上的柔化处理或技术性使用，这里的“建设”更多强调相对于“破坏”的方法与态度，同时还包括在此过程中对各种激进思路与主流发展的反思，其实践方式常以试验为先导，结合知识分子、农民和各种建设性力量，将培训试验研究一体化。在此过程中，因为其扎根乡土及建设性态度的内在特点，进一步让乡村建设呈现出“去中心”及多样化的特点。

---

① 与此相关，梁漱溟曾有个意味深长的自白：有人误会我反对物质文明，反对工业。我安有此意。我对物质生产增加和生产技术改进，原是看得很重要的。我所以看重它的意思，则在于非这样不能给我们挪出更大的闲空……唯有富力增进，才可以用教育代替杀人打人等办法。到那时人命才值钱！唯有经济进步，才让我们的生活能更合理（1940b：101-102）。

正如前文所指“乡村建设，实非建设乡村”，我们对乡村建设的理解不应拘泥于具体行动或技术层面，也不应满足于从内容上对乡村建设的一般性探讨，而应该思考这些差异性实践所共通的内涵和实质。笔者认为，虽然乡村建设的方式和形态充满差异，但却都“以乡村为基点、以建设为目的、以社会为本位”。如果说“脱嵌”乡土是近代中国的客观进程与重要趋势，它产生了“百年乡村破坏”这一现实后果，那么在现实中，则同时存在着以“回嵌”乡土为内涵的创新性实践，其既包括经济“三要素”回流乡土，也包括经济回嵌社会和社会回嵌生态。这种在“去乡土化”趋势下的“再乡土化”探索，不仅作为宏观环境变化下的多元化反应，同时内在体现着国情意识与乡土自觉。

首先是要素“回流”乡土。从发展要素上看，无论是民国期间的“百年乡村破坏”，还是当代的“三农”问题，导致困境的关键在于农业“三要素”（土地、资金、劳动力）大规模净流出农村（温铁军，2009）。费孝通也认为把现代知识输入乡村并推动知识分子真正下乡是重建乡土的基本问题（1999a：435）。作为尝试面对且缓解“三农”问题的乡村建设，虽然复杂多样，但如何让纷纷外流的“三要素”逆向回流，并进一步促进弱势群体自我组织和主体形成，则是关键。这种回流不仅涉及原来流出的土地、资金和劳动力，还涉及有利于乡村可持续发展的各种资源；回流目标不仅是作为经济产业的农业，也包括从政治、社会、文化、生态等角度看更为综合的广义“三农”领域；回流效果则同时包括由此产生的新认识及对原有坐标的反思与改出。

乡村建设动员知识分子下乡，并提出“欲化农民，需先农民化”，
以实现人的“回流”。图为都市知识分子初到河北定县乡村（20 世纪 30 年代）

如果从这个角度说，我们在判断复杂多样的相关农村实践是否属于广义乡村建设时，就不能简单从名义形式或主观意愿出发，而应以实际效果和基本内涵为区分依据：是否促进"三要素"及相关资源朝"三农"回流并产生在地化效果，是否有利于弱势群体的自我组织以改变"精英俘获"的社会基础，是否有助于建立一种低成本且更有利于社区凝聚力形成的良性稳态治理。实际上，这也是乡村建设区别于一般"资本下乡"等行为之关键所在，两者虽然形式相似，但实质和客观效果却有较大差别。也因此，我们需要重新认识乡村建设的对象与内容，无论是历史上卢作孚和张謇等人立足且回馈社区的社会企业与城镇化建设，或是区别于一般城市产业资本、以乡土化及社区化为特点的乡镇企业①，还是虽然工作内容不直接在乡村，但却通过"市民下乡"与"社会化参与"等新形式使"三要素"回流的当代城乡互动实践，都应是"有实无名"的乡村建设，其为乡村破坏后的乡土重建争取稀缺的资源。实际上，这一目标不仅是理念和理想，在历史乡村建设中也曾付诸实践并取得效果。据曾任山东乡村建设研究院菏泽实验县县长的孙廉泉回忆，当时菏泽城内机关林立，县经费 21 万元中用于城内者达到 15 万元以上，乡建实验通过紧缩县府组织，裁为三科，取消重叠机关，使人力财力下乡，结果使县经费在城内者变为四万元②。

其次是经济"回嵌"社会。从制度组织上看，近代以来乡土社会之所以会发生复杂矛盾与对抗性冲突，低成本稳态乡村治理之所以失效，除由外部原因所引发的"乡村经济破产"外，还归因于乡土社会照搬了高成本的城市上层建筑，进而造成与传统小农经济间难以调适的矛盾。在现实中，乡土中国之所以能够化解城市危机的制度成本，依托的并不是资本或市场逻辑，而是传统兼业化小农家庭和多功能村庄内部人力、土地和资金的多样化组合，即"农户理性"和"村社理性"（温铁军、董筱丹，2010）。它通过充分调动并盘活在地资源，降低信息搜寻及交易成本，减少外部依赖并控制自然和经济双重风险，形成本土的内生发展力量和资源优化机制，进而实现"在地化"发展。也即乡村建设在促进发展要素回流的同时，多以弱势群体和成本代价为视角，通过组织创新、制度创新和教育创新，努力重建承接"三要素"回流的有效载体，在"回嵌"乡土的过

---

① 1986 年就有国务院农村发展研究中心学者基于 200 家乡镇企业调查报告指出：创办乡镇企业的动机不是利润最大化，而是社区就业最大化（温铁军等，2013：181）。

② 详见：孙廉泉. 华西实验区工作述要——孙主任廉泉三十八年二月十一日在工作介绍座谈会上的讲话. 重庆市璧山区档案馆，档号：9-41：104-112，1949-02-11.

程中探索一套既能避免已有困境又能体现中国特点的组织制度，从而实现理想化的社会治理，实际上这也是民国乡村建设实践者的诉求（米迪刚，1931；梁漱溟，1937a：248）。

因此，不同形式和内容的乡村建设一方面通过合作组织激发基层创造性，帮助农民提高与外部主体的谈判地位，为农民形成自我赋权的基础（温铁军，2009：88），促进农民在经济、文化、社会、政治等方面进行全方位的建设与合作（何慧丽等，2006：91），进而增强“自我保护”和“乡土重建”的能力；另一方面则推动更具包容性和有利于城乡良性互动的制度设计，避免城乡割裂且减少外部剥夺，强调社会参与、平民立场和可持续发展，为“自我保护”和“乡土重建”提供前提条件。

“回嵌”乡土需要结合不同条件，虽然在主体、形式和借助资源等方面常存在差异，但却有着如此的共同内涵——在乡土秩序日趋解体或式微的背景下，如何通过组织创新和制度创新以恢复或重建低成本且良性的社会治理，并降低各种成本风险与不可持续性。比如第三章专栏所述，梁漱溟在山东邹平推动的“乡学村学”即是一种借助传统资源进行“回嵌”乡土的创新手段。近代中国面对“三千年未有之大变局”的巨大挑战，孕育并承载传统治理方式的社会结构和条件都已发生实质性改变，既不可能重复高成本的都市治理方式，也不可能简单照搬传统经验，而是采用“政教合一”的简约性治理外加团体组织和科学技术，通过类似于“老树发新芽”的方式，希望避免现代治理方式与乡土间的过高交易成本，重建低成本的乡村良性秩序，同时承担包括经济发展、政治参与和民众动员等在内的综合性目标。在具体做法上：一方面，变原来的“县—乡—村—闾—邻”五级体制为“县—乡—村”三级体制，降低其中的人力成本及对乡民的必然转嫁；另一方面，让“政教合一”的乡学村学承担教育与行政双重功能，努力使乡村呈现“政府学校化”和“社会学校化”的双重格局。也即，使用教育的力量努力改造过于强势的行政力量，使其尽量兼容于乡土社会，并将一般的管理和资源汲取功能转化为教化、建设与资源开发功能。除教育创新外，同样基于“回嵌”乡土的内涵，邹平实验将原来的“职业警察”制度转变为“民兵”制度，实践证明如此安排更符合乡土社会，不仅使以前成规模的土匪不敢再流窜到本地作案，同时也净化了地方社会风气。当然，类似“回嵌”始终面对着长期且整体性的“脱嵌”影响，自然充满艰辛与挑战，展开过程也是曲折复杂的。

最后是社会“回嵌”生态。从认识坐标上看，“回嵌”是对“脱嵌”[1]的反思与克服，这种对乡土的“回嵌”意味着对原有都市导向及经济主义单一视野的调整，对以乡土为“问题”和“对象”之主流坐标的改进，以及对因特殊时代及外部压力所形成的片面认识和定性思维的挑战。正如前文所述，乡村建设产生的源起之一是当“旧”的受冲击而“新”的没有建立或呈现出成本代价过大时所导致的“两难”。面对这种“两难”，主流认识与常见方案多在二元对立的框架内展开，而乡村建设作为具有“自我保护”与“乡土重建”双重目标的建设性力量，其立足于多元共生的乡土社会，认识到原有坐标之排斥性和不可持续性，进而重新发现乡土的意义与价值，由此也产生更为多样化的实践——如新社会组织形式的创造与发展（乡学村学/城乡合作/社会企业等）、新思考维度的引入（生态永续/生活教育等）、新知识生产（晏阳初提出的“农民科学化，科学简单化”等）、新生活方式（博士下乡/都市农夫等）。

除文化与社会外，生态是从根本上思考乡建问题的重要视角，通过多种形式让社会“回嵌”生态则是当代乡建应对新危机挑战而产生的前沿探索。除第二章的社会生态农业实践外，笔者将在第六章继续结合案例详细讨论，在此不赘述。

值得注意的是：相对于主流来说，乡村建设比较接近同样长于批判且主张与弱势群体结合的各种反抗运动。但实际上，乡村建设在愿景目标上与之有较大区别[2]，同时也和“国际援助产业”[3]及“参与式发

---

① 关于从生态或环境人类学角度思考“脱嵌”的研究，可参考：张雯．自然的脱嵌——建国以来一个草原牧区的环境与社会变迁．北京：知识产权出版社，2016。

② 例如，不少社会运动常以“市民社会”为愿景。据邓正来的研究：近代西方市民社会的形成乃是与西方“近代国家”或所谓“民族国家”的出现密切关联。即使当代中国出现市民社会，也“必须把它与中国历史上的各种民间社会组织区别开来，同时它也不包括自给自足、依附于土地的农民”（1997：6-9）；赵旭东也发现，从城市文明中成长起来的所谓西方“市民社会”概念，恰恰在其一开始就把农民排除在外（1999：17）；吕新雨则强调：一般关于市民社会的讨论，都建立在以城市发展为基础的市民社会和国家关系上（2010：117）；张慧瑜进一步指出：市民社会理论“复兴的背景是冷战后期，在某种程度上转移了社会主义/资本主义作为意识形态之争的话语方式，90年代以来中国关于市民社会的呼唤实际是为市场化及资本主义进程进行辩护的假面”（2008a，2008b）。

③ 将“发展”和“援助”当作“工业”或“产业”来看待，带有西方知识界讽刺和挖苦的意味，“它表明这项事业一方面是某种意识形态的工具，另一方面又是一项与其他生产经销任何商品没什么差别的产业。这样的标签还意味着它正遭到普遍怀疑并面临着深刻的危机……实际上追随国际发展产业话语也是这一工业争取和分配资源的一部分”（朱晓阳、谭颖，2010：176、189）。笔者认为不仅国际项目如此，中国本土的“草根”项目同样如此，故其并非国际项目通过“本土化”就可能克服，而需更为根本的反思。

展”① 等有着内在差异。

总之，乡村建设的形式和内容都十分多样，但基本内涵却是“回嵌”乡土，也即促进各种发展要素向“三农”回流，在组织制度和社会秩序上与乡土紧密结合并充分互动，同时在实践中保持充分的反思与自觉，努力改变乡土长期被当作“问题”和“对象”的状况，对乡村遭受破坏和不可持续困境进行积极应对与创新探索。这三个层面虚实结合且相互推动：正是有了多样性的认识和新的坐标视野，“三要素”在强大主流推力下逆向“回流”才有可能，而后者在现实层面所做出艰辛微小的改变也为前者的推进提供了现实依据。

需要说明的是，“回嵌”乡土本来就是对原本“脱嵌”所造成的排斥性的反思，不应使其再次落入排斥性的窠臼，而是以“城乡”为新的分析单位与建设对象，以主张多样性和整体性的生态文明为新的认识视野，努力实现批判性实践和建设性创新的有机结合。

专栏 5.1：从“土匪窝”到“新中国缩影”——北碚历史乡建启示录

重庆市北碚区位于昔日四川的江（北）、巴（县）、璧（山）、合（川）四县交界的嘉陵江三峡地区，百年前土匪极为猖獗，时人甚至用“魔窟”形容②。然而，自 1927 年卢作孚③在当地主持开展乡村建设以来，这个仅 3 000 余户、1.5 万余人的山乡发生了翻天覆地的变化，不仅各项建设与文教民生事业日新月异，北碚也因创造了各种第一而全国瞩目：1928 年举办四川最早的农民运动会，1930 年创办我国西部第一家民办科学研究

① 如郭占锋所指：国际发展项目出现“参与”的表象和参与的形式化。虽说有不少国内外学者对参与式发展进行过深入的反思，但大部分内容仅侧重于问题本身，而未对深层次的文化原因进行探析。况且参与式发展只强调工作思路和方法上的改变，即从“自上而下”转变成“自下而上”，这种方法上的改变并未触动社区原有的话语体系与社会结构，同时忽略了“参与”背后更为错综复杂的传统文化网络结构（2010：130-133）。除此之外，还可参考当代乡村建设实践者李昌平的反思：《谁的参与式，为谁而参与》，http://www.aisixiang.com/data/7825.html，2019 年 12 月 10 日浏览。

② 关于“土匪窝”的描述，可见：凌耀伦，熊甫．卢作孚文集．北京：北京大学出版社，2012：前言 9；关于“魔窟”的描述，可见：胡先骕．蜀游杂感．独立评论，1933（70）。据记载，云贵川一带土匪极其活跃，“匪世界”是对当时这个地区社会状况的形象概况。其中四川匪祸更为突出，特别由于该省的军阀混战，其派系之复杂、混战次数之繁剧、延续时间之长久、人民被祸之惨烈“甲于全国”。详见：蔡少卿．民国时期的土匪．北京：中国人民大学出版社，1993：201，218。

③ 卢作孚（1893—1952），重庆合川人，近代实业家、教育家、社会活动家。1925 年创办的民生公司是中国近现代最有影响的社会企业集团之一。自 1927 年开始以北碚为中心在中国西部开展嘉陵江三峡乡村建设实验，被誉为“北碚之父”。

单位（中国西部科学院），1933 年建成四川第一条铁路（北川铁路），1944 年创办我国西部最早的综合性博物馆（中国西部博物馆）。

北碚乡建被陶行知誉为“如何建设新中国的缩影”（1939：341）。太虚法师认为其不仅“可作新中国建设缩影”，还从亲眼所见的北碚巨变中备受鼓舞，认为“佛法上所明净土之义不必定在人间之外，即人间亦可改造成净土”（1937）。一家美国杂志则惊呼北碚是“平地涌现出来的现代化市镇”，并称赞其是“迄今为止中国城市规划最杰出的例子”（孙恩三，1944）。有研究认为前后持续 22 年的北碚乡建是“民国时期中国众多乡村建设实验中时间最长、成就最大的一个”（刘重来，2007：前言 2）。也有研究将“北碚模式”与“上海模式”并论（张瑾，2003：334），认为其有助于思考乡土中国城镇化建设的创新可能。

之所以说北碚是“新中国缩影”，不仅因为其建设成就让我们有所期待，更因两者在发展轨迹和经验上有不少相通之处——同样都是一穷二白基础上的奋力突围，北碚当年的匪盗横行与彼时中国的列强环伺、军阀混战何其相似，该处“山多田少”与中国整体上“人多地少”的国情也几乎同构，并同处从“乡土社会”到“城乡社会”的转型进行之中。近百年前的“山乡巨变”是如何实现的？

20 世纪 40 年代的北碚一角

补短扬长与建设性转化

1927 年 2 月，卢作孚就任嘉陵江三峡江巴璧合特组峡防团务局（以下简称峡防局）局长后提出“保障三峡”和“经营三峡”的目标，也可以理解为从“补短”和“扬长”两个角度同步推进。

先说“补短”。如前所述，猖獗的匪患曾是制约北碚发展的最大瓶颈，卢作孚上任后的第一件事就是带头剿匪，经过持续清剿与配套的积极举措，“全区地面暂乃宁谧，今乃大定”（黄子裳、刘选青，1937：2）。除剿匪、禁毒、禁赌等消极的“去弊”外，还有更为积极的“补短”。比如在卢作孚的推动下，1927 年 7 月在峡区建立起第一座地方医院，1928 年 5 月成立峡区第一个图书馆（成立伊始条件非常简陋，只是在北碚关庙找一角落，权充馆舍），同年 9 月成立以“调剂农村金融、扶助农民生活”为目标的峡区农民银行及附设的消费合作社，并积极举办丰富峡区民众闲暇娱乐的各种活动，相当于从卫生、文化、金融等角度把该区域的各种短板补上。

关于因“补短”而发生质变的另一突出例子是北川铁路促成天府煤矿的成功开发。当年该区域煤窑成群且有着 200 多年的开采历史，“然而远离江岸，肩挑背负，运输极为困难。社会上需要煤，民生公司需要煤，可就是运不出去”（李萱华，2001：526）。为突破这一困境，卢作孚在 1927 年 8 月即开始筹划成立“北川民业铁路股份有限公司”并于 1928 年 11 月动工，历时 3 年零 5 个月分期修成全长 16.8 公里的北川铁路。正因这个短板的补上，不仅北碚各厂矿获得充足的能源供应，最终成为抗战大后方的主要燃料基地，而且盈利后的天府煤矿也成为北碚乡建的重要支撑力量。

再看“扬长”。若换个角度，所谓“几不管”地区常常也是交通枢纽，“山多匪多”也意味着可以“靠山吃山”，“背山面水”同样也有利于开发旅游。西南虽离北京、上海较远，各类资源却异常丰富，虽无沿海优势，但若把沿岸匪患进行治理并建起从深山至江边的轻便铁路，则可依托嘉陵江优势，实现货畅其流和全域资源的立体综合开发。对此，卢作孚深以为然，1927 年他就任峡防局局长后进行两手抓，一方面率众进行“剿化并举”的全面剿匪，另一方面想方设法地对当地农文旅资源进行深度开发。针对温塘峡边的一座破败古庙，当年 5 月卢作孚就亲自草拟了他就任峡防局局长后的首篇文告《建修嘉陵江温泉峡温泉公园募捐启》，从风景、古迹、出产、交通等方面对其独特的价值与开发潜力进行了介绍，并描绘出今日看来依然让人动心的景象，“学生可到此旅行；病人可到此调摄；文学家可到此涵养性灵；美术家可到此即景写生；园艺家可到此讲求林圃；实业家可到此经营工厂，开拓矿产；生物学者可到此采集标本；地质学者可到此考察岩石；硕士宿儒可到此勒石题名；军政绅商都市生活之余可到此消除烦虑……”（卢作孚，1927：50）。这些可满足不同群体多样化需求的精巧设计，不仅各得其所，还充满创新思维。若按当下说法，该做法正是以“众筹”的方式进行广泛动员与资源整合，其突破传统思维对潜在资源的认识“盲区”，重新发掘当地在生态、文化、旅游、教育、休闲、康养等方面的潜在优势，让“沉睡”资源得以价值实现①。除此之外，还发掘出了各种“意外”副产品，比如修建温泉公园时产生水利磨面和温泉挂面等副产品，其与当时强调“农文旅”融合及“三产化”转型有着异曲同工之妙。事实证明，北温泉的开发无疑是成功的，不仅在当时成为各界人士来碚参观游览必到的“打卡地”和包括中国科学社年会等著名会议的举办地，基本实现那份文告所畅想的各种功能，而且即便在近百年后的今天，北温泉依然是重庆最有名的温泉和当地最有含金量的文旅名片。

若要真正实现上述的“补短”和“扬长”，当然不能“头痛医头，脚痛医脚”，“短”和“长”需要建立在清晰且整体的计划之上。在北碚开展乡建实践两年后，卢作孚于1929年10月1日发表长文《乡村建设》②，在这篇迄今为止全国最早系统论述“乡村建设”的文献中，卢作孚从教育、经济、交通、治安、卫生、自治等方面做了全面分析。在随后一篇总结性长文中，卢作孚进一步指出，北碚乡建的目标是让人民“皆有职业，皆受教育，皆能为公众服务，皆无不良嗜好，皆无不良习惯”，让地方“皆清洁，皆美丽，皆有秩序，皆可住居、游览”（1934：282）。

正是这种重点突破与整体发展的同步推进创造出了新增量和无穷活力，同时还让各种存量资源实现建设性转化。回到历史现场，为了真正做到“保障三峡”，卢作孚并非简单地以武力剿匪，而是采取“化匪为民，寓兵于工”的方针策略。在全力剿匪的第一年，他即开始试办兵工织布事业，“买机头数架，令常队、练队士兵练习织布”，并设立工艺部加以管

① 当代乡村建设团队最新探索即包括以“三级市场”推动“两山（绿水青山就是金山银山）两化（生态产业化＋产业生态化）”，推动乡村生态及人文价值的真正实现，并在此过程中促进农村新型集体经济的发展与农民组织化程度的提高，以引导资源从“下乡”到“回乡”。详见：温铁军，罗士轩，董筱丹，等．乡村振兴背景下生态资源价值实现形式的创新．中国软科学，2018（12）；杨帅，罗士轩，温铁军．空间资源再定价与重构新型集体经济．中共中央党校（国家行政学院）学报，2020（3）。

② 该文档现藏于重庆市档案馆，题名为《卢作孚编辑之乡村建设》，关于“最早”的考证详见：熊亚平．卢作孚乡村建设思想的历史定位——从乡村建设最早提出者问题谈起．福建论坛·人文社会科学版，2014（4）。

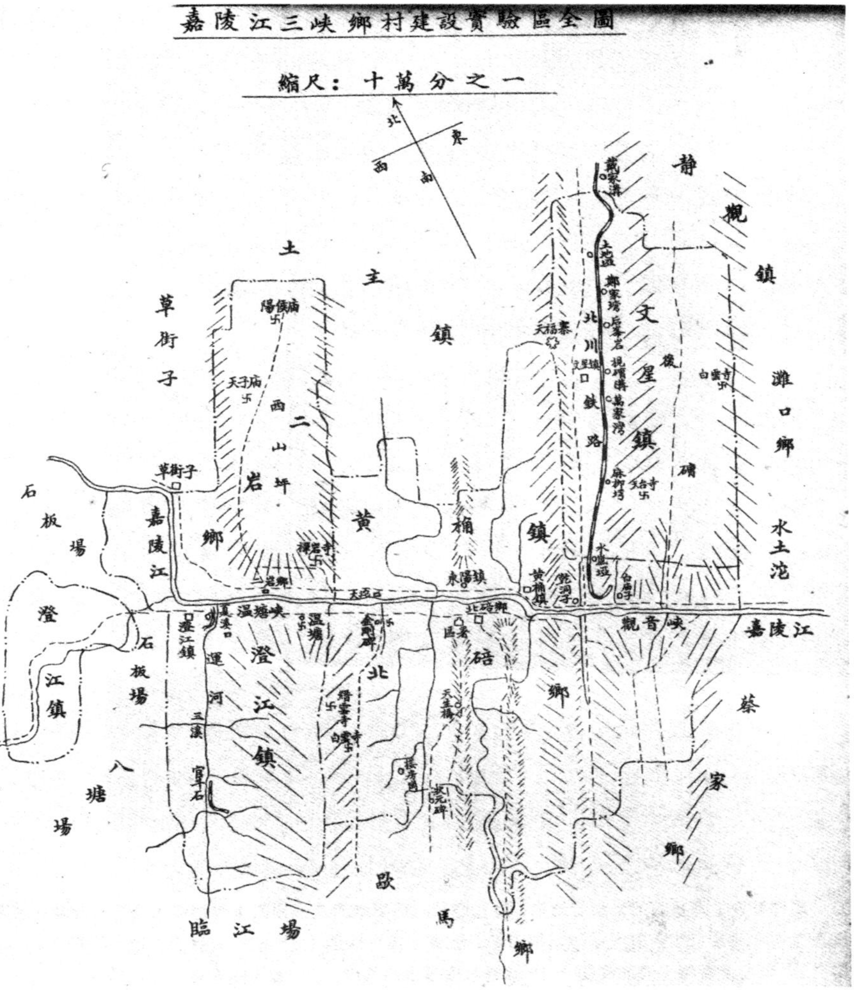

嘉陵江三峡乡村建设实验区全图

理，后来四川第一家机器织布工厂恰由此发端（张守广，2014：131、247）。“如果有匪来了，我们拿起枪、背起弹就是兵。把匪打了，放下枪就是良好的百姓，并且工业办好后，不仅人人有红息分，队兵的家属还可以搬到这里来住家，帮我们些事”（卢作孚，1929）。如此做法，既让士兵们有一技之长，在增加收入的同时避免剩余时间胡思乱为，又同步实现了匪的转化（劳动者）与兵的转化（工人），让潜在风险转为积极的建设性力量，从而实现治安和建设双丰收，真正根绝匪患。

也可以说，在盗匪横行的年代，“在地化”资源常因缺乏开发的环境和条件而无法得到充分利用，和平条件的形成有助于产生和平红利，但这种和平红利的真正实现还需配合以转化思维和更多的建设性努力，毕竟有不少有安定秩序的地方同样困顿，只有“补短扬长”和“建设性转化”有机结合，才能让过去潜在的要素重新因刚形成市场的制度条件得以定价，从而产生“盘活存量”和“创造增量”的双重效果。

事实证明，正是以上努力让“后发”的北碚除“和平红利”外，还收获了“资源红利”、“区位红利”（通航对交通要道的改变）和“人才红利”这三大红利，它们共同支撑了北碚建设，并为后来抗战时期更大规模引进人、财、物而形成“内迁红利”打下基础。①

“活教育”与“善组织”

如上所述，峡防局实行“寓兵于工”，通过调整编制和加强管理，让他们既从事打草鞋、织布等“副业创收”，同时还从事种田、筑路、修公园、淘滩等公共建设工作，成为峡区乡村建设中的一股重要力量。但身处各地士兵普遍“痞化”的军阀混战年代，要“逆向”转化为地方建设的积极力量绝非易事。北碚实践不是简单地依靠强力（实际上，峡防局当时只有600名官兵，卢作孚也非手握重权的军人），富有创造性且广泛深入的教育组织是促成该转化的重要因素。

卢作孚在主持北碚乡村建设前，已经在川南和成都开展了卓有成效的社会教育探索，他把成功的经验带到了北碚，并将其作为新实验的先锋与灵魂。和陶行知、晏阳初、梁漱溟等汇聚北碚的乡建先贤一样，他也认为乡村教育不应是城市教育的翻版，而应是“大教育”视野下的“再乡土化”努力，应通过与各种组织进行有机联结，充分发挥教育在乡土秩序重建和文化传承发扬等方面的独特功能，让教育真正“活”起来。

在此基础上，卢作孚认为“学校不是培育学生而是教学生如何去培育社会”，真正的教育不应限于学校，其因与社会的紧密互动而存在于四面八方，不仅要以教育推进北碚建设，同时也要把北碚建设成真正能够教育人的环境。因此，无论是北碚试验中各类型的民众机构，还是《嘉陵江日报》、小朋友剧社等都具有教育功能，只有更多人受到教育，才会改变社会风气，进而带动各种产业的发展。

关于北碚当年的“活教育”，峡防局1933年的《工作周刊》记载了一个生动例子：有电影院要来北碚放电影，需借用民众会场并请当地人维持

① “四大红利”来自中国人民大学董筱丹副教授2018年4月1日在北碚的乡建反思营发言，此处有一定的修改。

秩序，因此峡防局获赠免费票 80 张。如何分配这些电影票，峡防局最后决定“用油印小传单分散各茶园酒肆，写大广告十张，贴于各处及各茶社揭示牌，并由特务队学生挨户催请，小甲沿街鸣锣，使市民知道，拿耗子两只，苍蝇一钱，向特务队领取收据，向民众问事处换欢迎票。又农、工、劳动者小贩来民众问事处考验识字及常识，合格者给票入场，来者甚多，可惜后来的票子嫌少了……”（周兰若：1933）。

透过该记述，见缝插针且善于和各种契机结合的“活教育”呈现在了我们面前，如此教育不是为教而教，而是随时与建设联手，努力与社会融为一体，也不是等到经济发展后才能做，而是一开始就有所自觉且想方设法地转化为行动。再如，当年的北碚平民公园就不仅仅是公园，而是动物园和公园的合一，目的是让民众能接触到更多新鲜事物，实现娱乐与教育两不误。据当事人回忆，1930 年出川考察路上，卢作孚等人不顾舟车劳顿，在路途中为同行的青年同人分门别类地安排文化补习，让时时成为可教之时；峡防局职员则在民众会场演川剧间隙教农民鼓掌，在新年放电影间隙向民众讲演公共卫生和市面上的清洁秩序，让处处成为可教之所，构建起真正的教育社会。

这种“活”还体现在化被动为主动，以创新思维不断突破各种成规与限制上。比如，为推行识字教育和普及教育，峡防局在民众聚集处设平民露天娱乐场并设置当时比较先进的幻灯片。据 1931 年 8 月 27 日《嘉陵江日报》报道，卢作孚感觉仅放映不够，就直接去“手持传声筒，口中不断解释幻灯片中各时代的车和船，中间的口吻不少传神处，故很能引人入胜，洗耳恭听”。为了让有限的教育资源产生更大的影响，1931 年 11 月，峡防局正式成立以“办理民众教育、推行社会运动”为宗旨的民众教育办事处，并由之先后兴办了民众学校、民众俱乐部、民众会场、民众职业介绍所等机构，举办了露天教育、挨户教育（挨家挨户之意）、船夫学校、力夫学校（服务“棒棒”）、场期学校等活动，同时经常举办各种有示范作用的展览，以便随时能与民众产生联系。与此同时，组织士兵“送书下乡”并建立“巡回文库”，让稀缺的图书在乡间流动起来，使更多人在耳濡目染中受到影响。除此之外，为保障这些措施能落地且发挥更大作用，峡防局还自办媒体。1928 年 3 月，卢作孚创办《嘉陵江》报并自兼社长，该报很快成为峡区各项建设事业的平台与载体，除分送各单位人员外，还及时在各场街和腰店子（旅社）等处张贴，通过传播以产生更广泛的影响。

峡防局士兵送书下乡（20 世纪 30 年代）

当然，这些教育若要持续下去并发挥出更大作用，不仅仅需要成批有动力有方法的实践者个体，更要把各种分散的资源有效组织起来。正因如此，从 1927 年起，卢作孚亲自主持，采取公开招考的办法，在峡区招收了 500 余名 16～25 岁的青年，先后组建起学生一队、二队，警察学生队及少年义勇队一、二、三期，并由毕业于黄埔军校的卢子英担任队长，采用军事化的管理方式对青年们进行体质、组织、能力、思想等多方面的训练（卢国模，2010：64－66）。据首期少年义勇队成员高孟先回忆，那两年中不仅仅需接受各种科目的文化知识和军事训练，更重要的是要在实践与日常生活中努力形成：(1) 忍苦耐劳、艰苦朴素的作风（不分四季在嘉陵江中的晨间洗冷水浴，平时吃最粗劣的饭菜，旅行时在冰天雪地风餐露宿，过着极艰险的生活）；(2) 提倡“急公众难，造公众福”的社会服务，并通过接种牛痘、填沟、修路、淘河滩、植树等实践进行贯彻（1970：126）。

正是这支经过严格训练的队伍成为北碚乡建的先锋力量，不仅亲自推行各项建设，还开风气之先，“造成功一种社会环境，以促使人们的行动发生变化”（卢作孚，1934a：279）。如有研究指出，正是在这些组织起来的青年的带动下，北碚“焕发了新的社会风气和面貌，同时以较低的社会组织成本实现了社区公共管理”（杜洁、张兰英、温铁军，2017）。

修建北碚平民公园的峡防局学生队（1930 年）

可见，组织在其中发挥着重要作用，特别是那些低成本[①]，能落地且能与教育、农业及各种建设事业联手的“善组织”，不仅是汇聚建设力量的必要手段，同时也有利于各项资源的整合，普遍具有“善凝聚”“不生硬”“多形式”的特点，它们既可以是少年义勇队，也可以是峡防局下设的各种事业或民生公司生发的各种企业，还可以是一个具有动员力和高参与度的运动会或成功展览。在卢作孚的认识中，这些都是形成现代集团生活的有益手段，“所谓集团，并不止于共同吃饭、睡觉、游戏而已，最需要的是共同发现问题、解决问题”（卢作孚，1933a）。

虽然没有受过多少正规教育，但擅长数学且被公认为优秀企业家的卢作孚不是在简单地服务北碚或教育北碚，而是因势利导且巧妙智慧地经营北碚[②]。正是通过对各种“组织”的培育与灵活运用，不仅有效地控制了成本，还让各种资源实现最优配置，避免其他地方几件事同步发展时常失败的困局（李石曾，1935），并且相得益彰。

① 所谓“低成本”，一方面指成本本身降低，另一方面指必要成本有承担主体而无须向“小农”转嫁。最新发现的中华平民教育促进会华西试验区档案记载：（北碚）管理局摊派很少，一切建设和学校开支大都向和平煤矿、天府煤矿、大明厂等挪借（《农家访问记》，1949 年 7 月 9 日，参见重庆市璧山区档案馆，华西实验区全宗，档号：9-1-5，第 22 页）。由此可见民生公司及北碚相关企业的“社会化”属性，也说明这些“在地化”企业与乡村建设事实上相辅相成，做到了双赢。

② “整体性经营北碚”同样体现在卢子英的工作思路中，比如其 1933 年即指出在北碚之事业系以文化之经营为主，经济之经营为辅，为了经济事业之较有保障，一般社会之更得安全，故始有治安事业之经营（卢子英，1933）。

“外发促内生”与“内联促外引”

乡村建设的资源和视野从哪里来？如何做到本土力量与外部资源的良性互动，进而实现“在地化”与“开放性”的有机融合？“外发促内生”与“内联促外引”本来是中国农业大学何慧丽副教授在河南兰考的当代乡建实践中总结出来的经验。但实际上，它也体现在北碚的历史乡建实践中。

身处当年来说相对“偏僻”的小镇，为了让北碚的乡村建设保持活力，同时也让各种“教育创新”与“组织创新”获得源源活水，卢作孚不断施行“走出去”与“请进来”方针。

关于“走出去”，卢作孚强调既要埋头努力，让各种建设理想通过实践落地，也要“顾到周围”，因此很重视各种方式的参观学习。经过几年努力让北碚乡建打开初步局面后，1930 年卢作孚亲自率领民生公司、北碚峡防局和北川铁路公司有关人员赴华东、东北、华北进行系统考察，历时 5 个月有余。为确保出访效果，使出访不流于形式，出发前明确要“带着问题出去，求得办法回来”，同时要求大家在此过程中做详细记录——卢作孚带头写《东北游记》，不仅详细描述所见所闻所思，而且认真分析德国人和日本人在这些地方值得借鉴的经营经验，并努力转化后带回北碚。同行的少年义勇队成员高孟先则专门撰写《合组考察团报告》并在《嘉陵江》报上分 5 期连载。

借鉴已有的各地乡建经验无疑是此次联合考察的重点之一。据记载：1930 年 4 月 6 日，考察团与黄炎培、蔡元培、李石曾、江恒源等到上海徐公桥参观中华职业教育社乡村改造实验；5 月 18—21 日，专门到江苏南通考察张謇办的工厂、交通、金融、公共教育事业并表达了羡慕之情。特别需要说明的是，这是卢作孚第二次参观南通，7 年前他就认真参观并专门拜会了这位“有实无名”的乡村建设先驱；5 月 28 日，参观南京燕子矶和晓庄师范，专门学习陶行知的教育思想；7 月在天津与中华平民教育促进会陈筑山、汤茂如等骨干见面并了解河北定县的平民教育经验（张守广，2014：72、209、214、234）。可见，北碚乡建并非横空出世，而是在各地已有探索的基础上结合自身条件的推陈出新，也正是这种兼容并包的开放格局，为后来北碚成为各派乡建汇聚之地奠定了基础。

除见识、经验和未来拓展事业所需的人脉资源外，同时带回的还包括北碚乡建稀缺的物质条件，既包括各厂矿急需的机器设备，也包括看起来很不起眼的小东西——史料中就有联合考察团 1930 年在青岛购买“柳藤

在卢作孚、卢子英的推动下，私立乡村建设学院由晏阳初及中华平民教育促进会 1940 年创建于北碚歇马乡，图为农学系学生田间实习

篮子、山鸡”并在沙滩捡“螺蛳、蚌壳”以带回北碚做陈列用品的记载。

与“走出去”相对应的是“请进来”，正是“走出去”所结识的友人与社会名流成了“请进来”推进事业的重要力量。2017 年出版的《民国时期嘉陵江三峡地区演讲集》（项锦熙，人民日报出版社）就收集了 1929—1949 年在北碚进行的演讲 90 余篇，包括李石曾、翁文灏、马寅初、任鸿隽、张伯苓、陶行知、梁漱溟、刘湘、陈立夫、太虚法师、田汉等各界知名人士及不少外籍人士，内容包罗万象，既包括全国及世界形势分析，也包括介绍新思想和各地建设经验，还包括“杀白菜虫的方法”等实用技术，演讲对象既包括少年义勇队成员、峡防局工作人员、各类学校的教员与学生，也包括北碚广大民众，举办地点则在民众俱乐部、民众会场等便于公众参加的地方，且演讲信息和内容也会及时在《嘉陵江日报》上刊登并流传到更广阔的公共空间。

除持续不断的演讲外，1933 年峡防局还邀请中国科学社到北碚召开年会，此举不仅进一步促进北碚的资源发掘、科学教育与中国西部科学院建设，同时还通过全国各地的著名科学家提升了北碚的影响力与美誉度，为后续的人才引入与经验传播创造条件。

正是这些外来力量让原本封闭的山乡开放起来，使各种资源的“回流”成为可能，并引发自身力量的发育。其之所以发生，既源于内部的实际需求，也离不开自身的有效组织与前期的各种建设努力，也即“外发促内生”与“内联促外引”是循环反复且相辅相成的。例如，在联合考察团出川和随后的中国科学社来北碚开年会前，1929 年 7 月峡防局即邀请中国科学社派人来川，之所以有科学家千里迢迢愿意深入西南，当地有团体全力配合并具体组织，共赴峨眉、峨边、大小凉山等处联合采集自然标本无疑是个重要理由。此行由卢作孚的弟弟卢子英率领，最终采集回标本二十余箱（江、巴、壁、合四县特组峡防团务局编，1935：1）。之所以能完成这一开创性任务，与两年前即已组建少年义勇队并对其进行过严格有效的训练分不开。值得一提的是，这些标本不仅为后来的中国西部科学院和中国西部博物馆打下家底，也是 1930 年出川考察所带回的重要“礼物/资源”。以标本为纽带，不仅“交换”回了峡区发展急需的“人、财、物”，也让“走出去”与“请进来”更好地互动起来。

而此处的“内联”既包括把峡区内原本分散的人力和资源整合起来的各种组织，也包括不同组织之间的协作与联合。上述 1930 年的出川考察就是包括民生公司、北碚峡防局和北川铁路公司人员在内的联合考察，而在日常的建设实践中，促使民生公司与北碚峡防局进行多种方式的深度融合与优势互补一直是卢作孚的努力方向，他还要求北碚峡防局各股各机关经常要与中国西部科学院、三峡厂、农村银行等开联席会议，以形成进一步的建设合力。

正是这种内外连接，让北碚既融合了“上海的现代工业技术，德国建设青岛的城市经验，日本建设大连的经验，以及张謇建设南通的经验”（张瑾，2003：324），同时还出现抗战期间“三千名流汇北碚”的壮观景象。与其说是抗战特殊背景下的机遇使然，不如说是“内外”持续良性互动后的水到渠成。

欲化社会，需先社会化

作为对乡土社会的建设性改造，北碚之所以成功，与其对“社会”的重视及积极有效的“社会化”努力分不开。关于“社会”在卢作孚思想与事业中的位置，可以从他凝毕生心血的民生公司说起。虽然民生公司成立之初是一个非常不起眼的小公司，但却坚持以“服务社会、便利人群、开发产业、富强国家”为宗旨，并明确提出“民生公司不是只图资本家发财，它的经济立场，可以说是站在整个社会上面的，纯是一桩社会事业”（卢作孚，1933b：257）。可以说，社会不仅是企业要支持或服务的对象，同时也是企业或地方建设的力量源泉与生存土壤。同理，北碚的各项建设既要服务社会，也是“替社会找出路”，建设力量来自社会，收益自然也由社会共享。

关于什么是“社会化”的建设方式，卢作孚曾以四川人爱玩的麻雀牌（麻将）为例，做过一个有趣的阐释。他认为，搓麻雀的过程包括社会组织中的四个运动：用编制和选择的方法，合于秩序的录用，不合于秩序的淘汰，把一手七零八落、漫无头绪的麻雀局面，建设成功一种秩序，是第一个运动；全社会的人总动员加入比赛，看谁先建设成功，看谁建设得最好，是第二个运动；到一个人先将秩序建设成功时，失败者全体奖励成功者，是第三个运动；失败了不灰心，重整旗鼓再来，这是第四个运动（卢作孚，1934b）。笔者认为，这四个运动从不同角度体现了社会化特点，正是北碚成功建设的重要经验之一。

这种“社会化”强调社会视野，无论是经济、文化还是教育，都应发掘其社会面向，既努力将大小社会作为开展教育、组织和建设的可为空间，同时在此过程中通过广泛的社会动员实现社会参与和社会整合。正如卢作孚对北碚实践如何得以展开所做的总结，“我们利用人们农隙的时间做副业的工作，更利用人们工余的时间做社会的工作。促起大众起来解决码头的问题，道路的问题，桥梁的问题，卫生的问题……不但是大众出力，大众出钱，而且是大众主持。由这些具体的活动以引起大众管理公共事务的兴趣，以训练大众管理公共事务的方式，以完成地方自治的组织”（卢作孚，1934a：5）。正是如此充分的社会动员与广泛参与解决了各种建设资源不足的问题。通过北碚建设的各种档案，不仅可看到北温泉公园和中国西部科学院建设中的“众筹”动员，还能发现峡防局职员减月薪储作资本去上海购买染织工厂机器的义举。可谓：有钱的出钱，有力的出力，各尽其能、各得其所。

与此同时，卢作孚还通过持续有效的干部训练，让行政人员努力实现社会化。例如，他在嘉陵江三峡实验区署纪念周会上要求机关人员“不要专门坐在办公室里弄笔墨，尽量减少办公室的人数，每个人要多到社会去活动”（卢作孚，1936：337）。即使是必要的室内办公，也要求集中在大办公室，因为其“便于联络、便于照料全部、便于提起办事精神”（黄子裳，1937：95）。正因有如此要求并付诸实践，北碚建设者们显得更有“活动力”，无论你往（北碚）哪里去，都看得出来他们的活动，而且是活动得非常有兴趣、有条理、有步骤，并且是一面活动、一面找问题，一面找问题，又一面解决问题（陈宁康，1931）。如此“社会化”不仅突破行

嘉陵江三峡乡村建设实验区评选出的健康儿童与优秀母亲（20 世纪 30 年代）

政化可能引发的官僚化顽疾，走出常见的“行政乱动，群众不动”困境，也有助于农民主体和社会参与的真正发挥。

时任国民革命军第 21 军军长的刘湘，在 1931 年参观北碚各项建设事业后指出“全国所犯的两种大毛病——一个是西洋式徒供消耗奢侈的洋八股，一个是癫狂式只作口号标语的怪东西，这边相信犯的绝少”（1931）。笔者认为：值得关注的“北碚经验”即后发地区立足乡土社会完成工业化并进行社会稳态治理的独特经验，强调政治、经济、文化、社会、教育等方面相互支撑的整体性计划，同时以社会整体为单位思考建设的各种需求，并以此为定位与分析基础。一方面，其获得包括“和平红利”在内的多重红利，还成功构建起低成本且符合城乡社会转型需要的治理结构，使得各种资源回流乡村，同时也发展出以民生为导向、强调社会参与的创新性社会企业与城乡融合的新局面；另一方面，这种以“回嵌”和“回流”为特征的“在地化”的工业化发展，某种意义上有效实现了工业化的原始积累和乡土重建。

三、案例讨论：整体视野下的当代农民合作实践

通过前面的重思，经济与文化从来不是各自独立的存在。下文将结合当代乡村建设实践中的农民合作案例进行讨论。

如果回顾百年乡村建设历史，将发现无论是晏阳初、梁漱溟等人开始

探索并以不同形式延续至今的农民合作，还是当代乡建新开拓的社会生态农业（CSA）与城乡互动实践，其实都是在“去组织化”背景下以不同形式尝试“再组织化”的努力。正如上一章“乡村建设的基本原则”中所提，“互助合作”既是乡村建设重要的组织载体与工作内容，也是乡建理念与原则的微观体现，更作为由西方引进的现代制度在乡土社会中“遭遇”、调适且仍充满张力的前沿领域。

有人把农民合作社归纳为“农民自己办的公司”，许多合作社研究者和推动者也有如此共识：农民合作社是个“经济”组织。既然作为“经济”组织，许多人因此认为：只有搞好经营才能盈利，只有盈利才能生存和发展，只有发展才能实现社会理念，“经济”和“社会”需以这种先后顺序才能连接；另一种代表性观点则认为：首先要让农民得到利益，他们看到希望才会跟你（合作社）走，有了经济基础，做什么也就好办。然而，苑鹏（2001）辩证地指出，农民合作社一方面是市场经济的产物，另一方面“其制度安排却具有天然的反市场性”。许宝强则认为广义合作社一直“带有某种‘反资本主义’性质”（2007：242）。

笔者不希望在概念层面将合作社本质化或抽象化，而是希望让合作社回到具体的实践脉络，让我们重新思考其“经济性”，以及与文化、社会、政治等面向的联系和互动。

1. “经济”组织的历史脉络与宏观背景

立足乡土社会的农民合作社，之所以不只是狭义上的“经济”组织，除因其同时还存在着社会、文化、伦理、生态等功能外，还因其特殊的历史脉络与外部环境。

自家庭联产承包制之后，我国农村公共空间日益狭小，以家庭为单位的生产、生活方式在使人回归家庭的温情时也使人的公共意识淡漠。正如当代乡村建设实践者邱建生的描述，“我们会看到荒草从农村戏台的化妆室里长出来，也会看到水从损毁的沟渠里倾泻而出，偶尔一辆小车从村道上通过，它扬起的灰尘或溅起的污水也会让我们皱起眉头。农村的一切都在继续着，土地在继续，猪舍在继续，闲言碎语也在继续，唯有公共生活没有继续，组织没有继续，集体没有继续。而市场、强政府、电视文化趁着这空档悄然而霸道地侵袭了农村，农民则在这种袭击下丧失了大部分的自信，甚至尊严”（2005：38）。实际上，类似情况在 21 世纪初的广大乡村具有一定的普遍性，正如贺雪峰在广泛调查后指出的，“当前的中国农村，因为现代性因素的进入，农村社会中异质性因素大大地增加，农村社会快速地半熟人社会化。农村公共生活需要重建”（2008a：141）。

因此，晏阳初乡村建设学院在2004年所举办的第一期农民培训即以“农民合作组织”为主题。但在随后举办的数十期农民合作社培训班中，真正的困难不在于讲明白合作社是什么，而在于讲明白合作社与人民公社到底有着什么样的区别。理论上似乎可以讲得简单明了①，然而那段充满悖论的历史对于农民学员来说不仅仅是饱含着复杂情感的记忆与参照，更是他们对“合作”主题的想象来源。不管新型合作如何不同，这种对农民来说的“二次合作”需先认真处理那个特殊的时代，而非照搬主流对人民公社的简单化评价——那种结论清晰的判断往往巧妙地利用人们在情感上对那段岁月的整体好恶，在“打包”处理中去脉络化，有意无意地遮蔽人民公社悖论的复杂原因与时代特点（温铁军，2009；罗兴佐，2006；申端峰，2007）。无论如何，历史所留下的影响为新时期的“二次合作”增加了不少难度与阻力，并让“新合作”对“旧合作”产生一定的“路径依赖”。

除来自历史与记忆的影响外，主流意识形态与大众消费文化也对农民合作社产生了不可忽视的影响。个人奋斗、致富神话等“意义系统”与个人主义话语，在对乡土社区、家庭及传统互助价值形成挑战的同时，也让“合作组织的社会基础与信任关系很难形成”（董磊明，2007）。

温铁军和董筱丹认为：伴随着市场化带来的个人主义、利己主义之商业文化弱化了农民组织的传统纽带，并且当前快速的经济发展、社会流动、信息传播及国家权力向农村渗透，“农民合作的心理文化、经济基础等方面都遭受了强烈的销蚀，农民价值观得到了重塑，同时改变并重建了农民行动的结构性条件”（温铁军，2010：95、263；温铁军、董筱丹，2010）。贺雪峰结合自己在全国20余省市的农村调查指出：改革开放以来所确立的市场经济理念及现代性在根本的行为动力与人生目标上改造并重塑着中国农村，这使得解决农民合作之需的传统方式越来越难发挥作用（2008b）。

这些分析与研究让我们看到促使农民合作或不合作的各种因素，它

① 如温铁军所指，“满足国家工业化和城市的粮食需求是大办合作社的动因之一，在采用行政手段强制推行统购统销困难重重的情况下，合作化的组织建设能够弱化、抑制农民反抗”（2009：172）。

高度受制于国家所选的发展道路与社会环境。不仅是中国的农民合作社，当前正被学界广泛关注的日本农协也以现实经验呼应着相关的分析。“因工业化进程所不可避免的‘三农’问题，日本的农业和农村也同样面临着来自工业化和自由化同时加速的双重挑战”（温铁军，2010：118-120）。而农协正是日本对外殖民扩张和工业化时期应对国内“三农”问题的时代产物，以及服务明治维新后工业化原始积累之国家战略。即使这样，有着上百年历史的日本农协，当面临着“金融自由化、农产品进口自由化和粮食管制等各种限制缓和”这三大外部环境改变时，所引发的各种矛盾随处可见，“地缘和血缘越来越淡化，农户与农协的关系日渐疏远……因为现在农业整体不行，农协也就不行，这是一种恶性循环。而农协之所以还能维持，正是靠着一些经济效益好的业务来支撑”（李晶，2011）。

可见农民合作社有问题，从来不是农民或合作社本身的问题。经济与社会，历史与现实，记忆与想象，从来都是充满张力地缠绕于内。

2. “经济”现象的社会制约与文化影响

以上谈到一些对农民合作社产生重要影响却容易被忽略的历史脉络与宏观背景，从而说明农民合作社的意义与困境不应只从合作社自身及内部寻找答案。下文进一步讨论农民合作社所面临的诸多制约，也都无法简单地从经济角度进行分析并获得解决。

随着宏观环境的变化，一方面，农村的“三要素”随城市化和工业化的加速而纷纷外流，进而导致留下的可盈利空间萎缩，小农剩余过少（杨雅如，2007）。与此同时，产品的市场化和支出的货币化让一般农户承受着巨大压力。在当代乡村建设的实践中，无论是农资联合购销还是通过自我中医疗法节省医药费等诸多举措，理论上可以说“省钱即赚钱”，但在现实中效果不明显，其中一个原因是：与传统乡土社会因自给自足与社区互助而“低现金交易（依赖）”不同，日益货币化后各种现金需求激增，农民自然认为省下的有限货币不过是杯水车薪。另一方面，当代农民合作社是在农户分化、强者牵头、弱者参与、部门和资本下乡的格局下形成的，因此形成了特殊的面貌（黄胜忠，2009；温铁军，2010：6、39）。“基于政绩和利益的考虑，涉农部门逐步开始兴办和领办农民合作社，各种合作社只能和部门利益结合”（仝志辉，2008：167-168）。温铁军则结合当代乡村建设各地试验区的具体案例进一步指出："当前农村经济主体间的互动出现了'精英俘获'结果，资本和部门通过扶持'大农（精英农户）吃小农（普通农户）'，既节约了作为外部主体下乡需与分散小农的'交易成本'，又因组织起来的农民更有利于部门和资本的盘剥而保证收益垄断。当这种形式和内涵的合作社成为主要形式，其自然不会真正完善内部的合作关系，各种'交易成本'的节约也仅限于社员的购销需求，而实质上并不能解决小农在市场上的弱势地位，反可能造成合作社的虚假繁荣局面，改变了财政专项扶持资金维护公平的公益性质"（2010：41、252）。也可以说，在上述比较复杂的脉络下，涉农部门与资本精英更为紧密的结合，客观上不利于甚至"排斥"了一般农户的合作。

实际上，农民合作组织在现实实践中所面对的制约影响更为复杂。例如，在晏阳初乡村建设学院的农民合作社培训中，作为院长的温铁军常苦口婆心地反复叮嘱：中国目前的各类农产品已经高度过剩，生产中的合作成本是很难降低的，故风险也最大。所以建议刚刚合作起来的农民先不急于上生产项目，而是从产前、产后及购销入手……但培训过后，农民学员们往往在实践中"不听劝告"，结果导致项目亏损才后悔莫及。开始时，作为培训组织者，我们常自责是否培训时强调得不够或没讲清楚，但之后我们慢慢发现可能不是培训本身的问题，也不是农民是否"理性"或足够认真。想想看，如果农民学员更愿意选择联合起来规模养猪，可能有上一节所提到的历史原因：对"合作"的惯性想象——"人民公社式"合作虽已被媒体和主流意识形态反复进行了负面强调，但却不经意间"限制"了互助合作本应丰富多样的形式与可能。

与此同时，长久以来占据主流话语的"农民致富神话"宣传，绝大多数是以带头人"个人"（奋斗）为基本叙述单位，虽多辅以"带动全村"，但也往往只是对其事业成功与精神伟大的进一步证明而已，更多篇幅多为"致富英雄"如何战胜普通村民的"短视"与"落后"观念。由此所建构出的"现实"与想象自然都与强调地缘血缘的传统乡土社会及高度组织化的毛泽东时代有着明显区别，并从"成功学"角度引导广大农民在精神与文化层面上的奋斗方向。所以，比起缓慢而又逆时代潮流的艰辛探索，农民学员当然更愿意以"上项目—快速致富"为先。而对一般的农户来说，长久以来，本来就只有种地养猪这类生产性活动才是他们熟悉且有操作经验的，如果没有新的空间释放或特殊支持（如政策、培训等），农民怎么可能按外来者的期待在流通、购销、金融等陌生领域游刃有余？

在合作社培训班上，我们常以南街村的“外圆内方”为例，启发合作社寻找自己的发展策略与定位。可在现实中，“圆”如何影响“方”？“方”又是如何以“圆”为想象与标准？这些层出不穷的新问题让我们看到经济问题背后的各种社会制约与文化影响。相比之下，对于“资本”这一下乡的外部主体来说，经济和文化高度融合，并且十分灵活，随时可根据需要而选择更有效率的一种或多种手段，其之所以能在乡土社会迅速产生影响，绝不单纯依靠经济手段，而是充分利用大众传媒及主流意识形态影响下农民普遍存在的“都市梦”①。当然，正如波兰尼“双向运动视野”所示，这种理想化的状态从来不会彻底发生，实际也只是经济主义逻辑下的另一种“乌托邦”。

正因来自社会和文化的双重制约，笔者认为，在各种不利于合作的资源条件下，农民的“不合作/合作失败”既可能是外部制约的表现与结果，也可能是某种程度上农民对不利环境、都市导向及文化霸权的消极反应［相对于“资本（部门）下乡”的“大农吃小农”］，故不应将“不合作”抽离于所处脉络而简化为“善合”或“不善合”这样的本质性问题，也不应将其简单归纳为“真假合作社”之争②——类似争论实际上一直伴随着当下农民合作社的发展过程，特别是在2006年《中华人民共和国农民专业合作社法》颁布之后。在大学阶段即参与农民合作社调研和实践的钟庆卫（2006）及时指出：需警惕滥竽充数的“假合作社”，因为“假合作社”可以得到政府资金与免税支持，而地方政府也通过如此而获得政绩。根据他的调查，如此“假合作社”不仅不能给农民带来好处，反而会产生其他不利影响。例如在河北某村，该县林业局成立了“林果经济协会”，政府部门强制要求该村“枣农协会”挂在其名下，并要求大部分生产资料比如农药，必须在其指定经销地购买，却不允许该村“枣农协会”注册。也有人形象地指出其为“翻牌合作社”，这种多由消息灵通并拥有特定渠道的涉农企业所“翻牌”的合作社不仅“截获”了国家本应给弱势群体的政策支持，同时还挤压了草根合作社

① “城市，让生活更美好”（Better City，Better Life）为中国2010年上海世博会主题，因密集型宣传而在中国广为人知，且不说中英文翻译的微妙差异，对中国这样一个“三农”大国来说其意味深长。

② 可参考严海蓉和陈航英在《农村合作社运动与第三条道路：争论与反思》（《开放时代》，2015年第2期）一文所做的系统梳理。

的应有空间。类似问题当然应引起充分反思与行动上的改变，也是乡村建设实践者的基本立场与自觉所在。然而，长期从事农民合作社组织与推动工作的刘老石却在一线的调查中进一步指出①：一般意义所讨论的合作社的“真假”问题其实是个假问题，很多人谈的“真假”更多指的是规范和标准问题，但是很多人用“真假”这个概念客观上去否定各种现实制约中合作社发展的实际状况。在合作社发展初期，各种自上而下的严格规范既不切实际也不现实，不应对合作社这种因“在地化”而充满多样性的实践简单“套以”单一标准与现代话语，也不应低估农民的创造能力，而应该把所谓“真假”裁决权交给农民自己，让农民在充分参与的同时有管理自治权。

笔者认为，首先需要反思“真假”标准从何而来，从什么意义上来看所谓“真假”，可能还需进一步结合脉络而展开“真假”和“假假”（符合草根特点但不符合国际合作社通用规范或“打假者”对合作社的主流想象）的区分。类似争论若只停留在“去伪存真”层面，未能结合“资本（部门）下乡”与“精英俘获”而进行进一步的反思，类似“打假”口号反而可能模糊真问题，充分调动起来的过度期待与“恨铁不成钢式”的焦虑情绪反而可能成为“规范”② 农民合作社的“正当”理由，并进一步成为主流关于“农民果然善分不善合”论述的有效例证，进而否定草根合作社因各种先天不足与外部制约而多元化发展的合理性。结果可能是，更为迫切的合作社新空间不仅没有得到开拓反而被收窄，经由实践所打开的融合经济和文化的整体性视野再次被遮蔽。

也即，农民合作若要在各种制约中获得真正突围，既要改变既定思维，也要实事求是地在实践中打开更大的行动空间。

专栏 5.2：新乡村建设试验在兰考③

我于 2003 年 8 月始，借着中国农业大学与开封市“校市共建”的机会，来到兰考挂职副县长。在新乡村建设的倡导者、“三农问题”研究专

① 详细讨论参见：北京梁漱溟乡村建设中心内部学习资料《对话——合作社真假》(2010)，其中核心文章为《真假合作社：是合作社的真假还是我们标准的真假?》(刘老石，2010)。

② 在中国当下语境中，规范往往等同于整顿，对于相对弱势和无发言权的草根合作社来说，它们无疑将首当其冲。

③ 原文发表于《开放时代》(2005 年第 6 期)，此处略有删节，作者何慧丽时任中国农业大学人文与发展学院副教授、河南兰考县人民政府副县长（挂职）。

家温铁军的理论指导下，借鉴印度喀拉拉邦的民众科学运动经验，以及当前新乡村建设的既有资源，在知识分子、大学生、所选村子的村民以及各行各业的一些志愿者的共同努力下，经过两年的探索，我们在兰考县六个乡的六个村庄组建了五支农民文艺队、四个合作社、两个老人协会。任何农民组织的成立过程都是极其艰难的，但这一正在进行的新乡村建设实践已经初有成效。

着眼点

兰考新乡村建设，首先要解决的是怎么通盘筹划的问题，也就是着眼点在哪儿的问题。着眼点在于：以县域为试点范围进行合理挑选，形成以村庄层面为统筹单元的合作组织，以此为载体逐渐改善村庄治理，提高农民生活福利。

兰考县地处河南省东北部，北依黄河，东邻京九铁路中心城市商丘，北连山东菏泽地区，西通开封、郑州。现辖16个乡（镇），428个行政村，74.2万人口，总面积1 094平方公里。兰考县至今仍然是要依靠国家财政转移支付的国家级贫困县，农民人均纯收入在2 000元左右，其中打工收入占一半以上。县是自秦汉以来就存在的一个完备的社会生态系统，兰考这样的中西部农业大县的乡村建设具有一定的普遍性意义。

我作为兰考县协管“三农”事务的副县长，要搞乡村建设的综合性试点，需考虑两个方面：一是利用种种机会在全县范围内物色有一定乡建基础的村子，如有参与乡建的愿望，也有一定的能力和条件的村两委成员、村积极分子等；二是这些村子最好在地理区位、村庄性质、村民社会经济状况等方面有所区别。这样，就可以在联系、比较之中推进乡建工作。在多种因素的作用下，这六个村子进入我们的视野：

城关乡陈寨村人口1 000余人，土地900余亩，位居县城近郊，一条省道将其分为两半。该村从事小商小贩的农民很多，养殖业也颇具规模，人均收入在3 000元左右。闫楼乡大李西村位于兰考县城的东北25公里处，人口约1 634人，耕地约1 500亩，因有86家板材加工厂而成为兰考县的4个小康村之一，但是内部差距较大，除了大约有10%的户年人均纯收入在万元以上之外，普通人家处于兰考县农村的中等水平。架子乡贺村由三个自然村组成，人口2 800余人，土地3 450亩，位于兰考通向山东曹县的大路一边，西至兰考县城21公里，交通便利，但因为土地沙化严重，水利不畅，村里除了少数在路旁做生意的较为富裕之外，大部分村民都较为贫穷，人均收入在 1 500 元左右。三义寨乡南马庄位于兰考县西部，人口近 3 000 人，农田 3 000 余亩，与开封县①毗邻，离兰考县 10 公里左右，北邻 310 国道，交通方便，因处于黄河的三义寨提水大坝附近，可以灌溉农田，盛产水稻，人均收入在 2 000 元左右。仪封乡胡寨村是位于兰考县东南部与商丘市民权县交界处的偏僻小村；许河乡蔡姜楼村是位于兰考县东部与山东省曹县几近接壤的偏僻小村。

总之，从这六个村子的地理分布看，有挨近县城的村庄，也有边远的村庄（处于县与县、市与市、省与省交界处），有离县城较远的普通村庄，也有离县城很远的村庄。从实际的资源条件、状况看，有做生意机会较多的村庄（陈寨村），有结构尚未调整好的传统农业区（贺村、胡寨村），有优质水稻等资源优势的村庄（南马庄），有泡桐树资源丰富从而成为农村经济中心的加工业发达的村庄（大李西村），有青壮劳力均外出打工或当老板的近乎空壳的村庄（蔡姜楼村）等。

新乡村建设的基本单元——村庄有了之后，那么，在村庄里做什么呢？我将之归结为：形成以村庄层面为统筹单元的一些合作组织，以此为载体，逐渐改善村庄治理，提高农民生活福利。

河南兰考县农民合作社培训会议（前排右六：何慧丽，2004 年）

因为以村庄层面为合作的统筹单元，目的不只在于让一部分农民通过合作的生产、流通、分配方式富裕起来，而在于探索出一条经济、社会、

① 今开封市祥符区。——笔者注

文化、自然和谐发展的路子。村庄是农民祖辈生存繁衍的基本单元，是农民从事生活、生产的基本单元。让农民合作起来，我们要的不是强强联合的那一群人，而是生活、生产在地理上、心理上密切相关的一群人的联合。因为这种联合不只可以致富，而且有共享水利、教育、医疗等公共品需求，以及安全、团结的文化心理需求。总之，我们希望在村庄层面上寻找在个人和家庭努力之外的合作机会和空间。因为不能强制，所以需要通过引导和教育的方式，先使一部分农民自觉自愿地进行经济、社会、文化上的合作，希望最终达成的是一个村庄整体的合作和真正的自治。这样，避免小农经济在市场浪潮中招致破产和严重的两极分化，避免村庄人与人关系的隔膜和恶化，促进村庄资源的整合利用，培育保护村庄的秩序和乡村的一种精神。或者说，我们必须要搞新一轮的乡村建设，以此试着用某种组织和制度的创新把农村过剩的劳动力组合起来，把劳动者的积极性调动起来，转化为乡村建设的社会资本，有效地启动农村社会发展。

所以，这样的以村庄为基本单元的乡村建设必然是"以村民生计为本"的，即以村民的增收和节支、提高生活福利为要务；必然是"以合作组织为纲"的，即以促成村庄的文艺队、老人协会、经济合作社等为关键，以"合作"之纲提领"村民的生活福利"之要，改善村庄治理；必然是"以大众文化为根"的，即以发展秧歌、腰鼓等农民喜闻乐见的大众化的文艺为形式，以形成农民的生活价值系统为根基。

着力点

兰考新乡村建设，还要考虑怎么办的问题，也就是着力点在哪儿的问题。着力点在于：进行纵横资源整合，以"外发"力量的介入促进合作的"内生"力量的发育和壮大；在有理念的"外发内生"的行动中达成农民合作。

1. 关于外发力量。

外发力量介入的必要性。市场经济的过度化，使得农业利润极低，农民能进城打工的都出去了，农民合作的心理文化、经济基础、合作人群等方面都遭受到了强烈的销蚀。试着在一个村庄范围内让农民组建合作组织，以解决一家一户解决不了、解决不好、解决起来不划算的事情，如果在起始阶段没有"外发"力量的介入，恐怕很难。如果通过种种外发力量作用的方式，在一定程度上调动起农民的内生力量，培养农民合作的经验和习惯，发展满足农民某些方面需求的合作组织，这倒是可能的一种尝试。

四种力量的整合介入。这四种力量是指：以温铁军为首的高校教师等知识分子；以河南大学三农发展研究会、中国农业大学农村发展研究会的同学为首的大学生；以县政协副主席秦君芝、中原油田退休工人衡生喜为首的当地县、乡、村体制中部分干部和市民志愿者；以山东农民马宜昌、大李西村农民赵凤兰为首的外地或外村的农民精英。这四种从主流结构中游离出来的社会行动者在互动中整合介入村庄进行乡村建设。这种游离首先是指空间的游离，他们都从原有的活动空间移到了要搞乡村建设的村庄；然后是指所扮演角色的创造性实践，如这些人在原来社会结构中扮演一定的角色，必然会附着一定的资源，他们到村庄去，各自发挥主体在社会网络中的优势地位，带来一些人、财、物、制度、理念、培训机会等资源，这些资源与村庄固有的有利于合作的因子进行充分的结合和互动，解决了农民合作的内源性机制发育的成本问题，大力地促成了农民的合作。而我则处于一种“结构洞”的地位。我是一个承担多重角色的社会行动者，是中国农业大学的教师，是乡村建设的志愿者，是县政府副县长，又是农民出身，我的角色的多元化使我把这四种力量整合起来，形成资源在村庄聚集的生成机制。

以贺村的经济合作组织和文艺队的形成为例。首先，与河南大学三农发展研究会的同学近一年在该村的支农支教的行动感化了村民、取得村民的信任分不开。其次，我们在 2004 年 8 月底在贺村进行了一次农民合作社培训，其间，开封市与中国农业大学“共建办”给了资助，大学生作为协作者，县政协副主席秦君芝等体制内干部作为积极参与者，山东农民马宜昌、周长青、史存义也前来为贺村村民介绍合作经验，以天津科技大学的教师刘相波为首的知识分子为合作章程及制度做培训主讲，以大李西村农民赵凤兰、中原油田退休工人衡生喜为主的志愿者在贺村发动文艺队……这些外来者纷纷聚在贺村，为贺村合作社的发展献计献策献力。再次，中国人民大学教授温铁军来到贺村，与兰考县委书记一起为贺村合作社揭牌，并发表关于合作社要搞好学习、要选好项目、要与党和政府搞好关系的演讲。最后，中国人民大学乡村建设中心为合作社资金互助项目入股了 5 万元；而中国农业大学则为贺村送去了一台电脑、三百余册农用科技图书。除此之外，乡党委为合作社争取了购置办公设备的费用。可以说，贺村合作社的成立和运作，离不开以大学生、高校知识分子、一些体制内干部和城里志愿者、农民精英为主的各方力量的参与式互动。

兰考县贺村农民合作社培训现场（2004年）

乡村建设其实就是纵横资源的整合，这里的纵向资源，是指向村里汇聚的乡、县、城里的人、财、物；这里的横向资源，是指农村相互间的资源整合状况。在近两年的乡村建设中，我们的一条宝贵经验就是农民与农民之间、村庄与村庄之间的传、帮、带，是在专家、学者和政府的指导下农民与农民间的互相学习和启发，是横向资源的普遍整合。

现在社会的主流是市场经济理性逻辑在起作用，人们干什么事情，几乎都要计较划不划得来，尤其是经济甚或就是金钱的计较。但是，在乡村建设这个事上，如果外界的四种力量来到村庄，也要计较利害得失，那么，我们将一事无成。

因为按照现在主流的行动逻辑，我们大学生进了村子进行支农支教活动，是一种村庄智力投资，你村两委或者村民不管他们吃和住？县、乡干部来指导工作，你村庄不管一顿饭？外地的专家学者来传送合作社之经宝，你村庄不给报销路费、不给讲课费？当然都是要管的。我们看到大量的例子，就是外边来人进村美其名曰搞扶贫，农民基本上是赔了工夫、赔了钱，结果，来人的扶贫效果要么得很久以后才能体现，要么会成为空头许诺。

为了避免这样的后果，我们的外发力量介入村庄的底线就是“红军路线”。这有两层含义：一是在村庄的所有花销都要自己垫，不添农民和村两委一丝经济负担。吃住在农民家里都要给钱，租借的被子也要给钱。二是尽量与群众打成一片，尽量与农民同吃同住同劳动，在“农民化”的行动中建立与农民的深厚感情。我们希望在不增添农民和村两委负担的基础上，能为农民做点什么就做点什么。基本上参与兰考乡村建设的同志们都是认同这一理念和做法的。

农民是最明白的，当你把心掏给他们的时候，当他们被感动的时候，当参与此事的人作为一个全面的人所具有的情感、理想、自信、团结力被调动到一定程度的时候，那些入股啦、讨论项目操作啦、到哪儿去搞办公室啦等实际操作问题都会有较好的解决办法。

2. 内生力量的培育和壮大。

内生力量是变化发展的根据，外发力量是变化发展的条件。只有内生力量和外发力量相辅相成、互相作用，形成“中和”作用，农民合作才有可能达成。这里的外力，是上述所说的一种综合的外发力量；这里的内力，主要指一个村庄范围内的各种有利于合作的因子，包括农民内在的合作欲求，因地制宜的合作资源条件，村两委中有利于合作的方面，村里的宗教、家族、村庄历史沉淀等资源的借用，也包括经过种种外力作用而被内化了的能力、价值。内力主要体现在村庄中的人身上。内生力量的培育和壮大过程，其实就是在当前农民需要合作但又困难重重的情况下，借助政府资源、高校资源、社会民间组织资源等“外力”对村庄内部各种有利于合作的“内力”进行激发，在“外力”的推动和转化过程中合作社“内力”不断增强的过程。内生力量的培育和壮大，必会形成有效的农民合作管理和运作模式，增强合作组织的自主的、可持续的发展。

以南马庄合作社为例。其组建和运作过程，首先，是“内生”力量在“外发”力量的主导下不断发育的过程。这个过程是我们团结一切可以团结的力量，形成一种以政府资源、高校资源、民间组织资源为主的诱发机制。通过这样的诱发机制对南马庄一切有利于合作的内部动员力、凝聚力进行激发和培养，既是正规“赋权”、形成舆论导向的过程，也是主要干部的合作能力得到锻炼、合作硬软件配备的过程。无疑，这期间，强大的外力推动不只是具体事项上的，而主要是合作的信念、技术、文化、制度、环境上的。

温铁军（右三）、何慧丽（左一）与河南兰考县南马庄合作社部分社员合影（2004年）

南马庄合作社社员排队入股（2004年）

其次，是“内力”为主导，借用“外力”促进村庄全面发展的过程。在“内力”的主导作用下，合作社蹒跚走步。这是发展的开始，也是问题的开始，如出现了制度化学习和会议开展的困难，合作社维持和发展的成本支付困难，等等。但是，由于“外力”的推动和转化作用，南马庄合作社在干部们继续付出的日常运作中自主的内力渐强，值得强调的是几个相互支持的行动者（内力）所组成的行动结构：

村支书张砚斌是合作社的独立监事长，因为他的支书地位、他经济条件相对优越、他最不受家里人制约、他对外会较好地为人处事、他具有干一番事业的行动策略和霸气……他发挥着对外联络、应付外界各种影响的作用，在关键的大事上也是个拍板决策者。理事长周孟奇人缘好，为人处事谨慎，干事考虑细致周全，其教师经历使他具备了说讲、写作才能；他也是村里的经济能人，对一些具体事务的市场信息把握得较好；他还是日常会议的召集者和主持者、一些具体事务的执行者，是个协调型领导。理事付玉平，其生产队长的经历和年轻的优势，使他自始至终都是合作社运作过程中的一员得力干将；他具体负责社里的资金互助项目，他对这个项目的“资格股、流动股、社会公共股”等的把握是最到位的。理事范振宇，在村里当了几十年的会计，工作经验丰富，是无公害大米协会的会长，也是合作社关键问题上出主意、想办法的一个人。此人干事清白，意志坚定，心里明亮，文字功底深厚，是项目书的起草者，也是每次会议的记录整理者。根据既有的合作社条文规定，范振宇作为村委会的干部不应成为合作社的管理者，但是由于他本人的能力和素质，以及合作社无公害大米协会发展的需要，范振宇是后来经全体社员大会一致通过增补为理事的。理事周永利，经济条件最优越，人最老实，在合作社发展过程中可以垫付必要的成本支出。监事长赵森炎，腿残，干事踏实，细致，负责合作社图书室工作和对理事的监督工作。

正是这几个关键人物的配合，构成了有效的行动结构，一方面接受、汲取有利于以合作为核心要务的全面乡建的“外力”的嵌入和渗透，促成他们与部分农民的需求相嫁接；另一方面，有力抵制村庄内部和外部的不利于合作、乡建的心理和行为。这样的“内力”说明：对于合作社组织的发展，制度、规范结构重要，但人的行动结构作用更重要，不能生搬硬套合作社的国际原则等规定村两委不能担任合作社的主要干部等条文。

总之，在外力和内力的互动中，在农民合作的行动之中，生成了合作所要求的一套制度、办法，生成了使这套制度、办法起作用的达成农民合作之目的的执行者和体现者——干部，也生成了能实际服务于农民的项目，还生成了基于村庄层面的公共空间和公共物品，所以，新乡村建设中的合作不只是个静态的组织和制度，更是“外发内生”的行动所促成的一连串的事件现象的积累，是个实践的过程。

具体经验

近两年来的兰考乡建试验的着眼点和着力点解决了如何筹划、怎么干的问题，下面再归纳几条具体经验，以说明实际上干什么事可行、有效的问题。

1. 新乡村建设就村庄层面来讲，是农民在经济、文化、社会、政治等方面全方位的建设、全方位的合作。

农民合作社是一种兼顾公平和效率的组织，是把市场行为内部化，农民互帮互助、共沾利益、共担风险的方式。合作社可以有如下类别：购销合作社，资金互助合作社，生产型合作社；可以是专业型的，也可以是综合上述几个方面的。我们倾向于在村庄建立综合性的合作社，因为农民大多数是兼业化小农，他们不仅耕种着土地，种植着各种粮食作物，而且绝大部分家里还搞着养殖业，养些猪、羊、鸡、鸭、鹅等家禽家畜。结合农民这种兼业化经营的特点，合作社要尽可能为社员提供综合服务，所以，合作社在实践中摸索出了综合服务形式，有资金互助服务，有图书借阅、电脑查寻、电视放映、专家技术人员讲座等形式的信息服务，各种植、养殖小组的内部技术互助（如统一防疫）和农资统一购销服务等。

2006 年 4 月 27 日，包括南马庄农民合作社、胡寨农民合作社在内的全国 7 家农民合作组织在中国人民大学发起国仁绿色联盟，随后以不同形式进行联合与协作

而且，我们深深感到，无论什么样的合作社，在实际运作中都应该伴有文化、培训、服务社区等非经济功能。

从完整的意义上讲，合作社是一个人群共同体，具有经济性、社会性、文化性，合作的经济与合作的文化是密不可分的，没有合作的经济就没有合作的文化，反之亦然。"奉献、劳动、参与、团结"的合作理念，以及地方传统戏、大众化的秧歌、群体腰鼓、群体表演等平民化的集体文艺，本身就对大多数人既"经世"又"济用"。大家聚在一起开心了，精神世界丰富了，身体健康了，本身就是"经济"。总之，物质变精神，精神变物质，在劳动人民那儿，二者是一体的。这也就是为什么在培育农民合作社时必然产生农民文艺队的原因。

同时，因为合作社实质上是群体的自治动员机制的表达，所以当前由农业税全免等导致的村两委的功能转变也是与合作社一致的。甚至，在中国农村特有的小农村社的地理状况和制度沿袭下，一个少则不到千人、多则 3 000 人的村子，支书、村主任等村两委班子如果一心想干群众的事，那就必然是协调、服务等合作上的事了，难道还有什么别的事吗?

其实，合作的政治、合作的社会、合作的经济、合作的文化是四位一体的。这也是兰考合作组织发展过程中积极借用村两委等体制内资源，促进村两委职能转变为地方自治功能、促进村里人（如阶层、代际）关系改善的原因所在。

我们希望一个村庄里的党支部、村委会、合作社等组织的干部能够交叉任职，相辅相成，在国家力量逐渐退出村庄、将来会以财政转移支付的方式支持乡村建设、各种民间组织也会越来越多地介入乡村建设的条件下，整体地、循序渐进地形成村庄各种公共品的积累机制，满足村民的政治、经济、社会、文化、卫生、科技、教育等全面发展的需求。

农民的全面性合作是进行村庄建设、改变农民的生产生活条件、提高农民的生活质量的核心任务。

2. 新乡村建设需借助既有的宗教、亲族、体制、职业等村庄资源，以旧合作促成新合作。

因为是要发展村庄层面的文化、经济、社会、政治等合作，不是只要发展纯粹的营利的合作社，所以，要合理利用、引导村庄既有的有利于各方面合作的资源。村庄里的合作，之所以要考虑宗教、亲族、体制、职业等既有合作资源，是因为它们都是中国农民曾有的合作团体，利用和引导这些资源可以降低合作成本，使新型合作因为与旧组织是支持的关系而非隔膜关系从而平稳实现。

如我们所发展的文艺队基本上是既利用了信教的旧有力量，又舍弃其门户之见和迷信沉渣，并且调动了“文革”时期的文艺积极分子的力量，再加上一些加入合作组织的普通社员的参与，在中原油田退休工人衡生喜等志愿者的教练下形成的健康的大众化的新组织。这样的新组织有文艺创作的宗旨，即弘扬“合作、参与、奉献、劳动”的新型文化；有其现实使命，即为新型合作社、为新乡村建设营造文化氛围，重建社会公共舆论，宣传社会主义新农村建设中的好人好事和新风尚。

又如，我们在发展合作社时，充分调动了村庄里具有血缘关系的亲族资源和村两委中的干部资源、学校里的教师资源、村里的兽医及人医等特殊职业人员、在体制内当过干部的离退休人员的力量。像贺村的合作社每每有重大事情需要协商，就要召开由理事、监事、小组长、热心社员、独立监事长和顾问组成的多方联席会议。其中，理事、监事是大家选的，小组长是根据家族、住得远近、生产状况推举的，热心社员是一些有某项专长的（如行医）积极分子，独立监事长是村支书，顾问一般是村里年长的、有过合作经验的原来人民公社时期的干部以及小学教师。

3. 新乡村建设的突破口在于文艺队和老人协会。

因为当前市场化已经过度，农民在“温饱有余、小康不足”的基础上能够发挥合作效益的领域不多，非经济领域的、能够充实农民闲暇的合作可以多搞。兰考的乡村建设经验之一就是农民文艺队和老人协会的成功，这类农民自助组织是真正的低成本、低风险、高实效。

来自兰考的合作社腰鼓队来京庆贺中国人民大学乡村建设中心成立（2005 年 7 月 16 日）

兰考的五支文艺队之所以能成立，是因为：一是有衡生喜这样的以组建文艺队为事业的志愿者，他不要工资，不吃农民饭，以看到农民的快乐为最大幸福。二是农民们在文艺中满足了作为一个文化人的需求，愉悦了身心，体验到了“以人为本”的快乐，他们自筹资金购买演出服、乐器等；据估算，2 000 元就可以建立一支由 20 余人组成的文艺队，包含教练费用、乐器费用等。而每个有 100 余人的老人协会每年只需花费 3 000 元左右就可以让成员们得到极大的福利感。无论如何，文艺队和老人协会是能够以较小的代价使成员们获得极大的物质和精神福利感的。文艺队在欢迎外来人时有着主人翁式的自信。老人在过节时哪怕只得到一束几毛钱的鲜花和几元钱的点心，都会感到莫大的幸福和满足。

4. 若要搞生产型、经营型合作社，一定要因地制宜慎重行之；若要推广，则可以是统购统销和资金互助的项目。

现在日常的大宗工农产品几乎都大量过剩，农村中农业生产、加工的利润空间实在太小；农村资源，包括人力资源，主要向城市流动，在城里被组合、被消费，农村大多剩下了老人、妇女、儿童以及由于种种原因不能离开农村去城里讨生活的人。让这些剩下的农村人在难有效益的农村产业中进行营利式合作，当然太难，风险也太大；再说，在市场网络高度扩张与弥漫的社会，小商小贩们的网点无处不在，而且大公司、大资本的触角与他们上司的关系通过种种方式已很坚强、很持久。民众们的合作除非与不合作的民众作为供销价格竞争的敌人，否则至少从表面、短期来看，很难与个体户们竞争，一方面是因为竞争的口子由于小商贩与大资本的强力联结和合作而难以打开；另一方面是因为民众合作的内部舆论实在是难以控制，随时都会因为农民缺乏合作的习惯和心理而被小商贩们所利用，从而扼杀合作。

所以，除非在促成农民合作的四种力量的示范下，政府的资金和政策扶持力度、民间的各种非营利性组织、高校知识分子越来越倾向于以“资源下移、高位嫁接、一体运作”的方式促成各式各样的农民合作，尤其是政府得放开农村一些能够营利的垄断领域，否则，农民生产、加工、流通等领域的合作不具有普遍性，其前景不容乐观。

但是，由于大公司与分散的个体农户的交易成本太高，如果在营造信任、合作文化的前提下，以村庄为单元对农民的消费权和出卖权进行垄断，以一个合作行动单位对接公司、大市场，进行统购或统销，则是有效的，对于交易双方是双赢的，这是可以推广的。兰考的合作社均有统一购置农药、化肥、种子、仔猪等功能；2005 年年底，南马庄合作社就要发挥统一销售无公害大米的功能。

此外，由于农村资金需求市场广阔，供需比例严重失调，资金短缺日益制约农业发展、农民增收，农民能够自由支配的资金数量非常有限，一旦涉及较大数额的投资支出，单家独户就没有能力解决。针对这样的现实，农民在自己入股的基础上，在外界个人或者组织的社会公共股的资助下，形成资金互助基金，在农村开展村庄范围内的小额资金互助，是可行的，可以使农民“闲散资金得利用，紧缺资金得方便”。

资金互助合作社作为农民内部衍生出来的合作金融组织具有适应农民信贷需求的鲜明特点，有利于挤压具有高风险、破坏性大的非法金融在农村的生存空间，有利于探索建立产权明晰、监管有力的农村新型金融体系。特别是可利用村庄中“熟人社会”的公共舆论的制约作用，其可在制度健全的条件下作为一条经验进行推广。

结语

由于城乡差距所造成的势差，以及当前的个体主义、物质消费主义的主导性力量，农民的广泛性、持久性合作的动力机制尚缺，所以，以经济合作社、农民文艺队、老人协会为组织载体的兰考乡村建设从长远看如何我也不得而知，现在也很难说两年来的试验意味着已经成功，而冀望于总结几条万灵妙药般的经验进行普世性的推广更是不敢当。我希望国家动员更多的知识分子、民间社会力量参与到“开发农民潜力，建设美好家园”的新时期的乡村建设中来。

3. 从专业合作到综合合作

晏阳初乡村建设学院有位学员，培训后回到家乡创办起了合作社，在前后 6 年的时间里历尽艰辛。他充满感慨地说道①：

> 当前农村中，有规模、有效益的项目，农业龙头企业在做；小规模、有效益的项目，村庄中的致富能手在做；有利可图的项目，村庄中的小商小贩则是无孔不入。市场上已经形成各自完整的利益链，逐渐形成垄断利益；村庄中占 70%～80%的分散农户只能靠出卖原材料和劳动力获得利润……我甚至绝望地做了比喻：一群乞丐与一个乞丐的能力没有本质的区别，顶多是个丐帮。
>
> 在六年中，我们也在不断尝试发展生产和产品的营销，但在实践中，我发现一群长期被土地绑定的农民去做市场，有很大的局限性，我们处在一个熟人社会圈子，我们想做的事，别人也想得到……合作社的机制没有秘密，大家开会研究要做的事，第二天整个村子全知道。有些事，在村里已形成垄断利益，是一群特定群体的“盘中餐”，合作社触动了这部分利益，组织者就会受到刁难甚至报复。合作社目

① 以下为福建永安市建兴笋竹专业合作社创办人陈绍安 2011 年 5 月致部分合作社专家与推动者的信件节选，引用前已经作者同意。

前的情况是利益是大家的，责任却由个人承担。好不尴尬！

这个鲜活而又具体的“尴尬”既让我们看到“模型化”合作社及各种理想化原则在面对现实时的局限与无力，也让我们看到现实经济系统因高度垄断而不利于草根合作社的真正开展。也可以说，常见的垄断与排斥构成了当前农民合作社更深层的困境。笔者所负责的晏阳初乡村建设学院培训部从2004年开始就建议农民合作社以联合购销的形式尽可能地在市场中获取更大收益，然而几年的具体实践却面临重重困难，与其说农民不够努力或方法不对，不如说更可能是由于当今中国大部分农村地区已经被过度化的市场与垄断力量所占据，“为合作社们联合购销预留的空间并不大”（何慧丽，2007、2008）。该困境还可衍生出进一步的问题：在小农经济长期存在及“去组织化”的宏观背景下，高度分散的小农如何真正组织起来？合作收益如何大于合作成本而内在可持续？

正如上文分析，他们不像我们——可以选择性地面对问题，他们不仅需要面对上文分析的各种“变化”，还将在一线工作中面临许多实际困难：日益萎缩的农村公共生活空间——很难进行组织、宣传和发动；长期分散的生产方式——人与人之间缺乏信任的基础、难以形成凝聚力；农业本身作为弱势行业，有盈利空间的不同领域早已被利益集团垄断——很难以经济为切入点，吸引大家；单干时原有及潜在的矛盾可能被掩盖，而当人与人重新走在一起，各种问题则纷纷浮现出来……因此，很多学员实际行动后的结果并不能如愿。按照他们自己的说法，“培训时都是钢条，回去后都成了面条”。

也可以说，我们不应以单一视角及主流经济视野去分析现有农民合作社的问题与可能空间。正如与实践有着长期且紧密互动的研究者指出：既然“在兼业小农占主体的中国农村，专业性农民合作存在着诸多无法在既定结构内部进行突破的限制，因地制宜地推动以社区为边界、提供综合服务功能的综合性农民合作将是更为适合的方向”（仝志辉，2009）。它不应停留在“是否综合农协也有缺点”这样的问题上①，而是应“得寸进尺式”地去争取更大空间，同时借机巩固融合包括“经济”和“文化”等在内的整体性视野。

① 任何合作都不可抽象而泛化地成为教条，更不会“一合就灵”，当然不能解决所有的问题。重要的不是综合农协有多好，而是其针对和处理了什么样的问题，类似问题我们是否需要继续面对。

在这种整体性视野下，生产、生活、生态、金融、文化等都不可相互割裂而彼此独立。合作社除经济效果外，也可能为参与者带来包括尊严、认同、信任、安全等社会和文化产出；经济业务的顺利展开，则离不开各种文化、社会、政治、社群等要素或手段的支撑。包括本节两个专栏在内的当代乡村建设多个案例都说明，综合性合作不仅“收效更高”，而且“成本更低”。

总之，通过以上简短讨论，我们既认识到了合作组织对乡村建设及乡土中国的特殊意义，也挑战了对合作社各种常见的“刻板化”认识[①]，同时也看到了单纯经济合作与专业合作的局限。因此，一方面，对合作社的反思和推进不应停留在“就合作社谈合作社”的层面上；另一方面，必须让合作社“回嵌”特定的文化与社会脉络，和其他乡建实践（如生态农业、乡村治理、乡土文化等）结合起来，从农民的专业合作到包括购销、金融、消费在内的综合合作，同时延伸到包括合作社之间，以及城乡范围内生产者和消费者之间的广义合作。

专栏 5.3：山西永济蒲韩乡村的发展历程[②]

蒲韩乡村坐落于山西省永济市，地处晋陕豫黄河金三角地带，目前其服务范围包含蒲州镇、韩阳镇的 43 个自然村共 3 865 户（其中 24 个行政村，蒲州镇与韩阳镇各 12 个行政村），因此得名“蒲韩”。

蒲韩乡村下属五个注册单位：“永济市蒲韩种植（养殖）专业合作联合社”、“永济市农民技术培训学校”、“永济市蒲州镇果品协会”、“永青蒲韩永济消费店”和“永青蒲韩运城消费店”。由五个单位共同组成蒲韩乡村决策机构——理事会，理事会有 35 名理事，为及时准确做出决策，设有常务理事会，由 11 名理事组成。

---

① 许宝强也曾指出对香港合作社实践所存在的刻板化认识：“合作社的讨论本应是更直接和批判地处理各种经济议题，但结果却讽刺地变成完全拒绝严肃地参与经济践行和讨论商业知识……倘若这种反经济主义和反资本主义的立场，导引出全面排拒所有组成资本主义的部分，包括物质上的得益（这甚至可能是另类生活方式不可或缺的），以致妨碍我们理解现有的资本主义其实是由异质与非本质化过程构建而成的，那么可能会产生适得其反的结果：为积极参与合作社运动者和整个另类践行计划，营造出一个负面的形象——一个不能实现的乌托邦形象”（2009：31）。在此基础上，他进一步指出：“与其把合作社语言的诠释和表述拱手让与跨国企业，使社会运动退至更（自我）边缘的领域，社会运动者应否进据一个较进取的位置，重夺管理、市场、效率等语言，并尝试将它们跟公平、生活素质、异质性和多元化关联起来”（2009：45）。

② 本专栏由北京梁漱溟乡村建设中心青年培养部负责人梁少雄根据相关资料及口述访谈整理，此处有删节，完整版载于温铁军，张兰英，刘亚慧．我们的生态化：二十年转型辑录．北京：东方出版社，2020。

蒲韩乡村源于1998年的农业技术培训和随后的文化娱乐活动，经过二十余年的艰苦探索，如今拥有全职工作人员113名，坚持“真实生活品质提升第一，经济互助第二”的理念，深入社员的生产生活，为社员提供统购统销、生态生产、信用互助、老人养老、儿童教育、手工艺传承等全方位的综合服务，成了一个独具特色的综合性农民合作组织。

以下内容结合了各种采访和录音资料整理，以“蒲韩乡村”创办人郑冰为角度，叙述蒲韩乡村二十余年的发展历程。

缘起：农资销售中的技术培训

1997年，经历各种尝试后，我们（其中“我”指郑冰，以下不重复介绍）家在黄河滩兴办了一个农资销售店。身为村庄小学老师的我，在闲暇时段也经常到农资店帮忙。有一天，一位叫苏长业的村民来店里买化肥。两亩半的芦笋，他要买800元钱的化肥。我告诉他，这些地300元钱的化肥就够了，多了也是浪费。苏长业急了：你卖化肥的还嫌我买得多？他从兜里掏出800元钱，甩在那儿，说：我有现钱，不赊你的账！苏长业受不了我的“教育”，大吵一架之后，气呼呼地走了。

1998年有一次，一个供货商联系我，说想从省里某高校请两位专家到村子里为村民做关于农资知识方面的讲座。刚好村里农民对科学有效使用化肥的知识比较缺乏，农户因化肥用量不当，以及农药使用不当而造成严重损失的情况时有发生。供货商的这一提议正好迎合了这一需求，我便欣然答应，并积极开始张罗。但后来才发现供货商提出这一建议的主要目的是推销自己的产品。我心里感到很不舒服，就商量说能不能少做广告、多讲些农业知识，但供货商不答应，说花这么多钱请老师来就是为了介绍产品的。性子本来就倔强的我干脆一咬牙自己就把请老师的费用给出了。由于前面发动工作做得比较充分，培训会上一下子来了400多位村民。不料想这次培训效果特别好，到中午吃饭时间村民们仍津津有味听着，我就索性又掏钱为大家买来方便面、面包和水等食物，简单吃过后，下午继续讲课。培训在黄河滩上凛冽的寒风中从上午9点一直持续到下午5点，结束以后很多村民都问什么时候再举办这样的培训。看到村民们对农技知识的饥渴需求，我便产生了将培训持续下去的念头。

起初，举办这些培训的费用都由农资店支付，这是一笔不小的开支，请专家每次要花一千多元。但同时，意外的收获开始到来。在市妇联的帮助下，举办了几次培训后，农资店的名声也在附近的村子里传开了，村民们都知道这里有个自己掏腰包给大家办农业知识讲座的人，于是也都爱到这里来买东西。1999 年的生意出奇的好，以前每年能卖掉 100 吨化肥，而那一年卖了 1 300 吨，农资店一下子就挣了 6 万多元钱。于是，这种农技培训便慢慢固定下来，并且随着农资店在附近村庄开设分店，培训点也扩展到这些村庄，逐渐形成以寨子村为中心，在周围 18 个村中以 6 个分店和 80 户技术培训联系户为纽带的“科教兴农互联网”。每个分店配一个小教室，与农业局长期合作给农民做技术培训。仅 1999 年到 2000 年，就共组织过果树、芦笋、玉米、棉花、养鱼等各类免费技术培训 12 场，培训人数达到 5 000 人次。

当时政府对农药经营的控制严格，登记比较困难。2000 年，我们将农资店的登记由个人转为“集体”，性质转为“全民”，原有农资店资产作价 9 万元，成为这个“集体所有企业”中的不分配固定公益股，再由市农业局出面担任其主管单位，挂靠在农业局下属的果桑服务公司下，取得了农药经营执照。

发展：挫折中“舞”起来的妇女组织

2001 年，我们当地芦笋的市场收购价格滑入低谷，种植户收益严重下降，客观上导致农资店上一年度赊给参加技术培训的农民的 13 万元农资款无法收回，使得农资店的资金运转也遇到了困难。为了找到更好的致富路径，一些村民提出想养鸡，与市里一家公司合作，采取“龙头企业＋农户”的模式运作。但是村民没有足够的资金，而农资销售网络的成功让我积累了比较好的信用，于是，我便为 30 户养鸡户担保，每户从信用社获得 5 000 元的贷款。然而，不幸的是，这个项目最终以失败告终。在那段时间，我为此也与家人发生了争吵，自己一气之下便离家出走了。在市里又遭遇了车祸，在回到家养伤的 1 个月里，我仔细思索遭遇这种种困难的原因。

其中，最大的认识就是：如果没有一个利益共同体，联合不起来，农村根本没出路。也意识到诚信的重要性：如果没有相互间的诚信，虽然刚开始一点小的利益把大家联结起来了，但遭遇一点困难马上就散了。

后来，养鸡户欠信用社的贷款由我自己先垫还一万多，并承诺以后村民还不上的都由自己来还，加上信用社了解了情况后觉得我也不容易，才没有把农资店查封掉。

2001 年 7 月的一天，几名和我比较要好的妇女一边看电视一边聊天，剧情让一位大姐突发感慨：“你看人家城里女人活得多潇洒，坐在办公室里打电话，一下班就跳舞。咱们村里女人除了围着灶台转，就是拉扯些东家长西家短的破事，活得真没意思。”我就问：“真要让你们跳舞，你们跳不跳?”没想到几个姐妹都异口同声:“咋不跳哩，你要能请来老师教咱们，咱们一起跳。”说干就干，我请市里的妇联帮忙，请来了一位幼儿园的舞蹈老师教大家跳舞。事先组织了 24 个人，分成 4 个小组，选出了 6 个带头人。但众目睽睽下，大家扭扭捏捏，跳不起来。人群里开始有人说风凉话，有人甚至称她们为“女流氓”。一下午，一个动作都没跳会，但看的人很多。

晚上开会时，几个小组长说不干了，说那么多人笑话我们。我非常气愤，我们扭个健身秧歌，怎么成流氓了！城里人跳舞就叫潇洒，村里就叫流氓？一定要坚持跳下去，我们要靠行动打掉那些愚昧的思想。

几位骨干就想尽办法动员村民开始跳舞。刚开始，好些妇女不好意思，她们就在农户院子里跳，跳熟练了就到巷道里跳，最后到村庄公共空间去跳。没过多久，参加的人就越来越多，寨子村的妇女除了年纪比较大的，80%的人都加入了进来。村庄舆论也发生了很大的变化，一些之前说风凉话的人也加入进来。一位围观的外村人评价说:“这些女的没有白活。”

而我并不满足于一个村庄的跳舞，便让骨干们 2～3 人一组，开始包片区在蒲州、韩阳两个镇推动，骨干们面临着巨大的挑战。冬天，下着大雪，大家徒步到各自负责的片区开始教跳舞，有时回去天都黑了，但大家毫无怨言，还编出了各种顺口溜形容当年的场景:鞋磨烂，嘴磨破;看的多，跳的少;一人在前教，一人往里推……总之，采取各种办法技巧，用最平和的心态和最真诚的坚持换来了村民们的参与。

这种简单易学、便于大众参与的文化活动，使得原本沉寂的村庄一下子热闹起来。村民们在空闲时间也开始走出自家的院子，聚到一起。在这个过程中，村民之间的联系渐渐增加，用其中一位文艺骨干的话说，“我们起初就是先见面交个朋友，以前不同两个村民小组的新媳妇互相都不认识，现在在一起跳跳舞，聊聊天说起这是谁家的媳妇，就认识了”。

同时，在这种公共生活空间里，一种良性的社区舆论氛围也开始形成:

妇女们在跳舞休息的时候经常会聊起各家的家务，一些婆媳关系不好、经常吵架的就会被大家拿出来议论;而有些婆媳关系好的，往往还会一同参加跳舞活动，也会得到大家的积极评价。时间久了，议论的话题延伸到家庭生活和社区事务的方方面面。虽然以前大家偶尔也议论这些，但是不像现在这样在人多的公共场合;而且那时候也不怕别人说，现在大家跳舞的时候都要表现自己好的一面，再听到别人议论自己就不好意思了……

后来，大家还把社区里一些不好的习惯和行为编成小品，在节庆活动时表演，更直接对这些行为形成舆论压力。

跳舞还收到一个意想不到的效果：缓和了家庭矛盾。一个过去经常挨骂的男人对我说，现在回家，媳妇不骂他了。“女的难道天生就爱骂丈夫？她就是活得不痛快！”

渐渐地，在跳舞的过程中，参与跳舞的妇女们还得到了自我组织活动的初步锻炼，并且在这些活动中，彼此间的协作日益加强，集体行动力也初步体现出来。

2003 年正月十五元宵活动，经过争取，我组织了 1 000 多名妇女在永济大街上跳舞，而市里领导潜意识里觉得那么多农村妇女肯定会乱成一团，便将我们的节目排在了最后一个。可实际情况却恰好相反，妇女们都是自己解决交通问题，从早到晚没人掉队，也没吃午饭，最后表演的时候整整齐齐，全场惊叹。我也没想到效果如此好，深受感动。但我也面临一个巨大的压力：我们的出路在哪里？

成长：“舞”中“学”起来的村民动员

时间久了后，跳舞的人多了，大家就觉得光跳舞也没有意思，于是就把参加跳舞的人按照居住的巷道分成九个小组，每个小组选一个组长组织自己巷道内的人来跳舞，每天晚上比赛谁跳得好，对于大家评出的优秀组成员，奖励一朵小红花。有一次因为比赛还引发了一起“跳舞事件”，因为大家太较真了，有两个组觉得评判不公，相互不服，渐渐开始互相议论，形成了纠纷。对于这件事情，我和几位骨干思考讨论了很久，觉得光让大家跳舞图个热闹还不行，得让大家懂道理、长见识。但是，如何才能做到呢？

当时我们正巧从电视里看到大学生辩论赛，于是便产生了一个想法，“话不说不清，理不辩不明”，把一些道理变成话题让大家展开辩论吧！经过大家商量后，我们选取了身边息息相关的一些事情作为题目，比如：婆媳关系不好，婆婆责任大还是媳妇责任大？生男好，还是生女好？妇女是要融入市场经济大潮还是做贤妻良母？

一开始，辩论的时候总会吵得不可开交，但也使大家渐渐感觉到自己知识水平不够了。看到电视里大学生们辩论时滔滔不绝，但轮到自己道理就在嘴边却说不出口，于是，妇女们又开始商议组织起来学习，提高自己的知识水平。几位积极分子还把自家的屋子腾出来免费给大家当学习教室。

参加学习的妇女分成几个小组，每天晚上干完家里活后便集中到一起读书讨论，最初讨论的话题从天下大事到身边琐事，十分宽泛。经过不断总结经验后，课程变得越来越规范，形成了几项常规的内容：家庭教育讨论、政策法规学习、生产技术交流等。为了使学习氛围活泼不枯燥，还设计了一些趣味活动，比如讲笑话和猜谜语等。

随后，永济市委书记听说有农民自发学习，不太相信。有天傍晚，市委书记带着四套班子来了。因为学习场所在马路边的房间里，大晚上亮着灯，人多声音大，他们便很容易就找到了。结果一看，真是在学习，大为吃惊。市委书记说“我们学习都不好好学，你们农民是真学习啊！”结果，那天晚上大家走得比较晚。大家没想到这么一个活动，能够惊动市委书记亲自来。还有人说，书记说了：给钱。我说：给钱的关键是干什么用？当时就有一个人说：不管，只要给钱就是好事。我觉得不对，大家都不知道拿着钱干什么事，干吗就要接钱？所以，从那时起我们就开始了一个真正的讨论：到底我们能做哪些和经济有关的事？

2003 年前后，在一次偶然的活动中，我们迸发了成立红娘手工艺组织的想法。此前，寨子村的妇女文化活动早已经扩散到附近的数十个村庄，而这次的村庄整治取得的成功更让其他村的人十分羡慕，许多人提出想更多地参与到寨子村村建理事会的活动中来。这对理事会来说是件好事，但也面临着一个问题：如果活动涉及这么多村庄，以寨子村村建理事会的名义开展就不合适了，所谓“名不正则言不顺”。而且，在跳舞以外的其他活动中，也有很多男性加入，再叫“妇女协会”也不合适了。于是，大家几经商议，最后决定以原来的农资购销网络和妇女文化活动网络中有稳定联系的农户为基础，组建一个综合性的协会。2004 年 6 月 7 日，在市领导的支持下，我们在县民政局顺利注册了“蒲州镇农民协会”。

郑冰组织协会会员学习（2006 年）

至此，我们这个在农资购销和妇女文化活动基础上发展而来的具有3 865户稳定会员的、综合性的农民自组织成立了。有了这个合法的组织实体，日后开展工作就更加方便了。

挫败：激进中的生产性尝试

在跳舞学习和修路过程中，动员起了不少村民，而大家都在琢磨着如何在生产上有经济收益。于是在2005年先后成立了四个经济合作组织——红娘手工艺、千亩生态园、涂料厂和手工蒸馍坊，其中后三个全面失败，这成为蒲韩乡村发展历程中的又一个重大经验教训。

第一个失败的是千亩生态园项目。在2005年的时候，协会组织中原来寨子村村建理事会的5名骨干先后参观考察了南街村和成都郊区的一个生态农业示范点。回村经过讨论后，大家便决定借鉴南街村土地集中的方式和成都生态农业的经验，开展一个经济发展项目，即千亩生态园建设项目。

项目采取以土地入股的方式，全村绝大部分的农户都参与了入股，一共集中了870亩土地来建立生态园。生态园建好后分为三个小组，分别采取两种模式管理：两个小组采取集中管理，组织入股的农户参与劳动生产；另一个小组是建好后由原来的农户自己管理。生态园及园中的道路桥梁都按照生态旅游的形式设计，并先后组织人员前往几个高校选看树苗，2006年便开始基建及栽种树木。

但问题很快就暴露出来：一是土地集中起来后管理难度太大，农户把土地入股后就等着分红，而不再真正去打理这里的生产了。二是当初签订的合同是三年见效益后分红，但村民当年就想分红。三是基础设施建设投入太大，后续资金不足。加之，新建的生态园要吸引消费群体和开拓产品市场也需要周期，短期内很难收效。这一系列的矛盾和困难又引发了主要负责人之间的矛盾。渐渐地，许多人开始对这种合作的模式产生怀疑。到2007年下半年，生态园项目实在难以继续维持了，经过反复的讨论商议后，最后决定将土地分回给个人，协会只负责技术和市场。从那以后，协会便确立了一个原则，即：农民的土地绝对不能动，不能合并。

另外两个失败的项目是涂料厂和手工蒸馍坊。其中，涂料厂是2005年建设的，采用会员入股的方式，每股300元，但对单户入股总量进行限制，防止出现大户控股。同时，为了体现社区公益性，对村里12户智力障碍、残疾、特困户每户赠送一股，资金由协会出。虽然引起了很多争议，但最终还是被执行了。

涂料厂上马后，第一批产品生产出来就发现质量不过关。于是，协会选派了 10 名技术员去北京接受培训，但短期内仍难以从根本上解决问题。涂料生产毕竟是一个新的工业项目，对于村民来说，无论是技术、市场，还是工厂管理，都比较陌生。所以，经营过程中种种问题都暴露出来，一直没有盈利。最后，涂料厂不得不关门告终。

手工蒸馍坊的尝试过程与涂料厂类似，也是采用入股的方式。虽然技术简单，但销路并不好。再加上工厂化生产以后，人员的劳动力成本开始显露出来，与不计劳动力成本的家庭小作坊相比毫无优势可言。于是，上马后，很快便以失败告终。

虽然，接连三个项目的失败对协会产生了很大影响，但并没有从根本上将我们击垮。这要得益于蒲韩乡村在其他领域的合作有较好的发展势头：一方面，此时农资购销领域的合作已有稳定收益，手工艺合作领域 2006 年也开始盈利，这使得协会作为一个整体在经济上仍可以继续维持；另一方面，三个经济项目的失败虽然导致了一些参与者的退出，但由于文化领域合作的持续开展，他们中的许多人依然继续参与协会发起的文化活动，联系并未完全断绝。并且，随着跳舞活动、合作购销业务及手工艺合作向周围几十个村庄扩展，从整体上看，协会以其他领域的合作联系起来的农户范围不仅没有缩小，反而在扩大，从而保障协会最终渡过了这次“难关”。

反思：总结经验后的十年规划

如果说 2002 年养鸡项目失败，由我个人承担了相应代价，那么，三个经济项目的失败，则让整个团队在遭遇失败后彻底反思并得到成长。

在 2007 年我们失败之后的半年农闲时间里，我们全部都在讨论：到底该怎么办？我们总结前十年的经验和教训，到底我们做的这些事值不值得？该不该做？大家都觉得哪一块都应该做。问题是：怎么做？我们总结出的第一条就是不能急，要慢慢做。

2006 年，国家出台了《中华人民共和国农民专业合作社法》，我们就顺应形势，注册了 28 个专业合作社。2009 年政府下发政策的时候，说一个村报 5 个合作社就有补助。我立马召集所有理事长召开会议，与大家讨论。不要钱行不行？我觉得这种信息传达有问题，组建合作社的目的是拿政府的政策更好地对接市场，不是为了去拿政府的钱。当时就有 6 个理事长说不行，给钱不要，是傻瓜。我让其马上退出合作社联合社，因为：你自己都没做好，凭什么要钱。

2008 年，我带领大家大胆而稳健地做了十年规划，并提出十年时间要将蒲韩乡村打造为中国第一村，这个“第一”指的不是经济，而是村庄整体风貌和村民综合素质。这个十年规划不是空穴来风，而是在认认真真总结前十年的经验教训基础之上做的。从此，蒲韩乡村坚持“服务、教育、再服务”的宗旨并踏上了综合性农民合作组织的发展正道，也成了一个对外输出经验与教训的地方。

土壤转化、环境卫生治理、老人互助养老、农产品统销、日用品统购、儿童家长教育、传统手工艺……一切社员有需求的事情都在有条不紊地推进和积累，我们也从个人、几个人跃升到了几十人的团队，大家共同建设自己的家园。

不倒翁学堂老人聚餐（2014 年）

步入正轨：回归社区，综合服务

2012 年 5 月，从小额贷款公司退出后，我们就将所有业务进行整合，回归社区，为村民的生产生活提供综合性服务。信用服务，只是九项服务中的一项而已，目标不是赚取农户的利息，而是真正解决村民在生产生活中的资金需求，也将利息做了全面调整。

社员如有贷款需求，在每周四前到联合社填信用服务申请表，周四辅导员和指导干事会进行入户审核，如通过，周五就可到联合社领款，如没通过，会告知相关原因。而其最好的风险把控就是给社员提供综合支持（技术、信息、资源等），让社员赚到钱或处理家庭遇到的紧急事务。

经过逐步探索，当前蒲韩乡村将信用服务、老人互助养老、生态种养殖和生态建筑四者融为一体，真正将信用服务变为支持社区生态经济发展的杠杆，既形成了信用服务“封闭式运行”以避免外部宏观经济波动产生的风险影响，又促进了社区生态经济和公共服务的良性发展。

蒲韩乡村合作社社员的日用品统购，在节约成本的同时保证质量（2015 年）

除此之外，2013 年 11 月，在上海同济大学举办的第五届全国 CSA 经验交流会上，我们听了温铁军教授关于“因为城市中产阶级崛起从而引发对自身食品安全和孩子教育的关注，所以农村和自然环境相结合的资源有条件满足城市消费者的需求”等论述后，回来就开始筹备蒲韩乡村的“城乡互助”实践。当然，我们并没有盲目冒进，而是组织骨干成员在运城、永济两个城市做了几个月的调查，发现消费者对生态产品的确有很大需求，于是就开始布局蒲韩乡村在这方面的工作。我们要求团队尽可能做到：将外部老师讲的宏观形势与理念转化为自身团队的工作策略与方法，在相关策略方法的指导下一步步制订出可推进的工作计划。

具体做法上，我们将永济市划分为九个片区，由九个辅导员负责，每人负责一个片区，筛选 300 户城市消费者。在运城市寻找了 18 个居民小区，由 18 个辅导员负责，每人负责一个小区，筛选 300 户城市消费者。前期都是通过各种活动，如：采取广场舞、太极十二拍、儿童手工课、座谈会等形式与消费者面对面建立联系，完善社员家庭档案。我曾严格要求，前期不许使用微信。有一次，永济消费店负责人高兴地对我说，今天有一户配了 20 斤面粉。我立马就一顿批评，我们现在要的不是一户买很多量，而是让更多人参与其中，20 斤面粉 10 户用和 1 户用那是完全不同的思路。

因为城市工作的推进相比于乡村困难更大，所以城市辅导员除每天晨会的学习交流外，几乎每周都要到乡村参加培训，同时了解蒲韩生态产品的生产过程，也会带领城市消费者到乡村进行体验活动。

我经常给大家说，不要急于卖产品，就用面、油先和消费者建立信任关系，我都不急，你们急什么？我们用两年的时间打好基础，后续盈利是水到渠成的事情……

通过这个案例，农民合作组织过程中的艰辛曲折及“见招拆招”跃然纸上。它也启示我们：一方面，经济合作可从文化活动切入，同时文化建设常是低成本且高收效的，需要和经济发展有机结合；另一方面，从单一生产合作的“失败”到包括购销、消费、金融、城乡等在内的综合合作的相对“成功”，说明综合合作是大势所趋，因为社区、人、生活本身就是整体，其实际需求自然多样，且综合合作才有利于受长期“去组织化”影响的小农获得更大的实践空间，真正释放活力，在降低成本的同时获得更大综合效应，进一步形成有利于“三要素”回流的社会基础。

四、小结

理解乡村建设需要整体性视野，除了看到平常不被注意到的文化、生态等面向外，还需进一步脉络化；除思考所努力的目标和探索的内容外，还需进一步分析其内涵特征及困境张力。本章从对“经济”和“文化”的重新认识与反思出发，尝试带出有助于认识乡村建设的整体性视野和以多重“回嵌”为特征的乡村建设的核心内涵，同时在此基础上，结合乡建实践中的农民合作组织案例，希望和前述各章联系起来讨论并指出：

乡村建设希望通过因地制宜且形式多样的组织载体，努力促进“三要素”回流，减少外部力量对乡土社会的排斥与剥夺，进而实现乡土社会的自我保护。然而，主流化的“经济”和“文化”常内含着资本逻辑、支配性文化与各种意识形态，形成乡村建设所面对的外部环境，因此，乡村建设在实际展开中常面对各种挑战。

总之，表面独立的经济议题背后其实包含着来自社会与文化的限定与影响，故需整体性视野及让经济“回嵌”社会的自觉与敏感。对于农民合作实践，既要看到其所同时承载的历史遗产与债务，也要回到实践所在的当代脉络，并自觉意识各种社会制约与文化影响。因此，一方面，农民合作社的发展和困境都不能就事论事，也不应该从农民到底“善分”还是“善合”这样充满二元对立的本质化角度进行讨论；另一方面，如何创造有利于农民合作社发展的舆论环境、改变对合作社的各种“刻板化”认识、进一步调整工农与城乡关系、减少不利于农民合作社发展的壁垒与限制，从专业合作到综合合作应是重要方向。

第六章　张力之中：乡村建设的矛盾与限定

在白纸上画黑道，或者画龙后去点睛，都好做，而将这杂乱黑道洗去后，再去画完美的图书，的确是一件难事。你想，纸很容易洗破，很不容易洗干净。洗过的纸，就非普通画家所能用，事倍功半或徒劳无功都是可能的事。

施白南，1947，《北碚解》①

在富丽堂皇的摩天大楼里做出的决策决定着农田的命运和乡下人的未来。城里的道德观念成了全国的标准。现代化的宣传工具从城里向所有山里、水边的小镇放送节目……大城市的影响到处都是，想在大城市以外建设社区的人必须学会辨认落在他家门前的城市的阴影。

J. 斯特拉塞，1978，《农村不是世外桃源》②

小引：谁的“纠结”？

动力和张力，常常交错在一起并内在于我们。就像我在重庆大学开设通识课“乡村与现代”时有学生在期末作业中写道：“乡村，一个渐行渐远的名词，经过一个学期对乡村的探讨，乡村在我脑中的轮廓是没落但淳朴，是炊烟与黑烟交织的。”不管悲观还是乐观、接受还是反抗，各种力量就像这位同学笔下的“炊烟”和“黑烟”，不可简单分开。

在晏阳初乡村建设学院的三年十个月中，我们接待了很多批志愿者，也接触了不少“有识之士”，在刚认识时感觉都非常好，给我们的电子邮件中常附有“三农大战略”之类的宏图，在说法上似乎也是同道中人。实

---

① 施白南. 北碚解. 兼善友讯，1947 (22).

② R. D. 罗德菲尔德，等. 美国的农业与农村. 安子平，陈淑华，等，译. 北京：农业出版社，1983：287.

际接触后，常发现很多人不屑于实践，尤其是小事，或者也可以说没有能力做好一些小事。可乡村建设难道不就是从“小”开始，从“做”开始？无论是当年晏阳初教农民识字，还是今天台湾建筑师在乡村盖厕所（详见本章案例）。我们不仅仅感受到乡村建设者勇于弯腰和不吝小爱的可贵精神，它更告诉我们这样的一个道理：以普通民众和日常生活为重点的乡村建设，本来就是由这样一件件小事组成的。

回想起来，各种矛盾和困惑不仅属于“旁观者”，其实也一直内在于我们。作为从 2004 年就参与乡建实践并持续至今的黄志友来说，无论是翟城村的晏阳初乡村建设学院还是京郊的小毛驴市民农园和全国爱故乡计划，他在脚踏大地的同时也面对着真切的困惑。在总结自己参与当代乡建十年历程的文章《关于永续生活的思考》（2013 年）中，他说道：“整体来看，小毛驴市民农园仍然是现代化生活的展示中心。除了生产貌似比较‘原始’外（当然，没有电就无法浇水），没有电脑、网络系统的支持，宣传营销客服工作（微博、电子邮件、网站、宣传品印刷等）就会立即瘫痪；没有汽车物流系统的支撑，菜无法按时送达市民家中；周末农夫，也多是开车来耕种那半分地。找不到可以驾驭小毛驴的本地农人，从学院来的小毛驴也成了摆设，不劳而食。农园产生的各种大量垃圾，更是让你无语。快递隔三岔五地把一箱一箱蔬菜送进城，又从遥远的城市把多层豪华包装的一件衣服、一本书送到农园员工手上。就连我这个曾经手机、电脑的坚决反对者，如今因为宣传和行政的工作，生命的 30%也是在键盘上度过。尽管不用挤公交、地铁上班，但生活和工作忙碌，有时我连从家里把厨余带到仅仅一公里之外的农场来处理都懒得干了……我终于明白，尽管我们已经做得很好了，但这仍然不过是‘五十步笑百步’；个人在以都市为中心、以都市生活方式为中心的潮流裹挟下，是多么的无力……”

除了爱编书、爱写日记，认识黄志友的人都知道，他对土地充满深情。作为晏阳初乡村建设学院正式录用的第一个大学生，他的求职要求很简单，只是希望可以来学院种地，真正脚踩泥巴、靠双手劳动。比起种地、养驴、盖厕所、做垃圾分类等他所钟爱的工作，原来的黄志友对现代科技有着近乎“天真”的拒绝，曾经的他几乎不用手机，电脑也因“废弃”太久竟然开机冒烟……正是这样一位黄志友，十多年来一直坚守乡村建设第一线，并百折不挠地开拓着新领域。2007 年晏阳初乡村建设学院因不可抗力被迫中止办学后，他和同人们一起在北京西郊的凤凰岭山下创办了小毛驴市民农园，本以为可以重新回归土地，可繁重的农场管理、络绎不绝的日常接待和各种资料的编辑传播，让农业劳动反而成为一种“奢侈”：手机和键盘取代了铁锹，成为他最主要的劳动工具。从 2012 年开始，除继续农场管理工作外，黄志友又承担了全国“爱故乡计划”的筹备与推动工作，生性腼腆的他最日常的工作却是要不厌其烦地与各方面进行沟通联络，哪有时间种地……有天黄志友忽然说：我终于想明白了，原来我们的“田园梦”就是帮更多人实现“田园梦”！

黄志友的“悖论”告诉我们：回归不等于逃避或者后撤，更非自娱自乐与孤芳自赏。真正有力的田园梦是清醒的，也是务实的。十多年前，当大家以城市为唯一归宿、以石油农业为不二法门时，我们的田园梦是让大家意识到城市梦的可疑与裂隙；十多年后，当“田园”成为另一种众声喧哗的流行时尚与各种利益的文化包装时，我们的田园梦是警醒大家不忘初心，并“借力打力”地促使长期外流的“三要素”顺势回流。

真正有根的田园梦是批判的，也是包容的。它不应是有钱有闲者的专属与新的区隔来源，也不是叶公好龙式的想象性拥抱或对都市旧梦的翻转替换，更不是对不堪的生活得以继续的脆弱掩饰。雾霾天里的田园梦当然应该有更多的反思与反抗，并为重新思考城与乡、人与土地、知识分子与民众等关系提供新的契机与可能。

黄志友的故事也提醒我们，返乡并不意味着与城市做简单的了断，也不是将城市本质化，以“浪漫化乡村”的办法去应对“浪漫化都市”的恶果，或去寻找其实并不存在的所谓“净土”。与其被动地“城乡互损”或“城乡脱钩”（两者看似不同，却都不同形式地体现着排斥性），不如以“危”为“机”，在城乡良性互动中重新想象并创造出包容永续的新城市与新生活。

我和黄志友年龄相仿，都是成长并获取经验于如此纠结时代的“80后”，“后革命”与独生子女一代是我们的天然胎记，改革话语、功利至上与个人主义是我们的成长氛围，各种官方说法和现实许诺的失效则是我们的精神成年礼。于是，这个世界上既有愤怒的“80 后”，也有坐言起行的“80 后”；既有在汶川地震后被寻宝般发现的“80 后”，也有一直默默无闻负重潜行的“80 后”；既有拜金和消费至上的“80 后”，也有甘愿和乡土融为一体的“80 后”；既有抵抗姿态或假面的“80 后”，也有尝试“全球视野、在地行动”的“80 后”；既有梦碎和失落的“80 后”，也有以实践创造新梦的“80 后”……当然不能说哪个“80 后”才是“真身”，他们从来就存在，但也从来没有单独存在过。真正“掩耳盗铃”且“捉襟见肘”的，其实是我们或拙劣或高明的刻板论述。

作为“80后”，我们和大家一样，也感受着这个时代的剧烈变化，纠结着这个时代特有的纠结，在青春与暮气混合的奇特氛围中，拥有着“自嘲/互黑”背后的辛酸与无奈；我们也曾有过对大都市的无尽向往，但却迅速在所谓“小时代”和“小目标”的碾压下留下一地鸡毛；作为乡村建设的实践者和研究者，我们目睹且亲历着乡土的凋零，同时也感受着大地上的挣扎、不甘与坚韧。

就在这样一个“纠结”的时代和“多样”的“80后”视角下，百年乡村建设实际上一直在多重矛盾中蹒跚而行，既面对外部环境的影响，也有来自自身的约束。而在实践中，行动者们更加真切地体会到这种限制，就像只要我们一迈脚，就会感受到无处不在的地球重力一样。

晚年雷蒙德·威廉斯曾在1986年的一次演讲中提醒大家：文化研究原本就诞生于成人教育实践，如果其能够帮助普通人去理解自己的生活经验和工作经验，知道自己所承受的各种压力从何而来，那么文化研究就有一个光明的未来，否则就会丧失宝贵的历史机遇（倪伟，2019：3-4）。前文各章常常提到“张力”，其不仅体现在乡村建设的具体实践中，也导致其在发展进程中一直面对来自不同角度的批评，笔者认为这些都是推进我们理解乡村建设的难得契机，故在思考乡村建设的多重之“难”前先做一些简单讨论。

一、“众目睽睽”与“左右为难”：乡村建设的批评

1936年，傅葆琛在《独立评论》第199号上发表《众目睽睽下的乡建运动》，指出乡村建设所面对的困难与实际状况。正如前文各章所述，乡村建设有着复杂的脉络与资源，深刻地内在于中国现代化进程之中。其中，20世纪30年代知识界广泛参与的“以农立国”[①] 和“以工立国”讨

① 研究指出，在该时期之前即已有不同形式的相关言论。1920年吕瑞庭的《农业立国意见书》的发表标志着“农业立国论”的正式登场，但其引起更为广泛的讨论则在随后。具体可参考：王先明，熊亚平. 乡村建设思想的历史起点——20世纪之初“以农立国”论的孕生（1901—1920）. 天津社会科学，2012（3）。

论，乡村建设既是该讨论引发且对话的原因之一，也内在构成其思想资源，并在实践中以直接或间接的方式有所回应。与此同时，其也构成下文乡村建设批评的部分背景。为帮助读者更好地理解其视角来源及前后脉络的连续性，笔者先对该思潮做一简单回顾。

罗荣渠在其所主编的论争文选的序言中指出：20 世纪 30 年代，“以农立国”与“以工立国”之争活跃起来，在《独立评论》上引起热烈讨论。这一方面是因为现代化问题的提出大大拓宽了对中国出路问题讨论的范围，同时，在世界经济危机形势下我国农村凋敝情况日益严重。另一方面的具体情况是乡村建设实践的兴起（2008：序 29）。在此基础上，他进一步指出：农业立国派提出对世界形势的看法，与六七十年代依附论和世界体系论的论点，在精神上实有某些相投之处。当时这种观点绝不只是梁漱溟一人的看法，而是反映了殖民地半殖民地知识界相当大的一部分人的想法（2008：序 31）。

但“以农立国”当年遭到很大的反驳，比如吴景超认为“以农立国是一件可怜的事，没有什么可以自夸。因为农业国是走向贫穷、愚笨和短命的路。而工业国是走向富有、聪明和长寿的路”（1934：806）。其中“可怜”“愚笨”“聪明”等带有明显感情色彩的词语，说明这场争论不同于一般的学术讨论，同时也让我们看到论者对工业化充满着浪漫的想象①。

梁漱溟以乡村建设实践者的角度参与讨论，他认为“如何工业化？这不能用哲学的口吻立论，不徒逞主观的偏见，而应从经济问题和客观事实上平心静气研究中国将要有的出路”（1935e：637）。这是因为梁漱溟一直就认为当时的中国缺乏工业化的资本与市场②。同时，他还进一步提醒论者：“中国工业不是没有起来的问题，而是起来之后被摧残的问题”（1935e：639）。

---

① 和其他历史人物一样，吴景超的思想自然也不简单，其内在于所处的复杂时代之中。因篇幅关系，此处无法做进一步讨论，更为系统的思想可参考其代表作《第四种国家的出路》（商务印书馆，2010）。特别值得注意的是：该书开篇即提出根据人口密度及职业分派来看，中国是不同于英德、美加、俄国这三种国家的第四种国家，因为我们的特点是“人口密度颇高，但在农业中谋生的人，其百分数也比较高”。可见，国情自觉不仅为本书第三章所讨论的乡建者所拥有，也不同角度地存在于乡建批评者身上，实际上国情自觉是现代化转型中不少知识分子的共同特质。

② 事实上，1949 年中华人民共和国成立后，依靠人民公社、城乡二元制及内向型积累方式才完成了独特的工业化原始积累。

这次小小的“交锋”，从一个侧面让我们看到“农工之争”不仅涉及主观立场，更联系着对国情及世界格局的不同认识。而乡村建设作为尝试跳出“农业—工业”“保守—激进”常见二元框架而进行某种“另类”实践的努力，常常受到来自不同甚至对立立场的批判，下文将选取代表性观点进行讨论。

1. “右翼”[①] 批评

《独立评论》曾陆续发表一些自由主义学者对乡村建设实践的批评，其中陈序经的批判最为强烈，虽然不能认为是普遍性观点，但却具有一定代表性，在此以之为例进行讨论[②]。

陈序经因发表“全盘西化论”而引起很大反响，在1936年和1943年先后发表了《乡村建设运动的将来》《乡村建设理论的检讨》《乡村建设的途径》三篇批判性文章。他首先提出“乡村建设运动可以算作一种很时髦而很普遍的运动。我个人对今日一般所谓乡村建设的前途，颇感觉悲观”（1936a：106）；“在工作方面少有成效、渐呈枯萎的现象”（1936b：113）；“还未超出空谈计划与形式组织的范围”（1936a：108）。在他看来，“所谓乡村建设工作，大概说来，可分为四方面：一为教育，一为卫生，一为政治，一为农业。假使我们从这四方面的工作略加检讨，我们难免失望”（1936a：109）。

具体方面，陈序经指出乡村建设的“几个实验区都设有医院，但是这些医院，无论在治病或研究方面，都嫌太过简陋”（1936a：109）。对于类似批评，已有研究者指出其中略显苛刻与不切实际的方面[③]。但他在另一

① 笔者认为不应简单地进行“左/右”二分。但因学界对此处提到的学者及刊物分别代表的“左翼/右翼”分类有较多共识，为更好与之对话并强调乡建同时受到对立立场的批评，暂且借用这一简单化的分类。根据当时的脉络，“右翼”批评多来自持“自由主义”立场的知识分子，代表性批评者包括陈序经、吴景超等人，主要批评性文章发表在《独立评论》上，该刊1932年5月22日创刊于北平，胡适任主编。与此相对，“左翼”批评主要来自中国共产党内及观点与价值取向相近的学者，主要的批评性文章发表在1933年在上海成立的中国农村经济研究会会刊《中国农村》，该团体是在中国共产党的领导下研究中国农村经济的学术团体，陈翰笙任理事长。

② 该论争更完整的讨论可参考刘荣争的西南大学硕士论文（2008）：《〈独立评论〉视野下的知识分子与乡村建设论争（1932—1937）》。笔者计划未来进行专题研究，此处仅以陈序经为例进行讨论。

③ 如艾恺（1996：276）指出：“民国期间，海外归来并带着现代化‘真经’的陈序经在访问山东邹平归来后，以胜利者的口吻得出了多少有些令人吃惊的结论：梁漱溟仍然没能把山东农村变成上海？”

篇文章中的批评却切中要害："若是到了像定县那样的地方，我们说给参观者参观的，也不外是在县城里或是县城附近西化的保健院、西化的农场……试问我们所谓以乡村为主体为根据的中国的高度文化，又在哪里呢?"（1934：819）遗憾的是，陈序经没有顺着这一深层困境和张力往下挖，却回到一般的层面。比如，他坚持认为"就是因为他们不以都市为建设乡村的起点……因为交通不便，以及其他的好多原因，离开都市较远的乡村或区域，治安很成问题"（1943：123）。他虽然也承认包括人才难找、经费不足、环境恶劣等各种条件限制，但却坚持认为理论方面的错误才是根本，"乡村建设运动，在名词上虽是很新颖，在理论上却有了多少复古的趋向"（1936b：113）；"我个人以为乡村建设运动之所以衰败，主要是因为理论上就有其根本错误的地方"（1943：121）。可见，比起实践中的困境与不足，理论上的批判才是重点所在。他直接指出梁漱溟理论中的问题，比如"梁先生说：'现在资本主义下的工商业只是发财的路，农业才是养人的路。'……我要指出：一个国家要独立生存于这个世界，专事养人是不够的①。养人以外，譬如交通的工具，卫国的武备，以至一切的日常工业用品，也不能不特别留意，尤不能不努力发展"（1936b：117）。

陈序经的另一批判更为严厉，"因为目前的工业落后而不得不主张重农，这是一个错误，这是自暴自弃。因为目前不如人而自暴自弃，已是一种失败者的心理表征，而况一般提倡乡村建设运动的人们，大都是一般迷恋于复古的人物，欲以'以农立国''死不出乡'的传统思想，以应付现代的世界，这是愚妄，这是幻想"（1943：121）。如果说一定要开展乡村建设，他的建议是，"这种乡村建设工作，最好是以都市为起点，先从在都市左近的乡村下手，尽量利用都市中的行政机构"（1943：124）。

导论的文献回顾中已涉及各种乡村建设批评中的简单化与标签化问题，在此暂不处理陈序经所批评"死不出乡""自暴自弃""迷恋复古"在多大程度上存在于批评者的自我臆想中。笔者希望进一步指出，类似批评

① 一方面，如此判断不是不言自明的，到了近现代世界竞争格局和"民族—国家"的具体脉络下才突显为问题。我们当然需要直接面对，但却不可忽视问题背后更为复杂的成因。另一方面，梁漱溟 80 多年前就说"农业是用来养人的，不是用来发财的"，这句话即使今天来看也会很不"解渴"，但却非常符合生态，特别在当下这个让农业"害人"（生产者接触过多化学试剂而慢性中毒，消费者食用不安全食材而有损健康）的时代，有着分外的意义。

还存在着将工业和都市浪漫化的倾向，而这种“现代梦”的焦虑与迷思也非批评者个人独具，它与近代中国经济、社会、文化、政治等方面的整体脉络高度相关，笔者将在下一章进行专门的讨论。

实际上，自诩为“现实”的批评者对传统农业大国在现代世界体系和不可能对外殖民的前提下，对实现西方意义上的工业化目标与条件缺乏反思。相反，被批评为“保守”“不切实际”的乡村建设派，因为要让“实践”运转下去，则不得不从“条件/代价/成本”等方面进行全面的考虑。此外，批评者建议的乡村建设“以都市为起点，尽量利用都市中的行政机构”，看似合理，但却未考虑现代社会治理的高成本及乡土熟人社会的特殊性。而乡村建设实践者所忧虑的不是人口分布在城还是在乡，发展路径是“从城到乡”还是“从乡到城”，而是整个社会是以什么为导向，由此将对平民、文化价值、生态环境产生什么样的影响。

实际上，陈序经的批评也引起不少回应和反驳，它们陆续发表在《独立评论》上（涛鸣，1936；杨骏昌，1936；黄省敏，1936）。除此之外，我们发现一些相对中肯的评论还是有进一步反思的空间。比如《独立评论》上另一些评论晏阳初与“定县试验”的文章：章元善在从定县归来后总体持肯定态度，但仍说“像东建阳这个村子，经济虽不景气，人民还能安居，充满新气象。这一点小小成绩——代表平教会多年的经营，哪能经得起大兵们一天的光临”（1934：364）；另一去定县的参观者涛鸣则在《定县见闻杂录》中认为，“假使以政治力量，来办平教会的事，我敢说他们的成绩，一定比现在好得多”（1932：369）。这些观后感十分形象地描绘了乡村建设的艰辛与不易，该类论者虽然没有强烈坚持“工业化才是活路，都市化现代化才是方向”，但仍然对政治、政权、国家和变革有着单一化的想象，笔者将结合下文另一立场的批评进行讨论。从主张“全盘西化”的陈序经对乡村建设的激烈抨击到以上两位论者较为温和的讨论，都同样来自《独立评论》，这恰恰说明乡村建设批评论述中的复杂光谱，它也提醒笔者和读者不可简单进行归纳。

2. “左翼”批评

来自“左翼”的批评相对更成系统①，其文章主要发表在“左翼”学

① 如千家驹与李紫翔1935年出版专门的批评文集《中国乡村建设批判》。

者主持的《中国农村》上，导论及前文已涉及的一些批评角度此处不再重复。

为确保该类批判的目标实现①，批评者们声明，“我们不能把批评乡村改良主义运动看作同行嫉妒式的‘互相倾轧’，而应该把这种批评看作一种原则上的论争，是改造中国农村的两条不同路线的斗争”（孙冶方，1983：245）；“对于这种农村改良运动，过去已经给了不少原则上的批判，而现在农村改良运动的各种成果，更要求我们来做一个彻底的清算”（李紫翔，1936：265）。

首先，批判者认为乡村建设是乡村改良主义，而“改良主义的教育工作和提倡技术运动，是麻醉群众的一种工具”（孙冶方，1983：250）；“一切改良工作的本身，都不免直接间接为破坏农村的主要因素——为帝国主义和封建势力效忠尽力……一切舍本逐末的技术改良，对于这些死亡线上的农民，不过是一种不能梦想的装饰品罢了。如果他们的工作，逐渐深入农村里面，马上就发现越来越困难，而他们美丽的幻想，给铁般的现实打得粉碎，不断的失败，堵塞了改良主义者的虚伪宣传”（李紫翔，1936：266）。

其次，批判者认为乡村建设割裂于外部脉络②，逃避需直接面对真正问题，“打算从整个国民经济危机中分离开来，独立地来解决农村问题，固然是不值一文钱的幻想；而打算从民族存亡问题中分离开来，独立地从事农村建设，不管其有无远大计划，均将不可避免地成为助长外来侵略势

---

① 在给刘少奇的报告中，薛暮桥指出“在大革命失败以后，一般知识分子不满意地主资产阶级的反革命统治，但又没有决心去参加反对地主资产阶级统治的土地革命运动。他们想找第三条道路，就是改良主义的道路，因此乡村改良运动便蓬勃发展起来。当然，不问他们的主观愿望怎样，他们客观上帮助了地主资产阶级反革命的统治，成为地主资产阶级欺骗民众、粉饰自己凶恶面目的装饰品”（1983：23）。在《〈中国农村〉论文选》（“农村改良主义批判”专辑）按语中，编者指出“他们各有各的‘办法’和‘口号’，用来迷惑人心，掩盖农村阶级矛盾和阶级剥削……对那些抱着爱国热情投身农村工作的青年，我们一向是给予满腔同情，争取他们走到革命的道路上来的”（薛暮桥、冯和法，1983：243）。刘少奇则回信让他们做好对这部分人的团结工作。

② 笔者认为，类似于“闭关锁国、落后挨打”及“冲击—反应”的常见叙述需要进一步反思。梁漱溟对所谓“内—外”的独到理解可以为我们提供一些启示。他认为，所谓“外面引发”共有三个不同的层面：（1）受外面的压迫打击，激起自己内部整顿改造的要求；（2）领会了外来的新理想，发动其对固有文化革命的要求；（3）外面势力及外面文化实际地改变了中国社会，将其卷到外面世界漩涡来，强迫地构生一全新的中国问题（1937a：451）。也即，此处的“外部”影响，绝非简单的外敌入侵或产品倾销，故影响方式也不只是“冲击”，而是互相诱发，紧密互动，因此其解决方法也不可简单化。

力的清道夫，国家民族的罪人”（李紫翔，1936：270）。

最后，批判者认为当时更重要的是“活下去”，而乡村建设不利甚至有碍于这一目标的实现——“如今中国的农村，难道不就等于这位病入膏肓的梅毒患者？而我们的改良主义者所提出的教育、技术等救命剂，难道不就等于‘阿司匹林’和补药……梅毒患者所最迫切的是606针；而今日中国农村所需要的是推翻帝国主义侵略和铲除封建残余势力的统治。以阿司匹林和补药去代替606针的人，是因‘好意’而断送了梅毒病患者的性命。以教育和技术来代替政治解放的人，也可以这样‘好意地’阻止了中国农民大众的解放之路”（孙冶方，1983：248）。

类似批判除直接影响了当时乡村建设的实践开展，也影响着当前乡村建设研究的常见角度，如《民国乡村建设运动》最主要两点批评都与此相关（郑大华，2000：474）：第一，只看到事物的表面现象，而没有深究造成这些现象的根本原因，从而“将事物的表面现象当成了事物矛盾内核，犯了化果为因的错误”；第二，忽略甚至放过了帝国主义侵略、封建统治者的掠夺，从而“只看到西方近代文化的输入所引起的中国传统文化变化，而没有看到帝国主义的政治和经济侵略所引起的中国社会性质变动。既逃避反帝反封建，也逃避内部阶级斗争”。

除基于当时普遍存在的“说多做少”“坐言”“起行”与现状脱节的一般性回应（如瞿菊农1936年在《独立评论》第202期上发表《以工作答复批评》进行答复）与“反批评”外，梁漱溟的回应值得我们进一步思考。比如针对千家驹1935年在《中国乡村建设批判》中的批判“倒行逆施的开倒车运动固然行不通，自作聪明的独创一格也为时势所不许。我们不是向左，便是向右，中间是没有第三条路的”，梁漱溟则在1940年坚定地回应道“这是为适应中国问题，有其必要，非有意标奇立异也”（1940a：597）。作为呼应，批评晏阳初的张继也是类似说法，“乡村事业，欧美已行之有素，可资借镜，不必闭门造车，独出心裁。大可取人之长，补己之短，放大眼光做去”，针对类似观点，任鸿隽强调“不能如此”，“因为即名为乡村事业，这些事业必定是十分乡村化、地方化。即使在中国，恐怕此地方的成法也不能应用于旁的地方，何况要以欧美的成法行之于中国乡村呢”（转引自吴相湘，2001：256）。

面对这些批评，梁漱溟一方面认为不应二元对立与错位思考，有批判者误会了他的本意与乡村建设的实际情况，许多批判者所引以为据的论点也同样是他的观点与坚持①。只是他认为中国这样以农业人口为主的文明体，过去各种道路都是被动地模仿别人，晚清以来的系列失败其实提醒我们需走出一条独特的道路。这点既表明梁漱溟区别于西方中心主义的国情自觉，同时也有别于一般的保守立场与消极主张。实际上，梁漱溟一生都在不断地强调现实，并尝试用他的方式来回应现实，只是根据这位儒者兼佛徒的理解，在此复杂现实和多重危机面前，比起直接采取对抗性的激进行动，回到乡土这一中国文化之根，从文化复兴与社会秩序重建入手似乎更能减少其所不愿看到的暴力、极端、高成本与水土不服。

另一方面，梁漱溟坚持自己的独到见解，特别是对"政权"② 与"帝国主义"这两个最常被讨论的方面，他认为：对于导致中国危机的不仅有"他毁"，还同时有"自毁"（1937a：151－152）。这是因为，中国非西方意义上的现代民族国家，而是完整的文明体，故重点不是分化，而是协调，不是"上"的统一，而是"下"的统一。他同样承认土豪劣绅的存在与影响，但更关心这些是如何出现的，"其实土豪劣绅并不是传统的东西，只是近年社会上的种种形势恰好构成了土豪劣绅"（1937a：404）。至于批评者诟病其忽视乡村内部矛盾及剥削，他则回应"乡村社会的内部，虽然不是全没有问题，然而乡村外面问题更严重"（1937a：408）。80 多年过去了，今天的我们更有条件从容地反思这一看似错位的"自我辩护"，同时也体现出梁漱溟特有的自觉与敏感——他希望不停留在一般讨论所集中的"他毁"层面，而从"他毁"与"自毁"叠加且相互引发的复杂处境中进行理解，同时认为影响更加深远的是世界关系与秩序的改变及人类的发展方向问题。而对于一般人所认为的农民困苦与被剥夺，他认为这是现代社会与西方文明影响下乡村衰败的整体性问题。虽然我们仍难以简单确定

① 如《最后的儒家》指出"梁漱溟曾挖苦胡适不承认帝国主义、封建主义和军阀的'客观事实'"（艾恺，1996：205）。

② 梁漱溟在《乡村建设理论》中反思"夺权"，但不意味着回避政治，因为他认为乡村建设本身也即政治并具备政治经济文化的整体性视野。他尖锐地指出"如饥似渴地盼望于政府；不然，就想打倒政府；或者有机会加入政府……他们表面上似乎态度各不同，但其病都在于眼中只看见有政府"（1937a：519）。他随之的担心与自觉既因为"武力统一中国不难，难在谁统一武力呢"（1937a：465），也在于"国家愈大，则政府愈高，离社会不免更远"（1937a：442）。因此，他主张"人人皆得而为乡村运动者，则政权用不着定要属于我。任何谁的政权，都没有妨碍我们乡村运动的必然性，却皆有跟着我们走的可能性"（1937a：440）。与此相关，和梁漱溟同龄且之前曾主张"革命救国"的卢作孚也有相似的担心并导向其后的乡村建设实践，一篇对他的访谈日记记载了"余深信武力不能统一，唯建设可以统一"（恽震，1933）。

哪个判断更对，相反感觉这些问题和矛盾经常缠绕在一起，但无论是乡建还是革命，同样都需要面对诸多张力与挑战。而在现实中，也正是这位“特立独行”的梁漱溟，内战时期走向国共调停的第三方，新中国成立后因不认同工业化对农民的剥夺与高层辩论而遭到全国范围的大批判，详细情况将在后文的专栏中进行讨论。

回到上文的批评，或许以今人的眼光去理解这些剑拔弩张的批判还是有困难，但至少我们可以感受到历史状况下乡村建设的实际处境①。虽然“左右为难”且困难重重，“百年乡村建设”依然断而相续、负重潜行，这一方面说明其独特的内在动力与社会基础；另一方面，论述与现实政治上的激烈反应恰也说明其在某种程度上对“主流”构成了挑战，特别是其“显影”出了主流逻辑无法自圆其说的裂隙与矛盾。需要说明的是：虽然对政党政治有着不同的认识而呈现不同的政治态度②，但乡村建设实践不应简单说是封建势力的“帮凶”或“掩饰”，无论是河北定县、山东邹平还是河南镇平，其都直接挑战了不利于乡村良性发展的权力秩序③。部分批评内容本身也是乡建实践所努力的目标，之所以被批评，有些是受各种条件与阶段的限制，有些则是生存

① 不仅其在论述上置身于不同批判的夹缝中，现实生存条件与空间也非常有限——除晓庄师范被蒋介石关闭、校长陶行知遭通缉外，1930年秋，蒋介石军队攻下河南之后采取的第一批行动即包括关闭河南村治学院（艾恺，1996：243）。

② 因乡建实践者经历差异而有所不同，有些是对中国近代历次政治变革的失望（如梁漱溟），有些则是从平民立场对“精英政治”的警惕（如晏阳初）。但他们同样包容政治异见者。如在定县实验区工作的人员中，不少是中共地下党员或接近中国共产党的人士。平教会领导人虽然知道他们思想“左”倾，但仍欢迎他们在实验区工作（堵述初，1983：440）。

③ 根据代表中华平民教育促进会赴延安并受毛泽东接见的堵述初回忆，“定县的旧势力，早把平教会视为眼中钉，对参加平教会工作的本县人士，更是讽刺打击，尖刻异常。他们公开反对平教会的活动，在城里开会密商反平教会和实验县的行动方案，派人到省政府进行反实验县的紧张活动，另外，他们还挑动一些在北京的定县人士写文章，制造反对平教会的舆论”（1983：436-437）；许纪霖和陈达凯也指出，“定县平教会虽在生计、卫生等方面取得成效，但却因《债务调节法》的颁布而得罪地主与高利贷者。更因严厉禁赌导致地主豪商的反抗。结果实验县刚刚成立一年多，力主‘实验’的县长就被迫辞职……表面上看，定县的试验是因中日战争的爆发而终止，但实际上，乡间保守势力已开始了对种种革新的反扑”（1995：470-471）；艾恺则进行如下质疑，“乡村建设和地方自治的赞助者是由著名的土豪劣绅组成的吗？考察一下大部分著名的乡建方案都得不出明确的答案。无论是在定县还是在邹平，改革者和至少一部分下层绅士之间的冲突是一直存在的，和土豪劣绅有关的难题也是不胜枚举的。（即使）彭禹廷这样的本地下层绅士，在这一地区是他们在起作用，但是他们的第一个行动就是解雇全部县以下各级行政官员、修改选举程序，以使劣绅不能再继续把持这些职位”（1996：238-239）（笔者认为，此也应是彭禹廷这位一直强调乡村武装自卫的实践者最后遭遇刺杀的原因之一）。

策略上的考虑[①]。

至于上述讨论中关于“将死之人是否可能通过‘补药’等相对较慢的调理方法进行恢复”的批判，笔者认为，不应简单地把乡建与革命放在擂台上“决胜负”，也不可以“生—死”进行简单类比，这是乡村建设评价中绕不开的议题，笔者将在第八章进行专门讨论，在此不做展开。只是希望指出，我们其实需要深入讨论什么是“死”、怎样才算“活”。打进去的常不仅是“强心剂”，还可能是对“强心剂逻辑”的依赖。“强心剂”之后，是什么“活”了下来（或比其他的“活”显示出更强的竞争力）？这些看似无须讨论的问题，却是近代中国持续至今需要深思的问题。

总之，以今天的眼光去讨论历史上的“批判”与“答批判”，重点不是对错本身，如此可能落入本书一直尝试摆脱的由“好人好事”所派生的辩护陷阱，而失去我们把握乡村建设独特视野和内在张力的宝贵契机。

3. 当代批评再理解

近年来，有人类学学者为乡村建设批评提供了一个新的角度。赵旭东在一篇题为《乡村成为问题与成为问题的中国乡村研究——围绕“晏阳初模式”的知识社会学反思》的文章中尖锐指出：晏阳初“认为所有农民都患上了他凭借理性所诊断出来的‘愚、穷、弱、私’四大疾病，因此需要发动整个社会的力量对此加以诊治。这种思考乡村和描写乡村的模式影响着中国近代以来民众看待乡村社会的眼光，可以说这是一种医生的眼光，是一种容不下一点病菌和疾患的眼光”（2008：112）。这种诊断一方面是“把农民想当然[②]，由此来彰显他的道德和良心，另一方面他心安理得地接受美国洛克菲勒基金的资助去实现他的拯救农民的心愿”（2008：113）；在作者看来，“迎合那个时代民族改造浪潮的并且遵循晏阳初模式的知识分子们真切地希望，通过人种的改造来一劳永逸地解决这个农村人口占据绝大多数的国家的诸多问题。而对于人的改造，最为文明也最行之有效的途径莫过于教育”（2008：112）。

以该批评为引言，作者认为“这种运动显然把中国乡村界定为一种‘有问题的乡村’，此种观念突出地体现在乡村建设派的思想和实践中”

---

① 如曾任定县实验县县长的中华平民教育促进会成员霍六丁指出，“定县是一块平原，京汉铁路从中穿过，经常有一师军队驻扎。在这种情况下，举行公开革命等于自杀”（1990：482）。

② 充满悖论的是，该说法并非简单的“想当然”，其恰基于被视为中国社会学里程碑之一的《定县社会概况调查》（李景汉）。

（2008：111）。它也从知识论层面导致“不论是早期的乡村建设运动，还是之后的新生活运动，甚至是最近的新乡村建设，都无法真正从根本上解决农民自身的问题”（2008：113）。

相对而言，作者更鼓励另一种描述者——“他们不是担当着社会医生的角色而是担当着旁观者的角色，他们有耐心等待事情一件一件地慢慢发生，像是一位纪录片的摄影师，‘客观’的描述便是目的；即便他们所描述的对象真的出现了什么问题，也由于这类‘摄影师’坚守客观描记的学术原则，而不会动了感情去干预描记对象的行为与思想”（2008：114）。

赵旭东进一步认为，“尽管许多学者批评中国传统文人说得多而做得少，但也许正是这种‘清议’的传统，让我们的社会不仅保留了占社会绝大多数的农民的生活方式，同时又能够创造出令人羡慕的维系这种生活的高雅文化。能够这样想，能够这样做，也许才算真正回到了中国问题的根本上去”（2008：115）[①]。

除此之外，赵旭东也对晏阳初广为人熟知的“愚、穷、弱、私”进行反思和批判，而这点也得到其他社会学者的呼应。张和清等人就认为这从某种程度上是一种典型“问题为本”的缺乏视角，总是关注不足和缺陷，进而对应策略就是如何解决他们的不足，而这种视角伴随着中国现代化运动一直持续至今（2008：176－177）。若进一步回溯，费孝通当年就进行过质疑，认为这种“传教精神”假定了自己的“是”以“教育”别人的“不是”（1999b：505）。在他看来，教育并不是以“有”给“无”，更不是以“正”克“邪”，而是建立一种能发展个性的环境。

笔者认为，类似批评十分必要且非常及时，有效挑战了常见的“好人好事”“就是论事”“效果论”，并提出类似于“乡村有问题，但不是乡村

---

① 赵旭东同时指出，“就学术伦理而言，我们只有不去干涉我们所研究的对象，不把研究对象看成不正常的或者是患有疾病的，才有可能得到我们认为客观的观察和描述。就社会道德而言，我们不可能不对和我们一样有着思维与情感的观察对象产生同情与帮助之心”（2008：115）；“对于那些认为乡村全部是问题的、带有某种政治倾向和企图心的学者和社会活动家，我们又无法与之保持认同。那么作为一位以冷静的客观描述为己任的人类学家或者社会学家，在面对受到伤害的农民或者受到污染的乡村时，该如何做出自己的反应呢？干涉还是不干涉，这是摆在中国乡村研究工作者面前的一个难以解决的学术伦理问题”（2008：117）。对于前者，笔者认为既不应把这两个层面简单分开，也不可把“研究者—被研究者”分割开，这同样也是作者所批判“对象化”的另一种表现，同时还需要在“后实证主义”的思潮启示下追问“何为客观”。对于后者，笔者认为不仅是学术伦理问题，同时也是经济、文化、意识形态与主流政治等问题，笔者在本书结合案例有所讨论。

本身的问题"①，拒绝让乡村成为被动与待拯救的客体，是对主流研究与评价的重要突破，也正是本书所努力的方向。但此处需要提出的是，正如批评者在文中批评一些作家让农民和他们的生活"刻板化"②，笔者认为其对晏阳初与乡村建设实践的"问题说"同样存在"刻板化"与"对象化"的风险，不利于整体性视野的进一步展开。

首先，历史批评应该放回具体的历史情境下，需要避免"去脉络"的简单处理，比如关于晏阳初把农民"病人化"和"他者化"的论述，我们不应满足于一般的指认，而需将之作为特殊时代背景下充满张力的普遍行为特征进行理解。如果回到那个年代，正如第一章所述，"乡/土"作为待认知与改造的"对象"是常见的，从某种意义上说，晏阳初与鲁迅等人一样具有内在的"双重性"——既批评也自我批评，既"问题化"乡土也与"去乡土"进程中的"知识/知识分子/现代教育"保持距离并尝试通过实践进行改变。正是如此"矛盾"，让我们更全面地把握乡村建设的动力与张力、意义与局限③。

若具体到前文所批评晏阳初的"愚、穷、弱、私"，笔者认为，若结合晏阳初前后的言行来看，此说不应简单批评为其对农民的偏见。一方面，如此归纳难免有内外危机状况下时人常见的问题指认方式因素影响，有着特殊的时代烙印，需要与主流知识分子对农民的轻蔑与不信任进行区分；另一方面，晏阳初的思想和认识也在不断变化，作为一个行动力特别强的实践者，他在"深入"民间及与农民互动的过程中深受影响，笔者在第三章"再乡土化"教育探索中结合案例进行过讨论。他对农民的批评同样也包含着自我反思，"我们有两个发现是真正的革命。其一是学会了评价农民。多少个世纪以来，我国的农民从未受过教育，这被认为是天经地义的事情。但是我们发现农民所缺少的不是头脑，而是机会。于是我们发现了所谓'苦力'的巨大力量。另外一个发现同样令人吃惊，那就是认识到我们自己——知识分子的无知，并且受到了我们自己农民的教育……这

① 如赵旭东所指，"乡村之所以成为问题，也许根本不是乡村自身的问题，而是一个东方文明在面对西方的现代性所体现出问题的一种折射"（2009：53）。

② 赵旭东指出，"这类作家必须要标新立异地把自己所看到的和发现的问题书写出来，使这些问题成为公共问题。而这样做的结果很可能以偏概全。作为'沉默的大多数'的农民以及他们的生活在这些作家的书写中常常成为一种可被界定的因而是被刻板化的对象"（2008：113）。

③ 今天，我们似乎很习惯于说"局限"，与其说是通过认真分析而承认任何事物都逃脱不了的辩证法，不如说更多是为了突出所谓"超脱局限"的因素。笔者认为，当谈局限时，需尽量将其放回所处的时代脉络之中，并警惕以今天我们的眼光与后见之明将其轻易打发。

个运动的目的无非是改革知识分子自我陶醉、自高自大的心理状态及知识分子的无知”（1965：401-402）。可以说，在平民教育与乡村建设的实践过程中，晏阳初及其同事在努力挑战“知识分子—农民”“教育者—被教育者”“外来主体—乡土社会”等二元对立，并尝试发展出一种“平民视角”，以理解他们的喜怒哀乐，同时感受和激发他们的潜藏力量。

其次，批评者十分敏感地认识到乡村建设在某种程度上是以现代化为参照的①，但正如笔者在第三章所讨论到的，其在乡土“遭遇”中发生了不同程度的改变，在多重力量的影响下产生自省与自觉。从这一角度看，类似批评容易忽略乡村建设作为一种实践，在推进过程中与乡土、农民的各种互动及由此产生的动态变化，同时也忽略有着多重源起的乡建实践本身就包括知识分子和农民这一双重主体，并在认识和实践的不同阶段一直呈现多元性和差异性。也可以说，乡村对乡村建设来说有着多重意涵，其既是实践对象，也是区别于主流激进实践的独特性源泉，乡村建设的复杂性恰在于其既内在于现代化的历史进程与时代氛围之中，同时也在深入民间、扎根实践与乡土试错的过程中反身质疑，其中的反思与改变需要一起纳入思考。

除了以上关于乡村建设的学术批评外，当代乡村建设实践还面临来自大众传媒的批评及影响，笔者将在下一章结合案例进行讨论，希望进一步思考乡村建设所面对的外部环境及其内在张力所在。

二、多重之“难”

此处的“难”源自梁漱溟的著名演讲《我们的两大难处》（1935）——号称农民运动实则农民不动②、号称改造政权实则依附政权。笔者认为该

① 如赵旭东在随后另一篇题为《从“问题中国”到“理解中国”——作为西方他者的中国乡村研究及其创造性转化》的文章中指出，“1930 年代在中国展开的以晏阳初为代表的乡村建设运动的思维模式，以现代城市的眼光去向下看传统的乡村，并在乡村与城市的连线上寻找农村问题的解决路径”（2009：53）。

② 在成学炎 1985—1987 年对梁漱溟的三次访谈中，梁漱溟在回答“两大难处”时说：“所说的‘乡村不动’是指我们所做的事与老社会不同，要改，但是农民不是都了解的，如劝妇女放足，不愿接受劝告。早婚、迷信、赌博、贩卖毒品等弊风陋俗都要改，但农民接受很勉强，不受欢迎”（1991：86-87）。笔者认为，如何理解乡村运动中的乡村不动，我们既要回到 20 世纪现代化进程中“不得不动”的特殊脉络，与此同时，正如前文所述，乡村建设作为某种意义上的社会自我保护运动，且乡土社会本来就安土重迁，在“动”上具有一定的被动性。若以当下的乡村困境来看，我们既要反思“乡村不动”，同样也要反思“乡村乱动”。

演讲有进一步解读的空间，目前大多数人认为梁漱溟在此是“缴械”般地自我坦言“失败”，但如果我们认真阅读字里行间，就会发现他其实是用自己的理论和分析来反驳简单的“失败论”——不能让农民很快参与，因为乡建是个民间学术团体，不可能给予过多现成利益与承诺，开启民智自然缓慢；不能很快改变政权，因为他对政权本来就有不同的认识，认为需挑战对政权固定不变的主流想象，需要的不是让自己变成另一个政权，而是要从乡土立场上进行接引、限制和利用；至于乡村建设多年来不能整合形成一股强大力量，除了对“强大力量”本身的警惕外，梁漱溟认为恰恰因为乡建实践者眼睛看下，从脉络中看到乡村问题本身的复杂性，自然就散了，并且各地乡建都“非自一个中心扩大起来，而是先后由各地发动的；彼此见解互相接近，而不无出入”（1940a：591），所以他在演讲中强调，这些不是“危机”，也不是“矛盾”，而是任何事物发展都会遇到的“难处”。与其说是梁漱溟承认失败，不如说其坦诚地道出了其中的张力。

除梁漱溟外①，晏阳初和黄炎培在乡村建设实践中都遇到过各种困难②。而在四川北碚主持嘉陵江三峡乡村建设的卢子英（卢作孚四弟）也坦陈实践中的矛盾：“不但抵不住国际的怒潮，也经不起地方局部的风浪，也救不了农村经济的破产，不过在各乡建运动较有历史的地方，对当地民力的培养，民智的启发，以及乡建风气之提倡，颇得帮助不少……由这样方式去逐步改良，积久或者可以办到彻底的社会改造，不过时间太成问题，在饥渴的人们等不了。”在他看来，乡村建设除一般性困难外，还存在“不与工商业有所联系和不与城市文明有所联系”这两大困难（1936：10-11），这也是北碚乡建所尝试突破的地方。

笔者认为，这些“难处”不能简单地反证乡建“失败”，却可由之讨论乡建所要达至目标在现代化转型脉络下面临的诸多挑战，其不仅体现了乡建的内在特点，也可帮助我们理解乡建的深层困境，同时也提醒我们：

---

① 梁漱溟认为，无论是自己思想中的“矛盾”，还是乡村建设的“难处”，其实都应先追溯其所面对之处境与问题本身的“不伦不类”——“这些矛盾，使中国陷于左右来回的双重矛盾中……中国在这种矛盾中，伦理本位的社会便崩溃了，而如西洋一样的个人本位或社会本位的社会也未建立。在这东不成、西不就的状态中，处处是矛盾，找不到准辙，没有法子相安”（1937a：206-208）。

② 据晏阳初回忆，其在改革县政时遇到了各种各样的麻烦，他本人被告 75 次，还曾遭到过暗杀（1978：456-457）；而黄炎培在总结实践中遇到问题时指出：“无论你手段怎样和平，态度怎样温婉，总不免有多少地方和人家利害上直接发生冲突的。积极的如放款之于高利贷家，购买合作之于商家，消极的如禁烟禁毒之于营业者，徐公桥岂能独免？”（1935：93）

乡村建设如何避免成为知识分子的一厢情愿？

费孝通曾在 20 世纪 40 年代提出这样一个总体性判断："从基层上看去，中国社会是乡土性的……而只有当从乡土社会进入现代社会的过程中，我们在乡土社会中所养成的生活方式才会处处产生流弊。陌生人所组成的现代社会是无法用乡土社会的习俗来应付的"（1999b：316－321）。可以说，如此结构性差异配合着第二章所述的多重源起及第三章所述的复杂资源，让乡村建设一直存在着多层次的矛盾张力，以下尝试分组进行讨论。

1. "去乡土"与"再乡土"：消长变化中的社会基础

正如前文所述，乡村建设的微观实践一直联系着现代化转型的宏观背景。以"回嵌"为内涵和目标的乡村建设常常面对"脱嵌"的现实与挑战，也即在现代化进程中"去乡土"和"再乡土"常共存互动，一起构成了乡村建设消长变化的社会基础。

如上一章专栏所述，卢作孚自 1927 年通过"化匪为民，寓兵于工"在北碚取得了很好的"剿匪"效果，然而据史料记载，1933 年原来消失的土匪又开始出现了（黄子裳，1933：7）。若把视野放宽，该时期农村工作目标和效果间的差距实际增大①；乡村建设事业也遇到较多挫折——例如第二章所述在河南镇平开展"三自"试验的彭禹廷 1933 年被地方劣绅暗杀，第四章所述孙中山秘书黄展云在福建长乐举办的营前模范村也在该年 3 月被撤销；乡村建设认同也在该时期面临挑战，前述梁漱溟的"两大难处"演讲即在 1935 年发表，而来自"左翼/右翼"的批评也几乎发生在这一时期。

为何这些挫折和变化集中体现在这个时期，该时期宏观环境的变化如何影响微观的乡建实践？下文希望以之为一个切面，尝试从经济、政治、社会等角度简单探讨当时国内外环境变化如何影响乡村建设的社会基础，进而认识乡村建设的第一重张力来源。

笔者认为，乡村建设社会基础的改变内在于当时全国范围内日益紧张的经济形势与激进化的社会环境。从沿海到内地，从城市到乡村的各种经济、政治困境相互叠加，让乡村危机进一步凸显。

从经济上看，到 20 世纪 30 年代，当中国工业化、城市化同步加速

① 董时进 1933 年在《论复兴农村》（《独立评论》，第 56 号）中指出：近数年来，国内朝野一致高唱救济农民，复兴农村，然而救济之声浪愈高，农民之破产者愈多，复兴之高潮愈盛，农村之崩溃愈速，可见非复兴之不得其法，必救济之未切实努力。笔者认为，除其所指可能的两点原因外，还应结合当时特殊的国内外环境。

时，国际宏观环境则发生巨大变化，西方 1929—1933 年的经济大危机深刻影响着已初步卷入世界经济体系的中国。当大萧条导致美国金融利益自保而提高黄金、白银等贵金属价格时，中国作为刚刚兴起工业化的“银本位”国家立即出现白银大量外流，由此引发通货膨胀，这个本应由都市承担的危机又进一步向农村转嫁，造成土地兼并、小农破产、社会动荡、外敌乘虚。

经济史学者城山智子通过对该时期的中国市场、国家与世界经济的研究指出：大萧条期间国际银价的巨大波动严重影响了中国经济。1931 年 9 月，英国放弃金本位制并将其货币贬值，其他国家随后跟进，日本于 1931 年 12 月、美国于 1933 年 3 月相继放弃金本位。根据这些国家的货币衡量的白银价格上涨，中国对这些国家的汇率也就随之上涨。中国的工业丧失了从前的低汇率优势而不得不向外出口白银以弥补逆差。1934 年 6 月，美国通过白银收购法案，进一步提高了国际银价，正是这种价格空间刺激了白银从中国大规模出口。中国经济陷入严重的通缩和萧条之中①。具体到对乡村的影响，她结合数据和案例认为：1929 年之前，在收获季节城市资金通过购买农产品流向农村村庄。但是，1929 年世界市场上农产品价格开始暴跌进而殃及中国市场——1930 年后中国原材料价格随之下跌，资金向中心城市的流动，外加匪患引发的不安全，导致农村地区白银进一步外流②，导致了农村地区现金短缺，严重破坏了农村的金融机构，原来还能发挥作用的民间自发互助金融在外部经济压力和持续萧条下逐步失效，农村地区因而遭遇现金和信贷的双重缺乏。在此背景下，农村家庭发现维持生活变得极其困难③。1931 年及随后，因为白银相对其他外国货币升值，

① 据研究：1935 年上海 1 065 家工商企业倒闭，全国银行倒闭或者停业 20 家，当时中国最大的产业纺纱业开工量减少 60%。由于工业对农业原材料需求的减少，加上当年发生了灾荒，1934 年的农业产出只有 131 亿元，较 1931 年下降了 46%……连当时美国国务院远东司司长也承认“我们收购白银快要把中国人的血抽干了”（刘云中，2005：11-12）。

② 据钱亦石《中国农村的过去与今后》记载：农村金融枯竭，从民国二十一年（1932 年）起，都市已有膨胀之势，但流入上海之数，还只比流出之数多一倍，不料至本年（1933 年）上半年，流入上海之数竟比流出之数多八倍，农村枯竭，可见一斑（1934：508-509）。

③ 据卜凯《中国的土地利用：统计数据》对十县的调查：51.5%的农民家庭负债；而据钱俊瑞引述中央农业实验所调查，1933 年负债的农家占农家总数的 62%。借贷利率在二分以上的，几占三分之二；自三分至四分的，占百分之三十强。这种剥削的程度在恐慌和灾荒相互促进的进程中，正在不断加深（1935：204）。若以内地山西为例，据刘大鹏在《退想斋日记》1934 年 12 月 25 日记载：（昔年里满庄）富户甚多，通共二千户，高楼大厦，金碧辉煌，为太谷县大村庄……迄今里满庄大败，现在仅有 200 来户，率皆贫困，折卖楼阁亭台而度日者十之八九，无一富户（1990：491）。

中国的农业部门更直接地暴露在了全球萧条之下（城山智子，2010）。

长期担任国民政府财政顾问的美国经济学家阿瑟·恩·杨格结合大量一手资料指出：自1931年下半年起，白银开始大量流向上海。上海的白银存底从1931年末的二亿六千六百万元，一年以后增加到四亿三千八百万元，1933年末达到五亿四千七百万元，并于1934年4月达到五亿九千四百万元的最高峰……白银从中国其他地方注入上海的巨大流量，是内地不安定和内地经济因白银不断流失而发生困难的反映（1981：230－231）；而据中国学者李爱的研究，自世界银价上升后，中国商品批发价格1932年下降了5%，1933年下降了9.4%，1934年下降了9.6%。中国的出口值在1932年下跌了45.8%，1933年下跌了20.3%，1934年下跌了12.5%（2014：69）。若以当时中国的主要出口商品生丝为例，1934年的出口量只有1930年的21.8%。出口货物的价格普遍疲跌……进一步导致农业濒临破产，占国民生产总值三分之二的农业产值，由1931年的244亿元下降到1934年的131亿元，下降率在46%以上（汪熙，1991：38）。

也可以说，西方资本主义很大程度地改变了“三农”的外部环境，导致农民对市场的依赖程度提高，以致农村出现种植结构调整、商品率提高、小农经济自给能力下降和收入的货币化等重大变化，为工商业和金融资本进入农村，以远高于地租的剥削率榨取小农剩余提供了条件，这对我国传统自足的农村经济造成深远影响①。实际上，这场变革及随后的系列变化直接影响了乡村建设的社会基础。据档案记载，“在这两度通货膨胀与两度币制改革的农村，处处是辛酸的往事，所以我们的工作也遭受到许多的阻碍”（周其书，1949）。

除经济影响外，这种“输入型危机”不仅体现在资本主义国家在经济层面上的各种危机及矛盾转嫁，实际也是日本国内矛盾加大、“九·一八”事变得以爆发的重要国际背景②，其逼迫中国进一步卷入战争状态，让救

① 正如温铁军所指，当农业完成如此商品化和市场化之后，受市场力量支配，农业剩余便以工农价格“剪刀差”的形式不断流向城市和工业，劳动力则随着农户破产而不断逃离农村，农村经济因此而日益凋敝，同时导致高利贷金融资本及产业资本全面进入乡村社会，这两种传统农业稳态社会的外部资本力量打垮小农的能力远胜于地主，它们不仅仅打垮了小农，进一步更导致盗匪横行，传统乡村治理方式所维持的乡村稳态结构随之彻底遭到破坏。

② 有研究指出：1929年，资本主义各国爆发了严重的经济危机。据日本农林省发表的经济调查报告，日本农家年均所得由1925年的将近1 800日元、1928年的1 500日元，到1931年已降低至600余日元，收入减少几达2/3。这种情况不能不使原本就认为必须解决地域狭小、人口众多、资源匮乏问题的众多日本人更加急切地赞成向外扩张的主张（杨奎松，2007：227），这实际上也是随后日本侵华的宏观背景之一。

国成为时代氛围，微观改良实践的实际空间日益萎缩。与此同时，因为上述原因导致乡村经济普遍破产，“三要素”进一步外流，各种政权力量则因处于战争、反共和现代国家建设需要而千方百计强势下沉，内部制造白色恐怖等政治高压，社会环境进一步恶化。表面上看，与“乡村革命”相对应的“乡村建设”似乎获得更大空间，但实际却十分有限，且多体现在上层与制度设计中，真正的实践基础和社会土壤却发生着深刻变化，乡村建设所需要的“和平”环境和基本前提日益丧失。

面对救亡压力，乡村建设实践多数发生转型并以包括宣传动员、政治调停、人才培养等各种方式直接、间接地参与抗战救国。图为河北定县抗日救国大会

特别是出于“剿共”需要，国民党当局把乡村进一步“问题化”，进一步掩盖农民问题的结构性困境，以各种形式自上而下地推动“官办乡建”（包括“新生活运动”等有特殊政治目的的实践），模糊且冲淡了乡村建设的真正内涵与目标。与此同时，国民党当局强势推行以“乡村/地方自治”为名，实为“防共反共”的治理改革，虽然对乡村的控制得到了一点加强，但农民的负担却因此而加重（张鸣，2001）。随着共产主义“威胁”的日益加剧，“先前呼喊了多年而略具幼苗的地方自治（被）一笔勾销”（费孝通、吴晗等，2012：116），直接恢复并强化“保甲制”①（王先

① 保甲制始于宋代王安石变法时期的一种军事制度。国民党统治时期对城乡居民采用保甲制作为基层政治制度，但与传统保甲制中国家权力不直接延伸到县以下有所不同，该时期的保甲制被完全纳入国家行政系统之中（王先明，2003：112），也即“组织化＋行政化”，其对乡土社会结构产生了深远影响。1932 年，蒋介石在河南、湖北、安徽三省颁布《各县编查保甲户口条例》，规定以户为单位，十户编为一甲，设甲长；十甲编为一保，设保长。在保甲内，实行各户互相监视和互相告发的连坐法，以及各项强迫劳动和征抽壮丁的办法。1934 年，国民党当局将保甲制在他们的统治区内全面推行。关于保甲制的详细介绍可参考：闻钧天. 中国保甲制度. 北京：商务印书馆，1935.

明，2003)，作为“国共军事对峙的产物”(王奇生，2010：398)。国民党当局1934年更将此制推广到全国。自上而下的“保甲制”的强制推行导致国家对农民的剥夺因有了制度保障而“正常化”，在国家政权扩张和“内卷化”过程中产生“劣绅驱逐良绅”的后果(杜赞奇，2003b)。

关于保甲制对乡土社会的影响，在当时四川北碚乡村建设实践的亲历者看来，其“不仅鲜有成效，且反而为一种扰民的重要工具……四川保甲早成了驻军敲榨民脂民膏的重要工具”(高孟先，1937：1)。类似情况不仅发生在西南(冉绵惠，2010)。肖如平等对浙江龙泉县(今龙泉市)各种档案进行研究，认为民国时期的保甲制在客观上“(既)未能真正充分调动基层民众参与国家建设的积极性，也未能达到改善基层民众生存环境的愿望，反而因乡镇保长落入土豪劣绅之手，成为扰民苛政，使本来已相当脆弱的生存环境更加恶劣，加剧了政府与乡村社会之间的疏离与对立”(2017：236)。正是这种“组织化+行政化”的保甲制①，既是“地方自治”实质失败的结果与无效应对，也是“防共反共”历史脉络(徐腊梅，2008)的客观产物。而所谓传统保甲制度与现代自治体制的嫁接——“自治为体、保甲为用”之实用策略，看似回归，实则越走越远，因为其进一步从乡村提取资源，却没有改变基层困境的政治经济基础，乡村组织更多沦为手段和工具，不再以“再乡土化”的乡村建设及帮助农民抵御风险为目标，反而出现了传统乡约等自治互助组织的“保甲化”。由此，低成本的稳态乡村治理也因外部环境的改变而失去条件。也可以说，这种做法是以产生问题的方式尝试解决问题，既与真正意义上的乡村建设存在着本质区别，也构成了乡村建设的内在张力。

通过以上对20世纪30年代国内外经济、政治形势的简单分析，我们看到“去乡土化”与“再乡土化”的动态互动。正如前文所述，“去乡土化”是近代中国历史发展的客观趋势②，既是中西碰撞所引发激进变革的

---

① 在河南和山东开展农村自卫实践及研究的王怡柯1932年曾出版《农村自卫研究》一书，他认为“普通认保甲即是农村自卫，此大误也。系(保)甲发自于上……农村自卫，则发自于民，多数民众，感觉生命之危险，静待上者保护之无望，乃相互连合，立约共守，效死勿去，纯乎人民之自动也”(1932：35)。笔者认为，此点值得特别注意。

② 正如第一章所指，推动近代乡村建设的重要事件为甲午战争，甲午战败及随后《马关条约》的签订极大改变了中国的社会和经济结构。该条约除了自鸦片战争以来一般性的“割地赔款”外，还要求进一步“开放新的通商口岸，允许日本在所有通商口岸建立工厂。由于之前系列条约中的最惠国待遇条款，其他列强自动获得这些权益。从后来可以看到，这场战争为列强打开了直接投资中国的大门，这也成为中国接受现代技术的主要途径”(沙培德，2016：13)。中国进一步被“拉”入世界经济体系，广大内陆乡村被深度卷入，农业商业化加速进行，与此同时，富人移居城市而成为不在村地主，传统乡村社会结构进一步解体，这也让“去乡土化”成为中国现代化进程的重要表现与后果。

后果与体现，也是“百年乡村破坏”的部分原因。然而在现实中，同时存在着“再乡土化”的多样探索与创新实践，其作为宏观环境变化的另外一种反应，是尝试重新回归国情和乡土自觉，在引入外部资源的同时激活本土资源，探索更有利于乡土的“另类”道路。

这种回归乡土的“再乡土化”探索相对于“去乡土化”，既是对经济“三要素”外流、低成本乡村秩序解体、乡/土被当作“问题”和“对象”等现状的积极应对，也是对因“去乡土化”而导致实际困境的反思与自觉。其内涵是促进各种资源要素向“三农”回流，使得乡村建设与各种在地化实践（实业/教育/文化……）实现互动与多赢。

在具体方式上，乡村建设通过“在地化”和“社会化”实现“再乡土化”。所谓“在地化”，是指在外部环境充满不确定性和较大风险（如西方经济危机等）情况下，利用乡土社会独特的村社理性，充分调动并盘活在地资源，降低信息搜寻及交易成本，减少外部依赖并控制风险，形成本土的内生发展力量和资源优化模式，在脉络、资源和服务内容等方面实现“在地化”，促进各种资源从“下乡”到“回乡”，更好地体现乡建内涵。

而“社会化”一方面强调以社会为视野，无论是经济、文化还是教育，都应“回嵌”社会，进一步结合经济、社会、政治等方面力量，不是为教育而教育，为文化而文化，而是以之为手段，充分配合于乡土脉络，挑战其常见的“去乡土化”偏好，减少其与乡土社会的冲突及异化可能；另一方面强调社会参与、平民立场和可持续发展，改变自上而下的常见发展方式，避免精英垄断与对草根弱势群体的排斥，提高发展的质量与可持续性，因时因地制宜、扬长避短地进行乡村建设。比如第三章专栏中梁漱溟所推动的“乡学村学”，即是一种借助传统资源进行“再乡土化”的探索，当其面对“三千年未有之大变局”的巨大挑战，孕育并承载传统治理方式的社会结构和条件都已发生实质改变时，其不可能简单照搬传统经验，而是采用“政教合一”的简约性治理外加团体组织和科学技术，既希望能避免现代治理方式与乡土的过高交易成本，重建低成本的乡村良性秩序，同时还承担包括经济发展、政治参与和民众动员等在内的时代新目标。也即，努力改造过于强势的行政力量，使其最大化地兼容于乡土社会，并将一般的管理和资源汲取功能转化为教化、建设与资源开发功能。除教育创新外，也正基于“再乡土化”目标，当年的邹平实验让原来的“职业警察”制度转变为“民兵”制度，进而导致他们的工作得到了朋友、邻居、亲戚的配合，且其努力并直接改善家人及其帮助者的社会环境，因而他们面对犯罪活动斗争的热情和能力远超出以前的职业警察。也可以说，类似安排通过治理上的制度创新与组织创新，在“老树发新芽”中让外来力量与乡土社会进一步结合，尽可能实现低成本的良性乡村治理。

然而，“再乡土化”始终面对长期且整体的“去乡土化”压力，实际上充满艰辛和挑战，其展开过程也是曲折和复杂的①。从另一个角度说，其所遇到的各种困难及形成的经验都需放置到该历史过程中进行辩证分析与动态理解。特别如上述20世纪30年代外部宏观环境发生变化，“去乡土化”趋势与压力加大，“覆巢之下安有完卵”，乡村建设面对更加不利的外部环境，救亡压倒建设，救国先于救民，极大影响“再乡土化”的空间与效果。

除此之外，“再乡土化”与“去乡土化”的内在张力还体现在实践展开过程中的资源争夺。比如：面对“三要素”外流的整体趋势自然导致“逆向”资源筹集困难，这让许多由民间力量推动的乡村建设举步维艰②。除资金筹集上费尽周折和需要面对各种压力外，动员不同人才持续性地参与乡建也困难重重。因为，除了在物质方面需要告别舒适的都市和精英化的生活方式，还需在意义与价值上面对同行的质疑和批评，在主流舆论环境中更需创造实践的合理性并建立有效的自我认同，这无疑更为困难。

综上所述，各种内部张力与外部限制结合在一起，构成了乡村建设的实际困难。特别是到了20世纪30年代，随着前文提及的国内外政治经济

① 比如，中华平民教育促进会继“定县实验”后，20世纪40年代在西南开展“华西实验”，“农地减租”是其中的重要工作，但因为触犯到地主的各种利益，“总不能与往昔的工作气味雷同”（西河，1949）。据档案记载，开展推动工作的一线辅导员张浩曾向华西实验区总办事处致信询问，“……（来自地主的警告和威胁）固然不能使我们屈服，因为我们做的是改造社会的工作，是革命的工作。我们要打倒这些恶势力，要领导忠诚、可怜的农民，使他们团结起来，对抗地主，可是，政府和总办事处，对我们的生命和身体究竟有无大的保障？假如我们被暗杀了，政府和总处又有什么办法？这是我们亟待明了的问题”（张浩，1949）。

② 如果以“后见之明”看，不论是在美国募款的晏阳初，还是依靠山东军阀韩复榘提供资助的梁漱溟，似乎都可能存在争议。但笔者认为：暂且不说对历史人物的同情之理解，对于当时“三要素”绝对性外流、无论是个体农民还是乡土社会整体都普遍匮乏资源这一现状来说，在无损民族和民众利益的前提下，通过各种方式改变人、财、物的用途，促进资源“回流”并使之用于建设性工作，本身就有意义。也正因如此，张謇、卢作孚等乡建实践者通过将实业与乡建结合的方式既让资源回流，同时还自我造血式地“在地”创造资源则更显得弥足珍贵。

形势的变化使得这些矛盾张力进一步显化，一般的乡村建设已经越来越难以有效地回应现状，也可以说建设的速度已经难以赶上破坏的速度了，似乎只能由具备更强大动员力量及彻底性的革命来破解这一历史难题。正因如此，乡村建设面临更为集中的批判，梁漱溟也颇为纠结地自陈乡村建设"两大难处"。据李景汉 1934 年《定县农村经济现状》记载，1933 年冬天定县出现了以往极少见到的乞丐，约有 3 000 人。此外，该时期也出现了士绅与中华平民教育促进会冲突的"定县风波"，除因 1933 年定县被确认为县政建设实验县而出现地方社会现代化领导权争夺外，国内外特殊的政治经济环境也是重要原因（宣朝庆，2011）。

与此同时，乡村建设在此背景下也发生了不同的转型，这种转型既包括实践内容上的改变，也包括方式上从直接转成间接。比如梁漱溟在 20 世纪 30 年代后期转为第三方，对政党政治一直有所保留的他直接介入政治，通过调解以尝试减少二元对立与国共摩擦，同时在重庆北碚进行中国文化的系统总结（撰写《中国文化要义》）与人才培养（创办"勉仁文学院"），进一步思考山东乡村建设实践所延伸出的问题。而 1937 年后日军的全面进犯，不仅仅直接让乡村建设从地理空间上转移到西南，也不仅仅是战争的破坏状态让建设更加艰难，更重要的是，其进一步改变了乡村建设的社会基础——当民族矛盾成为主要矛盾，包括实践方式和思维习惯等都受到"战争"这一极端形态的深刻影响。此时，各地乡村建设主持者自然也都纷纷以不同方式参与整个民族和生存意义上的更大"自救"：梁漱溟参与创办民主同盟以促进多方团结，卢作孚指挥被称为"中国实业界敦刻尔克"的抗战战略物资"宜昌大撤退"，陶行知在陪都举办难童教育，晏阳初宣传抗战教育……

专栏 6.1：外部主体与乡土社会：中华平民教育促进会的"新都试验"①

自"九·一八"事变以来，随着时局的不断发展，中央政府当局和国内思想界人士把四川看作能够维持长期抗战的中国"腹地"省份，希望通过晏阳初领导的中华平民教育促进会协助动员四川农村的社会资源并稳定农村社会。而晏阳初认为，定县实验后，需要有个在以省为单位的基础上发展这一改造计划的机会。因此，1936 年 10 月，四川省政府成立四川省设计委

① 本专栏节选自：张艺英，李军. 外来主体与近代乡土社会——以中华平民教育促进会的"新都实验"为例. 上海大学学报（社会科学版），2018（1）。两位作者皆为西南大学中国乡村建设学院教师。文献引用参照原格式。

员会，并由“平教总会”负责组织。经过社会调查，设计委员会决定选择新都作为实验县。

1937 年 4 月 11 日，新都实验县正式成立，由晏阳初推荐的陈开泗任县长，因为陈开泗“曾在兰溪实验县等地工作，对于县政改革、推行土地陈报等具有经验”（吴相湘，2001：298、302－303）。然而 1938 年 11 月 10 日，川西各县哥老、团丁千余人（一说五千余人）突然包围新都，要求停止征兵、撤换县长陈开泗、取消实验县，即造成四川有名的新都围城事件。以下进行简单介绍：

新都基层权力结构

新都位于四川成都的北部，是典型的袍哥社会。在政治权力方面，新都县①的袍哥组织有的把持乡保政权，有的要挟县政权，甚至有的县长上任还需与袍哥组织“打上咐”。地方上的一些纠纷，也需要袍哥大爷出面调停。

在经济层面，袍哥不仅把握比如屠宰税等正规经济领域，更把握着地下经济，最重要的两项是赌博和烟毒。实验县前，拥有水田 300 余亩的袍哥大爷吴肇章，从 1933 年起，上通过打点政府，例如每年直接给县长送禁烟经费；下结交银行经理及各地袍哥，垄断了新都的大米市场、承包厘金杂税、开设土膏行包揽生熟鸦片的专卖②。实验县后，赌博之风和烟馆重新盛行。1939 年，县长罗远猷为在新都立足，“至居家寺厚舵把子人情，在县城同法团劣绅大请哥老社会，随时团聚赌博”，以致“烟馆林立，如南门之桂林场东门之唐家寺为最著赌场遍地城内药耷子所摆之牌九场，夥赌者以数千计”；禁烟政策上，更是置若罔闻，与联保等串通，任人购买。罗远猷之后，县长冉崇亮更是加入了袍哥组织，并在新都任县长长达 6 年。

可以说，新都县本来是一个官方设立在基层的党政组织能力薄弱、哥老会势力较大的传统农业社会，其交易在县政府与承办税收的“代理人”之间进行。鉴于人多地少的农村中能够产生的经济剩余极少，这种县以下乡土社会非规范治理虽然积弊多多，但因有低成本特征而尚可维持。

---

① 今新都区。——笔者注

② 蒋介石为什么枪毙吴肇章//中国人民政治协商会议新都县委员会文史资料研究委员会. 新都文史：第一辑. 1984：148.

新都实验内容

对此，晏阳初认为新都与定县不同，“第一步的紧要工作是解决治安问题”①。

陈开泗这样定位新都县政实验：“从事县政建设，在消极方面，须革除贪污旧习，以树立廉洁政府；在积极方面，须使一县之政治，经济，文化，卫生，诸种建设，切合实际需要，使人民的组织力、生产力、知识力、强健力等生存力量，得到培养。”②在这样的指导原则下，实验县工作有四大类。简述如下：

第一，为提高行政效率，改革了县域内的政府及军警体制。

一是裁局设科，在县政府内除设秘书室外，共分民政、财政、教育、建设四科③；二是改革财务管理制度，将县金库改为银行存款制，一切收支均归银行亲自办理④；三是警卫合一，将原省保安团直接指挥的驻扎在新都的保安队与县警察合并，成立县警卫处，各区设分驻所，各联保设派出所，各保设管警，于 1937 年 12 月 1 日开始分发学警于各保。警卫合一制度保证了治安权利的实现，使新都从下到上都处于正规权力的把握之中，在政令推行和剿匪方面影响颇大⑤。

第二，县域机构改革的同时，实验县着手民政与财政工作。

首先是户籍调查。1937 年 8 月 1 日到 8 月 5 日将全县户口调查完毕。其次是清查地籍、整理田赋。经过两个月清查完毕，全县土地的数量比原来的统计竟然增加了六万六千亩！经校对后，于次年 4 月 16 日起，开始颁发土地管业证，要求土地所有者亲自到县府柜台办理，并开始按照此土地清册，征收税款，该年“土地税收增加 36 188 元，较去年提升 6.56%”⑥，从此狡黠者无计可施，而涓滴税收可归公。最后是改变以往的税收方式。通过警卫合一等政策，舍弃传统的与乡村交易的权力主体。确认土地权力，也在县政府设立专门的柜台；缴纳以往欠谷，均须直接送到县府，由县府补贴其脚力费。

---

① 晏阳初．在平教会长沙办事处第四次周会上的演讲//宋恩荣．晏阳初全集：第二卷．长沙：湖南教育出版社，1992：9.

② 陈开泗．发刊词．新都实验县县政周刊，1937（1）：1.

③ 《新都实验县县政周刊》，第一期，第 11～12 页。

④ 《新都实验县县政周刊》，第三、四期合刊，第 23 页。

⑤ 蒋介石为什么枪毙吴肇章//中国人民政治协商会议新都县委员会文史资料研究委员会．新都文史：第一辑．1984：150.

⑥ 四川省新都县志编纂委员会．新都县志．成都：四川人民出版社，1994：20.

这些措施当然有进步意义。但任何变革都是有制度成本的。土地清丈、保甲捐等及其税收增加所表达的制度收益，也并非无偿获得的。比如，土地清丈不仅将交易主体直接变为分散的土地所有者，仅从有形开支看，从 1937 年开始办理地籍调查，工作人员达到七百名。此次清丈，县府要求保甲人员尽力协助；待全部工作结束后，分别酌给津贴，计：联保主任一元，保长四角，甲长一角①。县府“规定于四月十六日开始，并呈准每亩征收清丈费一角五分，全县土地共三十万亩，可征四万余元，以偿还垫借欠款”②。可见，在地籍清查中，县府的各种费用开支不仅需要借款维持，而且需要摊派征费才能抵补。

第三，在社会治理方面，主要是严禁烟毒。

当时四川省的禁烟办法是“寓禁于征”，内在地既有增加收益的动因。在县设置土膏行，其性质为民营商业机构，由省禁烟督察处统购统销，其销售额愈多，利润愈大。实验县开始后，第一步为厘清烟民；第二步为强制戒烟，特设一所戒烟所，其医药伙食概由公家供给。

据陈开泗自述，在他就任不久，县土膏行经理吴肇章（浑水袍哥大爷）来县府，交给第一科科长杨时须一包数量可观的钞票，说是土膏行每月补助县政府的禁烟经费，并说以前都是这样办的，陈开泗断然拒绝。吴肇章在陈开泗建议下将此款以地方公益款名义存至银行，后来陈开泗被检举说收受吴肇章的贿赂，也因此得以脱险。自此，土膏行的派销办法完全失效，营业额一落千丈，以致不能维持而关门③。

第四，在乡村建设方面。

这个方面的工作开展则比县政方面实行略晚，主要为农业改良、合作社组织、教育卫生等工作。

首先是农业改良方面，主要为推广动植物优良品种，据陈开泗自述因实验时间不足两年，改良品种推广的面积不多，深为遗憾，可知农业改良短期不可能完成，仅处于实验研究阶段；在合作社组织方面，主要与农本局合作设立金库，资本十万元，农本局出资九万五千元，县府出资五千元，其他各种垦殖、运销合作社均与其密切联络，主要利用其贷款，其贷款范围有限。

① 《新都实验县县政周刊》，第十九、二十、二十一期合刊，1937 年 9 月 27 日，第 3 页。

② 《新都实验县县政月报》，1938 年 5 月 31 日，第 18 页。

③ 陈开泗. 回首八十年. 台北：自印，1986：108-110.

其次是教育卫生方面，主要采用导生传习方法，融合壮丁训练，截至次年六月，训练八千余人；在卫生上，主要是在县城设一所卫生院、区设五所卫生所、保设卫生员138人，针对种痘接生与防疫针之注射，均普及全境①。

民间积怨到新都事变

实验县开办以来，在刚性成本与软性收益不对称的情况下，处境艰难，所有新政开支只能由县政府本身解决。省政府既需要新政带来的税收增加，又无法提供强有力的支持，而实验县除要应对上级组织的监督外，对下还要面对各地方利益团体、士绅等，都有作为外来主体难以应对的交易成本，遂转化为与本地利益群体的冲突。随之，实验县渐趋失控，酝酿成重大群体性事件……

1938年5月，新都县士绅罗列八条罪状，其中对县内农民最有动员力的，就是土地发证费用的摊派——分别向四川省政府和国民政府军事委员会状告陈开泗，并附件全县署名关于《对我新都实验县颁发土地管业证每亩征洋一角五钱共约苛收洋五万元》的宣言和《呼吁全县公民共同抵抗等待省县士绅设法让县府收回成命》的警告，其基本诉求是拒绝缴纳颁发土地管业证的费用。

四川省政府于7月6日派视察员调查此事，该视察员针对八条罪状逐条核查，最后得出"陈县长在新施政，个人廉洁奉公，实心政务，已为一般人士所公认，唯因处事果决，偏于独断，甚少征求地方绅民同意，故有少数份子常欲与之为难"②。实验县想办新政而巨额费用最终由全县人民负担，引起了当地绅民的不满。但是，视察结果提出陈县长脱离民众、产生隔阂。

据陈开泗回忆，新都有一个"特权团体"，把持县政，并与哥老会、烟毒贩相互依存，县政兴革用人必须商得其同意。起初，陈县长事事与之协商，但由于新政的各项改革事业均与各学术机关合作，选人标准与兴革观念南辕北辙，难以协调而不再与之商量，使得该团体无法插足县政，认

① 《一年来县政建设实验工作述要》，见《新都实验县县政月刊》，1938年6月13日，第3～7页（本节中没有注明参考文献来源的关键内容皆引自此文）。

② 《新都县公民具控县长陈开泗，冉崇亮办理兵役不善，激成民变，贪污粮款的控案。第一区专署、四川省民政厅视察员查报情况与监院、行营、四川省府的训令》，卷宗：54－1－5610，四川省档案馆，第25～36页。

为实验县破坏了他们的控制权①。

由此可见，在政治上，实验县打破了以往把控县政实权的“特权团体”；经济上，不仅损害了以“吴肇章”等为首的袍哥组织等地方利益集团，也影响到普通民众的利益，其利用机会伺机反抗。

接着，1938年10月27日通过四川省政府提议，调陈开泗为第一行政区督察员，正式人事令还未发布。11月10日，川西各县哥老、团丁千余人（一说五千余人）突然包围新都，要求停止征兵、撤换县长陈开泗、取消实验县，即造成四川有名的新都围城事件。

该事件形成过程大致如下：在当月8日，弥牟镇突然打死警察，接着督导员办公处被捣毁；下午，永兴乡联保处被打烂；半夜，新店子的太兴联保办公处被捣毁，督导员陈某、巡官刘某、警察几名被打死，而到太兴搞农业推广的金陵大学毕业生郃克治，被持枪的人破门而入，诬为种“洋麦子”，被从床上拉起来枪杀。接着，9日，当局发现新都城已被包围，于是下令关闭城门，即形成上文所描述的围城事件②。不久，省保安处长刘兆藜赶到，民众向其提出了八项要求③。

然而仔细考察提出的要求，只有撤销乡村警察、取消实验县和有关征丁这几条言之有物。尤其以征丁作为导火索并不奇怪。

为了抗战，省府的兵额一直不足，1938年9月省府下令各地一次补足额度④。新都县奉令每月应送壮丁130名。实验县也许为显示功绩，严格征送，截至9月底，除将10月应征额提前送足外，尚多送129名，即11月的也基本完成了⑤。不仅征兵数量从1937年的449人增长到1938年的1 249人，征兵方式也发生了重大变化。实验县经过户籍调查后，采用“抽签法”征丁，即“三丁抽一、五丁抽二”⑥。以往一般人逃避兵役的方法多是外逃，也有人自残身体求免役；有钱人则雇买壮丁顶替或收买乡保

① 陈开泗．回首八十年．台北：自印，1986：101-102.

② 李天受．“新都事件”亲历记//中国人民政治协商会议新都县委员会文史资料研究委员会．新都文史：第一辑．1984：132-133.

③ 王化云．新都事件始末//中国人民政治协商会议新都县委员会文史资料研究委员会．新都文史：第一辑．1984：119.

④ 四川省人民政府参事室，四川省文史研究馆．抗日战争时期四川大事记．北京：华夏出版社，1987：38.

⑤ 《本县努力征送壮丁现已超出定额》，见《新都实验县县政月刊》，1938年9月13日，第18页。

⑥ 国民参政会川康建设视察团．国民参政会川康建设视察团报告书//沈云龙．近代中国史料丛刊：第六十一辑．台北：文海出版社，274．转引自王超然：《国共治理四川基层之比较》（博士论文），2012年8月。

人员漏报户口①。以往可以通过灰色手段逃避征丁，如今征丁完全正式化和公开化，因此以“征丁”为契机引起的反抗也就在情理之中了，况且这种完全透明的方式也阻碍了靠征丁发财的袍哥或者乡保人员的财路。

结合以往的控告可以推断，起事者的本质诉求即是取消实验县，害怕实验县推广到该区的其他各县，这将触动特权团体、士绅、袍哥以及普通民众的利益。最终，该事件以陈开泗撤职并记大过两次为结果，实验县名存实亡，地方力量取得了胜利。陈开泗正直而谨慎，试图依靠规范的现代性力量治理社会；而实验县后的其他两任县长都回归旧有的依靠士绅或者袍哥组织来管理乡村基层，才使地方恢复了平静。

新都实验前后的组织人事及财政收支对比

以上事件是表面现象，事实上后两任县长征兵征粮数量并不比实验县期间少，那么进一步的问题应该是，为什么实验县遭遇的挫折更大？以下试图从经济层面深层次分析事变原因。

（1）组织人事比较

直到1933年底，县府以及各机关的任职名单里只包括到区。新都县府以及各机关的任职名单如表1所示，可知1933年新都县府、各机关、县以下各区、其他机关共有正式工作人员57位。

表1　1933年新都县府及各机关人员数量表　　单位：人

新都县县政府职员数量表		新都县各机关公务人员数量表	
职别	人数	职别	人数
县长	1	财政局长	1
秘书兼司法	1	教育局长	1
第一科科长	1	建设局长	1
行政股主任	1	公安科科长	1
行政股股员	4	保卫团副团长	1
司法股主任	1	第三课课长	1
司法股股员	2	各股主任	3
第二科科长	1	区长及区副团长	14
收发股主任	1	其他（学校、救济院、医院等）	20
庶务组主任	1	合计	43
合计	14		

资料来源：新都县县政府编辑处：《新都县政简报》，1934年3月，根据第49～51页整理，四川大学图书馆藏。

① 四川省新都县志编纂委员会．新都县志．成都：四川人民出版社，1994：291-293.

此后，新都县组织人事变化并不大。直到 1937 年 4 月实验县开始后，其人事数量和结构都发生了较大变化。虽然既有资料中没有县府任职人员的准确数字，但可从大量资料中做出推断。根据《新都实验县县政府组织规程》及工作过程不断调整的资料可得，县府及各机关的工作人员估计为 59 人左右（包括县长）①，而从实验县开始后由于工作人员倍增而建设的县府房屋数量倍增上看，这个数字仍然偏于保守。比如土地丈量后颁发土地管业证，由于极为繁复，必有适当之组织成立，于是县府将内部人员分为五组，每组除组长外，设办事员一至十余人不等，设监督员一人，仅这一事就需要数十名工作人员②；全县五个督导区合计工作人员 15 人③；联保办事处自实行户口及土地清查后，将原有办事员 1 人增为 2 人，共计有 42 人④。综上，实验县的正式领薪的工作人员共 116 人左右，为 1933 年的 2 倍多。而若以四川省其他和新都规模大小的县在 1938 年前后的县政府机关员额设置一般在 37 人左右为基数，则新都实验县的工作人员数量实为 3 倍还多。⑤

（2）财政收支比较

下面来比较一下实验县前后的财政收支以及实验县期间的财政收支详情。表 2 所示是 1933 年的预算收支和 1932 年的实际支出数据，表 3 所示是 1937 年 6 月至 1938 年 3 月之间共 10 个月的收支数据，二者之间虽然时间不连贯，但是资料显示，1933 年之后县政机构的变化不大，因此二者之间具有可比性⑥。

表 2　1932—1933 年新都县支出、预算收支表　　单位：银圆

1933 年收支预算				1932 年
科目	预算收入	机关名称	预算支出	实际支出
1933 年收入各项租捐税	95 000.00	县府	7 794.00	10 674.00
1932 年结存随粮附加款	12 000.00	公安科	1 572.00	1 740.00
1933 年随粮附加款	52 800.00	管狱署	1 831.20	955.20

① 《新都实验县县政周刊》，1937 年 5 月 10 日，第 11～12 页；《新都实验县县政月报》，1938 年 1 月 31 日，第 1 页。

② 《新都实验县县政月报》，1938 年 7 月 31 日，第 41 页。

③ 《新都实验县县政周刊》，1937 年 5 月 10 日，第 14 页。

④ 《新都实验县县政周刊》，1937 年 7 月 20 日，第 12 页。

⑤ 《四川省各县政府历年员额设置比较》，见四川省政府统计处编印：《四川省统计提要》，1945 年辑，第 173 页。

⑥ 1935 年之前，四川的货币单位为银钱；1935 年后改用法币。故此处将依据当时米价换算成实物进行对比。

续表

1933 年收支预算				1932 年
科目	预算收入	机关名称	预算支出	实际支出
合计	159 800.00	第三课	6 133.30	5 447.00
		教育局	69 722.84	67 674.28
		保卫团	33 270.40	48 506.00
		各区公所	10 104.00	13 929.00
		马路管理处	1 696.12	2 280.00
		电话管理处	2 280.00	1 930.20
		特支费	26 591.24	
		合计	160 995.10	153 135.68

资源来源：新都县县政府编辑处：《新都县政简报》，1934 年 3 月，根据第 143～150 页整理，四川大学图书馆藏。

由表 2 可知，新都县 1932 年的实际支出为 153 135.68 元；1933 年预算收入为 159 800.00 元，预算支出为 160 995.10 元，主要支出项为教育、保卫、各区公所，两年间的支出变动不大。县府编制预算时，按照谷价每石 8 元计算，约合米价每石 16 元①。计算可得 1932 年县府实际支出约合 9 570.98 石米，1933 年预算收入约合 9 987.5 石米，预算支出约合 10 062.19 石米。

表 3　新都实验县收支总表（1937 年 6 月—1938 年 3 月）　单位：法币

时间	实际收入	向外借款	实际支出	收支差额
1937 年 6 月	11 955		8 029	3 926
7 月	18 078		17 302	776
8 月	11 559		13 633	−2 074
9 月	18 285		20 804	−2 519
10 月	22 542		22 772	−230
11 月	10 031	4 800	17 324	−7 293
12 月	5 130	12 200	31 829	−26 699
1938 年 1 月	40 966	7 485	54 392	−13 426
2 月	11 347		10 518	829
3 月	20 058		19 828	230
合计	169 951	24 485	216 431	−46 480

资源来源：根据《新都实验县县政府具地方款收支明细表》（民国三十六年六月至三十七年三月）整理所得，卷宗：160-5-043，新都区档案馆。

① 新都县县政府编辑处：《新都县政简报》，1934 年 3 月，第 17 页，四川大学图书馆藏。

由表 3 可知，新都实验县 10 个月共支出 216 431 元，总体呈逐月上涨之趋势；实际收入 169 951 元，对外借款 24 485 元，缺额 46 480 元，仅 1938 年 1 月支出就达 5 万多元。以成都市 1937 年 12 月至 1938 年 12 月期间米价每石法币 11 元为准①，将该数字按照 12 个月折合计算，则实验县全年收入支出约为 18 540.22 石米和 23 610.7 石米，分别为 1933 年的 1.86 倍和 2.35 倍。

可见，新都实验县前后的收、支都有大幅增长，且支出的增长幅度大于收入。

在收入方面，自实验县开始后，县府屡次严格催收以往年度贫民的欠谷，甚至动用政警征收，才达到上表的收入水平。之后，1938 年春季，县府“派遣政警多名再度严催，结果收起约万元之谷。下欠万余元，预计本年秋季继续催收后，大致可望扫清”②。由此可窥见作为“零和博弈”的县级财政，只能从民众身上寻找收入来源来应付其不断增长的开支。

实际上，四川省政府每月只补助新都实验县人事经费 500 元，对于每月开支达上万元甚至几万元的实验县来说，简直是杯水车薪。何况，省政府在抗战压力下财政拮据，而中华平民教育促进会也由于抗战后缺少资金来源，并没有给新都实验任何支持。

结论

新都实验，是一个以“公民社会”为目标的外来主体企图进入当地社会的典型案例。温铁军教授认为“无论是政府还是企业，任何外部主体进入乡土社会都一定与分散小农之间存在交易费用过高的矛盾”，而在传统的小农经济条件下，“皇权下到县就无法免疫于‘帕金森定律’的上层建筑，最终将因为成本太高而无法维持”③。

已有研究多认为新都事件是一场政治和特权利益的争斗。即使这些看法都对，新都事件也是一个企图进入乡土社会的外来主体，试图直接与分散小农交易而受困于制度成本过高的典型案例。诚然，乡绅与帮会融合的旧式治理积弊甚多，但却相对具有低成本维持的特点；而外来主体以其现

① 《成都市重要趸售物价》，见四川省政府统计处编印：《四川省统计提要》，1945 年辑，第 48 页。

② 《新都实验县县政月报》，1938 年 7 月 31 日，第 38 页。

③ 温铁军，戴锦华. 怎样的全球化. 读书，2001 (8)：5；温铁军，杨帅. “三农”与“三治”. 北京：中国人民大学出版社，2016：3-4，42.

代政治想象把官方组织下设到乡村，不仅造成机构和人员庞大，而且制度成本显著推高，进一步转嫁给本来就无力完粮纳租的贫困民众，也是导致地方势力发动农民反抗的原因。

首先，实验县打破了既有的权力结构，重构了与小农的交易主体，导致交易成本增加；其次，由于与分散小农交易困难，导致县政府组织不断庞大，其行政成本随之增加；最后，所有这些成本由于省政府和中华平民教育促进会都无力支付，最终转嫁给全县人民，从而导致地方势力能够带动群众反抗。

实验县不仅打破了以往的政治权力结构，而且打破了经济分配结构，要从既有的经济利益中拿走更大部分。这些成本由全县民众承担，而县政的建设部分并未真正落实，比如平民教育、农业改良、合作贷款、改善卫生等，都还未带来民众任何看得见的利益。这必然引起在“特权团体”领导下的普遍民众反抗。

在当时高通胀的压力下，本来薄弱的县财政只能依靠乡村税收维持，进而引发了农民的反抗。这反抗的本身，不是中华平民教育促进会乡村建设的对错，而是中华平民教育促进会的乡村建设实验增加了的这块制度成本，不仅转嫁给了乡村的精英阶层，也转嫁给佃农，破坏了乡土社会的稳定。而当外部接入的现代制度对乡土社会的破坏力过大时，只有传统的乡绅与袍哥融合的地方文化才能完成低成本的治理，也因此，实验县后的两任县长继续交好袍界甚至加入袍哥组织，回归依靠非正规但低成本的社会组织治理乡村。

国民政府根据兰溪、定县、新都等实验县的经验教训，颁布了“新县制”，袍哥吴肇章 1942 年被蒋介石处死。从这一系列的耐人寻味的事件中，新县制的实行效果以及国民党后来的命运可见一斑。

由于近代以来“百年乡村破坏”的影响，乡土社会治理逐步“灰色化”，外加经济上的通货膨胀和抗战压力等因素，这是 20 世纪 30 年代后期推进乡村建设所面对的基本环境，也是本案例的基本背景。其还说明：乡村治理不仅要考虑治理效果，也要考虑治理成本及乡土社会的实际情况。现代治理方式在产生效果的同时，也常产生较高的制度成本并转嫁于乡村社会，当成本无法由外部承担时，矛盾冲突就会爆发。

上述案例使用了“交易成本”角度，有利于我们减少道德因素在乡村建设评价中的影响，以摆脱“好人好事”和“就事论事”的束缚。这也有利于将同一组织在不同时期所推进的各种试验进行动态比较。比如相对于“新都试验”，“定县试验”的早期推进相对顺利且当地反抗较少，一方面是因为“定县试验”的实际开展过程是外部主体与乡土社会良绅治理的有机结合①——如第一章所述，在中华平民教育促进会正式迁至定县之前，当地乡绅“米氏父子”已在当地进行了长期探索，打下了较好的基础，且外部主体受他们邀请而来，交易成本降至最低；另一方面，当时冀中政局和经济相对稳定，晏阳初利用其国际影响，募集到大批资金，引入包括人、财、物在内的大量稀缺资源，直接支付了现代治理和试验成本。而到了靠“空降”进入的四川新都，且由于是20世纪30年代中后期，国内因抗战需要而资源紧缩，国际经济环境的恶化则影响中华平民教育促进会的外部募捐能力，无法足额支付的现代治理结构与乡土社会的矛盾自然就容易爆发。

也即，社会改良在一定条件下和弹性范围内有效，当社会或国家面对着更大的困境而突破临界点时，一般性修复和局部改良将日益艰辛，不仅面临各种批评，而且其内部张力也将加大并凸显，从而导致各种转型，或被其他主体或形式的实践所替代。

2. “农民化”与“化农民”②：乡村建设实践中的双向互动

除前面说到的梁漱溟的两个难处外，晏阳初在1932年也有两个反思。他首先在中华平民教育促进会同人除夕聚餐上说“诚然到民间来了，可不一定就算到民间去。我们深居考棚，来往的无非我们自己，我们整个生

① 时人王维显的《“模范县”期与“实验区”期的定县县政》对之前的“模范村”（翟城乡绅1904年自办）、“模范县”（县知事孙发绪推动）和1933年河北县政研究院成立后的“实验县”做了比较分析，意味深长地指出：“定县模范县这个时期的行政，第一个优点，在知事孙发绪能得民心，善用士绅。他不仅善于启发当地民众对建设事业所具有的朝气与热忱，并能用种种方法来团结激励地方的士绅以为己用”（1937：679）；作为一个对比，1933年“实验县”时期的定县“全年经常费共为十万零八千四百四十元，而各部薪津，共占经费总额64.92%，仅就干部各级人员之薪津计之，即占经费总额42.49%，然原预算案中尚有许多项目系由平教会兼任者，正副院长及研调两部主任亦只月领八十元之办公费为止，并无俸给；否则恐罄全部经费尚不足供薪津之需矣”（1937：684）。更多当时县政建设研究可参考：李伟中．20世纪30年代县政建设实验研究．北京：人民出版社，2009。

② 张宝明在《启蒙与革命——五四“激进派”的两难》中专门谈到“五四”之后的“化大众”与“大众化”，并指出前者是文化启蒙主义的努力方向，而后者是政治革命者从实际需要出发采用的应急策略（2009：234）。笔者认为，该理解虽然与乡建实践中的“化农民”和“农民化”有所差异，但同样作为“五四”后兴起的社会思潮，两者间有一定的内在呼应，同时也需要进一步脉络化处理。

活，不见得对老百姓有什么影响。这样一来，无形之中，我们无异在定县造了一个小北京，我们无异过的是北京生活了”（1932a：201）。在该年 3 月 28 日的周会上，他进一步指出“其实，我们都市来的人，一切生活要农民化，犹之他们乡下人的生活都市化一样的不容易，最好相互体谅”（1932b：214）。

由此可见，外来知识分子与乡土社会的融合实非易事，乡村建设实践者需要在“化农民”的过程中实现“农民化”，但这并不意味着只是看起来像农民，或者可以灵活运用与农民打交道的各种方法，它还包括外来者是否可以真正地理解农民，理解他们的现实状况、行为逻辑及内在困境。同时，这个过程也不意味着简单消除差异，中国有亿万农民，既不可能同质化，也无须添补由知识分子简单“变”来的农民。外来乡村建设实践者更需要的是与农民的结合和互动，在已有知识和资源基础上，既改造我们的知识，使之可以为农民所用，又提高农民运用知识和转化经验的能力；既不夸大外来知识分子的作用，又不浪漫化农民的需求和选择，自觉意识到作为一群社会人，农民群体在长期“去乡土”导向的现代化转型中的复杂状态。也即，需要在“农民化”与“化农民”的双向互动中让知识分子与农民成为乡村建设的共同主体。

如此“双向互动”内在体现着“乡土化”与“在地性”，既突出农民的主体地位，同时也提醒外来知识分子建立“边界”意识，虽然在实践执行过程中很难把握并因此常出现困境①，但其已引起实践者的自觉。例如 1926 年秋中华职业教育社与国立东南大学农科、中华教育改进社、中华平民教育促进会合组在江苏昆山徐公桥设立乡村改进试验区。1927 年后其他单位退出，中华职业教育社继续实践，1933 年期满后交回地方自办。这项工作开始从派遣一位教员、一位医生下乡发放无利贷款、施诊给药入手。此后，在联系农村群众和教育、筑路、公共卫生、医疗救助、文娱活动等方面做了不少工作……交出徐公桥后，转移人力物力，再度在上海近郊的赵家塘试验，名为沪郊农村改进试验区，也取得一定的成效。附近地

① 长期在定县乡村进行社会调查的李景汉曾在《独立评论》上以两期的篇幅发表《深入民间的一些经验和感想》，在其中自陈“‘与农民打成一片’，话是容易说的，志愿也是容易立的；等到实行的时候，问题可就发生了。起初你愿和他打成一片，他却躲避，不愿和你打成一片；等到后来他愿和你打成一片时，你又受不了，不愿和他打成一片了”（1935a：9）。可贵的是，作者十分真诚地结合亲身经历进行了反思，让我们看到外来知识分子与农民之间要真正融合绝非易事，从中也可看到“再乡土化”的“力”与“困”。

方如江苏镇江黄墟、吴县[①]善人桥，浙江长兴县渡口镇、余杭县[②]诸家桥等，均由政府或地方人士委托代办乡村改进工作（黄炎培，1982：81-82）。之所以要"交回地方"，是因为该试验推动者黄炎培清醒地认识到，"我们立脚点很是分明的。徐公桥是徐公桥人的徐公桥，我们站在客位上帮助他们建设成功。我们是客卿，是剧场的票友，说明在先，若干时期以后，交还他们自办的。万不愿意招了许多人才，花了许多钱财，办得过于花团锦簇，超过地方上继续维持的能力，使得极盛难继"（1935：90）。

当代乡村建设也有类似的反思，在《寻求中国乡村建设与改造之路》中，长期关注乡村建设实践的钱理群自我反思道，"我们这些自称社会精英的知识分子，已经深陷于自恋与自怜之中不能自拔，早就失去了对中国大地上的普通民众生活的感觉、感受与体察能力，甚至连这样的愿望也没有了。我们事实上是越来越陌生于、甚至脱离脚下的这块土地了。现在很多人都在谈论中国的学术危机、思想危机，以至知识分子的危机，在我看来，这或许才是一个更带根本性的危机"（2018：351）。而作为当代乡村建设的核心实践者，何慧丽在一次访谈中回顾了自己作为高校教师自2003年到河南兰考县挂职，并由此展开了十余年的乡建实践，她充满感情地反思道："你，知识分子，只是一根小毫毛，你这根毫毛，真正的作用不是与其他的毫毛竞争比高下，而是深深地插到人群之中，嵌入到社会这张大皮上。"因此，无论是在豫东的兰考，还是回到豫西的老家灵宝，何慧丽都坚持在乡村中"能跟农民吃饭，就不要只说说话就走；能在农民家住一晚上，就不要只待一个下午就走；能让农民高兴一小时就一小时，开心一下午就一下午。我喜欢这种乡村里的事情，住到农民家里，让农民因为你的到来而开心，这种踏实的感觉很好……"（高明、何慧丽，2017：58-59）。

以上引用涉及知识分子的自我改造与自我实现。作为乡土社会的外来者，虽然乡建知识分子在"遭遇"乡土并与农民充分互动中常带着"欲化农民，需先农民化"的自觉，同时也有意避免一种"运动式"或"自上而下式"改造，其在"农民化"过程中也有着"化精英"的事实效果，但"化农民"毕竟还是作为多数时候的目标与重心所在，相对而言，"农民

---

① 今苏州吴中区和相城区。

② 今余杭区。

化”更多作为实现手段。因此，农民的主体性自然也就十分有限且充满不确定性，特别是在复杂的政治经济环境中。

笔者认为，无论是晏阳初在20世纪30年代的内部批评还是当代乡村建设实践者的自我反思，其实都折射出乡村建设或隐或显的“精英化”倾向。要真正打破精英（知识分子）和民众（农民）之间的隔阂，实现相对于“精英民主”的“大众民主”，既需在实践中不断发现农民的力量与乡土社会的丰富性，同时也要承认自己的社会精英事实及其内在的“小资”特性①。

为实现“农民化”与“化农民”的有机统一并促进知识分子与农民充分且有效地互动，百年来的乡村建设实践者进行了各种探索，下面以这方面努力的典型代表——当代乡村建设先行者刘老石为例，进行专门探讨。

专栏6.2：穿越“象牙塔”与“泥巴墙”：刘老石的故事②

刘老石，本名刘相波③，生于1968年，2011年因车祸而不幸逝世。生前是北京梁漱溟乡村建设中心总干事、中国人民大学乡村建设中心项目主管，是当代乡村建设的重要先驱。

刘老石选择了一条与青年学生和农村农民结合的道路。在他刚做大学老师的时候，也正是世纪之交“三农”问题突显、基层矛盾深化的时刻。十年来，无论站在哪个平台上，他一直致力于两件事：其一是组织大学生支农调研，每年寒暑假、国庆节和原来的“五一”长假，他都要组织全国大学生志愿者到农村支农、调研、支教、扶贫，宣传中央精神和文件；其二是到农村建立基地，长年带队进村开展大学生与农村共建，进行“文化引导、精神培训”，探索当代乡村建设。正是在这十年支农间，

---

① 温铁军在当代乡村建设实践中经常进行这方面的提醒，同时在公开论坛中指出：麻烦就在于，这个世界上几乎找不到任何大众民主成功范例。因为大众的利益是更为多元化的、更难整合的，我们不得不承认中国所谓的最大多数的大众，在很大程度上，如果按照政治经济学定义，可以定义为“小资”。小资群体的利益细碎多元，最难形成所谓的“自觉阶级”，也就是说小资不可能是自我意识、自我定位非常清楚的一种社会群体（2016：2）。

② 本专栏选自《刘老石：春天里的告别》，该文载于北京梁漱溟乡村建设中心编、刘老石纪念文集之二：《怀念老石》（下册），2012年（内部印刷），原为刘老石逝世后各界悼念文字集合而成，全文由李管其和刘海英统筹，署名“忆石”。因篇幅限制，选录时有适当删节和文字方面的微调。

③ 在带领大学生下乡时，他认为自己懂的东西并不比农民多，为保持与学生、农民的地位平等，于是自称“刘老石”，以区别于别人经常叫他“刘老师”。

他从一名普通的青年知识分子成长为“自成一体的乡土中国大百科教师”（温铁军语）。

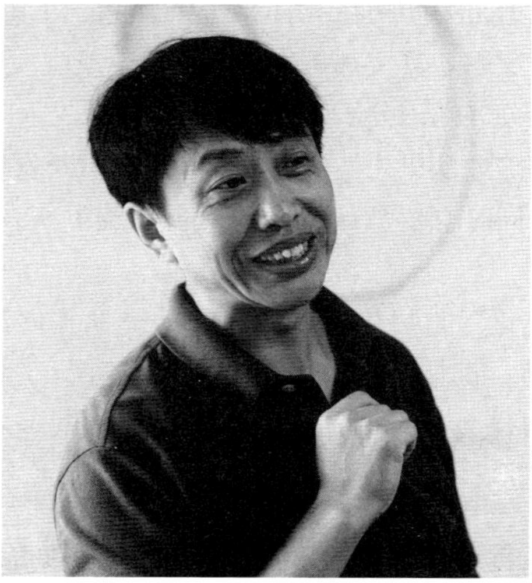

刘老石（1968—2011）

托着两个“弱势”群体

他意识到乡建工作者面对着两个不同的弱势群体：一边是衰败农村中亟须帮助的农民，一边是在就业压力下前途迷茫的青年大学生。他努力让两个群体结合起来，既让农村获得些许帮助，又让大学生们认识到现实，在有益身心的基层实践中跨越自我与社会的鸿沟。

他在乡建实践中认为，可以通过对农村的关注学习，让青年人在对社会的关注中超越狭隘自我，把自己的命运和农民的命运、国家的前途结合在一起，以此达到理念与良知的升华。

事实上，发轫于21世纪之初的当代乡村建设以《中国改革》（农村版）为平台，这份替农民鼓与呼的杂志很大程度上得益于当时的宏观环境，也是在时任中国经济体制改革杂志社总编的温铁军力促之下诞生的。一个偶然的机缘，刘老石遇到了温铁军，折服于其对“三农”问题的看法。于是，刘老石开始成为中国经济体制改革杂志社的兼职编辑。创办《中国改革》（农村版）后，刘老石一边做大学老师，一边在杂志社做农村版的记者部主任，并在京津地区和全国发动建立大学生支农社团。

在这一时期，很多上访者和农村的维权者纷纷跑到杂志社所在地附近的一个狭小房间里，长长的走道里躺满了拄着拐杖、背后贴着“冤”字的上访者。杂志社当时聚集了李昌平、刘老石、邱建生等心系“三农”的青年知识分子。借助于杂志社的平台，这些人也开拓出了当代乡建运动的基础：大学生支农调研、乡土文化教育、农民和打工者权益维护、农民合作组织……

这一段难得的工作经历，让刘老石真正走进农民的生活，同时也在各地下乡实践的基础上进一步发起了全国性的“大学生支农调研”——从2002年开始，该活动由京津地区推展到全国高校，并于次年在北京师范大学举办“寒假大学生支农调研项目培训班”，来自全国各地70余所高校的近百名骨干参加，这些青年学生带着求知的渴望，聆听完各类学者演讲后，迅速奔赴农村调研，许多人也成为后来的乡村建设骨干。这是影响至今的“全国大学生支农调研交流会”的前身，从此全国各地的支农社团和支农人汇聚到了一起，有了共同交流和发展的平台，而刘老石是每一次交流会最重要的组织者、参与者和讲师。

无论是持续了十多年的大学生支农调研活动，还是近年来臻于成熟的“农村可持续发展青年人才培养计划”，从最初单纯支持青年学生休学支农的志愿者项目到逐渐成为对现行教育反思改造的创新性教育体系，刘老石和他的团队构筑了一种新的青年培养模式，他将其称为“一个成长、三个回归”——让青年成长回归责任、回归实践、回归团队。这些活动以特定的价值观为基点，强调在以共同理念为核心的实践集体中，个人与集体与事业的共同成长，内含着他对大教育观的理解和实践。

农村可持续发展青年人才培养计划的落脚点不仅仅是农村，学员的收获也不应拘泥于一村一社的农村发展本身，而是希望在人才项目内成长的学员能对国家的全局发展有更深刻的理解，能将自身的成长服务于、结合于社会的整体进步，这种社会责任感的赋予和内化的过程正是这个项目的创新所在。

由于早期支农面临着复杂的农村和高校社团环境，很多大学生在刚参加支农调研活动时缺乏经验，多着眼于问题调查、支教、扶贫、资助失学儿童和法律政策宣传，同时难免介入复杂的干群矛盾之中。而调研、维权势必会引起一些政府部门的疑惑与关注，刘老石经常既需要面对各种指责，还要处理下乡和建立社团过程中发生的矛盾、分歧、阻碍甚至冲突。

几年的支农实践表明，仅停留在调研层面帮不上农民什么；与此同时，大学生也困惑于到底能做什么。现实的环境开始要求大学生支农应该

21世纪初京津大学生支农志愿队下乡合影（左一为刘老石）

有所转变。在短暂的犹豫和反思后，他开始了新的尝试——2003年7月，这种转变从安徽“南塘试验”开始，他带着大学生们做了“两件半”事，即组织文艺队、评选“十佳儿媳妇”，初步组织了老年协会。正是这“两件半”事，开启了支农的新时代，由此支农向乡村建设正式转型。

南塘村跟同时期大多数中国农村一样，因税赋过重，不少人因拒交农业税被罚，基层干群之间矛盾重重。正是在这样的背景下，南塘村自发成立了一个农民维权协会①。2004年中央确定取消农业税，刘老石带领大学生支农调研队进村后，首先劝说当地农民维权协会变身为乡村建设参与者。这自然不是一件容易的事：农民积极分子接受不了，当地政府也不可能马上理解。进村后，刘老石将学生分成几个调查小组，分别进驻到各村民小组了解情况。晚上组织村民开会，探讨农村现存问题及正确的解决途径；第二天一大早又出门到各个村、小学、农民维权协会骨干家中及最贫困家庭走访。南塘村是刘老石带领支农队蹲点的第一站。

南塘兴农合作社发起人杨云标后来回忆，“那时天气特别热，39℃，大学生们就用几张凉席铺在我家院子里打地铺，后来下雨了，院子里不能睡，才分散到两三户人家去借宿”，“很多人都哭了，不少还是大老爷们”。正是这支大学生队伍让老百姓重新找回对以前下乡干部的感情，所以他们依依不舍。“他们不像一般知识分子下乡，身上总有种居高临下、教育农民的傲气，他们是真的以一种匍匐下来的姿态在聆听，在向农民学习，让

① 详见专栏4.4。——笔者注

农民感受到了尊重与平等……”实际上，南塘村老百姓挥泪送别的景象，在很多由刘老石带队的支农地方都出现过。

通过安徽南塘、湖北三岔、山东姜庄等首批转化对抗性干群矛盾的尝试，刘老石团队探索了农民培训的新形式，并组建了广受农民欢迎的文艺队和老年协会，这种由具有改良思想的知识分子与大学生推动、以农民为主体的“积极乡建”模式也产生了不错的效果。

2004 年春，湖北神农架的小山沟三岔村一所废弃小学里传来了久违的歌声——“再也不能这样活”“团结就是力量”。那是在由此开展的各种乡建培训班上，刘老石团队尝试将合作组织思想在试验点推行的努力。为了让受教育程度大部分是初小水平的农民接受，不至于让他们在学习中跳窗溜走，需要把教材上的文字转化成农民能听得懂的语言，并和本地需求点结合。于是，他们每天彻夜讨论，创造出了不同的“招数”：和村民一起改编熟悉上口的老歌、口号；让村民分组充分“抬杠”；让农民扮演不同角色，现场模拟如何成立合作社；让远道而来的先行者农民现身说法并做案例分析；等等。类似培训模式一直在当代乡村建设中延续至今①。

在新乡建运动发起初期，“文化—经济”协进路线体现得很明显，一方面是出于资源和条件限制，另一方面也与刘老石等人对农村“精神贫困”的认识相关。他们希望以属于农民自身的歌鼓文艺来吸引参与、振发精神，以集体学习讨论来重塑认知，以公益活动来鼓舞互助。如此对团结、互助精神的倡导既与合作社最初的诉求一致，又与刘老石和他的团队对弱势群体的强烈关怀相关。新乡村建设运动的开始就以农村文化为切入，代价低且见效快。“文化切入、精神培训”是组织农民的有效手段，农民的精神振作更离不开农民的组织化，农民的精神存在并表现于农村的各个层面。文艺演出队、歌声口号、集体秧歌、读书看报等——集体性活动里蕴藏着巨大的力量，农民的精神崛起就是从这里开始的。

刘老石对合作社发展的一些思路，常对乡建事业起着开拓性作用，2007 年开始的社区农资店项目和在他辞世前不久力推的“全国农民合作组织网络推广”项目都是这样诞生的。而在这过程中，他对合作社的认识也在不断深化。几年前，他一直坚持只有在新乡建运动中成立的自发性、草根性的合作社才是“真正”的合作社，这带有某种感情色彩和对弱势群体民间互助的坚持，之后逐渐地向更宽广的视角扩展，这在他的《真假合

① 详见专栏 3.2。——笔者注

作社：是合作社的真假还是我们评价标准的真假?》一文中体现得最为明显——在这篇文章中，他从更客观和包容的角度对包括公司和政府主导的合作社进行了对比和分析，并试图提出合作社辨别的本土标准。这样的综合性视角也在“全国农民合作组织网络推广”项目中得以体现，新项目强调农民组织的“再组织化”和对合作社带头人的培育。

刘老石在江西兴国县下乡（2007 年）

从 2002 年起，刘老石在全国各地农村推动农民合作组织的发展，带领青年志愿者们发动农民先后建立了 70 多个村级合作试验点或试验区。这些试点既有提供生产、购销、金融等服务的经济性合作社，也有提供文化、教育、养老、医疗等服务的公益性协会。同时，他于 2003 年开始农民合作的培训工作，2009 年建立了农民合作社培训学校，直到他逝世为止，共举办农民合作培训近 200 期，大量培训全国各地的农民合作社骨干，并在此基础上推动农民合作组织的进一步交流和联合。

行动的理想主义者

自从《中国改革》（农村版）被主办者以“不经济”为由停刊后，经过半年多的颠沛流离，2004 年 12 月，刘老石带着一批在大学生支农活动中成长起来的年轻人成立了北京梁漱溟乡村建设中心。这是最艰难的时刻，开始时居无定所，几度遭驱赶，夜路长蹉跎。更有部分老志愿者选择离开，因为没有固定的财务来源、固定的住所和办公地点，更主要的困惑是希望何在？然而，他是那个总能看到光的人，他从不说事情有多难，从没抱怨过，他认定对“三农”有利的事不管条件多差都会做下去。

在内或在外，很多人都认为他是绝对权威，或者认为他带有某种“居高临下”的强制形象。其实，他是最具有民主和包容思想的，和志愿者面红耳赤、毫无顾忌地争论，有时会让新人因他是机构负责人而心生畏惧；但从另外一个角度看，他自己从来不故作玄虚地佯装，仅仅作为普通一员去表达，那种表现出来的强势不是他真实的目的。他会和大一、大二的学生一起整夜地辩论，也鼓励学生向所有前来讲课的知名学者提问讨论。

在一篇悼文里，一位学生记录了刘老石和学生因为争论几乎动手的场面：

> 当时我们就坐在一起边说边吃，然后就提到市场经济的优胜劣汰，以及改善农民生活的看法。因为看法不一致，两个人就大声在那“碰撞”了。我记得当时我们说得就差要打起来了，谁也不服谁，他一边拍桌子一边说，我也面红耳赤……但是我必须承认一点，那就是他提出的那些事实，我拿不出那么多和现实如此接近的事例去辩驳。即便那样，说真的，我是很喜欢他的，因为很直率也很凌厉。他很包容，不会因为观点不合便扬长而去，当他亢奋地去辩驳，你才能看出一个理想主义者的内心力量。再后来，我的邮箱里便会有他的邮件，我们继续像“斗鸡”一样争吵，而结果，亦从理论转到现实上。他认为我和一般的青年不同，我能思考。能思考是件好事，但是注意不是为了思考而思考……虽然很多人因为他的观点称他是“左派”，但我认为他不能以派系来划分，因为他所讨论问题的基础是现实和行动，这绝对是超越派系的东西，因此我们才可以做到合而不同。而他给我最大的教益是他所说的一种面对争论的态度，我们不是为了理论而理论的，不是去做一个“真理喇叭”，而行动却是最有力的表达。

大学生社团支农活动及交流是当代乡村建设中历史最悠久的先锋性工作，刘老石投入了最多的精力。作为与全国二百多家学生社团保持联系的中心，刘老石每年寒暑假会组织或支持近百家学生社团到基层参加实践活动并举办相应的交流学习活动。几乎每个月，刘老石和他的团队都会应邀到各个区域的支农社团交流或讲课，他的课绝不是照本宣科式的说教，而往往从时下热点到与大学生紧密相关的教育问题等出发。在这样的讲座中，刘老石也会提及乡建中心及所从事的事业，但只是作为可选择的另一种生活而出现，目的是启蒙大家对学业和人生的思考，呼唤青年人对社会及时代的责任。

沉溺于象牙塔之中的学子，很少在课堂上如此深切感触到现实、感触到强烈的历史感，他们或是被震撼、或是被吸引、或是产生持久的思索。而许多学生正是在这样的讲座中受到启发，逐渐成为社团骨干并参与到乡村建设中。

其中，河南农大王林杰至今还保留着这样一条信息："25 日下午 2：30—5：30 讲座；5：40—7：00 和农大校内班成员、社团骨干见面交流；7：00—9：30 和支农老同志及黄河读书会青年进行关于新青年公社的探讨。坐 25 日晚上 11 点以后或者 12 点以后的车都可以，硬卧到北京。"刘老石去世后，王林杰说："我想问他：你吃饭的时间在哪啊？每年都是这样，来一次河南你就都会将我们四个不在同一个市的学校跑一遍，我真的想问他，你怎么那么多精力啊？"

支农培训期间刘老石与学员边吃饭边交流（2005 年）

大学生寒暑假支农交流已经进行了十多届，刘老石还是如十年前第一次带学生下乡那样对每次下乡保持近乎不可理解的热情和执着。只要时间允许，人们总会看到年逾不惑的他出现在支农队伍中。虽然不知参加了多少次下乡活动，他还是几近虔诚地遵守着"下乡红军纪律"。支农队员们早上起来，发现他已经在厨房里忙碌；每次朝话，他总是笔挺地站在队伍中。

在他眼里，从来没有什么高人一等。他选择让年轻人尽量参与治理，在效率和参与二者冲突时，他甚至会选择后者。他所创办的机构和公社，似乎就是一个个理想社会的试验场，总有丰富多彩的事情发生。他反对死气沉沉的局面，他鼓励年轻人做事情要不拘一格。在中心，他让胆怯的学生站在摞在一起的两张桌子上面对一百多人演讲；从院子布置，到活动方案、工作计划、课程设置等日常工作，每个过程都有他独特的建议。

2004年北京梁漱溟乡村建设中心成立后，他变得爱“唠叨”了。他曾经每天早上都会打电话问驻点的志愿者开始工作了没有，不胜其扰的年轻人最终把电话线拔了。早年在湖北三岔村被他骂惯了的青年人甚至有些受不了他的新教育方式。年轻人哪里没做好或偷懒了，他就开始一遍遍地讲社会、讲责任、讲理想，大家称其为“老三篇”。这样的转变，是因为他知道自己不再仅仅是那个带着学生下乡的老师，也不再仅仅是怀着激荡的正义感为民请愿的记者，他意识到自己是一个机构的负责人、是一个他所愿献身事业的领跑者和推动者，而这项事业及其中的每一个人是他要悉心对待的。在最近几年，这种“唠叨”和“琐碎”越发严重。他虽然在大家面前对自己的家庭生活显得毫不关心，却无比热心地关心着周围的同志，张罗集体婚礼、介绍对象、陪情绪不稳定的同志聊天、每逢过年给每个同志的家长打电话；情人节走访试验点的时候，他给在点上工作的女同学带去巧克力，说是男朋友让带的，其实那是他自己在县城买的……

十年间，他的正式头衔不过是天津某大学的一名普通讲师，可他却用自己的行动和热情，急切而真诚地把自以为善的东西拿给年轻人。这是一种认知、情感和知行合一的态度。对于教育工作者而言，最可贵和最不该丢弃的似乎正在其中。

薛启禅是香港社区伙伴的项目官员，也是北京梁漱溟乡村建设中心主要的合作伙伴。她认为，刘老石是那种少有的真正关心并全力陪伴、支持青年人成长的人。刘老石说，要给年轻人成长的机会，年轻人不是我们做事的工具。为什么刘老石的身边总是有一拨接一拨的年轻人？他坚守十年，包容着青年人犯下的错，注视着他们的成长乃至离去，并依然乐此不疲地继续陪伴年轻人。这陪伴里，既有协作青年人去追求，又有对青年人主体的尊重和相信。相比一些其他项目，青年人大多还处于“被成长”的状态。在北京梁漱溟乡村建设中心的青年伙伴身上，我们可以看到极强的主体性和能动性，且这种成长超越狭隘的个体成长，是将自己与伙伴、与社会紧密结合。

这种成长也是在与农民的深入结合中完成的。可以说，不论北京梁漱溟乡村建设中心在工作内容和形式上如何变化，总有一个原则是始终不能动摇的，即真正地心怀底层民众和作为弱势群体的农民，和他们真正站在一起。

大家经常会被各种包装堂皇和精美的理论所迷惑，陷入所谓“左右”

之争。刘老石有个独创的言论叫“立场论”。他说：“我不是理论高手，但我知道如何判断哪家言论站在大众立场，谁是资本和权贵的鼓手，因为屁股决定脑袋，关键看他们是为谁说话……”工作中，大家也会疲惫于接待，对学生和农民难免表现出冷漠和疏远。而刘老石十年如一日地对待每一位学生和农民朋友，不断坚守，避免机构沦落为封闭的小圈子而远离一线。为了解决这个问题，当发现部分管理人员和行政人员陷入烦琐工作而逐渐变得官僚和没有生机时，他推动中心变革，让工作人员每年至少抽出一个月时间去工厂和农村轮训。他时刻察觉大家对农民的态度，比如有农民说来中心没有几年前温暖时，他会很生气地训斥大家，觉得不能以工作累为理由而对住在中心的农民表现出不热情。

在悼念他的帖子中，有位合作社社员说，他是尊重农民的人。简朴的话语道出了刘老石的独特之处。在为他举办的追思会上，来自河南兰考胡寨合作社的王继伟讲述了自己与刘老石交往的细节：“我到北京次数比较多。他对同学的态度比较严厉，说话比较尖锐。但作为农民，我去过中心很多次，他对我们都是很宽松的。同学们晚上讨论，他让我们先休息；同学们不被允许喝酒，他让我们农民晚上可以少喝点。在中心，住上下铺，每次他都是让我住下铺，他说我个子比较高大，而他自己常常爬到上铺；夏天很热，每天醒来，发现风扇都是对我吹的……”

刘老石在情感上亲近农民，多年的深入其中也使得他比一般书斋的知识分子更了解农民。虽然刘老石做了十年讲师一直没有晋升，但正如山西永济蒲韩乡村郑冰在追思会上讲的话，被农民记在心中的刘老石才是真正的大师！

十年间，乡建队伍人来人往，当别人纷纷离去，全力迈向中产阶级奔小康的时候，大学教师、人大博士生刘老石，依然和他一拨又一拨的队员一起，在偏远农村，每天早上六点半起床，带头整队跑步，带头大口嚼着白水漂煮青菜的大锅饭。无论是没有暖气的寒冬还是炽热的酷暑，他和他一拨又一拨的志愿者在艰苦的生活中高唱着“我要从南走到北，我要从白走到黑”。他是少有的超越个人利益而不斤斤计较者，且不论当年组织大学生支农调研时完全没有任何收入，还需要个人的大量投入，就是后来团队庞大了，他也几乎没有收入，每个月与他的志愿者们一样拿 500 元，一直涨到最近的 800 元，个人收入全靠他在天津的教职……

刘老石超越平凡的力量来自一个理想主义者信仰的坚定和自觉。他以一个务实的理想主义者标准要求自己。因为坚定，所以不会被外来的各种

刘老石在“人才计划校内班”寒假培训上做的最后一次朝话（2011 年 3 月）

大小干扰困扰，在孤立无援的时候也不怨天尤人。他将“自我”的意识最大限度地淡化，将私利放到最低。他不在乎做“革命军中马前卒”，也不惧于成为带队的领袖。那些常人无法忍受的委屈和艰难，一点涉及自身利益的小算计，于他已是随风而过。

即使在今天，关于他的故事仍然近乎神话。不过在当代中国，刘老石确实是一个非常奇特的真实存在，因为他有这种把远大理想和实践精神统一、把高尚情操和人格魅力结合的“知行合一”特点，只有这样，他才会在“支农乡建”与“教育学生”方面用心血和汗水铺就了一条曲折但却通往未来的新路。

虽然他在 2011 年早春突然离去，但他在各地播下的“种子”会在每一个春天里发芽和生长。以老支农队员马永红的挽联结尾吧：桃花开，柳絮飞长天。乡村大道铺路石，任后来者往返。不争左右，只低头挥汗插秧。待到稻花飘香时，君在云端微笑，散聚成星火。非大师，胜过万千学者。十年征途不知渴，散沙农民争合作。天渐变，却远行，从此阴阳竟两隔。且看天马行空日，你我再相约。

3. “小仁政”与“大仁政”[①]：乡村建设与国家建设的内在张力

1953 年 9 月 12 日，毛泽东说须知有“小仁政”和“大仁政”，照顾农民是“小仁政”，发展工业、打美帝是“大仁政”。施“小仁政”而不施

① 需要意识到：该讨论主要是从国家或决策者的角度出发，如果换为以乡村或弱势群体为角度，可能出现完全不一样的情况。

“大仁政”，便是帮助了美国人（郑直淑，2003：196）。该时期前后，他与梁漱溟发生了著名的相关争论（详见专栏6.3）。从某种意义上说，乡村建设和国家建设也可理解为分别对应“小仁政”和“大仁政”的两类实践，其间充满张力。

若做进一步的历史追溯，1929年梁漱溟自广东北上游历，参观考察江苏、河北、山西等地的乡村运动。在参观结束后的记述文章《北游所见记略》中，他提出了一个十分形象而深刻的比喻：“中国人民好比豆腐①，官府力量强似铁钩。亦许握铁钩的人，好心好意来帮豆腐的忙；但是不帮忙还好点，一帮忙，豆腐必定要受伤”（1929：910）。

1929年，梁漱溟（右四）从广州北上考察乡村改进运动。图为考察山西村政时的合影

从这个反思可以看出，民间自发的乡村建设实践与自上而下的政治力量间存在张力②，让梁漱溟引发此想的是充满复杂性的阎锡山及其所主持的山西村政实践，相关做法、成效及负面影响笔者在第四章已有简述。根据张鸣的分析，阎锡山这位民国政坛“不倒翁”，从辛亥革命获得山西政权，直到1949年中国共产党建立新中国止，一直牢牢占着“山西王”的

① 中国社会科学院孙歌研究员2018年9月1日在北京大学举办的《中国乡村建设百年图录》新书研讨会上指出：如果说清末民初的士绅阶层属于第一代乡建人，那么民国时期的晏阳初、梁漱溟等大致属于第二代乡建人。与第一代不同，他们已经没有前者所具有的那个天然优势。由于战乱及其他种种原因，传统社会的结构发生了很大的变化，自生的机制被破坏了。因此，这一阶段的乡建，不得不具有某种外来性。但是，第二代乡建并不仅仅是外部输入的乡村重建，它包含了对宗族社会在解体过程中所残存的某些可能性的抢救。梁漱溟1929年所比喻的豆腐是什么？我觉得并不是农民本身，而是乡村社会的基本运作机制。

② 据时人观察：诚然，山西乡村工作在乡建运动史上已经成为过去，但它在乡建运动史上终究有其不可磨灭的价值存在。梁先生对山西乡村工作批评其不通，亦只是说它在方法上的失败，并不是根本否认它的方向……所以山西乡村工作的失败，同时也正是另一方面乡建运动进一步的扩展（黄省敏，1936：16）。

位子，即使在中原大战失败后被迫下野，仍能遥控山西。之所以能做到这点，其“秘密”在于所谓“村政”——“以政治上的军国主义、行政上的警察化和经济上的农业国家资本主义的三位一体……既把原来乡村存在的各种名目的独立和半独立的武装统统收在自己的名下，从根本上免除了乡村地方势力潜在的离心威胁，又建立起一套乡村准警察体系与预备兵部队，为日后扩军扩张做准备。同时，在这个偏远的小省，他迅速地从农村聚敛了巨大财富，用于主要是军工业的工业建设”（2001：76－87）。然而，梁漱溟却对这个名噪一时的省级“村治”试验标杆评价以“盛名之下，其实难副”（1929：898）。艾恺更认为“1927 年以后，山西的自治系统堕落成为一种以控制为主的官僚政治，它不过是把官僚政治下放到地方。这样，阎的计划因不为乡建运动所承认而名誉扫地”（1996：244）。

实际上，除知识分子在民间推动的乡建试验外，国民党也自上而下地推动包括江苏江宁和浙江兰溪等在内的实验县建设。作为当时的首都周边，这些地方的经济发展自然有得天独厚的优势，然而正如曾任江宁实验县县长的梅思平所自陈，“兄弟常常觉得江宁物质的条件有了，精神的条件还没有，因为我们太由上而下了，太看重政府的力量了……我们的大缺点是对民众没有精神的训练与精密的组织”（1934：11）。因此，随着共产主义“威胁”的日益加剧，他们最后“放弃了‘自治’这块带有西洋味的遮羞布，直接诉诸传统最赤裸和冷酷的资源，恢复并强化‘保甲制’，并最后将此制推广到全国，但又有碍于此制太过赤裸地违背孙总理关于地方自治的‘遗教’，蒋政府不得不以‘新生活运动’① 等做一些修饰”（张鸣，2001：112－118）。

如此“铁钩”帮“豆腐”，不仅让那些民间自下而上推动的乡建实践遭遇“尴尬”②，更因为随后全面推进的“保甲制”而客观上导致乡村建设空间萎缩③。在这个过程中，我们看到梁漱溟（1937a：395）少有的愤

---

① 这方面的案例可参考：刘文楠. 借迷信行教化：西山万寿宫朝香与新生活运动. 近代史研究，2016（1）。

② 1936 年的《乡村建设》连续在第 6 卷的第 7～9 期，以三期连载的方式刊登黎康民的《乡村运动与农村农政之分际问题》，提及当时乡村建设“浅涸”“变质”“与国家机构混为一体而富于强制性与机械性”，而让“民众很容易发生离心作用”等重大问题。笔者认为，随着“乡村建设主流化”，历史和当下有一定的内在相通之处。

③ 陈序经的一个观察可以提供某种呼应：“就是没有七七事变的发生，乡村建设的工作是否能够维持下去，已成了一个问题。其实，据我个人的观察，乡村建设运动，在抗战以前的两三年，已有了日落西山的景象”（1943：120）。

怒："我们要退出官办的乡村建设事业。如不退出来，则乡村建设事业将缺乏活力。"

回到历史脉络，具体到上文所谈及的1953年的"毛梁之争"，可以说，虽然辩论双方皆承认两者都是仁政，但"小仁政"和"大仁政"在影响和效果程度上有所区别，其本身也存在着内在张力，这常常也体现在乡村建设与国家建设之间。例如：由于追求"现代治理"的行政体制与分散小农及乡土社会存在着矛盾，结果出现政府"治理成本"[①] 大幅提高并因随之向"三农"转嫁而引发广泛的"干群冲突"。这套照搬自西方的制度对城市或许适用，但却不适用于分散的小农村社经济；除因支付不起较高的"制度成本"外，它还将导致农村基层公共负债，进而增加农民负担。实际上，这点在梁漱溟所处的时代就已被他敏锐地发现了，"非乡村自身生出一个力量来，解决不了这个问题，单靠外力（政府的力量）绝对不行……（因为）乡村是政府力量所不达的地方，因警察没有那么多"（1937a：397）。

70多年后，因2004—2006年逐步取消农业税而迎来了所谓的"后税费时代"（温铁军等，2013：23），虽然向乡村过分提取的方式已被终止，但那依然庞大的现代乡村治理结构仍继续存在，其直接影响了随后的新农村建设实践。正如有调查所指，"在新农村建设资源分配中，大多数政府主导实际上已经沦为部门利益主导，它们追求的并不是公共利益最大化，普遍性的'精英俘获'已经导致精英农户得益多，而多数小农被'客体化'和边缘化。这既不利于'农民主体'地位的实现，更可能因'大农吃小农'而产生农村进一步分化等新问题……还可能造成合作社发展的虚假繁荣局面"（"建设社会主义新农村目标、重点与政策研究"课题组，2009）。因此，即使政府已完成工业化并具有充足资源以反哺"三农"，也

① 需要特别说明，此处及本书其他地方使用到的"成本"，作为制度经济学的分析概念，其主要意义是对当前主流经济学多谈"收益"、少谈"成本"的现状进行反思，同时指出"收益持有者"和"成本承受者"不匹配的事实及背后的"利益/权力"关系。此外，所谓"成本"多以"执政者/有权者"为考察角度，在现实脉络下因其为"三农"所被动承担，故需反复指出。但笔者认为仍需对这种"自上而下"的角度保持必要的反思。具体到此处，所谓政府"治理成本"是相对于传统乡村自治来说的。自晚清以来，各类政权通过或成功或失败的方式建立起向乡村渗透的"现代治理结构"，其收益包括重建"国家—乡村"关系（一方面，国家获取现代化和工业化的各种资源；另一方面，乡村"更好"地纳入现代化发展秩序，参与整个国家的发展）；其成本则包括更多"货币化"的治理费用，这也是20世纪90年代以来农民负担增加的主要原因之一，虽然随后全国统一取消农业税，但此类乡村基层政权却没有进一步改变，所以仍然会产生书中所谈到的各种问题。

将无可奈何地受到条块分割与部门利益的限制，更受制于以都市化为中心的“激进”现代化强势逻辑之影响。

如何看待从历史延续至今，且普遍内在于乡村建设与国家建设间的张力？正如梁漱溟所认为的那样，乡村建设实非建设乡村，本身就是国家建设和社会建设，是民族自救、复兴和自我更新的一种举措。而在现实中，特别对于中国这样的后发现代化国家，处在先天不足的工业化进程中，“国”与“乡”已经不是一种简单的同心圆关系，乡村建设和国家建设不再是一种同步共通或简单的此消彼长关系。在政治条件悬而未决且国权不稳的情况下，以教育、社会运动和经济建设来改良乡村是否可能？小农经济如何支撑起一个现代化国家，自然存在着巨大的张力。

从一方面看，乡建与国家的关系，特别是对于处于工业化与民族竞争中的现代国家，虽然乡村建设实践者对国家主义一直有所反思，但同时也认识到现代全球竞争是以国家为单位，特别是当其具有社会主义性质时，国家不仅具有全球化竞争中的保护性，同时与人民的利益也具有一定的重叠性，不能简单加以否定。

但从另一方面看，“大仁政”及其所隐含的优先逻辑则对“小仁政”产生遮蔽与排斥——在“赶超逻辑”和工业文明坐标下，相对于乡土或地方而言，国家是优先的；相对于农村来说，城市、工业是优先的；相对于生态、社会来说，经济是优先的。而乡村建设所努力的，恰恰是要打破这种“不合情、不合理”的“优先”①。

乡村建设尝试跳出技术层面，但所切入及能够获得空间的地方又往往只是技术性或特别有限的领域，所面对的又常是“两害相较取其轻”的无奈格局；其期望能回到将阶级关系看作诸多待调整关系中的一种，然而内外环境却不断激化矛盾与问题；其强调整体性视野并赋予实践更多维度的内涵，但却不断面对来自日益割裂的学科及固化利益的挑战；其尝试在动态中寻找平衡，比如用“社会化”去应对“资本化”的恶果，但现实中其内在的“自足性”又是非常的脆弱……

也可以说，乡村建设与国家建设的“冲突”可以理解为该系列张力的体现，实际也是后发现代化国家普遍面临的“两难”。

---

① 近年来，随着中国从“短缺”步入“过剩”的新发展阶段，以及逐步开始向生态文明转型，以上“优先”有所变化。其中也包括各种形式的乡村建设实践长期努力的正向结果。

专栏 6.3：“铁钩”与“豆腐”：梁漱溟 20 世纪 50 年代的曲折思想[①]

正如前文所述，1929 年梁漱溟参观阎锡山治下的山西村政建设后提出“铁钩”与“豆腐”的比喻，同时延伸出以下思考：对于当时以小农经济为主要基础的中国而言，各项建设事业的成本必然主要由农民承担，以致官僚本位下的诸多建设事业，往往如“铁钩”伤害“豆腐”一般，最终沦为“劳民伤财”乃至“横征暴敛”。

乡建运动、农民大众与政权之间的关系，以“铁钩与豆腐”的比喻形象地呈现出来，表现出“制度成本”转嫁于农民的后果。该比喻或隐或现地贯穿在梁漱溟 20 世纪 30 年代投身于乡村建设的思考与实践中，也构成他多次强调乡村建设运动不要“自操政权”的动力之一。

不过，这一忧虑和挑战也在他亲自推动的乡建实践中深刻地存在。就在 30 年代前期，中国乡村状况因 1929—1933 年世界经济危机与国内政治经济宏观环境的变化而进一步恶化。在这一背景下，梁漱溟于 1935 年做了题为《我们的两大难处》的演讲，他毫不避讳地指出：由于“乡村运动没有自己的财源”，故乡建运动的头一大难处即为“高谈社会改造而依附政权”。他担忧地表示，“如此结果下去，有让乡村工作行政化的趋势——乡村工作变成地方下级行政”。若真如此，那么乡建运动岂不亦成为他所批判的“铁钩”之一部分？面对这一困局，梁漱溟未能给出一个明确答案。

一方面，他拒绝并警惕于政权以“建设”为名而对乡土的实际攫取，因此他对“铁钩与豆腐”问题充满忧虑，并与各种形式的政权保持着一定的距离；但另一方面，自下而上且由民间力量操持的乡建运动本身无法产生稳定财源，故难以克服自身的依附性和不稳定性。当自己从一个“观察者”转为“当事人”，面对“铁钩与豆腐”的两难，梁漱溟同样充满着困惑与尴尬。这亦可以视作他个人及乡村建设所遭遇的“两难”的某种症候性体现。

随着中华人民共和国的成立，50 年代的梁漱溟再次成为更大建设实践的“观察者”，以上历史张力以另外一种方式更加显著地凸显出来。

城乡、工农关系与毛梁论争

直到 1949 年全国解放前夕，梁漱溟都并不认为中国共产党能够建成

① 本专栏节选自潘家恩、张振、温铁军的《“铁钩”与“豆腐”的辩证——对梁漱溟 20 世纪 50 年代思想张力的一个考察视角》(《开放时代》，2018 年第 2 期)。

统一、稳定的国权。不过，他对中共的疑虑却在1950年4月至9月参观山东及东北各省后打消了，各地的新气象使他震动欣喜。10月，他着手写作《中国建国之路》，将中共的成功之处解释为“三大贡献”：建立了统一、稳定的国权；“引进了团体生活”；“透出了人心”。

然而，随着朝鲜战争的爆发与苏联援助下外资主导的国家资本迅速增长，历史的转折将“铁钩”与“豆腐”之间的张力重新凸显出来。

1953年9月8日，全国政协常委扩大会议召开。11日下午，梁漱溟在会议发言中谈及建国事业的各项计划、如何组织与动员群众等，并延伸出关于农民处境的相关问题（梁漱溟，1953a：3-6）。次日，毛泽东在讲话中未点名地批评了梁漱溟，称“反对总路线”。梁漱溟意识到遭到毛泽东的误解，但又自信不曾反对总路线，因此在9月18日的发言中“气势甚盛”，要“看毛主席有无雅量”收回他的话（梁漱溟，1953b：14-18）。会场哗然，要求梁漱溟下台，不准其再发言。此后，他便致信政协，请假在家，静候处理。但此事之后就再无动静。

要深入地理解毛梁之间的这场论争，我们不妨先回到梁漱溟的发言本身。从中我们可以归纳出梁漱溟疑问的要点：

梁漱溟先交代了自己此次发言的动机：他看到新中国成立后各项事业如火如荼地展开，因此他希望将自己先前对建国运动的重要思考提出来，建言献策。

这一思考是：梁漱溟认为，“建国”之根本在于通过群众工作培养群众积极性，启发“人心”。梁漱溟的疑问在于，整体而言，似乎未看到群众工作有相应“充分计划性的安排”，故希望党能够“再注重于此”（梁漱溟，1953a：4-5）。

随后则是引起轩然大波的“农民问题或乡村问题”。承接前一思考，他的疑问在于，负责农民动员和教育工作的组织——农会，在土改后逐渐式微，乡村中只有党政干部，导致“行政命令传达有之，教育意味不够，群众工作谈不到……而且量亦不够”。所以他认为，在农民的动员与教育工作上，欠缺相应组织力量，农民生活未被安顿好，阻碍了“人心”的透出。进一步，他转向城乡关系与工农关系，“今建设重点在工业，精神所注更在此。生活之差，工人九天，农民九地”，批评工农差距大、城乡关系脱节等问题（梁漱溟，1953a：5-6）。

要理解这两个疑问，需回到梁漱溟的思想与实践脉络中。

首先，在群众工作上，他认为缺乏整体性的组织安排这一点，与他对教育问题的理解密切相关。梁漱溟一直认为，中国革命无法用暴力完成，只能通过培育、建设新的“文化—礼俗—秩序”来完成。这一培育与建设，离不开对人“自觉性”的培养启发与“人心”的透出，而这正是教育的任务。他为此设想了作为新教育系统的乡学、村学，将教育工作与乡村组织化结合起来，一方面进行民众知识技能教育，另一方面进行精神层面（即“人心”和“自觉性”）的培育。他认为如此方能激发民众参与各项建设事业的积极性，将社会改造真正落实在每项工作上（梁漱溟，1931b：654－684；1934e：528－531；1936：804；1937c；1953c：21－22）。作为对建国问题的重要思考，他愿意建议出来，以贡献于建国事业。

其次是乡村问题。如果说在1953年大规模工业化开始展开的这一历史时刻，梁漱溟敏锐地感受到了城乡关系、工农关系的变化，切中了那一时刻的关键历史张力，那么他的敏感来自哪里？要回答这些问题，一方面要回到他20世纪20—40年代的思想和实践脉络，另一方面也应将新中国初年的历史语境纳入视野。

1950年开始的朝鲜战争为中国带来了苏联援助的战略性投资，加快了国家资本主导的工业化进程（温铁军等，2013：39）。1953年城镇人口较1949年增长约36％，城市商品粮消费剧增；与此同时，农村自给性消耗的上升使得公粮和商品粮占比下降。这导致1953年出现农产品供给不足的紧急状况（薄一波，2008：181）。陈云提出“农村征购、城市配售”的方案，上报中央。10月2日，毛泽东主持召开中央政治局扩大会议，会议通过了这一方案，即后来的“统购统销”政策（薄一波，2008：183－187），10月16日起这一方案正式实行。

从历史上看，这一政策的功能不仅仅在于保证城市工业人口的商品粮需求，更通过工农产品剪刀差定价机制有效促进了城市工业的资本积累。实际上，内向型资本积累演化的城乡二元结构矛盾恰是从50年代开始显露的，并在以后相当长时期难以缓解。在这一宏观背景的基础上，再联系梁漱溟在20—40年代的思想脉络，不难理解：在一个工业化全面展开的时刻，了解到工人、农民生活水平开始产生差异，对近代以来“百年乡村破坏”状况及城乡关系、工农关系等问题高度敏感的梁漱溟来说，很难不引起对往昔局面重现的担忧；毕竟梁漱溟素来即对西方工业化经验及与之伴随的畸形城乡、工农关系等社会弊端怀有深刻观察与忧虑；他的“由农业引发工业”的工业化方案也紧密联系着他对西方式工业化对乡村抽空和破坏的警惕，以及对一种城乡和工农均衡发展、对“豆腐”伤害较小的新型工业化的设想与探索。

因此，1953 年，“铁钩与豆腐”之间的张力似乎以一种新形式重新显现在他的思想意识中：新中国实行的以国家为主导的工业化，是否会让乡村再次陷入被破坏的处境？

20 世纪 50 年代末梁漱溟的思想转折

1953 年那场论争后，梁漱溟很快就反思了自己当时在会议上的态度。新中国成立后各项建设事业蓬勃开展，继续给予他较深的刺激。1959 年初，梁漱溟开始写作《人类创造力的大发挥大表现——试说明建国十年一切建设突飞猛进的由来》（以下简称《大发挥大表现》）。

从 1953 年对中共的疑问，到 1959 年写作《大发挥大表现》，对中共领导各项建设事业的热烈称赞溢于言表，梁漱溟 50 年代思想再次转变的线索正潜藏在这篇长文中。

在 1953 年 9 月全国政协常委扩大会议上，梁漱溟所提出质疑的第一点即关于启发群众的自觉性与积极性，以更好地参与建国运动。而在《大发挥大表现》中，他对中共领导的社会主义建设使得群众能够“透出人心”并启发出自觉性、积极性与创造力这一点，再次进行肯定。这主要源自数年来他对中共工作方法的体认及对各项具体建设事业的观察，如社会主义民主、鞍钢宪法等。如果联系 1953 年梁漱溟对中共群众工作的质疑、对农村干部“强迫命令包办代替作风”的批评，那么，当他在随后几年耳闻目睹中共实行的社会主义民主和群众路线，看到“人心”、自觉性和积极性得以“透出”，“铁钩的豆腐化”似乎成为某种可能，组织起来的“豆腐”则重新透出尊严与力量时，他在 50 年代末所发生的转变就可以理解了。

在 1953 年全国政协常委扩大会议上梁漱溟提出的第二点，是对农民未获得较好安顿、工农之间差距拉大、城乡之间开始脱节的批评。而《大发挥大表现》一文中的很多重要内容，也正是对这一问题的回应。

首先，他欣喜地看到农民在集体化生活中获得了安顿，并指出农业合作化使得农民形成集体，集中人力完成了诸多建设事业（如水利）并促进农产量上升。

其次，在论述中共的“集中领导、统一规划”优势时，他指出这意味着“要大协作”和“相互支援”，也即强调“整体”和“局部”之间的平衡发展（梁漱溟，1961：459）。该点思考在经验层面的支撑，即来自他所了解到的“城乡互助、工农结合以发展经济的那些协作和其订立合同彼此支援的具体事例”（梁漱溟，1961：452）。

最后，就工农关系而言，梁漱溟指出“一般人在今天强调工业化之时不免忽视农业”，“却不晓得同时从另一方农业来促进工业，其效更稳且速。而离开农业以求之，恰是不切实际的空想……不只发展得慢而已，在经济发展上失去比例均衡还必然百病丛生”（梁漱溟，1961：488）。因此，他对毛泽东所提出的工农并举的“两条腿走路”方针表示赞赏：这一方面照顾到实际国情；另一方面，亦“有利于缩小城乡间和工农间的差别”（梁漱溟，1961：489）。

若联系1953年全国政协常委扩大会议的发言，他对农村中因农会式微而缺乏组织力量以教育启发农民、农民生活亦未被安顿好的批评，对城乡开始脱节、工农差距拉大的忧虑，那么，当他看到农民在农业合作化的推进中，终于一改千年的散漫习惯而形成集体力量并在集体化中“安顿其身”时，当他看到农村在服从国家工业化建设的全局的同时，国家/全局也倡导实行“城乡互助、工农结合”时，当他看到毛泽东实行“两条腿走路”方针，由此可以平衡城乡、工农关系时，他在这一点上的态度转变，也就可以理解了。

需要指出的是，梁漱溟并未看到“大跃进”与人民公社化背后的诸多问题，在很大程度上是因为，他的参考材料与信息来源主要是当时的党报以及政协文件。因此，在这篇文章中的热烈呼应背后，梁漱溟更多的是对毛泽东在此方面的政治设想的认同。

农业国的资本积累

我们还应在一个更广阔的历史视野下对这场论争进行再理解。20世纪20年代，面对工业化道路、城乡工农关系问题，苏共党内也发生了一场围绕“社会主义原始积累”问题的论争（吕新雨，2016）。尽管两场论争发生在不同的历史脉络中，但却是同一个结构性矛盾在不同历史时空下彼此呼应的历史性反应：对于资本绝对稀缺的农业国而言，当要迈向工业化之路时，必须跨过资本积累关隘；但在无法复制先发资本主义国家通过海外殖民扩张等手段进行资本积累之路径的情况下，只能以本国内的全体劳动者为剩余提取对象进行资本积累；对于一个以农业为主的国家而言，这又以从农民、农业中提取剩余为主（温铁军等，2013：11-14）。

从这个意义上说，使农民和农业承担起资本积累的历史重担似乎是一个“不得不”的选择。斯大林在20年代后期一改对布哈林“工农联盟”理论的认同，转而开始实行强制征粮和全盘集体化。吕新雨（2016）指出，对这一转变的理解需要考虑到1929年世界经济危机对苏联的影响。

同理，中国之所以选择类似道路，我们也不能不考虑到50年代初的国际地缘政治环境（如世界范围内的冷战与朝鲜半岛的热战），“保家卫国”对在近代历史中遭受长期屈辱的中国的政治意义，以及因巨大外部压力而对国家工业能力的强烈需求。

在全球资本主义以民族国家为单位的竞争格局中，“国家”及其工业能力的重要性与社会主义关于平等的诉求之间形成了内在的深刻张力。这是我们今天重新理解1953年毛梁论争时所必须考虑到的。

“汲取”与“回流”

进一步，对梁漱溟50年代后期的思想再转变，自然也需要从不同角度将其回置于所处的历史脉络中加以理解。

按照历史学家莫里斯·迈斯纳的叙述，始于1953年的“一五”计划，在取得巨大成就的同时，也带来了相应的后果，如城乡差别等“新的等级制和新型社会不平等”，也付出了相应的代价，并且“绝大多数代价是中国农民承担的，城市的工业化主要是建筑在剥夺农村的基础之上”。由此，“作为对苏联式工业化导致的社会和政治结果的反应”产生了“毛主义的独特发展道路”。在迈斯纳看来，这一独特道路的核心在于回应苏联模式工业化所带来的政治与社会后果，其重点之一即缩小城乡差距（2005：104－117）。

在迈斯纳解释的基础上，笔者认为还有几项背景同样应纳入考虑：

首先，1956年初苏共“二十大”所揭露的苏联经验中的负面问题，引起了毛泽东的重视。鉴于苏联农业、轻工业、重工业的不均衡性，以及农民与国家之间的紧张关系，毛泽东强调必须要重视农业，并且一定要兼顾国家与农民的利益，处理好两者间的关系。工业、农业“两条腿走路”与照顾农民利益成为毛泽东这一时期的重要关注点。

其次，在资本稀缺状况下，一方面要维持对重工业的投资，另一方面要为农业、地方与农村小型工业投资，资金短缺是必须克服的问题。而且苏联在50年代末的撤资更加剧了资本稀缺困境。按照温铁军的研究，中国此时仍然维持工业化进程而不中辍，关键在于动员广大劳动力，以“成规模的劳动集中投入替代资本”，由此产生了“亲劳动”政策取向（如梁漱溟特别表示赞赏的鞍钢宪法）。实际上，这也是当时“豆腐铁钩化”——社会主义民主与群众路线实践的重要背景之一。

尽管历史背景与动力多元而复杂，但可以确定的是：在这一时期，毛泽东对社会主义建设及工业化建设的思考，以及相应的政策与制度安排，确实呈现出强调农民与农业，并积极设想克服城乡差别、工农差别的政治意识。工业化固然造成了社会的重新分化和“三大差别”加大，但如吕新雨所指出的，毛泽东的工业化道路不是以此作为理所当然的前提，而是相反，“是以消除城乡差别为诉求的”（2013b）。

社会主义实践的“双重性”

在这个意义上，国家及其主导的社会主义工业化对农民和农业既有汲取又有回馈，我们在这里尝试称之为社会主义实践的“双重性”。例如，一方面，以国家/工业/城市为优先，从农民和农业中提取剩余以服务于工业化的资本积累，这代表了资源自下往上的“汲取”趋势；另一方面，强调“人民主权”和“工农联盟”，对工农价值充分肯定，并通过促进农村工业化等方式缩小城乡差距、平衡工农关系，同时对原先以城市为导向的文化教育、社会建设等进行方向性改变，并践行社会主义民主与群众路线，确立劳动者的尊严、主体性及能动性，这代表了资源自上往下的“回流”趋势。

虽然中国在工业化过程中多次发生经济危机，但却“避免了各种政治或社会问题的集中或连锁爆发”，维持住了工业化进程不中断，并未堕入“发展陷阱”。其根源在于，中国能够依托国内的城乡二元结构，“弱化经济周期性波动而向农村转移危机成本”。乡土社会之所以能够维持对危机成本的承载能力，原因恰在于，国家除从乡村汲取资源之外，还对乡土社会进行着多种形式的回馈。梁漱溟一直担忧中国会因“外无市场、内无资本”（梁漱溟，1937d：160）而难以展开工业化，这种“双重性”恰是破解梁漱溟的担忧的独特经验所在（温铁军，2013：15-16）。

也正是因为这种“双重性”，“建国之路”内部才会充满张力。在一定程度上，梁漱溟50年代的思想张力正是这种“双重性”历史张力的某种体现。

4. 生态“天花板”：有限地球时代的新制约

当代乡村建设除上述张力外，同时面临着一些新的约束。而在诸多限制中，由有限资源所引起的限制将最为重要①。因此，当代实践增加了诸

① 其重要性及为何成为问题，笔者在第一章“‘三农’辩证法”中有所提及。如潘岳所指，“传统的资本主义和社会主义在意识形态上势不两立，但有一点是两者相同的，它们都产生于西方工业文明，都学自一个经济学老师，都认为地球的资源是无限的”（2008：66），因此对“有限地球”的认知既重要也困难。

如生态农业、生态建筑、市民农业、消费者教育等新的内容，同时努力将“可持续/生态”视角融入相关工作中。

如果说历史乡村建设所面对的是“由政治纷乱、经济破产、社会失序、文化失范所引发的”整体性乡村危机（王先明，2013a）。当代乡建实践则叠加了全新挑战——发展本身的可持续性与生态危机，这种整体性危机不仅仅让我们看到近年来日益频发的自然灾害，它更伴随着农村生活方式的快速“非农化”从而大大削解其对危机应有的缓冲作用。

日益“可见”的生态危机不是少数人制造出来的末日预言，它是真实发生在我们身边的普遍现实——对于国家来说，它意味着能源紧张、环境污染、物种急剧减少；对于农民来说，它意味着自己及后代是否有田可种（土地板结）、是否有水可浇（水位下降并污染）、是否还能种得起地（种子、农资、灌溉成本增加）等问题[①]；而对于城市消费者来说，它意味着是否还有可能让自己和家人吃到真正健康的安全食品。

《增长的极限》的作者之一乔根·兰德斯在《2052：未来四十年的中国与世界》中警告我们：若不改变生活和生产方式，到2052年全球平均气温升幅将超过2℃，在这个过程中人类将越来越受气候变化的困扰，其中包括各种极端天气、反复出现的旱灾、新出现的滑坡及不正常的飓风，还有森林死亡及新虫害发生等（2013：117）。因写作《谁来养活中国?》而引发广泛争议的莱斯特·R. 布朗也指出这种危机的全球性：“我们的经济正在慢慢地毁坏其支持系统，消耗地球赠给我们的自然资本。世界上至少三分之一耕地的表土流失速度损害着它们的长期生产力。足有50%的世界牧场因过分放牧而向荒漠化演变。世界森林自出现农业以来已经缩小了一半左右。三分之二的海洋渔场，目前的捕捞量已经达到或超过它们的能力。而主要粮食产区，过度抽取地下水，早已是家常便饭”（2002：6）。因此，日本农学家祖田修认为当前的环境问题正成为21世纪的重大挑战，甚至似乎将人类逼上了绝路，而全球范围内的农业和农村则面临堆积如山的问题（2015：序）。

对于当下中国来说，这一问题更为严峻。据统计测算，“中国在2011—2013年消耗了66.51亿吨水泥，竟超过美国在整个20世纪里

---

① 当代乡村建设实践者邱建生2005年即指出翟城村及所在华北平原的生态危机及农业生产条件的日益恶化，详见：《“知识农村化，农村知识化”——翟城实验区的疑虑和希望》（《开放时代》，2005年第6期）。

44.05亿吨的水泥消费总量"（大卫·哈维，2017：引言）。从环境史角度看，虽然环境退化是长期而明显的，但中国几千年来的农业本来具有内在可持续性，两千年前清理出来的耕地到现在仍然可以耕种。但到19世纪以后特别是20世纪，则有明确的证据表明这一循环系统正缓慢流失越来越多的营养物质，同时生态系统正在日益失去恢复弹性的能力，土地、空气和水污染对人类造成的影响越来越严重（马立博，2015：446、461）。

关于日益加剧的生态危机，已存在很多相关描述，笔者不再重复。此处希望跳出仅从技术层面谈生态的常见做法，通过将其与相关脉络结合起来，探讨并挖掘背后更为复杂的原因。正如汪晖所指，"生态问题不是一个简单的生态问题，而是整个发展模式的问题"（2008a），它与现代化依靠转嫁"成本"才得以实现的普遍逻辑与整体困境内在相关。生态或可持续既是当代乡村建设的重要实践内容，也是整体性视野得以建立的必要维度。所以，乡村建设必须思考生态与可持续议题，并将"谁的生态"及"可持续什么"一并纳入。然而若在单一的经济主义视野下，生态议题也可能成为现代社会整体性危机再次转移的新空间①。因此，需要摆脱两种常见的前提性假设：

首先，当我们开始反思现代农业对环境和生态造成破坏，并尝试以实践做出回应时，常会面对类似的质疑：如果按照你们这样，全球会出现多少饥荒？刚刚打开的空间将马上被以"人类"的道德高度及各种正义之名所包装的线性思维所迅速关闭。提问者除缺乏对所涉及复杂脉络的应有耐心外，如此提问方式本身就是当今全球范围内主流认识的逻辑体现②。

其次，我们也需反思另一类主流——虽然承认存在危机与问题，但这些都只是工业化过程的必要"代价"，而环境污染和生态破坏也是经济增长与社会发展过程中不可避免的"阶段性"现象。在这类说法中，似乎如此"代价"只是初期的必要成本，一旦完成则无须再承担。然而从过去几十年的情况来看，显然并不缺乏对环境和生态进行保护的科技研发与投入，但环境和生态危机仍进一步加剧。第三世界国家的现实历史及近百年

---

① 作为一个可供参照的分析，刘岩结合包括《星球大战》《阿凡达》等科幻电影与主流灾难片指出：作为左翼抗议政治的"环保主义"已在资本主义的自我调适中逐渐被去政治化。对劫掠大自然的批判和对另类生产生活方式的倡导，正被"新能源—技术集团"所借重，成为其塑造世界的合法化论述（2011：177）。

② 如20世纪80年代英国首相撒切尔夫人主张"There is not alternative"（缩写为"TINA"），其伴随着新自由主义的全球兴起，广泛存在于80年代的主流政策和思想界，并成为"后冷战"的某种时代氛围，同时与当前全球范围内普遍存在的"犬儒主义"存在着某种内在关联。

的全球资源环境变迁还告诉我们：如此“成本/代价”是个动态过程，短期内或许可以通过对其他国家或地区的转嫁而得以暂时转移①，但其内在的生成机制却不应被理解为“投资式”的一次性成本预付。因此，对“代价论”的反思必须置于更大的脉络与视野下，不应只满足于静态指出增长和发展是否存在代价，还应进一步追问这种代价由谁承受、如何转移、所造成长远后果是什么等系列问题。

这种生态和资源的约束同时连带着当前已经越来越严峻的全球资本过剩危机，这成为当代乡村建设的新矛盾，也是其更大困境的来源。因此，温铁军认为，若历史乡建处于“三千年未有之大变局”，则当代乡建处于“三千年未有之大危局”之中②，这既说明当代乡村建设的条件和外部环境发生了明显变化，也让当代实践增加了不少新的内容、形态和生态视角，下文将结合案例进行讨论。

三、案例讨论：当代乡村建设生态实践的“力”与“困”

通过前面几章的分析，让我们对乡村建设的复杂脉络与内在张力有了一定的认识，并进一步明确乡村建设的基本内涵与实现路径：“回嵌”乡土。在这一“再乡土化”过程中，“去乡土化”的各种力量一直在不同层面上发挥着影响和作用。下文将结合笔者所参与的实际案例，以宏观微观相结合的整体性视野展开分析，进而讨论乡村建设实践的生态面向及其内在张力。

1. 毛驴、牛及其他

2005 年春天，晏阳初乡村建设学院内部有一场非常激烈的争论，前后讨论半个多月，关于是否要养一头毛驴。

支持者认为：牲畜曾经在乡村扮演着重要角色，农耕的历史其实也是畜耕的历史。由于石油农业与化学农业的到来，那些世代和农夫一起耕耘

---

① 笔者认为：危机的相互转化常表现为各利益主体在“两害相较取其轻”下的“权衡”与“博弈”，每一个同样都可以让我们毁灭的危机相互“转换”着，以“危机”解决“危机”成了这个时代的更大困境。而“三农”事实上又再次成为危机与成本转嫁的首选对象（温铁军、刘海英，2009）。

② 详见笔者在首届乡村建设研习营时对温铁军教授的访谈记录（2017 年 8 月 27 日，重庆北碚梁漱溟旧居）。

了几千年的牲口从土地里“解脱”了出来，农业也似乎获得前所未有的大丰收。但短短的几十年，各种牲畜（牛、毛驴、骡子等）迅速地从田野里消失，特别是在已经高度机械化的华北平原。与之相伴，在农村掌握驾驭牲畜技术的农夫也日益减少。既然乡建学院需要发展生态农业，畜力的使用与相关反思自然是重要方面，它既可为学院翻耕农地提供不依赖石油的持续动力，也不会有其他污染。又因乡建学院是公众教育平台，一头活驴可成为当前能源与生态危机下思考“另类”出路的好教材，也是探索实践“生态技术”与思考“生态文明”的重要组成部分。

反对者认为：养驴是一种倒退，石油怎么会没有呢？农民都已经不养驴了，我们这些刚刚下乡的“秀才”① 是不是太“浪漫”了？想开时代倒车？如果真的想演示毛驴在传统农耕中的角色与作用，拍成照片或录像即可。而且养驴成本很高，如此是否过于极端，把可持续理念僵化……它也一定会遭受外界的普遍攻击，况且略有耳闻的村民已经在暗暗嘲笑我们“傻、落后、不求上进”了。

双方争持不下，更多村民得知后表示了强烈的不解与反对。最后，不得已之下，由温铁军院长的妻子个人出钱认养，才平息了这场风波（黄志友，2008：158-159)。

从此以后，这头颇具争议的毛驴一方面勤勤恳恳地为清理校园搬砖拉瓦，在拖拉机进不去的地方翻耕土地，实践着生态农业所倡导的多样化种植；另一方面，成为一个饱受议论的“活教材”，很多在都市中待腻了的参观者，或新奇或嘲讽地观看并评说着毛驴，连同充满争议的“毛驴故事”。

2010年的又一个春天，我们把这头饱受争议的“毛驴”迎接到受其启发并以之为名办起的小毛驴市民农园（详见第二章案例讨论）。在三十多年前就已经告别畜力的北京郊区农场里，这头毛驴备受关注却生存艰难——既因周围很难找到同类伙伴，也因它的大小疾病很难获得应有的治疗。

如果说“毛驴”的故事让我们对传统农耕文明面对现代化冲击改造后的尴尬与处境有所认识，对于同样有着悠久农耕文明的邻国印度，从“圣牛”到“疯牛”的例子则揭示了发展中国家传统农业的内在困境。

---

① 此说法来自某主流媒体批评晏阳初乡村建设学院的专题节目《秀才下乡》。其中，尝试恢复畜力是“秀才们”脱离实际的力证之一。

引发争议的毛驴在晏阳初乡村建设学院耕地

牛，在印度被认为是“圣牛”，是印度文化的象征，并且还有宗教的情感在里面。“印度牛不需要与人争夺食物，而且还提供有机肥，印度村庄所需能量的三分之二来自 8 000 万头牛的牛粪燃料。然而，这个以对牛的全面利用为基础的可持续生态系统，却在效率和发展的名义下解体”（范达娜·席瓦，2006：75）。随着全球化时代的到来，包括肯德基在内的跨国公司在长期以素食为主要饮食习惯的印度进行了各种宣传①——肉食营养好，更容易让人聪明。于是，印度人的饮食习惯也逐渐发生变化，增长的需求相应被创造出来，越来越多的资源和土地被用来种植饲料，越来越多的“圣牛”被送进了屠宰场，而原来提供“畜力、有机肥、燃料”等多功能的“圣牛”被简化为牛奶或牛肉生产工具。同时，由于这些利用功能单一，以及由分散到规模化的养殖方式发生转变，使牛的种类和相关就业机会明显减少。类似变化在范达娜·席瓦看来“正使隐喻着生态文明的印度‘圣牛’变成了隐喻着工业文明的‘疯牛’”（2006：94）。

毛驴和牛不仅作为物质性的存在，而且其作为自给自足传统农耕文明的一个缩影，常常被贴上这样的标签：慢（低效率）、麻烦（需看护）、风

① 这种宣传既具全球性，也是现代食物体系的普遍事实：（2003 年）美国农业部 3.33 亿美元的营养教育预算，与食物与饮料公司的“营养教育”（广告费）相比，少得可怜，它仅是百事可乐和可口可乐两家公司（12 亿美元）的 27.8%，是八家食物集团（66 亿美元）的 5%。消费者被谁教育、被谁洗脑，一目了然（周立，2010：45）。

险（生病或死亡）、低技术含量、不卫生、落后……总之，不符合工业文明时代的发展方向，但如果转化为以“农业文明”或“生态文明”为坐标，很多情况可能有所不同。除“生计/生活/生态”不应被割裂看待外，象征“落后”的毛驴和牛实际上也是可持续和生态循环的象征，其带出了传统农业的重要原理——善于巧妙安排和利用不同生物的共生互养关系。而从物质再生产过程看，传统农业和现代农业的重要区别在于：前者主要使用人畜力、比较简陋的农具和农家肥，属内循环；后者大量①使用机械、电力、化肥、农药，属外循环。“正是这种外部投入，现代农业才可能大幅提高产量和劳动生产率，但由此导致其自我稳定功能大大降低，在自然和社会两个方面都丧失了可持续能力”（鲁静芳、左停、苟天来，2008：17-19），中国科学院石元春院士也因此指出“现代农业更加开放，开始进入一个更大的循环系统，但其带来的结果是：高投入、高产出、高成本和高资源环境代价”（2006）。

无论是中国的毛驴还是印度的“圣牛”，自然都不是孤立地存在，它们背后是一整套的做法、文化与价值。当我们屏蔽了所有的这些，在承载它们的生活方式、社会基础与认识坐标不复存在的条件下，抽象意义上的毛驴和牛——除食用价值外——就像动物园②里的其他动物一样，只具备物种意义或某些怀旧价值，当它们再度被强行拉到我们的眼前，自然显示出浑身上下的不协调。

与拖拉机取代耕畜同时出现的，还有化肥、良种、农药、除草剂、大规模单一种植等，它们都被归类于一个很好听的变革——“绿色革命”。作为二战之后影响至今的重要实践，“绿色革命”其实并不绿，也没有真正解决粮食生产问题③，其高产的定义仅基于狭隘的效益观与严格的排他

① 如文佳筠指出，“大规模单一化种植使得大部分食品需要长途运输才能到达终端市场。2001年进行的一项调查显示，中西部地区的食品，从农地到餐桌，平均要经过1518英里（2429公里）的长途跋涉。同时，随着产业链的加长，消费者支付的食品费用更多用于运输费、包装费、人力费和销售产品所需的各种投入，农业生产者得到的比例不断降低，面临‘不扩产，就出局’的选择。依靠大型农业机械和化肥农药、长途运输，所有这些因素综合起来，使得美国农业是世界上耗能最高的农业。每生产1卡路里的食品，就需要投入10卡路里的化石燃料。这种所谓的现代农业，其实是利用土地把化石能源转化成食品”（2011：40）。

② 虽然具有自然教育和物种保护功能，但当前越来越多物种正在“动物园化”，通过所谓“保护”不断巩固人类自我中心的幻象。

③ 正如E. F. 舒马赫的《小的是美好的》全书第一句话所提出的重要命题：“我们时代最重大的错误之一是相信‘生产问题’已经解决”（1985：1）。至于作者为何这么认为，全书有深入浅出的论证。

性。全面采用依赖石油的“绿色革命”不仅直接参与全球气候的变化，更以胜利者的姿态与优越感，深刻地摧毁着大部分农业人口相对“低碳”的传统生活方式，并实际联系着重要的经济利益与“冷战”政治脉络（J. 托德，1983：106；乐钢，2000：228－229；马格林，2001：280；徐国伟，2003：34－39；范达娜·席瓦，2006：9；阿图罗·埃斯科瓦尔，2011：184－185）。例如，学者马格林（Stephen A. Marglin）指出：“绿色革命”是在美苏两大帝国较量这种背景下炮制的。为了争取第三世界的人心（更不用说市场和资源），食物就成了重要的武器……1941 年，美国洛克菲勒基金会的斯泰克曼、布拉德菲尔德、曼格尔斯多夫三人，经过一个夏天的田野调查后，为该基金会的墨西哥农业计划撰写纲领。十年后，他们为该基金会写了一份文件，其中一段就反映了典型的冷战思维，“饥饿的人易受各种诺言的诱惑，但实际行动可以把他们争取过来。共产主义为饥饿的人提出了美丽的承诺，民主不但要提出同样美丽的承诺，还要实现承诺”。他同时还指出，整个氮肥工业是由于第二次世界大战期间弹药生产扩张而附带出现的，因为氮肥的生产工艺与制造炸药相同，并且战争结束后的军工产业表现出巨大的氮肥生产能力（2001：280）。而农业化学与军工产业的联系更为密切，农业使用的许多杀虫剂（除草剂）最初就是用于军事的脱叶剂和神经性毒剂（约翰·贝拉米·福斯特，2006：158）。

然而，在“丰收”的名义下，始终由发达国家操控的“绿色革命”一方面在那些渴盼与世界接轨的广大前殖民地或发展中国家所向披靡，并深刻地影响着这些国家的种植结构与耕种模式——在“绿色革命”影响下使用农药化肥正成为当下农民理所当然的新常识，让农民重新相信不用农药化肥也可以种出东西，已经日益困难。另一方面，数十年来因“绿色革命”所衍生的相关投入品和产出品的加工、贸易、技术、宣传媒介等产业资本已经在这种生产方式之下形成了复杂的利益关系，不可避免地对其后的发展与制度变迁造成一定的路径依赖，各种利益集团及其代表都不大可能为生态文明和人类的可持续发展让出眼前利益（温铁军、董筱丹、石嫣，2010）。

所以，只有将毛驴和牛置于历史脉络与整体性视野下，才能准确加以理解。与其说是毛驴和牛的“尴尬”，不如说是当代乡村建设生态实践所面对的深层困境。

2. 农民的“选择”①

在2007年初晏阳初乡村建设学院组织的农民生态农业专题培训中，有专题讨论涉及“农民眼中的传统农耕”。对于组织者来说，传统似乎应该是“绿色革命”之前的耕作方式，因为中国有着如此悠久深厚的农耕文明，百年前即有美国威斯康星大学农业物理学教授、美国农业部土壤管理所所长富兰克林·H. 金所著《四千年农夫——中国、朝鲜和日本的永续农业》（1911英文版，2011中文版）为证。该书由作者于1909年赴中日朝三国做田野调查后所写，认为东亚多样化的农业更具生态可持续性，成为世界生态农业运动的主要思想来源之一。

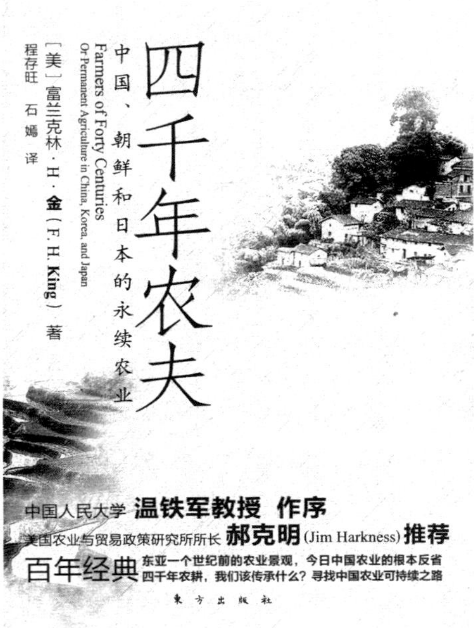

《四千年农夫——中国、朝鲜和日本的永续农业》中文版封面

然而让组织者意想不到的是，与会农民却多认为，相对于被认为是“农业未来”的生态农业（叶谦吉，1988：311），他们理解中的“传统”农业恰是使用农药化肥的耕作方式。如果今天你去和普通农民交流，让他

① “选择”背后常隐含着在生计和生态中二选一这种工业文明坐标下的假设，看似尊重不同群体的所谓自由选择权，其实掩盖了背后复杂的利益结构。如何跳出非此即彼的二元对立，既要好而美的生活，也要小而持续的生计，还要多样且包容的生态，则成为新时期乡村建设所努力的方向，也是更大的困难和挑战所在。

们转换为生态农业的种植方式，大部分人都会摇头说有多难，种地怎么可能离得开农药、化肥、除草剂……这些充满悖论[①]却意味深长的“现实”似乎意味着：农药、化肥在近几十年的使用过程中，已经替代了数千年历史的农耕传统而日渐成为中国农民的当下“传统”。

科技发展日新月异，农民的选择却不断减少。越来越多的人仍然坚持认为“绿色革命”与化学农业的“胜利”是农民自己的意愿和选择，是他们“用脚投票”的结果。否则，在上述“毛驴之争”中，为何本应与家畜最有感情的农民会成为最大的反对力量？

继续回到他们的现实“选择”：在新的条件下，很多农民虽然也意识到农药、化肥本身的问题，但依然选择它们，因为他们有着更精确的计算：如果减少化学投入，则不仅需花费更多时间和劳力，还需更多的现金成本[②]，在当前外部环境与参照坐标不发生改变的情况下，实践生态或有机农耕反而对农民来说意味着高风险[③]、低回报和低竞争力[④]。可见，只有“跳出”农业，才能真正“理解”当前背景与条件下社会化农业的限制与张力。

在此过程中，各地农民在乡土脉络与劳作生活中所积累的地方性知识在不同程度上都变得越来越零碎，同时被编入一张由狭义的技术性资讯所织成的“大网”，失去了与社区和所熟悉语境的整体性关联，乡土社群自身的知识不断被视为“落伍”，这与分割了的技术和环境，以及社会和经济分层的知识刚好相符，它强化了乡村地区的不平等和支配性结构，进而让源自乡土的知识存库被动地受到结构性改造（阿柏杜雷，2001：209、215-216、228-234）。

面对这种知识结构变迁的影响，“工业文明”坐标下的基本判断常成为农民选择的主要“依据”——这让有着“四千年农夫”可持续农耕传统

① 笔者发现另一饶有趣味的案例：当我们认识到种子为生态农业核心并历尽艰辛寻找本地原生态品种时，回头却发现河北定州翟城村及周边农民都管它们叫“笨种子”。

② 同样在晏阳初乡村建设学院组织的生态农业培训中，农户们自己做的经济分析让我们看到：生态农业对于不少农民而言反而是高成本的，因为传统的家庭循环经济已经被破坏，很多家庭已不再养殖，所以大部分有机肥都要到市场购买，成本自然高昂。

③ 当缺乏有效办法把分散的生态耕作和新兴的生态食品市场联系起来时，采用生态农耕对农民来说意味着要冒更大的市场风险。

④ 面对强势资本，分散的小农相对弱势，农村劳动力投入农业的机会成本越来越大。如杨帅和温铁军所指，“随着近年来农民打工收入占比提高到绝对比重以上，原来因劳动力大量剩余而极度压低的农业劳动力价格，得以相对于外出打工者的工资而显化，进而导致农业生产中劳动力投入的机会成本上升，以致越多使用劳动力的有机农业就越缺乏市场竞争优势”（2008）。

的“四千年”让位于今天农民眼中非农药、化肥不可的“四十年”，这既说明所谓“传统”不是本质，而是在历史脉络中被不断赋予意义且流动的相对概念，也说明当前困境只是特定历史条件和脉络下的产物，既然这样，当新的危机和变量出现时，同样可能发生新的变化。

当然，面对生产要素市场化、人才城市化和资本全球化的多重压力，以家庭为单位的小农经济体前途不明（何慧丽、古学斌等，2009：5）。我们不应“归罪”于中国农民采取不适当的生产方式，而需体认“两害相较取其轻”下农民的无奈①。况且这些选择还多重受制于“去乡土”影响下的文化、社会与经济结构。正如第一章“小引”中所讨论，村民“理想中的新农村”与乡村建设者的期待实际上常存在落差，若不加分析地以前者否定后者，则容易掉入某种以实证为名义的陷阱，特别是当“小农”被深度卷入全球性的现代食物体系及背后的主流意识形态之中时，我们需要反思这种以农民或乡土为名义的“选择”。

笔者认为，这种农民“自动”淘汰毛驴的说法也体现了“去农化”和“去脉络化”的主流论述。它首先遮蔽了中国20世纪50年代国家工业化这一重要的历史背景，在人地关系高度紧张的基本国情限制下，让小农放弃“灵活/自有”的牲畜而选择相对“昂贵/外来”的农机无疑非常困难，但因朝鲜战争与“国防需要”，在接手苏联援助的全套重工业生产线的特殊条件下，利用农业合作化自上而下进行农机化推广，本身就和统购统销及人民合作社体制一样，都是特殊时期的“国家战略需要”（温铁军，2009）。同时，人民公社这一特殊体制依靠组织的力量，也代为承担了新技术推广应用中的较大风险，改变了传统小农面对新技术时的谨慎与保守②，使得“许多新的农业技术通过人民公社的一次次会议引进了自然村落”（张乐天，2005：232）。

作为例证，在晏阳初乡村建设学院举办的农业交流会上，就有全国各地的老农回忆了农药、化肥的推广过程：最初老百姓是排斥这些东西的，它们刺鼻的气味使农民觉得这些是对生命有害的（后来事实证明正是如

① 如有实践者听到农民自己说出困惑：“我祖祖辈辈靠耕种生存，靠耕种生活，为什么今天我就不懂得种田了？因为我再怎么种生活好像都没有得到改变，再怎么种都依然是很穷的”（何慧丽、古学斌等，2009：7）。

② 正是特殊时代背景与高度组织化才可能改变东亚小农的某种“风险厌恶”，因为“如果‘最高和最稳定’这对目标发生冲突，那么，处于生存边缘的农民通常要选择低风险的作物与技术”（詹姆斯·C. 斯科特，2001：24）。

此），然而政府强行把这些东西“扔”到农民的土地上，因为只有这些代表着“进步”与农业“现代化”。

“农村可持续发展青年人才培养计划”学员到长春云凤合作社向农民学习发酵床养殖技术（2015 年）

类似状况不仅仅存在于中国，在印度学者帕沙·查特吉看来，“过去三十年中，随着国家作用的深化，在全球范围内的后殖民国家中政府技术的不断传播意味着政府对于农业群体而言不再是一个外部的个体。负责教育、健康服务、食品、道路、水电、农业技术、紧急救援和其他各种福利服务的政府机构已经深入到农民的日常生活中”（2007：196）。特别值得注意的是，它不是一般的渗透，其更结合着价值、观点等文化要素而表现出某种强势的霸权性力量①。正如研究者所提醒的，“虽然全球范围内绝对意义上的机械化、石油化和化学化农业可能只有 3%，但这种数量上的少数却可以成为全球范式，成为包括中国在内的诸多后发国家模仿的对象”（周立，2010：25）和“不同历史农业的共同结果”（叶敬忠，2015：209）。因此，农业改革并不是出于农业自身的意愿、对现代农业技术革命的需求，更多出自资本的需求②，某种程度上也可以说，“现代农业的秘

① 比如，詹姆斯·C. 斯科特在《国家的视角——那些试图改善人类状况的项目是如何失败的》中指出：由于不能有力地表明真实农民和农田的丰富性和复杂性，极端现代主义农业便经常对农民和农田进行根本性的简单化，这样他们才能更直接地进行理解、控制和管理（2004：358）。

② 如此才能理解，以美国为代表的“大农场式”石油农业何以用本国纳税人的钱去补贴其销往全球的农产品。如此“低成本”地在全球范围内对本土农业稳态结构的打破，为外部资本的介入与主导全面扫清障碍，无疑是合算的“投资”。

密就是用资本取代土地和劳动力”（吕新雨，2008：127）。而使农业技术工业化和现代化的条件之一，就是使农民的心理状态和生活状态也工业化和现代化，因为塑造农业社会及代表农业社会存在的政治组织如不被摧毁，则工业化和现代化是无法推行的（马格林，2001：253）。社会学者张乐天则结合实例指出：现代化在中国遇到了一个难以克服的障碍，这就是传统的带着温情脉脉外观的自然村落。星罗棋布的村落具有超稳定性的特征和极强的再生能力……它们犹如一个具有强大吸纳力的“循环的陷阱”①，一切进步的因素，一旦进入村落，就被强大的传统势力所化解。历史在村落中失去了其本来的意义，时间不是向前流逝的，而是循环的。日月的循环，四季的循环，贫困与富裕的循环，生存与死亡的循环，这一切构成了村落生活的内涵……总之，村落制度缺少内在的创新机制，村落的发展有赖于文化的输入或外部力量的推动（2005：绪论 2）。实际上，在乡土中国的现代化转型进程中，上述情况发生了很大的改变。

首先，在全面都市化浪潮的影响下，农耕渐渐剥离了原来丰富的生活方式意涵，而窄化为纯粹的物质生产。与此同时，乡村也经历不同程度的分裂——它为我们提供基本的食物来源，但城市才能满足我们“欲望化”的需要；它可能是我们生产的地方，但却不是我们生活的乐土；它可能是青春不再或当“城市留不下”时的无奈退路，但城市才是年轻时的向往与憧憬……总之，曾经统一的生产和生活、生产和消费正不同程度地分裂着。“身土不二”② 似乎成为高速发展进程中不乏浪漫却略显奢侈的空洞状态，这些都不同程度地影响着农民和乡村建设者的自我认同，由之引起他们对乡村前途的迷惘与发展信心的丧失自然也是可以理解的。

其次，正如下文将要讨论的“生态厕所”和“生态建筑”，这些生态技术作为某种意义上的“技艺”，其存在于各种关系网络中，同时嵌在广泛的社群、宗教与知识论的领域和语境中（马格林，2001：308；丹尼尔·A. 科尔曼，2006：20-21）。但伴随着农业商业化的出现，技术知识及其较广阔的知识论语境间出现了一种新的分割，下文将结合案例进行讨论。

---

① 若换个角度看，这种“吸纳”也可以是正面的。《去依附：中国化解第一次经济危机的真实经验（1949—1952）》就以“海绵社会”隐喻“乡土社会亿万兼业化农户小经济就像海绵的孔洞那样能够吸纳城市资本制造的巨大‘负外部性’”（董筱丹、温铁军，2019：32）。

② 日本和韩国这两个同样有着“小农经济”社会基础的邻国，在与快速城市化浪潮相伴生的社会运动中喊出这个意味深长的“口号”与理想，值得参考与反思。

3. 技术的背后

晏阳初晚年总结认为：乡村工作的第一要素是怎样认识科学与技术（1980：473-474），“需要将农业科学技术简单化、经济化、实际化，才能达到民众化，否则农民接受不了，用不上，一切都将成为空谈”（1988：560）。历史与当代的乡村建设实践都证明了科学技术的特殊作用，它与民众直接接触并关系紧密，在推动农民致富增收、改进生产方式方面最为直接；同时作为工具和手段，在帮助农民改变生存状况方面也最为有效。因此，农民在乡村建设诸方面中对其常表现出最强烈的需求[①]。然而笔者要问的是：为什么在当年晏阳初及中华平民教育促进会同人做了大量技术推广并已总结出成熟经验的定州，80 多年后当地农民却只能在回忆或传说中闪现曾经的高优技术？有村民说，现在的品种被“改来改去改没了”。暂且撇开其他因素不谈，作为技术的使用主体，面对漫天飞舞的各种技术服务，农民与技术的关系是什么？农民需要的是什么样的技术？

在分析前，先说两个前后对照的可称为“喷灌与漫灌”的真实经历。作为大学支农社团负责人，笔者在大学期间曾到河北张家口某贫困县下乡调研。该县缺水严重，根据农业大学的学习所得，当地应该发展节水农业，具体措施和办法可以为教材上所说的“喷灌”或“滴灌”，于是在一个月的调研结束后，笔者将之作为“建议”写入调研报告——既然是来自农业大学的学生，当地干部与群众从字里行间看该建议也貌似可行，于是向当地某国际扶贫机构申请了“喷灌式节水农业”项目并获得资助。然而一年后，另一批到当地调研的支农社团负责人却告诉笔者，这些设施买回来没多久就荒废了，因为该地风沙很大，喷灌眼很快都被堵住了……

这个由自己一手造成的“劳民伤财”经历至今让笔者懊悔不已，但随后两三年，河北定州的晏阳初乡村建设学院却再次上演另一则“喷灌故事”，这次则由毕业于三所农业大学的乡建同人共同“主演”。当地倒不像张家口地区那样需担心喷口被堵，但也是出于“节水”的目的，向基金会申请了这个项目，但仍然没过多久就被迫放弃。最主要的原因是，该设施

---

① 这点在晏阳初“定县试验”70 多年后的本地农民中依然表现明显。笔者在与当地村民交流过程中发现，农民对晏阳初及中华平民教育促进会给他们所带来变化的最大记忆仍然是技术方面。

对规模化单一种植更为有利，如果我们拒绝了农业工业化的思路，想从生态角度采取多样化种植，不同作物的灌溉需求自然存在差异。无论是固定式喷灌还是移动式喷灌，都显得非常不方便，远没有传统漫灌来得灵活和高效，于是，我们又一次“想当然”了……

这两次不同原因的“失败”让我们反思，看似中立纯粹的技术所承载的复杂意涵。我们更应该推动的是什么生态，是否有脱离脉络（时间、空间、社会关系）的抽象生态？喷灌真的生态吗①，这种被视为“先进”的技术更符合谁的利益与需求？为何本应了解当地条件与目标的干部群众也常参与到由外来者、推广员与农业设施生产商所共同营造的“生态幻象”中？除了我们几位，为何不少受过现代农业教育的乡村建设实践者在现实中也产生着类似的困惑？②

一方面，受晚清以来延续至今的科学话语影响③，特定历史脉络下的技术多存在于进步主义意识形态中，并内在于百年工业化的现实需求与时代焦虑下，因此，它很容易脱离社会经济文化脉络而被“幻化”为某种“独立性”存在。在“科学至上”激进思想的影响下，很多技术要素稀缺的地方甚至某些技术都在资源资本化的发展主义进程中成了排他性真理的化身，以及判断一切客观事实的唯一标准（中国人民大学重庆课题组，2011：7）。晏阳初等人没有满足于“五四”影响下概念化和精英化的“科学”，提出了“科学简单化、农民科学化”，将其请下神坛，以便于农民的接受和掌握。现今，农民仍然需要简单化，却又不仅仅是简化。如我们所见，今天多数的现代农业技术确实是简化了，简化到农民称之为“懒汉棉”或“卫生地”，但这却可能引发更多新的问题——在“方便”的同时，水源污染了，虫子种类越来越多了，各种怪病出现了……看似“方便”的背后，是被开发商和市场所垄断的技术，越来越依赖于它的农民不仅无法真正地掌握，更不得不为此而付出日益高昂的成本及生态代价。

另一方面，对技术需要反思，但也不能因此而忽视农业和农民对技术

---

① 它可能节约了一定的水，但却因材料制造而耗费铝矿且因长途运输而耗费石油。

② 在2012年1月5日中国人民大学乡村建设中心于北京召开的2011年度乡建工作总结会上，国仁城乡（北京）科技发展中心总经理严晓辉代表团队提出八点困惑，即包括此点。

③ 正如汪晖所述，“科学概念的广泛运用构成了20世纪中国思想的主要特征之一。在晚清以降的中国思想氛围中，科学不仅是解放的象征与召唤，而且也为各类社会文化事务提供客观根据。它不仅证明了新文化人物所期望的变革的必要性，而且也提供了这种变革的目标和模式，并成为一种替代性的公理世界观”（2008c：161）。

的强烈现实需求，将传统“本质化”或“审美化”① 进而脱离脉络地成为“去技术/反技术”。而事实上，技术的出现与发展从来都紧密联系着技术之外的其他因素。费孝通在《乡土重建》里曾结合3世纪中叶关于水碓发明未必给普通小农与农业生产带来好处的历史教训指出：因为“水碓规模大，建造时需要资本；水道不属私家，利用水力需要权力；利益大，引游人，争得凶”等原因，这项重要发明一开始就被豪门巨室所专有，进而沟渠被占用，甚至妨碍本来正常的灌溉，《晋书·王戎传》曾说王戎“水碓周遍天下”（1999a：386－387）。该案例说明，技术改变不但影响工业区位，而且会改变工业组织的结构与财富分配方式，新技术常会成为少数人的特有机会，并造成社会新的分化形态②。所以，“脉络化”地讨论技术对乡村建设来说是必要的，其引发的话题自然不仅停留于技术层面：它包括主流社会对技术的“定型化”想象与偏见，技术如何日益脱离经验世界而狭义化③，同时又如何成为现代经济与文化结构的有效组成部分。正因如此，其也可能再次成为挑战“去脉络”论述并进行创新实践的资源与空间。

通过以上关于毛驴、农民选择、绿色革命等的讨论，“工业文明”时代的现代技术除常见优点外，也存在以下特点：高成本④、（对能源和资源）高依赖、去乡土⑤。充满悖论的是：其常以“农民选择”的名义“自圆其说”地构建起了“技术乌托邦式”幻象——重要原因是其巧妙地遮蔽

① 当前普遍存在对乡村和传统以“生态”为名的某种“原生态”追求与想象，它部分反映了“逆城市化”过程中现代人的某种内在焦虑与“乡愁”情结，如果能与乡土和实践进行结合则有益处，否则也是另一种“去脉络化”与“浪漫化”，而受到农民类似于“饱汉不知饿汉饥”的反唇相讥。当然，该回应也是在另一种主流话语与脉络之中。

② 同样也是水车，晏阳初在实践中意识到：中国的水车一直需要两人操作，而且效率不高。“带发动机的水泵无疑要比原始的水车有效得多，但却不能引进它。理由很简单，因为中国农民不可能买得起这种机械（而且没有电力等能源）。因此，乡村建设者们花了几个月的时间推广应用一种比旧水车科学但却仍可不用电的辘轳，并且它只需一人操作”（1989：170）。

③ 当前主流技术日益窄化为“高科技”，似乎这才是技术。常用词“技术含量”就体现着这点，同时也暗示着现代技术的“外来”特征。

④ 此成本不仅包括经济上的开发成本，更包括产生深刻影响的生态成本与社会成本，后者包括现代大型都市化的普遍危机，如高污染、城乡关系恶化等。相比之下，可持续农业科技的研发投入则严重不足，并且常被部门短期经济效益所绑架（文佳筠，2012：173）。

⑤ 所“去”的不仅是乡土脉络，正如丹尼尔·A. 科尔曼认为的，“在历史上，科学和技术实际上曾被某种伦理观念长期抑制，这一伦理观念的特点是不图积累，把经济和技艺置于社群（包括自然环境）的通盘考虑中。经济活动及支撑经济的技术当时仅着眼于社群及其生活方式的存续绵延。而资本主义的天生法则就是使经济活动突破社群的既有藩篱，不断求得增长，它的兴起自然解放了科技力量，使科技服务于日益扩张的经济”（2006：23），也即布罗代尔所说的“技术不再受社会约束了”（1997：45）。

了技术背后的复杂脉络，同时将“技术”抽象为“中性/独立”的存在或形象。作为该逻辑的延伸，当问题与质疑出现时，不是通过回到具体脉络进行根本原因的分析，而是让不同形式的“就科技论科技”与“以科技医治科技”成为解决之道，如此处理方式忽视文化、社会、生态等限制，回避了社区和生活等因素，再次重复“成本转嫁”的基本逻辑，实现着“去农化”效果。实际上，类似论述已受到不同角度的质疑与挑战（E. F. 舒马赫，1985：98；约翰·贝拉米·福斯特，2006：86、95）。

进一步说，不应本质化地认为技术本身存在问题，而是“过度、单一、反生态”才让它成为问题。因为除狭义的技术面向（效率）外，还有经济面向（垄断、知识产权）、社会面向（健康、生活方式、社区）、文化面向（认同、价值、美学）、生态面向（能耗、环境影响）等，综合起来才构成完整脉络，前文相关案例也可以理解为是从不同角度体现了这一基本现实。

因此，如何让技术“回嵌”社会①则是关键。为了达成此目标，当代乡村建设在所推动的生态技术中坚持以下原则②：适用的，民众的，低成本的，生态的，有利于“再乡土”以打破其与文化、经济、社会、生态脉络割裂的。也即，这种技术“实际上必须考虑人民的反应和能力，而不应使自己局限于机械或抽象的概念”（E. F. 舒马赫，1985：123），同时必须

① 技术“回嵌”社会的另一参考案例是印度南部的“喀拉拉邦民众科学运动”（KSSP）。该运动自1962年由一批科学家发起，1996年获得被称为另类诺贝尔奖的“优秀民生奖”（Right Livelihood Award），至笔者参观的2004年已拥有超过5万名成员。1974年其提出“科学为了社会革命”的口号，旨在让科学成为普通民众的武器。在最初的10年里，这批科学家与社会接触，逐渐发现现代科技并非造福所有人，尤其是社会底层。他们看到重工业、核电、大型水坝工程等对环境的破坏，开始对“发展”采取批判态度。正是基于这样的认识，KSSP所推广的是一个朴素的高尚诉求：知识、科学、智能，应由民众掌握。而通过与民众结合的过程，让知识分子从象牙塔走出来，从井底爬上来，让自己变得对人民、对社会有用。KSSP认为，技术层面上的科学并非最重要，科学是为了社会的改善。因此，他们针对大众的科技推广采取了有别于主流渠道或市场化的开展形式。无论是街头剧场、民间艺术，还是火车上的科普读物，都是他们开展“走近科学，运用科学”的有效手段。正是在与普通人日常生活的紧密结合中，“还原”了科学存在的意义。也正是有着这样的理念，科普不再只是纯粹技术层面上的科学普及。笔者在调查中就看到，KSSP教普通家庭用当地现成的环保原料和简单技术生产肥皂等日用品，与此同时还将小小的肥皂联系到全球化大背景，给参与者讲述“肥皂的故事”，进而延伸出跨国公司的市场垄断及对本土经济的不利影响（潘家恩，2004）。

② E. F. 舒马赫《小的是美好的》对当代乡村建设的生态实践有较大影响，特别是该书所提出的“适用技术”（appropriate technology）：价格低廉、基本上人人可以享有、适合于小规模应用、适应人类的创造需要（1985：17）。除了理论，作者生前还“行其所知”地进行广泛实践，至今以其名字命名的英国舒马赫学院仍在推动相关理论与实践的教学、研究与国际交流，其也是中国当代乡村建设网络的国际合作机构之一。

回到社会文化与生态脉络之中，其自然也就包括从整体性视野出发对主流技术的反思与改进。

为了达此目标，乡村建设需要在反思技术的同时，改造现有知识，重新定位科技、文化与农民的关系，思考农民接受技术的方式和特点。与此同时，结合农村乡土人才的挖掘培养与合作组织的建立，充分发挥农民在其中的能动性，在外来知识分子与农民的积极互动中探索出有利于农民参与和掌握的技术体系。

回到乡建历史，晏阳初就认为“乡村建设的主要贡献并不在于加工或设备的发明，而在于寻找一种通过组织和训练，解决农民充分利用改进了技术问题的办法”（1934a：269）。当代乡村建设的技术研发推广也朝此方向努力。自 2004 年始，晏阳初乡村建设学院努力尝试某种“大众的、从生产领域开始的、农民可以参与的”生态技术实践，也可说是一种从源头开始的可持续生产与生活。正如前面不断讨论的，乡村建设不等于建设乡村，自然更不是“刷墙式”形象工程，但建造“适用、舒适、生态”的乡村建筑却是乡村建设的重要内容——因为“盖房”本身就是亿万农民生活中的头等大事，而当前的乡村建筑却常因盲目效仿城市而陷入误区①，但却较少有理论与实践对这些广泛而又影响深远的问题进行有力回应。

在台湾建筑师谢英俊的推动下，晏阳初乡村建设学院 2005 年成立了生态建筑工作室。所试验推广的乡村生态建筑正是基于农民广泛的基本需求与可持续发展原则。一方面，因地制宜地使用可回收再利用和农民可自己生产或就地取材的建筑材料②，如木、草、土，减少建筑垃圾及加工、运输过程中的能源消耗；另一方面，发挥这些天然建筑材料的优势，结合各地的传统智慧与现代建筑科学，盖出居住舒适的房子，比如采用保温的草土墙体、节能炕等。在这一过程中使用简单工具与技术，并将建筑知识

---

① 取材上纷纷放弃本地天然环保的建筑材料；外观上照搬城市“时尚”而逐步丧失传统乡村民居因地制宜且多样化的美学思想，例如，在房子内外“过度”使用瓷砖。与之相对，生态建筑提倡尽量使用本地建材，但对其他建筑材料也没有偏见，建造过程中也使用瓷砖，只不过是在卫生间和厨房里，而不是贴在房屋外面。

② 谢英俊曾说道，“没木头，用石头；没石头，用泥土；没泥土，那就竹子；竹子也没，秸秆你总有吧”（王雯婷，2012），这是生态建筑的材料观。其所经常采用的另一类“轻钢”材料抗震性好，但造价高昂。谢英俊通过试验简化了该结构，使其变得可预置、具有开放性、组装简易、空间灵活，所有衔接处均采用螺栓固定，让村民不请专业施工队也能够把房子盖起来。尽可能使用不设门槛的建房技术，材料充分本地化后也可降低成本支出，让生态建筑与其他农房相比具有独特优势。

平民化，以便于普通农民学习和掌握，以此形成“在地化”的自主营建体系。同时，在此过程中，进一步推动农民在“协力造屋”方面进行新的互助合作。

B6
人物在线
谢英俊 让弱势群体协力营造生态房

2005 年 8 月，晏阳初乡村建设学院举办了首届生态建筑暑期工作营。左图为来自全国各高校建筑系的学生一起动手建造“地球屋 001 号”，右图为《北京青年报》的专题报道

虽然理想挺好，但却在现实中“遭遇”到不少阻力与困难。首先来自以现代都市美学为导向的“去乡土”观念。面对已经被大众传媒和房地产广告深刻影响过的村民，无论是河北定州翟城村还是河南兰考贺村，该建筑实践都不同程度地面临观念与价值层面上的挑战。一篇题为《兰考合作建设生态房的理想与现实》的新闻报道，记录了当地农民对生态房的“两极化”态度，“有人觉得加入合作社协助盖房的方法不错，有人觉得问题多多——已经参与盖房的刘建忠的妻子门凤枝指着对门邻居家贴着花花绿绿瓷砖的小楼一脸的羡慕，盖个房子不就是图气派漂亮吗？这房子像个啥？将来娃子相媳妇都难”（朱长振，2007）。这与之前晏阳初乡村建设学院在所在的翟城村推广时面对的村民的担心如出一辙，虽然屋主所顾虑的可能娶不上媳妇的儿子当时还只是在上小学。原因为何？虽然她们也承认土墙冬暖夏凉，但她们同样都认为这种房子用的材料太“土”，可见“土”

的担心不简单来自实用考虑，也不是技术层面的问题[①]，而更多是受现代都市坐标的影响。

除此之外，生态建筑工作室于 2004 年暑期在晏阳初乡村建设学院修建的“尿粪分集式”生态厕所在推广中也遭遇类似“困难”。

之所以选择厕所作为乡村生态建筑的切入点，是因为它是十分关键但却常被忽略的世界性议题，以至国家都要出面提倡“厕所革命”。而在本案例出现的十多年前，我国包括水冲式厕所在内的卫生厕所在城乡的普及率尚不足 40% [国仁城乡（北京）科技发展中心生态农业工作室，2009：25]。而农村中的人畜粪便本是生态农业中的重要肥料。在《四千年农夫——中国、朝鲜和日本的永续农业》的作者富兰克林·H. 金一百年前看来，“迄今为止，中国、朝鲜和日本农民实行的最伟大的农业措施之一就是利用人类的粪便，将其用于保持土壤肥力以及提高作物产量。当反思我们农场的土地在不到 100 年的时间里就耗尽肥力的原因，以及为了保证土地的年产量而不得不施用巨量的矿物肥料时，我们便意识到必须深刻了解和认识东方人自古以来一直延续的施肥方法”（2011：113）。但近年来我国肥料投入中的有机肥占比却日益降低，即使我们不从肥料转化方面考虑，只要未经处理，这些人畜粪便既是农村居住环境优化的突出障碍，也是散播病菌和影响农民生活质量的重要原因。那我们是否可以在农村地区全面推广“卫生的”抽水马桶呢？且不说它将损失有机肥料，大量耗水[②]这一技术条件也让很多缺水地区面临实际困难。

正是基于这一“两难”困境，乡建学院修建了尿粪分集式生态厕所[③]并进行了一定的推广。该厕所严格实行尿粪分离，确保粪便干燥而减少臭味，同时加草木灰进行无害化处理后可作为有机肥直接还田，节水、肥田和改善卫生条件“三不误”。厕所建设则充分利用本地可回收的生态建筑材料（草、土、柳条），相比砖及水泥的制造过程需消耗能源并释放二氧

---

① 比如面对村民担心土墙容易遭“鼠患”，建筑师最后以墙基外层夹铁丝网的方式进行处理。

② “它需要 30 倍以上的水冲洗少量的尿和更少的粪，粪、水混合后，使需要处理的粪污大量增加。同时，据初步估计，冲厕用水占日常生活使用总水量的 35%之多”[国仁城乡（北京）科技发展中心生态农业工作室，2009：导言 1、正文 14]。

③ 晏阳初乡村建设学院是在 20 世纪 50 年代一个废弃的村庄中学校舍上修建的，原来全校共用一个又臭又脏的传统乡村厕所。除工作人员外，来来往往的参观者、来访者、志愿者也都抱着各自忍一忍的心态，或者认为这就是“乡土特色”。直到 2004 年夏天，台湾建筑师谢英俊来学院为志愿者义务讲课，他发现这个问题后皱了皱眉头，对志愿者说：我们培训结束后留下来盖个厕所吧。于是，就有了一帮几乎零基础的大学生志愿者在他的带领下，和当地农民一起盖起了这个生态厕所。

化碳来说，这些来自本地的天然材料在生产过程中反而能够固定二氧化碳。通过“减量化——只处理必须处理的粪便；无害化——处理掉污染环境与危害人体健康的有害病菌；资源化——自然能源与粪肥的循环应用，在减少化肥施用量的同时节约用水”［国仁城乡（北京）科技发展中心生态农业工作室，2009：29］，小小一个厕所，多角度地体现了生态可持续理念。

由谢英俊设计、暑期志愿者参与施工的晏阳初乡村建设学院粪尿分集式生态厕所（2004 年）

谢英俊（右四）在晏阳初乡村建设学院与村民及志愿者一起盖厕所

然而很多人却认为这样的工作无足轻重，甚至有人半开玩笑地建议将晏阳初乡村建设学院更名为“晏阳初乡村厕所学院”[国仁城乡（北京）科技发展中心生态农业工作室，2009：57]。如此不屑与污名化既体现了当前社会运动的日常生活盲点，也说明了乡村建设实践在“生态化/再乡土化”过程中所面对的复杂外部环境。正是如此“就厕所论厕所”的“去脉络”处理和来自主流文化的刻板印象，遮蔽了乡土社会的复杂状况及包括生态等在内的各种限制因素，强化了我们对“三农”的“偏见”，进一步影响了农民对“好生活”的认识与理解。

而这些生态建筑、生态厕所的新做法，首先承认并肯定农民在盖房子、改进厕所等方面实际而又合理的需求，它也是所有建设工作的基础。乡村建设实践所努力的正是尝试低成本和低耗能地改进农民生活，同时让生产生活具有可持续性，使得生态不再高不可攀，而技术则以低廉的价格及开放的形态重新回到使用者手里，实现带有“人民生计”特点的“生态技术”；其次将改变“好生态—好生活”等常见的二元对立，同时对都市中心、中产观念和唯生态论进行反思，重新连接起生态与生活，并将其与社区、就业和组织相结合，让技术重新“回嵌”社会、文化与生态脉络之中。

但在实际开展中，除面对上述经由农民所表现出的“不接受/排斥”外，这些生态技术实践还直接面对各种其他挑战与影响。例如，强调农民在建材、技术开发等方面尽量“自主”的生态建筑一开始就需要面对利益相关方，其中包括：建筑材料供应商、“城市中心”的建筑知识生产者、追求“样板化”的建筑规划部门及有着“去乡土”客观效果的“专业资质”门槛①。因此，如果不能“跳出技术看技术”，并在更大脉络上推动改变，单纯追求技术创新的空间是有限的。

通过以上案例，一方面应进一步明确乡村建设所努力探索的是农民相对低成本和生态友好地利用在地资源且能自主掌握的“适用技术”②，这

① 虽然其有利于提供质量保障，然而在客观上也可能造成排斥潜在技术开发及非专业人士（土发明、工匠）的客观后果。笔者在河北定州翟城村就发现村里至今都有一些具有创造力的农民，从成功自制吊车，到家里靠瓶瓶罐罐进行农业对比试验，这些实实在在且至今仍然默默存在的事实，让我们看到新中国科学技术“人民化”的实践遗产，有助于更好地理解中国特色之“工业化”体系是如何完成的。同时，其也打开了一个重新思考“科学与民众”“科学与生活”关系的现实空间，并可以作为本书第八章所讨论“没有‘乡建派’的乡村建设”的一个注脚。

② 例如：自然农业所提倡由农民利用简单生活物资自己动手低成本制作的“土著微生物”，相对于价格不菲且有外来微生物破坏生态平衡风险的专利生物制剂。

些相对较少依赖外部的在地化技术更有利于乡村的可持续发展；另一方面也让我们看到乡村建设所内在的复杂张力，长期“脱嵌”乡土给乡村带去的深刻影响，不仅在于物质层面，还包括对生产方式和生活方式的改变，以及由此产生的观念变化。

四、小结

笔者在导论中曾经用“负重潜行”来概括乡村建设的某种特点，从一定意义上说，“依附有红利、回嵌有成本”。本章从乡村建设的各种批评及内在的多重张力切入，结合当代乡村建设实践中的生态技术案例，指出无论是生态还是技术，都与社会、文化、经济存在着复杂的关系，进而讨论“去乡土”和“再乡土”在具体领域与空间中的实际展开及其背后的全球脉络与多种维度，希望在此过程中带出的现实反思与理论敏感既有助于推进对相关议题的思考，也可以让行动者对实践中所“遭遇”的各种困难进行新的认识。

首先，乡村建设虽以“三农”为关注重点，却内在于复杂的现代化进程，并不断面对各种层面的“去农化”影响。如果按照波兰尼的“双向运动视野”，也即“正向运动”的影响无处不在并渗透其间，这让百年乡村建设一直充满着各种张力，其也是本书拒绝简单化认同“好人好事”，同时也认为一般的“效果论”或“问题乡村”无法更全面理解乡建的原因所在。

其次，由于多种层面的矛盾和张力，无论是历史还是当代的乡村建设，都面临各种批评，从中既可看到乡村建设本身的复杂性，也更容易理解乡村建设本来就是在试验和试错中不断潜行的动态过程。所谓“潜行”，当然不是“偷偷摸摸”或“小打小闹”，而是希望指出乡村建设相对于主流的边缘状况、“另类”存在与批判立场，这在某种意义上由其尝试选择一种与资本相对的劳动、与精英相对的平民、与利益占有者相对的成本承担者之位置所决定。若历史地看，乡村建设的多数时候既非顺风顺水，也不像一般宣传那样振奋人心与引人入胜，而是充满着挫折、艰辛、争议与不确定性。然而，即使大多数时候是沉默无声、易遭遮蔽且充满误读，其也仍因真实坚韧地存在而不可能真正被忽略。

最后，通过对当代乡村建设中生态技术的具体案例进行分析，笔者认为："人民生计"和"生态技术"既是当代乡村建设的重要内容，也为百年乡村建设带来全新视角，它内在体现着乡村建设的基本思想与原则。我们既不可在不处理整体脉络情况下抽象地谈生态或技术，也不可能仅在技术层面上孤立地进行相关实践。而必须回到具体脉络，重新连接文化、政治、经济、社会等维度，进一步推动"生态技术"的在地化载体与现实空间。

通过这些案例和分析，我们也会看到乡村建设中的各种困难与艰辛，不仅在资源获取上捉襟见肘，在外部理解上也毁誉参半。其中既有实践环境的原因，也有实践者自身的问题——既可能出于主体内在的精英立场与怀旧乡愁，也可能表现为在困顿与不被理解过程中"保护性"的自娱自乐，还可能是当乡土被全球化进一步裹挟后的某种"拨乱反正"。我们如何不就事论事，而是以小见大地认识到这些症候所折射出的内在困境，进一步推动实践者的反思与自觉，将是下一章所要讨论的内容。

第七章　艰难的突围：乡村建设的认知坐标与“反向”实践

你说农人蠢，泥土变黄金。你说农人私，疾病相扶持。

你说农人弱，从军保乡国。你说农人穷，财穷志不穷。

杨效春，1934，《乡农的书》①

的确，我们一直处于一种非常矛盾的状态之中，既肯定了自己，又否定了自己，既赞扬又嘲讽，既自律又放纵，既节制又奢侈；我们的思想可以具有预见性和超前性，但我们的行为却永远具有滞后性和妥协的可能；我们使用着最现代化的工具，但又试图找回渐渐消逝的传统生活与生产方式。我们无法极端，也无法彻底放弃任何一方，于是只好在中间状态的夹缝中生活并艰难和矢志不移地搞乡村建设……

黄志友，2005，《一年来的乡村建设：反思与期待》②

小引：我是农民吗？

随着“三农”问题的日益升温，在各种讨论进行得不可开交、难分胜负的时候，笔者经常会听到一个逻辑感颇强的类此声音——“我就是农民的儿子，我家就在农村，我还不了解农民？”每当此时，似乎言者已然获取了一个发言“制高点”，似乎可以结束讨论了。然而如此逻辑真的成立吗？就像可能你每天都在爬楼梯，但若非带着目的去数一下，可能一辈子也未必准确知道“门前楼梯几多级”。因为那只是踩在脚下而无须意识的

---

① 节选自邹平试验县成人义务教育教材《乡村的书》第78段“你说”，该书于1934年由邹平乡村书店出版，随后多次再版，深受农民欢迎。转引自：成学炎．梁漱溟——乡村建设运动的旗手．北京：人民日报出版社，2013：304。

② 原文刊于：生态农业工作室．田野笔记．晏阳初乡村建设学院（内部印刷），2007：82-83。

工具而已，你的目标和意义是楼上或者楼下。

在洪巧俊的杂文《我是农民吗?》中，作者面对现今越来越多的人打着农民的旗号，如农民歌手、农民诗人、农民画家、农民企业家，深刻地指出“冠以农民前缀的并非真正意义上的农民，在真实身份前缀以‘农民’，不过是试图营造一种强烈的反差来抬高自己。此举也许突出了他们的成就，却在另一个方面歧视和贬低了整个农民群体。但这种习惯性的歧视，已经让我们熟视无睹”(2008)。作者随后自陈虽然在农村种了八年的地，并也长期关心农民，但却从来不敢冠以“农民”前缀。因为父亲告诉他，做一个农民的先决条件是，要真正懂得“二十四节气”。

根据刘亮程的分析，“家乡是地理的，故乡是心灵的”。今天，现实家乡因为“三要素”离农而去致使心灵故乡也发生着实质性变化。而所谓“离乡”不仅指在地理或空间意义上离开农村，还指失去对乡土或土地相关联生活方式与意义世界的认同。虽然，我们可能生长在农村，也曾与“三农”有着天然的接近，但正如第三章案例中所讨论的，现代教育早已让我们从认同上离开了那片土地，恰是城市给了我们主要的经历与想象。除了童年的回忆和乡下的亲戚外，乡土到底“剩”给了我们什么?

对于那些可以发声、上网和争论的大多数“我们”来说，“农”可能是一份装饰，但更可能是抢占发言权时的某种修辞。虽然我们可能“满口皆农”，但却毫不知觉地将之陌生化了——我们叙述它、研究它、包装它，甚至依赖它以成就学术地位，然而它仍然只是或近或远不断化约着的“对象”。所谓“乡村建设”同样如此，在很长一段时间，虽然有着浓厚的兴趣，但梁漱溟的《乡村建设理论》读了多次就是进不去，或许并非因著作本身的难度，而是拘于既定认知框架的彼此之“我”，同样坚信并分享着“成王败寇”的强者逻辑。无论梁漱溟还是晏阳初，当他们一开口，八十多年后的我们已经知道所谓“失败”结局，既然如此，何必认真?

今天回想起来，我和我那些参加乡村建设实践的同人是幸运的，就在我们还带着无数美好的社会理想、激情有余但却“两手空空”的时候，因为汇入百年乡村建设，参与了包括晏阳初乡村建设学院等在内的实践平台，而获得一个不算坚固的“围墙”作为缓冲，既让我们逐步放下无数来自书本的主流概念，同时又让我们有空间在反省中慢慢成长，而不像更多同龄人一样在现实的残酷面前直接“缴械”，如此“无奈”在我们的大学生活中随处可见——“一年土、二年洋、三年忘了爹和娘!”

在乡村的工作和生活，因为脚踩大地，心中虽有对现实的不满与怨气，但我们还是较容易让自己的心态恢复平和。土地、自然和身边无数普通的劳动者影响着我们，让我们感受到世界的多元与丰富；他们的活力与坚韧、不甘与乐观，更让我们学会谦卑，努力改变学生时代所形成的张狂与高调，在激情淬火中尝试让自己坚韧起来。除了这些，乡村还给了我们一个重新调整自己眼光或坐标的机会。正是延续着先行者的足迹，踏上了翟城村的那片热土，既让我们能够近距离体认到“三农”的危机与农民的艰辛，也让我看到土地神奇的自我修复能力。虽然外来者的身份差异常难以真正逾越，但我们却可以选择一种共同生活者的姿态去体认乡亲们的喜乐哀伤，去理解他们的无奈与坚强，并在冲突矛盾中重建源自乡土的敏感，以此挑战长期以来的盲点与偏见。

然而，认识自己和付诸实践的过程当然不可能一帆风顺。返乡艰辛的例子其实很多。归乡途中那无形却让人惧怕的高门槛，将无数“农N代”堵在了“蚁族”围城之中。上学和进城本应给我们更多选择，可为何却让我们的道路越走越窄？与其说那来自家庭和村庄的不理解、不宽容，不如说也是当前社会诸多不合理关系的集中体现；来自乡村的父母之所以希望我们“跳出农门”，与其说是他们对乡土的认同不再，不如说恰是承载着太多城乡分割与不公之苦的整代人用如此“形而下”的方式对亲人的保护与救赎——在他们看来，不合时宜的弃城返乡与体力劳作难道不等同于竞争落败或自甘“沉沦”？对于身处主流价值基座，并在“你撤退、我掩护”中付出巨大代价的“农N代”家长来说，“上城改变命运”难道不是一种能够被理解可却让人心酸的合理期待？

也因此，当代乡村建设的返乡实践多有从“离乡”到“归乡”，从“走近”到“走进”这两个层面。既可以一步到位，也可能分步走：先在异地和他乡做探索，积累经验与资源后再回到自己的故乡。且看当代乡村建设最早的一批实践者，很多人都已经进入第二阶段，他们的实践虽然曲折却也让人羡慕，借用一位实践者的话“不要等到叶落了才归根”，有乡可返其实是一种幸福。

从2012年推动“爱故乡计划”以来，常有朋友问我们，自己就出生在城市，不是“农二代”，是否也能够爱故乡？这让我想起乡村建设实践的重要推动者梁漱溟先生和温铁军老师，他们都是生长于京城的“城二代”，为何他们会去推动乡村建设？因为乡村是中国的根，是理解过去中国并思考未来中国所无法绕开的底色与载体。况且，我们所说的是广义的“故乡”，君不见城市自身也正在大规模改造升级中面目全非，无论我们来自哪里，其实很难对这种身处其中的巨大变化无动于衷，对故乡的重新发现与思考，可以理解为每个现代人在新危机与困境下的应有自觉。

故乡就是脚下的一片热土，无关地面材质。

雷蒙德·威廉斯曾说，“在看似不同的个性里，我们每个人都有一个观察、选择、比较、调整的系统，它和我们描述过的所有社会系统一样的精密复杂”（2013b：106）。晏阳初则讲“我们希望抛下一切东洋眼镜、西洋眼镜、都市眼镜，换上一副农夫眼镜”（1932c：221）。然而，今天“农夫眼镜”应该是一副什么样的眼镜？

假设拳王泰森与三岁孩子比赛，谁赢？答案未必是闭着眼睛就能得出的，因为关键在于比什么，如果比梦想或想象力，结果可能恰恰相反。如果说上一章更多从宏观环境或外部视角对实践的张力进行分析，本章将进一步讨论“坐标”问题，同时从内外互动的角度讨论其对实践者主体所产生的影响。

所谓坐标，也即各种价值判断的整体性参照，它联系着各种“意义”生产和流通，此处的“意义”参考了文化研究的相关讨论。在对索尼随身听所做的一项“做文化研究”（doing cultural studies）中，保罗·杜盖伊和斯图尔特·霍尔归纳了“文化”周而复始的两个主题：文化是“完全的生活方式”及文化是“意义的产生和传播”（2003：13）。而在《表征——文化表象与意指实践》中，霍尔指出：“文化首先涉及一个社会或集团的成员间的意义生产和交换，即‘意义的给予和获得’。文化既涉及概念和观念，也涉及感情、归属感和情绪。文化意义不只‘在头脑中’，它们还组织和规范社会实践，影响我们的行为，从而产生真实的、实际的后果”（2005：2-3）。除此之外，作者还进一步认为：在某种程度上我们“凭带给它们的解释框架给各种人、物及事以意义”，但它产生于何处？意义产生于几个不同的时刻，并通过几个不同的过程或实践被传播，其“持续不断地在我们所参与的每一次个人及社会的相互作用中生产出来，并得以交流”（2005：3、9）。特别是在当代，通过复杂的技术和现代大众传媒等全球通信手段，意义以历史上从未有过的规模和速度在不同文化间循环起来，有时则被激烈地争夺着。

作为结论前的最后一章，本章希望和第一章呼应起来，完成乡村建设实践的内外脉络梳理，也让我们从“认识”层面上进一步思考乡村建设的特殊意义与所面临的挑战。本章所分析的主要是当代乡村建设的案例与问题，讨论主流文化和大众传媒如何在与乡村建设实践的互动中对其参照坐标、实践空间与主体构建产生影响。

一、刻板化与浪漫化：理解乡村建设的双重障碍

当前对乡村的态度有两种极端的观点：一种观点认为乡村是落后的，必然被城市所替代；另一种极端观点则是机械地认为过去比今天好、传统比现代好，认为乡村是神圣不可侵犯的，主张固守乡村、固守传统……两种极端观点中，前者看不到乡村的优点和价值，后者则看不到乡村随着社会的进步而发生的必然变迁，两者都对乡村价值缺乏应有的全面理解（朱启臻等，2014：前言）。笔者认为，以上观点中隐含着的“刻板化”与“浪漫化”也是影响我们对乡村建设进行准确理解的常见障碍，下文结合近年来的相关文化现象进行讨论。

1. 威廉斯《乡村与城市》的启示

作为文化研究的奠基人之一，雷蒙德·威廉斯除创作《文化与社会》《漫长的革命》《关键词》等获得广泛讨论和引证的经典外，其创作于20世纪70年代的《乡村与城市》更是一部饱含深情的著作，虽然中文版直到2013年才问世，但它不仅可为我们打开文化研究传统中的“城乡面向”，也为当前乡村建设的文化反思提供充满洞见的启示。

威廉斯之所以要写这样一部风格独特的书，不仅是因为其联系着作者身为“农二代”的切身经历——出身于威尔士边境乡村的工人阶级家庭，现在依然生活在村子里，书中隐约可见作者对祖父及家乡的记忆与理解——而且是因为其同时包含着作者对当时主流城乡论述所产生的包括纳闷、愤怒、不平等在内的真情实感。

《乡村与城市》通过梳理英国文学中有关乡村与城市的各种论述，重点不在于揭示乡村或城市是什么，而在于希望挑战各种“半是想象出、半是观察得来的缩减惯例”。对于威廉斯来说，这样的定型化认识与偏见常常是成组出现的，并在论述实践中被不断强化与凝固，因此需要“左右开弓”，并对各种可能的陷阱保持充分的自觉。

这种拒绝与反思首先体现在分析视角上。在威廉斯看来，居高临下的眼光以及“将乡村理想化，使之与城市对立”的潜在逻辑与思维习惯是我

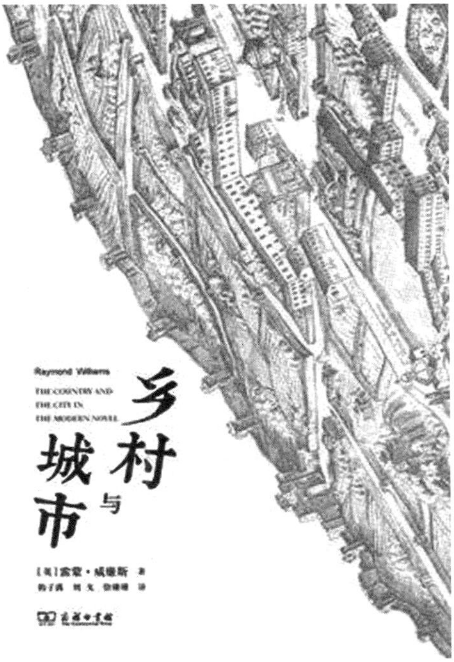

《乡村与城市》中文版封面（2013 年）

们最需要挑战的。看似区别对立的两种主导性观点——“怀旧且多愁善感的田园主义”与“生机勃勃的城市进步主义”同样需要警惕。前者视野下的乡村常带有选择性美化与静态孤立处理，删除了生活张力，只留下精致意向和“纯真的替换物”，在浪漫化与理想化中人为制造城乡二元对立。实际上，乡村既不等同于愚昧和落后，也不是欢乐的故园，而是在工业和城市发展的压力和阴影下充满着变化与复杂性。与此相对，“城市进步主义”视野下的城市，常被作为进步、启蒙和力量的象征，在资本主义体系中拥有不容置疑的优先权。但实际上，现实都市既存在道德意义上的孤独、罪恶等，也包括巨大、冷漠、污染、原子化、石头迷宫、断裂性、个人主义、流动性、风险集中等可能将人类引向更危险境地的元素。

类似的“浪漫化”处理看似截然二分，实则一体双面。为展开对这两种主流论述的批判，威廉斯通过对前后跨度达数世纪的文学作品进行文本细读和爬梳比较，让我们看到在包括小说、诗歌等文学表达中，乡村与城市所存在的形态和功能意义上的多样性、差异性与复杂性常常受到遮蔽，所建构和呈现的多是“精心挑选”过的单一面向，同时作为被论述对象与空洞能指，被现实的意识形态与政治经济力量所填充和改写。按照作者的话，“不仅真实的土地和土地上的人遭到了伪造；而且一个传统的、幸存下来的乡村英格兰也被草草创作出来，几乎被一种实际上属于市郊的、半文盲式的胡乱描写遮蔽起来”（2013a：354）。而实际上，即使对于英国这样一个高度工业化的国家，我们也既可以发掘出包括“城市互助组织”和有利于新式社会组织成长的“新城市”，还可能重新发现内含多种功能和动态变化的“新乡村”，因为“乡村和城市自身以及它们之间的关系都是不断变化的历史现实”（2013a：393）。

如此简单化和静态的论述既不利于城乡间复杂现实与互动关系的展开，也掩盖了乡村社会向资本主义转变这一重大历史进程及其内在张力，消解了乡村和城市本身所蕴含的丰富性。比如：传统乡村秩序的消解失效、原有生产生活方式的改变皆非自然意义上的式微，同时联系着资本主义全球扩张中的线性发展观对多元化文明形态的排斥。

为了让这些复杂性和可能性重新进入视野，威廉斯提醒我们首先需要跳出就事论事式的一般分析，将乡村与城市放置于资本主义历史进程中进行讨论，因为“它（资本主义）被抽象化了的经济驱动力，它在社会关系中的基本优先权利，它衡量增长、利益和损失的标准，几个世纪以来改变了我们的乡村，创造了我们这种类型的城市”（2013a：407）。这些改变不仅仅有效形塑了乡村与城市的当下形态，更主导了我们对乡村和城市的现有认识与观念。正是资本主义体系赋予了城市和工业“绝对优先权”，在这种优先权所主导的强势逻辑面前，乡村除了处于被边缘化的处境和位置，似乎只能与过去或遥远的地方发生联系，进而被等同于仅具有怀旧①、乡愁等抽象价值的“田园诗”。而真实的城市同样也被抽离出包括环境污染、交通堵塞、食品危机等现实顽疾，净化为进步主义意识形态下充满期盼却不无臆想的“理想状态”。为威廉斯所更担心的是：这种优先权及对单一线性现代文明的过度信心常会发生一种奇怪的辩证性扭转，“不仅会伤害‘愚昧的农村人’和‘未开化和半开化的’殖民地人民，还会最终伤害城市无产阶级自身以及发达和文明的社会”（2013a：409）。

如果说可以将“城市无法拯救乡村，乡村也拯救不了城市”理解为威廉斯对过度乐观之问题分析与对策方案的清醒与拒绝，那么“从 19 世纪晚期开始，乡村不列颠就处于从属地位”则表明作者尝试以历史化处理与

① 对“怀旧”需要有所反思，因其与现实有不少隔膜且客观上常产生遮蔽效果，其本身也是“去脉络化”和“去实践化”主流意识形态的产物，是当前复杂政治经济状况下的某种文化表现。

政治经济结构作为文化分析的基本前提与内在自觉。当我们身处割裂矛盾的城乡现实之中，乡村的加速度消失与城市化进程的摧枯拉朽互为因果，从容回归复杂多样的现实状况反而成为不无奢侈的“幻想”。双面浪漫化及各种刻板的定型化认识之所以能够产生效果，与其说是人们的被动与盲目，不如说是乡村与城市的形态及其关系正在发生全面改变。城乡二元对立的背后无疑是资本和权力多种形式的渗透扩张，而相应的支配性文化正支撑着各种偏见的生产与流通。

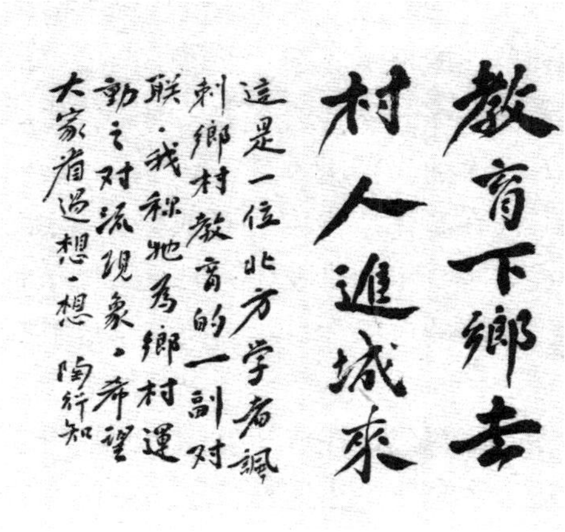

陶行知对城乡关系的思考与实践

早在四十多年前，威廉斯就预见到该书可能会被解读成“另一首唱给乡村的挽歌或是一种愤世嫉俗的宿命论”。因此，理解作者真实的写作动机与对话对象，回归英国城乡关系的实际脉络，拒绝陷入该书所尝试挑战的常见陷阱，是当下读者特别需要留心的。比如，正拥有洁净空气与诗意田园、让雾霾笼罩下的无数国人所向往羡慕的今日英伦，是否正在以事实反证威廉斯之忧虑的多余？当然不应这么简单，其仍需放置在全球政治经济版图中进行动态分析，因为在污染产业向第三世界转移的大背景下，越来越多的偏远国家成了工业英国的乡村地区，巨大代价正由发展中国家和广大乡村承担。其不仅遮蔽了事实，同时还不利于人们对更重要问题的思考——实际上，农业本身具有独特价值和重要意义，对于任何国家和文明体来说都不可或缺，绝非包袱负担而可以“一转了之”。

初版于 1973 年的《乡村与城市》，写的虽然是文学呈现中 16—20 世纪的英国，却可为当下“乡愁热”纷扰中的我们开启更多的反思空间，同时让我们警惕乡村建设认知中常遇到的“刻板化”与“浪漫化”陷阱——面对长期以来的城乡二元对立和割裂，我们当然不该简单地“各打五十大板”，对乡村的“刻板化”和对城市的“刻板化”常相伴而生；而当食品危机、雾霾和蜗居—蚁族等残酷现实无情地扯下“城市浪漫化”面纱，我们如何自觉于另一种正在发生的“乡村浪漫化”？

需要注意的是，在全球资本主义的洪流面前，关于主流论述对乡村和城市的二元割裂与简单化处理，中国和英国存在着一定的相似性。然而，由于文明方式和资源条件的差异，特别是近代以来两国在殖民化与全球资本主义进程中角色和位置的根本区别，近代中国的“浪漫化”内容、方式都有别于“日不落帝国”这一老牌资本主义国家。比如，作为饱受屈辱的第三世界国家，面对巨大的生存压力与竞争焦虑，近代中国工业化的“优先权”和“进步性”内在于民族自强、自我保护和独立自尊的脉络之中。而在现代化主流论述与“百年乡村破坏”的现实状况面前，“乡/土”更多作为问题来源和必须克服的对象本身。因此，对乡土的“问题化”与“浪漫化”同时存在。

正因这种差异性，乡村建设在认知坐标上面临更为复杂的障碍，所以也不宜对当下中国的“乡愁”论述进行简单的对错评判。这些包括“农二代”“城市中产”“资本精英”等不同角度和诉求的多维“乡愁”论述，一方面折射出正在积聚的集体性情绪与社会心理，其背后是复杂的城乡历史与社会经济现状——“去农/进城”正成为一种主导性趋势。随着乡村及其所承载的物、景、情的逝去，安土重迁的祖训愈发无效且可笑，城市化已经成为裹挟绝大多数中国人的巨大势能，而城市自身也在大规模改造扩容中面目全非。乡愁不仅就某个具体乡村而言，而且也是当前剧烈城市化和城市升级运动中人们普遍而又自然的反应。无论是否来自乡村，我们往往难以对这种身处其中的巨大变化无所知觉，失落和怀旧、惆怅和无奈常常复杂地缠绕在一起。

另一方面，其所表征的绝不仅仅是乡村困境或“农二代”的个人焦虑，同样呈现着当下主流城市发展中的内在困境——正如前文所述，雾霾与“蜗居—蚁族”现象的同步突显不合时宜却恰逢其时地显影出“全面都市梦”之裂隙与虚幻。曾经的美好愿景与自圆其说也将捉襟见肘，和“回不去的乡村”同样真实的还包括“留不下的城市”。面对这样的严峻现实，略显浪漫却饱含深情的“田园梦”可能有利于打破长久以来的城市霸权与定型化想象，成为重新发现“乡/土”价值和开展乡村建设的难得机会。

然而，这种可能的空间又常有限且脆弱，特别是对于当下由“小资”“小清新”“小确幸”等所构成的“小”时代。回到现实中，在多维“乡愁”之中更具有传播力和话语权的常是中产阶级的“乡愁”论述，对于他们来说，与其说是对严峻“三农”问题的解决动力，不如说是在既有生活方式不受影响的前提下，对已经或正在消失的事物的怀旧与惆怅；与其说是对现实不合理“城乡关系”展开质疑和挑战，不如说是以“乡村”为名，在主流框架内十分安全且不失优雅与优越的修饰和抚慰。这些“想象性”解决不仅携带着更加隐蔽的刻板印象与浪漫化处理，同时还逐步建构出新的参照坐标与意义系统，让真正的“三农”被挤出“乡愁”论述，乡村被抽象为无“人”的风景与新的欲望空间。

在这样的参照坐标下，乡村常充满悲情，留守者多被化约为“386199”这样的数字化存在①，和我们一样拥有喜怒哀乐的父老乡亲没有了，往往只剩下类型化的“熟悉的陌生人”。而从乡土社会中流出的另一半，同样也鲜有人对其进行应有的“平视”，他们身上本应表现出来的生活实在性和精神实体性，常被廉价的眼泪和情绪所取代（江腊生，2008）。笔者认为，对乡土的浪漫化在道义上满足了舆论或一些叙述者表达人文关怀的需要，同时也投射了当代人自身的焦虑与期待②，客观上却遮蔽了困境背后的深层原因及复杂脉络。

值得注意的是，对于近代以来的中国城乡来说，不仅有着关于乡村与城市的多元化论述尝试，还存在着进一步迈开双脚、解放双手的“百年乡村建设”实践，上文已有较多详细论述。除出发时的乡愁乡恋外，乡建实践者们还对以乡村破坏为后果的激进现代化、以城市为中心的现代教育、以脱离底层民众为常态的现代知识生产进行着不同程度的挑战，并以此为突破点，尝试再生产出真正有利于乡土和民众的新知识，改造出平视“三农”的新坐标和知行合一的新知识分子，进而促进包括人、财、物、价值、眼光等要素的回流与意义重估，从根源上缓解“三农”问题与城乡对立，在实践中挑战“刻板化”和“浪漫化”这双重障碍。

---

① 此为带有一定玩笑性的流行说法，指当下农村主要剩下妇女、儿童、老人，该数字分别以这三类群体的节日作为代表。

② 如有研究指出：“他者”正是“自我”的反射，凡是“自我”所不愿承认的性质，都收录于对“他者”的描绘与形塑之中。通过这样的“生产”，越来越多的“自我”就可以从种种社会问题的普遍焦虑中解脱出来，因为似乎他/她已经可以在别人身上找到问题的原因（夏晓鹃，2002：245-246）。

2. 城乡中国的情感结构

近年来，有研究基于历史比较与实证分析指出，当前正发生着从“乡土中国”向“城乡中国”这一重大转型。周立认为以下三个根本变化改变了费孝通关于“乡土中国”论述的社会基础：首先，乡村人口不再占大多数，而是城乡各半。根据统计，2017 年末，城镇常住人口已经达到 8.13 亿，占总人口的 58.52%，较 1978 年的 17.9%提高了 40 多个百分点。其次，农民生产不再以土地产出为主，而是收入日渐多元。最后，随着交通条件的普遍改善与城乡互动程度的加深，社会生活已经高度流动，不再终老是乡（周立，2018）。刘守英和王一鸽则进一步认为，“以农为本、以土为生、以村而治、根植于土”的乡土中国，已经进入“乡土变故土、告别过密化农业、乡村变故乡、城乡互动”的城乡中国（2018），因此，“城乡中国”有必要成为理解转型中国的一个重要范式。实际上，文学研究者雷达等三年前即已从文学角度提出这一“世纪转型”，由此他认为乡土文学创作的土壤和根基已经发生了重要变化，若不有所应对或自觉，乡土文学的命运将令人担忧。与此同时，他也敏感地意识到现代乡愁的文化焦虑症将成为当下转型期典型的文化特征，故文学需要顺势而为，介入现实生活中凡俗人的心理裂变，捕捉“由乡而城”过程中所出现的普遍体验（张继红、雷达，2015）。

也可以说，当代乡村建设实践面对着重大社会变迁及相应的特殊时代氛围，前者构成了后者的动力与土壤。虽然“三农”问题的热度在近年来有所降温，然而问题本身却没有真正得以解决，它并不因“城镇化话语”的取代而消失，更深刻的后果正在逐步显现——且看当下剧烈的城镇化浪潮和“拆迁运动”引发的矛盾冲突，乡土文化与社会伦理式微，乡村生活方式和生产方式也随之发生根本变化。比起农民负担过重或增收困难等经济层面，如此现实困境更为隐蔽，并进一步深入到文化和情感层面，因此也更为复杂。

实际上，当下乡村不仅在主体上“空心化”，还在论述上被不断“空洞化”，因此，当前的乡村很容易被新的趣味和价值所填充，进而沦为现代人审美疲劳后的某种“点缀”——既让我们“心安理得”地继续沉湎于本该反思和拒绝的东西，同时也以新的刻板印象进一步遮蔽乡土社会和草根民众的丰富性与可能性。

也即，虽然当代乡村建设实践面对着与历史先行者彼此呼应的“乡村破

“城乡中国”背景下乡村建设存在着新可能。图为中国人民大学乡村建设中心与同济大学设计创意学院联合举办的第五届全国社区互助农业（CSA）暨有机农业经验交流会海报（2013 年）

坏”，但其却不只是乡村的“问题”或某种意义上的“乡衰”①，正如第二章所讨论的，还包括当下以雾霾、路堵、高房价、食品不安全、人际关系冷漠等为表现的“城困”，象征着现代和进步的“城市梦”出现了裂隙，“自圆其说”开始“捉襟见肘”。“留不下的城市、回不去的乡村”成为各种类型“农二代”的普遍状态，其不仅是“80 后”及“90 后”新生代农民工的现实，也是在高房价碾压下许多“农二代”都市白领或预备中产的痛点所在，特别是随着阶级固化与全球危机的加剧，各种“屌丝逆袭泡沫化”和“中产梦未成先碎”的残酷后果正逐步显现，横亘于城乡之间的“新穷人”群体正在形成。一体两面的“乡衰”和“城困”其实是乡土中国剧烈转型中整体性危机

① 此处之所以概括为“乡衰”，更强调的是乡土社会内在和整体性变化。虽然 21 世纪以来随着农业税的逐步免除，原来最容易引发社会关注的“农民负担过重”等经济层面问题迎来“釜底抽薪式”解决，乡村进入了休养生息的“后税费时代”，然而农村组织涣散和凝聚力下降等老问题却日益加重，乡村面对着“空心化”的新困扰。同时由于长期以来的“去乡土化”发展，文化、教育、生态等相对隐性问题开始浮现出来，包括社会风气败坏、生态环境破坏和价值伦理危机正成为今日乡村的逼仄现实。

的突出表现，两者缠绕在一起，共同引发了当下社会的普遍性乡愁①和特定的“情感结构”，进一步形成对乡村的“浪漫化”与“刻板化”认知。为有助于对这一影响当代乡村建设的重要情感结构进行理解，下文以近年来的“返乡书写热”这一相关文化现象为例进行讨论。

有人说故乡已经“沦陷”，曾让人回味无穷的故乡正在从记忆深处渐渐消隐，留下的只是哀怨的乡愁与童年记忆。2011 年 3 月 1 日的《新周刊》就以“不要问我从哪里来，因为我已经没有故乡”为封面标题。而对更多人来说，历经千辛万苦春节返乡却年味索然已经是年甚一年的共同经验。于是，故乡在怀旧中显影、在现实中褪色。

2015 年初上海大学博士生王磊光的“春节返乡笔记”引发热议。实际上，其前后有着引起普遍关注的作品，比如梁鸿 2010 年产生广泛影响的《中国在梁庄》②，而 2016 年春节广东金融学院黄灯教授的《一个农村儿媳眼中的乡村图景》③ 再次在网上引起巨大反响，各种媒体的传播和争论随之而至，并引发更多类似角度的文章。

在传统社会，古人同样也有着背井离乡与漂泊异乡的经历，所以从来就有丰富的“乡思”表达，比如我们耳熟能详的李白的《静夜思》。但其与当下社会的“乡愁”却存在着一定区别，因为“乡愁”是现代意义上的，特别是在城乡社会快速变迁的当下。按照温铁军的分析，“这种思乡情结很多是在中小资产阶级身上出现的，是城市病的一种，当城市生存压力过大，不愿意在城市残酷压力之下变成精神病，想找回自己一点自然属性或人称之为人的本性使然，是伴随着中产阶级崛起而必然出现的一种‘去城市化’趋势”(2012)。正因如此，其常见的引发点多为“过年”这类特定的时空条件或当游走于城乡并信守城市优先的人“反向遭遇”城乡差距现实时——比如当都市白领们在堵车、挤地铁、吸废气与啥都不敢吃

① 实际上，正如前文其他章节有所涉及的，面对全球金融危机的深刻影响，乡村一直作为过剩资本新的增值空间而引发关注。就在 2014 年 2 月召开的第十四届亚布力中国企业家论坛上，华远地产董事长任志强、万通集团董事局主席冯仑等商界大佬们就以“我们的乡愁”为主题围炉漫谈。如何理解错综复杂条件下的多维乡愁及其与乡村建设的内在联系，进而从文化的角度理解乡村建设在现实中面临的困难和障碍，是一个复杂而重要的问题。

② 该书荣获 2010 年度“茅台杯”人民文学奖非虚构作品奖，获评《亚洲周刊》2010 年度非虚构十大好书、新浪 2010 年度十大好书和《新京报》2010 年度文学好书。

③ 据作者介绍，该文章为 2015 年 12 月在重庆大学举办的“第三届热风学术青年论坛”（主题：“乡村与城市：文化的力道”）的参会论文，其标题和后来在《十月》上发表时一样，都是《回馈乡村，何以可能?》。

的时候，“农夫、山泉、有点田”的浪漫梦想才让“乡村/田园”以正面形象有限“挤入”视野成为可能。但这种遥想所带来的反思与行动却又十分脆弱，就像“逃离北上广”的人当经济危机稍有好转时即可能再次继续“蚁族/蜗居”生活状态一样。对于现代社会的主流价值来说，“乡愁”作为一种相对“安全”的表达，除定期释放都市生活的诸多压力与负面情绪，也包含十分复杂的情感：它既包含从城市回望乡土所产生的惆怅与失落，也可能包含对乡村衰败的忧虑、无奈与不甘；它既包含“农二代”与乡土社会无法割舍的情感与事实，同时也包含重新发现乡村价值、挑战都市霸权并对不合理城乡关系展开建设性批判的可能机会。虽然它十分微弱，并且很容易被新的力量所吸纳和转移，但毕竟打开了一道缝隙。

进一步说，“乡愁”中的故乡无论是衰败还是美好，看似仅为充满个人色彩与感性认识的主观表达，实则也是乡土中国在“百年激进”这一客观进程中的文化表现——在告别乡村的时候想象乡村，以乡愁的名义抢滩乡村，实际上也体现着当前社会的主流逻辑。若回到前文所述，为何近年来会出现“乡愁热”，与之紧密相关的返乡书写为何会产生“井喷式”的影响和传播？其如何内在于整体性的社会结构与城乡困境之中？为何其在流通与传播过程中又会被迅速“标签化”并产生新的衍变？这些既有助于对文化现象背后的社会基础和复杂脉络进行认识，也可以之为例，讨论当前乡村建设所处的外部环境与认知坐标。

从梁鸿到黄灯，近年来返乡书写的兴起是一种重要的文化现象。所谓兴起，可以从两个层面来说：一方面，与返乡书写相关的文本较为集中地产生且进入公众视野，并引发广泛持续的关注与讨论，改变了之前乡土书写多停留在文坛内部而较少与现实发生直接互动的状况；另一方面，返乡书写成为一种新的表达与介入方式，“我与故乡”“乡村与城市”等关系性命题及相关情感体验直接进入写作者视野。亲人、故乡、老家，这些本应熟悉但却日益陌生的存在，在“农裔”知识分子的表达中被重新激活。返乡书写虽多从家庭和村庄等微观处入手，却常带出诸如“在中国”“乡村图景”这样的大命题，溢出文本的复杂情感在有乡村背景的读者群体中引发了很大的共鸣。

返乡书写的实践主体以文学研究者和媒体工作者为主，也包括有乡村经历和背景、目前正在城市工作的知识分子。以散文、笔记、见闻等相对多元的书写形式，延续着现代文学对“故乡”这一经典命题的关注，但其不同于一般的乡村书写，而是在城乡互动视野下对乡村及“农裔”知识分子的状况进行再审视，其中“返”是关键，既说明特殊的写作源起与状态，也强调该书写是对长期以来“陌生化”乡村的重新面对，通过书写者的“现身”与经验的“在场”，带出更为复杂的情感表达，折射出城乡剧烈转型过程中的普遍势能与内在困境。

在各种“返乡书写”中，乡愁常被理解为重要的叙述动力，其本身作为城乡剧烈变化下具有一定普遍性且容易获得大众传媒动员的社会情感，是如何产生的？正如上文所述，因为先有了“乡衰”，也可以理解为乡村“衰败”或“空心”了，但我们却依然需要。我们之所以需要，不仅仅因为那个地方蕴含着我们的直接情感，有我们的亲人与记忆；同时其本身也是客观事实使然——很多“农 N 代”之所以愿意忍受背井离乡，是因为曾坚信通过自己的努力能够在城市扎根，但当“留不下的城市”越来越成为现实，外加“城市病”本身的显现，让更多人对城市有着新的看法。

正因如此，一方面，乡愁及那些与乡土社会无法简单割舍的情怀是我们缓解城乡困境的难得机会。因为以前多数人的目标都是奔向城市，只有都市才是我们的意义和价值所在。一提起乡村，似乎就不言自明地等同于落后与过时。既然今天大家愿意回头去重新看看乡村，自然就有以新的坐标重新发现乡村价值、打破“都市霸权”的机会和可能，虽然它可能十分微弱，并且很容易被新的力量所吸纳、遮蔽和转移。

但从另一方面来讲，如果这个机会不能很好地被引导，并加以深入，它很容易变成一种新的“陷阱”——乡愁既可能成为一种新的主流意识形态，也可能成为城乡关系恶化现实的文化包装与情怀掩护。例如，“乡愁文化”迅速引发“乡愁经济”，表面看多好，在经济不景气的情况下，既拉动内需，同时还可以发展乡村文化产业和旅游业。但我们也应看到，当其与“资本下乡”（特别是那种以资本为杠杆让乡村稀缺资源进一步外流的“资本吸金”）相结合，“乡愁经济”很容易变为一种“都市趣味”的下乡，最后就成了“你们城里人真会玩”……

正是在这样一种既是机遇又是挑战的社会背景下与时代氛围中，“返乡书写”得以兴起和传播。广义上说：其基于书写者不同程度上的城乡双重背景，通过书写既重新认识乡村，也以此反观都市；其不仅包括书写所直接涉及的内容，还包括由此带出的新视野与新问题意识；其既交错着“从乡村看城市”的想象、追求和自尊，也包括“自城市回望乡村”的焦虑、纠结与自省。从某种角度上说，恰是这种包含着叙述者自身困境、尴尬、伤痛和无奈在内的复杂体验，区别于坚硬的政治经济学分析或高高在上的意识形态批评，以及日益失效和让人反感的一般说教，让更多人从中找到自己及现实的影子，进而引发共鸣。当然，其实际上的“反身”程度受到书写者阶级身份、体制状况（学院、媒体）、社会大众心理等多层次的限制，有批评就指出这些“返乡书写”中的悲情色彩仍然体现着自上而下的外部视角。笔者恰恰认为，这种“反身”努力的实际遭遇及现实落差，同样也是推进思考的另一种症候。

也可以说，“返乡书写”既体现自20世纪90年代以来不同形式的“三农”问题与城乡“困境”，同时内在于本书第一章所述现代中国整体上的“去农化”进程：在文化上将“乡/土”作为需要克服的问题和超越的对象，配合着经济上的“三要素”净流出和政治上的“稳态乡村秩序改变”。因此，返乡书写者个体“回馈”的愿望势必面对着整体“外流”的格局，看似个人化的遭遇却一直面对着整体性时代脉络①。

值得注意的是，因网络书写的低门槛与流行性，进一步产生了一批以返乡为题材的“格式化”写作，有人将之命名为“返乡体”，以批评其模仿、廉价、批量生产及刻意扭曲城乡关系等特征。类似书写常抽空乡村的复杂语境与实感，充斥着矫情的贩卖与恶劣的噱头，进而引发了及时且尖锐的批评：有人指出其过于刻板化和套路化，忽略农民主体性，背后仍然是城市中心主义；也有人认为该类写法存在着“内在缺陷”而“易于被主流意识形态的叙事所选择和编织”，因此无法达到其所寄望的目标（刘卓，2018）。

然而，正如雷蒙德·威廉斯在《乡村与城市》中的提醒，“城市进步主义”和“田园牧歌”常如影随形，其所代表的两类“浪漫化”多成对出现，需要同时加以警惕。身处这个信任危机普遍存在的社会，对返乡书写的批评和反思也可能出现“反返乡体”：一些批评过于急切并武断地将本来十分多元的返乡书写归纳为“黑农村”、以“惨”为基本特征的农村印象，认为其“煽情”“装模作样”“审判故乡”“挑拨城乡矛盾”；另一些批评则对书写者的动机进行了略显泛化的质疑，不仅指出其过于“造作”，刻意制造阅读冲击效果而使观察沦为猎奇，还认为这些返乡精英不能接受

① 比如黄灯文章中本已过上体面生活的“包工头”四姐夫因躲债而不敢回家，实际上就联系了2008年世界金融危机对中国乡村稍有滞后却毫不例外的影响；而王磊光的尴尬与无力，也应结合“中产蚁族化”这一社会事实进行讨论。遗憾的是，类似宏观背景在主流传播及各种讨论中较少受到关注。

回到家乡缺乏存在感的社会现实，他们急需为自己的返乡寻找意义，而“返乡体”事实上成为回乡“屌丝”们最好的自尊维持方式。虽然批评者义正词严，但该类批评常与所批评对象共享着相似的问题（例如：同样的标题党、对象化与缺乏自省，同样居高临下、以偏概全与道德优先，并充满着“一言以蔽之”的判断冲动与刻板偏见），因此很容易沦为二元对立的“打假式”批评，在理解和认识上存在着错位与不足①。

笔者认为：“返乡体”与“反返乡体”共同构成了返乡书写在大众传播中的第一种衍变，这种衍变虽然推动了公众对乡村议题的关注，但却不利于对返乡意涵的深入展开与反思实践。正如前文所述，返乡书写的更大意义，不限于写作内容本身，同时包括所引发的讨论及为重思城乡关系、知识分子更有效介入社会开启新的空间，然而“返乡体”与“反返乡体”的二元对立，过于简单地阻断了对深层意义的探讨。本来可以多元互补的角度差异不无遗憾地转为工科对文科，或文科内部的社会科学对文学充满偏见的嘲讽与贬低。如此导向既可理解为学院体制内长期以来学科细碎化和学术“领地化”的恶果，也体现了当前学界实际上缺乏直面现实的能力与跨界对话的条件。而与真实社会议题一同被消耗掉的，还包括知识界、大众传媒与现实的互动连接，以及推进建设性实践的难得契机。

但需要警惕的是，即使不刻意和模仿，返乡书写也很容易“返乡体化”，从而落入前文所说的“刻板化”与“浪漫化”陷阱。因为对于传媒时代来说，“返乡书写”要想可见并得以传播，并在信息海洋与关注疲劳中避免秒沉，契合大众传媒（特别是自媒体）的传播规则和网络语法似乎成为某种“别无选择”。因此，其在传播互动过程中，被大众文化和流行逻辑所捕获的可能性是极大的，在标题、语言、趣味和内容等方面常面对着各种“吸纳”与“转换”，让好不容易打开的主流意识形态裂隙得以自我修复，并在传播过程中重新回到定型化的认识结构与主流偏见之中，这既与初衷背离，同时也错失了反思当前整体性困境的难得机会。

---

① 有“反返乡体”者批评指责返乡书写忽视当前乡村进步（特别在基础设施改进方面）。笔者认为，这些变化的确是客观事实，但该批评存在一定的错位：因为物质进步不会自动解决文化上的困境，当下城乡中国更为深刻的困境恰是类似悖论——经济上的发展与生态上的牺牲（如雾霾）、物质上的富足与精神上的空虚（如各种乡村留守问题），如此批评并未形成有效的挑战，以“唱红”简单反转“唱衰”则可能遮蔽当前城乡关系中日益深刻的隐形剥夺与不可持续性。

如果说以“返乡体/反返乡体”为表现的第一种衍变是在主观上由“乡愁”所引发的“浪漫化”，但在客观上以乡村的名义边缘乡村，是有话语权的知识阶层对另一群同样有话语权的知识阶层的错位对话与无效挑战，同属带有选择性和遮蔽性的论述，不无遗憾地搁置了对困顿现实的进一步认识——正如有研究指出，浪漫的田园梦与其说是对不合理城乡关系的质疑和挑战，毋宁说是以乡村之名寻求安全而不失优雅的抚慰，不仅含有更加隐蔽的偏见，而且隐匿着把乡村抽象为无人的风景和新欲望空间的危险（徐德林，2016），那么以“乡怨”论述为内核的第二种衍变则是“去浪漫化”突围中的异化与反动，或是一种逆向情感表达后的新陷落。可以说，“乡怨”论述将理解城乡中国的情感结构带入新的角度。

相对而言，虽然充满暧昧和纠结，但之前大多数的返乡书写都应该算是“乡愁式”的，让我们普遍感受到了对乡村的不舍情感。然而，2017年春节以“爆款”视频《春节自救指南》（上海彩虹室内合唱团）及《致某些讨人厌的亲戚》（papi 酱）为代表的“乡怨式”返乡书写的流行则提醒我们剧烈城市化进程正催生出对乡土社会的另一种情感：相对于此前返乡书写之“恐归”情绪多表现为离乡游子无法重新融入乡土社会的痛苦与纠结，以及对“回不去的故乡”之陌生与忧虑，“乡怨”论述中的“恐归”则是陷于“婚恋、就业、社会分化”等现实困境下的“农 N 代”青年们对“乡土/地方”的厌倦与失望，以及对“留不下的（大）城市”之不甘与自我解脱。

在上述两个广泛传播的视频中，控制欲极强的“七姑八姨”或挑衅感爆棚的各路亲戚，成为“广场舞大妈式”的恼人存在。在传统乡土社会中，血缘和地缘的有机连接可谓平常，为何当下会变得如此“张牙舞爪”？而所谓过度关心、家庭冲突、侵犯隐私等令人反感的日常行为同样也是都市核心家庭的常见隐疾，为何会标签化为“春节”和“返乡”的专属？对“个性”和“自由”的追求与对主流偏见的拒绝为何会转为另一种更为隐蔽的“新偏见”？

实际上，这些“恼人”与其说来自一年一度的短暂返乡或对乡下（县城）亲戚的某种代际反叛，不如说更来自现代都市普遍性问题（婚恋、就业、流动……）、社会分化剧烈的现实状况与熟人社会传统交际方式的奇特“嫁接”。那种出于对春节返乡让“Mary 变翠花”的恐惧而希望与乡土社会划清界限的潜意识，与其说是对“保守/落后”乡土社会的反抗抑或忘本，不如说是当前剧烈城市化浪潮所携带的巨大能量已经让许多人自惭形秽以至无法面对。虽然当下中国的城镇常住人口已经超过农村，但乡土依然作为中国社会的“底色”，流动于城乡之间的不仅有数亿农民工及其家人，还包括大量“乡生城长”的“农二代”及虽在城市出生并长大，但父辈或祖辈却有着乡村背景与亲属网络的“农N代”，春节只不过让这一隐含的社会结构显现出来而已。

回到这种“乡怨式”返乡论述，随着春节假期的结束，摆脱了乡下或县城的“七姑八姨”后，都市白领和“中产/准中产”们的日常生活是否如愿？无论是高房价、职场压力、雾霾，还是各种婚恋节目对大龄青年的调侃和刺激，似乎都并未让他们获得真正的“自救”，上海彩虹室内合唱团另一首引发更大反响的“神曲”《感觉身体被掏空》（2016）则是该现实困境的直接隐喻。因此，这些“乡怨”不仅仅是怨乡，乡村只是其面对大小压力和各种困境的想象性归纳，社会的整体性问题被转换为地区、性别、身份等个体层面上的“遭遇”，并以所谓价值观冲突与代际矛盾来遮蔽主流社会对乡村或县城的深层偏见。怨气中所包含的也不仅仅是厌恶，还包括进城后“新中产们”面对当前社会的微妙心理——当在经济和社会上充分感受到阶层分化和断裂所带来的结构性困境时，只有在文化上努力维护正在消失的优越感，才可在下坠与失落的焦虑中获得某种平衡。

正如“乡衰”和“城困”需要一起纳入视野，“乡愁”和“乡怨”也需要结合起来讨论。两者看似对立，实际却内在呼应且相互缠绕，是“乡土中国”向“城乡中国”转型过程中一体两面的情感结构。“乡怨”论述的及时显现也提醒我们需要对返乡书写的暧昧性和复杂性进行再认识，同时也说明“乡/土”正日益成为抽象空洞的符号性存在，已逐渐丧失能够为“农N代”提供精神价值与意义认同的文化滋养。

如果说“返乡体化”的返乡书写常带着无病呻吟的惆怅与“叶公好龙式”的向往，那么“乡怨”论述则充满着逃离乡土的托词与掩护，是在“乡衰”和“城困”双重困境下，“农N代”们无力感与虚无感的进一步放大。从“返乡体”到“乡怨”论述，二者虽然在表达情感和主题上截然不同，却共享着相似的逻辑，并产生着同样的偏见效果。

进一步说，一体两面的“乡愁”与“乡怨”正悄然成为弥散于城乡社会的新意识形态及城乡中国转型期间具有一定普遍性的情感结构。我们既需要避免充满张力的“乡愁”被其他破坏乡村的力量所借重，看到“乡愁式”书写客观上正发挥着巩固“都市中心”的不期然效果，也要警惕因受众的关注疲劳而向“乡怨”转化。因此，需要发掘其重新发现乡土和反思都市的潜在可能，从文字上的“重返”到思想价值上的“重构”，使之成为建设性实践的能动力量。

3. “及物”的难度

有研究认为，梁鸿写作的重要意义是对常存在“不及物”弊端之乡土题材写作的可能克服（李云雷，2011）。但如何“及物”，却并非自然而然或可轻易实现的，其既是返乡书写所面对的重要挑战，也是乡村建设在实践中所尝试改变的，同时也在认知坐标上面临上述的“刻板化”与“浪漫化”障碍。

因为当代乡村建设者和返乡书写者在认识坐标突围上有着相似的困境与张力，此处继续以近年来影响力较大的“返乡书写”为例进行讨论。可以说，这些张力首先体现在返乡书写者“我”身上。作为现代知识分子和当下时代的社会人，“我与乡村”的关系充满暧昧。一方面，正如第一章所述，自晚清以来，在“都市眼光”的审视下，乡村一直在被“问题化”和“对象化”。如果回到中国百年乡土小说史，“绝大多数乡土小说作家，甚至说是百分之百的成功乡土作家都是地域性乡土的逃离者，只有当他们在进入城市文化圈后，他们才能更深刻地感受到乡村文化的真实状态。也只有当他们重返‘精神故乡’时，他们才能在两种文明的反差和落差中找到其描写的视点”（丁帆，1992：31）。也可以说，乡村文化精英与乡土社会的有机联系逐渐消失而难以建立起内在认同，实际上是近百年来的整体性趋势。返乡书写者所接受的教育、所使用的语言和所承担的知识生产目标常带着不同程度的“去乡土”特征。另一方面，当下的“城困”是和“乡衰”同样真实的社会现实。当逃离乡村的愿望得以满足，都市生活的新鲜感和神秘感不再，失落与新的不满足常随之而至，特别是面对大都市中令人望而却步的高房价、污浊空气和拥挤交通时。也可以说，随着乡村基础设施的明显改善，“我与乡村”有形的距离在缩小，因此出现了逆城市化及“再乡土化”实践，但却同时也面临“去乡土化”的历史惯性与结构限制。

在“梁庄系列”书写中，梁鸿注意到了这种绕不开的“前视野”，认为自己其实是“不自觉地在模拟一种情感并模仿鲁迅的叙事方式，似乎只有在这样一种叙事中，我才能够自然地去面对村庄”。作者坦承自己实际上充满着“无力感”和“失败感”，所谓“重返”实际却使“逃离”之感变得清晰而必然（2014：附录）。而在同时期李佩甫的虚构作品《生命册》中，家园的崩溃和重新获取身份认同的艰难是真实且突出的，“归乡”之途充满着无奈与艰难（李振，2016）。如果将之放回更大的文学史脉络，一方面“再离去”常作为现当代文学返乡叙事的命定结局（叶君，2015），但另一方面在返乡论述的奠基者鲁迅身上，对“双向隔膜”关系惊心动魄的揭示及由此带来毫不留情的“双向批判”同样也是一种传统（范家进，2002：85），可见这种张力一直存在。

除内在于返乡书写者主体的情感纠葛，作为返乡书写的表现对象与社会基础，“城乡中国”本身就充满着复杂性和不确定性。当下乡村的剧烈变化已大大突破物质层面，所谓“每个人的故乡都在沦陷”不仅是就乡村经济上的破坏而言，而且是就人心的溃败和精神上的弥散而言。随着城市化的加剧，与乡土社会相匹配且长期积淀下的文化伦理、价值观念及生活方式正在加速消失；以撤并学校为表现的教育城市化，让未来“农裔”知识分子与乡土天然联系的物质基础日益稀薄。可以说，“留不下的城市”和“回不去的乡村”不仅是“农裔”知识分子所面对的基本现实，同样也是浮动于“城乡中国”之农民和村庄青年、少年的普遍状况。这种张力既是城乡长期分隔、此消彼长格局下的深层困境，也是长期以都市为导向的“非农化”精英教育的后果。而这些既是返乡书写者所需要面对的基本现实，也是书写返乡者所遭遇的更大挑战。

在这双重张力下，返乡书写进行了突围尝试，除在书写内容上与现实进行更多的联结外，还在视角上进行了创新，以尝试让书写者和对象之间进行更为充分的互动。笔者将其中带有一定普遍性的独特视角归纳为“城乡视角”与“亲人视角”的融合。所谓“城乡视角”，是基于对返乡书写中大部分书写者身份及环境的概括——书写者多具有乡土背景，虽然通过教育进城（因此获得一定的话语权与表述能力），但在经历和情感上仍然介于城乡之间，“乡衰”和“城困”的双重危机在其身上有着显著影响，其对“留不下的城市”和“回不去的乡村”也有着更为敏锐的感受。相比而言，如果说“城乡视角”作为城乡割裂与再融合过程之复杂状态的内在要求，是乡村出身的文化精英在长期“去乡土化”教育与文化下的某种身份自觉，是对长期以“乡/土”为问题之“都市视角”和“知识分子视角”的挑战，那么“亲人视角”则有别于常见的“自我视角”或“他人视角”，而是对“亲人/家/故乡”的再发现。正如有研究指出，这些返乡书写其实就是返“家”书写，因为无论是梁鸿、王磊光、黄灯还是其他书写者，他们的叙述内容都和“家”有关（庞秀慧，2018）。

“亲人视角”由黄灯在返乡书写实践中提出，她认为其“不但来自他们（亲人）对我的情感召唤，也来自我对理论的怀疑和学术视角的调整；更重要的是，其不但成为我学术观照的重要资源，更让我意识到了一个真正的问题——‘如何直面亲人’，它关涉到一个最基本的知识伦理：是抛弃他们，还是接纳他们”（2017：337）。而在《中国在梁庄》的写作过程中，梁鸿最初用日记体，觉得不理想，后来把日记体换成纯抒情体，还是不行，最后选择了观察、素描、议论和自述等结合在一起的文体。可以说，复合文体包含着内外视角，既有利于以“城乡视角”带出背后的复杂关系与双重危机，也有利于以“亲人视角”带出复杂情感。正如有评论认为，“梁庄女儿”所带来的“饱满的生命之气”是其书写成功的最大秘诀（张丽军，2016）。

融合着“城乡视角”与“亲人视角”的返乡书写，通过对书写者与乡土社会关系的再认识，重新强调情感及经验的意义，对常见的“都市眼光”及以“中立/客观”为名义而回避现实的常见处理进行反思与克服。当然，这种挑战仍然充满张力。面对乡村社会的巨大变迁，返乡书写所呈现出的情感结构和价值理念变得非常杂芜，所展示的情感立场甚至与知识者自身的价值观形成了巨大的冲突……他们对这片土地有感情，但是对各种困境则不知所措，对情感建构的力量缺乏想象力（庞秀慧，2018）。

也可以说，在从“乡土中国”向“城乡中国”转型的时代背景下，“农裔”知识分子与故乡的关系既天然连接又事实疏离，既饱含情感又充满无奈。当我们热议并传播这些“返乡书写”时，最打动我们的与其说是远处揪心的乡村（社会新闻中更多），不如说是近处自己的记忆与情感、处境与焦虑；最难改变的与其说是无助的亲人和无望的乡村，不如说是长期以来一直被当作前提与常识的定型化假设，即：乡村是需要克服的对象和问题，城市才是目标所在，乡村的困境是城市发展不得不付出的必要代价和必经阶段，乡村问题可以通过城市的发展得以解决……其不限于“乡村”而关乎“城乡”，不仅是他者的“问题”，而且是包括你我在内、带有结构性和整体性的共同“困境”，涉及经济、社会、文化、生态等各方面。这些书写虽然隐含着调整坐标的可能性，但同时也要警惕因过度关注个人和情感，而对社会结构及宏观脉络产生新的遮蔽。

专栏 7.1：从“返乡书写”到“书写返乡”：当代乡村建设的文化实践

因为各种现实机缘逆流而动的“返乡”，其“书写”实践获得了广泛的传播与关注，并产生了各种争议和反应。也正是通过“返乡”，让作为现代教育受益者的“书写者”有机会跳出书本和理论，一方面，看到现代教育与乡土社会的冲突张力，反思现代知识的“都市中心”导向及对“乡土/草根”的内在排斥性，进而形成新的问题意识与敏感自觉；另一方面，重新发现丰富复杂而又充满张力的城乡社会——其中不仅有悲伤与喜悦，也有坚韧与尊严，不仅有残酷与无奈，也有温暖与淡然……在此基础上，鼓励“书写者”去想象或者创造一种能够扎根乡土，同时积极与草根民众保持互动的知识，并推动更多直面现实且立足经验的新书写。

现实是开放且动态的，“返乡书写”自然不可能一劳永逸，需要对主流逻辑所可能的吸纳保持充分的自觉。与此同时，应有更为多元化的“书写”。一般性的意识形态批评或对“中产梦/都市梦”的揭示是不够的，其仍可能停留在文化层面上的内部空转，而无法产生更多的行动自觉与有效实践。因此，论述层面上的解构需要进一步与建设性实践结合，以走出象牙塔，提高行动力。在这方面，除历史乡建相关经验与思考可以提供思想资源外，当代乡建也顺势而为地进行了一定的探索。

正因与返乡书写有相通的目标，当代乡村建设实践顺势而为，充分利用“返乡书写热”所引发的社会普遍关注，积极实践并在不同层面上组织活动与论述实践。比如在黄灯的文章《一个农村儿媳眼中的乡村图景》引起了巨大反响后，当代乡村建设机构北京爱故乡文化发展中心 2017 年 4 月就邀请她到北京小毛驴市民农园举办“从返乡书写到书写返乡”主题沙龙（与《十月》杂志社联合主办），并邀请其担任“爱故乡文学与文化小组”组长。为促进乡村文化研究者与乡土书写一线实践者的互动对话，北京爱故乡文化发展中心进一步与黄灯联合，于 2017 年 8 月在黄灯老家湖南汨罗组织了“发现故乡 · 乡土书写工作坊”，让返乡书写不仅发生在书本上，而且联系着历史传承与文化复兴；不仅是个人的情感表达，而且促进着大众参与和社区凝聚，让更多人认识、热爱并建设自己的家乡。

若从更大范围看，类似努力其实一直广泛存在：无论是近年来在城市郊区进行卓有成效探索的北京工友之家的“皮村文学小组”，还是自 2012 年由中国人民大学乡村建设中心联合多家当代乡村建设机构共同发起的“爱故乡”实践——以“故乡情怀”唤起人们心中的爱为出发点，实现从

与《十月》杂志社共同发起的“从返乡书写到书写返乡”沙龙海报（2017 年）

“乡愁”到“乡恋”再汇入“乡建”，该活动主张跨界行动，打破乡村建设专职专业的主体限制，旨在通过广泛发动高校大学生、打工青年、定居城市的“农二代”、艺术工作者、文化工作者、建筑工作者等专业人士利用各种“回/去”乡机会（寒暑假、春节假期、正式返乡、旅游、田野……），充分调动其“眼（观察）、手（经历）、足（调查）、口（口述史）”以记录故乡的容颜、生活和人物，在重新阐释故乡中发现故乡之美，揭示各种类型的遮蔽，增强对乡村多样性文化的认同，进而反思当下社会，探索乡村建设与生态文明的新可能。

爱故乡团队在第三届中国爱故乡大会上发布“寻找故乡之歌”主题活动（2015 年）

以上实践一方面努力将更为广大的“在乡者”和“返乡实践者”纳入视野，进一步呈现乡村的复杂性，揭示各种类型的遮蔽，以在新坐标中重新发现乡土的意义与价值。在这一过程中，所呈现的自然不仅是故乡在现代坐标与资本逻辑面前的陷落与退败，也包括乡土社会在现代转型进程中的内在矛盾和张力冲突，以及所蕴含着的建设性力量与突围努力——虽然在“掐草尖”的城市化进程中可能落败，但没有条件或闲情去悲情矫情的他们，毕竟属于那片土地。广大“草根”与更为宽广的土壤融为一体，顽强坚韧地存在着，可能性和建设性一直辩证无声地存在其间。另一方面，这些“书写返乡”通过在城乡之间、在研究者和实践者之间搭建桥梁平台，推动社会各界人士参与乡村建设，重塑乡村活力与魅力，多途径地为乡愁提供一个积极且具有建设性的安放之地与发挥空间，并在此过程中让更多参与者改变视角，重新发现充满多样性和复杂性的乡土社会与草根民众。在此过程中，让资源回流乡村，让文学重新获得力量。

当代乡村建设希望进一步开启“返乡书写”的更多可能性，包括“返乡”和“书写”的彼此看见与相互启示。此处的“返乡”和“书写”也是广义的，前者不限于一般意义上“农二代”不同目的和形式的返乡，还涉及在整体“非农化”格局下包括资金、资源、观念、坐标等在内的“回流”与“回嵌”，以及在此过程中对主流“城乡关系”的反思与挑战，这实际上也就是乡村建设的真正内涵。“书写”也不应是键盘侠和段子手们的专属，更是一种包括乡村建设实践者和草根民众各种书写在内的论述实践——它不只是书写乡土，而是以广义的书写表现一种新的生活并推动更多新的可能。

也即从“返乡书写”到“书写返乡”，希望让乡村获得有别于“都市中心”的文化表达，其自然不是简单的怀旧，而是重估乡村更为多样的价值，呈现其中的力量与韧性。这也就意味着在行动中需要努力避免个人化的悲情自恋，自警于静态的闭门造车与“故乡客”心态，让“返”不仅是想象或遥望，而是以此为“机”重建与故乡、土地之间的内在联系，以民众话语对精英话语进行稀释与挑战，进而实现良性有效的城乡融合。因此，它不再是笔墨时代的另一种“抽屉写作”，而是一份“互联网＋”时代带有故乡芬芳与把酒话桑麻意境的惬意邀请。

值得注意的是，相较于“返乡书写”，“书写返乡”较少受到关注，常常迅速淹没于话题海洋之中。一边是“假期返乡者”的火爆，另一边却是真正行动的“返乡实践者”难以进入大众视野。除可能因为“问题”比“建设”更易引发关注的传播规律外，这种内在悖论同样提醒我们：如何在主流逻辑下真正打开论述空间，让大众议题真正进入大众传媒和大众视野，这既是乡村建设或广义“返乡”的应有之义，也是当前乡村建设实践所面对的重要挑战。无声的实践与有声的喧哗之间需要真正的互动，从而既在表达和争论中打开更大的社会空间，又在实践与自觉中真正“有力”起来！

二、案例讨论：晏阳初乡村建设学院的传媒建构

上文讨论了乡村建设广义的外部环境与文化脉络，下面回到乡村建设，特别分析其在主流坐标中的位置，尝试指出主流力量自始至终“在场”并按其逻辑进行着各种建构，同时也希望进一步讨论：不断再生产的主流坐标如何配合第五、第六章所分析的文化、经济力量对乡村建设实践产生影响，并对实践者的自我认同及主体性建立构成挑战。

无论是历史①还是当代，大众传媒让乡村建设“可见”，其既增强了也削弱了实践的力量。特别是对于当代乡村建设，因为大众传媒已成为当下社会更具实际影响力的评价体系。若以晏阳初乡村建设学院为例，大众传媒参与了学院的创办直至办学中止的全过程。其在“客观、中立”的包装下同时具备叙述者、批判者与影响者等多重角色，既集中体现了现代化进程中的主流文化逻辑，还充分展现了主流意识形态对乡村建设的定型化想象，叙述上虽然充满裂隙与内部矛盾，但却在一定程度上影响了现实实践。

笔者完整参与了晏阳初乡村建设学院各时期的工作，此处以该机构为例进行媒体呈现的讨论，希望呼应第一、第六章学术批评的影响，进一步讨论乡村建设在认知坐标上的基本脉络与限制挑战。

---

① 历史乡村建设也借助传媒力量而引起广泛参与，如晏阳初借助美国《读者文摘》多次报道以筹集包括财务和人力在内的各种资源。影响广泛的《大公报》1934 年 1 月 4 日开办《乡村建设副刊》，起初每月两期，由燕京大学杨开道主编，一年后从第 25 期开始改为周刊，由中华平民教育促进会瞿菊农主编，共出版 70 期，前后共计约 100 篇文章。详细可参考：王欣瑞. 民国时期新闻媒体对社会运动的关注——对《大公报》乡村建设文论的解读. 天府新论，2009（6）。

乡村建设与各种社会群体紧密互动。
图为晏阳初乡村建设学院接待各地大学生参观（2005 年）

1. 大众传媒与“另类”实践

关于现代大众传媒的重要性，正如学者 Roger Silverstone 所指，“媒体拣选、形塑了每日生活的样貌，媒体所呈现出的多元景观，成为一种检验标准与参考指标，引导着我们的日常生活，并且定义、维持了人们的‘常识’”（2003：8)。即使是主流叙事，也必须要经过大众文化的改写才能被“广大人民群众”这个匿名却无处不在的“超级读者”接受（黄平，2007)。在研究 1968 年欧洲学生运动之媒体呈现的托德·吉特林看来，“在一个日益模糊与不确定的世界里，人们越来越多地依赖于大众媒介来寻找并试图发现自我”（2007：导言 9)。

大众传媒在与社会现实的关系上，一方面如斯图尔特·霍尔所指，“大众传播媒介凭借凝结社会的霸权符码的生产而发挥作用，看起来反映现实，但实际上是构建现实，这样的大众媒介本身就是当代资本主义主要的意识形态”（转自雷启立，2008：16)；但另一方面，媒体与社会也有着特别的辩证关系，“媒介属于社会，也塑造社会，同时也被一个创造新秩序的现代社会所塑造”（托德·吉特林，2007：173)。也如魏灼所认为的，“传媒的新闻报道绝非如镜子般在反映真实，而是在构成真实。但是传媒所构成的‘真实’对整体社会而言，仍具有‘事实’的效果，进而回过头与社会真实紧密互动、交互影响”（2010：342)。

至于媒介如何发挥作用进而影响社会，托德·吉特林提出了媒介框架（media frame）的存在，“它是选择、强调和表达的原则，由很多对存在、发生和发展的事物加以解释的细微理论构成，既是认知、解释和表达的连贯模式，同时也是事件操纵者组织言论的过程”（2007：导言 13-14）。这种“过程”也为 Roger Silverstone 所特别强调，他认为应把媒体视为一个“中介”① 的过程，因此我们应该拓宽视野，“不仅把中介意义局限在媒体文本与阅听人之间的接触上，还应把中介过程视为媒体生产者与消费者之间的互动”与对意义的使用和操作上（2003：19）。

具体到中国当下的状况，雷启立指出：一方面，对于中国公众而言，“媒体象征了阳光，是知识、理性、现代、进步的同路人”；但另一方面，每逢危急关头，媒体“常从民粹立场出发，以底层的智慧寻找事实依据，进而从民间收集力量，成为新的权力结构中的一极”（2008：4-5）。戴锦华则强调：中国传媒之所以显现空前力度，事实上是“权力的媒介”与“媒介权力”在特定历史条件下，相互结合并彼此借重的结果（1999：36）。也即，当代传媒具有“双重性”：为了适应市场要求，保证其收视率与发行量，从而获得更高的广告收入，因此需要“人民立场”的外在形象，但实质上又很难掩饰其精英立场及其与资本错综复杂的内在联系。

而关于大众传媒与“另类”实践的关系，如托德·吉特林引述沃尔特·亚当森（Walter Adamson）的观点，“对于反抗运动而言，在一个社会的主流文化之外来解释自身和其世界观，并建立能够自我生成文化制度的文化基础，是极其困难的，甚至是根本不可想象的”（2007：导言 10），故其在大众传媒时代常面临着类似的“两难”：媒体既增强同时也削弱“另类”实践的力量。如果与媒体疏离，它们的声音发不出去；如果通过媒体，声音则常被扭曲、收编与“无害化”。笔者认为，虽然主流传媒的意识形态框架大多偏向统治集团而不利于“另类”实践，但也不能简化为类似于“传媒污蔑异议者并摧毁社运”（魏炒，2010：342），实际上也存在着“另类”实践改造媒体的空间与可能性②。通过下面这组媒体叙述文

① “中介”了什么？为达到更理想效果，它无疑需要借助受众的日常生活经验、欲望需求及所谓常识，并以更多的细节和个人化体认去贴近“真实”，用人物和事件去充满“真实”，再以“真实”的质地作为说服读者的有效手段。下文各种例子可进行某种说明。

② 正如台湾媒体研究者魏炒提出，“与其单面向地批评、期待或道德性地呼吁传媒能够传达某种‘较真的真实’，倒不如企图创造出另一种社会条件，让传媒从运作逻辑就发生改变，降低扭曲事实的可能性、避免有利于主流却不利于弱势的事实建构框架，甚至积极提供另类的、批判的框架供社会知晓、辩论和反思”（2010：345）。

本，我们将发现其中既有十分严厉的批评与质疑，也不乏言过其实的过誉与追捧，这些都作为不同形式的“表征”，参与构成了乡村建设的外部环境与舆论脉络。通过这些分析，我们还可反思：比起前文各章所涉及的严肃学术批评，为何大众传媒更容易成为当代乡村建设的认识参照？

2. 命名、修辞与想象①

虽然出于职业要求与行业特点，大众媒体都自我要求对外包装出所谓“客观、冷静、中立”等基本形象，然而如果对其建构出来的形象进行认真分析，将发现其中充满着无数并不冷静的“命名”、并不中立的“修辞”和并不客观的“想象”②。

晏阳初乡村建设学院创立伊始，就在短时间内被快速地命名：一方面是各种欢呼与兴奋下的判断，如“晏阳初重返定州”③“温铁军：乡村建设运动的复兴者”④“翟城试验：寻找梦中的诺亚方舟”⑤“晏阳初乡建精神犹在　新乡村试验扎根定州”⑥“追随晏阳初的脚步”⑦等。来自大众传媒的“兴奋”，既反映了当年严峻的“三农”危机背景下公众对应对实践的普遍期待⑧，实际上也是大众传媒对各类新兴实践的常见态度与惯用手法。

另一方面则是基于主流坐标所做出的“预言式”质疑。例如，在2004年4月晏阳初乡村建设学院进行第一次农民培训时，就有记者用不到半天的时间做了“中国第一所村办学院生存忧患调查”和“办在村里的

---

① 为帮助读者进行便捷的对应查阅，本小节中的相关媒体报道引文均直接配以脚注。

② 除下文讨论的大陆案例外，台湾学者夏晓鹃结合当地媒体对“外籍新娘”及“外籍新娘识字班”的叙述策略后也指出：虽然媒体都声称“客观”，但它们取样、强调及省略的重点都是高度选择性的（2002：137）。

③ 康雪，《晏阳初重返定州——晏阳初乡建学院成立现场采访》，北京人民广播电台，2003年8月。

④ 黄宇．温铁军：乡村建设运动的复兴者．国际金融报，2004-01-09.

⑤ 黎光寿．翟城试验：寻找梦中的诺亚方舟．中国改革（农村版），2004（2）.

⑥ 安文联．晏阳初乡建精神犹在 新乡村试验扎根定州．燕赵晚报，2005-07-24.

⑦ 作者不详，《追随晏阳初的脚步——晏阳初乡村建设学院简记》，见河北人民广播电台新闻频道《燕赵风采》，2004年7月31日。

⑧ 如在一篇题为《晏阳初乡村建设学院：载得动三农几多愁?》（中国选举与治理网，http://www.chinaelections.org/NewsInfo.asp?NewsID=96899，浏览日期：2009年5月2日）的文章中，作者认为：“众所周知，农民最缺乏的是物质利益，即改善生活，而不能改善生活的根本在于其权利的贫乏，农民尚未获得充分的发展权利，然而，这些厌烦于西方高度民主自由社会的人却来大陆用最贫穷的群体做后现代的实验，这岂不荒唐？岂不可笑？”

晏阳初乡村建设学院的第一份专题报道（2003年）

学院还能走多远?”① 这样“发人深省”的报道。

除了这两种风格迥异的“判断/想象”，各种充满矛盾的命名始终伴随着乡建学院的不同发展阶段，如：“‘乌托邦’实践”②、“农民黄埔军校”③、“后定县试验”④“新上山下乡运动”⑤“温铁军的乡村星火”⑥“秀才下乡”⑦ 等。这些命名体现并实现了大众传媒对该实践的常见定位与处理，虽然容易引发关注，但却不利于实践内外群体对乡村建设复杂性的认识。

除对社会行动的状态、趋势、问题进行简化与命名外，大众传媒还使用较多的修辞手法，配合“命名”以更有力地达成叙述者所希望的效果。如下面所引新闻标题里的相关修辞：“‘定县实验’新登场”⑧“乡建学校

① 聂道先. 办在村里的学院还能走多远?. 新浪财经，2004；温铁军翟城试验：中国第一所村办学院生存忧患调查. 新浪财经，2004。

② 作者不详，《“乌托邦”实践 温铁军把“另类”进行到底》，见《亚太经济时报》，http://finance.sina.com.cn，2004年7月9日浏览。

③ 卢韵，曾子墨. 乡村建设学院——中国农民的“黄埔军校”. 凤凰周刊，2004（13）；王俊秀. 打造新农民的“黄埔军校”. 中国青年报，2006-05-12；马海伟. “农民黄埔军校”试验三年之惑. 中国商报，2006-05-23。

④ 姜古迪. 值得关注的后定县实验. 燕赵都市报，2003-08-24.

⑤ 黎光寿. 新上山下乡运动——我们能为农村做什么?. 公益时报，2003-11-06.

⑥ 作者不详，《温铁军的乡村星火》，见凤凰卫视《财经点对点》，2004年4月。

⑦ 作者不详，《秀才下乡》，凤凰卫视，2005年9月。

⑧ 白红义. “定县实验”新登场. 小康，2004（9）.

的‘荒芜英雄路’”[①]“步履蹒跚中的乡建运动”[②]“晏阳初到温铁军：知识分子百年乡恋”[③]“中国知识分子的乡村冲动”[④]“新‘定县实验’终局?”[⑤] 等。除此之外，新闻正文中的一些句式和表达方式也有着类似处理，如：“(晏阳初、梁漱溟) 是否都是糊涂的好人? 乡建是唯一希望? 还未乡建的农村，希望何在?”[⑥]。

罗列如此多的标题与片段，重要的不是进行某种事实层面的检验，而是希望归纳指出其中的“去脉络”特征，并进一步讨论为何这些看似丰富多元实则刻板的“命名”与“修辞”，会成为大众传媒对当代乡村建设的主要呈现类型。一方面，正如前文对媒体“中介”特点的分析，其“中介”承载了主流社会对“另类”实践的一般想象与期待——应该是什么形象（轰轰烈烈、万象一新?)，应该产生什么影响（载起“三农”?)，应该需要何种条件……然而，正如前文各章从不同角度所进行的分析，这些想象与期待很大程度上内在于主流政治经济结构与社会文化脉络，是需要加以反思与问题化的；另一方面，它同样“中介”起了媒体生产者及受众对现实的失望与不满，由此反向构建出“浪漫化”的想象与期待。例如在《中国新闻周刊》的《新农村的理想与现实》报道中，虽然对当代实践充满质疑，但当谈到该实践地点时，笔调则反转为依恋与抒情，“翟城：在这个北方的村庄，知识分子求解乡村问题的探索已承续了近百年”[⑦]。在另一篇批评当代实践的文章中，当谈到历史时，笔锋也迅速调转，“从当时留下的照片看，跟随晏阳初的知识分子，脸上总是带着兴奋与高兴的笑容。据统计，最高峰时期，晏阳初在定县团结了多达 500 名‘愿意和农民在一起’的知识分子”[⑧]。然而，正如前文各章所述，若我们真正历史化地进行处理，将发现这些美好而流畅的叙述实际上遮蔽了其内在的各种裂隙[⑨]。笔者之所以如此提醒，重点不在于揭破媒体构建的“神话”本

① 胡印斌，王小波．乡建学校的“荒芜英雄路”．燕赵都市报，2004-07-18.

② 曹海东．步履蹒跚中的乡建运动．南方周末，2007-07-05.

③ 曹筠武．晏阳初到温铁军：知识分子百年乡恋．南方周末，2006-03-09.

④ 何忠洲．新农村的理想与现实．中国新闻周刊，2006 (7).

⑤ 翁仕友．乡建学院关闭　新“定县实验”终局?．经济观察报，2008-01-07.

⑥ 林海．温铁军：改良主义者败局?．南方人物周刊，2008-01-21.

⑦ 何忠洲．新农村的理想与现实．中国新闻周刊，2006 (7).

⑧ 曹筠武．晏阳初到温铁军：知识分子百年乡恋．南方周末，2006-03-09.

⑨ 除上一章讨论的“多重之‘难’”外，就以大众传媒叙述所经常强调的“博士下乡”为例，实际上，历史乡建实践者之间也存在各种矛盾与摩擦，不少人来了不久就走。据晏阳初回忆，他在定县近三分之一的时间是在做实践者及家属的工作。

身，而是希望由此引起对这种十分常见且容易获得接受的叙述模式的反思。

总之，通过“命名、修辞和想象”，大众传媒抽离了乡村建设实践的复杂脉络，所内在的“刻板化”和“浪漫化”处理不仅仅符合现代媒体的一般逻辑，更折射出乡村建设的认知环境与可能限定。

3. 传奇与个案

在大众传媒的叙述中，晏阳初乡村建设学院常有一个充满“传奇”色彩的开局。许多媒体都会以类似故事为开头——2003 年春节，温铁军时任《中国改革》杂志社总编辑，杂志社编辑刘老石与邱建生带支农大学生去河北定州翟城村调研，因为恰值大年三十，大学生们即兴在所住的村委会写了一副春联，“平民教育诚可嘉，乡村教育慨而慷，（横批）继往开来”，这副春联很“偶然”地被村党支部书记米金水看见并引起注意，双方一拍即合，决心在翟城重续晏阳初的梦想①。

不仅平面媒体对该情节进行了大量的复制与再生产，很多纪实类专题片或纪录片也都“再现”了这样一个戏剧性场景，编导们重新刷上墨迹未干的对联，可谓用心良苦；观众们则因此而“如临现场”，更可谓“效果”不俗。从普通读者（观众）角度来说，类似情节与表达方式容易获得接受，并且其表现内容的确真实发生，这本无可厚非。笔者之所以提出来讨论，是希望指出当媒体对其反复强调并选择性宣传之后的实际效果。通过对“戏剧化”和“偶然性”局部的凸显，不经意间遮蔽了乡村建设实践更为整体的脉络②。

如前文各章所示，乡村建设运动的实际由来，绝不像媒体演绎下这般戏剧化和简单化，过度强调“偶然”容易无意间遮蔽其内在的“必然”：乡村建设绝非一般的个别事件或孤立现象，而是充分内在于中国现代化进程之中，其既回应着近代以来剧烈的社会变革，同时也面对着近代以来复

---

① 何忠洲. 新农村的理想与现实. 中国新闻周刊，2006（7）.

② 实际上，这一“故事”本身也有丰富的来龙去脉：2003 年春节之前，温铁军所主持的《中国改革》杂志社就已经在该村以外的很多区域开展乡村建设与大学生支农实践；翟城村想利用“晏阳初”进行“文化搭台、经济唱戏”的想法也由来已久，其中一个重要的原因是当 2001 年中国加入 WTO 后，农产品出口受到影响，这不禁让依赖辣椒增收的村民们产生了质朴的看法——“假如晏阳初还在，就好了”（2004 年该村支书米金水对笔者回忆道）；而促成晏阳初乡村建设学院创立的另一重要背景则是当时“三农”矛盾加剧，“三农”问题成为包括学界、官方、民间的共同“热点”。正是有了这一系列的条件与土壤，那个戏剧性场景才得以出现。

杂的社会经济思潮，因此有着多种源起。

然而，这个“情节剧”案例却让我们认识到：为进一步配合“读者/观众”的接受习惯与偏好，以达到“感同身受”并通过想象进行参与的目的，大众传媒呈现包括乡村建设在内的社会运动的常见做法是将“传奇”主角“还原”为日常生活中的普通“个人”。而类似处理也在不经意间形成另一种“去脉络”效果：如果成功，那是个人道德崇高，敢为人先，有过人的责任感与使命感；如果失败，那也是个人的“理想主义”“不切实际”“乌托邦梦想”。笔者认为，此举作为大众传媒版“好人好事”式处理方式，当实践者被放置于茶余饭后“待讨论/待评论”的客体位置时，所谓“理解”和“认同”都将更加有限①。

从“传奇”开局到“个案（个人）”结尾的处理方式，配合着上一小节的各种命名与修辞，不仅遮蔽并简化了“另类”实践的复杂脉络，更阻碍了不同群体对各种深层次问题的追问②。作为批评与介入现实的“媒体利刃”似乎常重重举起，但却总是轻轻放下。一方面，前赴后继的大众传媒以“接力”方式参与着对乡村建设这一“另类”实践的关注与评判，以“开端—发展—高潮—结局”的叙事模式进行着裁剪与建构；另一方面，经过各种“去脉络”处理之后，抽象而空洞的“另类”实践常被不同程度地“中介”于主流社会的逻辑与结构之中。例如，乡村建设实践在被“去脉络化”地呈现为“好人好事”时，同时也被“中介”以主流社会下常见的焦虑与社会心理——大家都不切实际地期待着有一群“崇高/传奇”的“他者”，更好地“替”我们解决共同的问题。

---

① 姑且举例，如果采用现代传媒叙述风格，历史乡建前辈的光环必将短暂而暗淡。第一年，我们可以对这位“海归”博士（晏阳初）的生存状况进行“忧思”（刚回国时，中华平民教育促进会活动经费非常困难）；第二年，我们可对其解决不了“饿肚皮”（参见前文中村民对晏阳初到农村后照搬城市扫盲做法的抱怨）进行反讽与反证；第三年，我们可以对运动内部博士及家属们的种种矛盾和随时的退出进行曝光揭秘或悲情预言。最后，我们将以“花了那么多钱，做了这么多年，定县农村比起周围农村来说，又有什么明显不同？”作为有力审判，以得出“不过如此”“失败/不成功”式的结论。

② 如有媒体对当代乡建实践者以“秀才下乡”为命名，无论是出于嘲讽还是出于质疑，实际都不利于更重要的问题的追问：例如，除这些“秀才”外，当今“下乡”的还有什么人/力量？很多“秀才”本来就来自农村，为何他们回乡后会如此“蹩脚”？感受到普遍的舆论压力，为什么他们还坚持“下乡”？本应“在乡”的秀才（本地能人）都去哪了？“秀才下乡”和“能人上城”反映了什么样的时代困境？……当我们不无轻松地命名或指责这些“秀才”时，常常遮蔽或消解了更为重要的严肃讨论。

三、行知新坐标：“反向”中的“返乡”

1967 年，孟德拉斯出版了《农民的终结》，该书被作为法国历经 10 个世纪之久的农业文明的一份“死亡证明”。然而，在 1984 年该书再版时，作者却吃惊地发现“我们的社会对农民和乡村的态度突然地转变了：曾经成为过时的遗迹的农民，在年轻人眼里成了智慧和学问的典范。生活在农村或小城市是 3/4 的法国人的期望”。乡村社会发生了惊人的复兴，一切似乎都改变了，村庄现代化了，人又多起来，乡村重新变成一个生活的场所，就像它同样是一个农业生产的场所，乡镇则在经过一个让人以为已死去的休克时期之后，重新获得了社会的、文化的和政治的生命力（2010：212-219）。如此“出其不意”恰是乡土坚韧性和复杂性的有力例证，因此也孕育出以“回嵌”乡土为目标与内涵的“反向”实践。

1. 情绪的症候

有学者指出，文化研究必须把个人的精神和身心如何安顿问题视为一个迫切需要处理的核心问题（倪伟，2019：12）。在长期的乡村建设实践中，笔者发现身边的同伴常出现某种“春节综合征”——这里说的，不是节日中常见的暴饮暴食与黑白颠倒，而是因春节返乡导致的情绪低落、状态不佳甚至自我怀疑状况。这是因为，春节回家除亲人团聚、朋友重逢，更是不同价值的交汇与碰撞，以及现实财富与生存状况或明或暗的比较，许多压力变得无法回避：收入、地位、身份、尊严……这些本来就是许多一线实践者的心酸处，自然让人沮丧。

开始还以为只是个别情况，或仅与家庭条件、婚姻状况、工作年限、地域文化等方面相关，后来发现其实际上具有一定的普遍性并蕴含着值得进一步思考的地方。对于大部分乡村建设实践团体来说，志同道合也好，抱团取暖也罢，大家的工作和生活经常在一起，并大多在内部共建起彼此认同的基本价值。春节返乡不仅让行为环境和社会关系发生了剧烈变化，主流社会的强大力量也开始显现，进而突显出原来还可能“将就”的各种落差。举个例子，乡建实践者的衣着常是朴素的，如果哪天在乡建场合看见他们西装革履一定会让人觉得奇怪，这不仅是因为衣着朴素在乡土环境下与老乡交往方便，还因为周围大家都这么穿，形成了特定环境。而那些所谓“好看”的衣服其实是穿给其他人看的，我们的感受本来就常由外部眼光所影响，既然周围的环境是以简朴为美，过于讲究反显得格格不入。而春节返乡让实践者所处环境和社会关系发生变化，坐标、参数和眼光等也都随之改变，这让原来不甚明显的差距开始显化。

也可以说，实践者们春节返乡后，虽然一般的乡村困境也让我们揪心，但事实上大家本来就在乡村工作，对类似状况并不陌生，更大张力其实来自这种“个体返乡”与“社会去乡”间的冲突与拉扯。“春节综合征”所折射出的与其说是乡村建设实践者个体意义上的纠结和无奈，不如说是当前日益加大的城乡冲突与阶层差距在他们身上的具体体现。只不过春节作为一个特定的时空条件，让返乡实践者“逆流而上”的反向困难显示出来了。

中国人民大学乡村建设中心“农村可持续发展青年人才培养计划”各期学员在北京梁漱溟乡村建设中心大门合影（2013 年）

除了“春节综合征”，笔者曾在前面相关章节中谈论过乡村建设实践者的“失语”尴尬，不同表现的“焦虑”“无力”“悲情”① “犬儒”② 等现

① 据笔者观察，包括自己在内的实践者在乡村建设中常带有不同程度的“悲情”色彩，似乎关注弱者让大家更具“道德感”，内心也容易被“牺牲者/先行者”的悲壮情绪所影响，这有助于实践者在各种困难面前保持坚持的勇气，但与此同时，由此引发的“道德自恋/自怜”也常随之而至。

② 当遇到困难和挫折时类似情绪时常出现，“不过如此！又能怎样？So What？……”，它也符合全球范围内某种共同的情感结构，常以某种“看透一切幻象”的洞察力构建起另一个更大的幻象，并在此过程中取消进一步“反思”和行动的可能性，进而落入对既有秩序和权力结构的实质性“屈服”。

代社会常见情绪也不同程度地内在于乡村建设实践群体中，进而影响着乡村建设实践者的主体性。实际上，这些充满张力的情绪不仅在全球范围的社会运动中普遍存在①，同时也存在于英国文化研究奠基人的成长经历与现实观察中——作为工人阶级子弟，《识字的用途》的作者理查德·霍加特通过奖学金得以进入大学，上学期间他在工地干过搬砖等体力活，还做过夜间派送员，毕业后长期担任英国赫尔大学的校外教师，关注并开展成人教育。正是因为这些“独特”经历，让他对身边的工人阶级子弟有着更为内在的认识与复杂的体认，“他无法回头：从他自己的一个侧面看，他不想返回到通常显得狭隘的那种朴素上去；从另一个侧面看，他渴望那种已经丧失了的成员身份……乡愁更加强烈，也更加模糊不清，因为他确实是在寻找逃匿起来的自我，可是害怕找到它……他既不属于他们，也不属于他们经常表演的关系等级剧目中的任何一个群体；他已经离开了他的阶级，至少在精神上是这样，（但）他在另一个阶级中也是不正常的，神经绷得太紧”（2018：299）。

回到本书的具体脉络，我们既要对上述情绪的“症候性”意涵有所把握，也需对另一类不利于实践展开的认识有所警惕——特别是在民间团体与社会运动中，我们往往容易将实践和学院天然对立起来并对后者加以拒绝，并以之为强调“实干”及与“坐而论道”划清界限的必要姿态，似乎对“学院化”体制/知识的拒绝有助于自我形象和立场的建立：我们不像他们，我们更强调行动……以“对方”来反向定义“自身”，这种典型的二元对立思维使实践者再次分享了与对方同样的逻辑。也可以说，对“知”与“行”辩证关系的割裂与简化，不仅无助于对纷繁复杂现实的理解，也弱化了实践在现实层面的挑战“力度”，自然也影响了乡村建设实践者的突围努力。

① 戴锦华教授于2006年8月22日在晏阳初乡村建设学院做《迟到的分享——〈蒙面骑士〉导读》的演讲时说道：当前世界上大多数的反叛运动常带着一种悲情色彩，正如有人说现在很多的NGO领袖都是悲情领袖。这种悲情包含着三个方面：第一种悲情，请看“我们”的不幸，正是“你们”陷“我们”如此，“你们”是如此的不义。第二种悲情，“你们”多么无耻和罪大恶极，“你们”的罪恶成就了“我们”的正义。作为斗争手段当然可以，但对手的不义并不自然地证明了我们的正义，而需要自己去建立、阐述和实践。第三种悲情，“你们”看看“我们”做了多大的牺牲。面对这三种“悲情”，一方面，且不说在这样一个极端冷酷甚至不再“伪善”的世界悲情是否有效，从另一方面看，一味地展示苦难议题，在某种意义上不仅在不断复制并“自我实现”苦难的逻辑，更让我们悲观地忽略了苦难中人民的生命与创造。

2. “反向”的可能

学者孙歌在“边缘与前沿——《天涯》杂志改版二十周年座谈会”（2015 年 10 月 27 日，海南博鳌）上指出：不应把边缘与中心对立起来，也不应把边缘简单等同于“弱势”。比如在精神生产上，边缘因其与中心有距离，常有更大的多样性和自由空间。同时，边缘意味着离“他者”更近，因此边缘也是另一个意义上的中心。笔者认为：在中心困境日益显现且风险集中的当下，这种对“边缘”的相对化思考十分重要，有助于我们思考“反向”和“返乡”实践的现实可能。

前文的讨论让我们看到惆怅哀伤的“田园诗逝去”表达本身的浪漫化与无效性。如果回到具体脉络，所谓“乡愁”恰好反衬出过度“城市化”与“非农化”本身并未深入人心，即使是被认为“三农”中更接近经济与技术层面的农业，本身也同时包括生态、文化、社会等多种面向与立体功能，只是由于长期受主流意识形态与利益驱使，致使生产与经济之外的其他面向受到很大的遮蔽。然而，随着生态危机与现代城市普遍困境的出现，农业内外各种复杂张力正逐步得以显现，这让被遮蔽之农业多功能性的再现与重新认识成为可能。

晚年费孝通在《爱我家乡》中深情地说“生命和乡土结合在一起，就不会怕时间的冲洗了”（1996：203）。在实践及与乡土结合的过程中，当乡村建设实践者以弱势群体为立场时，就容易认识到原有激进坐标的问题及行知新坐标的必要性与可能性。而当前全球范围内的整体性危机、21 世纪以来中国在产业资本和金融资本上的全面过剩及生态文明转型则为坐标转变提供了基础和条件，让在“反向”中“返乡”的实践者找到新的参照坐标——它既不是对原有逻辑的延续，也不是简单颠倒或替换，而是去意识形态化和整体视野下的重思与建构，其中既是基于“有限地球”的生态可持续视角，也是一种对工业化及城市化异化所产生的问题化视角的反思。

回到现实中，当然不可能有纯粹和独立的“反向”。如前文所述，这些实践本身就充满矛盾和张力，并一直伴随着各种质疑与批评，无力感与自我怀疑也不同程度地存在于实践者身上。这既提示我们需要将“微小”努力放回整体性脉络之中，从转型中国“大时代”的角度理解这些张力的来源与土壤；同时也提醒我们对主流困境下的点滴努力给予足够的尊重与包容，理解其不易、艰辛与难能可贵，拒绝让日常实践中的单调和琐碎成为虚无的理由，并推动进一步行动，为更大改变蓄积能量。

若具体到当下，随着高校就业形势日益严峻、经济增速放缓且城市生活压力激增，不同形式与内容的“返乡”正成为一种新的趋势。作为一种建设性的“反向”实践，此处的“返乡”不限于“农二代”们“城市梦”受阻后的被动行为，还包括“危中之机”背景下返乡实践者的主动选择、对乡土的重新认识及各种形式的“回嵌”实践，不仅涉及个体认识与追求，背后更是“三个百年”的历史进程与复杂脉络。

北京梁漱溟乡村建设中心组织的大学生支农队田间劳动（2007 年）

在整体性视野和新的坐标下，“乡”不仅是地理范畴和物质空间，“返”也非被动无奈的权宜之计，除应在实践层面上对主流城市化发展模式与不合理城乡关系进行挑战与回应外，同时也应在认识上通过“发现故乡”推动对乡村的重新认识，以挑战对“三农”的对象化与问题化。因此，其既是行动层面的实践议题，也是观念层面的理论命题。

如果以此视野重思“返乡”，首先需要探讨的是：返乡之“返”的前置状态“离”是如何发生的？除了相对容易的返“身”，“心”与观念坐标如何一并得以建设性“回归/重置”？对于许多参与其中的“返乡”青年来说，他们似乎有着相近的经历：我们的教育是线性和上升的（从农村到城市，从小城市到大城市），从逻辑上就与“返乡”或“乡建”存在着根本矛盾。在方向上，以“去乡土”为目标的乡村教育多以城市为导向，日渐

北京晏阳初平民教育发展中心驻福建安溪福前村的大学生志愿者
带领村里的小朋友在山间辨认植物（2011 年）

远离“乡村的教育”或“为乡村的教育”，而仅成为“办在乡村的教育”①；在内容上，现有知识体系多建立在高度抽象且概念化的基础之上，与乡土脉络和日常生活存在着较大的距离；在效果上，对于大多数现有时间和未来想象都已经与乡土、乡亲、农作劳动无关的乡村新一代来说，在接受多年的“学院式”教育后，思维正日趋简化和固化。

如果说被改造过的乡村教育让我们对脚下的土地与真正的乡土社会日益“陌生”，那么现代文化的浸淫与覆盖则产生进一步的“疏离”效果，它充分利用城乡二元分割所内含的追逐动力与人们追求舒适生活的美好愿望，这些本无可厚非，但当消费社会“多少算够”的无限逻辑与“发展幻

① 近年来“一刀切”的撤点并校让这点似乎也成为奢望。

象”成为主流意识形态时，这无疑给乡村新一代与乡村建设实践者增添了新的困扰。

通过如此反思，希望拨开繁华的“城市梦”面纱，让长期被“遮蔽”的维度得以再现，以此获得更多可能性；与此同时，希望提醒读者对实践过程中的真实状态与现实困难保持清醒，即“反向”中的“返乡”既不是主流论述中的牺牲与悲情，也绝非鲜花掌声与荣光喝彩中的“衣锦还乡”①。

总之，乡村建设或广义“返乡”不可能在一张白纸上作最新最美的图画，“建”的艰辛常常面对着“毁”的剧烈与“弃”的轻易，真正的建设事业自然艰难，但难能才可贵。也正因如此，乡村建设所需要建设的不仅仅是乡村，还包括新的价值、行动坐标与实践者的主体性。

3. 新农人的“纠结”与行动

杨庆祥在《80 后，怎么办?》中结合自身经历指出：“80 后的主体建构面临着现实层面和精神层面的双重困境。在现实层面上，大历史失效了；在精神层面上，虚无主义滋生……80 后由此变成了悬浮的一代，上不接天，下不接地，在历史的真空中羽毛一样轻飘”（2015：24、111）。该书所描述的“80 后”的成长年代，刚好是中国乡村日趋凋敝和“三农”问题显现的年代，也正是在这一时期，随着高等教育产业化导向下的大规模扩招，“80 后”群体中的大学生，从人人仰慕的天之骄子，日渐成为普通劳动者。如此落差使其中部分人如书中所述，日渐迷茫、走入虚无，但也有部分人在关注乡村和投身实践中直面时代，在“反向”中用实际行动创造新的可能。

笔者认为，不仅在经济基础和阶级区分上存在着不同的“80 后”，即使是其中的同一群体，也因自身经历及与实践脉络的不同互动而呈现着较大差异。《80 后，怎么办?》所述之“有历史意识的小资”是否能在 21 世纪的现实中真实存在？除了富士康工人“N 连跳”这一书中所认为的“这个时代最真实的抵抗”（2015：95）外，“80 后”的抵抗是否还存在其他可能？作为一位长期参与当代乡村建设实践的“80 后”，笔者下面以比较

---

①　河北某高校研究生返乡务农导致父亲喝农药自杀即为一个不无残酷的警醒。详见《研究生毕业回家种田 父亲气急服毒》，搜狐新闻：http://news.sohu.com/20121016/n355004738.shtml。2020 年 7 月 15 日浏览。

熟悉的乡建青年为例，尝试做些讨论。

需要认识到，当代乡建青年共享着这个时代的整体性困境，既需要看到其作为“小资产阶级”所存在的问题①，也要意识到小资本身也不是“铁板一块”或静止不变，与其大而化之地悲观焦虑，不如具体细致地进行开放性讨论。比如，对于不少“农二代80后”来说，“城市梦”和“中产梦”本来就是外在建构出来的，日益衰败的乡村对他们来说是真切深刻而不可能完全摆脱的生活实感与现实经验，乡土社会本身的丰富意涵与可持续性也将在现代世界危机的“倒逼”下得以重新认识。当他们在主动实践中自我改造并与乡土脉络构成有效互动时，除不陷于中产阶级的一般性困境外，还蕴含着克服“知—行”分离所带来的无力感与虚无状态的新可能。当然，其中会有曲折和反复，但却不应该只是一种抵抗的“姿态”或“假面”。

先以一个“70后”为例看下乡建实践者的“纠结”。前文引述过的当代乡村建设的重要推动者邱建生，自陈曾经也是愤怒青年，在大学期间对教育产生过切齿的恨和彻底的失望，曾经还有过“除暴安良”情结，大学毕业后偶然看到晏阳初，完成了从“革命青年”到“改良青年”的转化，认识到原来在革命和反革命之间，还有一条中间道路（2018：117），但在实践中绝不是一帆风顺，“我自十几年前矢志乡村建设，一路走来，或贫病交加，或四处化缘，或无米下锅……乡村建设的如是处境是否是必然的？你服务的对象是什么样，你就是什么样。农民和工人在经济上不断被边缘化，你如果真心实意地和他们站在一起，你的各种窘境不是自然的吗？”（2018：179）。因此，邱建生认为，“作为一个乡村建设工作者，首先要把自己从‘异化’中救拔出来，成为‘自己’，在与自然、他者和自己的关系中找到平衡”（2018：181）。

实际上，在现实中当代乡建青年所进行的“返乡”实践并非被动等待，虽然大部分实践者的“在地”工作平凡琐碎，但却仍然坚韧地扎根于乡土社会，各种探索在实际展开中常充满张力。例如，第二章提到当代乡

① 当代乡村建设实践的推动者温铁军在乡村建设骨干培训、内部会议和工作邮件中多次提及此观点。2014年10月26日，温铁军在“亚洲思想运动报告——2014人间思想论坛”（北京民生现代美术馆和中国美术学院跨媒体艺术学院联合主办，位于北京鼓楼西剧场）上公开指出：“我跟大家讨论的时候说，如果一定要你们给自己定位，那你们都是小知识分子。小知识分子是什么？小资而已。大家提出的口号是全心全意为农民服务。农民是什么？同样是小有产者、小资。那就是一群小资为另一群小资服务。”

村建设中的社会生态农业，其兴起的一个重要表现是越来越多的新生力量关注并投身于农业领域，相较于传统农业主体，有人将之命名为“新农人”。对于小毛驴市民农园来说，“新农人”既包括以“80 后”和“90 后”为主体的工作团队，还包括农园每年招募培养的各类实习生——该项目每年面向全国高校、NGO 团体、社会青年招募对生态农业和 CSA 运作感兴趣的有志青年，既让农场成为年轻人接近农村、接触农业的“中介”，同时也为社会生态农业与城乡融合实践培养储备人才，并在社会层面推动形成一种重视农业、回归乡土的氛围。自 2008 年农园启动实习生项目以来，前后共有多批次年轻人及大量志愿者参与其中。实习生学制 9 个月，经历整个农业生产周期，参与农园运营管理的各个环节。在实践中，这些“新农人”一方面通过将劳动与学习、理论与实践相结合，逐步形成适应社会化农业的视野并具备相关技能；但另一方面，他们也在不断纠结与反思中开展实践，其中充满包括兴奋、困惑、无奈、不甘等在内的复杂情感。

清华大学汪晖教授（前排右十二）为小毛驴市民农园实习生做讲座后留影（2010 年）

在小毛驴市民农园工作两年的 Z，他的心路与状态有一定的代表性：“在这段时间里，我有过疲惫，有过厌倦，有过失望，有过纠结，但是心中的那个田园梦想支撑着我，让我坚持了下来……（现在）我已经不那么觉得农业是辛苦的事业了。对我来讲，农业已经是一种生活方式，是我喜欢的生活方式。用自己喜欢的生活方式生活，这是很让人满足的一件事情。”①然而，面对外部不切实际的过度期待，他们也清醒地认识到小毛驴

① 详见《2012 年工作总结》（北京小毛驴市民农园）。

市民农园当然不是世外桃源。和周围同龄人一样，他们既面对着消费社会下形形色色的宣传与诱惑，也无法摆脱各式各样的苦恼和压力，即使这个地方可能因为农业多功能性的再现及人与土地关系的重建而有所不同。“遇到挫折，大多数人都会打算‘逃离’。城市人还有一片想象中的‘世外桃源’可以逃，那么已经在‘桃源’中的农场人，该逃到哪里去呢?”（罗逸，2012a）。

除在都市农场实践新农业外，“新农人”们还以不同形式直接“返乡”①。比如，对于河南登封归朴农园创办者王宁来说，其和大部分同龄人一样自小离乡外出求学，但却在硕士毕业一年后于 2009 年直接回到乡村老家。除从事生态农耕与城乡互助实验外，他还创办乡村社区图书馆以恢复乡土社会的耕读传统，让农业在“生计、生活与生态”的结合中获得新的价值，走出一条且歌且行的返乡之路②。关于他的返乡动力值得特别思考，王宁首先坦言自己不喜欢大城市，这点也是很多返乡青年的共同特点，但更为重要的是：作为小毛驴市民农园的第一届实习生，自己在生态农场的切身经历让他对“化学农业”对土壤的破坏与不可持续性产生彻底的怀疑，并对生态农业这一生产方式和社会化的组织创新产生认同。“既然这东西这么好，为何不带回家乡，让自己的家人与乡亲们也能享受到?”正是这种对不可持续的生产生活方式的反思与对家乡亲人的真情让他和妻子一起，虽然步履艰难却彼此搀扶坚持下去。

同样“反向”而行，大多数“返乡者”遭遇了诸多实际困难，返乡之路也更为艰辛曲折。江西的“80 后”返乡青年姚慧峰大学毕业后先在城市工作，当他决定返乡种植生态水稻后，受到亲戚、朋友和家人特别强烈的反对。据他回忆，刚开始时几乎天天在责难声中度过，他父亲气得不跟他说话，直接当他不存在。更难的是，大学生回乡务农作为村子舆论的新焦点，受到全村老少的热烈关注与议论，大家都把他当作“反面教材”;

---

① 关于青年返乡更多案例可参考：《让梦想扎根——一群青年人的成长与对话笔记》（社区伙伴，2012，四川人民出版社），《乡建笔记：新青年与乡村的生命对话》（温铁军、梁少雄、刘良，2020，东方出版社），后书分“守望、求索、返乡、扎根、家人”五部分，收集了不同时期参与乡建的 30 个实践者故事（以青年为主，同时也包括退休人员等多元返乡探索），既有自行撰文，也有口述访谈，同时配以各部分的专题导读及北京梁漱溟乡村建设中心人才计划及青年人陪伴工作大事记，有助于读者对“反向”中的“返乡”进行更丰富的认识。

② 该案例可参考：2012 年 11 月 30 日—12 月 1 日国仁城乡（北京）科技发展中心在中国人民大学举办的“‘爱生活 爱故乡’——第四届全国社区互助农业（CSA）经验交流会”资料册相关文章及第五分论坛现场速记，全文见 http://news.wugu.com.cn/article/20121201/38537.html。2019 年 7 月 15 日浏览。

他每次过村头的时候都害怕，感觉乡亲们的眼睛都在盯着他。但大概经过三四个月的扎根与煎熬，这位实践者的默默承受与埋头苦干终于获得大家的接纳，他也在此过程中形成了更加积极平和的心态，并学习到了在乡土社会与逆境中生存做事的方法，其所种植的生态水稻也借助新媒体和城乡互助新渠道获得不错的收入，目前已经有越来越多的村民加入他的生态农业实践中，他也顺势而为地组织起了合作社①。

上述两个“返乡”青年都直接回到自己的村庄，不无艰辛却也让人羡慕，因为他们有“家”可回，有“土”可归，有着“发现故乡”更为基础的物质条件。而对于另外一类因各种原因暂时还没有回到自己家乡，却把“他乡”当作“故乡”的乡村建设实践者来说，“返乡”并非限制，而是打开。他们说：不要问我从哪里来，我的家乡是地球，我的故乡不只是生我养我的那个具体村子，而是乡土中国。他们通过具体实践拓展对故乡的一般理解——它既是现在，也是未来；不只是今天，也是昨天，更是明天②。这也正如作家刘亮程所言：“当我们在故乡再找不到一个亲人的时候，乡村大地本身就变成了我们的故乡。”

如果说这些零星实践是以个体探索为主，那么当代乡村建设实践中规模化的“返乡”实践则可追溯到始于2001年的大学生支农调研（详见第四章），参与其中的大部分“80后”和“90后”，因各种原因暂时没有回到自己家乡，而把“他乡”当作“故乡”。根据该实践发起人刘老石的理解：“返乡”不应是退守与自限，而是打开与发扬，实践者应以团队为单位进行培养，强调集体意识和协作精神，大部分时间在农村度过，实践研究和理论学习相互促进，知行相长，从而实现多种“回归”——让教育回归人，让人回归社会；让社会找到理想，让理想回归现实；让现实回归正义，让正义回归行动；让行动回归生活，让生活回归青春（2009：164）。

这一“反向”于“上城”的实践计划为何在过去十余年里能够吸引成千上万的青年参与？在参与者看来，这段经历最珍贵的地方在于给青

① 详见2013年1月14—15日北京梁漱溟乡村建设中心在中国人民大学举办的“第三届全国农民合作组织论坛”分论坛二“青年返乡与社区使命”案例分享现场速记，http://news.wugu.com.cn/article/20130114/42503.html。2019年7月15日浏览。

② 详见第四届全国社区互助农业（CSA）经验交流会资料册及第五分论坛（“青年返乡与农业创业”）张斌的发言《他乡也是故乡——返乡青年的新探索》现场速记，http://news.wugu.com.cn/article/20121201/38541.html。2019年7月15日浏览。

年一个对自身生活意义、对社会现状、对个人与社会关系重新思考的机会，而这种“自我动员、自我组织、自我管理和自我学习的主动学习方式和实践方式，正是当前学校单调教育的补救良方”（孟登迎、何志雄，2015）。作为大学时代即参与支农、至今仍然从事乡村建设的“90后”实践者，王茜说道：“基于这样的反思或是对‘机械化、工具化’人生的恐惧，我开始走出来寻找有血有肉有生命力的青春，它不是出走，而是回归，回归人称之为人的本性。而正是这样的想法激起了我对人生、民族和社会的无限好奇，所以，我希望能走出狭小的世界去外面广阔的真实世界探求自我的追求，这个外在的世界绝对不是很多人意识到的宿舍外的主流社团，也不是仍旧在工业化市场经济体系内的狭义社会”（2015）。除个体意义上的经历与选择外，长期关注青年群体的钱理群认为应该回到历史脉络之中，在他看来“一代又一代的现代知识分子之所以这样前仆后继地走向农村，其内在的动因，就是要去寻找自己的生命之根”（2004：356－357）。

通过以上非常粗略的勾勒，我们看到当代乡建青年“返乡”的多种形式，如王宁所说“我们就像一条鱼一样，逆流而上，千辛万苦又回到自己的家乡”。也正是这种重新发现故乡与寻找农业价值的过程，让返乡者的个体生命与千年农业文明及百年乡村建设融合在一起，其中既有艰辛的付出与泪水，也有收获的快乐与落地的坦然。

当然，无论是“个体返乡”还是“群体下乡”，作为挑战主流的“反向”实践，其不可能顺利，难处或张力一直存在。除上一章所讨论到的“多重之‘难’”外，作为“后革命”与独生子女一代，深处“转型时代”的返乡实践者们伴随着改革话语而成长，“精致的利己主义”几乎已成为普遍的社会氛围，各种浮躁、功利与个人至上无差别地笼罩着城乡中国，让他们不得不面对着各种层面的“纠结”，与其说是个体层面的情绪困扰，不如说更是时代问题的症候表现。

继续这样“跳出返乡看返乡”的整体性视野，“返乡”既是起点，也是过程。所谓“返”也非简单“回”，正如前文所述，当前城乡问题不应拘泥于“城市—乡村”二元框架，乡建意义上的“返乡”还将挑战人们对乡土社会的刻板认识与城乡分割的思维定式，从而使人们更为积极地应对“资本下乡”冲击。因此，新时代的返乡并非仅限于直接从事农业或乡村一线工作的孤立行为，也是包括市民、消费者和文化工作者等多种力量在内的开放性参与①。

总之，面对“反向”中的“返乡”，我们不应仅以旁观者或加油者的心态，去期待实践者们的突围或计算他们的成功概率。正如，与其从城市化率的冰冷数据中判断“逆城市化”到底是衣食无忧的中产阶级们的个案之举还是新视野坐标下的大势所趋，不如沉下心去思考这种新生活方式本身是否更符合生命本质与生态可持续性；与其在城市化浪潮和乡愁惆怅间焦虑纠结，不如去发现并理解乡土草根的坚韧、不甘与丰富，从改良土壤开始，为这个世界的良性变化创造一些积极因素；与其将之归纳为“农N代”们的寻根之旅，不如说也是每个现代人在新危机与困境下的必要自觉。因为在空调病、富贵病日益增多的当下，不是劳动需要我们，而是我们需要劳动；在都市日益异化与膨胀的今日，不是乡村需要我们，而是我们需要乡村！

四、小结

本章从文化现象与传媒论述切入，分别以返乡书写与当代乡建实践为例，讨论乡村建设的认知坐标与“反向”实践。笔者希望结合案例指出：

由于乡村建设常被抽离于复杂脉络，导致无论是实践外的评价还是实践内的自我认同，都不得不依赖于受“非农化”影响较大的主流参照坐标，这不仅对实践者主体性产生内在影响，也让乡村建设面对着“刻板化”和“浪漫化”的论述陷阱。

在具体论述上，本章以当前的“城乡中国”转型为宏观背景，将近年来兴起的“乡愁热”和返乡书写论述实践结合起来，同时讨论其包括“返乡体”“乡怨论述”“书写返乡”在内的三种衍变，并以这些文化现象为症候群，分析返乡书写的社会基础、文化意涵与分析视角，进而探讨“乡衰”和“城困”双重影响下“农裔”知识分子复杂且充满张力的情感结构。之所以做这样的聚焦，是因为返乡书写不仅是对书写对象的描述和书写者自身经验的呈现，还是城乡中国剧烈转型过程中复杂情感结构的折

① 更多关于“新农人”和广义“返乡”的描述可参考《有机乡村》（黄志友、崔国辉，2019），该书由一线“新农人”编写，精选包括北京的小毛驴市民农园、分享收获、天福园和有机农夫市集，广东的沃土工坊与四季分享，浙江的太阳公社，福建的佳美农场，河南的山之孕土特产网店和江西的稻香南垣合作社十个典型案例，呈现了多元丰富的探索与经验。

射。返乡书写除在脉络和内涵上与乡村建设有着较大关联，二者在突围过程中所遇到的困难也有很多相通的地方，同样充满复杂性与可能性。

不能用产生问题的方式去解决问题，一般性地揭示“中产梦”的虚幻或进行纯粹的意识形态批评是不够的。从个体、感性、短暂、遥望的乡愁，到集体、行动、多样、融入的乡建，既希望挑战由“悲观—乐观”和“情怯—自信”所构筑的二元对立与浪漫化想象，还希望实践者能自省于挥之不去的自怜自恋，对精英立场所主导的价值坐标与意义系统做出进一步改变。也可以说，之所以要讨论乡村建设的认知坐标，并结合案例分析其在各种外部限制下的艰难突围与“反向”实践，是希望对乡村建设所处的论述环境有所自觉，避免在既定框架内的自说自话，同时警惕乡村建设所努力开拓出的有限空间被媒体逻辑及以都市为中心的主流文化所遮蔽与消耗。在现实中，乡村建设尝试在实践中对抗一种无力感，但其本身也常被另一种无力感所裹挟，这种新的无力感与其说是个人困境，不如说是更大的社会困境在实践者身上的表现。因此，乡村建设不能只停留在理念或论述层面上，而需要自我反省与加强创新，让话语层面的批判与实践层面的介入有机结合。

第八章　总结与讨论

我们不但善于破坏一个旧世界，我们还将善于建设一个新世界。

毛泽东，1949，《在中共七届二中全会上的报告》

（梁漱溟与中共）这两条道路虽然在中国是否存在阶级这一革命的根本问题上是相互对立的，但在建立新中国的局面下，却显现出犹如两根稻草被捻成了一根绳子般的协调。

沟口雄三，1996，《另一个“五四”》①

小引：回到根本

2008年的春节对于很多中国人来说，可能充满着无奈。就在春节前夕，如同以往二十多年一样，大江南北数以亿计的农民工，暂别先富起来的沿海城市，踏上最重要的归途，期盼着一年一次的团圆。对于归途的拥挤和颠簸，他们早已有了心理准备，不料却遭遇了罕见雪灾，大量列车断电停驶。回家过年的喜悦成了痛苦的期盼，甚至有人为此而付出了生命的代价。

因为要回港读书，我刚好就在那趟因雪灾而整整晚点24小时的列车里。我观察到面对这一“突如其来”的变化，身边的旅客是那么的烦躁和不安，同时又是那么的自信——自信世界上不可能没有电，自信越跑越快的火车不可能成了一堆只会喘气的“烂铁”，自信科技一定能解决问题。然而随着时间的流逝，在一遍遍的抱怨和谩骂后，最后大家都无奈地安静了，开始一群群地玩着扑克，然后沉默地等待着那个之前不断被诅咒的天气变好，期待着抢修工人的高效工作，虽然他们已经得知为此已牺牲多名电工……

① 沟口雄三．中国的冲击．王瑞根，译．孙歌，校．北京：三联书店，2011．

这忽然使我想起20世纪90年代能源危机中的古巴，虽然全国上下都弥漫着不安，但也正是这种痛苦逼着他们不成为被越来越升温的温水煮熟的青蛙，而是奋力一跳，一点一滴地找出“活”下去的办法。在纪录片《社区的力量——古巴如何渡过能源危机?》（*Community is Power*）中，古巴能源专家举了一个意味深长的例子：如果你在古巴对人说应该节约用电，可能大家听后会随手关掉多余的灯，但如果你在美国说同样的话，得到的反应或许是——“凭什么，我付了钱！”

它还让我想起：冰川水，还是脚下土？在食品安全与信任缺失双重危机面前，恐慌焦虑的消费者经常出现两种极端：一种极端为表面无所谓，实则麻木犬儒。就像有消费者直接对我们说，反正都已经吃了这么长时间的“问题食品”了，应该已经产生“抗体”了吧？另一种极端多体现为“唯有机论”，即将西方语境下本来强调“健康、生态、关爱、公平”多种维度，并兼顾技术标准与社会价值的有机概念压缩为仅与个人最为直接相关的“健康”角度，并进一步窄化为对“认证”标签及其所代表的“纯粹性”的迷信。这就像正日益成为广告新宠、不无奢侈却充分符合现代人欲望心理的高档消费品——来自世界屋脊多少层冰川下的“绝对”无污染的稀世之水。这些相关的消费行为实际代表着现代社会处理问题的常见逻辑：解决之道不再是回到脚下与根本①，直面包括自己在内的或直接或间接所制造的麻烦与后果，而是通过执着寻找“原生/净土”的方式转战别处以继续挥霍，“前人种树后人乘凉”的古训早已被“我死之后哪管洪水滔天”的极端个人主义所悄然替换，你卖我买的商品关系“合理”地遮蔽了现代人期待遥远的别处与近处的别人来解决自己脚下问题的乖张、逃避与自欺欺人。

今天回想起来，之所以自己没有成为多变却廉价的“愤青”一族，也没有按照社会运动的主流逻辑在埋头赶路中迷失方向，而始终坚持着阅读、写作与反思的习惯，这始终离不开乡村建设的某种独特传统——激情与平和是可以共存的，做“小事情”和想“大问题”从来不应矛盾。我们厌恶那些躲在象牙塔中自说自话的“知道分子”，可这并不意味着我们只能做个“反向定义”的“反智行动家”，虽然“不甘”“不满”“不安”常萦于心，但却不能埋没或减少思考根本问题的努力。

① 生态农业实践中有个基本原理：健康的土地＝健康的植物＝健康的食物＝健康的人，今天我们常把这四者的环环相扣忽略了，并且遇到问题多看上不看下，很少回到根本与源头。

那什么是根本性问题？80 多年前中华平民教育促进会在定县创作的《农夫歌》至今还流传于定州乡村，歌词的最后一句是“没有农夫谁能活天地间”。刚听的时候，似乎更像是一个充满理想主义与道德色彩的宣传口号，可是，比起那个让全世界多数人都过上美国生活的“现代梦”，哪个更“乌托邦”呢？

爱因斯坦说过，我们面对的重大问题永远不能在产生问题本身的层次上被解决。乡村建设视野下的“根本”就是穿过重重雾障，以在地化、社会化和生态化为立场，在“回嵌乡土”中寻找并创造出更多潜在的可能性，进而对主流叙述构成真正的挑战，同时也使现实世界产生建设性改变。

一、何谓乡村建设

“何谓乡村建设”之所以是一个值得重新讨论的问题，是因为它有助于打开我们对乡村建设的定型化想象，把握其薪火相传又贴地潜行的独特之处。基于此目的，本书努力把乡村建设实践放置于更为复杂的脉络中，尝试以一种有别于“好人好事”“就事论事”“成王败寇”的整体性视野，重新审视并理解现代化进程中的百年乡村建设实践。在此过程中，一方面尽量紧扣实践脉络，结合历史先行者的记述、回忆、批评及包括笔者在内的当代亲历者所参与的具体案例，从包括社会、经济、文化、生态等多个维度理解乡村建设；另一方面，通过将微观实践联系到近代中国现代化转型这一宏观背景，分析乡村建设的内外环境与叙述脉络，同时思考对于中国这样有着庞大农业人口及乡土文明底色的国家，乡村建设内在于其中的必然性、复杂性及特殊意义。

虽然在时空条件及内容形式上都存在一定差异，但历史及当代乡建实践可以统一于笔者的以下研究目的：通过脉络化的讨论，以理解乡村建设的生命力、深层意义与内在张力，并在此基础上对已有各种“类型化”认识进行反思。这种做法有别于一般研究中将历史与当代实践分开或仅做形式上的联系比较。笔者认为，让两者融合互动才有利于历史感及整体性视野的形成，进而更准确地理解乡村建设。

反思和再认识的落脚点，当然不是追求另一种“模型化/理想化”的乡村建设——它一直为笔者所努力拒绝。笔者希望重新理解乡村建设的复杂性与丰富性。为更好实现以上目的，一方面，笔者借助卡尔·波兰尼“双向运动视野”，希望以之为整体性视野而看到那些被遮蔽与忽略的面向，同时努力避免寻找并套用本土“双向运动”的常见陷阱；另一方面，本书从文化研究的实践传统与思想资源中受到启发，大胆加入实践者参与乡村建设的生命史，努力让经验“在场”，打破“研究者—行动者”“理论—实践”的习惯性二分，与大家分享其中的兴奋、困惑、不甘、无奈等复杂情感，并将之适度“相对化”，除希望有助于对时代背景与宏观环境的质感认识外，还希望能呈现出某种“活着”的乡村建设。下面从三个方面简略总结笔者通过整体性视野所看到的乡村建设。

1. 脉络与意义

本书尝试以“百年乡村建设”为分析单位，把近代以来包括清末、民国、新中国在内的不同阶段的乡村建设实践贯通起来，并在现代化转型的宏观背景下将其与“百年乡村破坏”和“百年激进”结合起来以建立内在逻辑相关，有别于以“个案/短时段”为对象的常见乡建研究。

若摈弃“好人好事”与“成王败寇”的简单化评价，乡村建设所处的脉络与意义，可以围绕第一章所概括的三个“百年”进行理解。通过随后各章的分别阐述，笔者认为：中国作为以农业为传统文明类型及以农民为主的超大规模原住居民人口国家，通过近代以来以工业化和城市化为中心的整体性变革，既产生再度成为世界第二大经济体的“百年轮回”经验过程，又派生出“三农”问题这样的实际后果与极端表现，也孕育了以“自我保护”和“乡土重建”为双重目标的百年乡村建设。因此，乡村建设不限于技术层面的革新或单一问题的回应，也不只是一村一镇的个案实践与微观做法，而是对数千年中华文明之社会参与的历史传承与创新发扬。

一方面，正如本书第一章提出并在随后各章展开的乡村建设之独特脉络：既有受外部冲击和直接侵略导致的资源外流与巨大压力，也有由耻辱和焦虑所引发的包括“自强、自毁、自救”等在内的复杂实践与客观效果，使得乡村建设内在于中西碰撞下剧烈展开的现代化转型进程，同时也一直面临“西潮”传播、变奏与自我解构等影响。另一方面，除特定时空的外部冲击，乡村建设同时内在于中国自身的历史脉络、文明类型、乡土本色、资源限制等国情和传统之中。在有限资源条件下，如何建立一种低成本的良性秩序并让更多人过上合理、有尊严及可持续的生活，其实一直是近代以来中国进步知识分子的理想追求。从这个意义上说，乡村建设既是近代的专有名词，又内在于中国更长期的历史脉络之中，有着更为深厚的资源土壤与社会基础。

虽然一般分析认为中国乡村建设多存在于历史（20 世纪 20—40 年代）与当代（21 世纪初以来至今）这两个非连续时段，但笔者通过本书的分析认为："百年乡村建设"作为中国现代化进程的内在产物，其源自中国历史深处①，实际是中国现代化进程中形式多样的连续实践。为何我们常常只看到少数"断片"？因为乡村建设作为乡土社会的"自我保护"，动态联系着"三农"现状，也随着外部宏观环境的变化而或"显"或"隐"地存在着，对于此点前文相关章节已有所讨论。当然，此处的"百年"都是泛指，可能存在着时间上的滞后。

正如前文所述，所谓中国乡村建设，乃是这个原住居民人口大国的"三农"因外部环境的变化和"激进"追求现代化而被迫承受多重代价，勇于担当的知识分子、农民和各种社会积极力量结合起来，尝试在外部环境与资源约束下，寻找非西方中心主义掌控之主流现代化发展模式的持续努力，以及由此而与各种困难和限制互动的过程。它贯穿于现代化进程之始终，根植于乡土大地，却不拘泥于现实田园；始发于乡愁乡恋，却在贴地潜行中不断增强改变自我的自觉性。乡村建设不仅促进"三农"问题的缓解，还让我们看到现代化进程中更为丰富多元的行知实践，在挑战简单化主流论述的同时也开启对现代中国的进一步认识。

如果我们继续以这样的整体性视野进行观察，是否乡村建设只是发生在中国的个别与例外？作为努力降低乡土社会对"激进"现代化发展的路径依赖，进而缓解其对"农民权益、农村治理、农业可持续"负面影响的建设实践，乡村建设与全球范围内多样化的"另类"实践彼此呼应。不管是尝试摆脱殖民主义多重压迫与话语束缚的广大第三世界民众，还是在西方发达国家内部对不可持续发展模式提出质疑和挑战的实践者，实际上都在各自条件下与现实空间中，进行着丰富多彩的创新性探索；都是在资本主义全球扩展的霸权格局下，在限制中进行寻找并创造"新可能性"的努力。由此共同构成了乡村建设的世界性光谱与全球

① 或许可以说：正是本书所呈现的复杂脉络、思想资源与前文各章所涉及的乡村建设实践者的自觉与自省，还有中国的深厚文明传统、广大地理纵深、多样化社会基础等因素，让我们看到很多第三世界或殖民地国家虽然也有"三农"问题，但却不一定都有广泛的乡村建设实践。

性视野。虽然对地方化与本土性的强调使其经常淹没于国家与全球脉络主导下的大叙述中，但其对草根弱势群体、生态环境与多元文化来说，却具有独特的启示意义。

乡村建设虽然总体上强调建设性的态度并以“改良”为方式，但实际上却一直对高成本及转嫁代价的“激进”发展模式、现代知识与意义生产、“后冷战”下“二元对立”与“去脉络”的简单化思维进行着根本质疑与反抗，其努力尝试在现代社会整体性危机不断加剧的压力下，探索并实现来自“三农”的自我保护与“另类”实践。

如此乡村建设，自然并非“城乡脱钩”意义上的建设乡村，那其是否直接是某种“反向运动”？笔者认为，乡村建设虽然具有“社会保护”诸多特征并深受影响，但却不等同于“反向运动”本身。其同时还携带着“正向运动”的资源烙印及“反向运动”所欠缺的清晰目标，特殊之处在于其不同于激进的“正向运动”对农民和乡土脉络的忽视，而是坚持适当规模，强调对“在地”脉络的动态配合并与实践主体进行良性互动。“农民化/化农民”“社会化/化社会”“体制化/化体制”在百年乡村建设实践中一直辩证存在着，因为“三农”脉络本来就非固定不变，是“正向运动”与“反向运动”长期互动的结果。乡村建设作为由知识分子发起并实施的一项带有理论反思与行动自觉的“另类”计划，虽然其独特的目标受到乡土社会与“反向运动”的改造而具备“社会自我保护”功能，然而，作为“现代化进程”之中的现实实践，乡村建设自身也无法完全摆脱各种“脱嵌”影响，本身也可能“去脉络化”，这也正是前文所述乡村建设各种悖论、困境和张力所在。

2. 内容与内涵

以上分析说明乡村建设不可以被简单约化，而需不断地“再脉络化”。乡村建设自然不应从具体行动或技术层面上进行理解。长期参与当代乡村建设及全球“另类”实践的香港学者刘健芝总结道，“乡村建设作为一种实实在在的行动，还可以是一种不同的视角、立场和生活态度”（2008：217）。如何从差异纷呈且有着复杂面向的乡村建设实践中总结共通的内容与内涵，下面尝试做出简单归纳。

首先，如第一章所述，“三农”问题的关键在于农业“三要素”（土地、资金、劳动力）大规模净流出农村。作为尝试面对且缓解“三农”问题的乡村建设固然复杂多样，如何让纷纷外流的“三要素”及有利于乡村可持续发展的各种资源逆向回流并产生在地化效果则是关键。除以上方面外，回流内容还包括有利于乡村可持续发展的各种资源（包括市民下乡、多元主体参与农业）；回流目标也包括从政治、社会、文化、生态等角度看更为广义和综合的“三农”领域；回流效果则包括由此出发对原有激进坐标的反思与改出。

基于这种认识，我们在判断复杂的农村建设实践是否属于广义乡村建设时，就不能简单地从表面形式或主观意愿出发，更应以实际效果和实质性影响为主要依据——其是否促进“三要素”及相关资源朝“三农”回流并产生在地化效果？在此过程中是否有利于弱势群体的自我组织以改变“精英俘获”的社会基础？在笔者看来，这正是乡村建设区别于当前充满争议的“资本下乡”等相关实践之关键所在①。也正因如此，我们需要重新认识乡村建设的对象与内容，无论是历史上张謇和卢作孚等人立足且回馈社区的社会企业与城镇化建设，或是区别于一般城市产业资本、以低成本及社区化为特点的乡村工业（乡镇企业），还是虽然实践地点不在乡村，却通过“市民下乡”与“农业进城”进行的新探索，都应是体现乡村建设内涵的多元化形式。

其次，如前文所述，乡村建设的源起之一是旧的受冲击，而新的没有建立或呈现代价过大。面对这种两难，常见实践方案多在二元对立的框架内展开，而乡村建设作为同时具有“自我保护”和“乡土重建”双重目标的建设性实践自然有别于此。虽然乡村建设因为对“中心化”路径有所反思而看起来很散，其却立足乡土和社区，不断往返于“现代—传统”“城—乡”“国家—社会”“知识分子—农民”“理论—实践”之间的广泛地带，在国情自觉和文化自觉中不断孕育新的思想认识与实践空间。

因此，乡村建设既非技术或经济层面上的单一回应，也不只是微观实践或实务行为，其同时挑战着二元化思维及各种带有“刻板化”与“浪漫化”倾向的认知陷阱，努力改变第一章所示将乡土“问题化”与“对象

① 当城乡分割成为一种现实之后，自然会出现各种形式的“下乡”，民国期间也同样存在为扩大市场份额的“资本下乡”，当代也有以乡愁为名义和经过合理化包装的“圈地下乡”……关键是最终给乡村带去了什么，是否促进“三要素”真正回流乡村，而非反而加剧乡村要素“外流”或加剧不平等。此外，类似行为同时还给“下乡者”带来了什么？是否能在这个过程中对包括启蒙主义、精英主义、专业主义等在内的倾向有所反思……笔者认为，这些都是值得进一步思考的问题。

化”的常见处理①，在“回嵌”乡土中实现观念价值上的多样性。

最后，正如前文所述，“百年乡村建设”直接联系着“百年激进”，后者不仅作为思想资源与想象来源而内在于乡村建设，还参与构成其外部环境与意义坐标。这也进一步说明乡村建设不只是一般意义上的建设或复兴乡村，此处的建设包括很多方面，既包括内容，也包括主体、话语和坐标。

在“回嵌”乡土的过程中，当乡村建设实践者以弱势群体（产业）为立场并兼以成本代价的视角，就容易意识到原有坐标的问题及行知新坐标的必要性。那新坐标的意涵是什么？它应以城乡一体为分析单位与建设对象，以多样化和整体性为视野；坚持生计生活生态和经济文化社会的不可割裂性，自觉区别于各种“非农化”的主流发展思路，探索有利于草根弱势群体及乡土重建的“新三农”（合作农民、持续农村、社会农业）。

实际上，以上三个层面虚实结合、互相推动：正是有了多样化的认识和新坐标的建立，“三要素”在主流趋势中逆向回流才有可能。而后者在现实层面所做出的艰辛改变也为前两部分的推进提供现实依据。也可以说，如果从以上三个角度看，广义乡村建设在中国的现代化进程中从未停止，只是在不同阶段以不同形式曲折展开。

3. 限制与张力

有研究认为：梁漱溟之所以成为“最后的儒家”，其中一个原因是他是知其不可而为之的典范（周阳山，2003：301－310）。这点在“百年乡村建设”无数实践者身上都有或多或少的体现。然而正如上文所述，“可为”与“不可为”这组相对概念只有在特定坐标下才有意义，而从另外的角度看，乡村建设实际也是一部不断“试错”且充满张力的历史。

正如上一章所指，仅从“田园诗”的角度来看待乡村建设的外部环境是存在问题且危险的，“刻板化”和“浪漫化”是认识乡村建设的双重障

① 比如，当下农村中存在的常被不无怜悯地通过“弱者化”而“边缘化”的“389961”。我们当然需反思造成“留守”的社会原因并做出改变，但也需反思其中的精英立场与“刻板化”的“留守想象”。实际上，当代乡村建设的很多实践，常多从这些群体开始。有多少被掐走的“草尖”，就有同样多留下的“草根”。他们为了“活”下去，不会完全甘心和彻底被动，无数改变与“反抗”已经在坚韧地发生着，只是作为“沉默的大多数”，他（她）的“细语”常常不被我们“听到”。

碍。因此，本书希望“跳出乡建看乡建”，把乡村建设理解为一种内在于主流但同时又自觉区别于主流的“另类”实践，因为乡村建设仍处在整体性“脱嵌”乡土的宏观环境下，且多数时候是在条件不具备情况下所做出的应对与探索，其自然面临“多重之难”，此点在第六章已有详细讨论，此处不再重复。

需要特别说明的是：本书在各章不同地方使用“另类”（alternative）这样的提法，不希望被理解为某种“标新立异”，实际上也没有真正纯粹的所谓“另类”存在，其只有在与“主流”一起讨论时才有意义。然而，正如笔者不断强调需对“二元对立”坐标进行反思与质疑，“另类”不应是对“主流”的简单颠倒，也不是割裂后的某种补充，而是兼顾批判性与建设性的可能性探寻。通过前述各章的讨论，笔者认为“百年乡村建设”中存在各种与现代化主流相对的“另类教育”（平民教育/社会教育）、“另类经济”（社会经济/合作经济）、“另类贸易”（公平贸易/城乡互助）、“另类农业”（社会生态农业/市民农业）[①]、“另类知识”（生态技术/乡土知识）等。然而，我们还应随时警惕将之绝对化，因为其不仅可能影响实践本身的有效展开，还容易因“自我封闭/窄化”而削弱对“主流”的批判与挑战力度。

通过这些分析，笔者再次意识到重新理解乡村建设是必要而紧迫的，它既有助于我们更准确地把握百年乡村建设并开启新的实践空间，同时也进一步推动我们在常见的革命史叙述和现代化叙述之间探寻乡土大地上波澜壮阔的民众民间建设史，以整体性视野思考中国现代化转型的复杂性与丰富性。也因此，乡村建设作为一种紧贴脉络的改良与社会自我保护，可能有影响大小或成效快慢之分，过程中也充满着矛盾与张力，并由于面对主流意识形态与各种外部条件的制约，随时都有被吸纳和改变的可能，因此在现实中也就更为复杂，自然不应停留在对错或成败的层面上进行讨论。

二、几点讨论

如果将“三农”问题作为中国问题，那么乡村建设可以理解为相对应

① 其不仅是“另类”农业，也可以理解为“另类”消费者运动，因为其超越一般的消费者维权层面，还包括对消费行为本身的反思。与此同时，除关注消费者外，其还以公平贸易的方式关注生产者及食物主权。

的中国经验。乡土社会如何面对剧烈的现代化转型，无疑错综复杂，也有着许多值得讨论的地方，笔者在此聊举一二，希望未来能做进一步探讨。

1. 重思乡村建设与乡村革命①

斯图亚特·霍尔在回顾英国新左派及文化研究发展进程时指出，“对我们中的许多人而言，‘改良’和‘革命’之间的对立似乎过时了：本质上，它与其说是拥有任何实际分析—历史价值，毋宁说是诅咒、谴责他人的一种方法”（转自徐德林，2014：61）。笔者认为，乡建与革命长期且广泛地共存于现代中国，然而很多时候却被二元对立起来，内在联系被切断，并受到“成王败寇”这样的主流史观所主导。本书在重新理解乡村建设的同时，尝试跳出二元对立思维，对乡建与革命的复杂关系进行初步的讨论。

有研究指出，“20 世纪中国思想界最宏大的现象，莫过于革命话语的兴起与泛滥……五四以后，革命不仅意味着进步与秩序的彻底变革，还成为社会行动、政治权力正当性的根据，甚至被赋予道德和终极关怀的含义”（金观涛、刘青峰，2009：365）。然而，笔者认为现代中国在剧烈转型进程中同样存在着多样化的实践和多样化的革命②，如果说理论思考应拒绝“保守—激进”这样的二元框架，对实践的分析也不能停留在“改良—革命”等人为二分层面③。此处讨论的革命主要指与乡村建设在动员对象与形式内容上都直接相关的乡村革命——特别是发生在 20 世纪上半叶的这场既有着国际共运背景，也有着十分突出的本土特征与乡土特质，虽由知识精英发起并以城市为初期中心，却不同于一般的农民起义或“输入式”革命，最后以“农村包围城市”为高潮与主要力量源泉的复杂历史进程。

---

① “后革命时代”有很多关于“革命”的新理解和新用法，姑且列几本直接以“革命”命名且与农业/城乡互动/生活方式变革有关的书，比如：《一根稻草的革命》（福冈正信，广西师范大学出版社，2017）、《一根萝卜的革命》（藤田和芳，三联书店，2013）、《菜篮子革命》（台湾主妇联盟生活消费合作社，三联书店，2017），这些当然不是本书所谈论的“革命”，然而却意味深长地提示我们必须以更广阔的视野讨论 20 世纪及 21 世纪的革命思考与革命实践。

② 此处所说乡建或革命内部的多样化，重点不是让我们看到其中存在着不同“派别”，这种常见的处理方式很容易把多样化内含的丰富性和复杂性遮蔽了。

③ 在私立乡村建设学院的一次演讲中，时人郑星垣指出“对乡村建设的评价不能拿‘保守的’、‘改革的’或‘革命的’说法来做标准，而应该看看它的内容是否适合于社会、文化、民族的特性和需要”。详见：私立乡村建设学院. 从事乡建工作者所需之历史知识. 乡建院刊，1948，2（1）。

（1）不保守的改良与不激进的革命

以乡土为底色的中国革命直接面对小农经济与传统村社结构，为了完成民族独立与国家建设，必须通过组织动员，逐步改变高度分散的社会结构，在“去乡土化”中提升国家能力以完成工业化所必需的原始积累。与此同时，其仍然需要回到基本国情，于“再乡土化”中充分发掘农民主体性与创造性，夯实乡村革命的社会基础。也可以说，对于20世纪20年代在全国范围内兴起的农民运动和乡村革命，除对抗性外，乡土面向让它实际上同时具有建设性和自我保护内涵，只是激进化的内外环境与生存需要让这一面常常被遮蔽或无法展开。

陈旭麓四十年前发表的《中国近代史上的革命与改良》即指出，“改良与改良主义是有区别的。马克思主义者反对的是改良主义，绝不排斥改良”；“社会历史的发展，革命与改良是相辅而行的，改良之不能替代革命，正如革命之不能抹杀改良一样”（1980：37、47）。实际上，现代中国改良光谱复杂多样，其中存在着“乡建式改良”①。乡村建设之所以具有改良特征，是因为其作为乡土社会现代化转型进程中的“自我保护”，立足于广泛且多样化的乡土脉络，对剧烈变革所可能造成的成本转嫁有着不同程度的自觉，希望通过具体实践以产生有利于弱势群体及乡土社会的可持续发展。

笔者认为，有别于人们对“改良”实践的定型化认识，乡村建设实际也存在着“不保守的改良”之特点。例如，如前文相关章节举例讨论过，晏阳初、陶行知、梁漱溟和卢作孚等人，其对“去乡土”的现代教育、现代企业、现代文化、现代城乡关系等有着深刻的批判，充满着“革命性”。只是当外部环境发生剧烈变化后，主张渐进和建设性的乡村建设因失去社会土壤而合乎逻辑地式微，相对彻底的乡村革命发挥着更大影响，或者说革命的“激进”面向才进一步突显。

结合起来看，对于第三世界和弱势群体来说，无论是改良还是革命，都尝试对结构上的不平等及对弱势群体的排斥性发展进行改变，同样都包含着正义性和合理性，手段和方式的不同恰是多元化的体现。笔者认为，“后见之明”应该让当下的我们拥有更为从容的条件，我们需要像理解乡

① 这里的改良不是“保守”意义上的，更多是从“改出激进”角度来说，当然其仍然存在于“激进化”了的内外环境与社会基础，但却内含着不同程度上的国情自觉及对主流发展不可持续性的反思。

建一样去理解革命，认识其中的复杂脉络，而非意识形态化的简单处理。进一步说，对革命遗产的真正继承不应停留在另一种“好人好事”上，而是在认识上有新的推进。

作为20世纪第三世界革命的有机组成部分，中国革命本身是复杂的，它和乡建同样需避免简单化处理。从某种意义上说，革命本身并不一定都是“去脉络”意义上的激进，暴力仅是革命某种特定的表现与形式，本土化和乡土化的革命既可能激进化，也可能因为配合乡土脉络而改良化（马克·赛尔登，2002），而当外部环境发生变化时又可能再次激进化。例如，中国共产党在延安时期各方面都相对成功（孙晓忠，2012；朱鸿召，2013），其中一个可能的原因是该时期有效开展了“乡村建设”，并让“外部主体”与“乡土社会”实现了良性互动。而对于前文所提及四卷本的《延安乡村建设资料》（2012），其独特的意义不仅在于从新的角度重新理解“延安道路”，还在于让我们看到“乡建”和“革命”一样，都可以成为理解20世纪中国经验的重要面向。

除此之外，表面上被称为“改良主义”的乡建实践似乎与革命格格不入，但除了被“放大”的“对立”与“竞争”外，两者还存在着某种程度上的相互影响。例如：延安时期及新中国成立初期，中共的农村建设方案中就有梁漱溟当年尚未实现之计划的“影子”①；毛泽东在延安除与梁漱溟深入交流外，也与晏阳初所派代表有所交流并对中华平民教育促进会的工作方法“很感兴趣”（堵述初，1999）；而晏阳初20世纪40年代在重庆创办的私立乡村建设学院②及“华西实验区”所推动的农地减租实践也与革命主张有着某种内在呼应关系，若将其与同时期的“延安乡村建设”结

① 1938年，梁漱溟访问延安并同毛泽东有多次谈话，前者在回忆中提及他们的思路存在一定的交叉和相互影响。此外，梁漱溟早在30年代就认为，应“先制造出工业的需要来，同时并且布置了合作的根底，则乡村工业自必勃然而兴”（1937a：510）。这与新中国成立初期国家完成工业化的“路径”有一定的相似性。当然，是否这一过程要以牺牲农民为代价，却是毛梁观点的差异所在，实际也是1953年那场著名争论的重要起因。但今天看来，不能简单从道德高度与是非对错角度进行评判，因为毛泽东当时更为直接地面对着通过国家工业化和发展现代国防确保民族独立这一“大仁政”的现实脉络，详见本书第六章相关讨论。

② 笔者在重庆北碚对私立乡村建设学院的老校友们做口述史访谈时发现，这些平均年龄85岁以上的老者有着共同的回忆：虽说乡建学院身处国统区且在解放后被贴上“反动组织”的标签，但在40年代期间该校的学生运动在重庆高校中却走在前列。有老先生给我们出示费尽周折所保存的当年图书馆里的左翼书籍。之所以说这些，不是为了某种“平反式”的证明或民主包容的显示，而是希望挑战我们对乡村建设的刻板印象与简单化处理。至于为何这些差异能在乡村建设范畴上共存，恰由乡建的源起、定位与目标资源所决定，同时也构成了乡村建设的特点之一。

合起来看，无疑更显意味深长。

（2）建设与革命的互动转化

在回归乡土脉络的过程中，乡村建设与乡村革命存在着诸多互动，比如梁漱溟从事乡村建设源起于大革命期间在南方所看到的轰轰烈烈的农民运动①，而20世纪20年代中华平民教育促进会在长沙、烟台等地大规模的平民教育群众运动也对中国共产党的民众动员有所影响。

正是建设与革命的互动转化（既包括“大革命”后的“从革命到建设”，也包括20世纪30年代外部环境变化后的“从建设到革命”），让我们认识到中国革命的复杂意涵。因此，不应简单把乡村建设与乡村革命以“决胜负”的方式放在同一擂台进行比较与成败评判，它们本来就是特定历史条件下的动态产物——当外部条件或宏观环境进一步“劣化/激进化”，乡村建设将失去开展的必要条件而式微，虽然此时革命因遍布乡野的“干柴烈火”而获得广泛的基础与动力②，但也可能由此失去多样化实践空间并伴随着过于沉重的社会代价，以及形成对激进变革的路径依赖与思维定式。

进一步说，建设和革命同样受到宏观环境变化的影响。只有将其放回历史脉络之中，才有利于我们思考现代中国两场性质不同的革命与乡村建设的复杂关系：由于辛亥革命不仅未能为广大乡土社会带来积极秩序和建设性改变，实际上还让乡土社会受到更为多重的外部主体（如军阀）的剥夺，民国初的乡村建设因此获得社会基础并在大革命席卷全国的风潮中集体显化，与农民运动一道进入公众视野。然而随后，由于国际国内环境进一步变化（详见第六章讨论），建设赶不上破坏，乡村建设则失去了改良土壤而陷入困境，被“农村包围城市”的革命整体性覆盖③。也可以说，

---

① 随着国共第一次合作后的“北伐”，各地农民运动迎来了高潮，特别是在农村地区产生了很大的动员效果，这在某种程度上为乡村建设在农村的实际开展提供了充分的可行性证明与舆论准备。与此同时，尚未完全统一和稳定的国民党又不可能有真正的实力来大范围试验并推广“稳定乡村”方案，这在客观上也迫使当时的国民党当局为民间乡建运动“让”出一定的空间。此点在梁漱溟的意识里非常清楚。但与一般人以为“乡建派”被国民党所“利用”不同，他认为恰恰是乡村建设在“利用”政权让出的空间来做那些与政权目的相差甚远的事（梁漱溟，1937a：440）。

② 例如据许涤新在《动荡崩溃底中国农村》中的描述，“中国的农村，不是走到山穷水尽了吗？……增加田赋之外，又有预征田赋，（如四川）邓锡侯于民国二十年七月在他的防区已预征至五十年的粮了……（这些将导致）农村中的大众日益左倾”（1933：452）。

③ 有研究指出，近代中国“破坏”与“建设”、“革命”与“改良”互为争衡，僵持不下，在辨明真理之时，亦使整体力量削弱。而到了“五四”新文化运动后期，则逐渐走上一条政治解决道路，“革命崇拜”成为时代重心（杨瑞，2018：579）。

乡村建设与乡村革命既可能此消彼长或合二为一，也可能因外部环境的进一步变化而差异重现。

如果借用第六章中梁漱溟的“铁钩”与“豆腐”比喻，第四章所述延安乡村建设的成功之处，一方面是通过“翻身/翻心”和“组织起来”①让弱势分散的“豆腐”“豆干化”②，形成主体与力量；另一方面是通过对政权和外来主体的自我改造，让“铁钩”熔化成带有保护性质的“托盘”。在不断实践中，以上两个方面同步进行且相互促进，有效应对了现代政权难以对接分散小农、乡土社会又无法承担过高治理成本的普遍难题。当然，也因延安实践自持政权，突破了民间乡村建设实践的能力边界，从而取得更大的成效。

从共性上说，一方面，乡村建设和乡村革命都根据各自条件，最大限度地利用旧组织发育新组织，努力实现内外融合和上下互动，并保持着对村社传统的尊重与乡土社会的自觉，虽然两者的角度与分寸有所不同；另一方面，无论是因“遭遇”乡土而进行调整的“乡建派”知识分子，还是以延安为空间不断进行自我更新的中国共产党，都内含着“乡土改造”与“自我改造”的双重目标，在建设实践中常有着“外来者”和“本地人”的双主体，两者彼此结合和相互改造的程度常常决定最终成效。

无论是乡村建设还是乡村革命，都尝试直面积贫积弱的近代中国，在经济上让长期外流的资源回流乡土，在社会上重建有利于乡土可持续发展的良性秩序，在文化上重新发掘乡土价值与农民力量，以此开启进一步的实践空间与多元可能，也即建设和创造新世界。从在各种战争间隙的地方建设，到新中国成立后在工业化与国家建设背景下大规模的农村建设，虽然常不被一般的乡村建设研究所关注，但将两者结合起来看，却给我们思考 20 世纪中国经验提供了一个新的角度。

---

① 有研究指出：将土改与全面发动农民相结合，是中共在长期斗争中逐渐确定下来的一条基本原则。占人口 88%的农民在参加土地革命过程中构建起了史无前例的、严密的农村组织体系（董筱丹、温铁军，2019：133）。

② 正如定县实验的重要参与者、社会学家李景汉在 1935 年对“铁钩”与“豆腐”这一比喻的呼应，“但凡到过北方的人们，大概都见过，若普通的软豆腐一变而为冻豆腐时，则其坚硬有如铁石。此时铁钩要帮豆腐的忙，不但不能钩碎而致有负好意，而且铁与冰二者恰好合作，未有不提得牢牢固固者。本来用软豆腐变成冻豆腐，豆腐的原料毫未改变，只是加了一股冷气。这股冷气就是一股劲儿，一种力量，就是团体的组织力……全国宜在确定的目标之下，一致向这方面努力，以最基本的教育与训练来促成民众的组织力，使有共同建设的意识、民族自觉自信的精神、国家的观念、合作的技术、团结的习惯”（李景汉，1935b：14）。

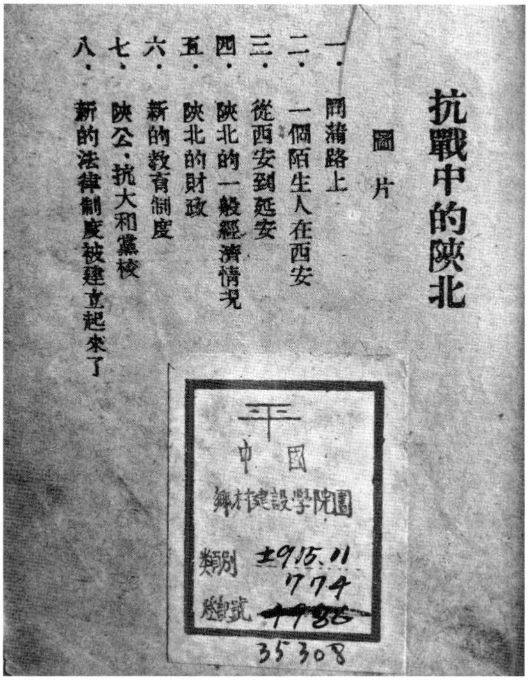

抗戰中的陝北

圖片

一、隴海路上
二、一個陌生人在西安
三、從西安到延安
四、陝北的一般經濟情況
五、陝北的財政
六、新的教育制度
七、陝公、抗大和黨校
八、新的法律制度被建立起來了

私立乡村建设学院图书馆馆藏的《抗战中的陕北》

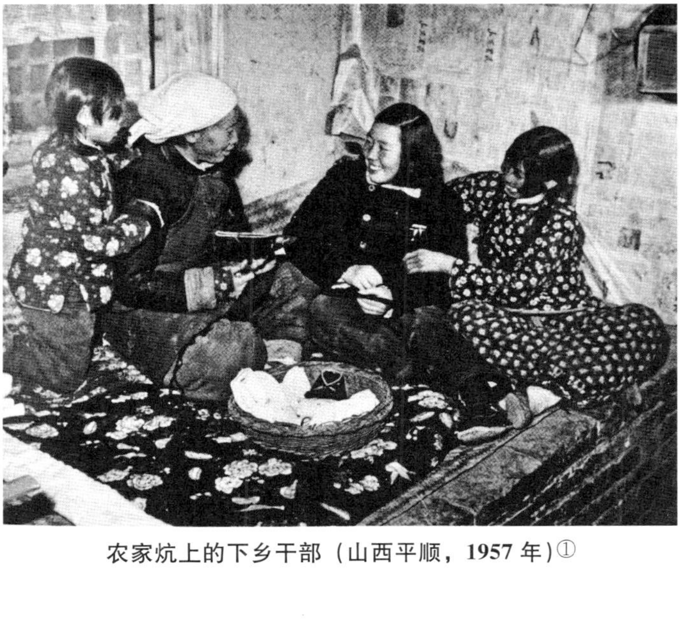

农家炕上的下乡干部（山西平顺，**1957** 年）①

① 资料来源：徐步. 革命年代：1949—1978. 广州：南方日报出版社，2010.

(3) 乡村建设与乡村革命的互看

重思乡村建设与乡村革命不仅意味着挑战原有的定型化认识，更意味着在新视野下的“互看”、在双向理解中尝试对各自盲点进行突破。

一方面，从乡村革命看乡村建设，有助于突破一般的技术层面分析或“好人好事”式论述，让我们对乡村建设所处的外部环境拥有更为清醒的认识，进一步理解光靠建设所不能突破的内在困境，某种意义上也说明特定历史条件下革命的合理性；与此同时，也折射出乡村建设本身的矛盾与张力。当然，这些困境不只是乡建所独有的或本质使然，更是外部复杂环境的结果与体现，详细可见笔者在第六章中的相关分析。因此，需要对乡村建设的局限和不足进行反思，但不应停留在简单的“就事论事”层面，而应放回更大的宏观背景下和特殊的历史脉络中进行理解。

另一方面，还可以从乡村建设看乡村革命，从中将看到革命所内含的建设因子与建设诉求，暴力只是其中一个面向，并随着外部条件的变化而变化。也即，乡村革命和乡村建设一样，同样需要历史化。第四章所举的傅柏翠和沈定一是两个值得注意的例子，此处再以广东海丰农民运动为例进行简单讨论。通过《海丰农民运动》一书的描述，我们可以发现海丰农会在1922—1923年的早期阶段存在着很多不激进的“乡村建设”内容，比如发起的“济丧会”（会员丧事上的经济互助）、“农民医药房”（持会员证领药优惠一半）、“农民教育”（学田养学）、“农业部”（农业改良、植树绿化、兴修水利）、“仲裁部”（乡村和事佬）、“卫生部”（乡村接生等）（彭湃，1926：120-126）。除此之外，在态度和方式上，早期的海丰农会也并非完全激进。比如，在组织起来的农民与绅士发生利益冲突后，当时是这样处理的：“宜先与交涉，如绅士不肯将市权交出，我们就将番薯先移到别个地方，其余各市亦相机进行，并限三日内进行。进行的步骤，先由农会制出一枝公称，由农会派人到番薯市去管理。绅士大加反对。农会即布告全县农民，将番薯移过附近农会之处摆卖，绝对不准到原旧市摆卖，我们果的胜利，乃将该市收入，拨为农民医药房经费”（彭湃，1926：123）。这和我们想象中的直接斗争与暴力冲突有所不同，更接近于乡村建设所倡导的农民合作组织联合起来争取利益的一般做法，所产生收益回馈社员及社区也基本相同。至于该农会及后来全国范围内农民运动的“激进化”，实际上有着更为复杂的原因，其中既与“劣绅化”后乡村既得利益群体的反扑围剿有关，也内在于国内宏观环境的进一步变化（“三要素”加速外流、乡村稳态秩序彻底解体等），还联系着20世纪30年代全球资本主义危机的整体性爆发与世界性转嫁。而关于第四章所述傅柏翠这位颇具争议的历史人物，素来众说纷纭、莫衷一是。对其在革命道路上的曲折反复，大多数研究都没法给出让人信服的解释，多归纳为“不听劝告”“固执”“一错再错”等个人层面原因（张木森，2007；许人俊，2007）。若从乡村建设的角度看，这一中共历史上充满张力的实践不应简单被认为是“悲剧”或难以处理的“尴尬”。相反，它有助于我们对中国革命之丰富性和复杂性展开认识，傅柏翠能在大革命失败的 1927 年入党，说明其绝非不彻底或保守，所谓“不革命”也不意味着“不作为”。实际上，它让我们看到乡村革命和乡村建设事实上一直充满张力地互动且交融着，即便在外部环境恶劣和敌我矛盾突出的苏区。

此外，坚持改良的乡村建设并不意味着不触碰土地问题，无论是 30 年代的傅柏翠还是 40 年代的晏阳初，事实上都已涉及土地改革实践，其不仅是乡村革命的必要手段和内容，而且是乡村建设提高农民主体性和能动性，防止并扭转资源外流，让社会进一步获得稳态结构的必要举措。

由此推开，进一步思考整部“百年乡建史”。无论是闽西的傅柏翠还是宛西的彭禹廷，都突破了我们印象中乡村建设只是“书生们”在文化教育等层面小打小闹的定型化偏见，看到乡村建设其实“有文有武”，改良也不意味着妥协，同样可以武力自卫且对劣绅开战；无论是傅柏翠被开除党籍还是彭禹廷被地方劣绅所杀，代价也不可谓不大。事实上，这些共同构成乡村建设的内在张力，也召唤着乡村建设研究的新视野。

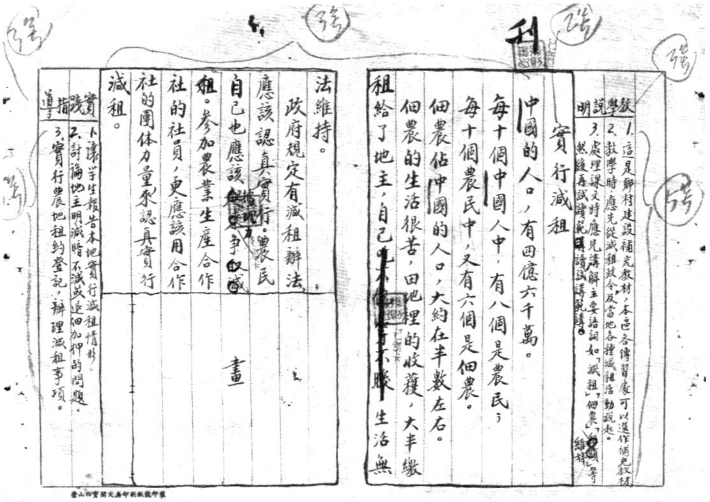
教學說明
1. 這是鄉村建設補充教材，本區各傳習處可以選作補充教材
2. 教學時，應先從減租政令及當地各種減租活動說起。
3. 處理課文時應先講解主要語詞如「減租」「佃農」[illegible]等，然後再試讀範讀試講範講。

實行減租

中國的人口，有四億六千萬。
每十個中國人中，有八個是農民；
每十個農民中，又有六個是佃農。
佃農佔中國的人口，大約在半數左右。
佃農的生活很苦，田地裡的收穫，大半繳租給了地主，自己[illegible]生活無法維持。
政府規定有減租辦法，應該認真實行。農民自己也應該[illegible]爭取減租。參加農業生產合作社的社員，更應該用合作社的團体力量來認真實行減租。

畫

實踐指導
1. 讓學生報告本地實行減租情形。
2. 討論地主明減暗不減或退佃加押的問題。
3. 實行農地租約登記，辦理減租事項。

乡村建设教材：实行减租
（中华平民教育促进会华西实验区档案，20 世纪 40 年代）

综上所述，我们需要以充分的乡土自觉和国情意识，结合更为多样且具体的历史经验，将乡村建设和乡村革命同时放置于全球资本主义扩张和现代中国内外环境变化这一宏观背景下进行理解。在新视野的检视下，两者既有张力又内在统一，互为表里却隐现交错。以此为基础，将有利于推进革命视野下的乡村建设研究和建设视野下的乡村革命研究，并以民众民间的建设视角重新理解现代中国。

2. 没有“乡建派”的乡村建设

关于对乡村建设实践主体和涵盖内容的重新定义，近年来已经有研究在这方面做出推进，比如本书导论中提道：王景新等（2013）以新的分析单位［百年（1911—2011）］为框架重新讨论乡村建设，将乡建实践追溯到中国传统思想并拓宽为包含“中共早期、民国、新中国”在内的连贯性乡村思考与实践；而关于张謇或民国期间江南企业主推动的乡村改造实践，也有人认为是“无名但有实”的乡村建设；再结合梁漱溟1929年参观山西模范村建设后认为其“名不副实”……通过这些关于乡村建设的“名—实”讨论，有利于我们开阔视野，却仍容易拘泥于对具体个案的定位（性）或对传统乡建边界的调整，且使我们对乡村建设的理解仍多停留在主流框架内部及“建设乡村”层面上，而较少认真讨论当把这些充满差异和不同脉络的实践纳入后，对现有乡村建设论述和认知将构成何种挑战。若以百年为跨度且超越“革命—改良”二元对立，乡村建设将是什么？

以上问题正是笔者及本书的关注所在，在前文各章及上节“何谓乡村建设”中已有讨论，此处不再重复，只是希望再次提醒：乡村建设不等于晏、梁等人的民间实践，也不等于中国共产党在不同阶段的农村探索，而应在一个更为整体性的视野下进行开放性讨论。实际上，如果从上节所讨论“何谓乡村建设”的角度看，广义乡村建设在中国现代化进程中从未停止或消失，只是在不同阶段以不同形式曲折展开。除上述乡村建设与乡村革命在民国期间存在着诸多交叉，1949年的政权交接与全方位改造虽然让“乡建派”知识分子推动的乡村建设行为萎缩，但却由于乡村建设所需社会基础和空间条件的形成，而使得乡村建设在国家建设及工业化的背景下全面展开。正如第一章对“百年来的三波乡村建设”的梳理所述，在此阶段，中国共产党所领导的革命力量对乡村建设更是实现了某种程度的替代与覆盖[1]——例如：全民扫盲（平民教育）、合作医疗＋赤脚医生（三级卫生保健）、民兵（农村自卫[2]）、乡镇企业（乡村工业化）、大众文艺（民众戏剧）、水利建设、互助合作等。同样值得注意的是，“劳动替代资本”这一社会主义建设时期独特的中国经验实际（董筱丹、温铁军，2019：150）也存在于民国时期乡村建设实践中[3]。下面从教育、农业和卫生三方面做些非常初步的描述，一起走近“没有‘乡建派’的乡村建设”。

在教育方面，该时期的政策制定和具体实践尝试改变教育的精英化和城市导向，同时强调教育的普及性和公平性。例如，1958 年 9 月中共中央、国务院《关于教育工作的指示》提出用 3～5 年时间基本扫除文盲、普及中小学教育。主要措施包括：通过下放教育管理权限，发展全日制中学、职业民办中学，将半耕半读中学和农业大学搬到农村去，同时通过改革考试制度，降低门槛，扩大工农子弟受教育机会。经过长期实践，小学入学率由新中国成立前的 23%上升到 1976 年的 96%，并在此后几年稳定在 90%以上，接近发达国家水平（江宇，2019：101-105）。

值得注意的是，作为钱理群所归纳的 20 世纪中国“六次下乡”的重要组成部分，该时期的“上山下乡”无疑与乡村建设有着更直接的呼应关系，虽然其因自上而下的行政行为而饱受争议，同时该行为本身也作为化解周期性经济危机的应对策略而需进行再认识[4]。从实际效果看，“上山

① “重叠”“替代”“覆盖”都是以“民间乡建”为角度的说法，如果换个视角，当然也可认为中共长期以来的农村建设工作从来就是乡村建设。为了方便读者比较，后文括号内为民间乡村建设的主张与实践。

② 虽然民兵系统有着超越乡村自卫的更多功能（如国防储备），但乡村自卫仍是成本不高却十分重要的功能之一。在笔者生活四年的河北定州翟城村，毛泽东时代的民兵系统仍是当前维护村庄治安的主要力量。

③ 1949 年后，中国在外部封锁且“一穷二白”的条件下，通过此机制实现了西方国家一般需要依靠殖民扩张或侵略战争才能实现的工业化。实际上，卢作孚在二三十年代的北碚乡建实践中，在缺乏足够资源的情况下，也采用了某种“劳动替代资本”或某种“内向型原始积累”的方式以实现低成本的北碚建设。例如，北碚平民公园的修建即是通过动员学生队的义务行为。而卢作孚在对峡防局士兵进行整训中，就明确提出“寓兵于工”，同时规定峡防局常备队、手枪队及模范学生队、少年义勇队等除肩负峡区清匪防盗、维护治安之责外，还要参加社会服务和北碚地方建设。

④ 例如，《八次危机：中国的真实经验（1949—2009）》指出，“带有小农村社制传统、以‘内部化’特性来化解外部性风险的所谓‘中国特色的农民社会主义’，接受并且容纳了 20 年内 3 次总计约 4 000 万‘知识青年上山下乡’——中国的‘三农’在这种重复发作的社会运动之中，至少 3 次默默无闻地承载了集中于城市的国家资本主义体系的周期性经济危机造成的巨大代价”（温铁军等，2013：76）。

下乡”无疑从教育资源再分配上极大促进了乡村建设的全面展开，“为改善农村的科技、教育、医疗条件，加快城市的科技和文化向农村渗透，大量知青把知识和文化带到农村，并促进了城市和农村的融合，锻炼了才干。70 年代之后，农村能够很快地普及基础教育和合作医疗，与知识青年的贡献是分不开的”（江宇，2019：104-105）。

除了上面的教育普及与资源流向调整外，该时期也在教育“回嵌”乡土方面进行了一定的探索。例如，1958 年在江西创办的共产主义劳动大学，坚持面向农业、面向农村和面向农民的办学方向，从垦荒育林开始，依靠广大农民、工人、干部和学生的双手在江西各山区、湖泊区、平原建立起自己的校园，创造出农林牧副渔各种不同条件的教育环境和科研试验场所。到 1980 年改名为江西农业大学这 22 年间，一方面培养毕业生 22 万名，其中大部分回到农村，为地方农业与农村发展发挥了重要作用；另一方面自筹资金建筑校舍 73 万平方米，开垦农田 4.8 万多亩，经营果园山林 3.6 万多亩，生产粮食 3.6 亿斤，经费收入 4.5 亿多元，为国家创造了大量财富①。因为意识形态的原因，类似探索并未得到更为全面客观的认识，无疑十分令人遗憾。

在农业基础建设方面，有研究指出“1950—1952 年的 3 年内，直接参加水利建设工程有 2 000 万人左右，完成的土方据不完全统计在 17 亿立方米以上，相当于挖掘 10 条巴拿马运河或 23 条苏伊士运河”（董筱丹、温铁军，2019：150）；“1956 年，国家和农民进行了空前规模的农田水利建设，全国增加灌溉面积 1 亿多亩，这个数字相当于解放前我国原有全部灌溉面积的三分之一以上”（董志凯等，2011：545）。而在农业生产技术方面，全国各地的农业技术推广站从 1952 年的 232 个增加到 1955 年的 7 997 个，还建立了牲畜配种站、兽医防治站、农业拖拉机站等技术推广和服务机构（董志凯等，2011：548）。实际上，也正因这些投入与建设性实践，让“三农”为国家的工业化和复兴之路奠定了坚实的基础。据数据统计，1957 年农副产品及其加工品出口额达到 11.4 亿美元，较 1952 年增长 70.3%，平均每年递增 11.2%。五年内净出口粮食 997 万吨，为国家换回了大量的工业建设设备（董志凯等，2011：575）。

---

① 以上数据引自：黄定元. 探索中国农村教育发展之路：江西共产主义劳动大学教育研究. 南昌：江西高校出版社，1997。除该书外，还可参考：刘圣兰. 社会主义教育发展道路的艰辛探索：江西共产主义劳动大学研究. 南昌：江西人民出版社，2000。

而针对医疗资源大部分集中在城市、成本高昂、无法有效解决农村传染病蔓延和营养不良等问题，新中国基于现实国情提出一条以“面向工农兵、预防为主、团结中西医、卫生工作与群众运动相结合”为特色的医疗卫生道路。特别是1965年以后，把更多医疗卫生资源放到农村，建立了以三级医疗保障网、赤脚医生和合作医疗制度为特征的农村医疗卫生体系①。据研究：从1965年到1975年，乡镇卫生院床位数从14.5万张增加到65万张，农村病床占全国病床的比例从40%上升到60%，全国卫生经费的65%以上用于农村。合作医疗的覆盖率从1968年的20%上升到1976年的96%以上，形成了集预防、医疗、保健功能于一体的三级（县、乡、村）卫生服务网络。全国赤脚医生人数达到180万人，生产队卫生员人数达到340万人，农村接生员人数达到75万人，远远超过了当时卫生部所拥有的卫生专业技术人员数量。在全国范围内实现了“小病不出村、大病不出乡”的目标，被世界卫生组织和世界银行誉为“以最少投入获得了最大健康收益”的“中国模式”（江宇，2019：106-114）。

20世纪50年代重庆北碚的城乡建设

① 相关研究可参考：李海红．“赤脚医生”与中国乡土社会研究——以河南省为例．北京：社会科学文献出版社，2015；李德成．创造与重构——集体化时期农村合作医疗制度和赤脚医生现象研究．北京：中国书籍出版社，2013．

20 世纪 50 年代在全国范围内开展群众广泛参与的农具改良运动。图为湖南沅江的农民在参与新农具设计（1955 年）①

除以上不同方面的史实说明外，温铁军团队近年来还致力于以整体性视野对中华人民共和国成立后的历史进程进行再理解，详细可见《八次危机：中国的真实经验（1949—2009）》（温铁军等，2013）及《去依附：中国化解第一次经济危机的真实经验（1949—1952）》（董筱丹、温铁军，2019），两书都延续作者长期坚持的国情自觉、全球视野与去意识形态化处理，并有意识地将国家建设与乡村建设内在融合。

笔者认为，《去依附：中国化解第一次经济危机的真实经验（1949—1952）》从另一个角度讨论了“没有‘乡建派’的乡村建设”，此处以之为例进行简单讨论。可以说，该书最核心的问题意识是新中国依靠什么标本兼治地成功应对了在民国期间延续十多年的长期通货膨胀并开启了别具特色的工业化原始积累。通过结合各种史料及具体案例，作者提出富有启发性的“土改红利＞老危机＋新危机”。具体说来，一方面，“分到地的小农恢复了传统的自给自足经济，自发与市场经济脱钩，这就使得总人口的88％与城市爆发的现代经济危机无关，政府只需要着重应对城市中的危机”（2019：128）；另一方面，新中国充分利用乡土社会的内在特点，通

① 资料来源：徐步. 劳动人民：1950—2010. 广州：南方日报出版社，2010.

过“货币劳动化、金融米棉化”（2019：160），实现“去货币”和“去依附”，极大减轻了城市的通货膨胀压力。与此同时，土地革命使新政权获得了在农村有效发动群众的条件，将增发货币形成的庞大货币流疏导到农村，实现了“货币下乡”并“沉淀在乡”（2019：98-99），也即本书所提出的乡建内涵——“回流”与“回嵌”。

如作者所述，新中国实际上是用“去现代化”化解了现代化危机，依靠农村的高度组织化走出了民国期间长期的恶性通胀（2019：269）。笔者认为，其可谓长期革命所形成的“农村包围城市”经验在建设实践中的创造性发扬——此处的“土改”不仅限于常见认识中的“分田地”或简单地回归村社传统，而是内含着“组织化”与“再乡土化”意涵，也即没有“乡建派”的乡村建设与国家建设在其中互相支撑且充满张力，革命的“延长线”与建设“隐线”始终缠绕在一起。此外，贺桂梅在《八次危机：中国的真实经验（1949—2009）》书评中敏锐指出其较少提及50—70年代社会主义合作化历史及相关经验（2015：83），在《去依附：中国化解第一次经济危机的真实经验（1949—1952）》中这一点有所弥补但仍显不足，希望未来能有更多该方面的研究。

正如前文所述，需要警惕各种形式的“简单化”与“浪漫化”。我们既要看到“土改”本身的复杂性①，也要看到该时期因为工业化需求或国家建设而对农民的过量“剥夺”，让“三农”承担了巨大的代价，从而存在许多与乡建目标背离的地方，此也正是第六章所讨论“毛梁之争”得以发生的时代背景。然而即使那样，仍需看到没有“乡建派”的乡村建设一直以不同形式存在于广大乡土社会与草根民众的挫败、执着与坚韧中，同时为1987—1997年间由国务院自上而下推动的农村改革试验区积蓄力量②。当然，半个世纪以来由官方主导的“乡村建设”也存在着

① 比如《去依附：中国化解第一次经济危机的真实经验（1949—1952）》同时也指出：土改对新中国成立之初的城乡关系具有双面的塑造作用，一方面拉近了农村与城市政府的政治距离，另一方面也拉远了农村与城市工商业之间的经济距离（董筱丹、温铁军，2019：219-220），正因如此，其也为后来“农民与国家”和“乡村建设与国家建设”的复杂关系埋下伏笔。

② 当代乡村建设的推动者温铁军也是农村改革试验区的主要亲历者之一，他认为“这些乡土中国的制度创新试验客观上使得新乡村建设试验成为1980年代后期到1990年代中期的中国农村改革与发展的实际指导力量”（2009：310）。关于这场“充分体现基层干部群众实践与创造精神”的乡村建设实践，除下文专栏所列简表外，还可参见《认识与实践的对话——中国农村改革试验区十年历程》（农业部农村改革试验办公室等，1997，中国农业出版社）及《农村变革与中国发展（1978—1989）》（周其仁，牛津大学出版社，1994）。

不同的问题，但正如温铁军所指“三农有问题，不是三农本身的问题”①，笔者接着指出：乡村建设有问题，也不是乡村建设本身的问题，以后将另文探讨。

笔者通过本书认为：乡村建设贯穿于百年近代历史进程中，既可能因危机集中爆发而“显性”呈现，也可能因危机缓解或激进程度突破所能够承受的临界点而转为“隐性”。因比较集中而被我们看到的“乡建派”实践只是其中的一种形式，同时间或前后都存在着多种形式，或者可以称之为“没有‘乡建派’的乡村建设”——无论是前述社会主义建设时期被嵌入国家建设与工业化进程之中的大规模国家行为，还是分散的草根力量默默施行而难以命名界定的各种民间微型义举。

进一步说，乡村建设不应是一系列零散碎片的人物或事件，而是与近代中国的现代化史及革命史平行共存，在乡土自觉和社会参与中不断形成的民众民间建设史。之所以具有改良性质，恰因其作为乡土社会的保护性存在，对现代化进程所产生的成本转嫁有着独特的敏感与自觉。但与常见的刻板认识不同，“乡建式改良”实际上非常反对坐而论道或以“浪漫化”眼光看待传统，而是希望通过扎实的实践产生有利于弱势群体与乡土社会的建设性改变。

专栏 8.1：全国农村改革试验区一览表（1987—1997）②

序号	地区	试验区	县级单位	试验主题	面积（平方公里）	总人口（万人）	批准建试验区日期
1	北京	顺义县	1	农村土地适度规模经营	1 016	54.8	1987.7
2	河北	玉田县	1	农村基层经济组织与服务体系建设	1 165	63.4	1987.7
3a		黄骅市	1	渔业经济体制综合改革	1 545	37	1989.5
4		石家庄市郊区	1	城郊经济综合改革	157	22.2	1995.4

① 类似观点与思考方式一直存在于温铁军不同时期的认识中。1993年和1996年，其分别根据基层调查写出《汝果欲支农，功夫在农外》和《粮食有问题，但不是粮食问题》等文章，随后以此为基本思路讨论“三农”问题，同时也进一步思考包括中国经验、全球危机等在内的相关问题。

② 本专栏引自：农业部农村改革试验办公室等. 认识与实践的对话——中国农村改革试验区十年历程. 北京：中国农业出版社，1997：612-616。

续表

序号	地区	试验区	县级单位	试验主题	面积（平方公里）	总人口（万人）	批准建试验区日期
5	内蒙古	镶黄旗	1	牧区体制改革	4 960	2.8	1988.6
6	辽宁	大连市金州区	1	乡镇企业出口创汇集团建设	1 300	52	1992.11
		大连市普兰店市	1		2 915	81	
		大连市甘井子区	1		502	48	
7	黑龙江	尚志市	1	农民专业合作组织建设	9 281	60	1987.9
8		苇河林业局	1	林业体制改革	1 914	4.5	1987.7
9a		绥滨农场	1	农场体制改革	533	2.0	1987.7
10	陕西	延安市	13	扶贫综合开发改革	36 712	190.38	1992.11
11		礼泉县	1	农村基层组织建设 农业商品基地建设	1 018	43.7	1987.7
12	山东	平度市	1	农村土地制度建设 贸工农一体化建设	3 166	131	1988.4
13		淄博市周村区	1	乡镇企业制度和小城镇建设	263	30	1988.4
14	江苏	锡山市	1	农村现代化实验	1 115	99	1987.7
		吴县市	1		1 634	97.23	
		常熟县	1		1 142	104.4	
		武进县	1		1 581	121.5	1996.7
15	浙江	温州市	11	乡镇企业制度和小城镇建设	11 784	700	1987.7
16	安徽	阜阳市	12	乡镇企业制度 农村税费制度改革	18 169	1 350	1987.7
17	福建	三明市	12	集体林区体制改革	22 960	261	1988.1
18		宁德地区	9	开放促进开发扶贫综合改革	13 379	312.86	1991.11
19	河南	新乡市	12	粮食购销体制改革	8 169	514	1988.4
20		商丘地区	9	农村流通体制改革	10 557	760	1992.11
3c	湖北	汉川市	1	渔业体制改革	1 663	104.3	1996.7
21	湖南	怀化地区	12	山区综合开发与改革	27 600	470	1990.11

续表

序号	地区	试验区	县级单位	试验主题	面积（平方公里）	总人口（万人）	批准建试验区日期
22	广东	南海市	1	土地适度规模经营 农产品出口基地建设	1 150	104.3	1987.7
3b		汕尾市城区	1	渔业体制改革	302	30.5	1989.5
23		清远市	8	扶贫综合开发	19 000	356	1992.11
24	广西	玉林市	1	粮食购销体制改革 农村供销社改革	2 738	150	1987.7
25		北海市	4	异地扶贫开发	3 337	135.4	1996.6
26	四川	广汉市	1	农村金融体制改革	538	57	1987.7
27	贵州	湄潭县	1	农村土地制度建设和税费制度改革	1 860	42.3	1987.7
28		毕节地区	8	开发扶贫与农业生态建设	26 853	632	1988.7
29	江西	鄱阳湖区	11	湖区资源产业化开发综合改革	19 762	615	1996.9
9b	海南	东方华侨农场	1	农场体制改革	90	0.8	1996.12
30	云南	云南18生物资源产业化开发	14	生物资源产业化开发综合改革	56 000	280	1997.7
总计	21	30	160		317 830.11	8 120.37	

说明：1.“序号”按试验区单位数排列。

2.“批准建试验区日期”以国务院批复日期为准。

3. 本表截止日期为1997年7月。

4. 3a、3b、3c是指渔业改革试验区分布的3个试验点；9a、9b是指国有农场改革试验区分布的2个试验点。

3.“擂台”还是“土壤”

在正式讨论前，再介绍一个较少以乡建为角度被提及的人物——薛明剑。他和卢作孚一样，也没有受过多少正规教育，同样是自学成才。作为著名的无锡荣氏兄弟企业集团大管家，他生前主持或创立大中小企业60多个（无锡市史志办公室，2005：1151），但却倡导职工集体持股，同时在20世纪20年代就开始实践“废除工头”“劳工自治”“劳工教育”等，其中：1926年，薛明剑赴日本考察回来后在申新三厂改革管理，将部分工人宿舍划为劳工自治区，提高劳工福利；1933年，更与中华职业教育社黄炎培等联合办理，进一步扩大社会影响。到 1936 年，劳工自治区各项设施粗告完成，设有医院、学校、剧场、运动场、健身房、尊贤堂、功德祠及公墓，此外还有图书馆、茶馆、托儿所、各级夜校及养鸡、养兔、照相、酿造等副业训练 22 种，并设有机工、女工、职员三种养成所（无锡市史志办公室，2005：1193）。这些和前述的张謇、卢作孚的所作所为有着彼此呼应且异曲同工的可贵探索，并且薛明剑和他们一样也是没有资本的“资本家”，都“热衷于教育和公益，重‘声名’轻‘得失’，重‘事业’轻‘资本’，重‘参政’轻‘做官’，重‘民生’轻‘主义’”（斯非知，2011：222）。特别值得注意的是，薛明剑与历史上几位乡建代表人物张謇、黄炎培、卢作孚等人都有互动交往（斯非知，2011：95），并于 1933 年兼任当时乡建代表机构之一的江苏省立教育学院教授。他还专门写过参观晏阳初所主持私立乡村建设学院后的印象记（薛明剑，1944）。抗战期间，他参观卢作孚所主持的北碚实践后深受启发并“钦佩不已”（陆阳，2013：162），以“乡村建设”为抗战胜利后的十大愿望之首①，并最终回到家乡“就玉祁、礼社、蓉南、魏叙及凤阜等二镇三乡成立‘自治实验乡’，自兼乡长，提倡教育、实业与水利并进。经费来源主要向旅外人士募捐，发电机等则向申新三厂借用，并以祖遗田地五十余亩，商得弟兄同意，一并捐赠乡公所，作为中学校部分基金，陆续建立自治中学、钟瑞图书馆、芙蓉圩排水工程、文熹大礼堂、火力小电厂等企事业”（无锡市史志办公室，2005：1179－1180）②。以上粗略描述希望有助于大家对近代中国本土的“社会企业家群体”及“有实无名”的乡村建设光谱有新的认识。意味深长的是：这位薛明剑还是孙冶方的胞兄（孙冶方原名薛萼果，薛明剑原名薛萼培）和薛暮桥的堂兄，正如本书第六章所述，后两人是 20 世纪 30 年代《中国农村》的核心成员，发表过不少批判“乡村建设”的文章，而其兄却是乡村建设的倡导者和实践者③，十

① 薛明剑 1944 年曾订《初步愿望十则》，其中第一条是“愿乡村男女老幼，均能自治，故拟筹集乡村建设基金，倡导全国乡村农民，终年安居乐业。盖各乡能平安，即全县能平安，推而至于一区一省与全国全世界，均能平安，则进入大同之治矣”（无锡市史志办公室，2005：100）。

② 详见：薛明剑. 无锡县自治实验乡工作计划书. 无锡杂志（复刊），1946（1）；自治实验乡 成绩斐然. 大锡报，1946-11-24。

③ 与一般容易想象的“兄弟反目”不同，据《孙冶方年谱》（《锡山市文史资料》第 16 辑《孙冶方专辑》）记载：“皖南事变”之后，1941 年 1 月孙冶方住在二哥薛明剑在重庆的家中，“看到二哥常与冯玉祥、吴稚晖、黄炎培等国民党元老和马寅初等著名学者交往，参与各种聚会和签名，为国计民生和民族自救而努力着，心里感到非常高兴和欣慰”（沈树正，2000：93）。

分生动地体现了“乡建”和“革命”的缠绕与张力①。

以上引子希望延续上一节的探讨，进一步强调“乡建”与“革命”的复杂关系。回到本节标题，所谓“擂台”和“土壤”当然都是隐喻，前者更强调一种竞争性的平面空间，更多聚焦于台上部分；“土壤”则是一个包含各种生物与微生物群落在内的复杂系统，同时与“地上”的空气、水文、物种等密切互动，其可能因蚯蚓活动及富含有机质而肥沃，也可能因外部环境的改变而板结，故需进行动态化的分析。此外，“擂台”所代表的是“PK”逻辑，多把各种其他因素都剔除以保留一组竞争性或对抗性的关系，而“土壤”本身就是多元共生的复杂生态系统，并不仅限于单一关系或影响因素。

针对到底要“乡建”还是要“革命”，再打个形象的比喻：好比吃药还是开刀，只是针对不同程度疾病的不同治疗手段，无所谓好坏对错，同时也不得不考虑成本及副作用大小问题，能靠吃药解决的当然不必直接开刀。若做进一步延伸，比如“止血”与“造血”，当一个人因失血过多而奄奄一息时，最紧迫的当然是“止血”，然后是“输血”，然而却要避免因此产生的依赖，身体调理和自我“造血”自然更为根本。

回到当下，当前外部环境已有明显变化，中国因整体上由短缺到过剩这一重大变化而产生了从“亲资本”到“亲民生”的“去激进化”条件，这可否让我们进行更为从容与开放的思考？正如前文所述，乡村建设与乡村革命的复杂关系需要进行更为脉络化的处理。由于近代以来全球竞争都以“民族—国家”为基本单位，且中国面临十分严峻的“救亡”压力，“救国”与“救民”关系错综复杂，被归为改良的“乡村建设”和同样与乡土紧密结合的“乡村革命”都是特定历史条件及危机状况下的反应与结果，不可抽象和“去脉络化”地加以认识。

---

① 相关问题可参考《中国经济学界奇异的双子星：薛明剑、孙冶方兄弟评传》（斯非知，上海三联书店，2011），该书不仅将这俩兄弟放在一起讨论，还把薛明剑和张謇、卢作孚等人结合起来分析，并追溯至甲午之变的特定时代，同时还反观/反思当下的所谓“企业家”……作者在书中饱含深情，后记中自述爷爷是卢作孚所创办民生公司的会计部主任和纽约办事处主任，冒着生命危险把异常珍贵的新船从太平洋开回祖国。以该书为媒介，配合本书所一直努力打开的整体性视野，有助于我们从不同角度认识20世纪中国的复杂历史——看那些以“民生”为毕生追求的“民生家”（该书命名），看中国本土的社会企业家是如何创造性地处理“劳资矛盾”和“企业社会化”，看撞破旧天的“共工”和炼石补天的“女娲”如何看似矛盾却相辅相成地开辟着“复兴之路”。

关于对两者关系[①]的理解，笔者认为，需要努力摆脱上文所提及的“擂台”意向，因为其很容易产生“对手化”的现实效果。事实上，更应把它们理解为层层叠叠且因果相生的“土壤”——只有具备多种元素和多样化物群的土壤才健康，同时其与土壤之外的各种存在彼此需要且相互构成：果实落到土壤里转化成养分，养分又孕育出新的生命。因此，需要不断进行“土壤”改良，为多元化和可能性创造条件。

多样性才是常态，无论是激进与改良，还是乡建与革命，其间的复杂关系都需进一步脉络化，需要放回中国现代化转型的复杂进程及 20 世纪全球环境中进行再认识，其本身并无绝对的对错或成败[②]，或者说需将其与因社会环境和历史条件变化而导致的错位、失效和矛盾进行区别。如此说法，并非取消问题，恰恰相反，而是要进一步推进不停留于“好人好事”、“就是论事”和“成王败寇”层面的乡建思考，这也是本书之努力所在。

专栏 8.2：全球化危机与亚洲、拉丁美洲的乡村建设[③]

全球化危机与成本转嫁

第二次世界大战之后，发达国家对发展中国家做了三次产业转移与成本转嫁。目前全世界 193 个有独立主权的国家中，有 128 个建于战后，绝大部分属于第三世界。这些国家获得民族独立之后的首要任务即是追求以工业化为主要内容的现代化。但换个角度说，这一任务则因客观上消纳了造成发达国家竞争的过剩资本和生产能力而带有双重负外部性：一是由于大多数承接的是低端、单一的产业，不可能据此形成完整的产业结构从而奠基于独立的国家经济主权；二是在接受外部产业资本投资的同

① 乡村建设和乡村革命既非排斥对立，也不应在主流序列中进行简单排序——类似行为本身就构成问题，体现着在“对抗性”矛盾丛生的特殊年代进行自我证明的历史性焦虑。

② 那些“效果论”下的所谓“失败”并非普遍意义上的不成功。比如，对于笔者及许多因为阅读了他们用生命书写的故事而开始从事乡村建设的跟随者来说，晏阳初及下乡博士们的感召并没有失败；对于那些不甘“见利忘义”并以此探索企业与社会之“另类”可能的人来说，张謇、卢作孚、薛明剑、费达生等的探索无疑是“镜”与“灯”；对于那些希望恪守初心，做一个“知行合一”者的当下知识分子来说，陶行知与梁漱溟的现实存在本身就说明着什么；对于更多不满足于浑浑噩噩而希望在有限生命里创造价值的人来说，彭禹廷的短暂人生自然同样精彩。就像法国思想家阿兰·巴丢在《共产主义设想》中指出的，“失败”同样可以给我们提供更多启示、力量与可能性，无数的“失败”既一起构成了真实的过去与现在，也激发着我们对未来更为现实与到位的想象。

③ 本专栏选自：薛翠．全球化危机与乡村建设运动．卢作孚研究（季刊，内部印刷），2015（1）。作者为西南大学中国乡村建设学院副教授。因篇幅关系，专栏文字有一定的删节。

时都会形成巨额对外负债，这是20世纪下半叶发展中国家债务占全球负债绝对比重的根源。

进入21世纪的第一个10年，最大变化的在于发展中国家制造业增长愈益加剧了全球生产过剩的矛盾，促使发达国家出现第三次产业转移。此次与前两次主要转移低端制造业和劳动密集型生产线的最大不同，是不能承受过高现代化社会成本的西方产业集群向要素综合价格相对低谷国家和地区的全面转移。这一方面带来核心国家过大的资本汇回收益撑住股市的资本泡沫，另一方面出现有增长、无就业的社会危机，从而迫使政府增加负债以维持现代化上层建筑。最后，金融和债务的双重危机在金融资本核心地区爆发，反过来使得制度代价更加依靠军事强权对外转嫁。

在资本主义高级阶段——金融全球化时代，依赖外资的发展中国家都不可避免地被纳入资本主义体系全球性专业分工之中。与美欧等发达国家实体产业逐渐转移及经济金融化、虚拟化相反，发展中国家因不同的历史与资源环境被纳入产业链不同的专业分工之中。

总而言之，全球形成以金融资本为核心的产业垂直分工关系：高端是提供金融服务和各种金融产品的国家，中间是主要从事制造业的国家，低端则是提供各种初级资源的国家（王湘穗，2009）。

进一步说，二战之后大部分发展中国家尽管赢得政治上的独立，可惜被三座“大山”重重包围：其一，殖民历史包袱，土地财产垄断，形成贫富悬殊之根源。其二，陷入现代化困境。这是由于：(1) 引进外资，债台高筑；(2) 劳资纠纷日增，城乡爆发冲突；(3) 生态环境危机，威胁生存条件。其三，社会矛盾激化，催生暴力冲突，敌对杀戮，两败俱伤。而这些发展中国家的工业化进程，则与先发工业化国家产业资本过剩及其后的产业资本对外转移直接相关。发展中国家执政者无论意识形态如何不同，都常因面临资本极度稀缺的压力而采取“亲外资”的政策，因而顺应投资国涉及主权的制度变迁的要求，导致国内的复杂剧烈矛盾爆发。换言之，一方面，接受产业转移意味着接受内生的资本与劳动敌对矛盾导致的社会冲突；另一方面，产业资本对资源过度开发和对环境的严重破坏导致生态危机。

大部分发展中国家在二战后获得了政治上的独立，但在农村土地财产关系并未妥靖之时，便急欲仿效西方发达国家搞三化：工业化、城市化和农业现代化。“邯郸学步”的结果是城乡俱不稳：一边，农村土地冲突此起彼伏；另一边，大城市贫民窟林立，黑道横行，黄赌毒泛滥。实际上，土地资源乃最大的公共财产，亦民众拥护政权乃至民族国家存立于民族之林之基石。纵观历史，土地财产不妥善安排，则基石不稳，贫富不均，终究不宁。对于大多数在解殖斗争中诞生的民族民主国家而言，土改从来不是一个单独的“农业制度”问题，而是脱离西方殖民主义统治的国家和地区得以形成独立自主的国民经济最基础的也是最核心的财产关系重构。因此，土改对农民而言，其目的仅是耕者有其田，而对于国家而言，更为重要的是以此作为加强国民经济的基本制度建设（温铁军、杨殿闯、刘健芝、李晨婕，2009：621-629）。

亚洲与拉丁美洲乡村建设案例

纵观20世纪的历史经验，一些国家通过革命才能彻底完成土地改革乃至社会改造。20世纪末至21世纪初，资本主义从产业资本阶段跃升至金融资本阶段，迅速蚕食世界民众的财富，导致民怨沸腾，街头抗议乃至武装暴动无日无之。面对如此混乱的世界局势，19—20世纪的革命是否依然有效？历史经验告知，尽管以革命成功夺取政权，但之后依然堕入现代化的困局。有没有第三方力量，即以改良的手段，针对现代化的恶果而形成一方良治？

以巴西、印度、菲律宾、尼泊尔、印度尼西亚这五个亚洲和拉丁美洲比较有代表性的发展中国家为例，这些国家都有漫长的殖民历史，尽管都获得政治上的独立，但是，却继承了大庄园经济制度，土地财产长期被垄断，此为造成社会贫富悬殊的一大根源。土地改革乃脱离西方殖民主义统治的国家和地区得以形成独立自主的国民经济最基础也是最核心的财产关系重构。在土地财产关系无法改动的情况下，“耕者有其田”仍然成为很多发展中国家社会运动中的重要议题，也是赤贫人民容易被动员起来表达对社会正义和经济理性诉求的动力。

从方式上看，20世纪成功的土地改革乃暴力革命的产物之一，然而新近的土地斗争方式已出现变化：（1）非暴力手段；（2）土地不是唯一的目标，形式多元，这与本文所讨论的广义乡村建设有着相通的内涵。

菲律宾案例：民国时期乡村建设领袖之一晏阳初先生在1949年新中国成立之后，离开祖国从事发展中国家的乡村建设运动。1952年，他协助创办了菲律宾乡村建设运动（Philippine Rural Reconstruction Movement，PRRM），至今，PRRM依然是菲律宾举足轻重的民间组织之一。PRRM提倡建立乡村会（为民所有、为民所治、为民所享的民间组织），即地方自治；协助村民建立村公所，并且引领政府发挥亲民力量，共同改

晏阳初与世界各国乡建运动成员合影

善农村社会；致力于科学土改，推动国会通过《农地改革法》。再者，菲律宾国会议员卡比利（Tomas Cabili）向国会提出立法草案，将圣路易斯（San Luis）经验推行至全国，规定村议会以三人分任教育、卫生、生计三项工作（吴相湘，2001：498－499）。1967 年，晏阳初在菲律宾创办国际乡村建设学院（International Institute of Rural Reconstruction，IIRR），活动范围包括亚洲、非洲和拉丁美洲，例如哥伦比亚、危地马拉、加纳、印度、泰国等。

尼泊尔案例：尼泊尔乡村建设运动（Rural Reconstruction Nepal，RRN），成立于 1989 年，尝试统合各种敌对势力，开展民生项目，共同解决“三农”问题。RRN 是尼泊尔一家非政府、非营利的社会发展组织。1989 年，尼泊尔农业与动物科学院几位毕业生创办了一家小组织，取名“尼泊尔草根培训与服务机构”（Grassroots Institute for Training and Services-Nepal，GRITS-Nepal），后来，他们到菲律宾调研之后，由于信服国际乡村建设运动信条，于是将其改名为尼泊尔乡村建设运动。现在，RRN 已经成为尼泊尔发展最快的 NGO，工作人员及志愿者有 600 名，在全国逾 30 个地区遍布分支机构并推行社会发展项目，估计惠及逾 35 万农户。RRN 认为，人民的生计来源于农业，不能解决土地问题，就不能保证农民的生计，也不能保证尼泊尔的经济发展。2006 年，尼泊尔结束了 10 年内战，开启和平进程。但是，农村土地改革和贫困问题还是存在。

RRN 从四大范畴进行乡村建设：教育、卫生、生计和自治，开展多种项目，解决人民生活难题。

巴西案例： MST（Movimento Dos Trabalhadores Rurais Sem Terra，MST）成立于 1984 年。当时的新自由主义政策使拉丁美洲陷入现代化的沼泽，催生出更多的土地冲突。MST 协助无地农民组织，以先占地、后施舆情压力的方式，引入政府、教会、工会乃至政党的力量，共同协调土地财产关系。MST 自称群众社会运动，成员包括农村劳动者以及所有争取土地改革、反对社会不公正与不平等的人。MST 诞生于占领大庄园的过程中。20 多年来，MST 领导了逾 2 500 宗的土地占领活动，使约 37 万农户受惠，占地 750 万公顷。MST 在占领土地之后，便开始驻扎营地，组织农民改善民生，争取盖学校和诊所，也争取农业贷款，并促进农业生产，建立合作社等。目前，巴西有 15 万无地农户在约 900 个营地上抗争。不仅是驻扎营地的农户，有地安居的农户仍然被动员起来准备行使公民权，争取落实他们在政治、社会、经济、环境、文化等方面的权益。

随着 MST 的逐步发展，农村骨干被分派在不同的工作范畴。这些范畴被称为“部门”（sectors）或者“集体”（collectives），用于制定 MST 政策，以及应特别需要而策划项目。这些部门如下：生产、合作与环境、政治培训、性别、健康、教育、文化、传播、人权与青年。MST 取得的胜利乃合作之成果。MST 的组织者与以下盟友并肩合作：政府公共部门、左翼政党、工会、进步教会、国际合作机构、非政府组织，以及世界各地的 MST 之友小组。

MST 的土地改革方案要求重新组织巴西农业的生产方式，反对大规模的、不生产的土地财权，追求不同的组织方式，比如开垦连片的耕地、集体农场、合作社、家庭农业等。在不同的社会基础上重新组织，让人民参与农工业发展的决策，重新改造那些完全依赖跨国公司的粮食系统，简言之，重新组织巴西经济与社会，让所有巴西人能够就业、上学、有房子、有吃的、身体健康、有娱乐与文化活动。

印度案例： 喀拉拉民众科学运动（Kerala Sastra Sahitya Parishad，KSSP）成立于 1962 年，在国家搞现代工业、高端科技的主流之下，逆流帮助民众掌握知识，使科学为民所用，以寻求社会变革。二战后，在美国主导的绿色革命背景下，KSSP 选择不同的路：科学是为了社会变革，不是为了资本累积或者服务于精英阶层。KSSP 由科学专业人士组成，像工程师、医生、科学家和教师，他们与群众打成一片，也和村委会合作。全喀拉拉邦大约有30万专业人士参与。KSSP融建设和抗争为一体，涉及教育、扫盲、水资源、卫生、农村生产、能源和乡治。KSSP带有明显的"左"倾色彩，并且融合马克思主义和甘地①思想（刘健芝等，2009）。

印度尼西亚案例：农民联盟（Serikat Petani Indonesia，SPI）致力于推动发展可持续农业，并建立学习和训练中心，推动有机种植和可持续农业，反对压迫性的、破坏生态的、破坏生物多样性和将传统智慧弃置不顾的现代农业。SPI为国际农民运动组织"农民之路"（La Via Campesina，LVC）的成员。LVC的总部设在印度尼西亚雅加达，其宗旨乃推动土地改革与家庭农业，倡导粮食主权（food sovereignty）。正如拉美民族英雄何塞·马蒂所言：不能生产自己的粮食的民族是奴隶之邦，他们没有一丁点儿自由。如果社会不能生产粮食，那么，就始终得依附他人。"农民之路"倡导建立粮食主权的世界新体系，推动发展可持续农业，作为解决气候和粮价危机的出路。

晏阳初（后排左三）访问印度尼西亚时与印度尼西亚平民学校师生合影（1952年）

以上五国的乡建运动都没有延续20世纪的农民武装斗争方式，转而采取非暴力手段，点滴改良，循序渐进。再者，围绕与现代化、工业化、城市化相伴随的"衰三农"（农民衰弱、农村衰败、农业衰微），变"顺流建城"为"逆流保村"，及促进城乡互助互惠。以"兴三农"（农民兴安、

① 有人将梁漱溟称为"中国的甘地"。也有研究指出：甘地比任何其他亚洲文化民族主义思想者都更接近梁漱溟，因为他们都主张乡村重建和地方自治的方案与理论，两人皆从"事实"出发，而不是从"理论"出发。他们提出的农村重建计划不是最理想的，却是他们国家最合实际、最可行的方案（艾恺，1991：125）。

农村兴盛、农业兴隆）为本，鼓励青年人当农民，改善农村社会条件，推动小农生态农业等。兼之，协助农民组织起来，以家族村社、合作社或者教会小组为基层集体合作单位，逐渐形成乡村良治。

KSSP 和 RRN 带动村民小组讨论村务、PRRM 协助当地人建立村公所等，这些都源于亚洲数千年灌溉农业文明历史所孕育的村社传统，像印度和中国都是以村落为基本的社群单位。村社内部制度有自己的发展规律，本身对农村的社会经济发展起制约作用。至于拉丁美洲，则有解放神学以动员群众思想的条件，很多社区都以教堂为中心，MST 则更鼓励农民办合作社，或者开展不同的合作方式。

当前金融资本主义席卷全球，亚洲和拉丁美洲的乡村建设运动同样面临两大困境：国际资本掠夺土地与农民数目越来越少。其一，掠夺土地。为了争夺粮食、生物燃料、原材料，乃至只供金融资本炒作，全球出现掠地（land grabbing）现象。世界银行 2010 年的研究表明：世界对土地的需求极大，特别是 2008 年以后，出现全球“土地纠纷”现象。截至 2008 年，耕地转让大概每年 400 万公顷，仅仅从 2008 年 10 月到 2009 年 8 月，就有超过 450 万公顷土地被出售，其中 75%在非洲，另外 360 万公顷在巴西和阿根廷。其二，城市化率奇高，农民流入本国城市打工，乃至到国外城市打工。依据 2010 年的人口统计，巴西的城市人口高达 84.35%，农村人口仅为 15.65% 。菲律宾甚至将海外劳务输出作为国策，印度尼西亚紧跟，尼泊尔也掀起出国打工潮，导致农村的青壮年大量流失。

对照中国经验

相对而言，中国经验显得“特殊”——中国是唯一完成土地革命乃至工业化、原住居民数目最大、又属人口大国的发展中国家。乡土社会是中国工业化、城市化避险的基础，保留乡土社会应该作为应对危机的国家战略。新中国成立以来所经历的 4 次外债和 8 次危机的基本经验表明，凡是可以顺利向“三农”转嫁危机，就能实现软着陆，反之，就会在城市硬着陆。改革开放之前，农村以合作社社队直接接受失业人口转移，并被过度提取农业剩余。改革开放之后，乡土社会也一直发挥着调节“劳动力池”的作用，成为转嫁经济危机、维持社会稳定的载体，有力地化解了激进城市化的风险及其所带来的危机。保留并维护发展乡土社会，不管是对于应对经济系统性风险，保持经济稳定，还是对于维持粮食安全，维持全球地缘和币缘关系，都具有重要的战略意义。

以中国的经验作为参照，可见农村社会乃国家应对外部风险的基本载

1934 年，丹麦国际高等学校校长马烈克参观山东乡村建设研究院合影（前排左一为梁漱溟）

体。在金融资本主义国际分工中，发展中国家不论是像巴西与印度尼西亚那样提供原材料，还是像印度、菲律宾、尼泊尔那样提供不同层级的劳动力，都要经常面对两大危机：（1）国际经济不景气，失业人口突然倍增，引发社会动荡，像 1998 年及 2008 年的金融危机；（2）国际粮食价格飙升，出现粮食短缺，引起大众恐慌，像 2008 年的粮食危机。为求自保，很多发展中国家像巴西和印度尼西亚都会推行惠农政策，补贴农业，给农村投入资金，改善农民的生活等，或者像尼泊尔给因经济危机被迫回国的海外劳工一些生活补贴等，莫不都是提高抵抗外围转嫁风险的力度。换言之，农村既能为现代化与工业化提供原材料与劳动力，但也容易成为社会动乱的根源。因此，对发展中国家来说，一旦卷进现代化，"三农"顿成绕不过去的重大命题，发达国家则因为把成本与危机都转嫁给发展中国家而得以逃脱。

要逆着强势的现代化主流，当然难乎其难，可是，为了自保求生，上到国家，下到普通老百姓，都不得不想办法从现代化陷阱中挣扎出来，保证就业与粮食安全。乡村建设运动便循着自保自救这条路径慢慢地走出来，然后扎根下来。以上列举的乡村建设运动都有漫长历史。MST 既保护小农生产也促进城乡合作，既拯救农村也拯救城市贫民窟，在后殖民政治经济制度下兼城市化率奇高背景下艰难前进。比较之下，印度、菲律宾、印度尼西亚、尼泊尔虽然都面临殖民政治经济制度的束缚，但是仍然有一半或一半以上的农村人口，这些农民都是

KSSP、PRRM、RRN等乡村建设组织存活并继续逆流而上的客观条件之一。

总而言之，以上乡村建设另类实践均采取非暴力手段，寻求社会联合，并另辟蹊径——“扎根于资源主权，构建团结社会，促进全球人类安全”，从而致力于实现人类生态文明的可持续性。

三、不足·待续

20世纪既有“作为问题的乡村”，也存在“作为方法的乡村”，如何进一步呈现其中的复杂性，既需要新的史料和内容，也需要新的视野与方法。

本书尝试采取一种“实践者—研究者”的视角，挑战一般社会科学常见的“对象化”书写方式①，通过小引、专栏和注释带入笔者个人的经历、观察与反思，同时尝试在时间和空间上做出拓展，让大家看到乡土中国在现代化转型中的多元化反应及其内在张力，这既是努力的方向，也是难度所在。为了让其中的复杂性尽量得以呈现，同时不影响主体内容的紧凑与流畅，笔者使用了数百个大大小小的注释，希望从多角度进行“补位”与延伸讨论，但因只是注释，大部分内容点到即止，希望未来有机会在新的研究中详细展开。

正如前文所述，本书努力采取整体性视野，故常同时进行双向的拒绝：既对主流进行质疑与挑战，也需反思一般意义上的“反主流”②；既揭示“去脉络化”所造成的刻板与简化，也需警惕“泛脉络化”可能造成的不期然后果……特别是，如何在充满差异的案例分析与跨时空比较中，更准确地把握实践本身的丰富性与复杂性，既能展现现代化进程中百年乡村建设的历史脉络与经验启示，又能保持各类案例本身的饱满鲜活与内在

① 笔者比较认同这一观点：“行动是心身之动，而这个心身是在众多张力交错、‘过去’和‘未来’重叠、不同力量互动下不断形成的，不可以‘我’和‘非我’的二分法进行界定”（许兆麟、刘健芝，2005：序一22）。

② 比如，一些NGO以反主流为定位，但实际上却以主流为反身定义，仍然落入二元对立的陷阱之中，并共享着主流的基本认识与意义系统。乡村建设与之存在一定区别，但正如本书所强调的，乡村建设实践也非统一和整体，其中同样充满差异，故此处只是相对意义上的可能区别。

张力，这些都构成本书面临的很大挑战。

首先，作为“后革命时代”的一名“80后”，虽然长期参与乡村建设实践，但笔者却因外在于和乡建高度相关的“革命/社会主义改造”等历史脉络而缺乏真正的感知，同时我们这代人的基本成长环境还是“后冷战”背景下全球范围内对“另类”探索的“审判”与“告别”[①]；我们不仅内在于“成王败寇”的个人主义逻辑与精英主义立场，现代社会的整体危机更孕育着随处可见的“犬儒”心态与深层无力感；多年的现代教育浸淫与主流知识结构则让我们更习惯于主流意识形态影响下的叙述与认知，当真的要去讨论困境、不甘、尴尬与那些不成功但也没失败的实践，要“左右开弓”地面对那些“左右为难”，要以被简化的知识结构去把握复杂的情感结构，不仅勉为其难，其中也充满着内在的空虚与惶恐。

其次，虽然在导论中已交代本书的主要目标在于“理解乡建”，而非“叙述乡建”，但在实际写作过程中，笔者却常面对两种定位的“冲突”。对于为何要“理解乡建”，前文已有交代。而“叙述乡建”实际上却构成笔者一个很难绕开的“心结”——身边无数同人至今仍在十分艰辛地“埋头拉车”，然而他们的行动和思考却常常无法在主流坐标中“被看见”或“被听见”，总感觉有责任和有必要把其中更多的故事与思考、努力与苦恼说出来，让读者有个全面的认识。这两种潜藏于心的诉求常不自觉地纠缠着，模糊了本书的聚焦点，一定程度上影响了研究的深度，这与其说是定位不清或“野心”过大，不如说是源自写作者多年来的追求——不仅仅要一个不一样的“说法”，更要不是为“说法”的“说法”。

最后，初稿完成后，经师友同人们批评指点，认为案例分析不够充分和翔实，不利于读者对背景与脉络的进一步理解。笔者为此重新阅读书中案例，虽然已有不少通过注释或专栏的方式尽可能进行说明（因为篇幅的限制，很多地方只能点到为止），然而仍然存在可能困扰读者的地方。为何在写作过程中自己缺乏应有的觉察，以致成为某种习惯性盲点？除因本书跨度大、题材广外，个人反复检讨后觉得可能有如下原因：一方面，笔者长期处于实践中与乡建话语内部，不少文章和分享的目标对象就是乡建实践者，所涉及各种案例的相关背景多已为他们所熟知，长期下来就进行了习惯性“省略”，为避免此缺憾，希望读者能进一步关注具体实践；另

① 如著名的《告别革命》。但笔者认为，被“告别”的不仅仅是革命幽灵，还包括各种尝试挑战主流发展与不合理现实的多样化尝试。

一方面，本书主要目标是促进读者重新理解乡建，各种案例只是手段而非目的本身，故笔者常根据需要“组合”不同案例，且多呈现其中的部分面向，未做完整呈现与细致分析。此外，笔者缺乏社会学或人类学的系统训练，在案例分析上常感力所不逮，希望未来能进一步努力。

本书反复谈到主流叙述中的遮蔽与盲点，正如许兆麟和刘健芝所指，“问题不在于怎样避免盲点，而在于怎样在就地互动的情况下，把盲点的封闭性可能转化为下一步发展的开放”（2005：序一 18）。最后，笔者认为还有一个重要的地方没有处理或处理得不够好——乡村建设中农民的位置。虽然本书的分析对象为乡村建设实践，但却不可能绕开农民，一定意义上也反映了乡村建设叙述的内在悖论：“民众民间建设史”自然需要真正的“庶民视角”，但如何突破精英化的叙述方法，以新的知识生产方式进行有效呈现？笔者在曾费时逾十年、收集数千张照片而编辑的《中国乡村建设百年图录》中，虽然希望能更完整地呈现“乡建群像”，然而最后有机会与读者跨时空“相会”的仍是“精英们”——虽然他们在与乡土结合的过程中已经在努力地“去精英化”（温铁军、梁少雄、刘良，2020：11），然而在那个特殊年代和漫长的历史变迁中，普通农民或一般乡建工作者能留下照片吗？……这不仅仅是史料收集的问题，也是历史观的问题——我们如何认识大地上无数的“熟悉的陌生人”，其既关系着“说不说”和“能否说”，同时也要求我们思考如何不再“视而不见”和“听而不闻”。

结论并非结束，希望这个意犹未尽的总结不是句号，而只是冒号，未来能有机会对其中的不足和缺憾做进一步完善，同时也能引发更多有价值的书写和研究。期待这份邀约的回声！

参考文献

1. ALTRICHTER，POSCH，SMOEKH. 行动研究方法导论——教师动手做研究. 夏林清，等，译. 台北：远流出版事业股份有限公司，1997.

2. CHARLES W H. 公共活动家及独立的政治家：晏阳初与自由主义的中国化（1919—1949）//贺照田. 颠踬的行走：二十世纪中国的知识与知识分子（《学术思想评论》第十一辑）. 长春：吉林人民出版社，2004.

3. E. F. 舒马赫. 小的是美好的. 虞鸿钧，郑关林，译. 刘静华，校. 北京：商务印书馆，1985.

4. E. P. 汤普森. 英国工人阶级的形成. 钱乘旦，等，译. 南京：译林出版社，2001.

5. E. P. 汤普森. 共有的习惯. 沈汉，王加丰，译. 上海：上海人民出版社，2002.

6. H. 孟德拉斯. 农民的终结. 李培林，译. 北京：社会科学文献出版社，2010.

7. J. K. 吉布森-格雷汉姆. 质疑全球化//资本主义的终结——关于政治经济学的女性主义批判. 陈冬生，译. 北京：社会科学文献出版社，2002.

8. J. 斯特拉塞. 农村不是世外桃源//R. D. 罗得菲尔德，等. 美国的农业与农村. 安子平，陈淑华，等，译. 北京：农业出版社，1983.

9. J. 托德. 一项温和的建议：科学为人民//R. D. 罗得菲尔德，等. 美国的农业与农村. 安子平，陈淑华，等，译. 北京：农业出版社，1983.

10. ROGER S. 媒介概念十六讲. 陈玉箴，译. 台北：韦伯文化，2003.

11. 阿蔼. 由费尔雅到钟钩——浅谈另类教育理论. 基进论坛——香港文化社会评论期刊，1998 (1).

12. 阿柏杜雷. 印度西部农村技术与价值的再生产//许宝强，汪晖. 发展的幻象. 北京：中央编译出版社，2003.

13. 阿瑟·恩·杨格. 中国财政经济情况（1927—1937）. 陈泽宪，陈霞飞，译. 北京：中国社会科学出版社，1981.

14. 阿图罗·埃斯科瓦尔. 遭遇发展——第三世界的形成与瓦解. 汪淳玉，吴惠芳，潘璐，译. 叶敬忠，校. 北京：社会科学文献出版社，2011.

15. 阿信. 用生命爱中国——柏格理传. 郑州：大象出版社，2009.

16. 埃比尼泽·霍华德. 明日的田园城市. 金经元，译. 北京：商务印书馆，2000.

17. 艾恺. 世界范围内的反现代化思潮——论文化守成主义. 贵阳：贵州人民出版社，1991.

18. 艾恺. 最后的儒家——梁漱溟与中国现代化的两难. 王宗昱，冀建中，译. 南京：江苏人民出版社，1996.

19. 艾凯，梁漱溟. 这个世界会好吗？——梁漱溟晚年口述. 天津：天津教育出版社，2011.

20. 安·格雷. 文化研究：民族志方法与生活文化. 许梦云，译. 高丙中，校. 重庆：重庆大学出版社，2009.

21. 安文联. 晏阳初乡建精神犹在 新乡村试验扎根定州. 燕赵晚报，2005-07-24.

22. 白红义. "定县实验"新登场. 小康，2004（9）.

23. 白亚丽，吕程平. 蜗居时代的"乌托邦"——当代青年的乡建运动.（2011-06-24）[2012-03-07]. http://www.snzg.cn/article/2011/0624/article_24613.html.

24. 薄一波. 若干重大决策与事件的回顾（上册）. 北京：中共党史出版社，2008.

25. 保罗·杜盖伊，斯图尔特·霍尔，等. 做文化研究——索尼随身听的故事. 霍炜，译. 北京：商务印书馆，2003.

26. 北京爱故乡文化发展中心. 新时代乡贤. 北京：中国农业出版社，2018.

27. 本杰明·史华兹. 寻求富强：严复与西方. 叶凤美，译. 南京：江苏人民出版社，1996.

28. 本书选编组. 第二次国内革命战争时期土地革命文献选编（1927—1937）. 北京：中共中央党校出版社，1987.

29. 彼得·伯克. 历史学与社会理论. 姚朋，等，译. 上海：上海世纪出版集团，2010.

30. 毕晓莹. 美国公理会与民国保定乡村建设述论. 古今农业，2012（1）.

31. 卜正民. 资本主义与中国的近（现）代历史书写 //卜正民，格力高利·布鲁. 中国与历史资本主义——汉学知识的系谱学. 北京：新星出版社，2005.

32. 卜正民，若林正. 鸦片政权：中国、英国和日本（1839—1952）. 弘侠，译. 合肥：黄山书社，2009.

33. 费尔南·布罗代尔. 资本主义论丛. 顾良，张慧君，译. 北京：中央编译出版社，1997.

34. 费尔南·布罗代尔. 市场经济与资本主义. 杨起，译//韩少功，蒋子丹. 是明灯还是幻象——天涯精品系列丛书经典文献卷. 昆明：云南人民出版社，2003.

35. 费尔南·布罗代尔. 论历史. 刘北成，周立红，译. 北京：北京大学出版社，2008.

36. 布洛克. 导言 //卡尔·波兰尼. 大转型：我们时代的政治与经济起源. 冯钢，刘阳，译. 杭州：浙江人民出版社，2007.

37. 蔡培慧. 真实是一场社会行动——反思台湾农村阵线的行动与组织. 台湾社会研究季刊，2010 (9).

38. 蔡少卿. 民国时期的土匪. 北京：中国人民大学出版社，1993.

39. 蔡翔. 文化研究，还是文学研究 //王晓明. 中文世界的文化研究. 上海：上海书店出版社，2012.

40. 曹斌. 乡村振兴的日本实践：背景、措施与启示. 中国农村经济，2018 (8).

41. 曹东勃. 现代农业的困惑. 读书，2010 (5).

42. 曹东勃. 什么都能吃，什么都不敢吃. 东方早报·上海书评，2013-07-14.

43. 曹东勃. 日本有机农业的“曹孟德”. 东方早报·上海书评，2013-09-22.

44. 曹海东. 步履蹒跚中的乡建运动. (2007-09-15) [2008-08-08]. http://www.chinavalue.net/General/Article/2007-9-15/80911.html.

45. 曹锦清. 历史视角下的新农村建设——重温宋以来的乡村组织重建. 探索与争鸣，2006 (10).

46. 曹锦清. “三农”研究的立场、观点和方法//薛毅. 乡土中国与文化研究. 上海：上海书店出版，2008.

47. 曹筠武. 晏阳初到温铁军：知识分子百年乡恋. 南方周末，2006-03-09.

48. 曹立新. 媒介与社会变迁：定县实验中的传播实验//“文化视野中的乡土社会与乡村建设”工作坊资料汇编. 重庆大学人文社会科学高等研究院，2013.

49. 曹天忠. 教育与社会改造——雷沛鸿与近代广西教育及社会（修订本）. 天津：天津古籍出版社，2004.

50. 曹天忠. 乡村建设派分概念形成史考溯. 广东社会科学，2006 (3).

51. 察应坤，邵瑞. 毕生尽瘁为民生——王鸿一传略. 济南：黄河出版社，2003.

52. 常竹青. 参与式农民培训的经验与技巧. [2009-09-07]. http://www.zgxcfx.com/Article_Show.asp? ArticleID=23193.

53. 陈光兴. 英国文化研究的谱系学//思想文综（第4辑）. 广州：暨南大学出版社，1999.

54. 陈光兴. 文化研究在台湾到底意味着什么? //孙晓忠. 方法与个案——文化研究演讲集. 上海：上海书店出版社，2009.

55. 陈光兴，等. 文化研究：本土资源与问题意识. 新闻大学，2007 (2).

56. 陈翰笙. 三十年来的中国农村. 中国农村，1941 (3).

57. 陈翰珍. 二十年来之南通. 南通县自治会（印行），1938.

58. 陈建华. “革命”的现代性：中国革命话语考论. 上海：上海古籍出版社，2000.

59. 陈金陵. 乡建路上. 北京：中国建筑工业出版社，2019.

60. 陈宁康. 我到峡局考察以后的感觉. 嘉陵江日报，1931-02-06.

61. 陈秋珍. 国内外农业多功能性研究文献综述. 中国农村观察，2007 (3).

62. 陈赛文，黄宁，傅柒生. 傅柏翠. 北京：中国人事出版社，1995.

63. 陈顺馨. 女性与差异政治的实践. 读书，2006 (5).

64. 陈卫平. 社区支持农业劳动份额的消费者价值认知结构：方法目的链的应用. 农业技术经济，2012 (9).

65. 陈卫平. 社区支持农业：理论与实践. 北京：经济科学出版社，2014.

66. 陈卫平. 乡村振兴战略背景下农户生产绿色转型的制度约束与政策建议. 探索，2018 (3).

67. 陈侠，傅启群. 傅葆琛教育论著选. 北京：人民教育出版社，1994.

68. 陈向明. 质的研究方法与社会科学研究. 北京：教育科学出版社，2000.

69. 陈旭麓. 中国近代史上的革命与改良 (1980)//陈旭麓. 中国近代史十五讲. 北京：中华书局，2008.

70. 陈序经. 乡村文化与都市文化 (1934)//罗荣渠. 从“西化”到现代化——五四以来有关中国的文化趋向和发展道路论争文选. 合肥：黄山书社，2008.

71. 陈序经. 乡村建设理论的检讨 (1936)//余定邦，牛军凯. 陈序经文集. 广州：中山大学出版社，2004.

72. 陈序经. 乡村建设运动的将来 (1936a)//余定邦，牛军凯. 陈序经文集. 广州：中山大学出版社，2004.

73. 陈序经. 乡村建设的途径 (1943)//余定邦，牛军凯. 陈序经文集. 广州：中山大学出版社，2004.

74. 陈序经. 乡村建设运动. 上海：大东书局，1946.

75. 陈耀煌. 民国时期的农村社会与地方强人——傅柏翠与闽西地区//东吴历史学报 (第 29 期). 台北：东吴大学出版社，2013.

76. 陈永发. “新村”梦碎：闽西古蛟四十年 (1927—1962) //陈永发. 明清帝国及其近现代转型. 台北：允晨文化实业股份有限公司，2011.

77. 陈元晖. 中国现代教育史. 北京：人民教育出版社，1979.

78. 陈占江. 旧邦新命：乡土重建的现代性方案——以费孝通早期著述为中心. 中国农业大学学报 (社会科学版)，2016 (4).

79. 陈争平. 张謇所创通海垦牧模式再认识//第四届张謇国际学术研讨会组委会. 张謇与近代中国社会. 南京：南京大学出版社，2007.

80. 陈志潜. 中国农村的医学：我的回忆. 成都：四川人民出版社，1998.

81. 成学炎. 梁漱溟先生谈山东乡村建设 //山东省政协文史资料委员会，邹平县政协文史资料委员会. 梁漱溟与山东乡村建设. 济南：山东人民出版社，1991.

82. 城山智子. 大萧条时期的中国：市场、国家与世界经济. 孟凡礼，尚国敏，译. 唐磊, 校. 南京: 江苏人民出版社, 2010.

83. 程存旺, 等. 多元主体参与、生态农产品与信任——"小毛驴市民农园"参与式试验研究分析报告. 兰州学刊, 2011 (12).

84. 程序. 当今世界农业发展状况与中国农业发展（上）. 中国职业技术教育, 2004 (26).

85. 池子华. 中国近代流民（修订版）. 北京: 社会科学文献出版社, 2007.

86. 川尻文彦. 杜威来华与"五四"之后的教育界——以陶行知的杜威思想受容为中心. 社会科学研究, 2009 (6).

87. 大卫·哈维. 希望的空间. 胡大平, 译. 南京: 南京大学出版社, 2006.

88. 大卫·哈维. 世界的逻辑. 周大昕, 译. 北京: 中信出版社, 2017.

89. 戴锦华. 隐形书写——90 年代的文化研究. 南京: 江苏人民出版社, 1999.

90. 戴锦华. 温柔的挑衅——象征与真实的行动. 读书, 2005 (10).

91. 戴锦华, 刘健芝. 蒙面骑士——墨西哥副司令马科斯文集. 上海: 上海人民出版社, 2006.

92. 戴锦华. 文化的位置——戴锦华教授访谈. 学术月刊, 2006 (11).

93. 戴锦华. 文化研究的困惑和可能 //孙晓忠. 方法与个案——文化研究演讲集. 上海: 上海书店出版社, 2009.

94. 戴锦华. 后冷战时代的文化政治 //王晓明. 中文世界的文化研究. 上海: 上海书店出版社, 2012.

95. 戴锦华. 坐标·雾障与文化研究 //王晓明, 朱善杰. 从首尔到墨尔本: 太平洋西岸文化研究的历史与未来. 上海: 上海书店出版社, 2012.

96. 戴锦华. 昨日之岛. 北京: 北京大学出版社, 2015.

97. 丹尼尔·A. 科尔曼. 生态政治——建设一个绿色社会. 梅俊杰, 译. 上海: 上海世纪出版集团, 2006.

98. 邓正来. 国家与社会——中国市民社会研究. 成都: 四川人民出版社, 1997.

99. 狄金华. 革旧俗造新民: 邹平乡村建设中"改造私人生活"实践的再思考. 学海, 2019 (2).

100. 丁帆. 中国乡土小说史论. 南京: 江苏文艺出版社, 1992.

101. 董江爱. 山西村治与军阀政治（1917—1927）. 北京: 中国社会出版社, 2002.

102. 董磊明. 农民为什么难以合作. [2009-12-08]. http://www.wyzxsx.com/Article/Class19/200702/15593.html.

103. 董时进. 论复兴农村. 独立评论, 1933 (56).

104. 董筱丹, 温铁军. 宏观经济波动与农村治理危机. 管理世界, 2008 (9).

105. 董筱丹, 温铁军. 去依附: 中国化解第一次经济危机的真实经验（1949—1952）. 北京: 东方出版社, 2019.

106. 董筱丹，张兰英. 国仁城乡（北京）科技发展中心项目评估报告（2010—2012）（内部档案）. 评估单位：香港社区伙伴，2013.

108. 董志凯，等. 中华人民共和国经济史（1953—1957）（下）. 北京：社会科学文献出版社，2011.

109. 窦克武. 王拱璧文集. 开封：河南大学出版社，2014.

110. 堵述初. 平民教育运动在定县//李济东. 晏阳初与定县平民教育. 石家庄：河北教育出版社，1990.

111. 堵述初. 回忆一九三八年延安之行 //中国社会科学院近代史研究所近代史资料编辑部. 近代史资料（总 96 号）. 北京：中国社会科学出版社，1999.

112. 杜奋根. 乡村振兴战略视域下“落实农地集体所有权”探析. 学术研究，2018（12）.

113. 杜慧. 从思潮到事功：民国建设思潮的历史探研与反思. 人文杂志，2015（1）.

114. 杜洁. 从“炸弹”到“微生物”——卢作孚乡村建设思想中的革命意涵. 开放时代，2018（3）.

115. 杜洁，潘家恩. 近代中国在地型社会企业的探索与创新——以张謇的“大生集团”与近代南通建设为例. 上海大学学报，2018（1）.

116. 杜洁，张兰英，温铁军. 社会企业与社会治理的本地化——以卢作孚的民生公司和北碚建设为例. 探索，2017（3）.

117. 杜赞奇. 为什么历史是反理论的? //黄宗智. 中国研究的范式问题讨论. 北京：社会科学文献出版社，2003a.

118. 杜赞奇. 文化、权力与国家：1900—1942 年的华北农村. 王福明，译. 南京：江苏人民出版社，2003b.

119. 范达娜·席瓦. 失窃的收成. 唐均，译. 上海：上海人民出版社，2006.

120. 范家进. 现代乡土小说三家论. 上海：上海三联书店，2002.

121. 范敏坚. 我对“四不”的看法. 小毛驴市民农园 CSA 简报（内部资料），2012（1）.

122. 方悴农. 农村建设实施纪. 上海：大华书局，1935.

123. 方丹敏，王平. 自我历练 精神扶贫——他们眼中的大学生支农活动. 中国改革（农村版），2004（8）.

124. 费达生. 我们在农村建设事业中的经验. 独立评论，1933（73）.

125. 费达生. 复兴丝业的先声. 国光，1934，2（3/4）.

126. 费尔南·布罗代尔. 15 至 18 世纪的物质文明、经济和资本主义（第一卷）. 顾良，施康强，译. 北京：三联书店，2002.

127. 费维恺. 中国早期工业化. 虞和平，译. 北京：中国社会科学出版社，1990.

128. 费孝通. 爱我家乡 //费孝通文集. 北京：群言出版社，1996.

129. 费孝通. 费孝通文集（第四卷）. 北京：群言出版社，1999a.

130. 费孝通. 费孝通文集（第五卷）. 北京：群言出版社，1999b.

131. 费孝通，吴晗，等. 皇权与绅权. 长沙：岳麓书社，2012.

132. 费正清. 剑桥中华民国史（第二部）. 上海：上海人民出版社，1992.

133. 弗雷德里克·詹姆逊. 论“文化研究”//王逢振. 詹姆逊文集（第3卷）：文化研究和政治意识. 北京：中国人民大学出版社，2004.

134. 符平. “嵌入性”：两种取向及其分歧. 社会学研究，2009（5）.

135. 福建省长乐市“营前模范村”研究会. “营前模范村”史料汇编：（一）“营前模范村”创建史实（内部资料），2011.

136. 傅柏翠. 我所认识的国民党各方人士锁记//福建省政协文史资料委员会. 文史资料选编（第四卷第四册）. 福州：福建人民出版社，2002.

137. 傅葆琛. 对于中国乡村教育建设的一点意见. 中华教育界，1932（11）.

138. 傅葆琛. 乡村运动中之乡村教育. 中华教育界，1934（4）.

139. 傅葆琛. 众目睽睽下的乡建运动. 独立评论，1936（199）.

140. 富兰克林·H. 金. 四千年农夫——中国、朝鲜和日本的永续农业. 程存旺，石嫣，译. 北京：东方出版社，2011.

141. 高践四. 民众教育. 北京：商务印书馆，1933.

142. 高践四. 高践四民众教育论著选. 无锡：无锡市教育印刷厂（内部印刷），1996.

143. 高孟先. 四川保甲之今昔. 北碚，1937（4）.

144. 高孟先. 中国乡村建设实验运动的鸟瞰（1936）//高代华，高燕. 高孟先文选. 重庆：西南师范大学出版社，2016.

145. 高孟先. 关于北碚少年义勇队的一些回忆（1970）//高代华，高燕. 高孟先文选. 重庆：西南师范大学出版社，2016.

146. 高明，何慧丽. 乡村建设的道、理、路. 天涯，2017（5）.

147. 高明. 不激进的革命——延安乡村建设再理解. 开放时代，2018（3）.

148. 高宁，胡迅. 基于多功能农业理论的都市农业公园规划设计——以莫干山红枫农业公园为例. 南方建筑，2012（5）.

149. 高阳. 江苏省立教育学院之过去与将来. 教育杂志，1935（7）.

150. 葛兆光. 中国思想史. 上海：复旦大学出版社，2013.

151. 耿巨吾，宋一平. 邹平实验县第二乡乡学 //山东省政协文史资料委员会，邹平县政协文史资料委员会. 梁漱溟与山东乡村建设. 济南：山东人民出版社，1991.

152. 沟口雄三. 中国的冲击. 王瑞根，译. 孙歌，校. 北京：三联书店，2011.

153. 沟口雄三. 中国的历史脉动. 乔志航，龚颖，等，译. 北京：三联书店，2014.

154. 顾明. 农业生产与自然资源的可持续利用. 贵州大学学报（社会科学版），2004（9）.

155. 顾昕. “五四”激进思潮中的民粹主义主题（1919—1922）//许纪霖. 二十世纪中国思想史论（上卷）. 2版. 上海：东方出版中心，2006.

156. 关晓红. 科举停废与近代中国社会. 北京：社会科学文献出版社，2013.

157. 郭春林. 倒退着走进未来：文化研究五年集. 台北：人间出版社，2019.

158. 郭丽，徐娜. 民国思想文丛：乡村建设派. 长春：长春出版社，2013.

159. 郭绍业. 平民教育家石子山. 太原：三晋出版社，2011.

160. 郭双林. 20世纪20年代平教运动与现代国民教育——以平民千字课本为中心. 史学月刊，2020（1）.

161. 郭益耀. 中国农业的不稳定性（1931—1991）：气候、技术、制度. 肖宏宇，译. 香港：香港中文大学出版社，2013.

162. 郭于华，史云桐. 马克思主义与社会——布洛维“社会学马克思主义”的启示. 开放时代，2008（3）.

163. 郭占锋. 走出参与式发展的“表象”——发展人类学视角下的国际发展项目. 开放时代，2010（1）.

164. 国仁城乡（北京）科技发展中心生态农业工作室. 粪尿分集式生态厕所理论与实践（内部资料），2009.

165. 国仁城乡（北京）科技发展中心. 第三届全国社区支持农业（CSA）经验交流会资料汇编（内部资料），2011.

166. 韩玲梅. 阎锡山实用政治理念与村治思想研究. 北京：人民出版社，2006.

167. 韩少功. 山里少年. 意林，2008（2）.

168. 郝尔曼·E. 达利，小约翰·B. 柯布. 21世纪生态经济学. 王俊，韩冬筠，译. 北京：中央编译出版社，2015.

169. 郝冠辉. 2007年2月—5月学院农业工作总结//国仁城乡（北京）科技发展中心生态农业工作室. 足迹（内部资料），2008.

170. 何炳棣. 明初以降人口及其相关问题（1368—1953）. 葛剑雄，译. 北京：三联书店，2000.

171. 何慧丽. 农民合作销售与村庄经纪人角色的冲突与调适. 中国农业大学学报（社会科学版），2007（2）.

172. 何慧丽. 农民合作社统购的经验. [2010-10-05]. http://www.21gwy.com/ms/dcyj/a/3860/443860.html. 何慧丽. 现代化背后的乡愁、乡恋和乡建. 人民论坛，2013（10）.

173. 何慧丽，等. 着眼点在农民，着力点在村社//温铁军. 新农村建设理论探索. 北京：文津出版社，2006.

174. 何慧丽，古学斌，等. 城乡链接与农民合作. 开放时代，2009（9）.

175. 何慧丽，赵晓峰，魏程琳，等. 后税费时代的县乡关系与乡村治理问题——对中部某县的实证研究. 中国社会科学辑刊，2010（31）.

176. 何建华，于建嵘. 近二十年来民国乡村建设运动研究综述. 当代世界社会主义问题，2005 (3).

177. 何塞·卢岑贝格. 自然不可改良. 黄凤祝，译. 北京：三联书店，1999.

178. 何志雄，张兰英，温铁军. 当代中国的新乡村建设//香港社区伙伴. 落地生根：社区支持农业之甦动. 香港：社区伙伴，2014.

179. 何忠洲. 新农村的理想与现实. 中国新闻周刊，2006 (7).

180. 贺桂梅. 中国经验：普遍的与特殊的. 读书，2015 (8).

181. 贺雪峰. 新农村建设与中国道路 (2006)//薛毅. 乡土中国与文化研究. 上海：上海书店出版社，2008.

182. 贺雪峰. 农村的半熟人社会化与公共生活的重建——辽宁大古村调查 //黄宗智. 中国乡村研究 (第六辑). 福州：福建教育出版社，2008a.

183. 贺雪峰. 论农民理性化的表现与原因——以河南省汝南县宋庄村的调查为例. 湛江师范学院学报 (哲学社会科学)，2008b (2).

184. 贺照田. 当自信的梁漱溟面对革命胜利——梁漱溟的问题与现代中国革命的再理解之一. 开放时代，2012 (12).

185. 亨利·伯恩斯坦. 农政变迁的阶级动力. 汪淳玉，译. 北京：社会科学文献出版社，2011.

186. 洪巧俊. 我是农民吗? //鄢烈山. 2007 年中国杂文年选. 广州：花城出版社，2008.

187. 侯珈骏，王艳光. 小毛驴市民农园 2009 年劳动份额访谈记录 (内部档案)，2009.

188. 侯外庐. 中国思想通史 (第四卷下册). 北京：人民出版社，1960.

189. 胡鞍钢. 中国：民生与发展. 北京：中国经济出版社，2008.

190. 胡士琪. 丹麦之农村建设. 南京：正中书局，1937.

191. 胡先骕. 蜀游杂感. 独立评论，1933 (70).

192. 胡印斌，王小波. 乡建学校的“荒芜英雄路”. 燕赵都市报，2004-07-18.

193. 华勒斯坦. 历史资本主义. 路爱国，丁浩金，译. 北京：社会科学文献出版社，1999.

194. 华勒斯坦，等. 开放社会科学. 北京：三联书店，1997.

195. 华勒斯坦，等. 学科·知识·权力. 北京：三联书店，1999.

196. 黄爱教. 新乡贤助推乡村振兴的政策空间、阻碍因素及对策. 理论月刊，2019 (1).

197. 黄斌欢. 双重脱嵌与新生代农民工的阶级形成. 社会学研究，2014 (2).

198. 黄灯. 大地上的亲人. 北京：台海出版社，2017.

199. 黄定元. 探索中国农村教育发展之路：江西共产主义劳动大学教育研究. 南昌：江西高校出版社，1997.

200. 黄国良（老六）. 不像报告的报告——健康农业志愿者实习生总结//国仁城乡（北京）科技发展中心生态农业工作室. 足迹（内部资料），2008.

201. 黄俊杰. 沈宗瀚先生年谱. 台北：台大出版中心，2016.

202. 黄平. 罅隙密布的“盛世神话”——2006年春节晚会语言类节目文化研究. [2012-04-06]. http://sh.sina.com.cn/20070615/172677765.shtml.

203. 黄省敏. 读“乡村建设运动的将来”敬答陈序经先生. 独立评论，1936 (216).

204. 黄胜利.“卖大米教授”何慧丽：将城乡互助和谐进行到底. [2012-05-09]. http://finance.ce.cn/macro/gdxw/200710/31/t20071031_12681449.shtml.

205. 黄胜忠. 农业合作社的环境适应性分析. 开放时代，2009 (4).

206. 黄文华，王大鹏. 乡镇建设的伟大尝试——福建营前模范村调查报告(1991)//陈熙. 孙中山秘书黄展云（内部印刷），2016.

207. 黄问歧. 乡村建设与民教实验近况概述. 中华教育界，1935：23 (6).

208. 黄炎培. 五六境. 上海：生活书店，1935.

209. 黄炎培. 黄炎培自述（1942)//中华职业教育社. 黄炎培教育文选. 上海：上海教育出版社，1985.

210. 黄炎培. 八十年来. 北京：文史资料出版社，1982.

211. 黄宇. 温铁军：乡村建设运动的复兴者. 国际金融报，2004-01-09.

212. 黄展云. 营前模范农村概况（1930)//陈熙. 孙中山秘书黄展云（内部印刷），2016.

213. 黄展云. 洞头教育（1932)//陈熙. 孙中山秘书黄展云（内部印刷），2016.

214. 黄志友. 毛驴的故事//国仁城乡（北京）科技发展中心生态农业工作室. 足迹（内部资料），2008.

215. 黄志友. 关于永续生活的思考. CSA简报，2013 (7).

216. 黄志友，崔国辉. 有机乡村. 石家庄：河北人民出版社，2019.

217. 黄卓越. 追述与反思：伯明翰学派与文化研究 //邹赞. 思想的踪迹——当代中国文化研究访谈录. 哈尔滨：黑龙江教育出版社，2014.

218. 黄子裳. 主席讲评. 工作周刊，1933 (12).

219. 黄子裳. 我们的生活. 北碚，1937，1 (9/10).

220. 黄子裳，刘选青. 嘉陵江三峡乡村：十年来之经济建设. 北碚，1937 (1).

221. 黄紫翎. 台湾文化研究月报. (2011-05-25) [2012-03-07]. http://hermes.hrc.ntu.edu.tw/csa/journal/Content.asp? Period=116&JC_ID=402.

222. 黄宗智. 华北的小农经济与社会变迁. 北京：中华书局，2000.

223. 黄宗智. 中国革命中的农村阶级斗争——从土改到文革时期的表达性现实和客观性现实//中国乡村研究（第二辑). 北京：商务印书馆，2003.

224. 黄宗智. 问题意识与学术研究：五十年的回顾. 开放时代，2015 (6).

225. 黄宗智. 我们的问题意识：对美国的中国研究的反思. 开放时代，2016 (1).

226. 霍六丁. 我任定县实验县县长的回忆//李济东. 晏阳初与定县平民教育. 石家庄：河北教育出版社，1990.

227. 吉尔伯特·罗兹曼. 中国的现代化. 国家社会科学基金“比较现代化”课题组，译. 南京：江苏人民出版社，2005.

228. 纪念王拱璧筹备委员会. 王拱璧诞辰一百周年纪念册（内部资料），1986.

229. 加雷斯·戴尔. 卡尔·波兰尼：市场的限度. 焦兵，译. 北京：中国社会科学出版社，2016.

230. 加雷斯·戴尔. 卡尔·波兰尼传. 张慧玉，杨梅，印家甜，译. 北京：中信出版集团，2017.

231. 建设社会主义新农村目标、重点与政策研究课题组. 部门和资本“下乡”与农民专业合作经济组织的发展. 经济理论与经济管理，2009 (7).

232. 江巴璧合四县特组峡防团务局. 峡区事业纪要. 重庆：新民印书馆，1935.

233. 江坂佐太郎. 日本的新农村. 黄重建，译. 北京：商务印书馆，1935.

234. 江恒源. 农村改进的理论与实际. 北京：三联书店，2014.

235. 江腊生. 当下农民工书写的想象性表述. 文学评论，2008 (3).

236. 江苏省苏州市吴江区七都镇开弦弓村志编纂委员会. 开弦弓村志. 北京：方志出版社，2017.

237. 江宇. 大国新路：中国道路的历史和未来. 北京：中信出版社，2019.

238. 姜古迪. 值得关注的后定县实验. 燕赵都市报，2003-08-24.

239. 姜义华，陈炎. 激进与保守：一段尚未完结的对话//李世涛. 知识分子立场——激进与保守之间的动荡. 长春：时代文艺出版社，2000.

240. 蒋伯英. 从革命到反叛：1927—1931 年傅柏翠的人生轨迹. 苏区研究，2018 (5).

241. 蒋高明. 生态农场纪实. 北京：中国科学技术出版社，2013.

242. 蒋九如. 福建革命根据地货币史. 北京：中国金融出版社，1994.

243. 蒋梦麟. 西潮·新潮. 长沙：岳麓书社，2000.

244. 金观涛，刘青峰. 观念史研究. 北京：法律出版社，2009.

245. 金惠敏. 听霍尔说英国文化研究——斯图亚特·霍尔访谈记. 首都师范大学学报（社会科学版），2006 (5).

246. 金耀基. 从传统到现代. 北京：法律出版社，2017.

247. 金一虹，杨笛. 现代性的另类追寻——费达生 20 世纪 20—40 年代的社会改革研究. 社会学研究，2017 (1).

248. 金一虹. “有实无名”的乡村建设——从费达生的社会实验说起. 开放时代，2018 (3).

249. 卡尔·波兰尼. 大转型：我们时代的政治与经济起源. 冯钢，刘阳，译. 杭州：浙江人民出版社，2007.

250. 卡尔·波兰尼. 新西方论. 潘一禾，刘岩，译. 深圳：海天出版社，2017.

251. 卡罗·佩特里尼. 慢食运动——为什么食品要讲究优良、清洁、公平?. 尹捷，译. 北京：新星出版社，2010.

252. 康晓光."现代化"是必须承受的"宿命". 天涯，2007 (1).

253. 柯文. 在中国发现历史——中国中心观在美国的兴起（增订本）. 林同奇，译. 北京：中华书局，2002.

254. 孔飞力. 中华帝国晚期的叛乱及其敌人（修订版）. 谢亮生，等，译. 北京：中国社会科学出版社，1990.

255. 孔诰烽. 中国为何不会统治世界. 沈莉，译. 北京：中信出版社，2016.

256. 孔祥利，夏金梅. 乡村振兴战略与农村三产融合发展的价值逻辑关联及协同路径选择. 西北大学学报（哲学社会科学版），2019 (2).

257. 孔雪雄. 沈定一先生及其主办的乡村自治. 乡村建设，1932，2 (7/8).

258. 孔雪雄. 中国今日之农村运动. 南京：中山文化教育馆，1934.

259. 莱斯特·R. 布朗. 生态经济. 林自新，等，译. 北京：东方出版社，2002.

260. 赖青松. 从厨房看天下：日本女性"生活者运动"三十年传奇. 台北：远流出版社，2002.

261. 赖秀芬，郭淑珍. 行动研究 //胡幼慧. 质性研究：理论、方法及本土女性主义研究实例. 台北：巨流图书公司，1996.

262. 劳伦斯·格罗斯伯格. 文化研究的流通//罗钢，刘象愚. 文化研究读本. 北京：中国社会科学出版社，2000.

263. 劳伦斯·格罗斯伯格. 文化研究的未来. 庄鹏涛，王林生，刘林德，译. 北京：中国人民大学出版社，2017.

264. 劳伦斯·格罗斯伯格（高士柏），冯应谦，陈韬文. 文化研究之落地生根. 传播与社会学刊，2010 (11).

265. 劳伦斯·格罗斯伯格，刘康. 关键时刻的语境大串联——关于文化研究的对话. 南京大学学报（哲学·人文科学·社会科学），2007 (3).

266. 劳伦斯·格罗斯伯格，史岩林，张东芹. 关于理论与问题的探讨——与劳伦斯·格罗斯伯格教授的对话//陶东风，周宪. 文化研究（第 11 辑）. 北京：社会科学文献出版社，2011.

267. 乐钢. 评梵当娜·施瓦的《活下去：妇女、生态、发展》——兼论知识生产的价值问题//李陀，陈燕谷. 视界（第 1 辑）. 石家庄：河北教育出版社，2000.

268. 雷蒙德·威廉斯. 马克思主义与文学. 王尔勃，周莉，译. 郑州：河南大学出版社，2008.

269. 雷蒙·威廉斯. 文化与社会（1780—1950）. 高晓玲，译. 长春：吉林出版集团有限责任公司，2011.

270. 雷蒙·威廉斯. 乡村与城市. 韩子满，刘戈，徐珊珊，译. 北京：商务印书馆，2013a.

271. 雷蒙德·威廉斯. 漫长的革命. 倪伟，译. 上海：上海人民出版，2013b.

272. 雷沛鸿. 辛亥革命与民众教育（1931）//韦善美，马清和. 雷沛鸿文集（上册）. 南宁：广西教育出版社，1989.

273. 雷沛鸿. 怎样善用我们的生命（1933）//韦善美，马清和. 雷沛鸿文集（续编）. 南宁：广西教育出版社，1993.

274. 雷启立. 文化研究的意义及其可能——从个人经验出发思考. 文艺理论研究，2007（6）.

275. 雷启立. 传媒的幻象——当代生活与媒体文化分析. 上海：上海书店出版社，2008.

276. 黎光寿. 新上山下乡运动——我们能为农村做什么?. 公益时报，2003-11-06.

277. 黎光寿. 翟城试验：寻找梦中的诺亚方舟. 中国改革（农村版）. 2004（2）.

278. 黎康民. 乡村运动与农村农政之分际问题. 乡村建设，1936（7/9）.

279. 李爱. 白银危机与币制改革——解析南京国民政府银本位时期的政治、经济与外交. 北京：社会科学文献出版社，2014.

280. 李昌平. 谁的参与式，为谁而参与.（2005-07-30）[2009-09-07]. http://www.aisixiang.com/data/7825.html.

281. 李大钊. 青年与农村（1919）//李大钊全集（第二卷）. 北京：人民出版社，2006.

282. 李大钊. 美利坚之宗教新村运动（1920）//李大钊全集（第三卷）. 北京：人民出版社，2006.

283. 李德成. 创造与重构——集体化时期农村合作医疗制度和赤脚医生现象研究. 北京：中国书籍出版社，2015.

284. 李德芳. 民国乡村自治问题研究. 北京：人民出版社，2001.

285. 李凤琴. 黄郛与近代中国政治. 天津：南开大学出版社，2017.

286. 李海红. "赤脚医生"与中国乡土社会研究——以河南省为例. 北京：社会科学文献出版社，2015.

287. 李怀印. 重构近代中国. 岁有生，王传奇，译. 北京：中华书局，2013.

288. 李晶. 政府荫庇下的日本农协——仙台秋保町的人类学调查. 开放时代，2011（3）.

289. 李景汉. 定县农村经济现状. 民间，1934（1）.

290. 李景汉. 深入民间的一些经验与感想（上）. 独立评论，1935（179）.

291. 李景汉. 深入民间的一些经验与感想（下）. 独立评论，1935（181）.

292. 李景汉. 定县社会概况调查. 上海：上海世纪出版集团，2005.

293. 李军. 从"创置社田"到"农地减租"——中华平民教育促进会对土地问题

的探索. 开放时代，2018 (3).

294. 李茂盛，雒春普，杨建中. 阎锡山全传. 北京：当代中国出版社，1997.

295. 李善峰. 梁漱溟思想的现代意义//梁培宽. 梁漱溟先生纪念文集. 2 版. 北京：中国工人出版社，2003.

296. 李石曾. 在峡区各事业机关周会后的演讲. 嘉陵江日报，1935-04-08.

297. 李棠庆. 为化肥鸣不平——兼谈解决化肥污染问题的出路. 大自然，2004 (4).

298. 李腾仙. 彭禹廷先生事略. 河南文史资料（第 14 辑），1985.

299. 李伟中. 20 世纪 30 年代县政建设实验研究. 北京：人民出版社，2009.

300. 李小江. 让女人自己说话——独立的历程. 北京：三联书店，2003.

301. 李萱华. 四川最早的一条铁路——北川铁路//周永林，凌耀伦. 卢作孚追思录. 重庆：重庆出版社，2001.

302. 李永芳. 近代中国农会研究. 北京：社会科学文献出版社，2008.

303. 李玉红. 农业生产方式与环境影响——以美国为例的一个讨论//张晓. 中国环境与发展评论（第五卷）：中国农村生态环境安全. 北京：中国社会科学出版社，2012.

304. 李云雷. 我们能否理解“故乡”？——读梁鸿的“中国在梁庄”. 南方文坛，2011 (1).

305. 李云雷，等.《梁庄》讨论会纪要. 南方文坛，2011 (1).

306. 李在全. 民国福建乡村建设运动研究. 福州：福建师范大学，2003.

307. 李泽厚. 中国近代思想史论. 天津：天津社会科学院出版社，2003.

308. 李泽厚. 中国现代思想史论. 北京：三联书店，2008.

309. 李泽厚，刘再复. 告别革命——李泽厚、刘再复对话录（第六版增订本）. 香港：天地图书有限公司，2011.

310. 李振. 抵达故乡，我即胜利？——读《生命册》. 中国现代文学研究丛刊，2016 (2).

311. 李紫翔. 农村建设运动应有的转变//薛暮桥，冯和法.《中国农村》论文选. 北京：人民出版社，1983.

312. 理查德·霍加特. 识字的用途. 李冠杰，译. 上海：上海人民出版社，2018.

313. 连东. 鸦片经济——以中国、东南亚和印度为视域（1602—1917). 北京：社会科学文献出版社，2013.

314. 梁鸿. 行动在大地. 天南，2011 (1).

315. 梁鸿. 中国在梁庄. 北京：中信出版社，2014.

316. 梁培恕. 梁漱溟传——我生有涯愿无尽. 香港：明窗出版社有限公司，2001.

317. 梁启超. 新民说（1902)//侯宜杰. 新民时代——梁启超文选. 天津：百花文艺出版社，2002.

318. 梁漱溟. 东西文化及其哲学（1921）//梁漱溟全集（第一卷）. 2 版. 济南：山东人民出版社，2005.

319. 梁漱溟. 北游所见记略（1929）//梁漱溟全集（第四卷）. 2 版. 济南：山东人民出版社，2005.

320. 梁漱溟. 山东乡村建设研究院设立旨趣及办法概要（1930）//梁漱溟全集（第五卷）. 2 版. 济南：山东人民出版社，2005.

321. 梁漱溟.《述吾乡之小学教育及民众教育》一文编后记（1931a）//梁漱溟全集（第五卷）. 2 版. 济南：山东人民出版社，2005.

322. 梁漱溟. 丹麦的教育与我们的教育——读《丹麦民众学校与农村》（1931b）//梁漱溟全集（第七卷）. 2 版. 济南：山东人民出版社，2005.

323. 梁漱溟. 中国之地方自治问题（1932）//梁漱溟全集（第五卷）. 2 版. 济南：山东人民出版社，2005.

324. 梁漱溟. 社会本位的教育系统草案（1933a）//梁漱溟全集（第五卷）. 2 版. 济南：山东人民出版社，2005.

325. 梁漱溟. 山东乡村建设研究院县政建设实验区邹平县实验计划（摘录）（1933b）//梁漱溟全集（第五卷）. 2 版. 济南：山东人民出版社，2005.

326. 梁漱溟. 自述（1934a）//梁漱溟全集（第二卷）. 2 版. 济南：山东人民出版社，2005.

327. 梁漱溟. 社会教育与乡村建设之合流（1934b）//梁漱溟全集（第五卷）. 2 版. 济南：山东人民出版社，2005.

328. 梁漱溟. 精神陶炼要旨（1934c）//梁漱溟全集（第五卷）. 2 版. 济南：山东人民出版社，2005.

329. 梁漱溟. 村学乡学须知（1934d）//梁漱溟全集（第五卷）. 2 版. 济南：山东人民出版社，2005.

330. 梁漱溟. 乡村建设与社会教育（1934e）//梁漱溟全集（第五卷）. 2 版. 济南：山东人民出版社，2005.

331. 梁漱溟. 我们的两大难处（1935a）//梁漱溟全集（第二卷）. 2 版. 济南：山东人民出版社，2005.

332. 梁漱溟. 政教合一（1935b）//梁漱溟全集（第五卷）. 2 版. 济南：山东人民出版社，2005.

333. 梁漱溟. 什么是政教合一（1935c）//梁漱溟全集（第五卷）. 2 版. 济南：山东人民出版社，2005.

334. 梁漱溟. 办村学的目标（1935d）//梁漱溟全集（第五卷）. 2 版. 济南：山东人民出版社，2005.

335. 梁漱溟. 往都市去还是到乡村来？——中国工业化问题（1935e）//梁漱溟全集（第五卷）. 2 版. 济南：山东人民出版社，2005.

336. 梁漱溟. 乡村工作人员修养法（1936）//梁漱溟全集（第五卷）. 2版. 济南：山东人民出版社，2005.

337. 梁漱溟. 乡村建设理论（1937a）//梁漱溟全集（第二卷）. 2版. 济南：山东人民出版社，2005.

338. 梁漱溟. 我们在山东的工作（1937b）//梁漱溟全集（第五卷）. 2版. 济南：山东人民出版社，2005.

339. 梁漱溟. 中国今日需要哪一种教育（1937c）//梁漱溟全集（第五卷）. 2版. 济南：山东人民出版社，2005.

340. 梁漱溟. 略述乡村建设运动要旨（1937d）//梁漱溟全集（第五卷）. 2版. 济南：山东人民出版社，2005.

341. 梁漱溟. 答乡村建设批判（1940a）//梁漱溟全集（第二卷）. 2版. 济南：山东人民出版社，2005.

342. 梁漱溟. 朝话·帮助理性开发的是经济（1940b1）//梁漱溟全集（第二卷）. 2版. 济南：山东人民出版社，2005.

343. 梁漱溟. 1953年9月11日政协扩大会议上的发言草稿（1953a）//梁漱溟全集（第七卷）. 2版. 济南：山东人民出版社，2005.

344. 梁漱溟. 略记9月9日至18日的一段经过（1953b）//梁漱溟全集（第七卷）. 2版. 济南：山东人民出版社，2005.

345. 梁漱溟. 我所要建议的是什么？（1953c）//梁漱溟全集（第七卷）. 2版. 济南：山东人民出版社，2005.

346. 梁漱溟. 人类创造力的大发挥大表现（1961）//梁漱溟全集（第三卷）. 2版. 济南：山东人民出版社，2005.

347. 梁漱溟，艾凯. 这个世界会好吗？——梁漱溟晚年口述. 北京：外语教学与研究出版社，2010.

348. 梁漱溟，林琪，伍贻业. 至道无余蕴矣——梁漱溟访谈录. 桂林：广西师范大学出版社，2019.

349. 梁心. 都市眼中的乡村：农业中国的农村怎样成了国家问题（1908—1937）. 北京：北京大学，2012.

350. 林刚. 良性互动与恶性循环——关于中国城乡关系历史变动的一点思考//黄宗智. 中国乡村研究（第五辑）. 福州：福建教育出版社，2007.

351. 林海. 改良主义者败局?. [2007-12-23]. http://blog.sina.com.cn/rwzk.

352. 林锦文. 广州农民运动讲习所资料选编. 北京：人民出版社，1987.

353. 林卿. 中国多功能农业发展与生态环境保护之思考. 福建师范大学学报（哲学社会科学版），2012（6）.

354. 林毓生. 中国意识的危机——"五四"时期激烈的反传统主义（增订再版本）. 穆善培，译. 贵阳：贵州人民出版社，1988.

355. 林毓生. 二十世纪中国的反传统思潮与中式乌托邦主义//许纪霖. 二十世纪中国思想史论（上卷）. 2 版. 上海：东方出版中心，2006.

356. 林志光. 中环价值抹煞不了农业价值. 比邻泥土香（内部刊物），2009（2）.

357. 刘春子. 20 世纪 30 年代的绥远乡村建设委员会探讨. 内蒙古社会科学，2015（3）.

358. 刘大鹏，乔志强. 退想斋日记. 太原：山西人民出版社，1990.

359. 刘飞. 制度嵌入性与地方食品系统——基于 Z 市三个典型社区支持农业（CSA）的案例研究. 中国农业大学学报（社会科学版），2012（1）.

360. 刘家峰. 中国基督教乡村建设运动研究（1907—1950）. 天津：天津人民出版社，2008.

361. 刘健芝. “掌握平常”的激荡——民众科学运动// 李陀，陈燕谷. 视界（第 6 辑）. 石家庄：河北教育出版社，2002.

362. 刘健芝. 乡村建设的另类经验//钱理群，刘铁芳. 乡土中国与乡村教育. 福州：福建教育出版社，2008.

363. 刘健芝，等. 抵抗的全球化. 北京：人民文学出版社，2009.

364. 刘康. 文化研究的中国问题和理论创新//陶东风，周宪. 文化研究（第 8 辑）. 桂林：广西师范大学出版社，2008.

365. 刘克强，吴太昌. 中国近代经济史（1927—1937）. 北京：人民出版社，2010.

366. 刘老石. 走理想之路，过有意思生活//姜令，马雪侠，何志雄. 走在有理想的路上. 梁漱溟乡村建设中心（内部印刷），2009.

367. 刘老石. 真假合作社：是合作社的真假还是我们标准的真假？//北京梁漱溟乡村建设中心. 对话——合作社真假（内部资料），2010.

368. 刘圣兰. 社会主义教育发展道路的艰辛探索：江西共产主义劳动大学研究. 南昌：江西人民出版社，2000.

369. 刘守英，王一鸽. 从乡土中国到城乡中国——中国转型的乡村变迁视角. 管理世界，2018（10）.

370. 刘守英，熊学锋. 我国乡村振兴战略的实施与制度供给. 政治经济学评论，2018（4）.

371. 刘铁芳. 乡村的终结与乡村教育的文化缺失//钱理群，刘铁芳. 乡土中国与乡村教育. 福州：福建教育出版社，2008.

372. 刘文俊. 广西新民团研究（1930—1940）. 合肥：合肥工业大学出版社，2007.

373. 刘文楠. 借迷信行教化：西山万寿宫朝香与新生活运动. 近代史研究，2016（1）.

374. 刘湘. 刘甫澄军长在峡局讲演. 嘉陵江日报，1931-09-01.

375. 刘相波（刘老石）. 从“支农调研”到新乡村建设. 开放时代，2005（6）.

376. 刘小新. 文化研究与台湾批判知识分子的论述实践. 东南学术，2011（5）.

377. 刘晓云. 五四时期北大平民教育讲演团述论. 黑龙江教育学院学报，2010（5）.

378. 刘学礼. 乡村革命与乡村建设. 北京：中共党史出版社，2011.

379. 刘岩. 从《星球大战》到《阿凡达》：科幻谍影与文化领导权//戴锦华. 光影之隙. 北京：北京大学出版社，2011.

380. 刘易斯·芒福德. 城市发展史——起源、演变和前景. 宋俊岭，倪文彦，译. 北京：中国建筑工业出版社，2005.

381. 刘云杉. 从启蒙者到专业人——中国现代化历程中教师角色演变. 北京：北京师范大学出版社，2006.

382. 刘云中. 1934 年美国“白银收购法案”对中国经济的影响及启示. 国务院发展研究中心调查研究报告（内部资料），第 200 号（总 2470 号），2005-11-28.

383. 刘志阳，等. 社会创业与乡村振兴. 学术月刊，2018（11）.

384. 刘重来. 卢作孚与民国乡村建设研究. 北京：人民出版社，2007.

385. 刘卓. “非虚构”写作的特征及局限. 文艺理论与批评，2018（1）.

386. 柳衣. 营前模范农村游记（1929）//陈熙. 孙中山秘书黄展云（内部印刷），2016.

387. 龙小柏，龚建文. 英美乡村演变特征、政策及对我国乡村振兴的启示. 江西社会科学，2018（4）.

388. 卢国模. 八十年前的北碚少年义勇队. 红岩春秋，2010（2）.

389. 卢韵，曾子墨. 乡村建设学院——中国农民的“黄埔军校”. 凤凰周刊，2004（13）.

390. 卢资平. 忆邹平实验县第十二乡乡学//山东省政协文史资料委员会，邹平县政协文史资料委员会. 梁漱溟与山东乡村建设. 济南：山东人民出版社，1991.

391. 卢子英. 主席致词. 江巴璧合特组峡防团务局. 工作周刊，1933（7）.

392. 卢子英. 我们应该一齐努力乡建. 工作月刊，1936（1）.

393. 卢作孚. 建修嘉陵江温泉峡温泉公园募捐启（1927）//凌耀伦，熊甫. 卢作孚文集. 北京：北京大学出版社，1999.

394. 卢作孚. 过去一年中所做的事. 嘉陵江，1929-01-09.

395. 卢作孚. 乡村建设（1930）//凌耀伦，熊甫. 卢作孚文集（增订本）. 北京：北京大学出版社，2012.

396. 卢作孚. 卢局长讲评. 工作周刊，1933a（2）.

397. 卢作孚. 民生实业公司八周年纪念大会记录（1933b）//凌耀伦，熊甫. 卢作孚文集. 北京：北京大学出版社，1999.

398. 卢作孚. 四川嘉陵江三峡的乡村运动（1934a）//凌耀伦，熊甫. 卢作孚文集（增订本）. 北京：北京大学出版社，2012.

399. 卢作孚. 麻雀牌的哲理. 新世界，1934b (50).

400. 卢作孚. 实验区当前应努力的工作（1936）//凌耀伦，熊甫. 卢作孚文集（增订本）. 北京：北京大学出版社，2012.

401. 芦千文，姜长云. 欧盟农业农村政策的演变及其对中国实施乡村振兴战略的启示，中国农村经济，2018（10）.

402. 鲁静芳，左停，苟天来. 中国农业发展的现状、挑战与展望. 世界农业，2008（6）.

403. 鲁振祥. 三十年代乡村建设运动的初步考察. 政治学研究，1987（4）.

404. 陆阳. 薛明剑传. 北京：华文出版社，2013.

405. 路爱国. 改革三十年——中国成为“正常的”发展中国家?. [2012-06-06]. http://www.21ccom.net/articles/zgyj/ggzhc/article_2011010127502.html.

406. 罗钢，刘象愚. 前言：文化研究的历史、理论与方法 // 罗钢，刘象愚. 文化研究读本. 北京：中国社会科学出版社，2000.

407. 罗钢，孟登迎. 文化研究与反学科的知识实践. 文艺研究，2002（4）.

408. 罗岗. 五四：不断重临的起点——重识李泽厚《启蒙与救亡的双重变奏》. 杭州师范大学学报（社会科学版），2009（1）.

409. 罗荣渠. 现代化新论. 北京：北京大学出版社，1993.

410. 罗荣渠. 中国近百年来现代化思潮演变的反思（代序）//从“西化”到现代化——五四以来有关中国的文化趋向和发展道路论争文选. 合肥：黄山书社，2008.

411. 罗兴佐. 治水：国家介入与农民合作. 武汉：湖北人民出版社，2006.

412. 罗逸. 卷首语：守住美好. 小毛驴市民农园 CSA 简报（内部资料），2011（12）.

413. 罗逸. 小毛驴不是世外桃源. 小毛驴市民农园 CSA 简报（内部资料），2012a（7）.

414. 罗逸. 在小毛驴工作是因为离家近. 小毛驴市民农园 CSA 简报（内部资料），2012b（8）.

415. 罗永昌. 黄郛与莫干山. 杭州：浙江教育出版社，2018.

416. 罗志田. 权势转移——近代中国的思想与社会（修订版）. 北京：北京师范大学出版社，2014.

417. 罗中典. 旧工具之民众教育化. 北碚，1937（4）.

418. 吕程平. 一些感想//姜令，马雪侠，何志雄. 走在有理想的路上. 梁漱溟乡村建设中心（内部印刷），2009.

419. 吕途. 中国新工人：迷失与崛起. 北京：法律出版社，2013.

420. 吕途. 中国新工人：文化与命运. 北京：法律出版社，2015.

421. 吕途. 中国新工人：女工传记. 北京：三联书店，2017.

422. 吕新雨. 农业资本主义与民族国家的现代化道路//薛毅. 乡土中国与文化研

究. 上海：上海书店出版社，2008.

423. 吕新雨. 新乡土主义，还是城市贫民窟?. 开放时代，2010 (4).

424. 吕新雨. 国家政权与乡村建设——关于中国特殊性和普遍性的历史辩证. 人民论坛·学术前沿，2013a (2).

425. 吕新雨. 一党制与人民主权的锻造——梁漱溟论革命党和政党. 文化纵横，2013a (5).

426. 吕新雨. 托洛茨基主义、工农联盟与“一国社会主义”——以苏联20世纪二三十年代党内斗争为视角的历史考察. 开放时代，2016 (5).

427. 马格林. 农民、种籽商和科学家：农业体系与知识体系. 卜永坚，译. 潘永忠，校//许宝强，汪晖. 发展的幻象. 北京：中央编译出版社，2001.

428. 马海伟. “农民黄埔军校”试验三年之惑. 中国商报，2006-05-23.

429. 马宏. “五四”时期拜民主义思潮评介. 石油大学学报（社会科学版），2000 (2).

430. 马俊亚. 有实无名的江南乡村建设事业 //徐秀丽，王先明. 中国近代乡村的危机与重建：革命、改良及其他. 北京：社会科学文献出版社，2013.

431. 马克·赛尔登. 革命中的中国：延安道路. 魏晓明，冯崇义，译. 北京：社会科学文献出版社，2002.

432. 马克思. 资本论：第一卷. 2版. 北京：人民出版社，2004a.

433. 马克思. 资本论：第三卷. 2版. 北京：人民出版社，2004b.

434. 马克思. 路易·波拿巴的雾月十八日 //马克思恩格斯文集：第二卷. 北京：人民出版社，2009.

435. 马克思，恩格斯. 马克思恩格斯选集：第四卷. 北京：人民出版社，1972.

636. 马立博. 中国环境史：从史前到现代. 关永强，高丽洁，译. 北京：中国人民大学出版社，2015.

437. 马秋莎. 改变中国：洛克菲勒基金会在华百年. 桂林：广西师范大学出版社，2013.

438. 马勇. 梁漱溟传. 郑州：河南文艺出版社，1999.

439. 迈克·戴维斯. 布满贫民窟的星球. 潘纯林，译. 北京：新星出版社，2009.

440. 迈克尔·布洛维. 从波兰尼到盲目乐观：全球劳工研究中的虚假乐观主义. 开放时代，2011 (10).

441. 毛泽东. 中国共产党第七次全国代表大会的工作方针. 1945-04-21.

442. 毛泽东. 毛泽东早期文稿（1912—1920）. 2版. 长沙：湖南人民出版社，2008.

443. 茅仲英. 俞庆棠教育论著选. 北京：人民教育出版社，1992.

444. 冒荣. 发展与落差——从辛亥革命到五四运动前后的中国教育. 江苏社会科学，1997 (1).

445. 梅思平. 中国五个实验县的比较. 乡村建设，1934 (12).

446. 孟德拉斯. 农民的终结. 李培林，译. 北京：社会科学文献出版社，2010.

447. 孟登迎，何志雄. 北京地区乡建（支农）青年志愿者文化扫描——以新青年公社、小毛驴市民农园和工友之家为核心. 未刊稿，2015.

448. 孟繁华. 众神狂欢——世纪之交的中国文化现象. 北京：中央编译出版社，2003.

449. 米迪刚. 三十年来之村治经验谈. 乡村建设旬刊，1931 (1).

450. 米迪刚，尹仲材. 翟城村//中国地方志集成（乡镇志专辑 28）. 南京：江苏古籍出版社，1992.

451. 莫里斯·迈斯纳. 马克思主义、毛泽东主义与乌托邦主义. 张宁，陈铭康，等，译. 北京：中国人民大学出版社，2005.

452. 莫里斯·迈斯纳. 毛泽东的中国及其后：中华人民共和国史. 杜蒲，译. 香港：中文大学出版社，2010.

453. 莫言. 作为老百姓写作. [2012-06-08]. http://www.gmw.cn/content/2004-09/01/content_91128.htm.

454. 倪伟. 打造有用的人文知识：文化研究的再出发//贺照田，等. 人文知识思想再出发是否必要？如何可能?. 台北：唐山出版社，2019.

455. 聂道先. 温铁军翟城试验：中国第一所村办学院生存忧患调查.（2004-02-09）[2009-05-02]. http://finance.sina.com.cn/roll/20040209/1745623412.shtml.

456. 聂露. “昂贵”的菜. 小毛驴市民农园 CSA 简报（内部资料），2011 (4).

457. 农业部农村改革试验办公室. 认识与实践的对话——中国农村改革试验区十年历程. 北京：中国农业出版社，1997.

458. 帕沙·查特吉. 二十一世纪农业文化. 张建琴，译. 台湾社会研究季刊，2007 (67).

459. 潘家恩. 发展的可能. Perspectives，2004 (2).

460. 潘家恩. 虚心以求、贴地步行——论乡村建设志愿者心态. 民间（秋季号），2006.

461. 潘家恩. 新农村建设的几个关键字——晏阳初乡村建设学院实践举例. 香港《二十一世纪》（网络版），2007 (4).

462. 潘家恩. 乡村建设、别样选择与我. [2011-12-08]. http://group.hudong.com/isl/doc/ddncDAFtRAnJRA3Bw.html.

463. 潘家恩. 发现故乡视野下的青年返乡路. 天涯，2014 (2).

464. 潘家恩. 百年乡建 一波三折. 读书，2015 (4).

465. 潘家恩. 重思乡村建设与乡村革命. 开放时代，2018 (3).

466. 潘家恩，杜洁. 从“三农问题”到乡村建设——百年“现代梦”在中国农村的现实处境与反应.“首届博鳌青年论坛”会议论文，2010.

467. 潘家恩，杜洁.“现代梦”的别样回声——乡村建设的资源和矛盾. 开放时代，2011 (3).

468. 潘家恩，杜洁. 社会经济作为视野——以当代乡村建设实践为例. 开放时代，2012 (6).

469. 潘家恩，杜洁. 中国乡村建设研究述评. 重庆社会科学，2013 (3).

470. 潘家恩，杜洁，钟芳. 发展幻象的裂隙与社会化农业的兴起——以北京L市民农园为例. 青年研究，2014 (5).

471. 潘家恩，温铁军.“作新民”的乡土遭遇——以历史及当代平民教育实践为例. 中国人民大学教育学刊，2012 (3).

472. 潘家恩，温铁军. 三个“百年”：中国乡村建设的脉络与展开. 开放时代，2016 (4).

473. 潘家恩，张兰英，钟芳. 不只建设乡村：当代乡村建设的内容与原则. 中国图书评论，2014 (6).

474. 潘家恩，张振，温铁军.“铁钩”与“豆腐”的辩证：对梁漱溟1950年代思想张力的一个考察视角. 开放时代，2018 (2).

475. 潘乃谷，潘乃和. 潘光旦选集（第三册）. 北京：光明日报出版社，1999.

476. 潘淑满. 质性研究：理论与应用. 台北：心理出版社，2003.

477. 潘毅. 走向以社会经济为目标的城镇化. 南方都市报，2011-04-03.

478. 潘毅，许宝强，严海蓉. 审视社会经济的公义想象. 明报（世纪版）（香港），2011-03-17.

479. 潘毅，严海蓉，古学斌，等. 社会经济在中国——超越资本主义的理论与实践. 北京：社会科学文献出版社，2014.

480. 潘岳. 关于环境与发展问题的几点看法（上）. 资源与人居环境，2008 (10).

481. 庞秀慧.“返乡书写”的情感困境. 扬子江评论，2018 (4).

482. 佩尤托. 佛教经济学. 叶舒宪，译//韩少功，蒋子丹. 是明灯还是幻象——天涯精品系列丛书经典文献卷. 昆明：云南人民出版社，2003.

483. 彭湃. 海丰农民运动 (1926)//彭湃文集. 北京：人民出版社，1981.

484. 平民、民生校史编写组. 平民教育之光：泉州平民中学、民生农校校史汇编（内部资料），2005.

485. 齐泽克. 意识形态的崇高客体. 季广茂，译. 北京：中央编译出版社，2002.

486. 齐植璐. 现阶段中国乡建运动之检讨. 农村建设，1936 (1).

487. 钱俊瑞. 目前农业恐慌中的中国农民生活 (1935)//陈翰笙，薛暮桥，冯和法. 解放前的中国农村（第二辑）. 北京：中国展望出版社，1987.

488. 钱理群. 中国大陆六代知识分子“到农村去”运动的历史回顾. 台湾社会研究季刊，2007 (9).

489. 钱理群. 我们需要农村，农村需要我们——中国知识分子“到农村去”运动的历史回顾与现实思考 //钱理群. 情系教育——教师与青年篇. 北京：三联书店，2015.

490. 钱理群. 1953—1974年间的梁漱溟//钱理群. 岁月沧桑. 上海：东方出版中心，2016.

491. 钱理群. 论志愿者文化. 北京：三联书店，2018.

492. 钱天鹤. 钱天鹤文集. 北京：中国农业科技出版社，1997.

493. 钱亦石. 中国农村的过去与今后（1934）//陈翰笙，薛暮桥，冯和法. 解放前的中国农村（第一辑）. 北京：中国展望出版社，1985.

494. 乔根·兰德斯. 2052：未来四十年的中国与世界. 秦雪征，等，译. 南京：译林出版社，2013.

495. 乔启明. 温江乡村建设之原则与组织//周晓虹. 乔启明文选. 北京：社会科学文献出版社，2012.

496. 秦红增. 乡村社会两类知识体系的冲突. 开放时代，2005（3）.

497. 青岛市李村乡区建设办事处. 李村乡区建设纪要. 青岛：青岛市李村乡区建设办事处，1934.

498. 清秋子. 中国人能做到——民国实业家卢作孚. 南京：凤凰出版社，2010.

499. 邱建生. "知识农村化，农村知识化"——翟城实验区的疑虑和希望. 开放时代，2005（6）.

500. 邱建生. 平民教育和社区大学的理想. [2011a-12-08]. http://blog.sina.com.cn/s/blog_492165a30100o5n6.html.

501. 邱建生. 新农村建设中的平民教育实践案例研究. 北京：中国人民大学，2011b.

502. 邱建生. 使无力者有力，有力者有爱——厦门国仁工友社区教育促进项目介绍. [2011c-12-9]. http://blog.sina.com.cn/s/blog_492165a301009bd3.html.

503. 邱建生. 互助型社会：在地化知识与平民教育创新. 北京：中国农业科学技术出版社，2016.

504. 邱建生. 梦想像呼吸：新乡村建设工作手记. 北京：中国农业科学技术出版社，2018.

505. 邱建生. 松土者：福建省新农村建设十年发展报告（2007—2017）. 北京：中国农业科学技术出版社，2019.

506. 渠岩. 艺术乡建：许村重塑启示录. 南京：东南大学出版社，2015.

507. 渠岩. 限界的目光. 北京：商务印书馆，2018.

508. 瞿菊农. 乡村建设运动之过去与将来. 文化先锋，1944，3（6）.

509. 瞿菊农. 人格与教育 //张君劢，丁文江，等. 科学与人生观. 长沙：岳麓书社，2011.

510. 冉锦惠，李慧宇. 民国时期保甲制度研究. 成都：四川大学出版社，2005.

511. 冉绵惠. 民国时期四川保甲制度与基层政治. 北京：社会科学文献出版社，2010.

512. 让·鲍德里亚. 消费社会. 刘成富，全志钢，译. 南京：南京大学出版社，2008.

513. 饶平县政协文史组. 饶平文史资料：张竞生博士诞辰一百周年纪念专辑（内部资料），1988.

514. 人民出版社. 第一次国内革命战争时期的农民运动资料. 北京：人民出版社，1983.

515. 任金帅. 聚同道于乡野：华北乡村建设工作者群体研究（1926—1937）. 太原：山西人民出版社，2013.

516. 茹春浦. 介绍一个人民自动办理的县自治. 乡村建设，1933，2（17/18）.

517. 萨米尔·阿明. 过时的资本主义和新的世界紊乱. 彭松，译//王晓明，蔡翔. 热风学术. 上海：上海人民出版社，2011.

518. 赛珍珠. 告语人民——与晏阳初谈平民教育运动 //宋恩荣. 晏阳初全集：第二卷. 长沙：湖南教育出版社，1992.

519. 桑东华. 五四平民教育思潮的演变、分化和发展. 党史研究与教学，2004（4）.

520. 沙培德. 战争与革命交织的近代中国：1895—1949. 高波，译. 北京：中国人民大学出版社，2016.

521. 山东省历史学会. 甲午战争九十周年纪念论文集. 济南：齐鲁书社，1986.

522. 山西省地方志办公室. 民国山西村政建设. 太原：山西人民出版社，2014.

523. 邵隽，张玉钧，李雄，等. 社区支持农业型市民农园休闲模式研究. 旅游学刊，2012，27（12）.

524. 社区伙伴. 让梦想扎根：一群青年人的成长与对话笔记. 成都：四川人民出版社，2012.

525. 申端锋，王孝琦. 城市化振兴乡村的逻辑缺陷. 探索与争鸣，2018（12）.

526. 沈艾娣. 梦醒子：一位华北乡居者的人生：1857—1942. 赵妍杰，译. 北京：北京大学出版社，2013.

527. 沈红. 结构与主体：激荡的文化社区石门坎. 北京：社会科学文献出版社，2007.

528. 沈树正. 锡山市文史资料-第 16 辑-孙冶方专辑. 无锡：中国人民政治协商会议锡山市委员会（内部印刷），2000.

529. 沈松侨. 地方精英与国家权力——民国时期的宛西自治：1930—1943. 近代史研究所集刊（台湾），1992（21）.

530. 沈亦云. 亦云回忆. 唐德刚，协助整理. 长沙：岳麓书社，2017.

531. 石嫣. 替代食物体系中的信任建立机制：一项社区支持农业的参与式行动研

究. 北京：中国人民大学，2010.

532. 石嫣. 多元、平衡——未来农业的发展趋势. 绿叶，2011 (5).

533. 石嫣，等. 生态型都市农业发展与城市中等收入群体兴起相关性分析——基于小毛驴市民农园社区支持农业（CSA）运作的参与式研究. 贵州社会科学，2011 (2).

534. 石勇. 被文化殖民的农村——读《L县见闻》//薛毅. 乡土中国与文化研究. 上海：上海书店出版社，2008.

535. 石元春. 从农业发展历史看科学与人文的互动. (2006-01-26) [2007-12-08]. http://www.southcn.com/nflr/llzhuanti/gzsn/sngc/200601260201.htm.

536. 史岩林，张东芹. 文化研究的跨学科性与全球化——美国格罗斯伯格教授访谈. 文艺理论研究，2011 (1).

537. 舒飞廉. 飞廉的村庄. 北京：华夏出版社，2004.

538. 斯非知. 中国经济学界奇异的双子星：薛明剑、孙冶方兄弟评传. 上海：三联书店，2011.

539. 斯图尔特·霍尔. 表征——文化表象与意指实践. 徐亮，陆兴华，译. 北京：商务印书馆，2005.

540. 斯图亚特·霍尔. 文化研究的兴起与人文学科的危机. 孟登迎，译//文化研究（第20辑）. 北京：社会科学文献出版社，2015a.

541. 斯图亚特·霍尔. 文化研究及其理论遗产. 孟登迎，译. 上海文化，2015b (2).

542. 宋恩荣. 晏阳初全集：第一卷. 长沙：湖南教育出版社，1989.

543. 宋恩荣. 晏阳初全集：第二卷. 长沙：湖南教育出版社，1992.

544. 宋恩荣. 晏阳初全集：第三卷. 长沙：湖南教育出版社，1992.

545. 宋恩荣. 重提"平民教育"的现实意义. 河北师范大学学报（教育科学版），2008，10 (9).

546. 苏州大学原江苏省立教育学院校友会. 艰苦的探寻：江苏省立教育学院校友（1—4辑），1992.

547. 孙恩三. 卢作孚和他的长江船队//凌耀伦，熊甫. 卢作孚文集（增订本）. 北京：北京大学出版社，2012.

548. 孙伏园. 全国各地的实验运动. 民间，1934，1 (1).

549. 孙津. 中国农民与农业现代化. 北京：中央编译出版社，2004.

550. 孙立平. 关注90年代中期以来中国社会的新变化. 社会科学论坛，2004 (1).

551. 孙廉泉. 菏泽的乡村自卫. 教育与民众，1939，9 (4).

552. 孙廉泉. 华西实验区工作述要——孙主任廉泉三十八年二月十一日在工作介绍座谈会上的讲话. 重庆市璧山区档案馆，档号：9-41，1949-02-11.

553. 孙诗锦. 启蒙与重建：晏阳初乡村文化建设事业研究（1926—1937）. 北京：商务印书馆，2012.

554. 孙文. 建国方略 //孙中山全集：第六卷. 北京：中华书局，1985.

555. 孙晓忠. 批判的文化研究如何可能. 枣庄学院学报，2008（6）.

556. 孙晓忠，高明. 延安乡村建设资料. 上海：上海大学出版社，2012.

557. 孙冶方. 为什么要批评乡村改良主义工作//薛暮桥，冯和法.《中国农村》论文选. 北京：人民出版社，1983.

558. 孙友农. 安徽和县乌江村建设事业概况 //乡村工作讨论会. 乡村建设实验：第一集. 北京：中华书局，1934.

559. 太虚法师. 新中国建设与新佛教. 嘉陵江日报，1937-11-04，05，14.

560. 谭恒信. 彭禹廷事迹片段. 河南文史资料，1985（14）.

561. 谭翊飞. 晏阳初乡村建设学院：载得动三农几多愁?.（2009-05-02）. http://www.chinaelections.org/NewsInfo.asp? NewsID= 96899.

562. 谭肇毅. 评 30 年代新桂系的乡村建设// 中国现代史学会."20 世纪中国社会史与社会变迁"学术研讨会论文集. 重庆，1997.

563. 唐纳德·A. 舍恩. 反映的实践者：专业工作者如何在行动中思考. 夏林清，译. 北京：北京师范大学出版社，2018.

564. 唐纳德·G. 季林. 阎锡山研究. 牛长岁，等，译. 哈尔滨：黑龙江教育出版社，1990.

565. 唐现之. 乡村建设运动中的几个基本问题. 中华教育界，1934，22（4）.

566. 涛鸣. 此路不通. 独立评论，1936（209）.

567. 涛鸣. 定县见闻杂录 //李济东. 晏阳初与定县平民教育. 石家庄：河北教育出版社，1990.

568. 陶水木. 沈定一集. 北京：国家图书馆出版社，2010.

569. 陶行知. 晓庄试验乡村师范学校创校概况（1927）//董宝良. 陶行知教育论著选. 北京：人民教育出版社，1991.

570. 陶行知. 生活工具主义之教育（1928）// 董宝良. 陶行知教育论著选. 北京：人民教育出版社，1991.

571. 陶行知. 在北碚实验区署纪念周大会上的讲演词（1939）//陶行知全集（第四卷）. 成都：四川教育出版社，1991.

572. 陶行知. 教育生活漫忆（1946）//董宝良. 陶行知教育论著选. 北京：人民教育出版社，1991.

573. 藤田和芳. 一根萝卜的革命——用有机农业改变世界. 李凡，等，译，北京：三联书店，2013.

574. 田松. 有限地球时代的怀疑论. 北京：科学出版社，2007.

575. 田松. 推广转基因技术首先不是科学问题. 读书，2010（7）.

576. 仝志辉."部门分立体制"下涉农部门合作的空间——以 R 市农村合作协会为例 //黄宗智. 中国乡村研究（第六辑）. 福州：福建教育出版社，2008.

577. 仝志辉，温铁军. 资本和部门下乡与小农户经济的组织化道路——兼对专业合作社道路提出质疑. 开放时代，2009（4）.

578. 仝志辉. 20 世纪 50 年代乡村改造：没有“乡建派”的乡村建设. 开放时代，2018（3）.

579. 涂丽，乐章. 城镇化与中国乡村振兴：基于乡村建设理论视角的实证分析. 农业经济问题，2018（11）.

580. 托德·吉特林. 新左派运动的媒介镜像. 张锐，译. 胡正荣，校. 北京：华夏出版社，2007.

581. 汪晖. 当代中国的思想状况与现代性问题//汪晖. 死火重温. 北京：人民文学出版社，2000.

582. 汪晖. 环保是未来的“大政治”——打破发展主义共识，寻找新出路. 绿叶，2008a（2）.

583. 汪晖. 反抗绝望：鲁迅及其文学世界. 北京：三联书店，2008b.

584. 汪晖. 去政治化的政治——短 20 世纪的终结与 90 年代. 北京：三联书店，2008c.

585. 汪晖. “九十年代”的终结 //王晓明，蔡翔. 热风学术（第四辑）. 上海：上海人民出版社，2010.

586. 汪晖. 文化与政治的变奏：一战和中国的“思想战”. 上海：上海人民出版社，2014.

587. 汪敬虞. 中国近代经济史：1895—1927. 北京：人民出版社，2000.

588. 汪熙. 门户开放政策的一次考验——美国白银政策及其对东亚的影响 //江昭，孔华润. 巨大的转变：美国与东亚：1931—1949. 上海：复旦大学出版社，1991.

589. 王尔敏. 中国近代思想史论. 北京：社会科学文献出版社，2003.

590. 王冠军. 回忆抗战前的山东乡村建设 //山东省政协文史资料委员会，邹平县政协文史资料委员会. 梁漱溟与山东乡村建设. 济南：山东人民出版社，1991.

591. 王鸿一. 三十年来衷怀所志之自剖 //察应坤，邵瑞. 毕生尽瘁为民生——王鸿一传略. 济南：黄河出版社，2003.

592. 王建五. 忆邹平实验县自卫训练及第五乡乡学 //山东省政协文史资料委员会，邹平县政协文史资料委员会. 梁漱溟与山东乡村建设. 济南：山东人民出版社，1991.

593. 王景新，鲁可荣，郭海霞. 中国共产党早期乡村建设思想研究. 北京：中国社会科学出版社，2011.

594. 王景新，鲁可荣，刘重来. 民国乡村建设思想研究. 北京：中国社会科学出版社，2013.

595. 王俊秀. 打造新农民的“黄埔军校”. 中国青年报，2006-05-12.

596. 王峻明. 简述邹平实验县第十三乡乡学 //山东省政协文史资料委员会，邹平县政协文史资料委员会. 梁漱溟与山东乡村建设. 济南：山东人民出版社，1991.

597. 王奇生. 革命与反革命：社会文化视野下的民国政治. 北京：社会科学文献出版社，2010.

598. 王茜. 生命当如夏花（口述乡建系列）. 未刊稿，2015.

599. 王绍光. 金钱与自主——市民社会面临的两难境地. 开放时代，2002 (3).

600. 王绍光. 大转型：1980 年代以来中国的双向运动. 中国社会科学，2008 (1).

601. 王绍光. 波兰尼《大转型》与中国的大转型. 北京：三联书店，2012.

602. 王士范. 中华民国二十四年淅川县地方自治工作报告. 淅川文史资料（第 4 辑），1989.

603. 王维显. "模范县"期与"实验区"期的定县县政. 政治经济学报，1937，5 (3).

604. 王文昌. 20 世纪 30 年代前期农民离村问题. 历史研究，1993(2).

605. 王文岭. 晓庄师范与民国乡村建设. 南京：河海大学出版社，2017.

606. 王文政. 千家驹年谱. 北京：群言出版社，2014.

607. 王雯婷. 谢英俊的乡村住宅产业之路.(2012-01-03)[2012-01-03]. http://wen.org.cn/modules/article/view.article.php? a3038.

608. 王先明. 辛亥革命后中国乡村控制体制的演变——民国初期的乡制演变与保甲制的复活. 社会科学研究，2003 (6).

609. 王先明. 变动时代的乡绅——乡绅与乡村社会结构变迁：1901—1945. 北京：人民出版社，2009.

610. 王先明. 走近乡村——20 世纪以来中国乡村发展论争的历史追索. 太原：山西人民出版社，2012.

612. 王先明. 试论城乡背离化进程中的乡村危机 //徐秀丽，王先明. 中国近代乡村的危机与重建：革命、改良及其他. 北京：社会科学文献出版社，2013a.

613. 王先明. 建设告竣时 革命成功日——论孙中山建设思想的形成及其时代特征. 广东社会科学，2013b (1).

614. 王先明. 民族复兴之基石——农村复兴思潮的兴起与演进. 近代史研究，2014 (4).

615. 王先明. 中国乡村建设思想的百年演进：论纲. 南开学报（哲学社会科学版）. 2016 (1).

616. 王先明. 从农村复兴到乡村振兴的百年跨越. 开放时代，2018 (3).

617. 王先明，熊亚平. 乡村建设思想的历史起点——20 世纪之初"以农立国"论的孕生（1901—1920）. 天津社会科学，2012 (3).

618. 王湘穗. 币缘和中国的币缘战略. 战略与管理，2009 (3).

619. 王晓明. 在新意识形态的笼罩下：90 年代的文化和文学分析. 南京：江苏人民出版社，2000.

620. 王晓明. L 县见闻. 天涯，2004 (6).

621. 王晓明. 从建筑到广告——最近十五年上海城市空间的变化 //王晓明. 热风

学术（第一辑）. 桂林：广西师范大学出版社，2008.

622. 王晓明. 中国大陆文化研究的三道难题：以上海大学文化研究系为例 //王晓明，朱善杰. 从首尔到墨尔本：太平洋西岸文化研究的历史与未来. 上海：上海书店出版社，2012.

623. 王晓明，等. 文化研究的可能性——《热风学术》研讨 //孙晓忠. 巨变时代的思想与文化——文化研究对话录. 上海：上海书店出版社，2011.

624. 王晓明，周展安. 中国现代思想文选. 上海：上海书店出版社，2013.

625. 王欣瑞. 民国时期新闻媒体对社会运动的关注——对《大公报》乡村建设文论的解读. 天府新论，2009（6）.

626. 王怡柯. 农村自卫研究. 河南村治学院同学会，1932.

627. 王悦之. 礼乐共同体与理性社会的现代重建. 北京：清华大学，2014.

628. 韦政通. “创造转化”与“自我实现”——论晏阳初的思想与人格//宋恩荣. 教育与社会发展——晏阳初思想国际学术研讨会论文集. 长沙：湖南教育出版社，1991.

629. 魏本权，柳敏. 青岛模式与邹平模式——民国山东乡村建设模式的比较研究. 济南：山东人民出版社，2013.

630. 魏文一. 梁漱溟乡村建设理论中的村学与乡学. 学海，2017（5）.

631. 魏灼. 不跟传媒玩同一场游戏. 台湾社会研究季刊，2010（9）.

632. 温铁军. 百年中国 一波四折. 读书，2001（3）.

633. 温铁军. 我们到底要什么. 北京：华夏出版社，2004.

634. 温铁军. 解构现代化——温铁军演讲录. 广州：广东人民出版社，2004.

635. 温铁军. 我们还需要乡村建设. 开放时代，2005（6）.

636. 温铁军. 产业资本与乡村建设. 开放时代，2005（6）.

637. 温铁军. 新农村建设与城乡和谐社会//新农村建设理论探索. 北京：文津出版社，2006.

638. 温铁军. “三农”问题与制度变迁. 北京：中国经济出版社，2009.

639. 温铁军. 中国新农村建设报告. 福州：福建人民出版社，2010.

640. 温铁军. 改出百年激进——近期中国发生的历史阶段变化.（2011-09-26）[2011-10-26]. http://roll.sohu.com/20110926/n320555314.shtml.

641. 温铁军. 中产阶级的“去城市化”.（2013-03-26）. http://opinion.m4.cn/2013—03/1204327.shtml2012.

642. 温铁军. 乡村建设的中国道路 //高士明，贺照田. 人间思想（第四辑：亚洲思想运动报告）. 台北：人间出版社，2016.

643. 温铁军. 中国农业的生态化转型——社会化生态农业理论与实践. 北京：中国农业出版社，2017.

644. 温铁军. 生态文明与比较视野下的乡村振兴战略. 上海大学学报（社会科学

版），2018（1）.

645. 温铁军，等. 中国大陆的乡村建设. 开放时代，2003（2）.

646. 温铁军，等. 解读苏南. 苏州：苏州大学出版社，2011.

647. 温铁军，等. 八次危机：中国的真实经验（1949—2009）. 北京：东方出版社，2013.

648. 温铁军，董筱丹. 村社理性：破解“三农”与“三治”困境的一个新视角. 中共中央党校学报，2010（8）.

649. 温铁军，董筱丹，石嫣. 中国农业发展方向的转变和政策导向：基于国际比较研究的视角. 农业经济问题，2010（10）.

650. 温铁军，梁少雄，刘良. 乡建笔记：新青年与乡村的生命对话. 北京：东方出版社，2020.

651. 温铁军，刘海英. 家电下乡与问题分析. 中国金融，2009（6）.

652. 温铁军，罗士轩，董筱丹，等. 乡村振兴背景下生态资源价值实现形式的创新. 中国软科学，2018（12）.

653. 温铁军，邱建生. “三农问题重中之重”与我国教育体制的适应性调整. 民族教育研究. 2010（1）.

654. 温铁军，杨殿闯，刘健芝，等. 土地制度变迁与国家建设——尼泊尔土改与东亚经验的比较研究. 论中国土地制度改革——中国土地制度改革国际研讨会论文集. 北京：中国财政经济出版社，2009.

655. 文佳筠. 环境和资源危机时代农业向何处去？——古巴、朝鲜和美国农业的启示. 开放时代，2011（4）.

656. 文佳筠. 未来农业科技走向如何影响农村生态环境 // 张晓. 中国环境与发展评论（第五卷）：中国农村生态环境安全. 北京：中国社会科学出版社，2012.

657. 闻钧天. 中国保甲制度. 北京：商务印书馆，1935.

658. 翁仕友. 乡建学院关闭 新“定县实验”终局?. 经济观察报，2008-01-07.

659. 翁文灏. 科学与工业化 //李学通. 翁文灏文存. 北京：中华书局，2009.

660. 无锡市史志办公室. 薛明剑文集. 北京：当代中国出版社，2005.

661. 吴重庆. “界外”：中国乡村“空心化”的反向运动. 开放时代，2014（1）.

662. 吴飞. 梁漱溟的“新礼俗”. 社会学研究，2005（5）.

663. 吴飞. 从乡约到乡村建设 //思想与社会编委会. 教育与现代社会（《思想与社会》第七辑）. 上海：三联书店，2009a.

664. 吴飞. 乡村建设与现代中国文明. 北京大学教育评论，2009b，7（3）.

665. 吴光芸，李建华. 培育乡村社会资本、促进农民合作. 当代经济管理，2007，29（2）.

666. 吴建兴. 撼动世界的成人教育学家：包罗·弗雷勒 //赖淑雅. 区区一出戏——社区剧场理念与实务手册. 台湾应用剧场发展中心，财团法人跨界文教基金会，2006.

667. 吴景超. 第四种国家的出路. 北京：商务印书馆，2010.

668. 吴景超. 我们没有歧路 //罗荣渠. 从“西化”到现代化——五四以来有关中国的文化趋向和发展道路论争文选. 合肥：黄山书社，2008.

669. 吴相湘. 晏阳初传——为全球乡村改造奋斗六十年. 长沙：岳麓书社，2001.

670. 吴晓英. 孙伏园评传. 北京：中国社会科学出版社，2011.

671. 吴星云. 乡村建设思潮与民国社会改造. 天津：南开大学出版社，2013.

672. 吴永毅. 左工二流志：组织生活的出柜书写. 台北：台湾社会研究杂志社，2014.

673. 吴震. 泰州学派研究. 北京：中国人民大学出版社，2009.

674. 吴至信. 中国农民离村问题. 东方杂志，1937，34（15）.

675. 吴志峰. 社会主义现代化进程中的城乡叙事——知青文学（1966—1986）研究 //薛毅. 乡土中国与文化研究. 上海：上海书店出版社，2008.

676. 武者小路实笃. 新村. 孙百刚，译. 上海：光华书局，1927.

677. 西川. 海子诗全集. 北京：作家出版社，2009.

678. 西河. 法海微波. 重庆市璧山区档案馆，档号：9-138.2，1949-11.

679. 夏军. 杜威实用主义理论与中国乡村建设运动. 民国档案，1998（3）.

680. 夏林清. 实践取向的研究方法 //胡幼慧. 质性研究：理论、方法及本土女性主义研究实例. 台北：巨流图书，1996.

681. 夏明方. 民国时期自然灾害与乡村社会. 北京：中华书局，2000.

682. 夏明方. 近世棘途：生态变迁中的中国现代化进程. 北京：中国人民大学出版社，2012.

683. 夏晓鹃. 流离寻岸——资本国际化下的“外籍新娘”现象. 台湾社会研究丛刊，2002（9）.

684. 乡村工作讨论会. 乡村建设实验：第一集. 北京：中华书局，1934.

685. 乡村工作讨论会. 乡村建设实验：第二集. 北京：中华书局，1935.

686. 乡村工作讨论会. 乡村建设实验：第三集. 北京：中华书局，1936.

687. 肖如平，等. 民国时期的保甲与乡村社会治理. 北京：社会科学文献出版社，2017.

688. 肖云慧. 黄质夫乡村教育思想研究. 贵阳：贵州民族出版社，2003.

689. 萧邦奇. 血路：革命中国中的沈定一（玄庐）传奇. 周武彪，译. 南京：江苏人民出版社，1999.

690. 萧功秦. 危机中的变革——清末现代化进程中的激进与保守. 上海：上海三联书店，1999.

691. 小毛驴实习生小组. 小毛驴市民农园 2010 年劳动份额访谈记录（内部档

案)，2010.

692. 小毛驴市民农园. 多年打磨日臻完善 经验推广恰逢其时——北京市海淀区/中国人民大学共建产学研基地项目总结报告（2009—2012）（内部报告)，2012.

693. 邢振基. 山西村政纲要. 太原：晋新书社，1929.

694. 熊春文. “文字上移”：20 世纪 90 年代末以来中国乡村教育的新趋向. 社会学研究，2009（5).

695. 熊帝兵，惠富平. 中国古代农家文化研究. 合肥：黄山书社，2014.

696. 熊佛西. 戏剧大众化之实验. 南京：正中书局，1947.

697. 熊佛西. 熊佛西戏剧文集. 上海：上海文艺出版社，2000.

698. 熊培云. 从成功学泛滥看物欲是一种什么病/鄢烈出. 中国杂文年选- 2017. 广州：花城出版社，2008.

699. 熊培云. 1953 年毛泽东批梁漱溟提农民困难是妇人之仁.（2011-05-24）[2012-05-06]. http://news.ifeng.com/history/zhongguoxiandaishi/detail_2011_05/24/6586457_0.shtml? _from_raated.

700. 熊彤. 中国近代乡村建设的另一种典范——张謇的南通乡村建设. 南通大学学报（社会科学版)，2009（1).

701. 熊亚平. 卢作孚乡村建设思想的历史定位——从乡村建设最早提出者问题谈起. 福建论坛（人文社会科学版)，2014（4).

702. 徐宝谦. 农村工作经验谈. 上海：青年协会书局，1936.

703. 徐德林. 重返伯明翰——英国文化研究的系谱学考察. 北京：北京大学出版社，2014.

704. 徐德林. 乡村与城市关系史书写：以情感结构为方法. 外国文学评论，2016（4).

705. 徐腊梅. 国民政府时期保甲制度在江西的推行及其影响. 南昌大学学报（人文社会科学版)，2008（4).

706. 徐立成，周立，潘素梅. “一家两制”：食品安全威胁下的社会自我保护. 中国农村经济，2013（5).

707. 徐凌涛. 蔬菜配送记. 田间地头（内部资料)，2010（8).

708. 徐秀丽. 中华平民教育促进会扫盲运动的历史考察. 近代史研究，2002（6).

709. 徐秀丽. 中国近代乡村自治法规选编. 北京：中华书局，2004.

710. 徐秀丽. 民国时期的乡村建设运动. 安徽史学，2006（4).

711. 徐秀丽，王先明. 中国近代乡村的危机与重建：革命、改良及其他. 北京：社会科学文献出版社，2013.

712. 徐秀丽. 中国近代史研究中的“范式”问题. 清华大学学报（哲学社会科学版)，2015（1).

713. 徐勇. 现代化中的乡土重建——毛泽东、梁漱溟、费孝通的探索及其比较. 天津社会科学，1996（5).

714. 徐有礼，郭晓平，孙子文，等. 30 年代宛西乡村建设模式研究. 郑州：中州古籍出版社，1999。

715. 徐中约. 中国近代史：1600—2000. 计秋枫，朱庆葆，译. 北京：世界图书出版公司，2013.

716. 许宝强. 没有界限的经济与经济学. 读书，1998（8）.

717. 许宝强. 导言：反市场的资本主义 //许宝强，渠敬东. 反市场的资本主义. 北京：中央编译出版社，2001.

718. 许宝强. 资本主义不是什么. 上海：上海人民出版社，2007.

719. 许宝强. 文化中介的专业化——在全球化时代中重译经济 //孙晓忠. 方法与个案——文化研究演讲集. 上海：上海书店出版社，2009.

720. 许宝强，汪晖. 发展的幻象. 北京：中央编译出版社，2001.

721. 许涤新. 动荡崩溃底中国农村 //陈翰笙，薛暮桥，冯和法. 解放前的中国农村（第一辑）. 北京：中国展望出版社，1985.

722. 许汉三. 黄炎培年谱. 北京：文史资料出版社，1985.

723. 许纪霖. 激进与保守之间的动荡 //李世涛. 知识分子立场——激进与保守之间的动荡. 长春：时代文艺出版社，2000.

724. 许纪霖，陈达凯. 中国现代化史：第一卷（1800—1949）. 上海：三联书店. 1995.

725. 许人俊. 世纪老人傅柏翠的传奇人生 //中国人民政治协商会议福建省龙岩市委员会文史资料委员会. 闽西文史资料（第九辑）. 龙岩：龙岩市文化与出版局，2007.

726. 许兆麟，刘健芝. 庶民研究. 北京：中央编译出版社，2005.

727. 宣朝庆. 泰州学派的精神世界与乡村建设. 北京：中华书局，2010.

728. 宣朝庆. 地方精英与农村社会重建——定县实验中的士绅与平教会冲突. 社会学研究，2011（4）.

729. 宣朝庆. 百年乡村建设的思想场域和制度选择. 天津社会科学，2012（3）.

730. 薛明剑. 中国乡村建设育才学院一瞥. 教育与职业，1944（199）.

731. 薛明剑. 无锡县自治实验乡工作计划书. 无锡杂志，1946（1）.

732. 薛暮桥. 关于中国农村经济研究会及白区工作问题——给少奇同志的报告 // 薛暮桥，冯和法.《中国农村》论文选. 北京：人民出版社，1983.

733. 薛伟强. 晏阳初研究八十年. 河北学刊，2006，26（2）.

734. 薛毅，章鼎. 章元善与华洋义赈会. 北京：中国文史出版社，2002.

735. 延安革命纪念馆. 延安革命纪念馆陈列集萃. 北京：中国画报出版社，2011.

736. 严海蓉，陈航英. 农村合作社运动与第三条道路：争论与反思. 开放时代，2015（2）.

737. 严晓辉. 小毛驴市民农园三年运作总结//第三届全国社区支持农业（CSA）经验交流会资料汇编. 国仁城乡（北京）科技发展中心编印（内部资料），2011.

738. 严晓辉. 2011年度乡建工作总结会会议记录. 中国人民大学乡村建设中心主办（内部档案），2012.

739. 严中平. 中国近代经济史（1840—1894）. 北京：人民出版社，2001.

740. 严中平，等. 中国近代经济史统计资料选辑. 北京：中国社会科学出版社，2012.

741. 盐见直纪. 半农半X的生活——顺从自然，实践天赋. 台北：台湾天下文化书坊，2006.

742. 阎锡山. 六政宣言（1917）//山西省地方志办公室. 山西民初散记. 太原：山西人民出版社，2014.

743. 阎锡山.《山西村政汇编》序//山西省地方志办公室. 民国山西村政建设. 太原：山西人民出版社，2014.

744. 晏阳初. 平民教育的真义（1927a）//宋恩荣. 晏阳初全集：第一卷. 长沙：湖南教育出版社，1989.

745. 晏阳初. 平民教育的宗旨目的和最后的使命（1927b）//宋恩荣. 晏阳初全集：第一卷. 长沙：湖南教育出版社，1989.

746. 晏阳初. 平民教育概论（1928）//宋恩荣. 晏阳初全集：第一卷. 长沙：湖南教育出版社，1989.

747. 晏阳初. 有文化的中国新农民（1929a）//宋恩荣. 晏阳初全集：第一卷. 长沙：湖南教育出版社，1989.

748. 晏阳初. 中国的新民（1929b）//宋恩荣. 晏阳初全集：第一卷. 长沙：湖南教育出版社，1989.

749. 晏阳初. 在除夕聚餐会上的讲话（1932a）//宋恩荣. 晏阳初全集：第一卷. 长沙：湖南教育出版社，1989.

750. 晏阳初. 在周会上的讲话（3月28日）（1932b）//宋恩荣. 晏阳初全集：第一卷. 长沙：湖南教育出版社，1989.

751. 晏阳初. 在欢迎来宾会上的讲话（1932c）//宋恩荣. 晏阳初全集：第一卷. 长沙：湖南教育出版社，1989.

752. 晏阳初. 中华平民教育促进会定县工作大概（1933c）//宋恩荣. 晏阳初全集：第一卷. 长沙：湖南教育出版社，1989.

753. 晏阳初. 定县的乡村建设实验（1934a）//宋恩荣. 晏阳初全集：第一卷. 长沙：湖南教育出版社，1989.

754. 晏阳初. 农村运动的使命（1934b）//宋恩荣. 晏阳初全集：第一卷. 长沙：湖南教育出版社，1989.

755. 晏阳初. 农民运动与民族自救（1935a）//宋恩荣. 晏阳初全集：第一卷. 长

沙：湖南教育出版社，1989.

756. 晏阳初. 平民教育促进会工作演进的几个阶段（1935b）//宋恩荣. 晏阳初全集：第一卷. 长沙：湖南教育出版社，1989.

757. 晏阳初. 中华平民教育促进会工作的演进（1935c）//宋恩荣. 晏阳初全集：第一卷. 长沙：湖南教育出版社，1989.

758. 晏阳初. 十年来的中国乡村建设（1937）//宋恩荣. 晏阳初全集：第一卷. 长沙：湖南教育出版社，1989.

759. 晏阳初. 农村建设要义（1938）//宋恩荣. 晏阳初全集：第二卷. 长沙：湖南教育出版社，1992.

760. 晏阳初. 实习区的意义（1940）//宋恩荣. 晏阳初全集：第二卷. 长沙：湖南教育出版社，1992.

761. 晏阳初. 平教运动的回顾（1942）//宋恩荣. 晏阳初全集：第二卷. 长沙：湖南教育出版社，1992.

762. 晏阳初. 开发民力 建设乡村（1948）//宋恩荣. 晏阳初全集：第二卷. 长沙：湖南教育出版社，1992.

763. 晏阳初. 关于乡村改造运动的总结（1965）//宋恩荣. 晏阳初全集：第二卷. 长沙：湖南教育出版社，1992.

764. 晏阳初. 在第十届国际乡村改造培训班上的报告（1978）//宋恩荣. 晏阳初全集：第二卷. 长沙：湖南教育出版社，1992.

765. 晏阳初. 就“乡村改造”答记者问（1979）//宋恩荣. 晏阳初全集：第二卷. 长沙：湖南教育出版社，1992.

766. 晏阳初. 乡村改造的要素与国际乡村改造学院的精神（1980）//宋恩荣. 晏阳初全集：第二卷. 长沙：湖南教育出版社，1992.

767. 晏阳初. 我为什么第二次回到祖国（1987a）//宋恩荣. 晏阳初全集：第二卷. 长沙：湖南教育出版社，1992.

768. 晏阳初. 九十自述（1987b）//宋恩荣. 晏阳初全集：第二卷. 长沙：湖南教育出版社，1992.

769. 晏阳初. 乡村改造运动十大信条（1988）//宋恩荣. 晏阳初全集. 天津：天津教育出版社，2013.

770. 晏阳初纪念文集编辑委员会. 晏阳初纪念文集. 重庆：重庆出版社，1996.

771. 扬·杜威·范德普勒格. 新小农阶级. 潘璐，叶敬忠，等，译. 北京：社会科学文献出版社，2013.

772. 杨彩丹. 北京高师平民教育社述评. 教育学报，2011，7（1）.

773. 杨东. 乡村建设的延安道路. 社会主义研究，2014（6）.

774. 杨东平. 平民教育的流变和当代发展. 清华大学教育研究. 2008，29（3）.

775. 杨根乔. 充分发挥农村基层党组织带头人在乡村振兴中的作用. 中州学刊，

2019 (3).

776. 杨静，吉家钦，夏林清. 行动研究经典读书札记. 北京：社会科学文献出版社，2015.

777. 杨骏昌. 论乡村建设运动. 独立评论，1936 (198).

778. 杨开道. 归农运动. 东方杂志，1923，20 (14).

779. 杨开道. 农场管理. 上海：商务印书馆，1929.

780. 杨开道. 农业教育. 上海：商务印书馆，1933.

781. 杨开道. 我为什么参加农村工作. 民间，1935 (1).

782. 杨开道. 中国乡约制度. 北京：商务印书馆，2017.

783. 杨奎松. 中国近代通史 (第八卷)：内战与危机 (1927—1937). 南京：江苏人民出版社，2007.

784. 杨奎松. 从"小仁政"到"大仁政"：新中国成立初期毛泽东与中央领导人在农民粮食问题上的态度异同与变化. 开放时代，2013 (6).

785. 杨念群. 中层理论——东西方思想会通下的中国史研究. 南昌：江西教育出版社，2001.

786. 杨念群. "社会福音派"与中国基督教乡村建设运动的理论与组织基础//王晓朝，杨熙楠. 信仰与社会. 桂林：广西师范大学出版社，2006.

787. 杨庆祥. 80后，怎么办. 北京：北京十月文艺出版社，2015.

788. 杨瑞. 中华农学会研究：农业现代性因素的接引 (1916—1937). 北京：三联书店，2018.

789. 杨帅，罗士轩，温铁军. 空间资源再定价与重构新型集体经济. 中共中央党校 (国家行政学院) 学报，2020 (3).

790. 杨帅，温铁军. 发展生态农业的国际经验及本土试验研究. 环境保护，2008 (15).

791. 杨秀明，安永新，等. 黄质夫教育文选. 贵阳：贵州教育出版社，2001.

792. 杨雅如. 从"囚徒困境"到"智猪博弈"——资本在农村合作经济组织制度供给中的作用. (2007) [2011-08-07]. www.snzg.cn/article/2007/1212/article_8410.html.

793. 杨雅如. 当前我国农民专业合作社发展的外部条件调整研究//中国人民大学乡村建设中心，等. 2010年农民合作经济发展顶级论坛论文集，2010.

794. 杨园园，等. 基于城乡转型功能分区的京津冀乡村振兴模式探析. 地理研究，2019 (3).

795. 姚谦. 张謇农垦事业调查. 南京：江苏人民出版社，2000.

796. 叶敬忠. 发展的故事：幻象的形成与破灭. 北京：社会科学文献出版社，2015.

797. 叶敬忠. 乡村振兴战略：历史沿循、总体布局与路径省思. 华南师范大学学报 (社会科学版)，2018 (3).

798. 叶君. 非虚构以及“看与被看”——论“梁庄系列”的叙述策略. 文艺评论，2015（5）.

799. 叶谦吉. 生态农业：农业的未来. 重庆：重庆出版社，1988.

800. 叶谦吉. 叶谦吉文集. 北京：社会科学文献出版社，2014.

801. 伊丽莎白·亨德森，等. 世界范围内的社区支持农业：第三届全国社区支持农业（CSA）经验交流会资料汇编. 石嫣，程存旺，译. 国仁城乡（北京）科技发展中心编印（内部资料），2011.

802. 伊丽莎白·亨德森，罗宾·范·恩. 分享收获——社区支持农业指导手册. 石嫣，程存旺，译. 北京：中国人民大学出版社，2012.

803. 尹瑞庆. 老知青菜园的故事和随想. 田间地头（内部资料），2010（11）.

804. 尹瑞庆. 就“四不”问题，与孙先生商榷. 田间地头（内部资料），2012（1）.

805. 尹胜. 毛泽东基于“组织起来”的乡村振兴战略布局——以《一九五六年到一九六七年全国农业发展纲要》为中心的考察. 现代哲学，2018（8）.

806. 应星. 大河移民上访的故事. 北京：三联书店，2001.

807. 游海华. 早期农村现代化的有益探索——民国江西万家埠实验区研究. 福建师范大学学报（哲学社会科学版），2004（3）.

808. 游丽金. 我们的队伍向太阳——记一次大学生支农调研活动. 中国改革（农村版），2004（8）.

809. 余广彤. 蚕魂——费达生传. 苏州：苏州大学出版社，2002.

810. 余家菊. 近代乡村教育之缘起（1931）//余子侠，郑刚. 中国近代思想家文库：余家菊卷. 北京：中国人民大学出版社，2013.

811. 余霖. 乡村工作的理论和实践——读了《教育与民众》七卷一二两期后的感想//薛暮桥，冯和法.《中国农村》论文选. 北京：人民出版社，1983.

812. 余牧人. 基督教与中国乡村建设运动. 上海：上海广学会，1943.

813. 余英时. 中国近代思想史上的激进与保守 //许纪霖. 二十世纪中国思想史论（上卷）. 2 版. 上海：东方出版中心，2006.

814. 余英时. 士与中国文化. 上海：上海人民出版社，2013.

815. 俞庆棠. 民众教育理论的探讨. 教育与民众，1935，6（9）.

816. 俞庆棠. 欢迎三届乡村工作讨论会. 教育与民众，1935，7（1）.

817. 虞和平. 张謇——中国早期现代化的前驱. 长春：吉林文史出版社，2004.

818. 虞和平. 民国时期乡村建设运动的农村改造模式. 近代史研究，2006（4）.

819. 袁萍萍，简小鹰，陈雁，等. 市民农园促进人际互动和谐关系研究综述. 安徽农业科学，2013，41（4）.

820. 苑鹏. 中国农村市场化进程中的农民合作组织研究. 中国社会科学，2001（6）.

821. 约翰·贝拉米·福斯特. 生态危机与资本主义. 耿建新，宋兴无，译. 上海：

上海译文出版社，2006.

822. 恽震. 参观四川小三峡社会事业日记. 旅行杂志，1933，7（3）.

823. 詹姆斯·C. 斯科特. 农民的道义经济学——东南亚的反叛与生存. 程立显，等，译. 北京：译林出版社，2001.

824. 詹姆斯·C. 斯科特. 国家的视角——那些试图改善人类状况的项目是如何失败的. 王晓毅，译. 胡搏，校. 北京：社会科学文献出版社，2004.

825. 詹姆斯·克利福德，乔治·E. 马库斯. 写文化——民族志的诗学与政治学. 高丙中，等，译. 北京：商务印书馆，2006.

826. 张宝明. 启蒙与革命——五四“激进派”的两难. 南昌：江西教育出版社，2009.

827. 张斌，温铁军. 乡村建设的当代实践与未来想象——一位乡建实践者的分享. 南通大学讲座课件，2014-04-12.

828. 张伯苓. 张伯苓先生来北碚后所有态度和谈话. 嘉陵江日报，1935-11-13.

829. 张冠生. 费孝通. 北京：群言出版社，2011.

830. 张冠生. 费孝通晚年谈话录（1981—2000）. 北京：三联书店，2019.

831. 张含清. 今日之农村运动. 民间，1935，2（11）.

832. 张浩. 巴县福寿乡辅导员张浩为推行减租受到威胁事致华西实验区总办事处主任秘书郭准堂信. 重庆市璧山区档案馆，档号：9-140，1949-09-20.

833. 张浩. 从“各美其美”到“美美与共”——费孝通看梁漱溟乡村建设主张. 社会学研究，2019（5）.

834. 张灏. 中国近百年来的革命思想道路 //李世涛. 知识分子立场——激进与保守之间的动荡. 长春：时代文艺出版社，2000.

835. 张灏. 张灏自选集. 上海：教育出版社，2002.

836. 张和清，杨锡聪，古学斌. 优势视角下的农村社会工作——以能力建设和资产建立为核心的农村社会工作实践模式. 社会学研究，2008（6）.

837. 张鸿钧. 燕京大学社会学系清河镇社会实验区工作报告 //乡村工作讨论会. 乡村建设实验：第一集. 北京：中华书局，1934.

838. 张华. “去民间”：以张竞生与费孝通乡村研究为案例. 西南民族大学学报（人文社会科学版），2016（5）.

839. 张慧瑜. 王石捐款、范跑跑事件及其公民社会的“公民想象”. 台湾社会研究季刊，2008a（9）.

840. 张慧瑜. “爱的奉献”、公民社会的想象及批判的尴尬. 台湾社会研究季刊，2008b（9）.

841. 张季直先生事业史编纂处. 大生纺织公司年鉴（1895—1947）. 南京：江苏人民出版社，1998.

842. 张继红，雷达. 世纪转型：从“乡土中国”到“城乡中国”——雷达访谈录. 文艺争鸣，2015（12）.

843. 张謇研究中心南通博物苑. 南通地方自治十九年之成绩（重印）. 南通：通州日报社印刷厂，2003.

844. 张鉴虞. 从乡村破产说到乡村建设（续完）. 农村经济，1936，3（12）.

845. 张瑾. 权力、冲突与变革——1926—1937 年重庆城市现代化研究. 重庆：重庆出版社，2003.

846. 张竞生. 农村复兴实验谈. 社会月报，1934，1（1）.

847. 张竞生. 张竞生文集. 广州：广州出版社，1998.

848. 张静心. 黄先生之农村事业 //沈亦云. 黄膺白先生家传. 台北：文海出版社，1945.

849. 张克强. 小毛驴市民农园工作人员 2012 年工作总结（内部档案），2012.

850. 张乐天. 告别理想：人民公社制度研究. 上海：上海人民出版社，2005.

851. 张丽军. 想象农民——乡土中国现代化语境下对农民的思想认知与审美显现（1895—1949）. 济南：山东人民出版社，2009.

852. 张丽军. 新世纪乡土中国现代性蜕变的痛苦灵魂——论梁鸿的《中国在梁庄》和《出梁庄记》. 文学评论，2016（3）.

853. 张炼红. 生活世界和妇女解放. 热风学术，2011（6）.

854. 张亮. 阶级、文化与民族传统. 南京：江苏人民出版社，2008.

855. 张亮. 英国新左派思想家. 南京：江苏人民出版社，2010.

856. 张鸣. 乡村社会权力和文化结构的变迁（1903—1953）. 南宁：广西人民出版社，2001.

857. 张木森. 傅柏翠与毛泽东的交往 //中国人民政治协商会议福建省龙岩市委员会文史资料委员会. 闽西文史资料（第九辑）. 龙岩：龙岩市文化与出版局，2007.

858. 张培忠. 文妖与先知——张竞生传. 北京：北京三联书店，2008.

859. 张荣久. “称邓子恢‘小脚女人’之由来”. 文史春秋，2003（2）.

860. 张荣禄. 试评五四时期“教育救国”思潮. 唐都学刊，1996（49）.

861. 张守广. 卢作孚年谱长编（上）. 北京：中国社会科学出版社，2014.

862. 张廷栖. 张謇所创中国第一. 北京：中国环境出版集团，2019.

863. 张文明，章志敏. 资源・参与・认同：乡村振兴的内生发展逻辑与路径选择. 社会科学，2018（11）.

864. 张雯. 自然的脱嵌——建国以来一个草原牧区的环境与社会变迁. 北京：知识产权出版社，2016.

865. 张晓山. 马克思 恩格斯 列宁 斯大林论农业、农村、农民. 北京：中国社会科学出版社，2013.

866. 张新文，张国磊. 社会主要矛盾转化、乡村治理转型与乡村振兴. 西北农林科技大学学报（社会科学版），2018（3）.

867. 张信. 二十世纪初期中国社会之演变——国家与河南地方精英 1900—1937. 岳谦厚，张玮，译. 北京：中华书局，2004.

868. 张杨，程恩富. 毛泽东农村调查对新时代实施乡村振兴战略的若干启示. 毛泽东邓小平理论研究，2018（4）.

869. 张艺曦. 阳明学的乡里实践. 北京：北京师范大学出版社，2013.

870. 张艺英，李军. 外来主体与近代乡土社会——以中华平民教育促进会的“新都实验”为例. 上海大学学报（社会科学版），2018（1）.

871. 张艺英，温铁军. 从平民教育、县政实验到土地改革——论中华平民教育促进会的“乡村改造”道路. 开放时代，2018（3）.

872. 张英男，等. 城乡关系研究进展及其对乡村振兴的启示. 地理研究，2019（3）.

873. 张云飞. 中国农家. 北京：宗教文化出版社，1996.

874. 张允侯，等. 五四时期的社团（二）. 北京：三联书店，1979.

875. 张志. 翟城乡村试验遇困局. 小康，2006（5）.

876. 张宗麟. 乡村教育. 上海：世界书局，1932.

877. 章开沅，田彤. 辛亥革命时期的张謇与近代社会. 武汉：华中师范大学出版社，2011.

878. 章士钊. 文化运动与农村改良——在湖南教育会讲演记 //章士钊全集（第 4 卷）. 上海：文汇出版社，2000.

879. 章士钊. 农国辨 //郭双林. 中国近代思想家文库：章士钊卷. 北京：中国人民大学出版社，2015.

880. 章有义. 中国近代农业史资料（第二辑）. 北京：三联书店，1957.

881. 章有义. 中国近代农业史资料（第三辑）. 北京：三联书店，1957.

882. 章元善. 华洋义赈会的合作事业 //中国人民政治协商会议全国委员会文史资料研究委员会. 文史资料选辑（第 80 辑）. 北京：文史资料出版社，1982.

883. 章元善. “从定县归来” //李济东. 晏阳初与定县平民教育. 石家庄：河北教育出版社，1990.

884. 章振乾. 闽西农村调查日记//中国人民政治协商会议福建省委员会文史资料委员会. 福建文史资料（第 35 辑）. 福州：福建人民出版社，1996.

885. 赵斌. 社会分析和符号解读：如何看待晚期资本主义社会中的流行文化 //李陀，陈燕谷. 视界（第 3 辑）. 石家庄：河北教育出版社，2001.

886. 赵国新. 情感结构. 外国文学，2002（5）.

887. 赵世瑜. 小历史与大历史：区域社会史的理念、方法与实践. 北京：三联书店，2006.

888. 赵树冈. 星火与香火：大众文化与地方历史视野下的中共国家形构. 台北：联经出版事业股份有限公司，2014.

889. 赵晓玲. 卢作孚之死. 香港：时代国际出版有限公司，2010.

890. 赵旭东. 农民、公民与意识形态——由三十年代的平民教育所想到的. 社会科学论坛，1999 (7/8).

891. 赵旭东. 乡村成为问题与成为问题的中国乡村研究——围绕“晏阳初模式”的知识社会学反思. 中国社会科学，2008 (3).

892. 赵旭东. 从“问题中国”到“理解中国”——作为西方他者的中国乡村研究及其创造性转化. 社会科学，2009 (2).

893. 镇平县十区自治办公处. 镇平县自治概况. 北京：京城印书局，1933.

894. 郑大华. 民国乡村建设运动. 北京：社会科学文献出版社，2000.

895. 郑大华，邹小站. 中国近代史上的激进和保守. 北京：社会科学文献出版社，2011.

896. 郑廷泰. 福建营前模范农村农民生活概况//陈熙. 孙中山秘书黄展云（内部印刷），2016.

897. 郑星垣. 从事乡建工作者所需之历史知识. 乡建院刊，1948，2 (1).

898. 郑性白. 黄先生与莫干小学 //沈亦云. 黄膺白先生家传. 台北：文海出版社，1945.

899. 郑直淑. 梁漱溟受批公案揭底 //梁培宽. 梁漱溟先生纪念文集. 2 版. 北京：中国工人出版社，2003.

900. 中国革命博物馆，等. 湖南农民运动资料选编. 北京：人民出版社，1988.

901. 中国人民大学重庆课题组. 重庆新事. 北京：中国人民大学出版社，2011.

903. 中国人民政治协商会议新都县委员会文史资料研究委员会. 新都文史：第一辑. 新都：中国人民政治协商会议新都县委员会文史资料研究委员会，1984.

903. 中华职业教育社. 社史资料选辑（第三辑）. 中华职业教育社（内部资料），1982.

904. 中华职业教育社. 黄炎培教育文选. 上海：上海教育出版社，1985.

905. 中央档案馆. 中共中央文件选集（第三册）. 北京：中共中央党校出版社，1989.

906. 钟芳. 谁来保护种子. 南风窗，2013 (19).

907. 钟庆卫. 热衷炒作忽略实际：警惕滥竽充数的“假合作社”. 农民日报，2006-11-24.

908. 钟声. 我们为什么发起自取小组. 田间地头（内部资料），2010 (5).

909. 仲伟民. 茶叶与鸦片：十九世纪经济全球化中的中国. 北京：三联书店，2010.

910. 周洪宇，陈竞蓉. 民主主义与教育——杜威在华演讲录. 合肥：安徽教育出版社，2013.

911. 周建明. 在实施乡村振兴战略中重建农村建设的集体化机制. 毛泽东邓小平理论研究，2018 (3).

912. 周锦宇. 晏阳初乡村建设学院合作经济工作总结及大事记（2004—2007）. 晏阳初乡村建设学院培训部档案，2008.

913. 周兰若. 民教办事处工作报告. 江巴璧合特组峡防团务局. 工作周刊，1933，10（13/14）.

914. 周立. 极化的发展. 海口：海南出版社，2010.

915. 周立. 农业体系的逻辑倒置及多元化农业的兴起. 绿叶，2012（11）.

916. 周立. 从乡土中国到城乡中国. 福建日报，2018-06-27.

917. 周立，王彩虹. 由双重脱嵌到双重回嵌：乡村振兴中的产业融合分析. 行政管理改革，2019（6）.

918. 周年兴，俞孔坚. 农田与城市的自然融合 //第三届全国社区支持农业（CSA）经验交流会资料汇编. 国仁城乡（北京）科技发展中心编印（内部资料），2011.

919. 周其仁. 农村变革与中国发展（1978—1989）. 香港：牛津大学出版社，1994.

920. 周其书. 从本区工作话农村. 重庆市璧山区档案馆，档号：9-122，1949-11-11.

921. 周阳山. 传统与现代间的抉择——访艾凯教授谈梁漱溟与近代中国思想文化问题 //梁培宽. 梁漱溟先生纪念文集. 2版. 北京：中国工人出版社，2003.

922. 周作人. 日本的新村. 新青年，1919，6（3）.

923. 周作人. 新村的精神. 新青年，1920，7（2）.

924. 朱汉国. 梁漱溟乡村建设研究. 太原：山西教育出版社，1996.

925. 朱鸿召. 延安缔造. 西安：陕西人民出版社，2013.

926. 朱健刚. 行动的力量：民间志愿组织实践逻辑研究. 北京：商务印书馆，2008.

927. 朱考金. 民国时期江苏乡村建设运动研究. 北京：中国三峡出版社，2009.

928. 朱启臻，赵晨鸣，龚春明，等. 留住美丽乡村——乡村存在的价值. 北京：北京大学出版社，2014.

929. 朱晓阳，谭颖. 对中国“发展”和“发展干预”研究的反思. 社会学研究，2010（4）.

930. 朱允恭. 王凤仪年谱与语录. 北京：九州出版社，2013.

931. 朱长振. 兰考合作建设生态房的理想与现实. 中国合作经济，2007（6）.

932. 邹德秀. 中国农业文化. 西安：陕西人民教育出版社，1992.

933. 祖田修. 农学原论. 张玉林，等，译. 北京：中国人民大学出版社，2003.

934. 祖田修. 近现代农业思想史. 张玉林，钱红雨，译. 北京：清华大学出版社，2015.

935. 农家访问记. 重庆市璧山区档案馆，华西实验区全宗，档号，9-1-5，1949-

07－09.

936. 温铁军的乡村星火. 凤凰卫视-财经点对点，2004－04.

937. “乌托邦”实践 温铁军把“另类”进行到底. 亚太经济时报，2004－12－09.

938. 秀才下乡. 凤凰卫视，2005－09－22.

939. 追随晏阳初的脚步——晏阳初乡村建设学院简记. 河北人民广播电台新闻频道-燕赵风采，2004－07－31.

后记：不是辩护的理解

放弃沉思和智慧
如果不能带来麦粒
请对诚实的大地
保持缄默　和你那幽暗的本性

海子，1987，《重建家园》①

有人说：城市的每一寸土地下面，原来也是田园。有一天它也许还会变成田园，所以有着田园梦想的人，是有希望的，也是有福的。

舒飞廉，2004，《飞廉的村庄》②

梁培恕在给他父亲梁漱溟写的传记里说：在动手写这本书之前，我给自己立了一条规矩，不做辩护士，如果竟而辩护，将是我的失败。他的一生不需要辩护，只需如实地陈述（2001：174）。我也希望拒绝一般意义上的辩护，不仅仅由于它不利于坦诚面对如此复杂和充满张力的实践，而容易沦为自觉或不自觉的“评功摆好”，更因它将不无遗憾地回归主流分析框架之中。与其说乡村建设需要“自我辩护”，不如说其更需要“借题发挥”，乡村建设的生命力正在于其不断与主流社会互动的过程，当然不可能在“毕其功于一役”中安享曾经的“战功”。

同时，我的研究目的也不希望采取保卫性的姿态，而希望可以从反思这些常见的“刻板”认识开始，激活实践本身的丰富性，尝试既进入实践内部又能“跳出乡建看乡建”，进而为实践寻找新的资源与空间。

---

① 选自：西川．海子诗全集．北京：作家出版社，2009：415。

② 转引自：晏阳初乡村建设学院农业教育部主管郝冠辉．2007 年 2 月—5 月学院农业工作总结//国仁城乡（北京）科技发展中心生态农业工作室．足迹（内部资料），2008：98。

不要辩护，但要理解。然而它与“同情之理解”也存在一定的不同，或许更应是“共情之理解”。因为笔者认为，理解既可通过“脉络化”调整今人立场并指出“后见之明”的某种虚妄，还可以之为动力，帮助我们更好地跳出定型化认识与既定框架，更好地思考20世纪中国的复杂经验。理解是必要的，但更重要的是如何让理解成为可能。理解万岁，然后呢?

最后再讲一个故事。多年以前，我们邀请当时已近80岁高龄的韩国自然农业创始人赵汉珪先生给第一期全国自然农业培训班授课，老先生一开始给大家讲了一个故事。他说，有分别来自美国的白人和南美洲的印第安人求雨，结果白人没有求到但印第安人求到了。他问我们为什么。大家你一言我一语，说出了各种可能性，有人说印第安人会法术，有人说美国人得罪了天神……最后老先生说，其实很简单，因为印第安人一直求到雨来为止。大家哄堂大笑。可就在此时，我看到这位一辈子历经坎坷进行自然农业探索的长者眼里闪着泪花，我也进一步理解他讲课中谈到的何谓“农者之心”。

我常在各种场合讲这个故事，或许有人会认为那只是时下并不少见的另一碗励志鸡汤。然而，二十年来，我和许多乡建同人却实实在在地体会着这一笑中带泪的“简单道理”。就在老先生讲这个故事的小毛驴市民农园，那头“形象代言驴”几年前还成为遭到无数人嘲笑和挖苦的象征，生态农业也曾被当作“不合国情”而轻易打发，青年返乡更被讥为“秀才下乡”。面对随后突如其来的变故，如果没有咬紧牙关的坚持，怎么会有后来小毛驴市民农园的“横空出世”。或者说，谁能预测到2008年会出现举国上下为之震动的“三聚氰胺”事件，谁能想象“十面霾伏”已经在悄然改变我们对城市的想象与实际的生活态度……

既然这个世界从来就不是铁板一块，那就既不要盲目乐观，也不要过于悲观，用平常心做好我们该做的平常事。既然生生不息的百年乡建伴随着现代中国，这是否也值得我们换上“乡建的眼镜”，去尝试“看见”一直存在着的另一种“知识/知识分子/行知传统”? 既然我们都受惠于那些已经远去的先行者及身边言传身教的可敬师友，是否可以用同样的热情把一路走来的心得与心情、困惑与反思向更多朋友分享? 本书写作历时十年，其间产生了一次又一次的自我质疑与理论重思，对于笔者来说，这也是一种精神和知识生产上的乡村建设，希望能对实践的推进有一些微小的作用。

本书修改于八年前完成的博士论文，感谢我的两位导师许宝强教授与刘健芝教授，能受教于两位先生是如此的幸运，以至此时的我真不知该如何表达，只能说“春风化雨、润物无声”！已经记不清多少次，两位先生分坐左右一遍遍地帮助我厘清思路、指点迷津。为能更好地理解我的脉络，两位老师竟会在百忙之中专门“陪”我读乡建先贤的作品，耐心地“陪”我鼓起勇气面对自己的沮丧、尴尬与惶惑。可以说，该论文之所以能够完成，凝结了两位先生的大量心血与付出。除此之外，他们还通过一言一行为我示范应该如何做好一名老师。无以为谢，唯希望这些真正的“师道”能在传承中得以发扬。

两位老师所在的香港岭南大学文化研究系是个十分独特的集体。身在其中的美好五年，既让我享受到了思考的快乐与“痛苦”，也让我养成了批判精神与实践品格。在这里，教授们竟可以完全没有“授业者”的“身段”，无须以年龄、学识和权力来维持师生秩序，亦师亦友地和学生们一起贴地“步行”。希望可以在此对系里每位老师与职员表示深深的谢意与敬意。同时感谢香港岭南大学文化研究系兼职教授戴锦华老师，除为您对愚笨学生不厌其烦的耐心外，您激昂而富有穿透力的讲课声也常常通过录音播放充满我们小小的卧室兼客厅，给我们的“港居”岁月带来无数美好时光，让非人文学科出身的异乡人也能有条件在乡音中感受文化研究的魅力与思想的辽阔。

感谢温铁军老师，除为二十年来的耳提面命与言传身教外，更为十年前您所布置的这个关于“重新理解二十世纪中国乡村建设”的任务，让我这些年来一刻不敢懈怠。虽然常感力不从心，但每每想起您憔悴但匆忙的背影和疲惫但坚定的面容，便让我再次感受到乡村建设无声却不息的力量。

感谢正在实践中的乡村建设一线同人，特别是你们在我香港求学期间代为承担了诸多本应一起分担的压力与责任，这让那几年的自己常有“逃兵”般的愧疚。希望大家可以通过这部不完善的著作了解我这些年的耕耘。其中还有许多的不足与错误，期待之后再一起完善。特别希望同人们能够分享其中的“双向运动视野”。我们及我们的事业无疑只是漫长历史进程中的一滴水，或者一朵浪花。如若那样，我们将坦然、将从容、将可潇洒地再出发！

感谢这么多年来所接触到的各地的农民朋友们，特别是河北省定州市翟城村的乡亲们，翟城至今仍是我的梦境所在，正是那段充满“歌”与“火”的日子，不知不觉改变了我今天看问题的眼光。

在过去的二十年里，很幸运能够参与晏阳初乡村建设学院（2003 年）及西南大学中国乡村建设学院（2012 年）的创建，两院陆续创立于中国乡村建设“发源地”（翟城）与“集成地”（北碚），既是百年乡建生生不息的生动体现，也为“乡建学术化、学术乡建化”提出了新的要求。其中，特别感谢并纪念晏阳初的长子晏振东先生，当我还在读本科的时候有幸结识先生，这位和蔼而可爱的长者尽管行动不便，仍然非常认真且执着地接续父亲一辈子的“梦”，与他的交往是对浮躁青年的不言之教。还包括梁培宽、卢国纪等拜访过的乡建先贤的后人及学生，每每想到他们，我都有一种“精神永生”之感。回想自己与乡村建设结缘，似乎冥冥之中总有一股力量在召唤，或许说，其实我们每个人心里都有一个“乡建梦”，就像很多人心中都有“田园梦”一样，我只是幸运而及时地唤醒了它。

在本书初稿完成的八年前，我有幸加入重庆大学人文社会科学高等研究院这个年轻但充满活力的团队，嘉陵江畔文字斋那穿越时空的灯光继续照亮我前行的脚步。而在本书交稿后，舒口气后的我终于可以再次回到实践一线，回到魂牵梦绕的故乡，和同人们一道创建屏南乡村振兴研究院，开始新的乡村建设探索。

在本书完成过程中还得到许多师友及同人的帮助，因篇幅关系，请原谅我无法一一具名说出内心的感激。特别感谢钱理群先生百忙之中所赐的长序，感谢戴锦华、汪晖、孙歌、赵月枝、贺雪峰、贺照田诸位老师的推荐和鼓励。

最后，感激妻子杜洁二十年来的陪伴与并肩，特别感谢两边家人为了让我们安心工作，承担了各种家务和本该属于我们的责任，正是这些普普通通的劳动者，不断提醒我想起一个说法：“作为老百姓的写作”其实比“为老百姓而写作”更难，但也更重要。

谨以此书献给刘老石及百年来扎根大地的乡建同人，念念不忘，必有回响！

庚子年新冠肺炎疫情肆虐全球之际
完稿于重庆北碚
修改于福建屏南四坪村

图书在版编目（CIP）数据

回嵌乡土：现代化进程中的中国乡村建设/潘家恩著. --北京：中国人民大学出版社，2020.12
ISBN 978-7-300-28959-5

Ⅰ.①回… Ⅱ.①潘… Ⅲ.①城乡建设-研究-中国 Ⅳ.①F299.21

中国版本图书馆 CIP 数据核字（2021）第 020779 号

回嵌乡土
现代化进程中的中国乡村建设
潘家恩 著
Huiqian Xiangtu

出版发行	中国人民大学出版社		
社　　址	北京中关村大街 31 号	**邮政编码**	100080
电　　话	010－62511242（总编室）		010－62511770（质管部）
	010－82501766（邮购部）		010－62514148（质管部）
	010－62515195（发行公司）		010－62515275（盗版举报）
网　　址	http://www.crup.com.cn		
经　　销	新华书店		
印　　刷	涿州市星河印刷有限公司		
规　　格	165 mm×238 mm　16 开本	**版　　次**	2020 年 12 月第 1 版
印　　张	33.75 插页 2	**印　　次**	2022 年 7 月第 3 次印刷
字　　数	562 000	**定　　价**	118.00 元